Ralf Lange

Architektur in Hamburg
Der große Architekturführer

Über 1000 Bauten in Einzeldarstellungen

JUNIUS

Inhalt

10	A	Hamburg-Altstadt
42	B	Neustadt
74	C	St. Pauli, Sternschanze, Altona und Eimsbüttel
106	D	Rotherbaum, Harvestehude, Eppendorf und Hoheluft
138	E	Der Osten von St. Georg bis Eilbek und Veddel
164	F	Uhlenhorst, Winterhude und Barmbek
192	G	Der Osten von Horn bis Steilshoop, Rahlstedt und Billstedt
212	H	Walddörfer, Alstertal und Ahrensburg
228	I	Der Norden von Alsterdorf bis Norderstedt und der Nordwesten von Lokstedt bis Quickborn
248	J	Ottensen, Othmarschen, Groß Flottbek und Bahrenfeld
270	K	Der Westen von Nienstedten bis Wedel und Lurup
290	L	HafenCity, Freihafen und Süderelberaum
320	M	Die Vier- und Marschlande, Bergedorf, Lohbrügge, Billegemeinden, Glinde und Geesthacht

Anhang

344	Literatur (Auswahl)
347	Bautenregister
359	Namensregister
369	Orts- und Straßenregister
378	Epochenregister (Auswahl)
384	Bildnachweis/Impressum

Luftaufnahme von Harvestehude mit der Isestraße im Vordergrund (vgl. Nr. D 61)

Zum Gebrauch dieses Architekturführers

Vorab ein Wort zum Gebrauch dieses Architekturführers. Den Leser erwarten 13 Kapitel, in denen die aktuelle und historische Baukultur Hamburgs einschließlich des näheren schleswig-holsteinischen und niedersächsischen Umlandes im Großraum Quickborn, Wedel, Buxtehude, Geesthacht und Ahrensburg erschlossen wird. Dabei geht es nicht nur um die Gebäude selbst, sondern, sofern von besonderem Interesse, auch um deren Einbettung in den jeweiligen städtebaulichen und zeitgeschichtlichen Kontext. Vorgestellt werden außerdem Friedhöfe, Parks, technische Bauwerke und Denkmäler, die einen exemplarischen Charakter haben.

Die Objekte sind in der Regel nach Stadtteilen und Straßen sortiert. Ausnahmen werden dort gemacht, wo die Verwaltungsgrenzen im Widerspruch zu den gewachsenen räumlichen Zusammenhängen stehen. Neben dem historischen Kerngebiet setzt sich Hamburg seit dem Groß-Hamburg-Gesetz von 1937 aus einer Vielzahl ehemals selbstständiger preußischer Kommunen wie Altona, Wandsbek oder Harburg-Wilhelmsburg zusammen. Dieser historischen Besonderheit werden die 1949 gezogenen Bezirksgrenzen, die z. T. völlig willkürlich anmuten, jedoch ebenso wenig gerecht wie die seit 1937 revidierten Stadtteilgrenzen.

Der Führer zählt knapp 900 Hauptstationen, zu denen etliche Unterpunkte gehören. Diese Stationen sind so angeordnet, dass sie sich in jedem Kapitel zu inhaltlich und räumlich kohärenten Rundgängen bzw. Rundfahrten ergänzen. Selbstverständlich lässt sich keine der 13 Touren in einem Stück bewältigen. Suchen Sie sich einzelne Abschnitte heraus, die möglichst abwechslungsreich und nicht zuletzt auch landschaftlich reizvoll sind, z. B. an der Oberalster oder am Elbufer. Oder setzen Sie thematische Schwerpunkte, z. B. mit den Großsiedlungen der Weimarer Republik.

Die einzelnen Gebäude werden in der Regel mit ihrem ursprünglichen Namen oder ihrer ursprünglichen Funktion bezeichnet. Hinweise auf die aktuelle Nutzung oder die heutige Bezeichnung finden sich im Fließtext, sofern notwendig. Bei den Baudaten wird möglichst das Jahr des Baubeginns und das Jahr der Fertigstellung angeben. Die Ziffern vor dem Komma nennen das Jahr des Planungsbeginns bzw. des Wettbewerbs (durch ein W gekennzeichnet). Die Architekturbüros werden mit dem Namen genannt, unter dem sie zum Zeitpunkt der Fertigstellung der Gebäude firmierten.

Der vorliegende Architekturführer stellt nicht nur eine aktualisierte, sondern auch eine völlig neu bearbeitete Fassung eines früheren Bandes dar. Umfangreiche Bauten-, Namens-, Orts- und Epochenregister machen ihn über seinen eigentlichen Zweck hinaus zu einem wichtigen Nachschlagewerk zur Hamburger Architektur. Besondere Sorgfalt galt auch der Revision der Baudaten und der Schreibweise der Namen. Leider ließen sich auch für die Neuauflage nicht alle Namen und Daten vollständig und widerspruchsfrei ermitteln. Falls ein Leser diese Angaben ergänzen oder korrigieren kann, möge er sich bitte an den Verfasser wenden.

Zur Einführung:
Architektur in Hamburg vom Mittelalter bis heute

Nicht nur unter Architekturinteressierten hat es sich mittlerweile herumgesprochen: Hamburg ist eine attraktive Stadt. Ausgedehnte Villen- und Landhausviertel fügen sich mit der geschlossenen Bebauung der Vorkriegsjahre und den zahlreichen Wasserläufen, Parks und Grünanlagen zu einem unverwechselbaren Ganzen von außergewöhnlichem Reiz. Dabei ist es noch gar nicht so lange her, dass sich Hamburg als das hässliche Entlein unter den europäischen Metropolen empfand: In seiner ökonomischen Entwicklung durch die Randlage im westlichen Wirtschaftsraum behindert, kulturell bis auf das Schauspielhaus und die renommierte Staatsoper von eher provinziellem Zuschnitt und überdies durch die schweren Kriegsschäden vernarbt. Den Michel, den Jungfernstieg, das Chilehaus, dazu eine feine Prise Pöseldorf, einen kräftigen Schlag Hafenschmer und am Sonntagmorgen den obligatorischen Fischmarkt-Besuch (nach einem wohl eher ernüchternden St. Pauli-Bummel) – sehr viel mehr schien die Hansestadt ihren Gästen nicht zu bieten zu haben.

Aber Hans Christian Andersens poetisches Märchen hat auch eine überraschende Pointe. Aus dem hässlichen Entlein wird quasi über Nacht ein stolzer Schwan. Die Neuorientierung der Weltwirtschaft nach Ostasien und der politische und wirtschaftliche Wandel im ehemaligen Ostblock haben Hamburg in den letzten zwei Jahrzehnten unversehens einen kräftigen Wachstumsschub beschert, der sich auch belebend auf die Baukonjunktur ausgewirkt und sukzessive die bis dahin eher selbstgenügsamen architektonischen Maßstäbe verschoben hat. Vor allem die Umwandlung ehemaliger Hafenflächen in ein anspruchsvolles Dienstleistungs- und Wohnviertel – die HafenCity (vgl. Nr. L 3) – hat internationale Investoren und Architekten an die Elbe gelockt. Aber auch im übrigen Stadtgebiet wurde kräftig gebaut: Wohnanlagen und Siedlungen entstanden an Stelle von Fabriken und Kasernen, der Jungfernstieg und der Spielbudenplatz wurden neugestaltet und zahlreiche neue Bürohäuser setzen markante Akzente.

Betrachtet man dagegen die historische Architektur der Hansestadt, fällt zunächst einmal der große Reichtum an bürgerlicher Wohnkultur ins Auge: von den klassizistischen Landsitzen an der Elbchaussee über die Villen der Kaiserzeit bis zum gediegenen Einfamilienhausbau der Zwischenkriegsjahre. Aber auch die proletarischen Wohnhöfe der Gründerzeit, euphemistisch Terrassen genannt (vgl. Nr. C 23), die wohnreformerischen Projekte der Baugenossenschaften vor dem Ersten Weltkrieg und die Klinkersiedlungen der Weimarer Republik lohnen einen genauen Blick. Außerdem hat Hamburg ab 1900 eine City-Architektur von internationalem Rang hervorgebracht, die ihren originären Ausdruck im Kontorhaus fand, wie die Bürohäuser an der Elbe noch heute traditionsbewusst genannt werden. Und nicht zuletzt hat auch die Nachkriegszeit qualitätsvolle Spuren hinterlassen, z. B. das Büroviertel City Nord (vgl. Nr. F 68) oder die Grindelhochhäuser, die erste Wohnhochhaussiedlung in Deutschland überhaupt (1946-56, vgl. Nr. D 60).

Damit sind jedoch nur die Sehenswürdigkeiten der urbanisierten Kernstadt grob umrissen. Große Teile Hamburgs gehören zu einer traditionsreichen, bereits im Mittelalter der Elbe und ihren Nebenflüssen abgerungenen Kulturlandschaft, die ein besonders reiches Erbe an prachtvollen Dorfkirchen und Bauernhäusern aufweist (vgl. Nr. M 1ff. und Nr. L 64ff.). Im Südosten bildeten die Vier- und Marschlande den traditionellen Hamburger »Küchengarten«. Im Südwesten umfasst das Hamburger Territorium einen Teil des Alten Landes, das sich bis Stade erstreckt und ein bedeutendes Obstanbaugebiet ist. Weitere lohnende Ziele abseits der eingetretenen Pfade der Architekturführer sind die Villenkolonien an der Bille, in denen ebenfalls die bedeutendsten Hamburger Architekten gewirkt haben (vgl. Nr. M 33 und Nr. M 45ff.). Die Schlösser in Ahrensburg und Reinbek (vgl. Nr. H 48 bzw. Nr. M 49) sind dagegen Zeugen der wechselvollen Geschichte Schleswig-Holsteins, zu dem bis 1937 ja auch weite Bereiche Hamburgs gehörten.

Der Weg zur modernen Großstadt

Noch vor 170 Jahren erstreckte sich innerhalb des Wallrings eine intakte Barockstadt, deren pittoreske Gestalt mit den zahllosen Backstein- und Fachwerkgiebeln und den kupfergrünen Turmhauben ihresgleichen suchte. An herausragenden Einzelbauwerken hatte Hamburg dagegen über Jahrhunderte wenig hervorgebracht. Das seit dem Mittelalter tradierte Schema des Dielenhauses (vgl. Nr. A 29 und Nr. A 33) und das dichte Geflecht der Straßen und Fleete setzten den gestalterischen Ambitionen enge Grenzen. Und während sich die Baumeister der Stadtkirchen und Dome in den Ostseestädten die stolze St.-Marien-Kirche in Lübeck zum Vorbild nahmen, orientierte man sich an der Elbe an dem behäbigen Vorbild von St. Johannis in Lüneburg (vgl. St. Jacobi, Nr. A 60). Selbst das im Kern noch mittelalterliche Rathaus fiel im Vergleich etwa mit Bremen, Stralsund oder Lübeck deutlich ab. Erst mit der barocken St.-Michaelis-Kirche von Johann Leonhard Prey und Ernst Georg Sonnin (1751-62, Turm 1777-86, vgl. Nr. B 50) trat die Hamburger Architektur aus dem Schatten der Geschichte.

Weite Bereiche der historischen Kernstadt sind in der Brandkatastrophe vom Mai 1842 untergegangen. Das neue Hamburg des Wiederaufbaus – das »Kunstwerk Hamburg« (Fritz Schumacher) – war trotz der repräsentativen Alleen an der Binnenalster weitaus nüchterner und zeigte bereits großstädtische Züge mit einer für damalige Verhältnisse überaus modernen Infrastruktur (vgl. die Stadtwasserkunst, Nr. E 64). Bis 1861 hemmte

Die 1943 zerstörte Katharinenstraße mit barocken Bürgerhäusern und dem Turm von St. Katharinen (1930er Jahre)

jedoch die Torsperre das Stadtwachstum, so dass selbst die Viertel um die Außenalster erst ab den 1860er Jahren systematisch erschlossen wurden. Hamburg war um 1850 ein Zentrum des Romantischen Historismus, der sich hier in einer Mischung aus Tudorgotik, florentinischer Renaissance und venezianischen Anleihen ausdrückte und insbesondere in der Villen- und Landhausarchitektur überragende Ergebnisse zeitigte. Die wichtigsten Architekten waren Auguste de Meuron, Jean David Jollasse und Alexis de Chateauneuf. Leider wurden die meisten ihrer Gebäude zerstört, so dass heute außer den Alsterarkaden und der Alten Post von de Chateauneuf (vgl. Nr. B 1 bzw. Nr. B 13) sowie einigen Villen kaum noch bedeutende Zeugen dieser Epoche überliefert sind.

Nach der Reichsgründung 1871 entwickelte sich die Einwohnerzahl geradezu explosionsartig. Zwischen 1870 und 1890 konnte Hamburg seine Bevölkerung von rund 326.500 auf 622.500 nahezu verdoppeln. Im darauffolgenden Jahrzehnt kamen noch einmal 150.000 Einwohner hinzu. Gleichzeitig büßte die Stadt immer stärker ihren geschlossenen architektonischen und städtebaulichen Charakter ein. Die Siedlungsfläche expandierte in einem bis dahin kaum vorstellbaren Tempo. Die Barockhäuser in der südlichen Altstadt fielen der Speicherstadt zum Opfer (vgl. Nr. L 1). Selbst die Nachbrandgebäude aus den 1840er Jahren wurden sukzessive durch Neubauten ersetzt. Als 1892 eine verheerende Cholera-Epidemie grassierte, beschloss der Senat außerdem den Abbruch der Elendsviertel in der Altstadt und der Neustadt, der so genannten Gängeviertel (vgl. Nr. B 30 und Nr. B 51). Man kann sich Hamburg um 1900 durchaus als hässliche Stadt vorstellen: mit grauen Mietskasernen, kahlen Brandmauern in den noch nicht fertiggestellten Straßen, verwahrlosten Fachwerkvierteln und großen Brachen, die nach den ersten Kahlschlagsanierungen in der Neustadt klafften.

Eine Zäsur bedeutete die Gründerzeit auch für die architektonische Entwicklung, die sich bis dahin in Hamburg relativ kontinuierlich vollzogen hatte. Nun kamen der Spätklassizismus und der Romantische Historismus schlagartig aus der Mode und die Neorenaissance trat ihren Siegeszug an – wahlweise in den Formen der italienische Hochrenaissance oder in der ebenfalls immer beliebter werdenden »altdeutschen« Variante. Sie drängte auch bald die um 1870 ebenfalls aktuelle Neogotik der »Hannoverschen Schule« in das zweite Glied, die ihren Wirkungskreis vor allem bei nachrangigen Bauaufgaben wie Schulen, Stiften oder Fabriken fand. Innerhalb weniger Jahre differenzierten sich Stilkonventionen aus, die bis weit nach der Jahrhundertwende Gültigkeit hatten und es somit gerechtfertigt erscheinen lassen, für diesen Zeitabschnitt von einem gründerzeitlichen Historismus zu sprechen. Maßstäbe setzte Hamburg in dieser Epoche allerdings nur im Sakralbau (vgl. St. Johannis von Johannes Otzen, Nr. C 60), während das übrige Bauen bis auf einige wenige Spitzenleistungen wie das Rathaus (vgl. Nr. A 1) eher durchschnittlich blieb. Die Architektur der Hansestadt fiel nach der Reichsgründung deutlich hinter Berlin und in einigen Teilbereichen, z. B. dem Villenbau, sogar hinter Dresden und den Frankfurter Raum zurück.

Dieses apodiktisch anmutende Urteil über die Hamburger Architektur relativiert sich jedoch sofort, wenn man den Reichtum an gleichsam typologischen Lösungen betrachtet, die in der Hansestadt in der zweiten Hälfte des 19. Jahrhunderts für die unterschiedlichen Bauaufgaben der modernen Großstadt entwickelt wurden: die Reihenvilla – als hamburgische Variante der britischen »terraced houses« –, die zahlreichen Wohnstifte mit ihren gut geschnittenen Kleinwohnungen, die Hafenarchitektur und die Reformansätze im Geschosswohnungsbau. Und schließlich sei auch noch einmal das Kontorhaus hervorgehoben, das sich bereits um die Jahrhundertwende durch einen hohen haustechnischen Standard – Personenaufzüge, Telefonanschlüsse, Zentralheizungen – auszeichnete. Vor allem aber waren diese Gebäude moderne Skelettbauten, was sich auch immer deutlicher in der Gestaltung der Fassaden ausdrückte, die ihrerseits zu großzügig durchfensterten Skelettstrukturen wurden. Diese unterschwellige Modernität hatte zur Folge, dass sich Hamburg nach 1900 quasi

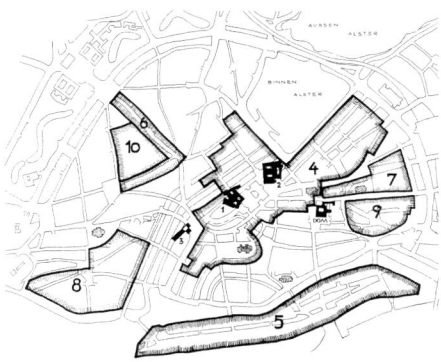
Substanzverluste in der Innenstadt: Großer Brand 1842 (4), Bau der Speicherstadt (5), Sanierungen (6-10) u. a.

Wiederaufbau nach dem Großen Brand 1842: Kleine Alster mit Reesendammbrücke und Alsterarkaden (vgl. Nr. B 1, zeitgenössische Aufnahme)

Kahlschlagsanierung in der südlichen Neustadt nach der Cholera-Epidemie von 1892 (um 1900)

Mönckebergstraße mit dem Rappolthaus von Fritz Höger (1911/12, vgl. Nr. A 59, Aufnahme um 1936)

im Zeitraffertempo zur Weltstadt mausern konnte, die den Vergleich mit anderen Metropolen nicht mehr zu scheuen brauchte.

Fritz Schumacher und seine Erben

Es ist das Verdienst von Fritz Schumacher, 1909 zum Leiter des öffentlichen Hochbauwesens und 1923 zum Oberbaudirektor ernannt, dass Hamburg wieder einen unverwechselbaren architektonischen Charakter entwickelt hat. Schumachers simple Strategie bestand in der Favorisierung des vermeintlich ortstypischen Backsteins, insbesondere des Klinkers, gepaart mit einer traditionalistischen, später gemäßigt modernen Architektursprache. Dabei konnte Schumacher auf das Engagement einer Reihe Hamburger Architekten zählen, von denen viele den Weg vom Heimatstil über die Reformarchitektur zum »Neuen Bauen« der Weimarer Republik fanden und somit kontinuierlich als ideelle Wegbereiter und kongeniale Übersetzer seiner städtebaulichen und architektonischen Vorstellungen fungierenten, wie Carl Gustav Bensel, Block & Hochfeld, Distel & Grubitz, Erich Elingius, Paul A. R. Frank, Hans und Oskar Gerson, Henry Grell, Fritz Höger, Friedrich R. Ostermeyer oder Karl Schneider. Und auch bei zahlreichen Bauherren fielen diese Ideen auf fruchtbaren Boden, so dass sich die Hamburger Architektur zwischen 1910 und 1930 durch ein besonders hohes Niveau auszeichnete.

Diese positive Entwicklung endete abrupt mit der Machtergreifung der Nationalsozialisten, nachdem bereits die Weltwirtschaftskrise zu einem starken Rückgang der Bautätigkeit geführt hatte. Nach 1933 bestimmten banale Lochfassaden mit schematisch gereihten Sprossenfenstern und steile Satteldächer das Bild. Außerdem wurde jetzt der rote Backstein gegenüber dem anspruchsvolleren Klinker bevorzugt. Mit Ausnahme des Generalkommandos der Wehrmacht (Nr. D 46) wurde jedoch kaum ein Entwurf im Sinne der offiziellen monumentalen NS-Architektur realisiert. Die Siedlungen aus der Weimarer Republik wurden weitergebaut, nun jedoch in der offenen Zeilenbauweise, die auch allgemein zum Leitbild avancierte. Überhaupt konnte die Stadtplanung in Hamburg nach 1933 Kontinuität behaupten und weiterhin als fortschrittlich gelten. Konstanty Gutschow, der 1941 zum »Architekt für die Neugestaltung der Hansestadt Hamburgs« zur »Führerstadt« ernannt wurde, nutzte seine von Albert Speer protegierte Stellung während der Kriegsjahre, um

Leitmotiv Klinker: Großsiedlung Barmbek-Nord mit den Wohnblöcken Habichtstraße von Karl Schneider u. a. (vgl. Nr. F 64.2, Aufnahme um 1930)

Konstanty Gutschow, Modell des geplanten Gauhochhauses der NSDAP am Altonaer Elbufer (1940)

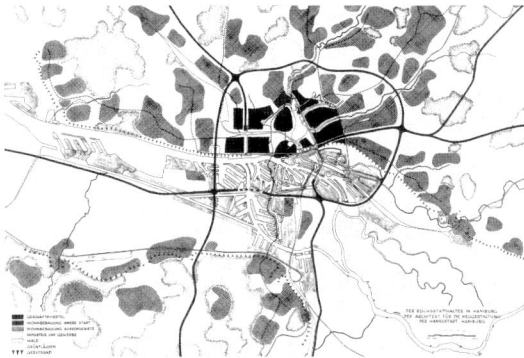

Konstanty Gutschow, Generalbebauungsplan 1944. Vorstudie zur »gegliederten und aufgelockerten Stadt« der Nachkriegszeit

Die »gegliederte und aufgelockerte Stadt«: Wiederaufbau an der Fruchtallee in Eimsbüttel (Aufnahme um 1962)

Leitmotiv Klinker: Hanse-Viertel von v. Gerkan, Marg + Partner (1978-80)

HafenCity, Büro- und Wohngebäude am Dalmannkai (vgl. Nr. L 3.4.2)

neben den geforderten Aufmarschachsen und repräsentativen Parteibauten eine richtungsweisende Wiederaufbauplanung zu entwickeln, die eine wesentliche Vorleistung für den Aufbauplan 1950 bildete: durchgrünt, baulich aufgelockert und mit einer strikten Trennung der Viertel in Wohn- und Arbeitsgebiete.

Bei den Luftangriffen im Sommer 1943 gingen große Teile Hamburgs unter. Zwischen Hammerbrook, Horn und Barmbek-Nord blieb kaum ein Gebäude unzerstört. Auch das Schumachersche Gesamtkunstwerk der aus Klinker modellierten Großstadtlandschaft wurde stark in Mitleidenschaft gezogen. Es zeugt von der Hochachtung, die Fritz Schumacher und sein Altonaer Kollege Gustav Oelsner auch nach 1945 genossen, dass ihre ausgebrannten Siedlungen und öffentlichen Gebäude schon bald rekonstruiert wurden. Ansonsten hat das Erbe beider im Wiederaufbau aber nur wenige Spuren hinterlassen. Die Stadtplanung verkümmerte unter Oberbaudirektor Werner Hebebrand (1952-64) zu einem abstrakten Beziehungsgeflecht von Entwicklungsachsen und Bebauungsdichten. Das beim Wiederaufbau favorisierte Leitbild der »gegliederten und aufgelockerten Stadt« mit ihrer geringen Baudichte und dem hohen Grünflächenanteil hat den total zerstörten Vierteln endgültig den urbanen Charakter genommen. Erst die sich seit den sechziger Jahren immer vehementer artikulierende Kritik am funktionalistischen Städtebau machte auch in Hamburg wieder deutlich, dass das Ganze mehr ist als die Summe seiner einzelnen Teile. Eine ganzheitliche Vision fehlte, wie sie Schumacher in seiner Amtszeit so überzeugend vertreten hatte.

Die Lösung wurde um 1980 wieder in einem betont traditionsverhafteten Bauen mit rotem Verblendmauerwerk gesucht. Unter Egbert Kossak, von 1981 bis 1998 Oberbaudirektor, erlebte der Klinker ein Comeback – nachdem Entwürfe wie das Hanseviertel von v. Gerkan, Marg & Partner (1978-80, vgl. Nr. B 11) dieser Entwicklung bereits den Boden bereitet hatten. Es wurde allerdings auch bald deutlich, dass traditionelle Baumaterialien, einheitliche Traufhöhen und geschlossene Blockränder nicht per se Garanten für Urbanität sind und eine einheitliche Klinkerbebauung ebenso monoton wirken kann wie vordem Vorhangfassaden oder Waschbeton. Der Umschwung kam abrupt. Seit Mitte der 1990er Jahre erfreuen sich wieder Glasfassaden und andere, bis dahin eher verpönte Materialien, z. B. Sichtbeton, großer Beliebtheit. Einige Kritiker reagieren immer noch verstört auf diese Entwicklung. Dabei liegt das Problem wohl weniger in dem Verzicht auf konventionelle Fassadenmaterialien und -strukturen, als vielmehr in dem Verlust einer angemessen Maßstäblichkeit. Die aggressive Aneignung des städtischen Raums durch undifferenzierte Großbauten (vgl. z. B. das Doppel-XX von BRT Architekten, Nr. E 35) scheint immer weniger Tabus zu unterliegen.

Ein besonderes Verdienst von Kossak liegt darin, dass er den vernachlässigten Hafenrand wieder in das Blickfeld gerückt hat – was seinem Nachfolger Jörn Walter heute etliche Entscheidungen erleichtert. Kossaks Ansinnen, überalterte Hafenanlagen aufzugeben und zu revitalisieren, wurde vor 25 Jahren allerdings noch als illusionär belächelt. Das Herz der Hamburger Wirtschaft galt als unantastbar. Doch auch hier haben sich die Leitbilder radikal gewandelt. Die Umwandlung des nordöstlichen Freihafens in die HafenCity – einer Fläche von insgesamt 1,6 qkm (vgl. Nr. L 3) – genießt höchste politische Priorität. Und der Blick der Stadtplaner richtet sich auch bereits auf die übrigen untergenutzten Hafenteile wie den Kleinen Grasbrook oder den Reiherstieg. Zwar ist der Traum geplatzt, Hamburg 2012 zur Olympiastadt zu machen. Aber 2013 wird die Internationale Gartenbauausstellung IGA in Wilhelmsburg eröffnet: als Initialzündung, um aus der von Industrien und Schnellstraßen eingeschnürten Enklave wieder ein attraktives Wohnviertel zu machen. Die architektonische und städtebauliche Entwicklung an Elbe und Alster bleibt in den kommenden Jahren also weiterhin spannend. Was einen Grund mehr bieten dürfte, sich auch differenziert mit der baulichen Vergangenheit Hamburgs auseinander zu setzen.

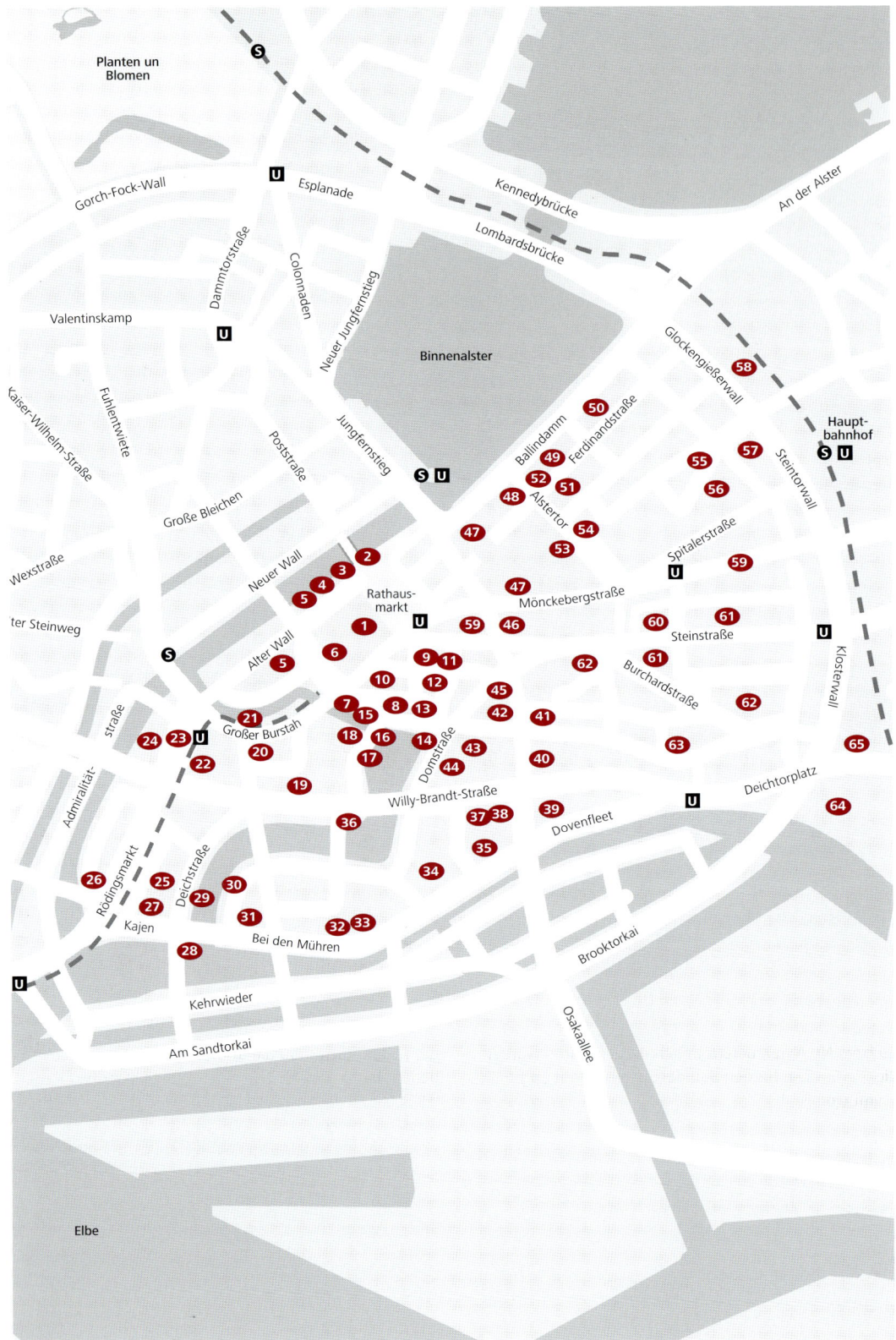

A Hamburg-Altstadt

Südlich von St. Petri lag die Hammaburg, die Keimzelle Hamburgs: ein Ringwall mit Palisade, der zwischen 810 und 822 angelegt wurde und eine Kirche, den späteren Dom St. Marien, umschloss. Die bischöfliche Siedlung wurde 1216 mit der Neustadt vereinigt – nicht zu verwechseln mit dem heutigen Stadtteil –, einem Handelsplatz, den Graf Adolf III. von Schauenburg um 1186 gegründet hatte (vgl. die Neue Burg, Nr. A 17). Städtische Strukturen bildeten sich im 13. Jahrhundert heraus, als die Marschinseln eingedeicht und eine Stadtmauer errichtet wurde (ca. 1250 ff.), die später durch vorgelagerte Wälle verstärkt wurde und somit für rund 300 Jahre das Stadtgebiet definierte. (Die Brookinseln im Süden der Altstadt wurden erst 1547 befestigt.) 1235 wurde außerdem die Alster mit einem Damm – dem späteren Jungfernstieg – zu einem Mühlensee aufgestaut.

Bis weit in das 19. Jahrhundert hinein waren die Marschinseln das bevorzugte Siedlungsgebiet, weshalb die Ufer der Fleete durchgängig in schmale Grundstücke aufgeteilt wurden. Wurden anfänglich nur die Parzellen hinter den Deichen geschlossen bebaut, so zwang Platzmangel später dazu, auch das Gelände vor der Deichlinie intensiv zu nutzen. Diese Parzellierung blieb bei der sukzessiven Erneuerung der Bebauung im 17. und 18. Jahrhundert erhalten (vgl. die Außen- und Binnendeichhäuser, Nr. A 29.1 bzw. Nr. A 33). Eine völlig andere Baustruktur zeigte dagegen das Kirchspiel St. Jacobi, das traditionelle Viertel der Unterschichten. Dort gab es ursprünglich auch Gartenland hinter den Häusern, das mit wachsender Bevölkerung jedoch immer stärker überbaut und mit Gassen im Blockinnern, den so genannten Gängen, erschlossen wurde.

Bei dem Großen Brand 1842 wurde die mittelalterliche Kernstadt zwischen der Deichstraße und der Binnenalster zerstört. Die städtebauliche Neuordnung der abgebrannten Viertel mit geraden Straßen und gleichmäßigen Blöcken bot ein halbes Jahrhundert später optimale Voraussetzungen für die Entwicklung der modernen City. Dieser Prozess wurde noch forciert, als das »Gängeviertel« um St. Jacobi nach der Cholera-Epidemie 1892 abgebrochen wurde und stattdessen die Mönckebergstraße und das Kontorhausviertel entstanden (vgl. Nr. A 59 bzw. Nr. A 62). Bereits in den 1880er Jahren wurden die Brookinseln für den Bau der Speicherstadt abgeräumt (vgl. Nr. L 1). Die letzten Spuren der historischen Altstadt fielen dem Zweiten Weltkrieg und dem Wiederaufbau zum Opfer, als die mittelalterlichen Fleete mit Trümmerschutt verfüllt wurden.

A 1 Rathaus und Rathausmarkt
Rathausmarkt, Hamburg-Altstadt
Architekten: Grotjan & Robertson. Haller & Lamprecht Hanssen & Meerwein. Hauers & Hüser. Stammann & Zinnow (Vorentwurf). Johannes Grotjan. Martin Haller Hanssen & Meerwein. Wilhelm Hauers. Stammann & Zinnow (Realisierung). Felix von Kalben (Restaurierung Fassaden). KHD Architekten Dreyer-Rüdiger-Reichard bzw. KHD Czerner Architekten (Restaurierung Innenräume, Neugestaltung Sitzungssäle und Innenhof)
1880, 1886-97; Restaurierung Fassaden 1994-99; Restaurierung Innenräume 1995-2000; Neugestaltung Sitzungssäle 1999-2002; Neugestaltung Innenhof 2000/01

Das historische Rathaus an der Trostbrücke (vgl. Nr. A 15) war dem Großen Brand 1842 zum Opfer gefallen. Zwei Wettbewerbe 1854/55 und 1876 für einen Neubau am heutigen Rathausmarkt blieben fruchtlos. 1880 ergriff deshalb ein »Rathausbaumeisterbund« aus zehn bedeutenden Hamburger Architekten die Initiative und legte einen gemeinsamen Entwurf vor, der 1885 in überarbeiteter Form angenommen wurde. Indirekte Ergebnisse des Wettbewerbs von 1876 waren die Entscheidung für den »flämischen« Rathaustyp – lange Hauptfassade mit hohem Mittelturm – sowie die bipolare und somit gleichberechtigte Anordnung der Räume der Exekutive und der Legislative, die bis heute ein sinnfälliges Abbild der Hamburger Verfassung liefert. Während 1876 aber noch ein »Behördenrathaus« gefordert war, wurden nun alle Funktionen aus dem Gebäude ausgegliedert, die nicht unmittelbar dem Senat und der Bürgerschaft dienten.

Ein umfangreiches Figurenprogramm verleiht der Neorenaissance-Architektur malerische Wirkung und lockert zugleich die schematisch gegliederte Hauptfront auf. Wie das 1842 zerstörte Rathaus erhielt auch der Neubau eine Kaisergalerie, die auf die frühere Reichsunmittelbarkeit und somit auf den Souveränitätsanspruch Hamburgs verweist. Am Turm, der mit einem Mosaik der Hammonia und Allegorien der Tugenden Tapferkeit, Frömmigkeit, Klugheit und Eintracht geschmückt ist (Carl Garbers und Rudolf Thiele), stehen sich Karl der Große und Friedrich Barbarossa gegenüber, die entscheidenden Förderer Hamburgs im Mittelalter (August Kramer bzw. August Vogel). Links vom Turm setzt sich die Herrscher-Genealogie relativ kontinuierlich bis zu Lothar III. von Supplinburg (1125-37) fort, wogegen die rechte Reihe, die von Heinrich VI. (1191-97) bis Franz II. (1792-1806) reicht, deutliche Lücken aufweist.

Bemerkenswerterweise fehlen die zeitgenössischen Hohenzollernkaiser in der Galerie, was beinahe so wirkt, als ob die legitime Thronfolge mit Franz II. endete, der bekanntlich 1806 die Römische Kaiserkrone niederlegt hatte. Erst 1903 wurde ein Reiterstandbild Kaiser Wilhelms I. auf dem Rathausmarkt aufgestellt (1929 abgetragen und zum Sievekingplatz verlagert, vgl. Nr. B 43). Ein weiteres bedeutendes Denkmal, der Hygieia-Brunnen von Joseph von Cramer (1895/96), verbirgt sich im Innenhof. Er sollte gleichzeitig als Luftansaugschacht für die Klimatisierung der Innenräume dienen, weshalb sich aus der untersten der drei Brunnenschalen ein zylindrischer Sockel mit vergitterten Öffnungen erhebt, umringt von nackten männlichen und weiblichen Figuren, deren Attribute auf die Wohltaten des Wassers hinweisen. Die bekrönende Figur stellt

A 1, A 2, A 3 Rathaus, Rathausmarkt, Gefallenendenkmal und ehem. Reichsbank (rechts)

Hygieia dar, die Personifizierung der Gesundheit, die sich triumphierend über einem Drachen erhebt: der Cholera-Epidemie von 1892.

Bürgerliches Selbstbewusstsein spiegelt auch die Ausschmückung der Innenräume wider. Die Rundpfeiler der Eingangshalle tragen Porträtmedaillons verdienter Hamburger Bürger. Im ersten Obergeschoss sind die entgegengesetzten Bereiche von Senat und Bürgerschaft durch eine Enfilade repräsentativer Empfangs- und Amtszimmer verbunden, deren Zentrum der Saal der Republiken mit Allegorien der Städte Athen, Rom, Amsterdam und Venedig bildet. Diese korrespondieren mit dem Motto, das an der Turmfassade angebracht ist: »Libertatem quam peperere maiores digne studeat servare posteritas« (sinngemäß: »Die Freiheit, die schwer errungen die Alten, möge die Nachwelt würdig erhalten«). Mit der flächigen und stilisierten Ausmalung des Festsaals durch Hugo Vogel (1903-09) hielt nach der Jahrhundertwende auch die aktuelle Kunst Einzug in die gründerzeitlich-pompösen Innenräume.

A 1.1 Neugestaltung Rathausmarkt
Architekt: Timm Ohrt
1977 W, 1980-82

Nach der Abtragung des Kaiser-Wilhelm-Denkmals 1929 blieb der Rathausmarkt rund 50 Jahre lang eine asphaltierte Verkehrsfläche. Bei der Neugestaltung wurde er um einige Stufen abgesenkt, um klare Raumgrenzen zu definieren, und die Kaimauer an der Kleinen Alster durch eine Treppe ersetzt. Gläserne Tonnendächer, unter denen Kioske angeordnet sind, und das Heine-Denkmal von Waldemar Otto (1982) unterstreichen die Längsachse des Platzes (die der mittig angeordnete Rathausturm negiert). Die Materialien – schwedischer Granit und Kleinpflaster – sind von einer Gediegenheit, die dem Ort angemessen ist. Die Hochleuten wurden 1930/31 aufgestellt. Die beiden Flaggenmasten stammen von dem Kaiser-Wilhelm-Denkmal. Ihre Bronzesockel sind mit Darstellungen von Vogesenfarm bzw. Vierländer Gemüse und korrespondierenden Reliefs geschmückt: Allegorien des Krieges und des Friedens für die Reichsflagge sowie der Elbe und des Handels für die Hamburger Flagge.

A 2 Gefallenendenkmal
Rathausmarkt/Schleusenbrücke, Hamburg-Altstadt
Architekt: Klaus Hoffmann. Bildhauer: Ernst Barlach
1929 W, 1930/31

Die flach profilierte Muschelkalksteinstele an der Viertelkreistreppe von Johann Hermann Maack (1846) spiegelt die ideologischen Konflikte und somit die politische Zerrissenheit der Weimarer Republik wider. Die Inschrift »Vierzigtausend Söhne der Stadt ließen ihr Leben für Euch 1914-1918« verklärt zwar das sinnlose Sterben im Ersten Weltkrieg zum Opfertod für das Vaterland. Diese Aussage wird aber durch das 7,5 m hohe Relief von Ernst Barlach auf der entgegengesetzten Seite konterkariert: Eine verhärmte Frau, die als Kriegerwitwe zu deuten ist, blickt in die Ferne wie in eine ungewisse Zukunft; in ihren Armen sucht ein Mädchen Geborgenheit. In der NS-Zeit wurde das Relief durch einen Adler von Ernst Ruwoldt ersetzt. Die Rekonstruktion erfolgte 1949 durch den Steinmetz Friedrich Bursch, der bereits die ursprüngliche Ausführung geschaffen hatte.

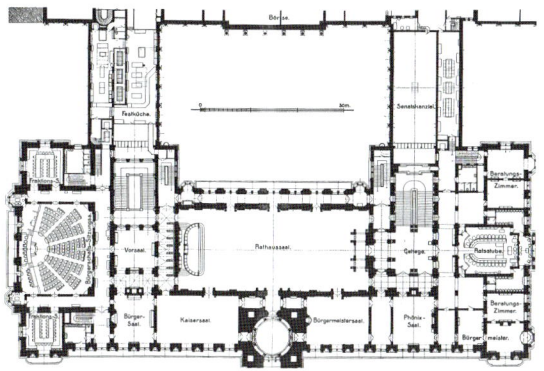

A 1 Rathaus, Grundriss Hauptgeschoss

A 4 Ehem. Verwaltungsgebäude der Norddeutschen Versicherungs-Gesellschaft (Aufnahme um 1909)

A 3 Ehem. Reichsbank
Rathausmarkt 2/Alter Wall 2, Hamburg-Altstadt
Architekten: Bauverwaltung der Reichsbank, Philipp Nitze und Heinrich Wolff
Baubeginn 1914-16, Fertigstellung 1918/19

Die straff gegliederte Pfeilerfassade ist beispielhaft für den Berliner Neoklassizismus am Vorabend der Moderne. Am Segmentbogengiebel mit der Aufschrift »Reichsbank 1914-17« und einer Wappenkartusche mit Reichsadler repräsentieren fünf Figuren mit den Themen Fischerei (Fischer), produzierendes Gewerbe (Schmied), Handel (Kaufmann im Habit eines Senators), Landwirtschaft (Bauer) und Seefahrt (Matrose) die Hamburger Wirtschaft. Zeitgeist reflektieren die Medaillons an der Ostfassade mit den Porträts der drei Hohenzollernkaiser – Wilhelm I., Friedrich I. und Wilhelm II. – und die beiden Figuren, die das Hauptportal bekrönen. Merkur und ein Ritter mit Schwert stehen sich dort als Sinnbilder von Wirtschaftsmacht und Streitkraft gegenüber, den beiden Säulen des wilhelminischen Imperialismus. Völlig unmonumental in ihrer Feingliedrigkeit muten dagegen die inkrustierten Marmorverkleidungen des Treppenhauses und der Eingangshalle an, für die das Material aus der ehemaligen deutschen Kolonie Togo beschafft wurde.

Die ehemalige Kassenhalle wurde 2001/02 von Jan Störmer Architekten zum **Bucerius Kunstforum** für Wechselausstellungen umgestaltet.

A 4 Ehem. Verwaltungsgebäude der Norddeutschen Versicherungs-Gesellschaft
Alter Wall 12, Hamburg-Altstadt
Architekten: Johann Emil Schaudt. Emil Rudolf Janda
1908/09

Ein Entwurf des Berliner Architekten Johann Emil Schaudt (z.B. Kaufhaus des Westens, 1906/07). Bemerkenswert ist die Originalität der bisweilen manieristischen Details, z.B. die rüsselartigen Konsolen am Hauptportal. Allerdings wirkt die additiv gegliederte Hauptfassade, die in drei völlig heterogene Zonen mit gegeneinander verschobenen Fensterachsen zerfällt, geradezu unbeholfen angesichts der weitaus organischeren Hamburger Kontorhausarchitektur. Beim Wiederaufbau wurde das Gebäude insbesondere an der Fleetseite und im Innern stark vereinfacht. Die ursprünglich sehr aufwändige Ausstattung ist nicht einmal mehr zu erahnen.

Von Schaudt stammt auch das **Kontorhaus Wille**, Alter Wall 10 (mit Walther Puritz, 1909/10).

A 5 Banken von Martin Haller
A 5.1 HypoVereinsbank AG
Alter Wall 20-22, Hamburg-Altstadt
Architekten: Haller & Geißler (Ursprungsbau)
Schramm & Elingius (Wiederaufbau und Erweiterung)
Schramm, v. Bassewitz, Hupertz & Partner (Umbau)
1900-02; Zerstörung 1943; Wiederaufbau und Erweiterung 1947-52; Umbau 1989-92
A 5.2 Deutsche Bank AG
Alter Wall 37-53, Hamburg-Altstadt
Architekten: Martin Haller (Ursprungsbau)
Haller & Geißler (Erweiterungen ab 1903)
Hellmut Lubowski (Wiederaufbau)
1883-88, Erweiterungen 1890, 1896/97, 1903, 1910; Zerstörung 1943; Wiederaufbau um 1950

Zwei der für Martin Haller charakteristischen Bankpaläste mit Fassaden im Stil der italienischen Hochrenaissance. Der Fassadenaufbau nach dem Palastschema mit dem wehrhaft gequaderten Sockelgeschoss für die Kassenhalle und der durch Ädikulen hervorgehobenen Beletage für die Direktion spiegelt nicht nur die Funktionsbereiche innerhalb des Gebäudes wider, sondern liefert auch ein getreues Abbild der Betriebshierarchie (zumal die Hausmeister im Souterrain wohnten). Beim Wiederaufbau von Alter Wall 20-22 wurde die Straßenfassade auf der linken Seite um drei Fensterachsen im ursprünglichen Stil verlängert. Beim Umbau Anfang der 1990er Jahre wurden die ausgewogenen Proportionen verdorben. Die Fenster im Hochparterre reichen seitdem als Schlitze bis in das ehemalige Kellergeschoss hinab; das Staffelgeschoss wurde zum Vollgeschoss ausgebaut.

Das **Börsenhaus**, Alter Wall 32, stammt von Johannes Grotjan (1894/95).

A 5.1 Banken von Martin Haller, HypoVereinsbank AG

A 5.3 Banken von Martin Haller, Erweiterung der Deutschen Bank AG mit Altbau (rechts, Aufnahme um 1953)

A 5.3 Erweiterung der Deutschen Bank AG
Adolphsplatz 7, Hamburg-Altstadt
Architekt: Georg Wellhausen
1951 W, 1951-53

Hinsichtlich der repräsentativen Sandsteinverkleidung und des konventionellen Fassadenaufbaus mit Sockelgeschoss – Lochfassade statt Skelettstruktur – und überhöhtem Direktionsgeschoss passt sich der Entwurf problemlos der Palazzo-Architektur des Altbaus von Martin Haller an. Typisch für die Nachkriegsmoderne sind die Rasterfassaden und die Staffelgeschosse.

Das ehemalige **Bankhaus Joh. Berenberg, Gossler & Co.**, Adolphsplatz 5, stammt von Haller & Geißler (1907).

A 6 Börse
Adolphsplatz, Hamburg-Altstadt
Architekten: Carl Ludwig Wimmel. Franz Gustav Forsmann (Halle II). Hanssen & Meerwein (Halle I). Hochbauwesen, Albert Erbe (Halle III). Georg Wellhausen (Wiederaufbau). Wellhausen & Partner (Modernisierung)
Halle II 1837 W, 1839-41, Neugestaltung der Fassade 1892-94; Halle I 1882-84; Halle III 1909-12; Zerstörungen 1941 und 1943; Wiederaufbau Halle II 1949-51; Wiederaufbau Flügel Alter Wall 1953/54; Wiederaufbau Halle I 1958-61; Modernisierung 1987, 1988/89

Der Komplex besteht aus drei annähernd gleich großen Sälen, die durch niedrigere Seitentrakte verbunden werden und einen vergleichbaren dreigeschossigen Wandaufriss mit Arkaden, Pilastern, Friesen und Gesimsen aufweisen. Der Kernbau von 1841 ist der heutige Mittelsaal (Halle II), der die Börse von 1583 an der Trostbrücke ersetzte (vgl. Nr. A 16). Beim Großen Brand 1842 zählte die Börse zu den wenigen Gebäuden im Zerstörungsgebiet, die gerettet wurden. 1892 bis 1894 erhielt der spätklassizistische Putzbau eine Sandsteinfassade im Renaissancestil mit korinthischen Pilastern und Säulen, um ihn dem Rathaus und der westlichen Erweiterung von 1884 (Halle I) anzupassen.

Auch Albert Erbe orientierte sich beim Entwurf der Kornbörse (Halle III) am Bestand und setzte nur mit dem Büroflügel an der Großen Johannisstraße einen eigenen Akzent. Ein Eckturm kaschiert dort den Übergang zu einer monumentalen neopalladianischen Fassade nach dem Vorbild des Gebäudes der Berliner Handelsgesellschaft von Alfred Messel in Berlin (1899-1900). Die Zifferblätter der Turmuhren hat Johann Michael Bossard gestaltet. Beim Wiederaufbau wurde der ursprüngliche Charakter der beiden zerstörten Börsensäle wiederhergestellt. Die Skulpturengruppen auf dem Eingangsbau stammen von Waldemar Otto (2005).

A 6.1 Haus im Haus
Architekten: Behnisch Architekten
2003 W, 2006/07

Die fünfgeschossige Konstruktion mit schlanken Stahlstützen wurde nach dem Haus-im-Haus-Prinzip in Halle I errichtet, um zusätzlichen Raum für Club- und Besprechungsräume sowie Ausstellungsflächen zu gewinnen. Dank der geringen Wärmeabstrahlung der LED-Lichtdecken, die zugleich ein zentrales gestalterische Element bilden, waren 60 mm starke Deckenplatten ausreichend (Gesamtdeckenhöhe 100 bis 150 mm). Die offenen Außenseiten der einzelnen Geschosse sind partiell mit verchromten Aluminiumlamellen verkleidet, deren flirrende Reflexionen das grazile Bauwerk gleichsam zu entmaterialisieren scheinen.

A 7 Börsenburg
Börsenbrücke 2a, Hamburg-Altstadt
Architekten: Henry Grell. G. Stuhlmann (Ursprungsbau) Wolfgang Großner (Modernisierung und Restaurierung)
1908/09; Modernisierung und Restaurierung 1997/98

Repräsentatives Kontorhaus mit rustizierter Muschelkalksteinfassade. Die Fassadengliederung mit dicht gereihten Fensterstützen und Bay Windows – flach gewölbten Erkern – repräsentierte um 1908 den fortschrittlichsten Stand der Kontorhausarchitektur. Die Ähnlichkeit mit dem zeitgleich errichteten Hübner-Haus am Neuen Wall, das ebenfalls von Henry Grell stammt (vgl. Nr. B 3) ist nicht zu übersehen. Ende der 1990er Jahre wurde die Schaufensterzone in Anlehnung an den ursprünglichen Zustand erneuert.

A 6.1 Börse, »Haus im Haus« in der Halle I

A 6 Börse, Außenansicht mit den Laternen der drei Säle (Aufnahme um 1961)

A 8 Kontorhaus Große Bäckerstraße

A 8 Kontorhaus Große Bäckerstraße
Große Bäckerstraße 4, Hamburg-Altstadt
Architekt: Walter Martens
1899

Das relativ kleine Gebäude sticht durch seine farbige Fassade aus blau und gelb glasierten Ziegeln hervor. Der plastische Bauschmuck in romanischen und spätgotischen Formen konzentriert sich auf die Umrahmungen der Fenster und die Brüstungsfelder. Das repräsentative, mit poliertem Granit verkleidete Vestibül und das Treppenhaus sind einschließlich der Lampen und Türbeschläge im Originalzustand überliefert.

Hinter der spätklassizistischen Putzfassade, Große Bäckerstraße 10, verbergen sich zwei der ältesten **Fachwerkhäuser** der Hamburger Innenstadt (um 1700, 1993 von Sefl & Partner restauriert).

A 9 Johannishof
Kleine Johannisstraße 5-11, Hamburg-Altstadt
Architekt: George Radel
1895/96

Der Johannishof ist eines der ältesten Hamburger Kontorhäuser. Die Fassade ist bereits in Stützen aufgelöst, wenn die Skelettstruktur hier auch noch durch die vielfältigen Dekorationen im Stil der Neorenaissance, z. B. Quaderungen, Zahnschnittfriese oder Hermenpilaster als Fensterstützen, verwischt wird, die von der Lochfassade abgeleitet sind. Bemerkenswert ist auch die repräsentative Eingangshalle.

Der **Rathausmarkthof**, Kleine Johannisstraße 4, ist ein Entwurf von Hanssen & Meerwein (1899).

A 10 Henckels-Solingen-Haus
Schauenburgerstraße 61, Hamburg-Altstadt
Architekten: Otto Westphal. J. Wendler
1906/07

Feingliedrige Bay Windows erwachsen der Fassade wie Maßwerk. Auch der Haupteingang ist mit einem Kielbogen aus Stabmaßwerk bekrönt. Im Detail noch unterschwellig dem Historismus verhaftet, ist die Fassade im Ganzen betrachtet doch organisch im Sinne des Jugendstils entwickelt und stellt eine seiner reifsten Leistungen in Hamburg dar. Die Figuren eines Seemanns und eines Schmieds verweisen auf die Funktion des Gebäudes: Es war einerseits ein typisches Kontorhaus für hafen- und schifffahrtsabhängige Unternehmen, andererseits die Hamburger Niederlassung eines Herstellers von Kleinschmiedeerzeugnissen. Spielerisch wird dessen Firmenemblem, die Zwillinge, mit den Tierkreiszeichen an den Erkerbrüstungen variiert.

A 10 Henckels-Solingen-Haus

A 9 Johannishof

A 11 Ehem. Amtshaus der Schlosser
Schauenburgerstraße 32, Hamburg-Altstadt
1845

Das Putzgebäude im Rundbogenstil des Spätklassizismus ist eines der letzten erhaltenen Beispiele für den Wiederaufbau der Hamburger Innenstadt nach dem Großen Brand 1842. Gleichzeitig stellt es auch in sozial- und wirtschaftsgeschichtlicher Hinsicht ein wichtiges Dokument dar, denn erst 1864 wurde in Hamburg die Gewerbefreiheit eingeführt. Bis dahin waren die Handwerker in zunftartigen »Ämtern« organisiert.

A 12 Bürohaus Schauenburger Straße
Schauenburger Straße 27, Hamburg-Altstadt
Architekt: Friedrich Adolff
1952/53

Die für die Kontorhausarchitektur typische Vertikalgliederung findet sich auch an einigen Bauten der Nachkriegszeit wieder, hier in Form dicht gereihter Rippen, die den Fassaden im Zusammenspiel mit den Horizontalen der Kragteile eine starke Expressivität verleihen. Auf die Kontorhaustradition verweist auch die großzügige Eingangshalle mit Paternoster.

Die **Kontorhausfassaden** Schauenburgerstraße 15 und 21, die heute Neubauten vorgeblendet sind, stammen von Frejtag & Wurzbach bzw. Frejtag & Elingius (1906 bzw. 1910/11).

A 13 Bürohaus Rolandsbrücke
Rolandsbrücke 4, Hamburg-Altstadt
Architekt: Carsten Roth
2002, 2004/05

Komplex geknickter und gestaffelter Baukörper mit weißen Blechfassaden, der mit den Fluchtlinien und Höhen der heterogenen Nachbarbebauung spielt und somit zu jeder Seite hin einen anderen Anblick bietet. Rhythmisch gegeneinander versetzte Fenster mit prismatisch gefalteten Streckblechen vor den Lüftungsflügeln steigern dieses Vexierspiel. Mit zehn Geschossen sprengt der Bau allerdings den Maßstab des Börsenviertels, das an dieser Stelle ohnehin durch die »aufgelockerte« Bebauung der Nachkriegszeit beeinträchtigt wird.

A 14 Zollenbrücke
Hamburg-Altstadt
1633

Bogenbrücke mit drei halbkreisförmigen Öffnungen, die mit Quadern aus Granit und Sandstein verkleidet ist. Die Geländer und Leuchten stammen von einer späteren Instandsetzung (1850-54). Die Zollenbrücke, 1355 erstmalig erwähnt, ist die älteste erhaltene Hamburger Brücke. Sie führt über den Rest des ehemaligen Gröningerstraßenfleets, das 1946 mit Trümmern zugeschüttet wurde und später endgültig unter der heutigen Willy-Brandt-Straße verschwand.

Das gusseiserne **Brückengeländer** an der Domstraße, ein Entwurf von Otto Sigismund Runge (1835), wurde 1955 von der Graskellerbrücke hierher versetzt.

A 15 Haus der Patriotischen Gesellschaft von 1765
Trostbrücke 4, Hamburg-Altstadt
Architekten: Theodor Bülau (Ursprungsbau)
Klophaus & Schoch (Aufstockung)
Friedrich R. Ostermeyer und Paul Suhr (Wiederaufbau)
1844 W, 1845-47; Aufstockung 1923/24; Zerstörung 1943; Wiederaufbau 1956/57

A 13, A 15 Bürohaus Rolandsbrücke (links) und Haus der Patriotischen Gesellschaft von 1765 (rechts, Aufnahme um 1924)

Die »Hamburgische Gesellschaft zur Beförderung der Künste und der nützlichen Gewerbe« – kurz Patriotische Gesellschaft – wurde 1765 gegründet. In Anerkennung ihrer Verdienste um die kulturelle, soziale und wirtschaftliche Entwicklung der Hansestadt erhielt sie nach dem Großen Brand 1842 das Privileg, ihren neuen Sitz auf dem Grundstück des zerstörten Rathauses zu errichten: eine Kombination aus Geschosswohnungen (an der Fleetseite), den Räumen der Gesellschaft und Ladengeschäften im Erdgeschoss. Von 1859 bis 1897 diente der große Saal als Tagungsort der Hamburger Bürgerschaft. Auch der Übersee-Club war zeitweise Mieter, wofür das Gebäude 1923/24 im expressionistischen Stil aufgestockt wurde.

Der Entwurf sollte Impulse für die architektonische und bautechnische Entwicklung in Hamburg vermitteln. Diesem Anspruch kam das Sichtmauerwerk – in demonstrativer Abkehr von den damals aktuellen Putzfassaden – ebenso entgegen wie das Betonfundament, die Asphaltböden in den Innenräumen oder die Wasserklosetts im Keller. Weitaus weniger pragmatisch wertete jedoch Theodor Bülau den neogotischen Bau, den er vielmehr als steingewordenes Plädoyer für eine Erneuerung der Architektur aus dem Geist des Mittelalters – der »christlich deutschen Kunst« – verstand. Allerdings musste er hinsichtlich des flachen Daches, das aus Brandschutzgründen vorgeschrieben war, einen Kompromiss eingehen.

1943 brannte das Gebäude aus, wobei bedeutende Architektennachlässe vernichtet wurden, die hier archiviert waren. Beim Wiederaufbau wurde die expressionistische Aufstockung vereinfacht und der Sitzungssaal büßte seine Maßwerkfenster ein. Vor allem aber wurde der neue Innenausbau nicht der ursprünglichen Intention Bülaus gerecht, denn hatte dieser die Innenwände im Erdgeschoss unverputzt gelassen und die Holzverkleidungen nur geölt und gefirnisst, so gestalteten Friedrich R. Ostermeyer und Paul Suhr das Innere nun im Repräsentationsstil der Adenauer-Ära mit bunten Mosaiken, glänzendem Naturstein und Goldeloxal, der Bülaus Streben nach einer materialgerechten und unverfälschten Gestaltung diametral entgegensteht.

A 16, A 18 Trostbrücke und Globushof

A 16 Trostbrücke
Hamburg-Altstadt
Architekt: Ingenieurwesen, Franz Andreas Meyer
Bildhauer: Engelbert Peiffer
1881-83

Die Trostbrücke überspannt das Nikolaifleet mit einem 15,5 m weiten Segmentbogen. Typisch für die Brücken von Franz Andreas Meyer ist die Mischung von Backsteinflächen und Gliederungen aus Naturstein, die er von seinem Vorgänger Johann Hermann Maack übernommen hat (vgl. z. B. die Bleichenbrücke, Nr. B 9). Der bastionsartige Vorbau am östlichen Brückenkopf wurde bei der Neugestaltung der Kaimauer zerstört. Die beiden Skulpturen, die sich in der Mitte der Brücke gegenüberstehen, stellen Graf Adolf III. von Schauenburg und Erzbischof Ansgar dar als Symbole für die bischöfliche Altstadt und die gräfliche Neustadt (vgl. Nr. A 17), die bereits im Mittelalter durch die Brücke verbunden wurden (den Geistlichen und den Grafen trennen allerdings mehr als drei Jahrhunderte). An der Trostbrücke lag bis zum Großen Brand 1842 das politische und wirtschaftliche Zentrum Hamburgs mit dem Rathaus, der Bank und der Alten Börse, worauf die Erläuterungstafel anspielt, die an der Kaimauer des Globushofs (vgl. Nr. A 18) angebracht ist.

A 19, A 21 Ehem. evangelisch-lutherische Hauptkirche St. Nikolai (links, Aufnahme 1930er Jahre) und Burstahhof (rechts)

A 24 Oberfinanzdirektion (Aufnahme um 1912)

A 17 Laeiszhof

A 17 Laeiszhof
Trostbrücke 1, Hamburg-Altstadt
Architekten: Martin Haller. Hanssen & Meerwein
1897/98

Die für die Architekten wie für den Kontorhausbau ungewöhnlichen neogotischen Formen der »Hannoverschen Schule«, in diesem Fall besonders reich mit Formsteinen und Bändern aus Glasurziegeln sowie einem Rustikasockel aus rotem Granit, erklären sich wohl durch die unmittelbare Nachbarschaft zum Chor von St. Nikolai (vgl. Nr. A 19), möglicherweise aber auch durch die Geschichtsträchtigkeit des Bauplatzes. In der Kurve des Nikolaifleets lag die Neue Burg, die 1061 unter dem sächsischen Herzog Ordulf angelegt worden war und nach ihrer Schleifung (um 1186) unter Graf Adolf III. von Schauenburg die Keimzelle einer aufstrebenden Kaufmannssiedlung bildete. Bemerkenswert ist auch die repräsentative Eingangshalle mit umlaufenden Galerien und einem der letzten Paternoster, die sich in Hamburg noch in Betrieb befinden.

Bauherr war die Segelschiffreederei Ferdinand Laeisz. Im bildhauerischen Schmuck des Gebäudes paart sich liebenswerte hanseatische Spleenigkeit mit markigem Nationalbewusstsein. Während über dem Hauptportal Skulpturen von Wilhelm I., Bismarck, Moltke und Wilhelm II. (Bruno Kruse) angebracht sind, erinnert ein Pudel auf dem Giebel am Nikolaifleet an den Kosenamen von Sophie Christine Laeisz, der Gattin von Carl Heinrich Laeisz. Ein weiteres Denkmal steht in der Eingangshalle: eine Dreiergruppe aus einem Seemann, einem Werftarbeiter und einer Allegorie auf das Versicherungswesen, die leider die ursprüngliche Marmorumrahmung mit den Porträts der drei Reedergenerationen Ferdinand, Carl Heinrich und Carl Ferdinand Laeisz eingebüßt hat (Caesar Scharff, 1903).

A 18 Globushof
Trostbrücke 2, Hamburg-Altstadt
Architekten: Lundt & Kallmorgen
1907/08

Bei der Gestaltung der Fassaden wurden Vorbilder aus der norddeutschen Bürgerhausarchitektur der Renaissance und des Barock mit ihrem typischen Zweiklang von Backstein und Sandstein kombiniert, wie sie zu dieser Zeit mit der Heimatschutzbewegung aktuell wurden. Auffällig ist die Bekrönung der Giebel mit Schiffsskulpturen aus Kupfer. Zu ihnen gesellte sich ursprünglich noch eine Atlantengruppe mit einem Globus, die auf dem Dach postiert war und auf den Gebäudenutzer, nämlich die Globus-Versicherung, anspielte.

A 19 Ehem. evangelisch-lutherische Hauptkirche St. Nikolai
Hopfenmarkt, Hamburg-Altstadt
Architekt: George Gilbert Scott
1844 W, 1846-63, Fertigstellung Turm 1874;
Zerstörungen 1943 und 1951

Der mittelalterliche Vorgänger wurde beim Großen Brand 1842 zerstört. Gottfried Semper konnte den Wettbewerb 1844 mit einem kuppelbekrönten Zentralbau im zeittypischen Rundbogenstil für sich entscheiden. Schließlich überzeugte aber doch der zweitplazierte Entwurf des Briten George Gilbert Scott für eine konventionelle Wegkirche mit Einturm. Diese sollte auf dem Höhepunkt der Gotikbegeisterung – 1842 wurde feierlich die Volendung des Kölner Doms als Nationalmonument begonnen – jedoch nicht wieder als Backsteinhalle erstehen wie die 1842 ebenfalls abgebrannte Hauptkirche St. Petri (vgl. Nr. A 46), sondern als Basilika mit einer reichen Werksteingliederung in hochgotischen rheinischen Formen.

1951 wurde der bis auf die eingestürzten Gewölbe relativ gut erhaltene Bau gesprengt. Nur der 147 m hohe Turm, der bei den Luftangriffen im Sommer 1943 als Zielmarke gedient hatte, und Reste der Chorwände blieben stehen. Wiederholte Wettbewerbe zur Umgestaltung dieser Relikte in ein Mahnmal (1953, 1961 und 1989) erbrachten keine greifbaren Ergebnisse. 1977 wurde ein schwarz-weißes Mosaik des Gekreuzigten von Oskar Kokoschka in der Turmhalle angebracht, dessen farbige Fassung sich in der neuen Hauptkirche St. Nikolai in Harvestehude befindet (vgl. Nr. D 51). Seit 1987 bewahrt ein privater Förderkreis die Ruine vor dem Verfall. Außerdem wurde ein Dokumentationszentrum eingerichtet.

Der **Vierländerin-Brunnen** auf dem Hopfenmarkt ist ein Entwurf von Franz Andreas Meyer (1878). Die Skulptur stammt von Engelbert Peiffer.

A 20 Hindenburghaus
Großer Burstah 31, Hamburg-Altstadt
Architekten: Hiller & Kuhlmann (Ursprungsbau)
Kleffel, Köhnholdt, Gundermann (Erweiterung)
1909/10; Erweiterung 1990-93

Die Balkone an der schwerfällig gegliederten Sandsteinfassade erinnern daran, dass das Gebäude ursprünglich als Hotel errichtet worden war. Bemerkenswert ist die elegante Eingangshalle, die mit Holztäfelungen, Kristallampeln, einer Kaminattrappe (ohne Rauchabzug) und verspiegelten Scheinarchitekturen auf relativ engem Raum Großzügigkeit suggeriert. (So ähnlich kann man sich auch die Interieurs der Passagierdampfer vor dem Ersten Weltkrieg vorstellen.) Die Erweiterung, die eine schmale Baulücke schließt, greift die Maßstäblichkeit des Altbaus mit modernen Mitteln wieder auf.

Das Verwaltungsgebäude der **Allianz Versicherungs-AG**, Großer Burstah 3, ist ein Entwurf von Bernhard Hermkes und Gerhard Stössner (1964, 1969-71).

A 21 Burstahhof
Großer Burstah 36-38, Hamburg-Altstadt
Architekten: Bahre & Querfeld
1887/88

Der Burstahhof ist eines der ältesten erhaltenen Hamburger Kontorhäuser. Hier wurde die Fassade erstmalig in ein Skelett aus Pfeilern und Fensterstützen aufgelöst. Von dem konventionellen Repertoire an Schmuckformen, das die Lochfassade über Jahrhunderte gekennzeichnet hat, z. B. Gesimse oder Kolossalpilaster, konnte sich dieser Entwurf aber noch nicht emanzipieren. Der Renaissancedekor überlagert die klare Grundstruktur. Weitaus schlichter präsentiert sich die mit Backstein verkleidete Fleetseite.

A 22 Altes Klöpperhaus
Rödingsmarkt 9, Hamburg-Altstadt
Architekten: Lundt & Kallmorgen (Ursprungsbau)
Schweger & Partner (Modernisierung)
1902-04; Modernisierung 1987

Das Gebäude diente bis zur Fertigstellung des Neubaus an der Mönckebergstraße (vgl. Nr. A 59.2) als Geschäftshaus für ein Großhandelsunternehmen, das auf Textilien und Kurzwaren spezialisiert war. Unten waren die Säle für die Bemusterung und den Engros-Verkauf der Ware, oben die Büros untergebracht, was sich an dem Wechsel der Fensterachsmaße ablesen lässt. Die für Hamburg ungewöhnliche wuchtige neoromanische Werksteinfassade deutet auf Einflüsse des amerikanischen Architekten Henry Hobson Richardson (1838-86) hin.

A 23 Hochbahnviadukt und Hochbahnhaltestelle Rödingsmarkt
Rödingsmarkt, Hamburg-Altstadt
Architekten: Raabe & Wöhlecke (Station)
Grundmann + Hein (Viadukt und Umbau Station)
1911/12; Viadukt 1999, 2000/01; Umbau Station 2002

Der Viadukt zwischen dem Rödingsmarkt und den St.-Pauli-Landungsbrücken stellt schon allein wegen des Panoramablicks über den Hafen einen der bemerkenswertesten Abschnitte der 1912 fertiggestellten Hochbahnringlinie dar. Die Bahnsteighalle der Station Rödingsmarkt überspannt die Gleise mit eisernen Fachwerkbindern und einem flach geneigten Satteldach. Ein repräsentativer Eingangsbau mit Granitfassade nobilitiert die schlichte Skelettkonstruktion, entsprechend der zentralen Lage des Bauwerks. 2002 wurde ein zweiter Eingang an der Südseite geschaffen und der alte Zugang behindertengerecht umgebaut. Der Viadukt wurde im Abschnitt Rödingsmarkt vollständig erneuert.

A 24 Oberfinanzdirektion
Rödingsmarkt 2, Hamburg-Altstadt
Architekt: Hochbauwesen, Albert Erbe
1907-12

Albert Erbe hat das umfangreiche Bauvolumen nicht ohne Geschick bewältigt, wozu nicht zuletzt die konvex

A 25 IBAU-Haus

A 26 Stellahaus

A 29 Ensemble Deichstraße, Haus Schäfer

geschwungene Hauptfront und das abwechslungsreich gegliederte Mansardwalmdach beitragen. Im Detail verliert er sich jedoch in allzu kleinteiligen und beliebigen Dekorationsformen, was ihn deutlich von seinem Nachfolger Fritz Schumacher unterscheidet, der 1909 zum Leiter des öffentlichen Hochbaus in Hamburg ernannt wurde. Der Zusammenklang von rotem Backstein und Sandsteindekor verweist auf den von Erbe gerne zitierten Hamburger Barockstil. Wilhelminisch-pompös und somit »unhamburgisch« ist die Eingangshalle geraten.

A 25 IBAU-Haus
Rödingsmarkt 35, Hamburg-Altstadt
Architekten: A. P. B. Architektengruppe Planen & Bauen Beisert, Findeisen, Grossmann-Hensel, Wilkens
1984, 1985/86
Baulückenschließung im architektonischen Niemandsland am Südende des Rödingsmarktes. Mit bläulich schimmerndem Klinker und Sprossenfenstern variiert das Gebäude bewährte Hamburger Architekturmotive aus der Weimarer Republik. Der Giebel und die schmale Baugestalt erinnern an die sporadisch erhaltenen Speicher und Bürgerhäuser in der Nachbarschaft. Die Stahlprofile des Erkers korrespondieren mit dem gegenüberliegenden Hochbahnviadukt.

A 26 Stellahaus
Rödingsmarkt 52, Hamburg-Altstadt
Architekten: Martin Haller (Ursprungsbau)
Albert Lindhorst. Edwin Reith. Zauleck & Hormann (Umbau und Aufstockung)
1874/75; Umbau und Aufstockung 1922/23
Einer von Hamburgs eher bescheidenen Beiträgen zur Hochhausdiskussion der 1920er Jahre (sieht man von denjenigen Kontorhäusern ab, die dieses Kriterium zwar in baurechtlicher Hinsicht erfüllen, im Stadtbild aber nicht unbedingt als Hochhäuser wahrgenommen werden). Für das Stellahaus wurde ein älterer Bau um fünf Geschosse aufgestockt, die auf einer Eisenkonstruktion mit eigenen Fundamenten ruhen. Eine wegweisende Neuerung waren die Staffelgeschosse. Der zackige expressionistische Dekor der Putzfassaden wurde offensichtlich durch den Namen des Gebäudes inspiriert, bedeutet Stella doch bekanntlich Stern.

A 27 Bürohäuser Kajen
Kajen 2-10, Hamburg-Altstadt
Architekt: Otto Paradowski
1953-56
Gruppe von drei Bürohäusern in einer Straßenkurve, deren Schwung der weit hervortretende Risalit von Kajen 10 gleichsam auffängt. Hinsichtlich der Rasterfassaden sind die Entwürfe zwar der Nachkriegsmoderne verpflichtet, die repräsentativen Materialien, die gediegenen Details und die repräsentativ betonten Eingangsbereiche – indirekt beleuchtete Deckenausschnitte, asymmetrisch ausschwingende Treppen – ordnen sie jedoch noch der Kontorhaustradition der Vorkriegsjahre zu, was auch auf die Nutzer zutrifft, nämlich Reedereien und Handelsfirmen.

A 28 Hohe Brücke und Kranwärterhaus
Hohe Brücke 2, Hamburg-Altstadt
Architekten: Ingenieurwesen, Franz Andreas Meyer
1886/87; Kranwärterhaus 1887/88
Im Zuge des Baus der Speicherstadt (vgl. Nr. L 1) wurde die Uferstrecke zwischen Kajen und Meßberg völlig neu gestaltet. Hieran erinnert heute noch die Hohe Brücke: eine 24 m weit gespannte Bogenbrücke mit Backsteinverkleidung, aufwändiger Granitbrüstung und filigran anmutenden schmiedeeisernen Laternen. Der zinnengeschmückte gelbe Backsteinbau neben der Brücke diente ursprünglich als Wohnhaus für den Kranwärter, der für die vier öffentlichen Kräne verantwortlich war, die etwas weiter östlich standen. (Hiervon ist nur noch der Neue Kran von 1858 erhalten.) Nach der Sturmflut 1962 wurde der Brücke zum Binnenhafen hin ein Sperrwerk vorgelagert, das wie ein überdimensionaler Betonpfropf in der Mündung des Nikolaifleets wirkt.

Das **Haus der Seefahrt**, Hohe Brücke 1, stammt von Edgar Fosshagen und Georg Schleps (1909/10, 1991 durch Patschan, Winking modernisiert).

A 29 Ensemble Deichstraße, Bürgerhäuser (Nr. 37-49) mit Geschosswohnbau (Nr. 35)

A 29 Ensemble Deichstraße
Deichstraße 19-27, 37-49, 32, 42, Hamburg-Altstadt
Architekten: Georg Luis (Ursprungsbau Nr. 19). Bruno Brandi (Rekonstruktion Nr. 49). Grundmann, Rehder, Zeuner bzw. Grundmann, Rehder (Restaurierung bzw. Rekonstruktion Nr. 21-27, Nr. 39, Nr. 43, Nr. 47). Rüdiger Klamp (Restaurierung Nr. 19). Planungsgruppe Nord Glienke + Hirschfeld (Restaurierung Nr. 32)
17., 18. u. 19. Jahrhundert; Teilzerstörung 1943; Restaurierung und Rekonstruktion 1972, 1974-85

Ensemble aus neun Bürgerhäusern (Nr. 25, Nr. 37-49, Nr. 42), einem Speicher (Nr. 27, um 1780) und vier Gebäuden, die typisch für den Wiederaufbau der Innenstadt nach dem Großen Brand von 1842 sind (Nr. 19-23, Nr. 32) – wobei Haus Schäfer (Nr. 19, 1842) hinsichtlich der aufwändigen Fassade im Rundbogenstil und der dekorativ bemalten Treppenhalle besonders hervorsticht. In der Deichstraße nahm die Brandkatastrophe ihren Anfang. Am 5. Mai gegen ein Uhr morgens brach das Feuer im Speicher von Nr. 38 aus. Mit Nr. 25 ergriffen die Flammen zum ersten Mal die andere Straßenseite. Das beschädigte Gebäude (1659/60) wurde mit einer schmucklosen Putzfassade wiederaufgebaut, wobei das Renaissanceportal demoliert wurde, um ebenfalls unter Putz zu verschwinden. Erst 1974 wurde es wieder freigelegt.

Auch bei den anderen Häusern entsprechen nur noch die Fachwerkfronten am Fleet dem originalen Zustand. Die straßenseitigen Fassaden wurden dagegen im 19. Jahrhundert verputzt und erhielten zeittypische Stuckgliederungen und Schaufenster mit gusseisernen Stützen. Beispielhaft hierfür sind Nr. 39 (um 1700) mit Blumen- und Früchtegirlanden nach niederländischem Vorbild am Stufengiebel, Nr. 41 (Kernbau um 1700), Nr. 43 (1697, Fleetfassade 1738) und Nr. 45 (1698). Lediglich Nr. 47 (um 1658) und Nr. 49 (1749) weisen die für die Hamburger Bürgerhäuser typischen Backsteinfassaden mit sparsam appliziertem Sandsteinschmuck auf, wobei es sich jedoch um teilweise bzw. völlige Rekonstruktionen handelt (bei Nr. 47 mit einem Portal, das ehemals zu Nr. 29 gehörte). Von Nr. 42 ist nur die straßenseitige Fassade erhalten (um 1760).

1972 wurde der Verein »Rettet die Deichstraße e. V.« gegründet, um zu verhindern, dass das für Hamburg einzigartige historische Ensemble einer Straßenverbreiterung geopfert wurde. Erhebliche Mittel zur Restaurierung der Häuser konnten zunächst durch Privatinitiative aufgebracht werden, wobei der Antiquitätenhändler Eduard Brinkama eine zentrale Rolle spielte, der bereits »Pöseldorf« erfolgreich revitalisiert hatte (vgl. Nr. D 39.4). Die weitere Finanzierung wurde durch die förmliche Ausweisung der Straße als Sanierungsgebiet nach dem Städtebauförderungsgesetz gesichert.

Zu dem Sanierungsprogramm gehörten auch die beiden **Geschosswohnbauten** Nr. 34 (1980-82) und Nr. 35 (1982/83) von Schiefler & Denker und Planungsgruppe Nord Glienke + Hirschfeld.

A 29.1 Althamburger Bürgerhaus
Deichstraße 37, Hamburg-Altstadt
Architekten: Planungsgruppe Nord Glienke + Hirschfeld
Schiefler & Denker (Restaurierung)
1686; Umbau um 1750; Fassade 1842; Ladeneinbau 1893; Restaurierung 1976/77 und 1979-81

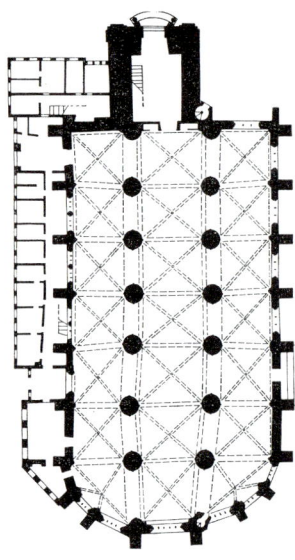

A 34 Evangelisch-lutherische Hauptkirche St. Katharinen (Aufnahme um 1957) mit Grundriss (links)

Das letzte Beispiel eines barocken Bürgerhauses in Hamburg, das auch im Innern noch dem ursprünglichen Zustand nahe kommt. Die straßenseitige Fassade wurde 1842 beschädigt und im damaligen Geschmack erneuert. Als »Außendeichhaus« errichtet, d.h. auf einem der kleinen Grundstücke zwischen dem mittelalterlichen Deich – der heutigen Deichstraße – und dem Fleet, vereinigte es unter einem Dach die Wohnräume des Kaufmanns, sein Kontor und seinen Speicher, dessen Lage noch an dem Windenausleger im Giebel ablesbar ist. Das Zentrum des Hauses bildet eine über zwei Geschosse greifende Diele, die nicht nur als repräsentatives Entree, sondern auch als Arbeitsraum diente. Durch eine Deckenluke, über der ein Schacht lag, konnte das Lagergut mittels einer Winde vom Speicherboden bis in das Erdgeschoss herabgelassen werden, um es dort zu wiegen, zu bemustern oder umzupacken. Das Gebäude wurde mit dem geretteten Inventar des Restaurants »Althamburger Bürgerhaus« eingerichtet, das bis 1943 am Grimm stand.

A 30 Speicher Cremon
Cremon 33-36, Hamburg-Altstadt
Architekt: Gustav Schrader (Nr. 36)
18. und 19. Jahrhundert

Ensemble von vier Fleetspeichern. Das älteste Gebäude ist Nr. 35 aus dem späten 18. Jahrhundert (Straßenfassade 1897). Wenig später wurde Nr. 34 errichtet (kurz nach 1800), ein massiver Backsteinbau, der mit dem Relief eines zwischen Ballen und Fässern ruhenden Merkur geschmückt ist. Ähnlich unscheinbar präsentieren sich die Putzfassaden von Nr. 33 (1868/69), wogegen mit Nr. 36 (1884) die reich gegliederte Neogotik der »Hannoverschen Schule« auftaucht.

Die **Holzbrücke** über das Nikolaifleet ist ein Entwurf von Johann Hermann Maack (1846/47).

A 31 Gehrckens Hof
Bei dem Neuen Kran 2, Hamburg-Altstadt
Architekten: Wunsch & Mollenhauer
1956/57

Bürohaus mit auffälliger Stahlbetonskelettfassade in Form einer feingliedrigen lamellenartigen Struktur, aus der modische Dreieckserker ragen. Typisch für das Fortleben der Kontorhaustradition nach 1945 ist die repräsentative Eingangshalle, die sich hier jedoch nicht hanseatisch gediegen präsentiert, sondern im »Nierentisch-Stil« der Wiederaufbaujahre mit pastellfarbenen Anstrichen, bunten Mosaiken und Messinglampen, die mit Sternchen perforiert sind.

A 31 Gehrckens Hof

A 35.1 Wohn- und Kontorhäuser Zippelhaus, Katharinenhof

A 32 Fachwerkhäuser Reimerstwiete
Reimerstwiete 17-21, Hamburg-Altstadt
18. und 19. Jahrhundert

Die Reimerstwiete war ursprünglich eine schmale Gasse mit kaum mehr als Fußwegbreite (vgl. die originale Pflasterung). Die Gruppe aus fünf Gebäuden, die als Wohnhäuser bzw. Speicher dienten, stammt aus dem späten 18. und frühen 19. Jahrhundert, wobei Nr. 18 (1761) die älteste Bauschicht bildet. Nr. 19 wurde 1832 um zwei Geschosse aufgestockt. Die Fachwerkfassaden weisen die Straße als eine ehemals unterbürgerliche Adresse aus.

A 33 Kaufmannshof
Bei den Mühren 69/Katharinenfleet, Hamburg-Altstadt
Vorderhaus 1834; Speicher 1846; Hofgebäude 1990

Die Straße Katharinenfleet markiert den Verlauf des gleichnamigen Fleets, das nach dem Zweiten Weltkrieg mit dem Trümmerschutt aus der Nachbarschaft verfüllt wurde. Die Bedeutung des Kaufmannshofs liegt vor allem in seiner baulichen Struktur. Der Komplex setzt sich aus einem Vorderhaus mit einer spätklassizistischen Putzfassade (Kastenerker 1892), einem Hofgebäude in Fachwerk (ursprünglich frühes 18. Jh.) und einem massiven Backsteinspeicher zusammen, der direkt am Fleet stand. Er stellt somit das letzte erhaltene Beispiel für ein »Binnendeichhaus« dar, wie es in eben dieser Dreierkombination auf den tief geschnittenen Grundstücken innerhalb der Deichlinien errichtet wurde (vgl. im Unterschied hierzu das Althamburger Bürgerhaus, Nr. A 29.1, das ein typisches »Außendeichhaus« ist).

Der **Gotenhof**, Steckelhörn 12, ist ein Entwurf von Carl Stuhlmann (1929/30).

A 34 Evangelisch-lutherische Hauptkirche St. Katharinen
Katharinenkirchhof, Hamburg-Altstadt
Architekten: Peter Marquard (Turmhelm)
Johann Nicolaus Kuhn (Turmfassade)
Johannes Kopp (Sakristei). Hopp & Jäger (Wiederaufbau)
Baubeginn nach 1350, Fertigstellung um 1450; Turmhelm 1656/57; Turmfassade 1732-37; Sakristei 1791/92;
Zerstörungen 1943 und 1944; Wiederaufbau 1950-56;
Rekonstruktion Turmhelm 1955-57

Teile des Turmschafts – erkennbar an den wulstförmigen Blendbogenprofilen – stammen aus dem späten 13. Jahrhundert und somit noch von dem Vorgängerbau (um 1250). Hinsichtlich der kantonierten Rundpfeiler, der gebusten Gewölbe und des charakteristischen Profils der Scheidarkaden gehört St. Katharinen zur Gruppe der Kirchen um St. Johannis in Lüneburg (vgl. St. Jacobi, Nr. A 60). Als Pseudobasilika mit verschlossenen Fensteröffnungen im Obergaden – die im Langhaus offenbar niemals geöffnet waren – weicht sie aber in einem zentralen Punkt von diesem Schema ab, denn St. Johannis ist eine Hallenkirche. Der unregelmäßige siebenseitige Chorschluss, der alle drei Schiffe wie ein Umgangschor umfängt, resultierte wohl aus dem ungünstigen Baugrund in der Marsch.

Die ehemals reiche Ausstattung ging im Zweiten Weltkrieg verloren. Nur die Epitaphe von Senator Caspar Möller (1618) und Georg von der Fechte (nach 1630) erinnern noch an den einstigen sozialen Status der Kaufmannskirche; das Epitaph der Bürgermeisterfamilie Wetken (1566) wurde 1842 aus der Ruine von St. Nikolai geborgen. Den Altar, die Kanzel und das Chorgestühl hat Otto Münch gestaltet (1954-59). Die drei farbigen Glasfenster sind ein Entwurf von Gottfried von Stockhausen (1955-57). Die Bronzetür im Südportal stammt von Fritz Fleer (1968). Das Kruzifix (um 1300) und die Figur der heiligen Katharina (1. H. 15. Jh.) gelangten erst nach 1945 in die Kirche. Die modernen Anbauten an der Südseite entsprechen einer alten Gepflogenheit, was die Sakristei von 1792 verdeutlicht, die unvermittelt an den Chor angefügt wurde.

A 35 Wohn- und Kontorhäuser Zippelhaus
A 35.1 Katharinenhof
Zippelhaus 1-2, Hamburg-Altstadt
Architekten: Hinrich Fittschen (Ursprungsbau)
Gössler + Schnittger (Instandsetzung und Ergänzung)
1890/91; Zerstörung 1943;
Instandsetzung und Ergänzung 1990, 1991-93

A 37 Asia-Haus

A 35.2 Zippelhaus
Zippelhaus 3, Hamburg-Altstadt
Architekt: Carl Elvers
1890/91
A 35.3 Transporthaus
Zippelhaus 4, Hamburg-Altstadt
Architekt: Martin Haller
1894

Die Gebäude wurden als gemischte Wohn- und Kontorhäuser errichtet und verdeutlichen somit die schrittweise Verdrängung der Wohnbevölkerung aus der südlichen Altstadt. Darüber hinaus sind die vielgliedrigen Neorenaissancefassaden herausragende Beispiele für die historistische Architektur der Hansestadt – zumal im Hinblick auf die Werksteingliederungen an den Backsteinfassaden statt des in Hamburg damals üblichen Stuckdekors. Eine bemerkenswerte denkmalpflegerische Leistung stellt die Wiederherstellung des Katharinenhofs dar, des ehemaligen Frachtenhauses (vgl. den Reliefschmuck am Erker, der thematisch auf den Transport und den Umschlag von Waren Bezug nimmt). Mit verputzten Lochfassaden und filigranen Metallprofilen wurde das ursprüngliche Volumen des teilzerstörten Gebäudes wiederhergestellt, ohne die Kriegsnarben zu leugnen.

Von Martin Haller stammt auch der **Nobelshof**, Zippelhaus 5 (1894/95, 1943 teilzerstört).

A 36 Ehem. Condor-Versicherung und Hochhaus der Hamburg-Süd
A 36.1 Ehem. Condor-Versicherung
Willy-Brandt-Straße 59, Hamburg-Altstadt
Architekt: Cäsar Pinnau
1958, 1959-61
A 36.2 Hochhaus der Hamburg Süd
Willy-Brandt-Straße 61, Hamburg-Altstadt
Architekt: Cäsar Pinnau
1958, 1961-64

Ensemble aus zwei einheitlich gestalteten, aber selbstständigen Gebäuden für Unternehmen des Oetker-Konzerns, dessen Hausarchitekt Cäsar Pinnau war: einem 15-geschossigen Hochhaus mit »Breitfuß« und einem

A 38 Bürgerhaus Willy-Brandt-Straße

sechsgeschossigen Bürohaus, das die geschlossene Bebauung am Nikolaifleet arrondiert. Die Fertigstellung des Hochhauses verzögerte sich, weil die Baugrube bei der Sturmflut in der Nacht vom 16. auf den 17. Februar 1962 überflutet wurde. Bei der präzisen Detaillierung der gläsernen Fassadenhaut stand offensichtlich Mies van der Rohes Seagram Building (1954-58) Pate, denn wie der Chicagoer Architekt wählte auch Cäsar Pinnau Doppel-T-Profile für die vertikalen Sprossen und verzichtete auf Brüstungen zugunsten raumhoher Verglasungen, so dass sich nur die Vorderkanten der Decken als horizontale Bänder an der Fassade abzeichnen. Mit grünem Glas und Aluminiumprofilen geriet der Hamburger Bau allerdings bescheidener als sein New Yorker Vorbild, das bronzefarbene Verkleidungen und ebenso getönte Scheiben aufweist.

A 37 Asia-Haus
Willy-Brandt-Straße 49, Hamburg-Altstadt
Architekten: George Radel (Ursprungsbau). Ockelmann, Rottgardt & Partner (Instandsetzung und Modernisierung)
1906; Hofbebauung 1909; Instandsetzung und Modernisierung 1986, 1987/88

Kontorhaus mit aufwändiger Sandsteinfassade, deren Dekor fernöstliche Motive als Verweis auf den im Asien-

A 39 Spiegel-Hochhaus und ehem. IBM-Hochhaus   A 40 Neuer Dovenhof

handel tätigen Bauherrn mit dem Reichsadler kombiniert. Auch die repräsentative Treppenhalle mit umlaufenden Galerien, Jugendstilfliesen und zahlreichen anderen erhaltenen Originaldetails macht das Asia-Haus zu einem herausragenden Beispiel der Kontorhausarchitektur vor dem Ersten Weltkrieg. Die beiden Hinterflügel, von denen einer nahezu den gesamten Baublock durchmisst, sind über den Hofdurchgang am Zippelhaus 4 zugänglich.

A 38 Bürgerhaus Willy-Brandt-Straße
Willy-Brandt-Straße 47, Hamburg-Altstadt
1761/62

Das stattliche Bürgerhaus ist einer der letzten authentischen Vertreter des »Sonnin-Barocks«, so benannt nach Ernst Georg Sonnin, einem der beiden Architekten der Hauptkirche St. Michaelis (vgl. Nr. B 50). Derartige Backsteinbauten mit Schweifgiebeln, Quaderlisenen und sparsam eingesetztem Dekor aus Sandstein, der vor allem für die Gesimse und Portale Verwendung fand, beherrschten früher das Bild der Kaufmannsviertel. Das Gebäude stand ursprünglich an der Gröningerstraße, die beim Wiederaufbau größtenteils unter der Ost-West-Straße verschwunden ist (seit 2005 Willy-Brandt-Straße). Nur der gepflasterte Streifen vor Nr. 47 blieb erhalten.

A 39 Hochhhäuser von Kallmorgen & Partner
A 39.1 Ehem. IBM-Hochhaus
Willy-Brandt-Straße 23, Hamburg-Altstadt
Architekten: Kallmorgen & Partner
1963, 1965-67
A 39.2 Spiegel-Hochhaus
Brandstwiete 19, Hamburg-Altstadt
Architekten: Kallmorgen & Partner
1963, 1967/68

Hinsichtlich der schmalen, zweibündigen Grundrisse sind die beiden Punkthochhäuser Nachzügler der Wiederaufbaujahre. Dabei besteht der Reiz dieses Duos nicht nur in der markanten Zuordnung der flachen und aufstrebenden kubischen Baukörper, sondern auch in den unterschiedlichen Fassadenlösungen, die hier gleichsam idealtypisch gegenübergestellt wurden. Verbirgt sich die Konstruktion des IBM-Hochhauses hinter einer dunkelgrauen Glashaut, so wird sie beim Spiegel-Hochhaus demonstrativ nach außen gekehrt. Tragende Funktion haben dort vor allem die Stützen an den Fassadengalerien, während es innerhalb der beiden gegeneinander versetzten Büroflügel nur jeweils eine Mittelstütze gibt. Die extravagante Spiegel-Kantine, vom Fußboden bis zur Decke in poppigem Orange, Rot und Violett gehalten, hat Verner Panton gestaltet.

A 40 Neuer Dovenhof
Brandstwiete 1, Hamburg-Altstadt
Architekten: Kleffel, Köhnholdt, Gundermann
1988 W, 1991-94

Die Architekten zeigten wieder Mut zum Hochhaus, was an diesem Standort durchaus nicht zum Schaden des Stadtbildes war. Zwei niedrigere Seitenflügel umklammern den zwölfgeschossigen Baukörper und vermitteln ihn maßstäblich mit seinem Umfeld. Der Innenhof erhielt ein Glasdach, so dass eine zentrale Eingangshalle von imposanten Ausmaßen entstand. Man sieht der kargen Sichtbetonoptik der Hoffassaden allerdings auch an, dass das Gebäude nicht zu teuer werden durfte. Edler Torfbrandklinker bildet dagegen die äußere Hülle, die durch die großen zweischaligen Fenster einen vorhangartigen Charakter erhält. Zu dem Komplex gehört auch das **Bürgerhaus** Große Reichenstraße 7 (Kernbau 2. Hälfte 18. Jh., Fassade und Treppenhaus um 1830).

A 41 Bürgerhaus Schopenstehl
Schopenstehl 32-33, Hamburg-Altstadt
Architekten: Arthur Viol (Ursprungsbau)
Planungsgruppe Nord Glienke + Hirschfeld
(Restaurierung und Umbau)
1885-88; Restaurierung und Umbau 1986-88

Von dem barocken Doppelhaus (um 1780) blieb beim Umbau in den 1880er Jahren nur die Fassade erhalten, die verputzt und mit üppigem Stuckdekor im Rokokostil versehen wurde. Ursprünglich wies das Gebäude eine weitaus schlichtere Backsteinfront mit Quaderlisenen

A 42 Ehem. Fischmarktapotheke   A 43 Afrikahaus   A 44 Zürichhaus

und Gliederungen aus Sandstein auf (vgl. das Bürgerhaus an der Willy-Brandt-Straße 47, Nr. A 38).

Das **Wohn- und Kontorhaus** Schopenstehl 31 ist ein Entwurf von Carl Elvers (1885/86).

A 42 Ehem. Fischmarktapotheke
Alter Fischmarkt 3, Hamburg-Altstadt
Architekten: Friedrich R. Ostermeyer und Paul Suhr
1950

Klinker spielte beim Wiederaufbau Hamburgs kaum noch eine Rolle. Eine Ausnahme bildet das kleine Bürohaus, das von einem bedeutenden Vertreter der Hamburger Vorkriegsmoderne stammt. Details wie die verstrichenen und gefärbten Stoßfugen des Verblendmauerwerks oder die horizontale Profilierung des Staffelgeschosses verweisen auf das Bauen der Weimarer Republik. Die stehenden Fensterformate und die Werksteinverkleidung der Ladenfront erinnern dagegen daran, dass Friedrich R. Ostermeyer seit der NS-Zeit stärker zum Traditionalismus tendierte.

A 43 Afrikahaus
Große Reichenstraße 27, Hamburg-Altstadt
Architekten: Haller & Geißler (Ursprungsbau)
Frank M. Esswein (Restaurierung und bauliche Ergänzung)
1899; Teilzerstörung 1943; Restaurierung und bauliche Ergänzung 1995-98

Kontorhaus der Reederei Carl Woermann. Die Skulptur eines schwarzen Kriegers am Eingang (Walter Sintenis, 1901), die beiden Elefantenköpfe im Hof (Carl Börner) und der schmiedeeiserne Palmenschmuck am Tor verweisen darauf, dass die Liniendienste der Reederei ihr Einsatzgebiet vor allem in Afrika hatten. Große Fensteröffnungen lösen die Fassade in schmale Wandstreifen auf. Auffällig ist das elfenbeinfarben glasierte Verblendmauerwerk, das zu dieser Zeit sonst fast nur an Hoffassaden auftaucht. Der Fassadenschmuck beschränkt sich auf rhombische Ornamente an den Brüstungsfeldern in Grün und Blau, die vom Firmensignet der Reederei inspiriert sind. Bei keinem anderen Entwurf hat sich Martin Haller so weit von historischen Vorbildern emanzipiert, was das Afrika-Haus für seine Erbauungszeit überraschend modern wirken lässt. In den 1990er Jahren wurde die teilzerstörte Umbauung des Innenhofes in modernen Formen ergänzt.

A 44 Zürichhaus
Domstraße 17-21, Hamburg-Altstadt
Architekten: v. Gerkan, Marg + Partner
1988 W, 1989-92

Das Bürogebäude schließt an die überlange Brandmauer des Afrikahauses an und steht zudem an einer stark befahrenen Straße, die in den 1950er Jahren diagonal durch den Baublock gebrochen wurde. Die Architekten haben auf diese städtebauliche Herausforderung mit einem kammförmigen Grundriss geantwortet, der zwei gläserne Eingangshallen als Lärm- und Staubpuffer umgreift. An der Willy-Brandt-Straße übernimmt eine konvex geschwungene Glasfront, die der eigentlichen Fassade vorgeschaltet ist, diese Funktion. Die Hallen wurden nach einem Entwurf von Wehberg – Lange – Eppinger – Schmidtke mit Bäumen und Wasserbecken wie Außenbereiche gestaltet. Die konventionellen Klinkerfassaden lassen das Gebäude wie einen Vorposten des in den 1920er Jahren errichteten Kontorhausviertels erscheinen.

A 45 Persiehlhaus
Domstraße 9, Hamburg-Altstadt
Architekt: Alfred Bliemeister
1957/58

Die expressive Gliederung der Fassade durch vertikale Rippen, das Kragdach mit »Himmelsklos« (kreisrunden Lichtöffnungen) und die stark kontrastierende Zweifarbigkeit der keramischen Fassadenverkleidung – Elfenbein und Ziegelrot – machen den extravaganten Bau zu einem der seltenen Hamburger Beispiele für den »Nierentisch-Stil« der Wiederaufbaujahre.

A 46 Evangelisch-lutherische Hauptkirche St. Petri
Bergstraße, Hamburg-Altstadt
Architekten: Alexis de Chateauneuf. Hermann Peter Fersenfeldt (Kirchenschiff). Johann Hermann Maack (Turm)

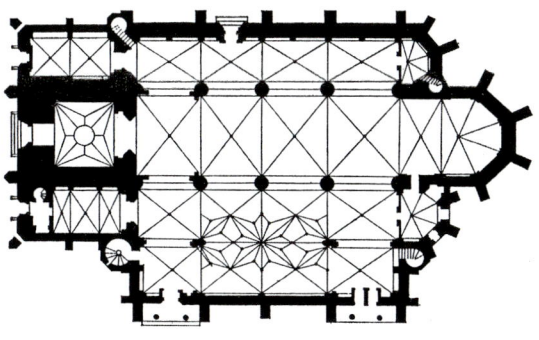

Hopp & Jäger (Wiederaufbau)
1842, 1843-49; Turm 1866-78; Zerstörung des Chores 1941; Wiederaufbau 1958/59
Vierschiffige Hallenkirche mit drei polygonalen Apsiden. Alexis de Chateauneuf orientierte sich zwar an dem Vorgängerbau aus dem 14. Jahrhundert, der beim Großen Brand 1842 zerstört worden war, konnte von der Ruine aber nur wenige Reste im unteren Teil der Nordwand und im Turm erhalten. Die beiden Südschiffe wurden durch ein gemeinsames Sterngewölbe zu einer Halle zusammengezogen, die Pfeiler verschlankt und die Kanzel weit in das Mittelschiff hineingerückt, so dass der Innenraum weniger stark gerichtet wirkt als früher und dem Ideal einer Predigtkirche entgegenkommt. Nach außen hin erhielt das äußerste der beiden Südschiffe dagegen eigene Querdächer und wurde somit stärker als zuvor vom Hauptschiff getrennt. Die Hauptkirche St. Jacobi vermittelt einen Eindruck von dem ursprünglichen Zustand des Gebäudes (vgl. Nr. A 60).

Die Innenausstattung von de Chateuneuf ist bis auf den Altar erhalten, der 1941 zerstört wurde. In den Kanzelkorb sind sechs Alabasterfiguren von Maximilian Steffens integriert (1638), die ursprünglich zum Taufstein gehörten. Den Schalldeckel bekrönt ein gotischer Holzaufsatz (um 1400). Diese Ausstattungsstücke zählen zusammen mit einer Steinmadonna (um 1470), der Kreuzigungsgruppe auf dem Altartisch (um 1490) und dem Türzieher mit Löwenkopf an der linken Tür des Westportals (um 1342) zu den wenigen Relikten der alten Kirche, die 1842 gerettet wurden. Aus dem Dom St. Marien, der südlich von St. Petri stand und nach dem Reichsdeputationshauptschluss von 1803 abgebrochen wurde, stammen die beiden Darstellungen des Bischofs Ansgar: eine Eichenskulptur (1480-83) und ein Votivbild (um 1460). St. Petri wurde ab 1908 städtebaulich in die neue Mönckebergstraße (vgl. Nr. A 59) eingebunden.

A 46 Evangelisch-lutherische Hauptkirche St. Petri mit Grundriss (links)

A 47 Europapassage
Ballindamm 40/Kleine Rosenstraße, Hamburg-Altstadt
Architekten: BRT Architekten Bothe Richter Teherani
1997, 2002-06

Um den Komplex mit rund 60.000 qm Einzelhandels- und Bürofläche in beengter Citylage errichten zu können, mussten zehn Gebäude abgebrochen werden, darunter das denkmalschutzwürdige Europahaus, Ballindamm 39, von George Radel (1909-12). Eine 160 m lange Ladenpassage mit 30.000 qm Einzelhandelsfläche auf fünf Ebenen durchschneidet brutal die Hermannstraße, die hierdurch zum Hinterhof der Europapassage degradiert wird. Der Passagenraum wird durch 20 m hohe, parabelförmige Stahlbinder gegliedert. Der Neubau am Ballindamm wirkt unmaßstäblich, obwohl er sich mit einer Natursteinfassade und einem Kupferdach den Nachbargebäuden anpasst. Besonders störend machen sich die Technikgeschosse im Alsterpanorama bemerkbar.

Das **Nachbrandgebäude** Ballindamm 36 (um 1844) wurde von Rogalla & Osmers aufgestockt (1986-88).

A 48 Bankhaus Hinrich Donner
Ballindamm 27/Alstertor 23, Hamburg-Altstadt
Architekten: Haller & Geißler (Ursprungsbau)
Konstanty Gutschow. Herbert Hampke
(Wiederaufbau und Umgestaltung)
1909/10; Wiederaufbau und Umgestaltung 1951
Mit Sandsteinfassade, Staffelgeschoss und kupfergedecktem Steildach verkörpert das Gebäude exempla-

A 49 Verwaltungsgebäude der Hapag-Lloyd AG   A 52 Ehem. Heintzehof (Haus Alstertor)   A 53 Thalia-Hof

risch die Richtlinien der Binnenalsterverordnung von 1949, die zurückhaltende Materialien, einheitliche Dachneigungen und den Verzicht auf farbige Leuchtreklamen für das Bauen in Hamburgs »guter Stube« zur Auflage machte. (Vergleichbare Regeln wurden für den Rathausmarkt erlassen.) Um einen Neubau handelt es sich jedoch nur bei dem Abschnitt an der Binnenalster, wogegen am Alstertor aus wirtschaftlichen Gründen ein teilzerstörtes Gebäude berücksichtigt wurde, was der Wechsel von der Rasterfassade zur Lochfassade verdeutlicht.

A 49 Verwaltungsgebäude der Hapag-Lloyd AG
Ballindamm 25/Ferdinandstraße 58, Hamburg-Altstadt
Architekten: Haller & Geißler (Ursprungsbau)
Fritz Höger (Umbau und Erweiterung)
Elingius & Schramm (Neugestaltung Eingangshalle)
1901-03; Umbau und Erweiterung 1912 W, Baubeginn 1913, Fertigstellung 1919/20;
Neugestaltung Eingangshalle 1928

Von Martin Hallers Neorenaissance-Palast ist nur noch der Trakt an der Ferdinandstraße erhalten. Am Ballindamm erhielt der Bau eine neue Fassade und wurde außerdem um das Doppelte erweitert. Fritz Höger, der ursprünglich Klinker und einen Mittelturm vorgesehen hatte, musste sich der Forderung der Baupflegekommission nach hellem Fassadenmaterial und einer beruhigten Dachlandschaft an der Binnenalster beugen. Hinsichtlich der neoklassizistischen Sandsteinfassade mit kolossalen Säulen und Pilastern kam der modifizierte Entwurf aber auch stärker dem Repräsentationsbedürfnis der weltgrößten Reederei entgegen, zu der sich die 1847 gegründete Hapag – Hamburg-Amerikanische Packetfahrt-Actien-Gesellschaft – unter ihrem legendären Generaldirektor Albert Ballin (1857-1918) entwickelt hatte. Der Höhenflug des Unternehmens endete jäh. Aufgrund der Reparationsforderungen der Alliierten nach dem Ersten Weltkrieg büßte die Hapag nahezu sämtliche Schiffe ein. 1922/23 wurde das Gebäude deshalb erneut umgebaut, um es teilweise an Dritte vermieten zu können.

A 50 Kontorhäuser Ballindamm/Ferdinandstraße
A 50.1 Kirdorfhaus
Ballindamm 17/Ferdinandstraße 38-40, Hamburg-Altstadt
Architekten: Lundt & Kallmorgen (Ursprungsbau)
Eduard Theil (Erweiterung und Staffelgeschoss)
1. BA 1901-02, 2. BA 1905; Erweiterung und Staffelgeschoss 1921
A 50.2 Kontorhaus
Ballindamm 14-15, Hamburg-Altstadt
Architekten: Rambatz & Jollasse
1900/01
A 50.3 Alsterhaus
Ballindamm 13/Ferdinandstraße 32, Hamburg-Altstadt
Architekten: Rambatz & Jollasse
Albert Erbe (Fassadengestaltung Ferdinandstraße)
1902/03

Um 1900 wurde die Bebauung am östlichen Ende des Ballindamms, die noch aus der Zeit nach dem Großen Brand 1842 stammte, vollständig niedergelegt. An ihre Stelle entstanden repräsentative Kontorhäuser mit eklektizistischen Werksteinfassaden, an denen sich Motive aus dem Barock, dem Jugendstil und der Spätgotik mischen. Bauherr des Kirdorfhauses war das Rheinisch-Westfälische Kohlensyndikat, worauf die plastische Gruppe aus einem Schmied, einem Bergmann und einem Hermes über der Inschrift »Glück auf!« verweist. Das Gebäude wurde in zwei Bauabschnitten nach Westen erweitert. Die Fassade an der Ferdinandstraße ist mit elfenbeinfarben glasierten Ziegeln verblendet. Diese Dialektik von Vorder- und Rückseite kennzeichnet auch das Alsterhaus, das eine Rückfront aus Backstein mit Sandsteingliederungen aufweist. Mit diesem Entwurf, der von Albert Erbe stammt, wurden erstmalig bei einem Kontorhaus Motive der historischen Bürgerhäuser zitiert.

Die **evangelisch-reformierte Kirche**, Ferdinandstraße 21, ist ein Entwurf von Rudolf Esch (1965/66).

A 51 Nachbrandgebäude Ferdinandstraße/Alstertor
A 51.1 Haus Kunhardt
Ferdinandstraße 63, Hamburg-Altstadt
Architekten: Alexis de Chateauneuf (Ursprungsbau)

A 54 Thalia Theater, Zuschauerraum (Aufnahme um 1960)

Nugent & Hertel (Restaurierung)
1844-46; Restaurierung 1995/96
A 51.2 Haus Voigt
Ferdinandstraße 65, Hamburg-Altstadt
Architekten: Theodor Bülau (Ursprungsbau)
Nugent & Hertel (Restaurierung)
1843/44; Restaurierung 1996

Das heterogene Gebäudepaar steckt beispielhaft die Bandbreite der Architektur in den 1840er Jahren ab: vom schlichten Rundbogenstil des Spätklassizismus bis zum Rückgriff auf die Backsteingotik der Hansestädte. Mit seinen mittelalterlich inspirierten Ziegelfassaden vermochte sich Theodor Bülau allerdings nicht durchzusetzen (vgl. das Haus der Patriotischen Gesellschaft, Nr. A 15), denn der Wiederaufbau nach der Brandkatastrophe von 1842 wurde von Putzbauten dominiert. Der soziale Status der Bauherren, Kunhardt war Kaufmann, Voigt Anwalt, belegt die Aufwertung dieses Gebietes infolge seiner städtebaulichen Neuordnung.

Das **Bankhaus Warburg**, Ferdinandstraße 69-75, stammt von Haller & Geißler (1912/13, 1923/24 durch Hans und Oskar Gerson erweitert).

A 51.3 Nachbrandgebäude
Alstertor 17, Hamburg-Altstadt
Architekten: Georg Gottlieb Ungewitter (Ursprungsbau)
Graaf, Schweger & Partner (Umbau)
1843/44; Umbau 1976-80

Georg Gottlieb Ungewitter (1820-64) ist vor allem als Pionier der Neogotik und als Propagandist betont handwerklicher und solider Materialien wie Werkstein bekannt. Der Putzbau am Alstertor zeigt ihn jedoch noch als Vertreter des Rundbogenstils und somit als typischen Gärtner-Schüler. Ende der 1970er Jahre wurde das Gebäude entkernt und erweitert. Die neuen Zutaten passen sich kongenial dem feingliedrigen Altbau an ohne zu leugnen, dass von ihm nur die Fassade erhalten blieb.

A 52 Ehem. Heintzehof (Haus Alstertor)
Alstertor 14-16, Hamburg-Altstadt
Architekten: O. Müller
1899-1900

Unterschiedliche Prinzipien lagen bei der Gestaltung dieses Kontorhauses im wenig fruchtbaren Widerstreit. Die in Stützen aufgelösten Fronten sind mit Gesimsen, Friesen und anderem plastischen Bauschmuck überzogen, der eigentlich zur Lochfassade gehört und hier die klare Struktur verwischt. Bemerkenswert ist das originale Dach mit dem Ecktürmchen, fiel doch die ehemals reiche Dachlandschaft an der Binnenalster, wenn schon nicht dem Bombenkrieg, so spätestens dem Purismus der Nachkriegszeit zum Opfer.

A 53 Thalia-Hof
Alstertor 1, Hamburg-Altstadt
Architekten: Hans und Oskar Gerson (Ursprungsbau)
Schramm, Pempelfort, v. Bassewitz, Hupertz (Umbau)
1921/22; Umbau 1975-77

Eines der frühesten Beispiele für die expressionistische Klinkerarchitektur in Hamburg. Stellten die dreieckigen Erker und Lisenen zu Beginn der 1920er Jahre noch ein formales Experiment dar, zumal an einem Kontorhaus, so wurden derartige Lösungen später zur »Dreiecksmoderne« (Wolfgang Pehnt) der Weimarer Republik trivialisiert. Der rückwärtige Flügel an der Kleinen Rosenstraße wurde einem Kaufhaus geopfert. Der Kopfbau ließ sich nur um den Preis einer völligen Entkernung halten. Die Pferdeskulptur von Ludwig Kunstmann an der Ecke zum Gerhart-Hauptmann-Platz hin erinnert an dessen ursprünglichen Namen, nämlich Pferdemarkt.

A 54 Thalia Theater
Alstertor 2, Hamburg-Altstadt
Architekten: Lundt & Kallmorgen (Ursprungsbau)
Werner Kallmorgen (Wiederaufbau)
BPHL Architekten (Werkstattgebäude und Aufstockung)
LH Architekten (Sanierung Zuschauerraum)
1911/12; Zerstörung 1945; Wiederaufbau 1950-60;
Werkstattgebäude und Aufstockung 1991-94;
Sanierung Zuschauerraum 2005-07

Der neoklassizistische Putzbau wird durch einen Eingangsrisalit mit ionischen Kolossalsäulen und Giebeldreieck nobilitiert, der sich in der schmalen Straße allerdings kaum entfalten kann. 1945 wurden das Bühnenhaus und der Zuschauerraum zerstört. Der schrittweise Wiederaufbau erfolgte innerhalb der alten Umfassungsmauern, wobei Werner Kallmorgen in den Foyers große Teile der erhaltenen Ausstattung, die von seinem Vater Georg Kallmorgen stammte (Lundt & Kallmorgen), weiß »wegstreichen« oder hinter Verkleidungen verschwinden ließ. Der Zuschauerraum wurde dagegen durch den Einbau einer gekrümmten Wandschale, an der die Ränge hängen, völlig neu definiert (bis 2007 denkmalgerecht saniert). Bereits 20 Jahre früher wurden das Eingangsfoyer und der angegliederte Teeraum auf Betreiben des Denkmalschutzamtes in den Zustand von 1912 zurückversetzt, wodurch der einheitliche Charakter der von Kallmorgen neugestalteten Innenräume verloren ging.

A 55.1 Ehem. Niemitz-Apotheke

A 57 Bürohäuser Georgsplatz/Glockengießerwall

A 55 Nachbrandgebäude Rosenstraße/Lilienstraße
A 55.1 Ehem. Niemitz-Apotheke
Rosenstraße 3, Hamburg-Altstadt
1846-48
A 55.2 Nachbrandgebäude
Lilienstraße 2-8, Hamburg-Altstadt
Um 1846

Reich gegliederte Putzfassaden im Stil der italienischen Frührenaissance machen das Gebäude an der Rosenstraße zu einem besonders schönen Beispiel für die Architektur nach dem Großen Brand 1842. Die ursprüngliche Nutzung als Apotheke erklärt wohl den gestalterischen Aufwand. Die Figur des heiligen Georg an der Hauptfassade zum Georgsplatz hin stammt von Engelbert Peiffer. Während der bauhistorische Wert dieses repräsentativen Bürgerhauses unumstritten ist, werden die schmucklosen Backsteingebäude an der Lilienstraße leicht übersehen. Dabei handelt es sich um die letzten Beispiele für den unterbürgerlichen Wohnungsbau, die in dem Wiederaufbaugebiet nach der Brandkatastrophe erhalten sind.

A 56 Lilienhof,
Lilienstraße 11, Hamburg-Altstadt
Architekt: Bruno Wieck
1909/10

Unter dem Einfluss der Heimatschutzbewegung, zu der auch Bruno Wieck zählte (vgl. Haus Lehmann von Wieck, Nr. M 33.2.1), wurde die Architektur nach 1900 immer stärker durch Motive der Althamburger Bürgerhäuser geprägt. Ein typisches Beispiel für diese Entwicklung im Kontorhausbau ist der Lilienhof, bei dem der »Sonnin-Barock« inklusive der charakteristischen Kombination von Backsteinflächen und Gliederungen aus Sandstein in Reinform auftritt.

A 57 Bürohäuser Georgsplatz/Glockengießerwall
A 57.1 Nürnberger Haus
Georgsplatz 1/Kurze Mühren 13, Hamburg-Altstadt
Architekten: Schramm, v. Bassewitz, Hupertz
1982-84

A 57.2 Bürohaus
Glockengießerwall 3/Kurze Mühren 6, Hamburg-Altstadt
Architekten: Graaf, Schweger & Partner
1981-84

Hinsichtlich der Schrägdachflächen, der feingliedrigen vertikalen Gliederungen und der zurückhaltenden Materialfarbigkeit – polierter Granit, Messing, Kupfer – bilden die beiden Gebäude eine Einheit und zugleich ein harmonisches Ensemble mit dem historischen Kontorhaus Wallhof. Die Sockelgeschosse und die Dachzonen sind klar definiert, ohne historisierende Reminiszenzen wie die um 1980 modischen postmodernen Türmchen, Giebel oder Rundbogen zu bemühen.

Der **Wallhof**, Glockengießerwall 2, ist ein Entwurf von Rambatz & Jollasse und Frejtag & Wurzbach, von denen die Fassade stammt (1907/08, vgl. Streit's Hof von Frejtag & Wurzbach, Nr. B 14.2).

A 58 Hamburger Kunsthalle
Glockengießerwall, Hamburg-Altstadt
A 58.1 Altbau
Architekten: Schirrmacher & von der Hude (Ursprungsbau). Hochbauwesen, Carl Johann Christian Zimmermann (Erweiterung). Dittert & Reumschüssel (Sanierung)
1863-69, Erweiterung 1883-86; Sanierung 2005/2006

Der Altbau der Hamburger Kunsthalle stellt das wohl schönste Beispiel für die Berliner Schinkel-Schule in Hamburg dar. Die Fassaden sind reich mit Terrakotten dekoriert, die zwar farblich mit dem Backstein verschmelzen, hinsichtlich ihrer ziselierten Struktur aber im Kontrast zu dem flächigen Mauerwerk und der strengen Gliederung stehen. Die Erweiterung von Carl Johann Christian Zimmermann – die beiden Eckpavillons im Süden und der Trakt am Glockengießerwall – fügt sich nahtlos ein. Im Zuge dieser Baumaßnahme wurde die Treppenhalle mit Wandmalereien bzw. Gemälden von Arthur Fitger und Valentin Ruths neugestaltet (1992-95 restauriert).

Auffällig sind die zahlreichen Künstlerdarstellungen an den Fassaden, die beispielhaft für die Gattungen Malerei, Plastik, Architektur und Kupferstich stehen. Diese werden ihrerseits durch die vier allegorischen Figurengruppen

A 58.1 Hamburger Kunsthalle, Altbau (Aufnahme 1930er Jahre) A 58.3 Hamburger Kunsthalle, Galerie der Gegenwart

auf den Ecken des Kernbaus und Medaillons mit den typischen Werkzeugen repräsentiert. Dabei liegt der Auswahl und Anordnung der Künstler ein komplexes System mit einer bestimmten Rangfolge zu Grunde, deren Ausgangspunkt die vollplastischen Figuren von Michelangelo und Raffael an der Hauptfassade bilden, die im Unterschied zu den übrigen Dargestellten zudem durch rahmende Ädikulen hervorgehoben sind.

A 58.2 Neubau
Architekten: Hochbauwesen, Albert Erbe (Vorentwurf) und Fritz Schumacher (Realisierung)
Dittert & Reumschüssel (Sanierung)
1906, 1912-21. Sanierung 2006/2007

Der Entwurf für die erste Erweiterung – den Neubau – fußte maßgeblich auf Vorplanungen von Albert Erbe und Alfred Lichtwark (1852-1914), dem damaligen Kunsthallendirektor. Lichtwark legte Wert auf nicht zu große Säle und Tageslicht, weshalb auf die üblichen Glasdecken unter den Oberlichtern verzichtet wurde. Mit den weitgehend schmucklosen neoklassizistischen Fronten aus Muschelkalk und der kuppelbekrönten Rotunde setzt sich der Neubau demonstrativ von dem Altbau ab. Der Grundriss unterstreicht diese Polarität, denn der neue Haupteingang wurde dezentral am entgegengesetzten Ende des Komplexes angeordnet.

A 58.3 Galerie der Gegenwart
Architekten: Prof. O. M. Ungers + Partner
KHD Architekten Karres – Hartmeyer – Dreyer – Rüdiger – Reichardt (Bauleitung und örtliche Planung)
Ingenieure: Polónyi + Fink
1985/86 W, 1993-96

Die zweite Erweiterung wurde kontrovers diskutiert, hatte der Entwurf die Ausschreibung doch schon allein hinsichtlich der Kosten völlig ignoriert. Oswald Mathias Ungers entwickelte für das exponierte Grundstück zwischen der Binnen- und der Außenalster einen kubischen Baukörper auf einem geböschten Sockel, in dem sich ein Großteil der Ausstellungssäle verbirgt. Bis hin zu den Sprossenfenstern und dem Format der Bodenfliesen wurde hier der für Ungers charakteristische Quadratraster nach einem einheitlichen Modul durchdekliniert. Die schematischen Grundrisse lassen Überraschungsmomente vermissen, sieht man von der zentralen Halle ab, die den Kubus in gesamter Höhe durchbricht. Die Anbindung an den Altbau erforderte überlange Wege. Auch die Verteilung der Ausstellungsflächen auf fünf Geschosse ist alles andere als benutzerfreundlich.

A 59 Ensemble Mönckebergstraße
Mönckebergstraße/Spitalerstraße/Barkhof u. a.,
Hamburg-Altstadt
Architekten: Franz Albert Bach. Carl Gustav Bensel.
Henry Grell. Fritz Höger. Rambatz & Jollasse u. a.
(Kontorhäuser). Bach & Wischer. Wilhelm Fischer
Peter Pruter. R. Wilhelm Spilcker (Wiederaufbau)
Planungsbeginn um 1900, 1908-13;
Zerstörungen 1943-45; Wiederaufbau 1946-61

Die spätere Mönckebergstraße und ihre Seitenstraßen gehörten zu den Sanierungsgebieten, die nach der Cholera-Epidemie von 1892 ausgewiesen wurden (vgl. das Kontorhausviertel, Nr. A 62). Sie wurde als Verbindung zwischen dem neuen Hauptbahnhof von 1906 und dem 1897 fertiggestellten Rathaus angelegt. Dabei wurde nicht nur ein verwahrlostes »Gängeviertel« abgerissen, sondern auch Gebiete, die nach dem Großen Brand 1842 städtebaulich neugeordnet worden waren. Zusätzliche Attraktivität erhielt die neue Straße durch den Anschluss an die Hochbahnringlinie (1906-12). Im Unterschied zur Sanierung in der südlichen Neustadt wurde konsequent auf die Schaffung von Wohnraum zugunsten von Büro- und Einzelhandelsflächen verzichtet. Das Projekt forcierte somit die Entwicklung der Altstadt zur reinen Geschäftscity.

Dem Wirken einer beratenden Kommission unter maßgeblicher Beteiligung von Fritz Schumacher war es zu verdanken, dass sich der 29 m breite und rund 750 m lange Straßenzug organisch in die schiefwinklig aufgerissenen Baublöcke einfügte. Eine besondere Rolle kam dabei neben dem gleichmäßigen Rhythmus der Skelettfassaden den hohen Dächern zu, die die Gebäude zu einem Ensemble zusammenschweißten. Die ausgeprägten Dachkörper mit den vielgestaltigen Giebeln

A 59.5, A 59.7 Ensemble Mönckebergstraße, Barkhof mit ehemaliger Bücherhalle und Mönckebergbrunnen. Links ist die Seeburg zu sehen (Aufnahme um 1936).

sorgten zudem dafür, dass die Türme von St. Jacobi und St. Petri wieder ein bauliches Umfeld erhielten, das ihrem Charakter gerecht wurde. Die Bandbreite der architektonischen Lösungen erstreckte sich vom Jugendstil bis zu nahezu sachlichen Ansätzen, die zu dem Besten zählen, was die deutsche Bürohausarchitektur vor dem Ersten Weltkrieg hervorgebracht hat.

Die soliden Skelettkonstruktionen hielten zwar den Bomben stand, der unsensible Wiederaufbau hat die Straße aber dennoch als Torso hinterlassen. Dabei wirkt sich vor allem der Verlust der ursprünglichen Dächer fatal aus wie an dem Südseehaus, Lange Mühren 9, von Franz Albert Bach und Carl Gustav Bensel (1911/12) oder dem Rappolthaus, Mönckebergstraße 11, von Fritz Höger (1911/12), wo flache Staffelgeschosse die Vertikalen der Fassaden ins Leere laufen lassen. Bei anderen Gebäuden blieb dagegen nur die Grundstruktur der Fassaden erhalten wie bei dem Hansehof, Mönckebergstraße 15–19, von Bach und Otto Westphal (1911/12), oder dem Warenhaus Karstadt von Bensel (1912/13). Das Rolandhaus von Bach und Bensel (1911/12) musste 1964/65 dem Kaufhaus C&A weichen.

A 59.1 Neugestaltung öffentlicher Raum
Architekten: Patschan, Werner, Winking. Trix und Robert Hausmann (Gestaltungsrahmen)
ASW Architekten Silcher, Werner + Partner (Neugestaltung Mönckebergstraße)
Ingenieure: SBI Spanheimer Bornemann Ingenieure (Neugestaltung Mönckebergstraße)
Gestaltungsrahmen 1987; Neugestaltung Mönckebergstraße 1991, 1993/94

Der Bau der Ladenpassagen in der Neustadt hatte einen verschärften Wettbewerb innerhalb der Innenstadt zur Folge, der langjährige Defizite in der Entwicklung der Mönckebergstraße aufdeckte. Ein Gutachterverfahren mit sieben renommierten Architekturbüros erbrachte 1985 jedoch kaum realisierbare Ergebnisse für eine Aufwertung der »City Ost«. Stattdessen wurden Trix und Robert Hausmann und Patschan, Werner, Winking mit der Erstellung eines Gestaltungsrahmens beauftragt, um den Wildwuchs der Leuchtreklamen zu bereinigen und die Schaufenster wieder den historischen Fassaden anzupassen. Ein weiteres Ergebnis war die Neugestaltung des Straßenraums selbst, wobei die Mönckebergstraße nicht nur optisch »entrümpelt« wurde, sondern dank der Verschmälerung der Fahrbahn auch in eine Allee umgewandelt werden konnte.

A 59.2 Klöpperhaus
Mönckebergstraße 3/Lange Mühren 1
Architekten: Fritz Höger (Ursprungsbau)
Bauabteilung der Kaufhof AG. Hermann Wunderlich Reinhold Klüser. Herbert Großner (Umbau)
1911 W, 1912/13; Umbau 1967/68

Kontorhaus des Textil- und Kurzwarengroßhändlers Heinrich Adolph Klöpper (vgl. auch das Alte Klöpperhaus, Nr. A 22). Den Wettbewerb 1911 hatte Fritz Höger noch mit einer Fassade in den Formen der Hamburger Barockarchitektur des 18. Jahrhunderts für sich entschieden (vgl. Haus Glass, Nr. A 59.10). Unter dem Einfluss Fritz Schumachers wurde der Entwurf jedoch immer stärker entschlackt, bis der Architekt schließlich zu der realisierten Lösung einer

A 59.2 Ensemble Mönckebergstraße, Klöpperhaus

A 59.3, A 59.4 Ensemble Mönckebergstraße, Hammoniahaus (links) und Levantehaus (rechts)

schematisierten Pfeilerfassade fand, aus der sich immer gleich breite Bay Windows schwach hervorwölben. Das ungebrochene Dach betont den kompakten Charakter des Baukörpers. Auf diese Weise gelang Höger eine Fassadenstruktur, die anschaulich macht, dass das Innere eines Bürohauses hauptsächlich aus übereinandergestapelten gleichartigen Raumeinheiten besteht.

Leider ist das Klöpperhaus, das hinsichtlich seiner formalen Konsequenz und der subtilen Spannung der Oberflächen gleichrangig neben entsprechenden Entwürfen von Peter Behrens steht, nicht im Originalzustand erhalten. 1967/68 wurde das Gebäude beim Umbau in ein Warenhaus der Kaufhof AG komplett entkernt, wobei die Innenausstattung von Höger – die Eingangshalle und die Direktionsräume von Klöpper – verloren ging. Der Skulpturenschmuck stammt von August Gaul. Die bronzenen Schafsgruppen an den Langen Mühren verweisen auf die Handelsprodukte der Firma Klöpper, die Elefanten auf dem Eckpavillon auf die im Klöpperhaus ansässigen Außenhandelsfirmen. Die Reliefs mit den Schweinen ebenda erinnern an den Schweinemarkt, der beim Durchbruch der Mönckebergstraße aus dem Stadtbild verschwunden ist.

A 59.3 Hammoniahaus
Mönckebergstraße 5
Architekt: Ernst Friedheim
1912/13

Schmales Kontorhaus mit konventioneller Gliederung: Rustika heben das Sockelgeschoss hervor, ein geschweifter Giebel betont die Dachzone, ein mittig angefügter Erker akzentuiert die Obergeschosse. Diese sind, wie die Nachbargebäude, mit Backstein verkleidet, was auch der allgemeinen Entwicklung der Kontorhausarchitektur um 1912 entspricht.

A 59.4 Levantehaus
Mönckebergstraße 7/Bugenhagenstraße 8-10
Architekten: Franz Albert Bach (Ursprungsbau) mit Carl Gustav Bensel (Fassadengestaltung). Bach & Wischer (Wiederaufbau). Ockelmann, Rottgardt & Partner (Umbau und Restaurierung). Sidell Gibson. Schäfer & Partner (Gestaltung Ladenpassage)
1912/13; Zerstörungen 1943 und 1944; Wiederaufbau 1948-50; Umbau und Restaurierung 1995-97

Carl Gustav Bensel hat bei den Fassaden konsequent auf Anleihen an den »Sonnin-Barock« verzichtet, wie sie Fritz Höger zu dieser Zeit noch favorisierte (vgl. Haus Glass, Nr. A 59.10). Die serielle Reihung der Backsteinpfeiler wird lediglich durch drei feingliedrige Erker aufgebrochen, die das Zentrum der Fassade markieren. Auch der ornamentale Dekor der Brüstungsflächen ist frei von historischen Vorbildern aus dem Sichtmauerwerk entwickelt. Noch deutlicher zeigt sich dieser Trend zur Versachlichung an der schmucklosen Rückfront an der Bugenhagenstraße, die wie ein Vorgriff auf die Architektur der Weimarer Republik wirkt. In den 1990er Jahren wurde die Fassade einfühlsam restauriert und das ursprüngliche Dach rekonstruiert, wenn auch um ein Vollgeschoss erhöht, um dort das Hotel Park Hyatt Hamburg unterzubringen. Die kulissenartige neue Ladenpassage im Stil der späten Kaiserzeit weckt dagegen eher zwiespältige Empfindungen. Die bizarren Tierplastiken hat der britische Bildhauer Barry Baldwin geschaffen.

A 59.5 Barkhof
Mönckebergstraße 8-12/Spitalerstraße 7-11
Architekten: Franz Albert Bach (Ursprungsbau). Bach & Wischer (Wiederaufbau). Trix und Robert Hausmann (Neugestaltung Schaufensterzone)
1909/10; Zerstörung 1944; Wiederaufbau 1948-51; Neugestaltung Dachzone 1959 und 1961; Neugestaltung Schaufensterzone 1987-89

Der Verlust der hohen Dächer hat den Werksteinfassaden die monumentale Wuchtigkeit genommen. Besonders störend machen sich die flach abgeschnittenen Erker bemerkbar, die ursprünglich mit kapuzenartigen Mansardsatteldächern bekrönt waren und ein wichtiges Element im Straßenraum bildeten. (Der Kopfbau wurde erst 1961 verstümmelt.) Bei der Neugestaltung der Schaufensterzone wurden die Fenster verkleinert und die Fassadenpfeiler wieder bis nach unten durchgezogen. Der Komplex besteht aus zwei selbstständigen Kontorhäusern, zwischen denen ursprünglich das im Zweiten Weltkrieg zerstörte neoromanische Café Barkhof lag.

A 59.6 Ensemble Mönckebergstraße, ehem. HEW-Kundenzentrum (Aufnahme um 1969)

A 59.9 Ensemble Mönckebergstraße, Domhof

Heute schließt die **Barkhofpassage** von Ockelmann, Rottgardt, Partner (1998-2001) die Lücke.

Von Franz Albert Bach stammt auch die **Seeburg**, Spitalerstraße 16 (1908/09).

A 59.6 Ehem. HEW-Kundenzentrum
Spitalerstraße 22-26, Hamburg-Altstadt
Architekten: Garten & Kahl
1967-69

Bürogebäude mit Ladenpassage und einem Kundenzentrum des Energiekonzerns Vattenfall, der vormaligen HEW (Hamburgische Electricitäts-Werke AG). Der dynamisch einschwingende Baukörper mit kontinuierlichen Fensterbändern und einer anthrazitgrauen Metallfassade konturiert den Platz um den Mönckebergbrunnen (vgl. Nr. A 59.7), der eigentlich mehr eine Restfläche an der Einmündung der Spitalerstraße in die Mönckebergstraße als ein klar definierter Stadtraum ist. Leider wurde die Aluminiumstele von Hermann Goepfert abgetragen (1969), die einen vertikalen Kontrapunkt zu der horizontalen Fassadengliederung setzte.

Das **Mönckeberghaus**, Lilienstraße 36, stammt von Claus Meyer (1908/09).

A 59.7 Ehem. Bücherhalle mit Mönckebergbrunnen
Barkhof 3
Architekt: Hochbauwesen, Fritz Schumacher
Bildhauer: Georg Wrba
1914/15

Das repräsentative tempelartige Gebäude mit dem vorgelagerten Brunnen war ursprünglich eine der ersten öffentlichen Leihbibliotheken Hamburgs. Auf der Brunnenstele ist ein Reliefporträt von Bürgermeister Johann Georg Mönckeberg (1839-1908) angebracht, der nach der Choleraepidemie 1892 die Sanierung der Elendsviertel politisch verantwortete. Die beiden flankierenden Aktfiguren mit Seelöwen wurden erst 1926 gegossen, da während der Kriegsjahre ihre Verwertung als Edelmetall zu befürchten war. Der Löwe auf der Stele ging im Zweiten Weltkrieg verloren und wurde 1965 von Philipp Harth neu geschaffen. Heute wird der Bau wenig angemessen von einer Fast-Food-Kette genutzt.

A 59.8 Hulbehaus
Mönckebergstraße 21
Architekt: Henry Grell
1910/11

Ein Entwurf, der unmittelbar auf den Einfluss von Fritz Schumacher zurückgeht. Der giebelständige Klinkerbau im Stil eines Bürgerhauses der niederländischen Renaissance sollte maßstäblich zwischen St. Petri (vgl. Nr. A 46) und dem benachbarten Kontorhaus vermitteln, das den Chor der Kirche mit einer Traufhöhe von 24 m überragt. Derartig reiche Gliederungen aus Sandstein waren im 16. und 17. Jahrhundert in Hamburg allerdings kaum anzutreffen. Bauherr war die Firma Georg Hulbe, die auf kunsthandwerkliche Lederarbeiten spezialisiert war und auch bei der Ausstattung des Rathauses mitwirkte.

A 59.9 Domhof
Mönckebergstraße 18
Architekten: Franz Albert Bach (Ursprungsbau)
Bach & Wischer (Wiederaufbau)
Asmus Werner (Modernisierung und Rekonstruktion)
1910/11; Zerstörung 1944; Wiederaufbau 1946-48 und 1957 (Dachgeschoss); Modernisierung und Rekonstruktion 1988/89

Kontorhaus mit Pfeilerfassade aus Backstein. Die hohen Zwillingsgiebel und das Maßwerk an den Brüstungen sind wohl als Reverenz an die gegenüberliegende St.-Petri-Kirche (vgl. Nr. A 46) zu verstehen. Asmus Werner verhalf dem Gebäude wieder zu seinem ursprünglichen Giebelschmuck, der 1957 vollständig abgetragen worden war, und gestaltete die Schaufensterzone in Anlehnung an den ursprünglichen Zustand neu. Leider lässt das zusätzliche Vollgeschoss, das zwischen die beiden Giebelpaare gesetzt wurde, den Bau zu hoch und zu massig wirken.

Das **Commeterhaus**, Mönckebergstraße 20/Bergstraße 9-11, ist ein Entwurf von Herry Grell, Franz Jacobssen und George Radel (1908-10)

A 59.10 Haus Glass
Mönckebergstraße 25/Bergstraße 7
Architekt: Fritz Höger
1911

A 59.8 Ensemble Mönckebergstraße, Hulbehaus mit Chor der St.-Petri-Kirche

A 59.10 Ensemble Mönckebergstraße, Haus Glass

A 59.11 Ensemble Mönckebergstraße, ehem. Seidenhaus Brandt

Kontorhaus mit feingliedrigen Skelettfassaden aus Backstein und akzentuierendem Schmuck aus Werkstein. Mit Volutengiebeln, weißen Sprossenfenstern und Quaderlisenen zitiert der Entwurf typische Motive der Hamburger Bürgerhäuser des 18. Jahrhunderts.

A 59.11 Ehem. Seidenhaus Brandt
Mönckebergstraße 27
Architekten: Henry Grell (Ursprungsbau)
Peter Pruter (Wiederaufbau)
1912/13; Zerstörung 1944; Wiederaufbau 1949

Kannelierte Pfeiler verleihen dem mit Kalktuff verkleideten Kontorhaus einen vage klassizistischen Charakter. Ein wuchtiger Aufbau mit einem monumentalem Segmentbogengiebel, optisch schwer wie ein Monolith lastend, erhob sich ursprünglich auf dem Dach, das außerdem viel höher und steiler war. Beim Wiederaufbau durch Peter Pruter, den späteren Büropartner von Henry Grell (Grell & Pruter), wurde die Dachzone vereinfacht wiederhergestellt und der plastische Bauschmuck auf den Brüstungen teilweise beseitigt.

A 59.12 Versmannhaus
Mönckebergstraße 29-31
Architekten: Rambatz & Jollasse (Ursprungsbau)
R. Wilhelm Spilcker (Wiederaufbau)
1910-12; Zerstörung 1943; Wiederaufbau 1949

Mit dem Versmannhaus stößt die Bebauung der Mönckebergstraße in den Rathausmarkt vor. Durch eine geschickte Modellierung des Baukörpers und die Überbauung der Knochenhauertwiete mit einem Torbogen – wesentliche Anregungen hierzu gingen von Fritz Schumacher aus – gelang es, die aufgerissene Südseite des Platzes neu zu fassen. Der Wiederaufbau des schwer zerstörten Gebäudes bedeutete eine Würdigung dieser Lösung, wenn auch zugunsten einer Beruhigung der Platzfronten auf die ursprünglichen Dachhäuser im Renaissancestil verzichtet wurde, die einen Bezug zum Rathaus herstellten.

A 60 Evangelisch-lutherische Hauptkirche St. Jacobi
Jakobikirchhof, Hamburg-Altstadt
Architekten: Johann Nicolaus Kuhn (Neugestaltung Westfassade). Isaiah Wood (Baumaßnahmen 1860er Jahre). Hopp & Jäger (Wiederaufbau)
Ca. 1340-60; westliche Erweiterung ab ca. 1380; zweites südliches Seitenschiff 1493-1508; Neugestaltung Westfassade 1737-43; Renovierung 1860-63; südliche Eingangshalle 1869; Zerstörung 1944; Wiederaufbau 1951-59 und 1961-63 (Einwölbung zweites südliches Seitenschiff); Turmhelm 1959-62; Sakristei 1434-38; nördliche Anbauten 1707/08 und 1750

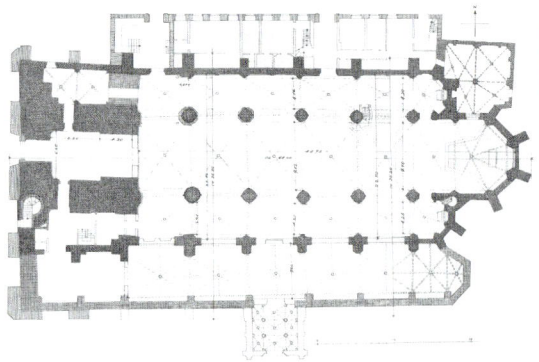

St. Jacobi, 1255 erstmalig erwähnt, ist eine vierschiffige Hallenkirche mit polygonalen Apsiden. Auch die kantonierten Rundpfeiler (d. h. mit vier aufgelegten Dienstbündeln), das charakteristische Profil der Scheidarkaden, das an Archivolten erinnert, und die gebusten Gewölbe (d. h. der Scheitelpunkt der Gewölbe liegt höher als derjenige der Gurtbogen) ordnen sie der Gruppe der Kirchen um St. Johannis in Lüneburg zu (Baubeginn vor 1289). Um 1360 war die ursprünglich dreischiffige Kirche fertiggestellt. Rund 20 Jahre später wurde das Langhaus um ein fünftes Joch nach Westen verlängert und mit dem Bau der beiden Turmkapellen und des Turmes begonnen. Ende des 15. Jahrhunderts wurde ein viertes Schiff angefügt. Die Eingangshalle und der Spitzbogenfries am südlichen Seitenschiff sowie das Maßwerk der Fenster stammen aus den 1860er Jahren. Der kraftvolle moderne Turmhelm von Hopp & Jäger ersetzt den 1944 zerstörten Turmaufsatz von Hermann Peter Fersenfeldt (1826/27), der einer der ersten neogotischen Bauten in Hamburg war.

Das bedeutendste Ausstattungsstück ist die Orgel von Arp Schnitger (1689-93). Die Marmortaufe stammt von 1814, als die Kirche, die während der napoleonischen Besatzung als Pferdestall entweiht worden war, neu ausgestattet wurde. Nur der Kanzelkorb von Georg Baumann (1609/10) mit dem Schalldeckel von Johann Moltzan (1610-14, unvollständig) blieb von den ursprünglichen Prinzipalstücken erhalten. Der St.-Trinitatis-Altar der Böttcher (vor 1518) und der St.-Petri- und St.-Annen-Altar der Fischerzunft (um 1508) dokumentieren, dass das Kirchspiel St. Jacobi das Viertel der »kleinen Leute« war. Der Lukasaltar der Maler (1499) stand bis 1804 in der Domkirche St. Marien. Besondere Aufmerksamkeit verdient auch das Gemälde von Joachim Luhn (1681), das Hamburg von der Elbseite zeigt und ursprünglich in der Ratsstube des Rathauses hing. Der zweigeschossige Anbau am Chor für die Sakristei und den Kirchensaal ist das letzte erhaltene Profangebäude in der Innenstadt, das aus dem Mittelalter stammt.

Der **St.-Jacobi-Hof**, Jacobikirchhof 8-9, stammt von Friedrich R. Ostermeyer und Paul Suhr (1954/55).

A 60 Evangelisch-lutherische Hauptkirche St. Jacobi (Aufnahme um 1962) mit Grundriss (links)

A 61 Ehem. Verwaltungsgebäude der Rudolf Karstadt AG
A 61.1 Ehem. Hauptverwaltung
Steinstraße 10, Hamburg-Altstadt
Architekt: Philipp Schaefer
1921-24
A 61.2 Haus Gülden Gerd
Steinstraße 23, Hamburg-Altstadt
Architekten: Schaar & Hintzpeter (Ursprungsbau). Philipp Schaefer (1. Umbau). Zauleck & Hormann (2. Umbau)
1897/98; 1. Umbau 1923/24; 2. Umbau 1924/25

Mit der rustizierten Sandsteinfassade und den Kolossalsäulen griff Philipp Schaefer beim Entwurf der ehemaligen Karstadtzentrale – seit 1936 als Finanzamt genutzt – auf beliebte architektonische Pathosformeln des späten Kaiserreichs zurück. Die Säulen sind allerdings, streng genommen, Rundpfeiler, was an Peter Behrens Entwurf für die deutsche Botschaft in St. Petersburg erinnert (1911/12). Die sachlicher gestaltete Rückfront an der Bugenhagenstraße ist mit Klinker verkleidet. Das ehemalige Kaufhaus Heilbuth, Steinstraße 23, wurde innerhalb kurzer Zeit zweimal umgebaut: zunächst als Bürohaus für die Karstadt AG und dann als Kontorhaus für den Juwelier Gerhard Wempe, der die expressionistische Werksteinfassade vorblenden ließ.

Das **Kontorhaus** Steinstraße 12 ist ein Entwurf von Hans und Oskar Gerson (1923).

A 62 Kontorhausviertel
Steinstraße/Mohlenhofstraße/Altstädter Straße/ Burchardplatz/Burchardstraße/Niedernstraße/

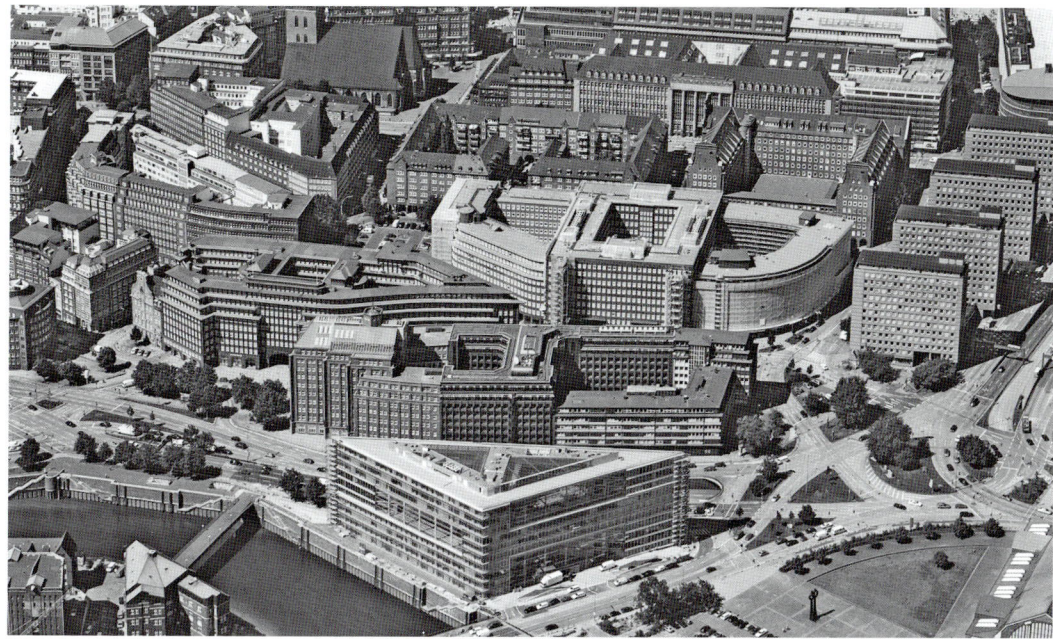

A 62 Kontorhausviertel, Luftaufnahme von Süden. Im Vordergrund ist das Deichtorcenter zu sehen (vgl. Nr. A 64).

Pumpen/Meßberg u.a., Hamburg-Altstadt
Architekten: Max Bach. Distel & Grubitz. Hans und Oskar Gerson. Fritz Höger. Klophaus, Schoch, zu Putlitz u. a.
Planungsbeginn 1904; Bebauungsplan 1912; Bebauung 1921-43; Zerstörungen 1943 und 1944; Wiederaufbau bis ca. 1950

In der südlichen Hamburg-Altstadt, die sich durch eine extrem dichte Fachwerkbebauung mit »Gängen« – beidseitig bebauten Gassen im Innern der Blöcke – kennzeichnete, hatte die Cholera-Epidemie 1892 besonders viele Opfer gefordert. Mit dem Bebauungsplan von 1912 standen deshalb nicht nur sämtliche Gebäude zwischen der Steinstraße und dem Messberg zur Disposition, sondern auch ein Teil des Straßenverlaufs. 1913 begannen die Abbrucharbeiten. War zu dieser Zeit noch eine gemischte Wohn- und Gewerbebebauung vorgesehen, so fiel die Entscheidung nach dem Ersten Weltkrieg zugunsten eines reinen Kontorhausviertels. Erst nach der Weltwirtschaftskrise wurden die letzten Lücken mit Geschosswohnbauten geschlossen (vgl. Nr. A 62.1).

Der Baubeginn in der Inflationszeit und die spektakulären architektonischen Lösungen, allen voran das Chilehaus mit seiner bugartigen Spitze (vgl. Nr. A 62.6), machten das Kontorhausviertel schon bald zum Symbol für den wirtschaftlichen und kulturellen Neubeginn nach dem Zusammenbruch des Kaiserreichs. Die Bombenschäden während des Zweiten Weltkrieges waren vergleichsweise gering. Die Gebäude wurden deshalb nach Kriegsende von der britischen Besatzungsmacht für ihre eigenen Zwecke beschlagnahmt und erst Ende der 1940er Jahre wieder freigegeben. Veränderungen vollzogen sich in den 1990er Jahren vor allem hinter den Klinkerfassaden. Der Sprinkenhof, der Meßberghof und das Chilehaus wurden nach denkmalpflegerischen Kriterien aufwändig modernisiert.

A 62.1 Geschosswohnbauten Steinstraße/Mohlenhofstraße

A 62.1.1 Altstädter Hof
Steinstraße 13-19a/Mohlenhofstraße 1-7/Altstädter Straße 11-23, u. a
Architekt: Rudolf Klophaus
1936/37

A 62.1.2 Geschosswohnbauten
Steinstraße 21/Mohlenhofstraße 2-10/Burchardstraße 16-20
Architekt: Rudolf Klophaus
1935/36

Steile Dächer, Giebel, Erker und Klinkerfassaden charakterisieren den blockfüllenden Altstädter Hof als typisches Produkt der NS-Zeit. Aber auch Motive des »Neuen Bauens« der Weimarer Republik tauchen unvermittelt auf, z. B. die Bullaugen in den Haustüren. Die olympischen Ringe und das Relief eines Olympioniken an der Altstädter Twiete – Entwurf Richard Kuöhl – erinnern an das Olympiajahr 1936. Einen verklärenden Blick auf die Vergangenheit werfen die Darstellungen vorindustrieller Berufe oberhalb der Hauseingänge, die ebenfalls von Kuöhl stammen. Deutlich einfacher ist der Wohnkomplex Mohlenhofstraße 2-10 gestaltet, der gleichmäßig durchfensterte Lochfassaden aus Klinker aufweist.

Von Rudolf Klophaus stammt auch das **Bartholomay-Haus**, Steinstraße 5-7 (1937/38).

A 62.2 Kontorhausviertel, Haus Hubertus

A 62.4 Kontorhausviertel, Montanhof (vorne) und Post- und Fernmeldeamt Niedernstraße

A 62.2 Haus Hubertus
Steinstraße 27/Burchardstraße 24
Architekten: Max Bach. Fritz Wischer
1930/31

Eines der modernsten Hamburger Bürohäuser der Vorkriegszeit, bereits mit Hochhausdimensionen, aber noch im traditionellen Klinkergewand. Die Fassadenstützen treten nicht mehr als vertikale Gliederungen hervor wie z. B. beim Chilehaus (vgl. Nr. A 62.6), sondern werden mit den Fenstern durch Gesimse zu Bändern zusammengezogen. Das verglaste Erkerband im ersten Obergeschoss, das die horizontale Fassadengliederung betonte, wurde bereits wenige Jahren nach Fertigstellung durch die heutige Lochfassade ersetzt.

Das **Kontorhaus Rodewald**, Steinstraße 25/Burchardstraße 22, ist ein Entwurf von Emil Neupert (1930/31).

A 62.3 Pressehaus
Speersort 1
Architekten: Rudolf Klophaus (Ursprungsbau). Schramm, Pempelfort, v. Bassewitz, Hupertz (Umbau Arkaden)
1938/39; Umbau Arkaden 1978-80

Klinkerbau mit schematisch gegliederten Lochfassaden, die durch Fenstereinfassungen und Gewände aus Sandstein akzentuiert werden. Das Walmdach wurde im Zweiten Weltkrieg zerstört und durch Staffelgeschosse ersetzt. Die Arkaden im Erdgeschoss – ein Zitat des benachbarten Johanneums von Carl Ludwig Wimmel (1837-40, 1943 zerstört) – wurden erst Ende der 1970er Jahre geöffnet. Das Gebäude wurde für das nationalsozialistische *Hamburger Tageblatt* errichtet. Hieran erinnert das Sandsteinrelief von Richard Kuöhl an der Curienstraße, das nach dem Zweiten Weltkrieg von der Hauptfassade dorthin versetzt wurde, weil es das Logo der Zeitung zeigt: eine Kogge mit drei Segeln, auf denen ursprünglich ein Hakenkreuz angebracht war. Nach 1945 wurde im Pressehaus demokratische Pressegeschichte geschrieben. Die Redaktionen von *Der Spiegel* und *Stern* residierten zeitweilig in dem Gebäude. *Die Zeit* hat hier noch heute ihren Sitz.

Das **Miramar-Haus**, Schopenstehl 15, stammt von Max Bach (1921/22).

A 62.4 Montanhof
Kattrepel 2
Architekten: Distel & Grubitz
1924-26

Die modischen dreieckigen Klinkervorlagen, die mit dem 1924 fertiggestellten Chilehaus (vgl. Nr. A 62.6) en vogue wurden, erhielten hier eine neuartige Ausprägung. Sie schießen über das letzte Vollgeschoss hinaus und verklammern es wie Strebewerk mit dem untersten der Staffelgeschosse. Ansonsten ist das Gebäude vergleichsweise zurückhaltend gestaltet, sieht man von der Südwestecke ab, die sich zu dreieckigen Erkern auffaltet. Der Horror vacui eines Fritz Höger, der jedes Bauglied zum Klinkerornament umdeutete, blieb Distel & Grubitz offenbar fremd.

Das **Post- und Fernmeldeamt Niedernstraße**, Niedernstraße 10, ist ein Entwurf von Postbaurat Martin Thieme von der Postbauverwaltung (1924-26).

A 62.5 Mohlenhof
Niedernstraße 8/Burchardstraße 17
Architekten: Klophaus, Schoch, zu Putlitz
1928/29

Die mit Klinker verblendeten flächigen Lochfassaden belegen nicht nur den um 1930 einsetzenden Trend zur Versachlichung im Kontorhausbau, sie sind auch das Ergebnis einer baupflegerischen Intervention. Um dem benachbarten Chilehaus nicht seine Einzigartigkeit zu nehmen, mussten die Architekten ihren expressionistisch gestimmten Entwurf überarbeiten und auf die ursprünglich geplanten vertikalen Gliederungen und dreieckigen Fassadenöffnungen verzichten.

A 62.6 Chilehaus
Burchardstraße 13-15/Pumpen 6-8 u.a.
Architekten: Fritz Höger (Ursprungsbau)
Architekturbüro WGK (Restaurierung und Modernisierung)
1921 W, 1922-24; Restaurierung und Modernisierung 1989-91

Mit 36.000 qm Bruttogeschossfläche war das Chilehaus vor dem Zweiten Weltkrieg eines der größten deutschen Bürohäuser überhaupt. Bauherr war Henry Brarens Sloman, der Salpeterminen in Chile besaß und

A 62.6 Kontorhausviertel, Chilehaus

A 62.7 Kontorhausviertel, Sprinkenhof

A 62.9 Kontorhausviertel, Meßberghof

somit über ausreichend Devisen verfügte, um den Bau während der Inflationsjahre realisieren zu können. An Fritz Högers Entwurf überzeugte anfänglich wohl vor allem die intensive Ausnutzung des Grundstücks. Erst im weiteren Entwurfsprozess schälte sich der wahrzeichenhafte Gebäudeumriss mit der Bugspitze und den dynamischen Horizontalen der Staffelgeschosse heraus. Nach eigener Aussage reichte Höger insgesamt 17 Änderungsanträge bei der Stadt ein, um die elegant geschwungene Südfassade realisieren zu können. Auch die Baupflegekommission war an der Diskussion um die Gestaltung beteiligt.

Die massiven Klinkerfassaden – vor einer modernen Stahlbetonskelettkonstruktion – zeigen das handwerkliche und künstlerische Können Högers. Ein Stakkato feingliedriger dreieckiger Vorlagen rhythmisiert die langen Fronten. Dabei wird jede siebte Ziegelschicht, um 45 Grad gedreht, zum Binder im Fassadenmauerwerk. Die Tudorbögen, die die Fischertwiete überspannen, umgibt ein Schmuckverband, der wie ein Kreuzstichmuster wirkt. Die Plastiken stammen von Richard Kuöhl. Der Andenkondor am »Bug« – das Wappentier Chiles –, der wie eine Galionsfigur anmutet, unterstreicht die Schiffssymbolik. Die Firma Sloman nutzte übrigens nur einen kleinen Teil der Flächen selbst, was die zahlreichen historischen Firmenschilder in den Eingangshallen belegen, die bei der Restaurierung Anfang der 1990er Jahre freigelegt wurden.

A 62.7 Sprinkenhof
Burchardstraße 6-14/Altstädter Straße 2-10/Johanniswall 4-6/Springeltwiete
Architekten: Hans und Oskar Gerson. Fritz Höger (1. BA)
Fritz Höger (2. u. 3. BA). Kleffel, Köhnholdt Partner Architekten (Restaurierung und Modernisierung 1. und 2. BA)
1. BA 1927/28; 2. BA 1930-32; 3. BA 1939-43;
Teilzerstörung 1943; Wiederaufbau 1947/48;
Restaurierung und Modernisierung 1999, 2000-02

Der kubische Mittelteil mit dem charakteristischen Rautendekor war durch einen Entwurf der Gebrüder Gerson für eine »Heldengedächtnishalle« auf dem Ohlsdorfer Friedhof inspiriert. Von Ludwig Kunstmann stammen die vergoldeten Terrakottaknöpfe mit Darstellungen, die auf Handel, Technik, Handwerk und Schifffahrt, mithin auf die potentiellen Mieter der Büros verweisen. Ungewöhnlich für ein Kontorhaus ist die Lochfassade, die sich durch den provisorischen Einbau von 120 Wohnungen erklärt, der auf 10 Jahre befristet sein sollte; offenbar war der Markt noch nicht reif für weiteren Büroraum. Die beiden Erweiterungen, zunächst an der Westseite und dann an der Ostseite, stammen von Fritz Höger allein. 1943 brannte der dritte Bauabschnitt aus. Besondere Beachtung verdient die einfühlsame Restaurierung und Modernisierung der ersten beiden Bauabschnitte, wobei die Tiefgarageneinfahrt an der Springeltwiete geschlossen wurde, um dort die neue Klimazentrale möglichst unauffällig unterbringen zu können.

A 62.8 Heinrich Bauer Verlag
Burchardstraße 11
Architekten: Schweger & Partner
1977 W, 1978-83

Respektvolle Zurückhaltung gegenüber dem prominenten architektonischen Umfeld war bei diesem Entwurf offensichtlich das Bestreben der Architekten, nicht dagegen gestalterische Signifikanz um jeden Preis. Der Reiz liegt deshalb vor allem in der schlüssigen und sauberen Detaillierung. Asymmetrische, dreieckige Klinkervorlagen und gefalzte Kupfermanschetten verleihen den Fassaden eine starke Vielgliedrigkeit, die mit den historischen Klinkerfronten in der Nachbarschaft korrespondiert, ohne sie im Detail zu kopieren.

A 62.9 Meßberghof
Pumpen 17/Willy-Brandt-Straße 12
Architekten: Hans und Oskar Gerson (Ursprungsbau)
Architekten Schweger + Partner (Restaurierung und Modernisierung)
1922-24; Restaurierung und
Modernisierung 1991, 1995/96

Sind die Fassaden beim Chilehaus in eine Skelettstruktur aufgelöst, so charakterisiert sich der Meßberghof durch flächige Fronten. Der massige Bau wirkt aber kaum weniger gotisierend, wozu neben dem kristallinen Splitterdekor der Eingänge vor allem die monumentalen

A 63 Ehem. Gebäude der Landherrenschaft

A 64 Deichtorhallen

Strebepfeiler an den Gebäudekanten beitragen, die wie in das Klinkermauerwerk verschliffen wirken. Letztere waren mit Skulpturen von Ludwig Kunstmann geschmückt, die an mittelalterliche Sakralplastik erinnerten. Die heutigen Figuren, die mangels aussagekräftiger Fotos des ursprünglichen Zustands völlig neu gestaltet wurden, stammen von Lothar Fischer. Auch das 1945 zerstörte Dach wurde modern nachempfunden. Travertinverkleidungen und vergoldete Türrahmen und Geländer kennzeichnen die Eingangshalle und somit das für den Kontorhausbau der 1920er Jahre ungewöhnlich hohe Anspruchsniveau. Das Gebäude hieß übrigens ursprünglich Ballin-Haus nach Albert Ballin (1857-1918), dem ehemaligen Hapag-Direktor, und wurde 1938 auf Anweisung des Reichsstatthalters in Meßberghof umbenannt, weil Ballin Jude gewesen war.

A 63 Ehem. Gebäude der Landherrenschaft mit Polizeiwache
Klingberg 1, Hamburg-Altstadt
Architekt: Hochbauwesen, Albert Erbe
1906-08

Das stattliche Giebelhaus zitiert Motive der Hamburger Bürgerhäuser des 18. Jahrhunderts, wie sie unter Albert Erbe auch allgemein zum Kennzeichen des öffentlichen Hochbaus in Hamburg wurden. Die Landherrenschaft war die oberste Verwaltung der hamburgischen Landgebiete, worauf der bildhauerische Schmuck am Portal mit Früchten, Wasserpflanzen und Getreidegarben hinweist. Der Standort war nicht zufällig gewählt, denn am Meßberg fand der traditionelle Markt der Obst-und Gemüsebauern aus den Vier- und Marschlanden statt, aus dem später der Großmarkt auf dem Deichtorplatz hervorging (vgl. die Deichtorhallen, Nr. A 64).

Die **Europäisch-Iranische Handelsbank**, Depenau 2, ist ein Entwurf von Gottfried Böhm (1989/90).

A 64 Deichtorhallen
Deichtorstraße 1-2, Hamburg-Altstadt
Architekten: Baudeputation, Ingenieurwesen (Ursprungsbauten). Josef Paul Kleihues (Restaurierung und Umbau). Jan Störmer Partner (Umbau südliche Halle)
1911/12, Erweiterung der nördlichen Halle 1913/14; Restaurierung und Umbau 1988, 1990; Umbau südliche Halle 2004/05

Die beiden Großmarkthallen, ursprünglich nur als Provisorium gedacht und schon Ende der 1920er Jahre als erneuerungsbedürftig angesehen, dienten bis 1984 ihrem Zweck, wenn auch zuletzt nur noch für den Blumenhandel. Beide Gebäude wurden mit Stahlfachwerkträgern errichtet, wobei die südliche Halle als Zentralbau mit über Kreuz verbundenen Hauptbindern eine besonders reizvolle Lösung darstellt, die auch nach außen hin effektvoll als gestaffelte Baugruppe hervortritt. Die straff gegliederten Ziegelfassaden sind beispielhaft für die Tendenz zur gestalterischen Versachlichung in den Jahren vor dem Ersten Weltkrieg. Dank des Engagements des Hamburger Industriellen Kurt A. Körber konnten beide Hallen 1990 für Ausstellungszwecke umgebaut werden. Seit 2005 ist in der südlichen Halle das Internationale Haus der Photographie untergebracht, wofür erneut Umbauten nötig waren.

Das **Deichtorcenter**, Oberbaumbrücke 1, ist ein Entwurf von BRT Architekten Bothe Richter Teherani (2000 W, 2000-02).

A 65 Kunstverein und Freie Akademie der Künste
Klosterwall 23, Hammerbrook
Architekten: Hochbauamt, Otto Meyer-Ottens (Ursprungsbau). Alsop & Störmer Architekten Floder & Simons (Umbau)
1951; Umbau 1990, 1992/93

Südliche Erweiterung der ehemaligen Blumenmarkthalle (1913/14), die heute als Veranstaltungsort »Markthalle« bekannt ist. Der sachliche Stahlbetonskelettbau mit Schalendach und Fensterbändern – ausgefacht mit Backsteinen, die sich zu traditionellen Zierverbänden fügen – belegt die Kontinuität der Vorkriegsmoderne in der Nachkriegszeit. Die Freie Akademie der Künste residiert unter dem Dach, weshalb an der Ostseite ein offener Erschließungsturm aus Stahlbeton angefügt wurde, der mit Lochblechen umhüllt ist.

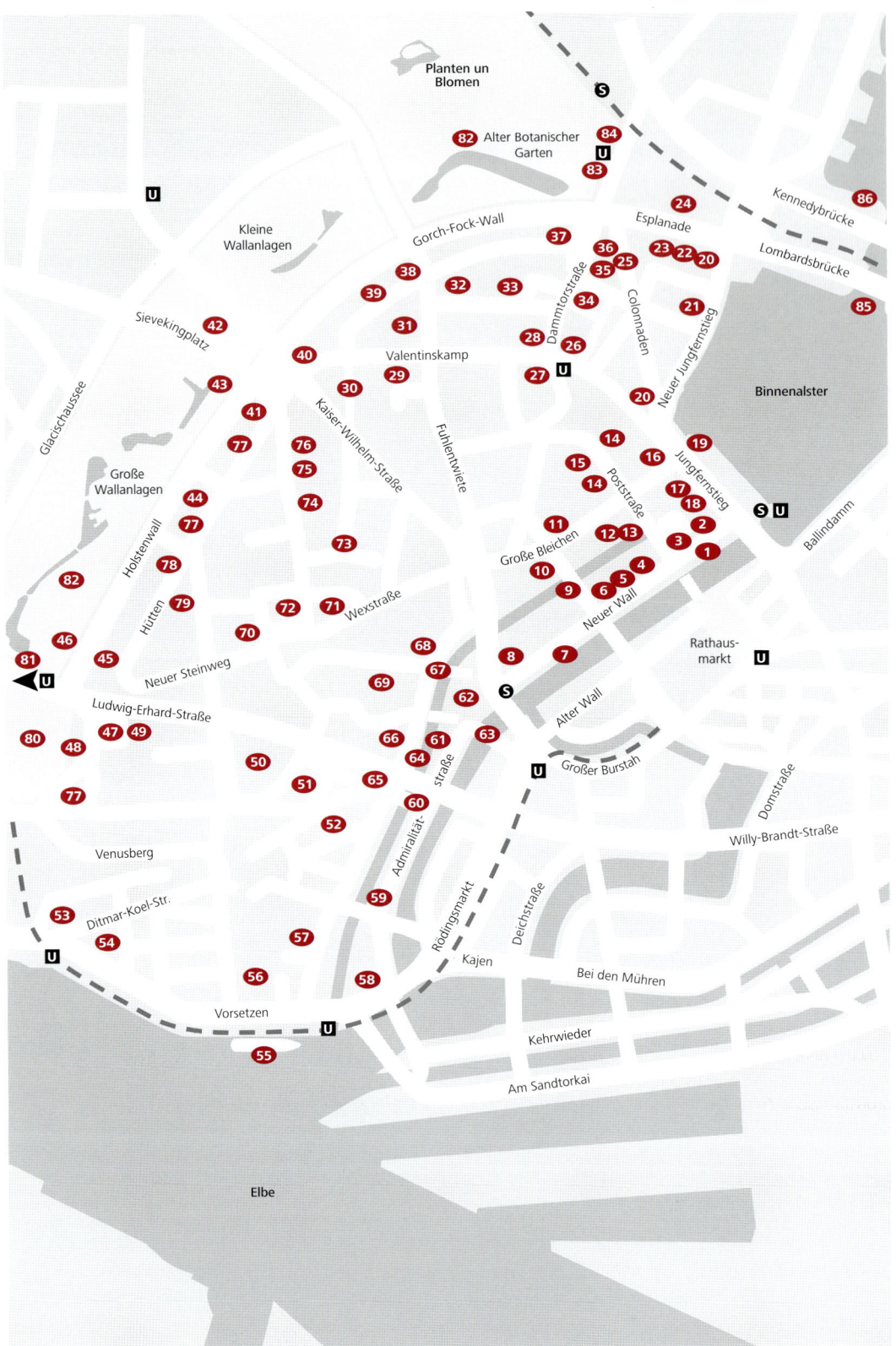

B 1.1, B 1.2 Alsterarkaden und Nachbrandgebäude mit ehem. Neidlinger-Haus (rechts)

B Neustadt

Angesichts der politischen Spannungen, die zu Beginn des 17. Jahrhunderts herrschten, investierte Hamburg in eine damals hochmoderne sternförmige Stadtbefestigung aus Erdwällen und einem umlaufenden Graben nach Plänen des Niederländers Johan van Valckenburgh (1615-26). Dabei wurde das geschützte Stadtgebiet um die Neustadt erweitert, die bald das traditionelle Wohnviertel der Unterschichten bildete und mit St. Michaelis (vgl. Nr. B 50) auch eine eigene Hauptkirche erhielt. Wurde die Altstadt in weiten Bereichen durch stattliche Kaufmannshäuser geprägt, so kennzeichnete sich die Neustadt hauptsächlich durch schlichte Fachwerkgebäude, hinter denen sich mit zunehmender Bevölkerungszahl ein immer dichteres Geflecht aus Wohngassen erstreckte, so genannten Gängen (vgl. Nr. B 30 und Nr. B 51), die zum Inbegriff sozialer Verwahrlosung wurden.

Nach dem Ende der napoleonischen Besatzung 1814 gewann die nördliche Neustadt sukzessive moderne großstädtische Züge. Den Auftakt machte die Schleifung des Stadtwalls, der in einen Grüngürtel umgewandelt wurde. Mit der Esplanade (ab 1827, vgl. Nr. B 23) nahm die Idee einer repräsentativen Ringstraße um die Innenstadt Konturen an, die allerdings erst ab den 1880er Jahren weiter verfolgt wurde (vgl. Nr. B 37ff.). An der Esplanade und am Neuen Jungfernstieg wurde auch zum ersten Mal die über Jahrhunderte tradierte Einheit der Wohn- und Arbeitsstätte des Kaufmanns aufgebrochen und auf Speicher und andere störende Nutzungen verzichtet. Auch die städtebauliche Neuordnung nach dem Großen Brand 1842, dem u. a. der Jungfernstieg und der Neue Wall zum Opfer gefallen waren, stärkte den bürgerlichen Charakter der nördlichen Neustadt.

Im Unterschied hierzu kennzeichnete sich die übrige Neustadt, und somit der weitaus größte Teil, auch in der Gründerzeit noch durch eine geschlossene barocke Fachwerkbebauung, deren Gassengewirr nur durch vereinzelte Straßendurchbrüche, z. B. die Wexstraße (vgl. Nr. B 71), aufgelockert wurde. Gerade in diesen Bereichen forderte die Cholera-Epidemie 1892 besonders viele Todesopfer, so dass die »Gängeviertel« ab der Jahrhundertwende kahlschlagsaniert wurden (vgl. Nr. B 52 und Nr. B 73). Dabei behielt die Neustadt aber ihren Charakter als Wohnviertel, wogegen die Sanierungen in der Altstadt vor allem auf die Schaffung von Kontorflächen abzielten. Erst der Wiederaufbau nach den schweren Kriegszerstörungen 1943 hatte zur Folge, dass die Wohnbebauung heute auf wenigen Inseln zwischen Großverwaltungen und Verkehrsschneisen zusammengedrängt ist.

B 1 Ensemble Alsterarkaden/Neuer Wall
B 1.1 Alsterarkaden und Nachbrandgebäude
Alsterarkaden 9-12/Neuer Wall 11-13, Neustadt
Architekten: Alexis de Chateauneuf (Arkaden)
C. C. Bong. M. J. C. Vagd u. a. (Gebäude)
Arkaden 1842, 1843-45; Gebäude 1845/46
B 1.2 Ehem. Neidlinger-Haus
Jungfernstieg 7/Alsterarkaden, Neustadt
Architekten: Johannes Grotjan (Ursprungsbau)
Ferdinand Bogler (Wiederaufbau und Umgestaltung östliche Arkaden)

B 2 Hildebrand-Haus

B 3 Hübner-Haus

B 7 Citterio-Haus

B 5 Kirsten-Haus

B 6 Büro- und Geschäftshäuser Neuer Wall

Um 1905; Zerstörung 1943; Wiederaufbau und Umgestaltung östliche Arkaden 1949-51

Flach gedeckter Bogengang mit spätklassizistischer Putzfassade, der einer Gebäudegruppe mit Einzelhandelsgeschäften vorgelagert ist. Die Alsterarkaden stellen eines der bedeutendsten Zeugnisse der Neugestaltung der Innenstadt nach dem Großen Brand 1842 dar. Sie bilden das städtebauliche Gelenk, das die Binnenalster, die Kleine Alster und den Rathausmarkt verbindet. Im Zentrum des Komplexes liegt die Mellinpassage als Durchgang zum Neuen Wall. Hatte Alexis de Chateauneuf ursprünglich eine einheitliche Bebauung vorgesehen, so wurden die einzelnen Gebäude schließlich von unterschiedlichen Baumeistern individuell gestaltet. Zeittypisch sind die einfach strukturierten Putzfassaden mit Lisenen, Rundbogenfriesen und gusseisernen Balkonen (1991-93 z. T. rekonstruiert, vgl. Nr. B 1.3). Anfang der 1950er Jahre wurde der östliche Arkadenabschnitt, der sich ursprünglich durch Säulen auszeichnete, ebenfalls mit Pfeilern versehen. Gleichzeitig wurde das neobarocke Neidlinger-Haus, das bereits vor dem Zweiten Weltkrieg als störender Fremdkörper empfunden worden war, mit schlichten Natursteinfassaden wiederaufgebaut.

Die **Neuen Alsterarkaden** sind ein Entwurf von BRT Architekten Bothe, Richter, Teherani (1998).

B 1.3 Mellinpassage
Neuer Wall 11-13/Alsterarkaden 11-11a, Neustadt
Architekten: Wolfgang Schultz-Coulon (Neuer Wall 11/Alsterarkaden 11). Ockelmann, Rottgardt & Partner (Neuer Wall 13/Alsterarkaden 11a und Mellinpassage) 1990, 1991-93

Ein Großteil der Gebäude, die noch dem Originalzustand von 1846 entsprachen, fiel 1990 einer Brandstiftung zum Opfer. Nur die Fassaden am Neuen Wall konnten erhalten werden. Glücklicherweise war die Mellinpassage bereits 1987 für eine geplante Restaurierung vermessen worden, so dass sich die Rekonstruktion problemlos gestaltete. Ein unerwarteter Fund waren hier die gläsernen Jugendstil-Werbetafeln, die unter Farbschichten verborgen waren. Die im gleichen Stil bemalte Passagendecke wurde in 39 Teile zersägt, um sie später wieder an ihrem ursprünglichen Ort anzubringen. Auch das traditionsreiche Modegeschäft Ladage & Oelke erhielt seinen ursprünglichen Charakter zurück.

B 1.4 Fahninghaus
Neuer Wall 19/Alsterarkaden 14-16, Neustadt
Architekten: J. und B. Schröter (Umgestaltung Gebäude Alsterarkaden). Johannes Grotjan (Kontorhaus Neuer Wall). Architekten Schweger + Partner (Umbau Gesamtkomplex)

Gebäude Alsterarkaden 1845/46, Umgestaltung 1897/98; Kontorhaus Neuer Wall 1905/06; Umbau Gesamtkomplex 1994-96

Das Fahninghaus war ursprünglich ein Konglomerat aus heterogenen Gebäuden, die im Innern eine zusammenhängende Verkaufsfläche bildeten. Während die Bauten an den Alsterarkaden noch von 1845/46 stammten und lediglich mit einer neobarocken Stuckfassade aufgewertet wurden, entstand am Neuen Wall ein Kontorhausneubau mit Mansardwalmdach, verputzter Pfeilerfassade und Bay Windows. Beim Umbau wurde der Komplex bis auf das Jugendstil-Treppenhaus von Neuer Wall 19 vollständig entkernt und die Lücke an der Schleusenbrücke mit einer schlichten Lochfassade geschlossen (was dem Zustand um 1930 entspricht). Der moderne Aufsatz, der den Eckturm des Kontorhauses ersetzt, ist zu grob und zu hoch geraten. In dem Komplex war das Modehaus Hirschfeld ansässig, das bei dem Pogrom in der Nacht vom 9. auf den 10. November 1938 – der »Reichskristallnacht« – demoliert und bald darauf von Franz Fahning »arisiert« wurde.

B 2 Hildebrand-Haus
Neuer Wall 16-18, Neustadt
Architekten: Frejtag & Wurzbach (Kernbau)
George Radel. Franz Jacobssen (Fassade)
1907/08

Ein besonders repräsentatives Kontorhaus mit einer Sandsteinfassade und Bronzeverkleidungen an den Brüstungen. Im Eingangsbereich erwartet den Besucher ein kostbares Potpourri aus Kleinmosaiken, Jugendstilkeramik, Marmorverkleidungen und Intarsien aus Holz und Perlmutt, wobei eine stilisierte Darstellung von Wikingerschiffen ebenso wenig fehlt wie ein klassizistischer Relieffries nach einem Vorbild von Bertel Thorvaldsen.

Das **Gutruf-Haus**, Neuer Wall 10, von Franz und Max Bach (1914/15) wendet seine Hauptfassade dem Jungfernstieg zu (vgl. Nr. B 16).

B 3 Hübner-Haus
Neuer Wall 22/Poststraße 2-4, Neustadt
Architekt: Henry Grell
1908/09

Dicht gereihte Fassadenstützen kennzeichnen das Hübner-Haus, wie sie um 1908 auch allgemein dem fortschrittlichsten Entwicklungsstand der Kontorhausarchitektur entsprachen. Ein weiteres zeittypisches Motiv sind die Bay Windows – flache Erker –, die sich aus der Natursteinfassade hervorwölben. Leider hat das Gebäude durch die Neugestaltung der Schaufensterzone und des Daches viel von seiner ursprünglichen Eleganz eingebüßt (zum ursprünglichen Zustand vgl. die Börsenburg, Nr. A 7, die ebenfalls von Henry Grell stammt). Dass hier höchstes Niveau angestrebt wurde, belegt die Eingangshalle. Hinter der mit Bronze beschlagenen Eingangstür verbergen sich Goldmosaiken und Marmorinkrustationen im Wiener Sezessionsstil.

B 4 Kontorhaus Reubert
Neuer Wall 32, Neustadt
Architekten: Frejtag & Elingius
1910/11

Schmales Kontorhaus mit einer feingliedrigen Fassadenverkleidung aus Werkstein und keramischen Elementen. Auch die Fleetseite weist eine sorgfältig detaillierte Fassade auf, die dort jedoch aus Klinker besteht. Mit Heilpflanzen dekorierte Relieffliesen erinnern im Treppenhaus daran, dass in dem Gebäude ursprünglich eine Apotheke ansässig war.

B 5 Kirsten-Haus
Neuer Wall 44, Neustadt
Architekt: Alfred Löwengard
1908

Die additiv gegliederte Jugendstilfassade war um 1908 schon nahezu ein Anachronismus, was das zeitgleich errichtete Hübner-Haus verdeutlicht (vgl. Nr. B 3). Typisch sind die großen Fenster im ersten Stock – noch mit den originalen Eisenstützen –, mit denen die Schaufensterzone auf zwei Geschosse ausgedehnt wurde.

B 6 Büro- und Geschäftshäuser Neuer Wall
Neuer Wall 48-50, Neustadt
Architekten: Graaf, Schweger & Partner
1979-81

Zwei Baulückenfüllungen, die mit modernen Mitteln die Themen der historischen Architektur am Neuen Wall wieder aufnehmen: Skelettfassaden mit Natursteinverkleidung, die zweigeschossige Schaufensterzone, die vielgliedrige Dachlandschaft. Dabei ist an dem Geschäftshaus Neuer Wall 48 auch hervorzuheben, wie souverän sich der Bau trotz seiner geringen Breite im Straßenraum behauptet und gestalterische Eigenständigkeit geltend macht.

Das **Büro- und Geschäftshaus** Bleichenbrücke 1-7 ist ein Entwurf von Kleffel Köhnholdt Papay Warncke Architekten (2003, 2004/05).

B 7 Citterio-Haus
Neuer Wall 59, Neustadt
Architekten: Antonio Citterio and Partners (Entwurf)
Architekturbüro Bernd Leusmann (Bauleitung und örtliche Planung)
1999 W, 2000-02

Schmales Büro- und Geschäftshaus mit einer zweischaligen Fassade, die aus einer Pfosten-Riegel-Konstruktion mit Holzelementen (Fichte) und einer äußeren Sandsteinhülle besteht – letztere mit unterschiedlich breiten Öffnungen, die zudem horizontal gegeneinander verschoben sind, was den ansonsten schlichten Bau zum architektonischen Ereignis macht. Die zweigeschossige Ladenfront ist ein Zitat der traditionellen Kontorhausarchitektur am Neuen Wall.

Das **Handelszentrum**, Neuer Wall 64, stammt von Alsop & Störmer Architekten (1996 W, 1997/98).

B 8.1 Görtz-Palais
(Aufnahme um 1954)

B 9, B 10 Bleichenhof und Bleichenbrücke

B 8 Görtz-Palais und ehem. Stadthaus
B 8.1 Görtz-Palais
Neuer Wall 86, Neustadt
Architekten: Johann Nicolaus Kuhn (Ursprungsbau)
Carl-Friedrich Fischer (Wiederaufbau)
1710/11; Zerstörungen 1941 und 1943; Wiederaufbau 1953/54

Barockpalais mit flachem Mittelrisalit, der durch Kolossalpilaster und einen Segmentbogengiebel hervorgehoben wird. Die Backsteinfassade wurde 1776 verputzt. Beim Wiederaufbau blieb nur die Straßenfront erhalten. Dahinter entstand ein Bürohaus mit gegeneinander versetzten Geschossen – drei an der Straßenseite, sieben zum Hof –, um das Volumen des Gebäudes besser auszunutzen. Die ungeteilten Fenster veranschaulichen den fragmentarischen Charakter der historischen Architektur. Das für Hamburg beispiellose Palais wurde für Georg Heinrich Baron von Schlitz, genannt von Görtz, gebaut, den Gesandten Holstein-Gottorfs. Ab 1722 diente es als kaiserliche Gesandtschaft. Im 19. Jahrhundert wurde es als Stadthaus, d. h. als Sitz der Polizeiverwaltung genutzt.

B 8.2 Ehem. Stadthaus
Neuer Wall 88/Stadthausbrücke 8, Neustadt
Architekten: Hochbauwesen, Carl Johann Christian Zimmermann (Ursprungsbau) und Fritz Schumacher (Erweiterung)
1888-92; Erweiterung 1914-22; Zerstörung 1943

Carl Johann Christian Zimmermann orientierte sich beim Entwurf des neuen Stadthauses am Görtz-Palais und übertrug dessen Fassadengliederung in Sandstein. Der runde Eckturm war mit einer Kuppel bekrönt. Mit einer Lisenengliederung und ursprünglich auch einem hohen Walmdach verlieh Fritz Schumacher der Erweiterung einen eigenständigen Charakter. Beim Wiederaufbau wurden die Dächer durch flache Staffelgeschosse ersetzt. Im Stadthaus war in der NS-Zeit auch die Gestapo untergebracht, woran eine Gedenktafel am Eingang von Stadthausbrücke 8 erinnert.

Das **Bürohaus** Neuer Wall 77 stammt von Prof. Bernhard Winking (1981 W, 1991-93, vgl. Nr. B 62).

B 9 Bleichenbrücke
Neustadt
Architekt: Baudeputation, Johann Hermann Maack
1844/45

Die Bleichenbrücke wurde im Zuge der Neugestaltung der Innenstadt nach dem Großen Brand 1842 errichtet. Sie überspannt das Bleichenfleet mit zwei Segmentbogengewölben von jeweils rund 13,2 m Weite. Typisch für Johann Hermann Maack ist die Mischung von Verblendmauerwerk und Natursteingliederungen in Kombination mit filigranen Gusseisengeländern.

Von Maack stammen auch die **Reesendammbrücke** und die **Adolphsbrücke** (1843/44 bzw. 1844/45), die Anfang der 1970er Jahre beim S-Bahn-Bau (teil-)zerstört und rekonstruiert wurden.

B 10 Bleichenhof
Bleichenbrücke 11/Große Bleichen, Neustadt
Architekten: Sprotte & Neve (Ursprungsbau). nps Nietz, Prasch, Sigl Architekten (Umbau und Erweiterung)
1955/56; Umbau und Erweiterung 1987-90

Ein Parkhaus mit pastellfarbener Mosaikverkleidung – vgl. das identisch gestaltete Nachbargebäude Stadthausbrücke 12, das ebenfalls von Sprotte & Neve stammt – verschwand größtenteils hinter Bürotrakten.

B 11 Hanse-Viertel, die Passage   B 11.1 Hanse-Viertel, ehem. Broschekhaus   B 13 Alte Post

Zu den Großen Bleichen hin wurde den Parkdecks dagegen nur eine neue Fassade vorgeblendet, um sie dieser Mantelbebauung anzupassen: eine kräftig profilierte Skelettstruktur aus rotem Backstein, modisch aufgefrischt durch patinagrüne Blechelemente. Die Ladenpassage, die in den Innenhof eingefügt wurde, hebt sich durch eine Natursteinverkleidung und ein gläsernes Tonnendach hervor.

Das **Kaufmannshaus**, Bleichenbrücke 10, ist ein Entwurf von Stammann & Zinnow (1906/07, Umbau durch Graaf, Schweger & Partner 1976-78).

B 11 Hanse-Viertel
Große Bleichen/Poststraße/Hohe Bleichen/
Heuberg, Neustadt
Architekten: v. Gerkan, Marg + Partner
1974, 1978-80; Parkhaus und Bürohaus
Hohe Bleichen 1981-83

Das blockfüllende Hanse-Viertel umfasst neben neu errichteten Einzelhandels-, Gastronomie- und Büroflächen auch mehrere historische Kontorhäuser, von denen eines zum Hotel umgebaut wurde (vgl. Nr. B 11.1). Herzstück ist die mittlerweile schon geradezu klassisch anmutende Ladenpassage, die im Hinblick auf ihre übersichtliche Wegführung, die gläsernen Tonnengewölbe und Kuppeln (Tages- statt Kunstlicht!), den ausgeklügelten Branchenmix und die dezente Werbung Maßstäbe setzte. Seine ungebrochene Popularität verdankt das Hanse-Viertel nicht zuletzt aber auch der gediegenen Gestaltung. Mit traditionell gegliederten Klinkerfassaden, patinagrünen Metallprofilen und bronzenen Fußbodenintarsien, z. B. eine Kompassrose, schufen die Architekten nicht nur einen Ort mit Identifikationskraft, sondern kamen auch dem um 1980 wieder aktuellen Bedürfnis nach einem ortstypischen Baustil entgegen. Bis 1983 wurde der Komplex um das Parkhaus Poststraße 41 und das Bürohaus Hohe Bleichen 18 ergänzt, die sich architektonisch dem Gesamtbild unterordnen.

Die ehemalige **Hypothekenbank**, Hohe Bleichen 17, ist ein Entwurf von Wilhelm Martens (1896/97, Umbau und Aufstockung durch SEHW Architekten 2005/06).

B 11.1 Ehem. Broschekhaus
Heuberg 2, Neustadt
Architekten: Fritz Höger (Ursprungsbau)
v. Gerkan, Marg + Partner (Umbau und Ergänzung)
1925/26; Umbau und Ergänzung 1980/81

Das Broschekhaus diente ursprünglich als Verlags- und Druckereigebäude für das Hamburger Fremdenblatt. Fritz Höger hat hier das Fassadenschema des Chilehauses variiert (vgl. Nr. A 62.6). Dicht gereihte rippenartige Klinkervorlagen, akzentuiert durch goldfarbene Pyramiden auf den Vorderkanten, finden ein optisches Gegengewicht in den Horizontalen der Staffelgeschosse. Allerdings blieb das Broschekhaus ein Torso, weil das Eckgrundstück nicht bebaut werden konnte. Der fehlende Teil wurde 1980/81 nach dem historischen Vorbild ergänzt, wenn auch ohne den Staffelgiebel, den Höger ursprünglich vorgesehen hatte. Heute ist hier das Renaissance Hotel Hamburg untergebracht.

B 12 Galleria
Große Bleichen 21, Neustadt
Architekten: Heinz Ruppert (Gebäude)
Trix und Robert Hausmann (Gestaltung Passage)
1978-82

Verhalten traditionalistischer Backsteinbau mit einer Ladenpassage, die einen genaueren Blick lohnt: Schwarzweiß gestreifte Marmorverkleidungen, eine gewölbte Glasdecke, Glasmalereien über den Eingängen, die wehende Vorhänge vortäuschen, und kulissenartige, wie ausgestanzt wirkende Wandscheiben mit »Thermenfenstern« im Zwischengeschoss schaffen ein urbanes Ambiente, das zugleich ein Musterbeispiel für die um 1980 aktuelle Postmoderne ist.

Die **Kaisergalerie**, Große Bleichen 23-27, hat Emil Großner entworfen (1907/09).

B 13 Alte Post
Poststraße 9-11, Neustadt
Architekten: Alexis de Chateauneuf (Ursprungsbau)
Hochbauamt, Hans-Dietrich Gropp (Umbau)
1844, 1845-47; Umbau 1967, 1968-71

B 14.1 Australhaus

B 15 Körnerhaus

B 17, B 18 Alsterhaus, Dresdner Bank und Nachbrandgebäude (Aufnahme um 1964)

Nach dem Großen Brand 1842 wurden die jeweils unter eigener Oberhoheit stehende Thurn- und Taxis'sche, Kgl. Schwedische und Kgl. Hannoversche Post sowie die Hamburger Stadtpost in einem Komplex zusammengefasst (vgl. die Wappen an den vier Portalen). Dabei musste Alexis de Chateauneuf verschleiern, dass sich hinter der gemeinsamen Außenhülle vier unterschiedlich große Einzelgebäude befanden. Beim Umbau zu einem Bürohaus mit Ladenpassage blieben nur die Backsteinfassaden mit Sandsteingliederungen im Stil der italienischen Frührenaissance erhalten. Der flämisch anmutende Turm war funktional legitimiert. Auf seiner Spitze stand ursprünglich ein optischer Telegraph, der eine Nachrichtenverbindung nach Cuxhaven schuf, mit der die Ankunft von Schiffen angekündigt wurde.

B 14 Kontorhäuser von Frejtag & Wurzbach
B 14.1 Australhaus
Poststraße 17-19, Neustadt
Architekten: Frejtag & Wurzbach
1903/04

In dem beeindruckenden Kontorhausensemble an der Poststraße (1904-13) sticht das Australhaus durch seine bunt geflammte Keramikverkleidung – »grès flammé« – hervor, die Frejtag & Wurzbach in die Kontorhausarchitektur eingeführt hatten. Die Jugendstilornamente überwuchern nicht die Pfeilerfassade, sondern unterstreichen sparsam akzentuierend ihre Struktur, die konsequent aus der Skelettbauweise entwickelt ist. Zwei vergleichbare Fassaden von Frejtag & Wurzbach sind an der Schauenburgerstraße erhalten (vgl. Nr. A 12).

B 14.2 Streit's Hof
Poststraße 14-16, Neustadt
Architekten: Frejtag & Wurzbach
1908/09

Der Entwurf stammt von Erich Elingius, der 1908 Teilhaber von Frejtag & Wurzbach wurde. Elingius hat hier die Fassade des ebenfalls von ihm entworfenen Wallhofs variiert (vgl. Nr. A 57). Das Erdgeschoss und das erste Obergeschoss sind durch große Fensterflächen zusammengefasst; die Obergeschosse kennzeichnen sich durch eine dichte Folge von primären und sekundären Fassadenstützen; drei Bay Windows betonen das Fassadenzentrum. Das Treppenhaus ist mit Keramikfliesen verkleidet, die mit reliefartigen bunten Blumengirlanden geschmückt sind.

B 15 Körnerhaus
Poststraße 37-39, Neustadt
Architekten: Hermann Kaune (Ursprungsbau). me di um Architekten Jentz, Popp, Wiesner (Aufstockung)
1904/05; Aufstockung 1989, 1990-92

Kontorhaus mit einer gedrungenen Pfeilerfassade, die von wulstigen Korbbogen überfangen wird. Auffällig ist auch der additiv applizierte Jugendstildekor. Der repräsentative Eingangsbereich ist einschließlich der Lampen im Originalzustand erhalten. Die Aufstockung fügt sich organisch in den Bestand ein, indem sie das traditionelle Mansarddach in eine modernisierte Form übersetzt. Die Ochsenaugen in den Dachschrägen wirken wie von französischen Vorbildern inspiriert.

B 16 Hamburger Hof
Jungfernstieg 26, Neustadt
Architekten: Hanssen & Meerwein (Ursprungsbau)
Hans-Joachim Fritz (Umbau und Restaurierung)
Kramm + Strigl (Neugestaltung Passage)
1881-83; Teilzerstörung 1942; Umbau und Restaurierung 1976-79; Neugestaltung Passage 1999/2000

Ehemaliges Luxushotel im Stil der deutschen Renaissance mit Fassadenplastik von Engelbert Peiffer. Das bombastische rote Sandsteingebäude à la Kayser & von Großheim wäre im Berlin der Kaiserzeit vermutlich nicht weiter aufgefallen. In Hamburg brachte der vielgliedrige Bau jedoch die Umbauung der Binnenalster aus dem Gleichgewicht, die damals noch durch die Putzfassaden der Nachbrandgebäude aus den 1840er Jahren geprägt wurde. Beim Umbau zu einem Bürohaus mit Ladenpassage wurde das Gebäude völlig entkernt. Das neue Kupferdach harmoniert mit der historischen Architektur und fügt sich auch überzeugend in das Alsterpanorama ein. Die nach dem Split-Level-Prinzip gegliederte und so-

B 19 Alsterpavillon (Aufnahme um 1955)

mit räumlich zerrissene Ladenpassage wird dagegen kaum dem anspruchsvollen Standort gerecht. Die Umgestaltung 1999/2000 brachte außer einer optischen Auffrischung vor allem eine teilweise Begradigung der stark aufgefalteten Schaufensterfronten.

Die **Neugestaltung des Jungfernstiegs** erfolgte nach einem Entwurf von André Poitiers und WES + Partner (2002 W, 2004-06).

B 17 Dresdner Bank AG
Jungfernstieg 22, Neustadt
Architekten: Haller & Geißler (Ursprungsbau)
Schramm & Elingius (Erweiterung)
Dietrich & Herrmann (Modernisierung und Aufstockung)
1898/99; Erweiterung 1963/64; Modernisierung und Aufstockung 1988/89

Einer der für Martin Haller charakteristischen Bankpaläste im Stil der Neorenaissance (vgl. die Banken am Alten Wall, Nr. A 5). Während die Schalterhalle noch im Originalzustand erhalten ist, wenn auch ohne die ursprünglichen Einbauten für die Schalter, wurde die wuchtige Sandsteinfassade mit den gekuppelten korinthischen Kolossalsäulen in den 1960er Jahren stark vereinfacht und um zwei Fensterachsen auf der rechten Seite erweitert. Außerdem erhielt das Gebäude Staffelgeschosse, auf die Dietrich & Herrmann 1988/89 ein Mansardwalmdach aufgesattelt haben (was dem Zustand von 1922 entspricht).

Das **Nachbrandgebäude** Jungfernstieg 25 ist ein Entwurf von Hermann Peter Fersenfeldt (1842-44, 1963 bis 1964 durch Schramm & Elingius restauriert).

B 18 Alsterhaus
Jungfernstieg 16-20, Neustadt
Architekten: Cremer & Wolffenstein (Ursprungsbau)
Heine Architekten (Umbau)
1911/12; Umbau 2001, 2003/04

Das Warenhaus gehörte ursprünglich zum Konzern von Hermann Tietz. Den vermeintlichen Traditionsnamen Alsterhaus erhielt es erst 1935, um die Erinnerung an den jüdischen Eigentümer zu tilgen. Mit dem gleichmäßigen Rapport von Fassadenpfeilern und schlankeren Fensterstützen fügt sich der Entwurf der Berliner Architekten problemlos in die Kontorhausbebauung an der Binnenalster ein. Oder präziser formuliert: Er belegt die Kongenialität der in Hamburg wie Berlin gleichzeitig entwickelten Skelettfassade, die an der Spree allerdings vorrangig ein Kennzeichen von großen Einzelhandelsgeschäften blieb. 2003/04 wurde die Schaufensterzone in der ursprünglichen Form erneuert und das Innere grundlegend modernisiert.

Das **Gutruf-Haus**, Jungfernstieg 13, stammt von Franz Albert Bach und seinem Neffen Max Bach (1914/15).

B 19 Alsterpavillon
Jungfernstieg 54, Neustadt
Architekten: Ferdinand Streb (Ursprungsbau)
Schramm, v. Bassewitz, Hupertz & Partner (Umbau)
1952 W, 1952/53; Umbau 1992, 1993/94

Eingeschossiger Bau mit Travertinverkleidung und einem halbrunden Kragdach, das dynamisch in die Binnenalster vorstößt. Das Sockelgeschoss stammt noch von dem 1942 zerstörten Vorgänger. Der Neubau wurde rechtzei-

B 20.2 Ehem. Verwaltungsgebäude der Esso A.G. (Aufnahme um 1938)

B 22 Esplanadebau und ehem. Verwaltungsgebäude der Esso A.G. (rechts), Ansicht von der Fehlandtstraße

tig zur Eröffnung der Internationalen Gartenbauausstellung IGA 1953 fertiggestellt. Ohne die zeittypischen Fensterrahmen aus Goldeloxal und die plüschig-heimelige Inneneinrichtung aus den 1950er Jahren ist das Gebäude seit dem Umbau nur noch ein Schatten seiner selbst. Auch die Hoffnung, mit einem neuen Pächter wieder an das ursprüngliche Niveau des Traditionscafés anknüpfen zu können, hat sich zerschlagen. Der Alsterpavillon gehört heute zu einer Gastronomiekette mit rund 40 austauschbaren Filialen.

B 20 Bürohäuser von Elingius & Schramm
B 20.1 Prien-Haus
Jungfernstieg 51/Colonnaden 1, Neustadt
Architekten: Elingius & Schramm
1935/36
B 20.2 Ehem. Verwaltungsgebäude der Esso A.G.
Neuer Jungfernstieg 21, Neustadt
Architekten: Rambatz & Jollasse (Ursprungsbau)
Elingius & Schramm (Umbau und Erweiterung)
1908; Umbau und Erweiterung 1937/38

Zwei der seltenen Bürohäuser, die in Hamburg noch nach der Weltwirtschaftskrise errichtet wurden. Die monumentale Flächigkeit der Natursteinfassaden war den Leitbildern geschuldet, die nach 1933 in der Architektur herrschten. Hinsichtlich des Flachdachs und der Fensterbänder lässt das Prien-Haus aber auch Anklänge an das »Neue Bauen« der Weimarer Republik erkennen. Die Esso-Verwaltung war kein reiner Neubau, sondern hier wurde das 1908 errichtete Gebäude der Deutsch-Amerikanischen Petroleum-Gesellschaft integriert. (Der Trakt an der Fehlandtstraße entspricht dem ursprünglichen Zustand.) Einen vergleichbaren Entwurf haben Elingius & Schramm mit der Verwaltung der Hamburg-Mannheimer Versicherung realisiert (1934/35, vgl. Nr. D 5).

B 21 Amsinck-Palais
Neuer Jungfernstieg 19, Neustadt
Architekten: Franz Gustav Forsmann (Ursprungsbau)
Schramm & Pempelfort (Restaurierung und Umbau)
1831-34; Restaurierung und Umbau 1969/70

Dreigeschossiges Stadtpalais mit klassizistischen Putzfassaden. Vergoldete Geländer, die das erste Obergeschoss als Beletage hervorheben, nobilitieren den relativ schlichten kubischen Bau. Bauherr war der Bankier Gottlieb Jenisch, Bruder jenes Martin Johan Jenisch, für den Franz Gustav Forsmann gleichzeitig ein Landhaus an der Elbe errichtete (vgl. Nr. J 39). Nach dem Tod von Jenischs Tochter Emilie 1899 übernahm der Kaufmann und Bankier Gustav Amsinck das Palais. Heute residiert hier der renommierte Übersee-Club. Das Gebäude war ursprünglich in eine geschlossene Blockrandbebauung eingebunden. Der Zugang erfolgte über die Durchfahrt an der linken Gebäudeseite. Beim Umbau 1969/70 wurde die nördliche Brandmauer nach dem Vorbild der Straßenfassade zur Eingangsfront umgestaltet.

Die **Berenberg Bank**, Neuer Jungfernstieg 20, stammt ebenfalls von Schramm & Pempelfort (1968-71).

B 22 Esplanadebau
Esplanade 6/Fehlandtstraße 6, Neustadt
Architekten: Rambatz & Jollasse
1913-17

Das Gebäude wurde im Zweiten Weltkrieg nicht zerstört und stellt somit bis hin zu dem mit roten Pfannen gedeckten Mansardwalmdach und der repräsentativen Eingangshalle ein authentisches Beispiel für die Kontorhausarchitektur des späten Kaiserreichs dar. Die Werksteinfassade zeigt neoklassizistische Züge. Hinsichtlich der sparsam dekorierten Pfeilerfassade aus Backstein und der Staffelgeschosse scheint der rückwärtige Trakt an der Fehlandtstraße bereits die architektonische Entwicklung der 1920er Jahre vorwegzunehmen.

B 23 Stadthäuser Esplanade
B 23.1 Stadthaus
Esplanade 37, Neustadt
Architekt: Carl Ludwig Wimmel
1827-30
B 23.2 Stadthäuser
Esplanade 14-20, 30-31, Neustadt
1828-30

B 23.1 Stadthäuser Esplanade, Esplanade 37

B 24 Finnlandhaus und ehem. BAT-Hochhaus (Aufnahme um 1966)

B 25 Colonnaden

Um die 50 m breite Allee mit den Baumreihen in der Mitte anlegen zu können, wurde ein Teil des Stadtwalls geschliffen. Wie bereits am Neuen Jungfernstieg (1825 begonnen) wurde auch an der Esplanade auf Speicher und andere störende Nutzungen verzichtet, was die beiden Straßen rasch zu begehrten Wohnadressen machte. Außerdem legte die Stadt Wert auf eine einheitliche traufständige Bebauung mit Putzfassaden. An der Nordseite fasste Carl Ludwig Wimmel die schmalen Stadthäuser hinter einer 250 m langen palastartigen Schaufassade zusammen, die abschnittsweise durch kolossale Pilaster bzw. Säulen gegliedert wurde. Hiervon ist nur noch Nr. 37 erhalten, weil das für Hamburg einzigartige Ensemble 1958 vom Denkmalschutzamt zum Abriss freigegeben wurde. Die Häuser an der Südseite, die von unterschiedlichen, heute nicht mehr bekannten Architekten individuell gestaltet wurden, muteten dagegen weitaus schlichter an. (Die Pilaster an Nr. 30 stammen erst aus den 1920er Jahren.)

Das ehemalige **Hotel Esplanade**, Stephansplatz 10, ist ein Entwurf von Otto Rehnig (1906/07).

B 24 Hochhäuser von Hentrich & Petschnigg
B 24.1 Ehem. BAT-Hochhaus
Esplanade 39, Neustadt
Architekten: Hentrich & Petschnigg (Ursprungsbau)
Prof. Bernhard Winking Architekten (Modernisierung)
1958, 1959/60; Modernisierung 2003/04
B 24.2 Finnlandhaus
Esplanade 41, Neustadt
Architekten: Hentrich & Petschnigg
1961, 1964-66

Nach dem Abbruch der klassizistischen Bebauung (vgl. Nr. B 23) wurden an der Nordseite der Esplanade zwei frei stehende Hochhäuser errichtet, die den Straßenraum zum heutigen Gustav-Mahler-Park öffnen. Das ehemalige BAT-Hochhaus wurde 2003/04 entkernt und erhielt eine neue Doppelfassade. Dabei gelang es, das ursprüngliche Fassadenprofil wiederzugewinnen, das sich durch feingliedrige Stahlrahmen mit blauen Glasbrüstungen kennzeichnet. Auf die geplante Öffnung der fensterlosen Stirnseiten, die mit geprägten Aluminiumkassetten verkleidet sind, wurde aus denkmalpflegerischen Erwägungen verzichtet. An dem Finnlandhaus besticht der extravagante Gebäudeumriss mit der Pilzkopfkonstruktion, an deren Kragarmen die Obergeschosse aufgehängt sind. In Höhe des ersten Obergeschosses bleibt der Erschließungskern wie eine Taille sichtbar. Die anthrazitfarbene Vorhangfassade wurde bereits in den 1980er Jahren erneuert.

B 27 Finanzbehörde

B 28 Deutschlandhaus

B 25 Colonnaden
Colonnaden, Neustadt
Architekten: Bahre & Querfeld (Nr. 43-47, 96). Elvers & Martens (Nr. 4, 21, 25, 37, 108). Johannes Grotjan (Nr. 68-70). Hauers & Hüser (Nr. 3-13). J. B. Heyn (Nr. 15-19) Jordan & Heim (Nr. 24-48). Albert Klücher (Nr. 15) Th. Necker (Nr. 10-22). Heinrich Schmidt (Nr. 104) Ernst Wex (Nr. 29-31, 50-58)
1874, Anlage der Straße 1876/77, Bebauung 1877-80 und 1885 (Nr. 15 u. 19)

Die Colonnaden, fälschlicherweise so benannt nach den Arkaden an ihrem südlichen Ende, sind ein typisches Beispiel für den spekulativen Städtebau der Gründerzeit. Mit dem Straßendurchbruch wurden die untergenutzten Blöcke zwischen dem Neuen Jungfernstieg und der Dammtorstraße aufgewertet. Ein Vertrag mit der Finanzdeputation sicherte den Investoren, u. a. den Gebrüdern Wex (vgl. die Wexstraße, Nr. B 71), die Realisierung der Immobilienwerte zu, während die Straße selbst nach ihrer Fertigstellung in den Besitz der Stadt übergehen sollte. Die Colonnaden waren eine bürgerliche Wohnstraße, was die repräsentativen Fassaden im Renaissancestil verdeutlichen. Dabei ragen in qualitativer Hinsicht vor allem die Entwürfe von Hauers & Hüser heraus, die sich durch Gliederungen und Ornamente aus Werkstein statt der üblichen Stuckdekorationen auszeichnen. (Bei Nr. 9 und Nr. 13 trat Wilhelm Hauers auch selbst als Bauherr auf.) Eine Ausnahme bilden die Gebäude von Jordan & Heim (Nr. 24-48), die das Ensemble mit gotischen und romanischen Formen gestalterisch auflockern und ausschließlich mit Backstein verblendet sind.

B 26 Stadtbäckerei
Gänsemarkt 44, Neustadt
Architekten: Theodor Speckbötel (Ursprungsbau)
Riecke & Karres (Erweiterung)
1913; Erweiterung 1976/77

Original und Fälschung! Um eine problematische Baulücke zu schließen, die überdies auch noch relativ schmal war, wurde die Kontorhausfassade von Theodor Speckbötel auf dem östlichen Nachbargrundstück einfach reproduziert. Jetzt zeigt sich die Backsteinfassade mit Schweifgiebel und sparsamem Werksteinschmuck doppelt. Eine hübsche Pointe ist der Brezelfries am Erker der Erweiterung. Für die unattraktive Gestaltung der Ladenzone zeichnete der Generalunternehmer verantwortlich, der das Gebäude errichtet hatte.

Am Gänsemarkt stand das Hamburger Nationaltheater, an dem Gotthold Ephraim Lessing als Dramaturg wirkte (1767-70). Hieran erinnert das **Lessing-Denkmal** von Fritz Schaper (1881).

B 27 Finanzbehörde
Gänsemarkt 36, Neustadt
Architekt: Hochbauwesen, Fritz Schumacher
1914, Baubeginn 1919, Fertigstellung 1924-26; Teilzerstörung 1944; Wiederaufbau 1950

Zusammen mit dem gegenüberliegenden Deutschlandhaus (vgl. Nr. B 28) markierte der wuchtige Klinkerbau vor dem Zweiten Weltkrieg die Ausbaugrenze der City. Dahinter erstreckten sich die Wohnviertel der Neustadt. Die Pfeilerfassade scheint sich um den runden Eckturm wie um eine Spindel zu wickeln – ein Effekt, der durch die Horizontalen der Staffelgeschosse noch verstärkt wird. (Das ursprünglich geplante Steildach wurde dem Bedarf an zusätzlichem Raum geopfert.) Der originalgetreue Wiederaufbau lässt kaum erkennen, dass am Valentinskamp 1944 große Teile der Obergeschosse zerstört worden waren. Den farbigen Terrakottaschmuck auf den Klinkerfronten und die Keramikverkleidungen in der Eingangshalle sowie im heutigen Leo-Lippmann-Saal hat Richard Kuöhl gestaltet. Die Bauarbeiten wurden aufgrund der Inflation wiederholt unterbrochen.

B 28 Deutschlandhaus
Valentinskamp 91/Dammtorstraße/Drehbahn, Neustadt
Architekten: Block & Hochfeld (Ursprungsbau)
Dietrich & Partner. Schöne & Schudnagies (Erweiterung und Modernisierung)
1928/29; Zerstörung 1944; Erweiterung und Modernisierung 1. BA 1976-78, 2. BA 1979-82

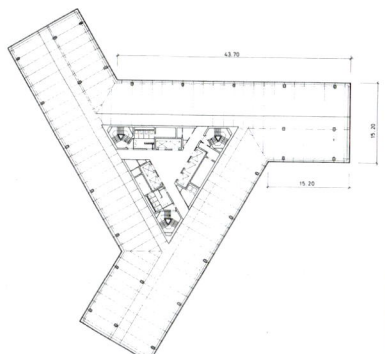

B 30 Bäckerbreitergang

B 31 Unileverhaus (Aufnahme um 1964) mit Grundriss (links oben)

1944 wurde das Gebäude zwar schwer beschädigt, konnte aber bald wiederhergestellt werden bis auf den Trakt an der Drehbahn und den Kinosaal im Innenhof, der mit 2.650 Plätzen auch im internationalen Vergleich einer der größten überhaupt war. Die horizontale Fassadengliederung bedeutete einen entschiedenen Bruch mit der konventionellen Kontorhausarchitektur, deren vertikale Strukturen sich um 1930 überlebt hatten. Wie ein Vorhang umhüllte die Klinkerhaut das Stahlskelett – ein Effekt, der vor allem durch die Fensterbänder hervorgerufen wurde, die sich ohne Zäsur um die gerundeten Gebäudekanten legten. Ende der 1970er Jahre wurde zunächst die Lücke an der Drehbahn geschlossen (1. BA) und dann die erhaltene Bausubstanz modernisiert (2. BA). Dabei wurden nicht nur die Fensterprofile stark vergröbert und ein zusätzliches Staffelgeschoss aufgesetzt, sondern auch die Fassaden komplett erneuert: mit gesandeten Ziegeln in Handstrichoptik!

Das **Berolinahaus**, Valentinskamp 88-90, stammt von Graaf, Schweger & Partner (1980 W, 1980-83).

B 29 Fachwerkhaus Valentinskamp
Valentinskamp 34, Neustadt
Architekten: Padberg, Reumschüssel & Partner. Dietrich Raeck (Restaurierung)
Um 1650; Umbau 1760; Aufstockung 1856; Hofbebauung um 1900; Restaurierung 1989, 1991-93

Der schlichte Fachwerkbau dokumentiert die wechselvolle Geschichte der Neustadt, die in weiten Bereichen das traditionelle Wohnviertel der Unterschichten war und sich durch Überbevölkerung und elende Wohnverhältnisse kennzeichnete. Eine Deckenbemalung aus der Erbauungszeit – Vögel, Früchte und Beschlagwerk – belegt den kleinbürgerlichen Wohlstand, der hier anfänglich herrschte. Zeitweilig war aber auch eine Stärkefabrik in dem Gebäude untergebracht, wie sich an den später verschlossenen Fülllöchern in den Decken ablesen lässt. 1760 wurde ein Mezzaningeschoss in das 5 m hohe Erdgeschoss eingezogen und 1856 ein weiteres Stockwerk aufgesetzt. Um 1900 wurde im Hof ein Fabrikgebäude für Metallwaren errichtet: ein Putzbau mit einfachen Backsteingliederungen.

B 30 Bäckerbreitergang
Bäckerbreitergang 49-58/Dragonerstall 11-13, Neustadt
Architekten: Grundmann, Rehder (Restaurierung)
Mitte 17. Jahrhundert (Bäckerbreitergang 49-50); übrige Gebäude um 1820; Restaurierung 1981-84

Die Gruppe von bescheidenen Fachwerkhäusern ist eines der letzten Relikte der vornehmlich im 17. und 18.

Jahrhundert entstandenen »Gängeviertel« – so benannt aufgrund der extrem schmalen Gassen, die teilweise im Blockinnern lagen und somit nur über Durchlässe in den Vorderhäusern zugänglich waren (vgl. die Krameramtswohnungen, Nr. B 51). Wie eng der Bäckerbreitergang ursprünglich war, lässt sich heute noch an der Pflasterung ablesen. Die Bebauung entspricht dem vorindustriellen Typus des Sahlhauses, für den die Dreiergruppen der Haustüren charakteristisch sind: Die beiden seitlichen Eingänge gehören zu den Erdgeschosswohnungen; hinter der mittleren Tür liegt die Treppe, die zum Obergeschoss führt.

B 31 Unileverhaus
Dammtorwall 15, Neustadt
Architekten: Hentrich & Petschnigg
1958/59 W, 1. BA 1961-63, 2. BA 1964 (Aufstockung um zwei Geschosse)

Drei schlanke zweibündige Hochhausscheiben strahlen von einem zentralen Kern aus, was nicht nur eine rationelle Form der Erschließung bedeutet, sondern dem Gebäude auch einen signifikanten Umriss verleiht. Die horizontalen Riegel der Vorhangfassade bestehen aus Aluminium im Naturton und verschmelzen optisch mit den weiß hinterlegten gläsernen Brüstungsflächen. Die vertikalen Sprossen sind mit schwarzen Kappen abgedeckt, die spitz zulaufen und sich deshalb lediglich als schmale Linien abzeichnen. Auf diese Weise wirkt die Curtain Wall wie eine entmaterialisierte Membran. Um die rund 40.000 qm Bruttogeschossfläche in der City unterbringen zu können, wurde Ende der 1950er Jahre ein kleinteiliges Wohnquartier abgebrochen, in dem es noch etliche barocke Fachwerkhäuser gab.

B 32 Öffentliche Verwaltungsgebäude Dammtorwall/Drehbahn
Dammtorwall 9-13/Drehbahn 36, Neustadt
Architekt: Hochbauwesen, Fritz Schumacher
1913-15; Erweiterung an der Drehbahn 1926/27

Der Komplex wurde hauptsächlich von der Justizverwaltung und der Postzollabfertigung genutzt. Der Trakt im Innenhof von Drehbahn 36 diente als Lager- und Versteigerungsgebäude für den Gerichtsvollzieher. Angesichts der beengten Lage hat Fritz Schumacher die lange Klinkerfront am Dammtorwall nur durch schwach hervortretende Risalite und Giebel rhythmisiert. Die Erweiterung variiert das flache Fassadenrelief mit Erkern, die mit Keramikelementen geschmückt sind. Dabei fällt hier auch der bewusste Kontrast zwischen dem flächigen Verblendmauerwerk aus Klinker und den feingliedrigen Dekorationen auf. Die **Erweiterung** Caffamacherreihe 20 stammt von Riecke & Karres (1980-82).

B 33 Side Hotel
Drehbahn 49, Neustadt
Architekten: Jan Störmer Architekten
1997 W, 1999-2001

B 33 Side Hotel

Das Bauvolumen bedeutete eine extreme Ausnutzung des Grundstücks. Der Konferenzraum und der Wellness-Bereich fanden nur noch in den Untergeschossen Platz. Die Suiten wurden den Normalgeschossen als kompakter Quader aufgesattelt, in den kantige Loggien hineingeschnitten sind. Der Wechsel von doppelschaligen Glasfassaden zu einer Verkleidung aus grünlichem Naturstein unterstreicht diese Dualität. Im Innern bricht die Eingangshalle, die über neun Geschosse greift, das kompakte Baugefüge wie ein überdimensionaler Schlitz auf. Durch eine kaum merklich geneigte Glaswand mit einer Lichtinstallation von Robert Wilson, die die Galerien vor den Zimmern abschirmt, gewinnt diese Geste noch zusätzlich an Dramatik. Das Design der Innenräume, das kongenial mit der elementaren Architektur korrespondiert, stammt von Matteo Thun.

B 34 Hamburgische Staatsoper
Dammtorstraße 28, Neustadt
Architekten: Distel & Grubitz (Bühnenhaus)
Gerhard Weber (Zuschauerhaus)
Baubehörde, Hochbauamt (Fassadenmodernisierung)
Bühnenhaus 1925/26; Zuschauerhaus 1952 W, 1953-55; Fassadenmodernisierung 2001

Das Bühnenhaus, eine Art babylonischer Zikkurat im Stil des Art déco, war durch den Eisernen Vorhang geschützt, als das Zuschauerhaus bei einem Luftangriff 1943 ausbrannte. Die Ruine wurde nach kontroversen Diskussionen um ihren Erhalt abgebrochen. An Gerhard Webers Entwurf überzeugte vor allem der neue Zuschauerraum mit frei auskragenden Logen nach dem Vorbild der Royal Festival Hall in London (1951), wogegen die knapp bemessenen Aufgänge, Garderoben und Foyers – für 1.649 Zuschauer – bis heute Kritikpunkte darstellen. Hier rächte sich die Entscheidung für den Wiederaufbau auf dem relativ kleinen Grundstück. Die großzügig verglaste Travertinfassade, die von goldfarbenen Rundstützen förmlich durchstoßen wird, hat 2001 ihre filigranen Fensterrahmen aus Goldeloxal eingebüßt. Auch die mit Mosaiksteinchen verkleideten Blumenschalen in den Fensternischen wurden entfernt,

B 34 Hamburgische Staatsoper (Aufnahme um 1955)

B 35, B 36 Ehem. Oberschulbehörde und Haus Goldener Schwan

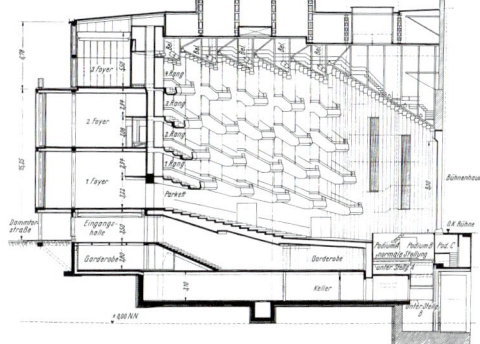
B 34 Hamburgische Staatsoper, Schnitt

B 37 Ehem. Oberpostdirektion

so dass man nur dem Urteil des Arbeitskreises Denkmalpflege der Patriotischen Gesellschaft beipflichten kann: »Nach der Renovierung wirkt die Fassade seltsam leer.«

Das **Betriebsgebäude** an der Großen Theaterstraße ist ein Entwurf von Kleffel Köhnholdt Papay Warncke Architekten (1998, 2002-04).

B 35 Haus Goldener Schwan
Dammtorstraße 27, Neustadt
Architekten: Jacob & Ameis
1911/12

Hinsichtlich der Backsteinfassaden, Quaderlisenen und Sprossenfenster ist das Gebäude zwar ein typisches Beispiel für den Heimatstil, konkrete historische Vorbilder, insbesondere der um 1910 so beliebte Hamburger Bürgerhausbarock, klingen aber kaum an. Die Lochfassade mit Erkern und Loggia lässt zudem eher an ein Wohngebäude als an ein Kontorhaus denken. Die Eingangshalle und die Einrichtung der Apotheke verdeutlichen die besondere Liebe der Architekten zum Detail.

B 36 Ehem. Oberschulbehörde
Dammtorstraße 25, Neustadt
Architekt: Hochbauwesen, Fritz Schumacher
1910, 1911-13

Durch einen »Kniff« hat Fritz Schumacher den Bau in sein kleinmaßstäbliches Umfeld eingefügt. Ein polygonal gebrochener Erker aus Muschelkalk teilt die breite Klinkerfassade in zwei Hälften, die jeweils mit einem schmucklosen dreieckigen Giebel schließen. Auch die unteren Geschosse sind mit Naturstein verkleidet. Die Reliefgruppe am Übergang zum Nachbargebäude – Hammonia, die Personifizierung Hamburgs, geleitet einen Jüngling – hat Oscar E. Ulmer geschaffen. Die Kinderreliefs über dem ersten Stock stammen von Arthur Storch und Emil Obermann, die sonstigen plastischen Details und der Brunnen in der Eingangshalle von Richard Kuöhl. Der Sitz der Oberschulbehörde war das erste staatliche Verwaltungsgebäude, das Fritz Schumacher in Hamburg realisieren konnte – in demonstrativer Abkehr von dem bis dahin von Albert Erbe im öffentlichen Hochbau favorisierten Bürgerhausbarock (vgl. z. B. das Gebäude der Landherrenschaft, Nr. A 63).

B 37 Ehem. Oberpostdirektion
Stephansplatz 3/Gorch-Fock-Wall/Dammtorwall, Neustadt
Architekten: Postbauverwaltung, Oberbaurat Ernst Hake und Baurat Friedrich Simon Ruppel (Ursprungsbau) sowie Baurat Paul Schuppan (Erweiterung)
1883-87; Erweiterung 1898-1901

B 40 Laeiszhalle

B 41 Ehem. Verwaltungsgebäude des DHV

Palastartiger Bau im Stil der Neorenaissance, der nach einem vereinfachten Entwurf von Julius Raschdorf realisiert wurde. Die Proportionen des Baukörpers wirken gedrückt, was an dem im Verhältnis zu den übrigen Geschossen viel zu niedrigen ersten Obergeschoss liegt, das als Piano nobile üblicherweise stärker hervorgehoben ist. Auch der additiv wirkende, kleinteilige Dekor vermag die große Baumasse nicht zu straffen. Der Skulpturenschmuck stammt von Engelbert Peiffer. Das Hauptgesims ist mit allegorischen Gruppen bekrönt, die Bezug auf das Wirken der Post im Allgemeinen und die Telegraphie und das Telephon im Besonderen nehmen. Auf der Kuppel des Eckturms erhebt sich ein Merkur. Die Erweiterung am Gorch-Fock-Wall setzt die für den ersten Bauabschnitt charakteristische Mischung aus rotem Backstein und Natursteingliederungen fort, wenn auch in stilisierten und somit moderneren Formen.

B 38 Ehem. Generalzolldirektion
Gorch-Fock-Wall 11, Neustadt
Architekten: Hochbauwesen, Carl Johann Christian Zimmermann (Ursprungsbau). Hochbauamt, Wolfgang Rudhard und Hans von der Damerau (Wiederaufbau)
1889-91; Wiederaufbau 1946-48

Die Generalzolldirektion ist ein Dokument für den Sonderstatus Hamburgs im Reich, denn mit dem 1881 geschlossenen Zollanschlussvertrag wurde der Hansestadt, als schwacher Abglanz der einstigen Souveränität, das Privileg der Zollhoheit über den Freihafen zugebilligt. Die palastartige Neorenaissance-Architektur mit Natursteinfassaden unterstreicht die besondere Bedeutung des Gebäudes. Beim Wiederaufbau wurde die Fassadengliederung vereinfacht.

B 39 Ehem. Behörde für das Versicherungswesen
Gorch-Fock-Wall 15-17, Neustadt
Architekt: Hochbauwesen, Carl Johann Christian Zimmermann
1894/95; Erweiterung 1906

Das Gebäude erinnert an die Einführung der Sozialversicherung im Kaiserreich. Hinsichtlich der schematisch gegliederten Backsteinfassaden und des sparsamem Werksteinschmucks unterscheidet sich der Entwurf demonstrativ von den Renaissancepalästen in seiner Nachbarschaft, entsprechend der damaligen Hierarchisierung der Bauaufgaben. Derartige Architekturen waren vor allem typisch für Schulen und karitative Einrichtungen wie Heime oder Stifte.

B 40 Laeiszhalle
Johannes-Brahms-Platz, Neustadt
Architekten: Haller & Geißler
Wilhelm Emil Meerwein (Ursprungsbau)
Baubehörde, Bruno Mundt (Umbau des kleinen Saals)
1903, 1904-08; Umbau des kleinen Saals 1954

Backsteingebäude mit neobarocken Sandsteingliederungen, die sich an der Schlossarchitektur des 18. Jahrhunderts orientieren. Der Bau der Musikhalle wurde durch ein Vermächtnis des Reeders Carl Heinrich Laeisz (1828-1901) und eine Stiftung seiner Witwe Sophie Christine ermöglicht. Mit ursprünglich 2.000 Plätzen im großen und knapp 500 Plätzen im kleinen Saal war das Gebäude alles andere als bescheiden dimensioniert. Dass es dennoch zurückhaltend wirkt, liegt zum einen an dem Verzicht auf ein ausgeprägtes Sockelgeschoss, zum anderen an der Aufgliederung in zwei aneinander gekoppelte Baukörper. Hierdurch konnten beide Säle gleichzeitig genutzt werden, ohne sich akustisch zu stören.

Der Rückgriff auf die norddeutsche Barockarchitektur ist auch allgemein typisch für Haller & Geißler, wobei wesentliche Anregungen wohl von Julius Faulwasser ausgingen (vgl. das Heine-Stift, Nr. B 45). Trotz der Stuckdekorationen mutet das Innere relativ nüchtern und »leblos« an, was an der schematischen Gliederung der Wände, den starren Emporen und der schmucklosen, unorganisch eingefügten Glasdecke im großen Saal liegt. Das Brahms-Denkmal im Foyer stammt von Max Klinger (1905-09). Der kleine Saal wurde 1954 mit hölzernen Wand- und Deckenschalen sowie einer Empore modern umgestaltet, um die Zahl der Sitzplätze zu erhöhen und die Akustik zu verbessern. Das Ergebnis ist eine der qua-

B 42.1 Justizforum, Hanseatisches Oberlandesgericht   B 42.2.2 Justizforum, Strafjustizgebäude

litätsvollsten Raumschöpfungen der Wiederaufbaujahre in Hamburg.

B 41 Ehem. Verwaltungsgebäude des DHV
Johannes-Brahms-Platz 1, Neustadt
Architekten: Sckopp & Vortmann (Ursprungsbau)
Kleffel Papay Warncke Architekten (Teilneubau und Modernisierung)
1921/22; Erweiterung 1929-31; Teilneubau und Modernisierung 2003, 2005-08

Ehemaliges Verwaltungsgebäude des Deutschnationalen Handlungsgehilfen-Verbands. Im ersten Bauabschnitt am Holstenwall verbarg sich ursprünglich der Vorgängerbau von 1904, der 1921/22 mit einer schmucklosen Pfeilerfassade aus Klinker versehen und mit Staffelgeschossen aufgestockt wurde. Auf diese Weise entstand einer der fortschrittlichsten Bürohausentwürfe der damaligen Zeit, der Maßstäbe für die Entwicklung der Kontorhausarchitektur setzte. Der zweite Bauabschnitt erreicht bis zu 15 Geschosse, was als spektakulär galt. Die Eingangshalle und das Haupttreppenhaus sind schöne Beispiele für den in Hamburg seltenen Art déco. Beim Umbau zum Bürogebäude »Brahms Kontor« wurde der erste Bauabschnitt bis auf die Straßenfassade abgebrochen und durch einen neuen, zum Hof hin betont transparenten Bürotrakt ersetzt.

Der Deutschnationale Handlungsgehilfen-Verband war bis 1933 die zentrale Interessenvertretung der kaufmännischen Angestellten im Groß- und Außenhandel, zugleich aber auch ein Hort von Antisemitismus und Standesdünkel. Mit dem Wappenschmuck an der Decke der Eingangsarkade wird an die durch den Versailler Vertrag verlorenen Reichsgebiete erinnert. Rätsel werfen dagegen die Plastiken von Karl Opfermann auf wie die übereinandergestapelten Athleten am Holstenwall oder der Elefantenreiter am Pilatuspool. Stellt letzterer nur eine Allegorie auf »Jugend und Kraft« dar? Oder wird hier auch an den einstigen Kolonialbesitz erinnert und somit an die vermeintlich bessere Kaiserzeit, als der DHV, nicht zuletzt durch den stetig wachsenden deutschen Außenhandel, zur Blüte gelangt war?

B 42 Justizforum
B 42.1 Hanseatisches Oberlandesgericht
Sievekingplatz 2, Neustadt
Architekten: Lundt & Kallmorgen
1904 W, 1907-12

Der Sievekingplatz war ursprünglich eine der beeindruckendsten Hamburger Platzanlagen mit einem großen Wasserbassin, das auf die Mittelachse des Oberlandesgerichtes ausgerichtet war. Anlässlich der Internationalen Gartenbauausstellung (IGA) 1963 wurde die Platzfläche abgesenkt und mit Brückenunterführungen in die Wallanlagen eingebunden. Die Brunnenfiguren von Arthur Bock (1912) sind erhalten. Sie verkörpern Industrie und Seefahrt sowie die Hansestädte Hamburg, Bremen und Lübeck, für die das Oberlandesgericht als oberste Instanz zuständig war. Das Gebäude selbst ist ein typisches Beispiel für den angestrengt monumentalen Neo-Palladianismus des späten Kaiserreichs mit Kolossalsäulen an der Hauptfassade und gleich drei Kuppeln. Im Innern entpuppt es sich jedoch als »umbaute Luft«, denn die dominante Mittelkuppel erhebt sich über einem völlig überdimensionierten Treppenhaus, wogegen die Gerichtssäle relativ beliebig in den Gebäudeecken angeordnet sind.

Das **Mahnmal**, das an die Justizverbrechen in der NS-Zeit erinnern soll, stammt von Gloria Friedmann (1997).

B 42.2 Zivil- und Strafjustizgebäude
B 42.2.1 Ziviljustizgebäude
Sievekingplatz 1, Neustadt
Architekt: Hochbauwesen, Carl Johann Christian Zimmermann
1898-1903

B 42.2.2 Strafjustizgebäude und Untersuchungsgefängnis
Sievekingplatz 3, Neustadt
Architekten: Hochbauwesen, Carl Johann Christian Zimmermann (Ursprungsbauten) und Fritz Schumacher (Erweiterung Untersuchungsgefängnis)
APB. Architekten Beisert, Wilkens, Grossmann-Hensel (Vollzugskrankenhaus)
1879-82, Erweiterungen 1895/96 und 1911-14;

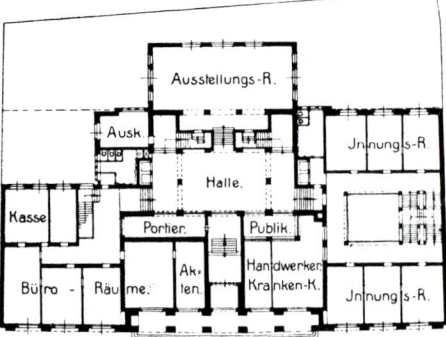

B 44 Ehem. Gewerbehaus (Handwerkskammer) mit Grundriss (rechts)

Erweiterung Untersuchungsgefängnis 1927-29; Vollzugskrankenhaus 1986, 1992-96

Die beiden Justizbauten, die das wuchtige Oberlandesgericht flankieren, verdeutlichen das eher bescheidene Niveau des öffentlichen Hochbaus in der Ära Zimmermann. Steht das architektonisch gewollte Volumen bei ersterem in keinem Verhältnis zur effektiven Nutzfläche, so stellt sich diese Relation bei den beiden anderen Gebäuden geradezu umgekehrt dar. In Anbetracht ihrer Länge sind die Fassaden viel zu flach und schematisch gegliedert; die Giebelrisalite im Stil der deutschen Renaissance wirken wie schwachbrüstige Appliken. Sparsamkeit waltete auch bei der Verwendung von Naturstein, so dass flächiges Verblendmauerwerk vorherrscht. Dieses simple Fassadenschema ließ sich problemlos »weiterstricken«, wie der sukzessive Ausbau des Strafjustizgebäudes belegt.

Das Untersuchungsgefängnis, das unmittelbar an das Strafjustizgebäude anschließt, ist eine panoptische Anlage (vgl. die Justizvollzugsanstalt Fuhlsbüttel, Nr. I 31) mit einfach, aber kraftvoll gegliederten Backsteinfassaden. Der Komplex wurde von Fritz Schumacher mit expressionistischen Klinkertrakten erweitert, denen sich das Vollzugskrankenhaus von APB. Architekten gestalterisch unterordnet.

B 42.2.3 Erweiterung Ziviljustizgebäude
Sievekingplatz 1, Neustadt
Architekten: Hochbauwesen, Fritz Schumacher und Johann Christoph Otto Ranck
1928-30

Das Gebäude stößt mit einer nahezu 100 m breiten, gewölbten Klinkerfassade in die Wallanlagen vor. Auch hinsichtlich der horizontalen Gliederung durch Werksteingesimse wird demonstrative Distanz gegenüber dem historistischen Altbau gewahrt. Im Zentrum liegt eine dreigeschossige Oberlichthalle mit Pfeilern aus scharriertem Sichtbeton, in der sich ein rund 5 m hoher Keramikbrunnen von Richard Kuöhl erhebt. Der Entwurf war ein Gemeinschaftsprojekt von Fritz Schumacher und Johann Christoph Otto Ranck, dem Ersten Baudirektor.

B 43 Kaiser-Wilhelm-Denkmal
Sievekingplatz/Holstenwall, Neustadt
Bildhauer: Johannes Schilling
1903

Das Reiterstandbild Kaiser Wilhelms I. wurde 1929 vom Rathausmarkt entfernt und am heutigen Standort wiedererrichtet. Ein schlichter, viel zu niedrig wirkender Block ersetzt den originalen 6 m hohen Granitsockel, der im Zweiten Weltkrieg beschädigt wurde – was wohl ebenso als bewusste »Entmonumentalisierung« zu werten ist wie die beiläufig anmutende Aufstellung in einer kleinen Grünanlage. Die vier allegorischen Figurengruppen, die dem Standbild beigesellt sind, verkörpern die Themen »Einheitliches Recht«, »Wohlfahrtsgesetze«, »Verkehrswesen« und »Einheitliches Geld« und verweisen somit auf die wesentlichen Errungenschaften nach der Reichsgründung 1871. Sie waren ursprünglich Bestandteil einer halbrunden Einfassung des Denkmals mit reliefgeschmückten Mauern, die einen großen Teil des Rathausmarktes beanspruchte.

B 44 Ehem. Gewerbehaus (Handwerkskammer)
Holstenwall 12, Neustadt
Architekt: Hochbauwesen, Fritz Schumacher
1911, 1912-16

B 46 Museum für Hamburgische Geschichte (hamburgmuseum, Aufnahme 1930er Jahre)

B 47.1 Ensemble Zeughausmarkt, Bürohaus Holstenwall 22

In dem heutigen Gebäude der Handwerkskammer war ursprünglich auch ein Teil der Innungen untergebracht. Außerdem gab es eine Arbeitsvermittlung, die abgesondert im Souterrain lag aus Furcht der Innungsvertreter vor Belästigungen durch streikende oder politisch agitierende Handwerker. Eine Arkadenreihe betont das Sockelgeschoss und verklammert zugleich die Klinkerfassade, die wie bei einem Kontorhaus in Stützen aufgelöst ist. Die Säle im Mitteltrakt sind durch Bay Windows hervorgehoben. Zierverbände im Verblendmauerwerk und die hohen Schweifgiebel auf den Seitenrisaliten, mit denen Motive des Althamburger Bürgerhauses anklingen, unterstreichen den traditionalistischen Charakter der Architektur. Der südliche Gebäudeteil war ausschließlich für die Geschäftsräume der Innungen reserviert. Eine komplexe Treppe mit fünf Läufen verteilt die Besucher hier auf beide Seiten der Treppenhalle, so dass die rückwärtig liegenden Büros vom Zugang her nicht benachteiligt sind. Die Skulpturen über dem Eingang stammen von Oscar E. Ulmer.

Die ehemalige **Volksschule Enckeplatz**, Holstenwall 14, stammt von Carl Johann Christian Zimmermann (1899-1900), die ehemalige **Volksschule Peterstraße**, Holstenwall 16-17, von Albert Erbe (1901, 1904-06).

B 45 Heine-Stift
Holstenwall 18, Neustadt
Architekten: Haller & Geißler
1901/02

Nobles neobarockes Backsteinpalais mit Mansardwalmdach und Sandsteingliederungen, das sich mit einem Ehrenhof zum Holstenwall öffnet. Der Entwurf entstand unter Mitwirkung von Julius Faulwasser, dessen publizistische Tätigkeit zur Geschichte der St.-Michaelis-Kirche (vgl. Nr. B 50) die Aufmerksamkeit auf die Hamburger Architektur des 18. Jahrhunderts gelenkt hatte. Vor allem die Heimatschutzbewegung griff diese Vorbilder begeistert auf. Aber auch Martin Haller passte sich bereitwillig dieser Entwicklung an (vgl. die Laeiszhalle, Nr. B 40)

Das ehemalige **Bäckerinnungshaus**, Holstenwall 20, hat Hermann Wurzbach entworfen (1899/1900).

B 46 Museum für Hamburgische Geschichte (hamburgmuseum)
Holstenwall 24, Neustadt
Architekt: Hochbauwesen, Fritz Schumacher
1909, 1914-22

Der um 45 Grad gegenüber dem Straßenverlauf gedrehte und somit spitzwinklig in die Wallanlagen ragende Baukörper zeichnet die ehemalige Bastion Henricus der Stadtbefestigung von 1626 nach. Die Treppenhalle, die Verwaltung, die Bibliothek und ein Hörsaal sind in dem Dreiflügelbau zusammengefasst, der sich zum Holstenwall mit einem Ehrenhof öffnet; die Ausstellungsräume schließen rückwärtig als Vierflügelbau an. Ein Dachreiter markiert das Gebäudezentrum. Bemerkenswert sind die zahlreichen Spolien zerstörter Gebäude, z. B. Portale, die der 1839 gegründete Verein für Hamburgische Geschichte seit dem Großen Brand 1842 gesammelt hatte und die von Schumacher in den Klinkerkomplex integriert wurden. Hervorzuheben ist nicht zuletzt aber auch die bedeutende Sammlung des Museums selbst, u. a. mit zahlreichen Stadtmodellen.

B 46.1 Überdachung des Innenhofs
Architekten: v. Gerkan, Marg + Partner
Ingenieure: Schlaich, Bergermann & Partner
1989

Eine Überdachung sollte den großen Innenhof des Museums für Veranstaltungen nutzbar machen, ohne die historische Architektur zu beeinträchtigen. Deshalb wurde ein gewölbtes Flächentragwerk aus filigranen Flachstählen und Glasplatten entwickelt, dessen Linien parallel zu den Gesimsen des Altbaus verlaufen (was zugleich zu fließenden Übergängen an den Kreuzungspunkten führt im Unterschied zu der herkömmlichen diagonalen Verschneidung der Tonnen). Gespannte Stahlseile steifen die fragile Dachschale aus.

B 47 Ensemble Zeughausmarkt
B 47.1 Bürohaus
Holstenwall 22, Neustadt
Architekten: Pysall, Stahrenberg & Partner
1985, 1986-88

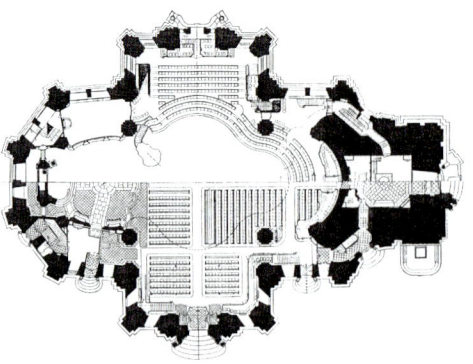

B 50 Evangelisch-lutherische Hauptkirche St. Michaelis mit Grundriss (rechts)

B 47.2 Stadthäuser
Zeughausmarkt 34, Neustadt
Architekt: Carl Ludwig Wimmel
1821, 1823-27

B 47.3 Bürohaus
Ludwig-Erhard-Straße 37, Neustadt
Architekten: Patschan, Winking
1990-92

Der Zeughausmarkt, der heute zur Hälfte unter der Ludwig-Erhard-Straße verschwindet, wurde nach der Schleifung der Stadtbefestigung und dem Abbruch des Artilleriezeughauses durch Carl Ludwig Wimmel neu gestaltet. Traufständige Putzbauten, am Übergang zum Millerntor (vgl. Nr. B 81) mit Blendarkaden im Erdgeschoss, brachten einen neuen Klang in die Fachwerkbebauung der Neustadt. Hiervon sind nur noch zwei Gebäude an der Westseite erhalten. Die Nordseite wurde dagegen nach jahrzehntelanger Vernachlässigung abgebrochen und als Bürohaus rekonstruiert: mit einem zusätzlichen Geschoss und Scheintreppchen vor Scheintüren. Der maßstäblich angepasste Neubau Ludwig-Erhard-Straße 37 wirkt wie eine abstrahierende Paraphrase der historischen Architektur.

B 47.4 Anglikanische Kirche St. Thomas à Becket
Zeughausmarkt 22, Neustadt
Architekten: Ole Jörgen Schmidt (Ursprungsbau)
Fritz Pahlke (Wiederaufbau)
Viglas Schindel. Hans-Jürgen Kahle (Restaurierung)
1836-38; Wiederaufbau 1945-47; Restaurierung 1995

Saalkirche mit flacher Decke und Längsemporen. Die Altarnische ist durch ein Tonnengewölbe mit Kassetten hervorgehoben. Bei der Gestaltung des Äußeren wurde auf sakrale Anklänge verzichtet. Ein ionischer Säulenportikus nobilitiert den Putzbau.

B 48 Ehem. Stiftungsschule von 1815
Zeughausmarkt 32, Neustadt
Architekt: Hochbauwesen, Fritz Schumacher
1913, 1914-17

Die heutige Anna-Siemsen-Schule wurde 1815 als »Israelitische Freischule« gestiftet mit dem Ziel, die gesellschaftliche Emanzipation und Integration der unterbürgerlichen jüdischen Bevölkerung zu fördern, die traditionell in der Neustadt ansässig war. Um den kleinmaßstäblichen Charakter der Bebauung am Zeughausmarkt zu wahren und zugleich den Blick zum Bismarck-Denkmal zu öffnen (vgl. Nr. B 80), hat Fritz Schumacher das Volumen in zwei kubische Bauten mit Klinkerfassaden und Walmdächern aufgelöst, die durch einen niedrigeren Trakt verbunden werden. Ein weiterer Flügel verbirgt sich hinter den Nachbargebäuden. Der Terrakottaschmuck stammt von Richard Kuöhl.

Das **Schuldt-Stift**, Neumayerstraße 1-7, ist ein Entwurf von Hinrich Fittschen (1900/01, vgl. Nr. B 77).

B 49 Michaelis-Quartier
Ludwig-Erhard-Straße 11-17/Gerstäckerstraße, Neustadt
Architekten: Steidle + Partner
1995 W, 1999-2001

Büro- und Wohnkomplex mit kammförmigem Grundriss, der drei Punkthäuser mit weiteren Wohnungen gegen die stark befahrene Ludwig-Erhard-Straße abschirmt. Ein pixelartiges Muster aus verschiedenfarbigen Ziegeln überzieht flächendeckend die Hauptfassaden. Die Rückseiten und die Wohngebäude müssen sich dagegen mit schlichtem Putz bescheiden, modisch belebt durch horizontal gegeneinander versetzte Fenster. Zu monie-

B 49 Michaelis-Quartier

B 51 Krameramtswohnungen mit Grundrissen (rechts)

ren sind die Balkone, die ohne Witterungs- und Sichtschutz wie herausgezogene Schubladen an den Fassaden hängen. Mehr als ärgerlich ist, dass der hochhausartige Trakt am Zeughausmarkt den Blick vom Millerntordamm auf den Turm von St. Michaelis verstellt, der das Stadtbild über mehr als drei Jahrhunderte geprägt hat.

Das **Kontorhaus** Englische Planke 2 wurde von MRLV Architekten Markovic, Ronai, Lütjen, Voss entkernt und erweitert (2000 W, 2001-02).

B 50 Evangelisch-lutherische Hauptkirche St. Michaelis
Englische Planke, Neustadt
Architekten: Johann Leonhard Prey
Ernst Georg Sonnin (Ursprungsbau)
Julius Faulwasser. Haller & Geißler
Wilhelm Emil Meerwein (Wiederaufbau)
Gerhard Langmaack (Wiederherstellung)
Architekten Schweger + Partner (Turminstandsetzung)
1751-62; Turm 1777-86; Zerstörung 1906; Wiederaufbau 1907-12; Zerstörungen 1944 und 1945; Wiederherstellung 1946-52; Turminstandsetzung 1993-96

Die St.-Michaelis-Kirche gilt als der bedeutendste protestantische Sakralbau neben der Dresdner Frauenkirche von George Bähr (1726-43). Sie ersetzte den Vorgänger von 1661, der 1750 einem Blitzschlag zum Opfer gefallen war. Der charakteristische Dreiklang von rotem Backstein, hellen Sandsteingliederungen und patinagrünem Kupferblech machte sie im späten 19. Jahrhundert zum Inbegriff des »Sonnin-Barocks«. Der Entwurf stammte jedoch maßgeblich von Johann Leonhard Prey unter Mitwirkung von Ernst Georg Sonnin, dem wohl vor allem die Bewältigung der konstruktiven Probleme zu verdanken ist. Sonnin übernahm erst nach Preys Tod 1757 die alleinige Verantwortung für den Bau und schuf außerdem Hamburgs Wahrzeichen: den frühklassizistischen Turmaufsatz.

St. Michaelis ist eine dreischiffige Halle mit mittig angeordneten Querarmen, so dass der Grundriss ein griechisches Kreuz bildet. Das unmittelbare Vorbild hierfür lieferte Preys Dreieinigkeitskirche in St. Georg (1743-47, 1943 zerstört), die allerdings nur einschiffig war. Was St. Michaelis dagegen von vielen anderen lutherischen Kirchen des 18. Jahrhunderts unterscheidet, ist die konsequente Ausdeutung des zentralisierenden Grundrisses im Sinne einer Predigtkirche mit ausschwingenden Emporen und reichem Stuck, die den kreuzförmigen Grundriss überspielen und die Raumkanten verschleifen. Das ideelle Zentrum sollte die Kanzel bilden, die, wie auch die übrige Ausstattung, ursprünglich von Cord Michael Möller stammte.

Am 3. Juli 1906 wurde St. Michaelis bis auf die Außenmauern und den Turmstumpf durch einen Brand zerstört. Glücklicherweise hatte Julius Faulwasser die Kirche 20 Jahre zuvor exakt vermessen und eine Dokumentation erstellt. Die Rekonstruktion erfolgte schon allein im Hinblick auf die Feuersicherheit mit modernen Materialien wie Stahlbeton und Eisenskeletten. Mit echtem Marmor für die Kanzel und den Altar – statt marmoriertem Holz – und zusätzlichem Stuck (nach 1948 z. T. wieder bereinigt) fiel das Innere noch repräsentativer aus als vor 1906. Der Altar ist eine Nachschöpfung des Originals durch Augusto Varnesi. Das Altarmosaik hat Ernst Pfannschmidt entworfen. Der Erzengel Michael auf dem neugestalteten Westportal stammt von August Vogel.

B 51 Krameramtswohnungen
Krayenkamp 10-11, Neustadt
Ehem. Gartenhäuser 1615-20; Vorderhaus um 1625; Hofbebauung 1676/77

Die Krameramtswohnungen sind eines der letzten Relikte der »Gängeviertel« (zur Definition vgl. den Bäckerbreitergang, Nr. B 30), deren sozialer Status schon allein durch die schlichte Fachwerkbauweise deutlich wird. Den ältesten Teil bilden zwei ehemalige Gartenhäuser von 1620 (10 a, m-n). Das bald darauf errichtete Vorderhaus belegt die gestiegene Attraktivität der Neustadt infolge des Baus des Stadtwalls. Eine weitere Verdichtung erfolgte, als das Grundstück in den Besitz des Krameramtes (Zunft der Einzelhändler) gelangte und die beiden parallelen Hauszeilen im Hof errichtet wurden

B 52.1 Geschosswohnbauten Martin-Luther-Straße

B 54 Generali-Haus

(10 b-f, g-l). Hier fanden die Witwen der Krämer eine günstige Unterkunft. Weitaus weniger behaglich, als es die stimmige Restaurierung heute suggeriert, sah es in denjenigen Gängen aus, wo sich kinderreiche Familien die winzigen Wohnungen mit rund 35 qm Fläche teilten. Außerdem fehlen die Trockenklosetts, die selbst in der Kaiserzeit noch typisch für die Elendsviertel der Innenstadt waren.

B 52 Sanierungsgebiet Martin-Luther-Straße/ Rehoffstraße/Pasmannstraße
B 52.1 Geschosswohnbauten
Martin-Luther-Straße 14-18a/Wincklerstraße 5-7, Neustadt
Architekt: Ernst Vicenz
1913/14
B 52.2 Geschosswohnbauten
Martin-Luther-Straße 1-7a/Herrengraben 64-72/ Rehhoffstraße 2-4a; Rehhoffstraße 3-15/ Herrengraben 54-60/ Pasmannstraße 2-8, Neustadt
Architekten: Ernst Vicenz. Wilhelm Behrens
1912-14; Teilzerstörung 1943; Wiederaufbau 1951
B 52.3 Ledigenhaus
Rehhoffstraße 1/Herrengraben 62, Neustadt
Architekt: Wilhelm Behrens
1912/13

Die südliche Neustadt war das erste Gebiet, das nach der Cholera-Epidemie von 1892 saniert wurde. Kennzeichnend für die zuletzt errichteten Wohnblöcke zwischen der Martin-Luther-Straße und der Pasmannstraße sind die anspruchsvollen traditionalistischen Backsteinfassaden, hinter denen sich relativ gut geschnittene Kleinwohnungen befinden. Außerdem wurde weitgehend auf die für den Wohnungsbau vor dem Ersten Weltkrieg typischen Hinterflügel mit den dazwischen liegenden schmalen Lichthöfen (»Schlitzbauweise«) verzichtet. An der Rehhoffstraße und am Herrengraben springen die Blockränder nach Art einer »Hamburger Burg« ein (vgl. Nr. C 72). Allerdings waren die Wohnungen nur für überdurchschnittlich verdienende Arbeiter erschwinglich, die an der Martin-Luther-Straße 14-18a durch die Allgemeine Deutsche Schiffszimmerer Genossenschaft vertreten wurden (vgl. die Reliefs am Thielickesteg, die Bezug auf den Schiffbau nehmen). Mit dem Ledigenhaus wurde nach einer Antwort auf die damals stark kritisierten Untermietverhältnisse gesucht.

Geschosswohnbauten Rambachstraße 4-20 und Eichholz 23-37 stammen ebenfalls von Ernst Vicenz (1902/03 bzw. 1903/04). In diesem Gebiet begann die Sanierung bereits 1900.

B 53 Evangelisch-lutherische Gustav-Adolf-Kirche
Ditmar-Koel-Straße 36, Neustadt
Architekt: Thomas Yderstad
1906/07

Der Kirchensaal, das Pastorat, die Gemeinschaftsräume und mehrere Wohnungen sind in einen kompakten Baukörper integriert, der auf den ersten Blick wie ein Geschosswohnbau anmutet. Nur die neogotische Backsteinfassade, aufgelockert durch Putzfelder, und der Eckturm verweisen zeichenhaft auf den Zweck des Gebäudes. Der Stil und die Namensgebung betonen das gemeinsame nordeuropäische Erbe, war die schwedische Seemannskirche doch anfänglich für die Betreuung aller skandinavischen Seeleute in Hamburg zuständig.

Die **finnische Seemannskirche**, Ditmar-Koel-Straße 6, ist ein Entwurf von Pentti Ahola und Dieter Langmaack (1965/66).

B 54 Generali-Haus
Johannisbollwerk 16, Neustadt
Architekten: A. P. B. Architektengruppe Planen und Bauen Beisert, Findeisen, Galedary, Grossmann-Hensel, Wilkens
1988, 1991-93

Die hohe Baudichte wurde souverän bewältigt. Ein quadratischer Lichthof, der das Gebäude zur Hafenseite hin in voller Höhe mit einer Glasfront aufschlitzt, sorgt für Transparenz und verschafft auch einem Teil der rückwärtigen Büros einen attraktiven Ausblick. Der Stahlbetonraster der Hauptfassade ist mit schwarzen Metallprofilen verkleidet; das serielle Quadratmotiv setzt sich in der

B 56 Verlagsgebäude Gruner + Jahr

Aufteilung der Fensterflächen fort. Auch die roten Brandmauern signalisieren Distanz. An der Ditmar-Koel-Straße ordnet sich der Bau dagegen mit verputzten Lochfassaden den Nachbargebäuden unter.

Der **Luftschutzturm Typ Zombeck**, Vorsetzen 70, wurde 1940 von der Hochbauabteilung der Baubehörde errichtet (vgl. Nr. E 70).

B 55 Cap San Diego
Überseebrücke, Neustadt
Architekt: Cäsar Pinnau
1961/62

Die Cap San Diego (9.998 BRT) ist das letzte von ehemals sechs Schiffen der Cap-San-Klasse, die 1961 für die Hamburg-Süd vom Stapel liefen und als Frachter im Südamerikadienst eingesetzt wurden. Außerdem verfügte die Cap-San-Klasse über Fahrgasträume für maximal 12 Passagiere, denen inklusive Swimmingpool an Deck gehobener Komfort geboten wurde. Das schnittige Styling des Rumpfes und der Aufbauten – Abgasrohre statt Schornstein! – und die exklusive Ausstattung der Passagierräume stammen von Cäsar Pinnau, der nicht nur zahlreiche Villen an der Alster und an der Elbe, sondern z. B. auch Jachten für Aristoteles Onassis entworfen hat. Heute ist die Cap San Diego als Museumsschiff öffentlich zugänglich.

B 56 Verlagsgebäude Gruner + Jahr
Baumwall 11, Neustadt
Architekten: Steidle & Partner. Kiessler & Partner (Entwurf)
Architekten Schweger + Partner (Bauleitung und örtliche Planung)
1983 W, 1987-90

Zwei gleichrangige Entwürfe standen 1983 zur Diskussion. Hatten v. Gerkan, Marg + Partner eine Blockrandbebauung mit einer internen Erschließungspassage vorgeschlagen, so setzten sich Steidle & Partner und Kiessler & Partner schließlich mit ihrem Konzept durch, den Komplex in parallele Zeilen aufzugliedern, die durch quer dazu verlaufende Erschließungstrakte verbunden werden. Diese Struktur wird nicht nur der Unterteilung des Verlages in selbstständige Redaktionen gerecht, sie zeichnet auch den historischen Grundriss der »Gängeviertel« nach (vgl. Nr. B 51). Relinge und Bullaugen evozieren maritime Assoziationen. Die Stützen sollten mit den Hafenkränen und vor allem dem gegenüberliegenden Hochbahnviadukt korrespondieren.

Auf die ursprünglich geplanten Skelettfassaden mit Füllflächen aus Backstein wurde allerdings verzichtet. Das Stahlbetonskelett verschwindet vielmehr hinter einer homogenen Haut aus Zinkblech und wirkt wie eingepackt. Pavillons verstellen die ohnehin schon knapp bemessenen Innenhöfe. Die Eingangshalle ist kaum mehr als eine zufällige Restfläche, die weder als Verkehrsverteiler noch als Ausstellungsfoyer optimal funktioniert. Überhaupt sind die Erschließungswege im Innern zu eng, zu niedrig und zu unübersichtlich. Bei 88.000 qm Bruttogeschossfläche bieten dominante Achsen und klare räumliche Bezüge, wie von v. Gerkan, Marg + Partner im Wettbewerb vorgeschlagen, eben doch wesentliche Orientierungshilfen.

B 57 Ehem. Kontorhaus der Getreideheber-Gesellschaft

B 58 Slomanhaus

B 59 Feuerwache Admiralitätstraße

B 62.1 Fleetinsel, Hotel Steigenberger und Fleethof (rechts)

B 57 Ehem. Kontorhaus der Getreideheber-Gesellschaft
Stubbenhuk 10, Neustadt
Architekt: W. Lemm
1923-25

Kontorhaus mit ornamental dekorierten Klinkerfassaden und Staffelgeschossen. Während Fritz Höger beim gleichzeitig errichteten Chilehaus längst nicht mehr zwischen primären und sekundären Fassadenstützen differenziert hat (vgl. Nr. A 62.6), sind die Fenster hier noch ganz konventionell durch Hauptpfeiler zu Dreiergruppen zusammengefasst. Das Gebäude diente ursprünglich als Sitz der Getreideheber-Gesellschaft, woran die Glasmalerei von Paul Wrode über dem Haupteingang erinnert: Der Dampfer Marion und ein Binnenschiff begegnen sich hier beim Umschlag mit schwimmenden Getreidehebern.

Das **Bürohaus** Stubbenhuk 3-9, das zum Verlagskomplex Gruner + Jahr gehört (vgl. Nr. B 56), ist ein Entwurf von Prof. Bernhard Winking (1989, 1991-93).

B 58 Slomanhaus
Baumwall 3/Steinhöft 11, Neustadt
Architekten: Haller & Geißler (Ursprungsbau)
Fritz Höger (Erweiterung)
1908/09; Erweiterung 1921

Eine Pfeilerfassade mit Korbbogenabschluss kennzeichnet das Kontorhaus der Traditionsreederei Robert M. Sloman. Die Backsteinarchitektur korrespondiert nicht nur mit der gegenüberliegenden Speicherstadt. Sie lässt sich auch als Reflex auf aktuelle Strömungen verstehen, wurde der prosaische Ziegel doch um 1910 durch die Heimatschutzdiskussion aufgewertet. Während Fritz Höger die Erweiterung im Innenhof als expressiven Klinkerbau gestalten konnte, musste er am Steinhöft auf Anordnung der Baupflegekommission die Fassade von Haller & Geißler fortsetzen. Richtungweisend für die weitere Entwicklung waren die Staffelgeschosse, für die Höger das ursprüngliche Mansarddach des ersten Bauabschnitts opferte. Die neue Eingangshalle weist neben einer bemerkenswerten Holztäfelung auch einen der selten gewordenen Paternoster auf.

Der **Elbhof**, Steinhöft 9, stammt von Walter Martens (1904/05).

B 59 Feuerwache Admiralitätstraße
Admiralitätstraße 54, Neustadt
Architekt: Albert Erbe
1906-09

Der von Albert Erbe favorisierte Rückgriff auf Motive der Hamburger Barockarchitektur war bei der Feuerwache

B 62.2, B 67 Fleetinsel, Fleethof und Ellerntorsbrücke

auch durch das Umfeld legitimiert, standen hier um 1910 doch noch zahlreiche Gebäude aus dem 18. Jahrhundert. Bei genauer Betrachtung wirkt der Sandsteinschmuck allerdings eher jugendstilig-teigig als streng historisierend. Die ehemalige Feuerwache II war übrigens die erste »Automobilwache« in Hamburg.

Die **Geschosswohnbauten** und das **Bürohaus** Admiralitätstraße 10-16 sind Entwürfe von Massimiliano Fuksas (1997 W, 2001/02).

B 60 Bürohäuser Transnautic und Transglobe
Admiralitätstraße 59-60, Neustadt
Architekt: Walter von Lom
1984 W, 1985-87

Mit Backsteinfassaden, Giebeln und angedeuteten Lukenachsen am Fleet zitiert das ungleiche Gebäudepaar Motive der historischen Speicher in der Innenstadt. Ein beliebtes Detail der 1980er Jahre sind auch die weißen Sprossenfenster. Die schlüssige und präzise Detaillierung verleiht der verhalten postmodernen Architektur auch heute noch Gültigkeit. Sie wirkt traditionell und ortsverbunden, ohne sich in nostalgischen Reminiszenzen zu verlieren.

B 61 Ehem. Kontor- und Lagergebäude E. Michaelis & Co.
Admiralitätstraße 73, Neustadt
Architekten: Gustav Krauss (Vorderhaus)
Bruno Brandi (Restaurierung Speicher)
Speicher 1787; Vorderhaus 1913;
Restaurierung Speicher 1990-92

Der Fleetspeicher der Papiergroßhandlung Michaelis – eines der ältesten erhaltenen Lagerhäuser in Hamburg – dokumentiert die ursprüngliche Nutzung der innerstädtischen Wasserläufe, wurden diese doch bis weit in das 20. Jahrhundert hinein als Transportwege für Waren aller Art genutzt. Auch im Vorderhaus, das aufgrund seiner repräsentativen Werksteinfassade auf den ersten Blick wie ein Kontorhaus wirkt, befanden sich vor allem Lagerflächen. Zwei Reliefs am Eingang thematisieren dort mit Papyrus und Holz die Herstellung von Papier.

B 62 Fleetinsel
B 62.1 Hotel Steigenberger und Klinik Fleetinsel
Admiralitätstraße 3/Heiligengeistbrücke 4, Neustadt
Architekten: v. Gerkan, Marg + Partner
1980 W, 1990-92

B 62.2 Fleethof
Stadthausbrücke 1-3, Neustadt
Architekten: Patschan, Werner, Winking (Wettbewerb)
Prof. Bernhard Winking (Realisierung)
1980 W, 1991-93

B 62.3 Bayerische Hypotheken- und Wechselbank
Graskeller 2, Neustadt
Architekten: v. Gerkan, Marg + Partner
1980 W, 1991-93

B 62.4 Bürohaus
Neuer Wall 77, Neustadt
Architekten: Patschan, Werner, Winking (Wettbewerb)
Prof. Bernhard Winking (Realisierung)
1980 W, 1991-93

1980 wurde der Wettbewerb für die so genannte Fleetinsel entschieden – erster Preis v. Gerkan, Marg + Partner –, die lange Zeit wegen des Baus eines S-Bahn-Tunnels brach gelegen hatte. Das Ergebnis war ebenso banal wie zeittypisch: Das Gelände über dem Tunnel blieb als öffentlicher Platz unbebaut; die übrige Fläche wurde mit zwei Großblöcken besetzt, die den Maßstab und den Charakter ihres Umfelds ignorieren. Beim Fleethof ragen Wandscheiben aus Klinker unvermittelt vor Spiegelglasfassaden auf, als ob das Gebäude aus Versatzstücken montiert worden wäre. Der Hotel- und Klinikkomplex ermüdet durch ein Stakkato schmalbrüstiger Klinkervorlagen, die in stelzbeinige Pfeiler münden. Am Graskeller und am Neuen Wall wurden außerdem zwei kleinere Restflächen mit Bürohäusern bebaut, die durch Natursteinfassaden hervorstechen.

B 63 Heiligengeistbrücke
Neustadt
Architekt: Ingenieurwesen, Franz Andreas Meyer
1883-85

Die mit Granit und Backstein verkleidete Heiligengeistbrücke überquert das Alsterfleet mit drei Segmentbogenöffnungen, wobei die mittlere Durchfahrt eine Spannweite von 17,5 m hat. Sie ist ein besonders schönes Beispiel für die rege Brückenbautätigkeit unter Oberingenieur Franz Andreas Meyer – ein Eindruck, zu dem nicht zuletzt die meisterhaften schmiedeisernen Kandelaber und Gitter in den Granitbrüstungen beitragen. Zusammen mit der gleichzeitig errichteten Michaelisbrücke (vgl. Nr. B 64) sollte sie die Ellerntorsbrücke (vgl. Nr. B 67) entlasten. Heute ist die Heiligengeistbrücke zum Zubringer des Hotels Steigenberger degradiert, das die westliche Brückenzufahrt mit einer torartigen Öffnung überspannt.

Das **Neidlingerhaus**, Michaelisbrücke 1, ist ein Entwurf von Johannes Grotjan (1885/86, 1990-92 von Bruno Brandi restauriert).

B 64 Bürohäuser Herrengraben   B 65 Ost-West-Hof   B 69 Paradieshof

B 64 Bürohäuser Herrengraben
Herrengraben 1-5, Neustadt
Architekten: Kleffel, Köhnholdt, Gundermann
1987, 1989-91

Zwei fleetbegleitende Baukörper mit schlichten, aber sorgfältig proportionierten und detaillierten Lochfassaden aus Klinker, die am Kopf der Michaelisbrücke unvermittelt in Zylindersegmente mit Skelettfassaden aus Sichtbeton münden. Auch andere Details wie die Bullaugen oder der filigrane Turmaufsatz aus Stahl zählen zu dem wie standardisiert anmutenden gestalterischen Repertoire, das die Architekten zu Beginn der 1990er Jahre immer neu variiert und kombiniert haben (vgl. die Neue Flora, Nr. C 63).

Die **Michaelisbrücke** wurde 1966 für den Bau eines S-Bahn-Tunnels abgebrochen und durch einen Neubau von Patschan, Winking ersetzt (1987/88).

B 65 Ost-West-Hof
Herrengraben 74, Neustadt
Architekten: MRL Architekten Markovic, Ronai, Lütjen
1989 W, 1991-93

Während sich das Gebäude an der Ludwig-Erhard-Straße in der biederen Klinkeroptik der frühen 1990er Jahre präsentiert, stößt der Trakt am Herrengraben mit einer runden Glaskanzel unter einem kecken Kragdach in den Straßenraum vor. Die offene Treppenhalle mit den umlaufenden Galerien wirkt wie ein Rückgriff auf die Kontorhausgrundrisse der Jahrhundertwende. Sichtbeton und industrielle Materialien wie Glasbausteine oder Bleche fügen sich hier zu einem vielschichtigen Raumeindruck. Auch die provokative Geste der Architektur hat nicht an Schlüssigkeit verloren, wurde mit dem Ost-West-Hof doch zum ersten Mal in Hamburg der zerrissene und heterogene Charakter eines Ortes selbst zum gestalterischen Thema erhoben.

B 66 Römisch-katholische Kirche St. Ansgar
Michaelisstraße 5, Neustadt
Architekten: Jean-Charles Moreux. Gerhard Kamps
1953-55

Saalkirche mit neoklassizistischem Wand und Deckendekor; den halbrunden Altarbereich umgibt ein Pfeilerkranz wie bei einem Umgangschor. Ein Portikus mit Giebeldreieck stimmt auf den konservativen Innenraum ein. Die schlichten, durch Vorlagen gegliederten Backsteinfassaden sind ein Zitat des Vorgängerbaus von 1757, der als provisorischer Ersatz für die 1750 abgebrannte Hauptkirche St. Michaelis (vgl. Nr. B 50) errichtet worden war und 1945 selbst zerstört wurde. Diese »Kleine Michaeliskirche« wurde während der französischen Besatzung 1811 den Hamburger Katholiken zur Verfügung gestellt, denen der Senat bis dahin ein eigenes Gotteshaus verwehrt hatte. Dank finanzieller Unterstützung durch die Stadt konnte die Gemeinde das Gebäude 1824 erwerben.

Die **Statue Kaiser Karls des Großen** vor der Kirche stammt von Engelbert Peiffer (1889, 1926 neu gegossen). Sie gehörte ursprünglich zum Kaiser-Karl-Brunnen, der auf dem Alten Fischmarkt stand (1941 zerstört).

B 67 Ellerntorsbrücke
Neustadt
Architekt: Baubehörde, Tiefbauamt
Ingenieure: Bernhard Donath GmbH (Sanierung und Rekonstruktion)
Um 1669; Sanierung und Rekonstruktion 1992/93

Die Ellerntorsbrücke ist eine der ältesten Hamburger Brücken. Ihr Name erinnert daran, dass das Herrengrabenfleet ursprünglich zur Stadtbefestigung gehörte. (Das Tor wurde 1668 abgerissen und die Brücke danach erneuert.) Über Jahrhunderte war sie Teil der zentralen Ost-West-Verbindung durch die Innenstadt (Steinstraße, Großer Burstah, Alter und Neuer Steinweg). Heute endet sie abrupt an der Automatiktür des Fleethofs (vgl. Nr. B 62.2). Der aktuelle Zustand ist nur noch bedingt authentisch, denn 1992/93 wurde nicht nur das östliche der drei Bogengewölbe zerstört und rekonstruiert, sondern auch nahezu alle späteren Veränderungen entfernt.

Das **Deutsch-Japanische Zentrum**, Düsternstraße 1-3/Stadthausbrücke 5-7, ist ein Entwurf von v. Gerkan, Marg + Partner (1990 W, 1993-95).

B 68 Behörde für Wirtschaft und Verkehr (Aufnahme um 1961)

B 68 Behörde für Wirtschaft und Verkehr
Alter Steinweg 4/Wexstraße 7, Neustadt
Architekten: Werner Kallmorgen (1. BA)
Kallmorgen & Partner (2.BA)
1957, 1. BA 1960/61, 2. BA Fertigstellung 1969

Der Reiz des Entwurfs liegt zum einen im städtebaulichen Ansatz, zum anderen im Rückgriff auf die »Weiße Moderne« der Vorkriegsjahre, wenn auch mit pflegeleichten Keramikplatten statt Putz. Zwei Hochhausscheiben und ein dreiflügeliger Baukörper (2. BA) sind über Verbindungstrakte aneinandergekoppelt. Diese starke Aufgliederung erlaubte eine differenzierte Antwort auf den stadträumlichen Kontext, ohne auf eine offene Baustruktur verzichten zu müssen. Die dynamisch geschwungenen Brüstungs- und Fensterbänder sind ein Zitat der Bauten von Erich Mendelsohn, den Werner Kallmorgen besonders schätzte. In den Obergeschossen liegen die Stützen hinter den Fassaden, was deren vorhangartigen Charakter bewirkt.

B 69 Paradieshof
Alter Steinweg 11, Neustadt
Architekt: Siegfried Pollex (Restaurierung)
1762; Ladeneinbauten um 1870; Zerstörung der Giebel 1945; Restaurierung 1990-92

Der Paradieshof ist eines der letzten vorindustriellen Mietshäuser, die in Hamburg erhalten sind. Die schmucklose Backsteinfassade macht das typische Konstruktionsprinzip des 18. Jahrhunderts besonders anschaulich: Die in statischer Hinsicht stärker beanspruchten Fassadenteile bilden eine Rasterstruktur, in die die Fenster mitsamt den Brüstungen vertieft eingelassen sind. Um 1910 wurde der moderne Charakter dieser Lösung erkannt, was besonders die Kontorhausarchitektur inspirierte. Der Paradieshof hat übrigens einen Zwillingsbruder! Die Carl-Töpfer-Stiftung hat eine Kopie an der Neanderstraße 22 errichtet (vgl. Nr. B 79), statt für den Erhalt des Originals zu sorgen (das dann dank des Engagements einer Wohnungsbaugesellschaft gerettet werden konnte).

B 70 Pelikan-Apotheke
Großneumarkt 37, Neustadt
Architekten: Jacob & Ameis
1913

Ein neoklassizistisches Giebeldreieck bekrönt die Lochfassade aus Klinker, die durch einfach profilierte Fenstereinfassungen aus Werkstein akzentuiert wird. Die zweigeschossige Apotheke mutet wie das Zitat einer Kaufmannsdiele an. Wie das gleichzeitig errichtete Haus Goldener Schwan von Jacob & Ameis (vgl. Nr. B 35) amalgamiert auch dieser Entwurf unterschiedliche historische Vorbilder, ohne im Detail zu explizit zu werden – was eine Brücke zur Architektur der Weimarer Republik schlägt. An der Rückseite ist das Eingangsportal des Vorgängerbaus von 1780 eingefügt.

B 71 Sanierungsgebiet Wexstraße/Brüderstraße
Wexstraße/Brüderstraße, Neustadt
Architekt: Ernst Wex
1867-76; Teilzerstörung 1943

Die Grundstücke östlich des Großneumarktes wurden 1866 von den Brüdern Friedrich Hermann und Ernst Wex gekauft, um dort bis 1867 zwei Privatstraßen durchzubrechen und sie bis 1876 vollständig neu zu bebauen – die erste umfassendere Sanierungsmaßnahme in den »Gängevierteln« überhaupt (zur Definition vgl. den Bäckerbreitergang, Nr. B 30). Auffällig ist die Vielfalt der Entwürfe, die hier auf engem Raum realisiert wurden, wobei jedoch spätklassizistische Putzfassaden dominieren. 1943 wurde die Wexstraße zur Hälfte zerstört, während die Brüderstraße kaum schwere Schäden erlitt. Rund 35 Jahre später wurde dieser Bereich, der sich mittlerweile zum urbanen Kneipenviertel entwickelt hatte, als förmliches Sanierungsgebiet nach dem Städtebauförderungsgesetz ausgewiesen und mit allzu rigiden Modernisierungsmaßnahmen – Blockentkernungen, Teilabbrüche einzelner Häuser, Veränderung von Wohnungsgrundrissen – den normierten Leitbildern des öffentlich geförderten Familienwohnungsbaus angepasst (was wohl auch generell Fragen nach der Zielgruppe von Wohnungsbau in Citylage aufwirft).

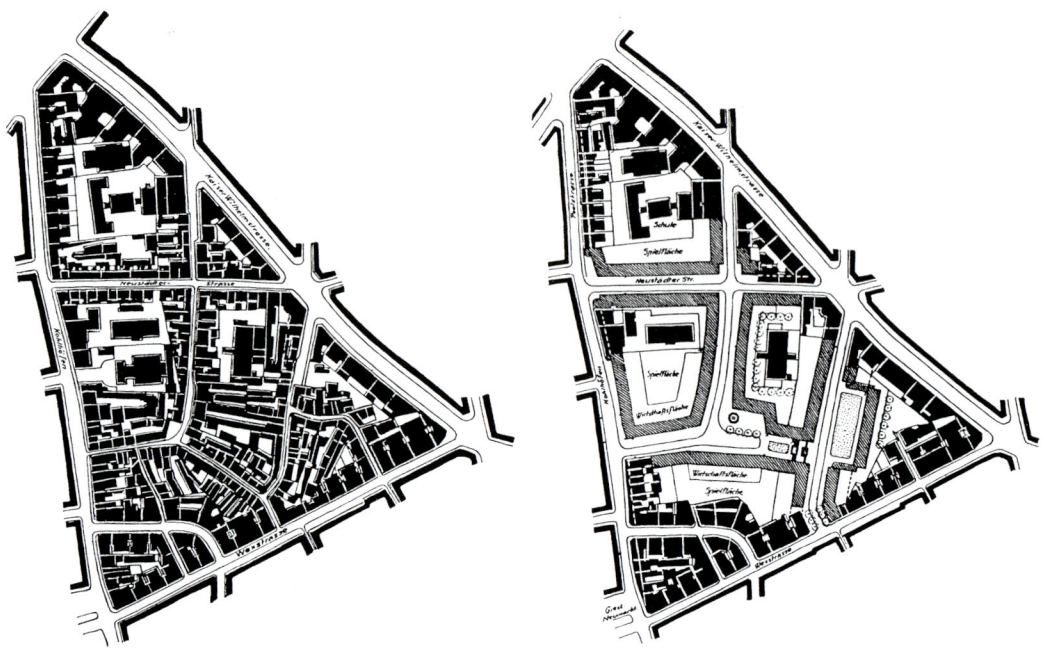

B 73 Sanierungsgebiet Rademachergang. Die Pläne zeigen das Viertel vor und nach der Sanierung (Stand 1937).

B 72 Fachwerkhaus Thielbek
Thielbek 12-14, Neustadt
Architekt: GEMO (Restaurierung)
Um 1780; Restaurierung 1984

Eines der letzten Zeugnisse der vorindustriellen Bebauung im Umfeld des Großneumarktes (vgl. auch den Paradieshof, Nr. B 69). Solche schmucklosen Fachwerkbauten prägten ursprünglich weite Bereiche der Neustadt. Im Unterschied zu den bürgerlichen Häusern diente dieses Gebäude schon immer als Mehrfamilienhaus.

B 73 Sanierungsgebiet Rademachergang
Rademachergang/Breiter Gang/Kornträgergang/
Kohlhöfen, Neustadt
Architekten: Wilhelm Behrens. Rudolf Klophaus.
Puls & Richter u.a.
1933, 1934-37

Das »Gängeviertel« zwischen der Kaiser-Wilhelm-Straße und Kohlhöfen wurde als letztes der vier Sanierungsgebiete nach der Cholera-Epidemie von 1892 abgebrochen. Zu Beginn der NS-Zeit wurde dies jedoch nicht mehr nur mit hygienischen und städtebaulichen Argumenten gerechtfertigt, sondern auch mit der Zerschlagung von »Kommunistennestern«: »Dieses Viertel war durch sein Gewirr der Gänge und Höfe, Terrassen und Durchschlupfe schon längst der Zufluchtsort asozialer Elemente und zweifelhafter Existenzen jeder Art [...]. Immer wieder wurde das Gängeviertel der Ort für Demonstrationen vagabundierender Erwerbsloser und Kommunisten [...].« (Konstanty Gutschow in: *Zentralblatt der Bauverwaltung*, 26/1933, S. 312).

Der kleinstädtische Maßstab und die traditionalistische Architektursprache – steile Satteldächer, Backsteinfassaden, Sprossenfenster, Erker – wirken denn auch wie gezielte Antworten auf die frühere Unübersichtlichkeit des Quartiers und die seinen Bewohnern unterstellte »Entwurzelung«. Besonders deutlich zeigt sich dies am platzartig erweiterten Rademachergang mit der Bebauung von Wilhelm Behrens (Nr. 2-10), Puls & Richter (Nr. 14) und Rudolf Klophaus (Nr. 1-19, Nr. 16-22) sowie dem volkstümlichen Hummelbrunnen von Richard Kuöhl (1937/38). Dabei ist jedoch auch zu berücksichtigen, dass die Gewährung von Reichsmitteln für die Sanierung an die Auflage gebunden war, die Zahl der geplanten Geschosse von fünf auf vier zu senken.

B 74 Ehem. Bücherhalle Kohlhöfen
Kohlhöfen 21, Neustadt
Architekt: Hugo Groothoff
1908/09

Lisenen und Sandsteinbänder gliedern die neobarocke Backsteinfassade, die durch einen breiten, wie gedrückt wirkenden Schweifgiebel verklammert wird. Die erste öffentliche Leihbibliothek Hamburgs wurde 1899 auf Initiative der Patriotischen Gesellschaft gegründet. Über dem Eingang ist das Motto der Gesellschaft »Emolumento publico« – »Zum Wohl der Allgemeinheit« – angebracht. Nach britischem Vorbild war sie die erste Freihandbücherei in Deutschland, wenn auch nur für die »belehrende Literatur«. (Der Zugriff auf erotische Themen u. ä. sollte offenbar weiterhin von den Bibliothekaren gesteuert werden.) Programmatisch gemeint war

B 73 Sanierungsgebiet Rademachergang mit dem Hummelbrunnen   B 77.1 Schuldt-Stift, Komplex I

auch die Standortwahl, nämlich in einem jener verelendeten Arbeiterviertel, in denen die Cholera-Epidemie von 1892 die meisten Opfer gefordert hatte.

B 75 Rudolf-Roß-Gesamtschule
Neustädter Straße 60, Neustadt
Architekten: ASW Architekten Silcher, Werner + Redante
1993 W, 1995-99, Turnhalle 2003/04

Sukzessive Erweiterung einer Schule aus der Gründerzeit, die im Zentrum eines Baublocks liegt. Die beengte Lage zwang zur vertikalen Konzentration mit bis zu sechs Geschossen. Weiße Putzfassaden mit feingliedrigen Fensterbändern heben die Neubauten von dem Ursprungsbau ab. Auch die Aufständerung der beiden parallelen Gebäude auf »Pilotis« und der Fassadenausschnitt vor der Dachterrasse des nördlichen Traktes sind Zitate der rationalistischen Vorkriegsmoderne à la Le Corbusier. Farbig gestrichene Fensterrahmen setzen Akzente. Die zweigeschossige Pausenhalle an der Poolstraße dient gleichzeitig als Aula.

B 76 Ruine und Vorderhäuser der Tempelsynagoge
Poolstraße 11-14, Neustadt
Architekt: Johann Hinrich Klees-Wülbern
1842-44; Teilzerstörung 1944

Ensemble aus vier Geschosswohnbauten und der Ruine der ehemaligen Synagoge des Israelitischen Tempelverbandes, die sich im Hof verbirgt und nur über die Durchfahrt an der Poolstraße 12/13 zugänglich ist. Die Neustadt war das Zentrum des jüdischen Lebens in Hamburg, bis die Synagogen im ersten Drittel des 20. Jahrhunderts sukzessive nach Rotherbaum und Harvestehude verlagert wurden, so 1931 auch die Tempelsynagoge (vgl. Nr. D 57). Die alte Synagoge, ein dreischiffiger Bau mit seitlichen Frauenemporen, wurde 1937 verkauft und danach als Gewerberaum genutzt. Heute ist von dem Gebäude kaum mehr als der untere Teil der Eingangsfassade mit dem Hauptportal und die Rückwand mit der Konche für den Thoraschrein erhalten. Die spätklassizistischen Putzfassaden der Vorderhäuser sind trotz ihrer Zusammengehörigkeit betont unterschiedlich gestaltet, entsprechend dem liberalistischen Credo, das damals die Architektur beherrschte.

B 77 Schuldt-Stift
B 77.1 Komplex I
Hütten 2-12/Enckeplatz 2/Bei Schuldts Stift 1, Neustadt
Architekt: Hinrich Fittschen
1894/95
B 77.2 Komplex II
Bei Schuldts Stift 2/Pilatuspool 12-24, Neustadt
Architekt: Hinrich Fittschen
1895/96
B 77.3 Komplex III
Neumayerstraße 1-7/Seewartenstraße 2-6/Zeughausstraße 12-18, Neustadt
Architekt: Hinrich Fittschen
1900/01

Der Komplex der Abraham Philipp Schuldt-Stiftung, die 1891 durch den Namensgeber gegründet wurde, fällt vor allem durch seine Ausdehnung auf. Zwei Blöcke mit insgesamt 195 Wohnungen erstrecken sich parallel zum

B 74 Bücherhalle Kohlhöfen B 75 Rudolf-Roß-Gesamtschule B 78 Ehem. Polizeiwache Hütten

Holstenwall, der ab 1893 angelegt wurde. Ein dritter Block mit 182 Wohnungen steht südlich des Zeughausmarktes. Das verbindende Moment bilden die einheitlich, aber variantenreich gestalteten Backsteinfassaden, wobei verschiedenfarbige Ziegel und Formsteine zum Einsatz kamen. An den Stifter erinnert eine Skulptur über dem Eingang von Hütten 8, die mit einer Ädikula gerahmt ist.

B 78 Ehem. Polizeiwache Hütten
Hütten 42, Neustadt
Architekten: Franz Gustav Forsmann (Ursprungsbau) Hochbauwesen, Carl Johann Christian Zimmermann (Erweiterung 1889) und Fritz Schumacher (Erweiterungen 1914 und 1926)
1857/58; Erweiterungen 1889, 1914, 1926

Backsteinbau im Rundbogenstil mit Lisenen, Gesimsen und Halbbogenrahmen über den Fenstern und Türen. Die prosaische Architektur ist beispielhaft für die Ausdifferenzierung der gestalterischen Standards im 19. Jahrhundert. Hatte Alexis de Chateauneuf 30 Jahre zuvor noch Bürgerhäuser mit einer derartigen Fassade versehen, so wurde sie hier nun eindeutig einer nachrangigen Bauaufgabe zugewiesen. Das Gebäude war ursprünglich zweigeschossig. Die Erweiterungen – zwei weitere Geschosse und die beiden Risalite – wurden dem Bestand angepasst. In der NS-Zeit war die Wache, die auch als Polizeigefängnis diente, eine der Durchgangsstationen in die Konzentrationslager. 1943 waren hier KZ-Häftlinge untergebracht, die nach den Bombenangriffen zu Aufräumarbeiten und zum Bergen von Leichen und Blindgängern gezwungen wurden.

B 79 Ensemble Peterstraße/Neanderstraße
B 79.1 Beyling-Stift
Peterstraße 35-37, Neustadt
Vorderhaus 1751; Hofbebauung 1760-70; Restaurierung 1966-71
B 79.2 Rekonstruierte Bürgerhäuser
Peterstraße/Neanderstraße, Neustadt
Architekt: Fritz Pahlke
1969-84

Dank des Engagements des Kaufmanns Alfred Töpfer bzw. der von ihm ins Leben gerufenen Carl-Töpfer-Stiftung entstand an der Peterstraße eine Art Hanse-Disneyland. Authentisch ist nur das Vorderhaus des Beylingstifts, ein traufständiger Backsteinbau mit Sandsteinportalen und einem Zwerchhaus, der beispielhaft für den kleinbürgerlichen Maßstab der Neustadt ist. Der dazugehörige Wohnhof – seit 1899 Altenwohnstift – wurde dagegen unter großen Substanzverlusten »restauriert«, wobei die parallelen Fachwerkzeilen um 2 m auseinander gerückt und die charakteristischen Dreiergruppen der Eingangstüren entfernt wurden (vgl. den Bäckerbreitergang, Nr. B 30).

Die übrigen Bauten an der Peterstraße und an der Neanderstraße stellen dagegen nur Kopien von barocken Bürgerhäusern dar, die zum größten Teil in völlig anderen Gebieten der Innenstadt gestanden haben und deren rekonstruierte Fassaden sich hier nun zu einer stimmigen Kulisse vor modernen Kleinwohnungen versammeln. Man sieht es: In diese Inszenierung ist viel Geld und Liebe geflossen. Sie ist allerdings auch bar jeglichen dokumentarischen Wertes, während nur wenige Straßen weiter die Mittel zum Erhalt der originalen Bausubstanz aus dem 18. Jahrhundert fehlten (vgl. den Paradieshof, Nr. B 69).

B 80 Bismarck-Denkmal
Alter Elbpark, Neustadt
Architekt: Johann Emil Schaudt
Bildhauer: Hugo Lederer
1901/02 W, 1903-06

Monumentales Denkmal aus Schwarzwälder Granit für Reichskanzler Otto von Bismarck (1815-98), das auf einer Anhöhe im Elbpark errichtet wurde. Der Entwurf von Johann Emil Schaudt und Hugo Lederer überzeugte im Wettbewerb durch die überzeitliche und überpersönliche Interpretation des Themas. Verweise auf das wilhelminische Kaiserreich und die politischen und militärischen Erfolge Bismarcks fehlen völlig. Der »eiserne Kanzler« wird auch nicht, wie sonst üblich, als preußischer Militär dargestellt, sondern als Roland, das mittel-

B 79.2 Rekonstruiertes Bürgerhaus an der Neanderstraße

B 81 Ehem. Millerntorwache

B 80 Bismarck-Denkmal

alterliche Sinnbild städtischer Rechts- und Freiheitsgarantien – hier allerdings ins Nationale gewendet durch den wachsamen Blick über den Strom in Richtung England. Die acht athletischen Gestalten am Sockel symbolisieren die deutschen Stämme. Einschließlich der Terrasse und des Sockels hat das Denkmal eine Gesamthöhe von 34,3 m, wovon 14,8 m auf die Skulptur entfallen.

B 81 Ehem. Millerntorwache
Millerntordamm 2, Neustadt
Architekten: Carl Ludwig Wimmel (Ursprungsbau)
KHD Czerner Architekten (Restaurierung)
1819/20; Restaurierung 2004

Tempelartiger Bau mit einer dorischen Säulenhalle, der ursprünglich ein südliches Pendant hatte. Dazwischen spannten sich schwere eiserne Gitterpforten, die an vier Meter hohen Pfeilern befestigt waren. Das Wachgebäude ist das letzte bauliche Zeugnis der allabendlichen Torsperre, die bis 1861 nicht nur das Stadtwachstum hemmte, sondern auch immer stärker zum verhassten Symbol der gängelnden Staatsmacht und der rechtlichen und sozialen Ausgrenzung der Vorstadtbewohner wurde. Dies zeigte sich besonders deutlich während der Revolution 1848, als die Tore nach St. Georg und St. Pauli von Volkserhebungen attackiert wurden. 2004 wurde das Gebäude um 30 m nach Nordwesten versetzt, weil es durch den Straßenverkehr gefährdet war.

B 82 Wallanlagen und Alter Botanischer Garten
Neustadt
Landschaftsarchitekten: Karl Plomin. Heinrich Raderschall. Günther Schulze (IGA 1963)
Lindenlaub + Dittloff (Neugestaltung Große Wallanlagen)
Dittloff + Paschburg (Neugestaltung Kleine Wallanlagen)
1962/63; Neugestaltung Große Wallanlagen 1995-2000; Neugestaltung Kleine Wallanlagen 2005/06

Der Parkgürtel im Westen der Innenstadt entstand in den 1820er Jahren durch die Schleifung des Stadtwalls, wobei ein Teil der Aufschüttungen und der Wallgraben jedoch zunächst erhalten blieben. Letzterer verschwand erst, als die Großen und Kleinen Wallanlagen nach dem Zweiten Weltkrieg mit Trümmerschutt verfüllt wurden. Lediglich der Alte Botanische Garten vermittelt noch einen Eindruck von der ursprünglichen Topographie des Geländes. Weitere Eingriffe brachte die Internationale Gartenbauausstellung IGA 1963, anlässlich derer die Parkabschnitte mit Brückenunterführungen aneinandergekoppelt und die Wege, Rasenflächen und Beete einem modischen Zickzack-Layout unterworfen wurden. Ab Ende der 1980er Jahre wurden alle drei Anlagen

B 82.2 Wallanlagen und Alter Botanischer Garten, Pflanzenschauhäuser und Mittelmeerterrassen (Aufnahme um 1963)

unter Erhalt einiger charakteristischer Elemente der insgesamt drei IGAs – 1953, 1963 und 1973 – sukzessive zurückgebaut und neugestaltet. Seit 1986 gehören sie offiziell zum Park Planten un Blomen (vgl. Nr. C 2).

Der **Japanische Landschaftsgarten** im Alten Botanischen Garten ist ein Entwurf von Yoshikuni Araki (1987/88, vgl. auch den Japanischen Garten, Nr. C 2).

B 82.1 Teehaus
Große Wallanlagen
Architekten: Heinz Graaf. Paul Krusche
1962/63
Der japonesk anmutende Pavillon ist ein Relikt der IGA 1963. Er hängt über Zugstangen an vier Pylonen, die sich im Gebäudezentrum befinden, über einem Wasserbecken. Auch die großen Glasflächen und die feingliedrigen Stahlprofile verleihen dem Bauwerk einen grazilen Charakter.

B 82.2 Pflanzenschauhäuser und Mittelmeerterrassen
Alter Botanischer Garten
Architekten: Bernhard Hermkes und Gerhart Becker
1962/63
Die prismatische Form der Gewächshäuser ist aus dem Parallelogramm entwickelt. Das stählerne Tragwerk, an dem die Glasflächen punktförmig befestigt sind, ist außen angeordnet. Hierdurch sollten Korrosionsschäden vermieden werden, die im Innern aufgrund des teilweise feuchten Klimas zu befürchten waren. Kakteenhaus, Cycadeenhaus, Subtropenhaus und Tropenhaus sind gegeneinander abgeschlossen und haben eigene Klimate. Der Hang zum Wallgraben hin wurde mit den Mittelmeerterrassen modelliert, so benannt nach der Herkunft der hier ursprünglich gepflanzten Gewächse. (Heute ist die empfindliche mediterrane Flora jedoch weitgehend durch pflegeleichtere Arten ersetzt.) Die Platten der Terrassen und die Stützmauern bestehen aus Schiefer, um die Sonnenwärme zu speichern.

Von Bernhard Hermkes und Gerhart Becker stammt auch der **Spannbetonsteg** über den Wallgraben (1962).

B 83 Denkmal der 76er
Dammtordamm, Neustadt
Bildhauer: Richard Kuöhl
1934 W, 1935/36
Bereits in der Weimarer Republik hatte es mehrere Vorstöße zur Errichtung eines Denkmals für das 1918 aufgelöste Hamburger Regiment Nr. 76 gegeben, das im Ersten Weltkrieg 6.000 Gefallene zu beklagen hatte. Realisierungschancen bestanden allerdings erst in der NS-Zeit. Richard Kuöhl hatte zwar nur den dritten Platz im Wettbewerb errungen, sein Vorschlag eines frei stehenden Kubus mit einem Soldatenrelief, das sich wie ein Fries um den Block legt, wurde aber am besten dem Standort gerecht. Außerdem verzichtete Kuöhl im Unterschied zu den anderen Preisträgern auf eine individualisierende Darstellung der Soldaten zugunsten einer gleichförmigen Gruppe, die sich mit Leitbildern wie Disziplin, Kameradschaft und Opferbereitschaft identifizieren ließ. Die Inschrift »Deutschland muß leben, und wenn wir sterben müssen« bekräftigt diese Aussage. Ein unvollendet gebliebenes Gegendenkmal von Alfred Hrdlicka, das an den Feuersturm 1943 und die Versen-

B 82.1 Wallanlagen und Alter Botanischer Garten, Teehaus (Aufnahme um 1963)

B 86 Kennedybrücke (Aufnahme um 1953)

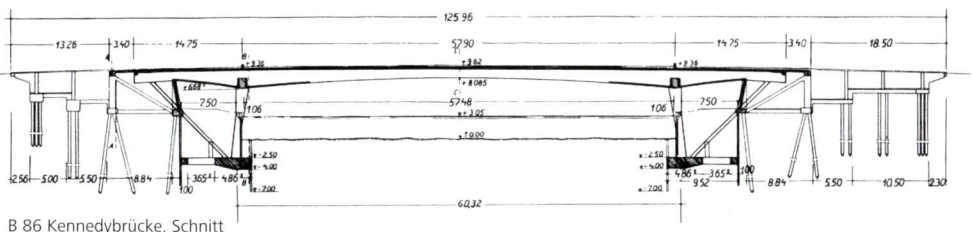

B 86 Kennedybrücke, Schnitt

kung der KZ-Häftlingsschiffe Cap Arkona und Thielbek am 3. Mai 1945 erinnert (vgl. Nr. M 17), bildet seit 1986 ein inhaltliches Korrektiv, ohne das Denkmal der 76er selbst anzutasten.

B 84 U-Bahnstation Stephansplatz
Dammtordamm, Neustadt
Architekten: Distel & Grubitz
1929

Der langgestreckte flache Eingangspavillon läuft in einer dynamischen Rundung aus, in der sich früher öffentliche Toiletten befanden (später in eine Einzelhandelsfläche umgebaut). Auch die weißen Putzfassaden, das Flachdach und die Fensterbänder machen das Gebäude zum Musterbeispiel für das »Neue Bauen« in der Verkehrsarchitektur. Die Station selbst ist nicht im Originalzustand erhalten.

Das **Schiller-Denkmal** am Dammtordamm, ein Entwurf von Julius Lippelt (fertiggestellt durch Carl Börner), wurde 1866 vor der Kunsthalle errichtet und 1958 an den heutigen Standort versetzt.

B 85 Lombardsbrücke
Hamburg-Altstadt/Neustadt
Architekten: Baudeputation, Johann Hermann Maack (Ursprungsbau) und Ingenieurwesen (Erweiterung)
1864, 1865-68; Erweiterung 1901/02

Die Lombardsbrücke musste in den 1860er Jahren wegen des Baus der Verbindungsbahn zwischen Hamburg und Altona erneuert werden. Hatte es sich bei den Vorgängerinnen um reparaturanfällige Holzkonstruktionen gehandelt, so entstand nun ein steinernes Bauwerk mit drei Korbbogen, das zudem um 50 m nach Osten in die Mitte des Dammes zwischen der Binnen- und der Außenalster verschoben wurde. Im Unterschied zu den meisten anderen Brücken von Johann Hermann Maack sind die Außenseiten vollständig mit Werkstein verkleidet. Auch hinsichtlich der Kugelkandelaber, die von Carl Börner stammen, wird der Bau dem anspruchsvollen Standort gerecht. 1901/02 wurde die Brücke für den Eisenbahnverkehr um rund 16 m nach Norden verbreitert. Seit 1953 wird sie durch die Kennedybrücke entlastet (vgl. Nr. B 86).

B 86 Kennedybrücke
Rotherbaum/St. Georg
Architekt: Bernhard Hermkes
Ingenieure: Dyckerhoff & Widmann AG
1952 W, 1952/53

Die Kennedybrücke sollte den Verkehrsengpass Lombardsbrücke entlasten (vgl. Nr. B 85). Sie besteht aus Zweigelenkrahmen mit Kragarmen, die zu den Fundamenten hin mit Zugstreben abgespannt sind. Die Fahrbahn lastet somit nicht auf den beiden kompakten Widerlagern, sondern nur auf den schlanken, sich verjüngenden Stützen, die so angeordnet sind, dass sie die drei Bogenöffnungen der Lombardsbrücke bei Frontalansicht nicht überschneiden. Die steinmetzmäßige Behandlung des grobkörnigen Betons bedingt den monolithischen Charakter des Bauwerks. Selbst die Druckplatte an der Unterseite der Fahrbahn, die sich effektvoll mit breiten, an den Enden gerundeten Schlitzen öffnet, scheint gleichsam aus dem Material zu erwachsen.

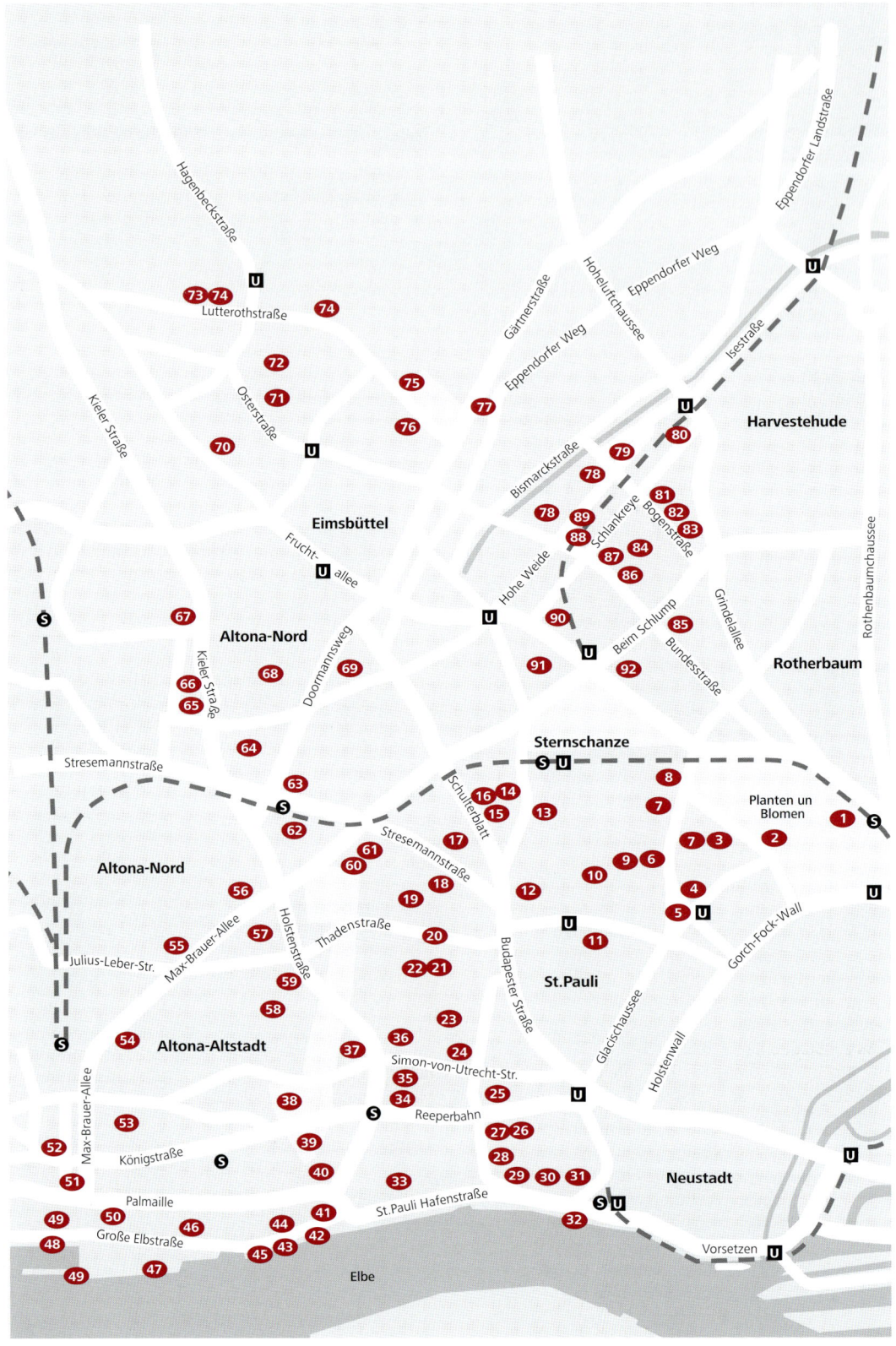

C 1 Congress Centrum Hamburg (CCH) und Radisson SAS Hotel (Aufnahme um 1973)

C St. Pauli, Sternschanze, Altona und Eimsbüttel

Im 13. Jahrhundert gelangte der Geestrücken westlich der Innenstadt – der »Hamburger Berg« – an Hamburg. Seit 1949 umfasst St. Pauli auch Teile der Altstadt von Altona. Westlich der Wohlwillstraße markieren noch heute Lücken zwischen den Häusern die ehemalige Landesgrenze zwischen Hamburg und Preußen, die durch das Groß-Hamburg-Gesetz von 1937 aufgehoben wurde. Dafür büßte St. Pauli 1949 das Gebiet um die St.-Pauli-Kirche und 2008 auch das Viertel um das Schulterblatt ein, das mit Teilen von Eimsbüttel, Rotherbaum und Altona-Altstadt zum neuen Stadtteil Sternschanze vereinigt wurde (vgl. Nr. C 12ff. und Nr. C 92). St. Pauli entwickelte sich nach der Aufhebung der Torsperre 1861 zum großstädtischen Wohnquartier, stark durchmischt mit Gewerbe, z. B. dem 1892 eröffneten Schlachthof.

Altona, 1536 erstmalig urkundlich erwähnt, wurde 1664 zur Stadt erhoben. Als die Schaumburger Grafen mit Otto V. 1640 ausstarben, gelangte die Grafschaft Pinneberg-Holstein an das dänische Königshaus, so dass Altona bis zum Deutsch-Dänischen Krieg 1864 unter dänischer Herrschaft stand. 1867 wurde Altona preußisch. Der wirtschaftliche Aufschwung und wiederholte Eingemeindungen begünstigten die Entwicklung zur Großstadt. Wurde St. Pauli 1943 vergleichsweise gering zerstört, so ist vom historischen Altona nicht einmal mehr der Straßenverlauf überliefert, denn der größte Teil der Altstadt verschwand unter dem Grünzug Holstenstraße, dem Herzstück der Neu-Altona-Planung von Ernst May und Werner Hebebrand (vgl. Nr. C 37).

Das Dorf Eimsbüttel, 1339 in den Besitz des Klosters Herwardeshude gelangt (vgl. Kapitel D), wurde ab den 1860er Jahren systematisch erschlossen. Trotz der schweren Kriegszerstörungen wird der Stadtteil immer noch in weiten Bereichen durch Etagenwohnhäuser aus der Kaiserzeit geprägt, was ihn heute zu einem besonders beliebten Wohnviertel macht. Große Brachflächen gab es 1914 noch in dem Gebiet östlich des Isebekkanals, wo Eimsbüttel nahtlos in Rotherbaum und Harvestehude übergeht (weshalb dieser Bereich, ungeachtet der Verwaltungsgrenzen, als Einheit vorgestellt wird, vgl. Nr. C 78ff.). Der ungünstige Baugrund hatte zu dieser Verzögerung geführt, so dass hier ab 1908 all diejenigen öffentlichen Gebäude Platz fanden, die bis dahin nicht auf dem Plan gestanden hatten, insbesondere höhere Schulen. Die Wohnbebauung folgte dagegen erst in der Weimarer Republik.

C 1 Congress Centrum Hamburg (CCH) und Radisson SAS Hotel
Marseiller Straße, St. Pauli
Architekten: Schramm & Pempelfort (Ursprungsbau)
Brauer Architekten (Erweiterung)
1968, 1970-73; Erweiterung 2005-07

Ein »Breitfuß« verklammert den Kongressbereich mit dem 105 m hohen Hotelhochhaus, das betont punktförmig gestaltet wurde, um die umgebenden Parkanlagen möglichst wenig anzutasten. Galerien und große Glasflächen öffnen die Foyers nach außen. Dem Zeitgeist geschuldet – wenn auch nicht ohne Reiz – ist das grobkantige Profil der Fassaden. Auffällig ist der signifikante

C 2, C 8 Messegang und Heinrich-Hertz-Turm C 4 Ehem. Höhere Bürgerschule vor dem Holstenthore

Umriss des Hotelgebäudes, das wirkt, als ob es aus parallel gegeneinander verschobenen vertikalen Scheiben zusammengesetzt worden wäre. Bis 2007 wurde das CCH um eine Ausstellungshalle (7.000 qm) und einen Konferenztrakt mit sieben kleineren Sälen erweitert. Außerdem ist eine Fassadenerneuerung geplant, die auch das Hotel einbeziehen soll.

C 2 Messegang
St. Petersburger Straße, St. Pauli
Architekten: Planungsgruppe me di um Jentz, Popp, Störmer, Wiesner
1987 W, 1989/90

Offener Gang mit flachen Pult- oder Satteldächern aus transparentem Kunststoff (Makrolon) und Konstruktionsteilen aus Holz oder Stahl; die Stützen stehen z. T. auf Betonsteinsockeln. Wie ein Lindwurm schlängelt sich das 400 m lange, japonesk anmutende Bauwerk zwischen dem Parkeingang an der St. Petersburger Straße und dem Congress Centrum (vgl. Nr. C 1). Es soll Messebesuchern einen Regenschutz auf dem Weg zu den Kongresssälen bieten, zugleich aber auch einen signifikanten Abschluss des Parks Planten un Blomen bilden, der an dieser Stelle durch die Marseiller Straße zerschnitten wird.

Der **Japanische Garten**, der sich parallel zum Messegang erstreckt, ist ein Entwurf des Landschaftsarchitekten Yoshikuni Araki (1990 fertiggestellt).

C 3 Ehem. Begräbniskapelle des Kirchspiels St. Petri
St. Petersburger Straße 27, St. Pauli
Architekt: Johann August Arens
1796; Säulenhalle 1925

Niedriger Bau mit flacher Kuppel und Putzfassaden, die sparsam durch Quaderungen an den Kanten akzentuiert werden. Das aus zwei ineinander verschränkten stereometrischen Baukörpern – Kubus und Zylinder – gebildete Gebäude ist ein typisches Beispiel für die von Claude Nicolas Ledoux und Étienne-Louis Boullée im späten 18. Jahrhundert geprägte »Revolutionsarchitektur«. Gleichzeitig erinnert die Kapelle daran, dass sich auf dem heutigen Messegelände ursprünglich der Friedhof des Kirchspiels St. Petri befunden hatte (1934 geräumt).

C 4 Ehem. Höhere Bürgerschule vor dem Holstenthore
Holstenglacis 6, St. Pauli
Architekten: Baudeputation, Carl Johann Christian Zimmermann (Ursprungsbau und Erweiterung) und Bauinspektor Necker (Aufstockung)
1873, 1875-78; Erweiterung 1901-03; Aufstockung 1913

Kubischer gelber Backsteinbau im Sinn der Berliner Schinkel-Schule. Rundbogenfriese und Lisenen gliedern die ansonsten weitgehend schmucklosen Fassaden. Der ursprüngliche Rang des Gebäudes wird nur im Innenhof anschaulich, der von Arkadengängen umgeben und mit einem Glasdach überdeckt ist. Das spätere Albrecht-Thaer-Gymnasium war eine der ersten höheren Schulen Hamburgs. Mit dem Namen wurde der Bildungsreformer Albrecht Thaer (1855-1921) geehrt, der 1896 als Leiter an die Bürgerschule berufen wurde, um sie in eine Oberrealschule umzuwandeln. Heute ist hier das Studienkolleg der Universität untergebracht.

C 5 Ehem. evangelisch-lutherische Gnadenkirche
Karolinenstraße 8, St. Pauli
Architekt: Fernando Lorenzen
1904 W, 1906/07

Zentralbau mit ursprünglich fächerförmig zum Altar hin ausgerichteten Bankreihen nach den Grundsätzen des »Wiesbadener Programms« von 1891, das für den protestantischen Kirchenbau eine stärkere Orientierung der Gemeinde auf die Kanzel und den Altar forderte. Ein Sterngewölbe überspannt den polygonalen Innenraum, über dem sich ein gedrungener achteckiger Turm erhebt. Kapellenartige Anbauten – tatsächlich handelt es sich um Treppenhäuser –, aus denen Türmchen erwachsen, steigern die Baugruppe zu malerischer Wirkung. Im auffälligen Kontrast zur richtungsweisenden Grundrisslösung steht die neoromanische Architektur in rheinisch-staufischen Formen, die zur Erbauungszeit nicht nur

 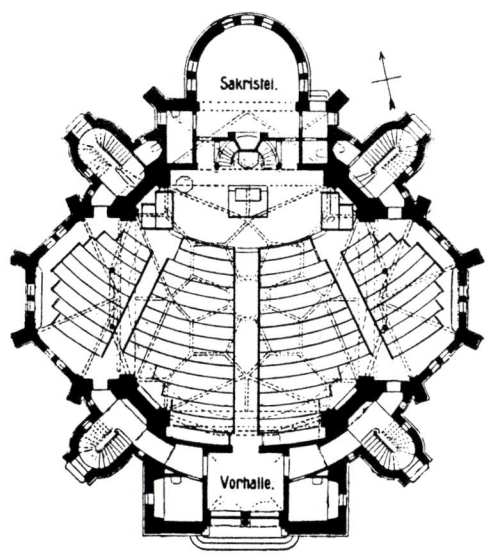

C 5 Ehem. evangelisch-lutherische Gnadenkirche mit Grundriss (rechts)

überholt waren, sondern für Hamburg auch völlig untypisch sind. 2004 wurde die Kirche an eine russisch-orthodoxe Gemeinde übertragen und in Kirche des Heiligen Johann von Kronstadt umbenannt.

C 6 Ehem. Israelitische Töchterschule
Karolinenstraße 35, St. Pauli
Architekten: Peter von der Heyde (Schule)
Ernst Friedheim (Turnhalle)
Schule 1882-84; Turnhalle 1899

1930 wurde die Israelitische Töchterschule, die ursprünglich aus zwei jüdischen Armenschulen hervorgegangen war, als Realschule für Mädchen anerkannt. Abweichend vom Hamburger Volksschulstandard standen hier schon vor dem Ersten Weltkrieg Lehrräume für Physik, Chemie und Hauswirtschaftsunterricht sowie ein Zeichensaal zur Verfügung. Der schlichte gelbe Backsteinbau bezeugt jedoch nicht nur die jüdischen Bildungs- und Emanzipationsbestrebungen, sondern erinnert auch an die Verbrechen der NS-Zeit. Nach 1933 wurde die Schule immer stärker von jüdischen Mädchen besucht, die vordem auf staatlichen Schulen gewesen waren. Im April 1939 wurde sie mit der aufgelösten Talmud-Tora-Oberrealschule (vgl. Nr. D 22) zur »Volks- und Oberschule für Juden« zusammengelegt. 1942 wurde sie geschlossen und die verbliebenen Lehrer und Schüler in die Ghettos und Vernichtungslager deportiert.

C 7 Hamburg Messe
Karolinenstraße/Rentzelstraße/Lagerstraße, St. Pauli
Architekten: Ingenhoven + Partner
2002/03 W, 1. BA 2004-06, 2. BA 2006-08

1999 traf der Senat die grundsätzliche Entscheidung, die Hamburg Messe am alten Standort zu belassen. Der Wettbewerb sah eine Erweiterung des Messegeländes nach Nordwesten in das Gebiet an der Lagerstraße vor (1. BA). Außerdem sollte der größte Teil der alten Hallen durch Neubauten ersetzt werden (2. BA). Der Entwurf von Ingenhoven + Partner setzt auf Leichtigkeit, Helligkeit und Transparenz. Die Tonnensegmente der Dächer – zweischalige Konstruktionen aus einem hölzernen Tragwerk und einer äußeren Aluminiumverkleidung – liegen auf Unterzügen auf, die bei einem Konstruktionsraster von rund 40 mal 40 m unterspannt werden mussten. Alle Oberflächen sind weiß – was wegen der anspruchslosen Detaillierung allerdings eher billig als elegant wirkt. Besondere Würdigung fand das städtebauliche Konzept: Die Hallen fügen sich zu einer geschlossenen Straßenrandbebauung, die aus dem ungeordnet wirkenden Straßenzug Karolinenstraße-

C 9.1 Ehem. Fabrikgebäude Heidenreich & Harbeck   C 10 Ehem. Vorwerk-Stift   C 11 Flakturm auf dem Heiligengeistfeld

Rentzelstraße einen Messeboulevard machen soll. Der Heinrich-Hertz-Turm (vgl. Nr. C 8) wurde auf einem Vorplatz freigestellt.

C 7.1 Kopfbau des ehem. Kraftwerks Karolinenstraße
Karolinenstraße 41, St. Pauli
Architekten: Albert Winkler (Ursprungsbau)
ASW Architekten Silcher, Werner + Partner (Restaurierung und Umbau)
1894/95; Restaurierung und Umbau 1992/93

Neogotischer Backsteinbau im Sinne der »Hannoverschen Schule« mit einer reichen Gliederung aus Formsteinen und Glasurziegeln. Das Gebäude ist das letzte Relikt des ersten Großkraftwerks der 1894 gegründeten Hamburgischen Electricitäts-Werke AG (HEW), was 1992/93 mit einer aufwändigen Restaurierung gewürdigt wurde. Zehn Jahre später wurde das denkmalgeschützte Bauwerk jedoch verstümmelt, um einen wenig angemessenen Platz unter den Dachschalen der neuen Messehallen zu finden.

C 8 Heinrich-Hertz-Turm
Rentzelstraße, St. Pauli
Architekten: Fritz Trautwein. Rafael Behn
Bauabteilung der Oberpostdirektion Hamburg
Ingenieure: Leonhardt & Andrä
1962 W, 1965-68

Das 271,5 m hohe Bauwerk (inklusive Antenne) wurde als »Tele-Michel« populär, wozu nicht zuletzt die drehbare Aussichts- und Restaurationskanzel in 127 m Höhe beitragen hat. Die Geschosse für den Publikumsverkehr und den technischen Betrieb sind getrennt und ragen wie Teller auf Kegelschalen aus dem Betonschaft, was dem Bau einen eleganteren Umriss verleiht als die üblichen kompakt zusammengefassten Geschosse, z. B. an dem gleichzeitig errichteten Münchner Fernsehturm. Im Wettbewerb wurden auch futuristische Turmlösungen zur Wahl gestellt. Die Bundespost entschloss sich mit dem Beitrag von Fritz Trautwein jedoch für einen betont unspektakulären Entwurf, der auch heute noch eine Bereicherung des Stadtbildes darstellt.

C 9 Ehem. Fabriken Glashüttenstraße
C 9.1 Fabrikgebäude Heidenreich & Harbeck
Glashüttenstraße 38, St. Pauli
Um 1908
C 9.2 Mietfabrik
Glashüttenstraße 79
Architekt: Claus Meyer
1907/08

Von der Gestaltung her erinnert die ehemalige Werkzeugmaschinenfabrik Heidenreich & Harbeck an ein Kontorhaus. Die Backsteinfassaden sind in ein Skelett aus kompakten Pfeilern aufgelöst, die von Korbbogen überfangen werden. Dabei wurde auf neogotische Anklänge verzichtet, wie sie zu dieser Zeit noch im Gewerbebau üblich waren, zugunsten einer sachlichen, konsequent aus der Skelettbauweise entwickelten Gestaltung. Demgegenüber wirkt die flächige Architektur der Mietfabrik konventionell. Weiße Putzspiegel akzentuieren hier das rote Verblendmauerwerk. Die Lukenachsen erinnern daran, dass der Transport von Waren, Geräten und Material in die oberen Geschosse früher mit außenliegenden Winden erfolgte.

Die ehemalige **Volksschule Grabenstraße**, Grabenstraße 32, und die ehemalige **»Rumbaumsche Schule von 1690«**, Grabenstraße 28, stammen von Carl Johann Christian Zimmermann (1887, 1888/89 bzw. 1891/92).

C 10 Ehem. Vorwerk-Stift
Vorwerkstraße 21, St. Pauli
Architekten: vermutl. Timmermann & Schrader (Ursprungsbau). Anastasius Henning Harrwich (Umbau)
1866/67; Umbau 1985-88

Satteldachbau mit H-förmigem Grundriss. Vorlagen und einzelne Fassadenabschnitte aus gelbem Backstein bilden eine kräftige Skelettstruktur; die Füllflächen bestehen aus rotem Ziegel. Das 1866 von Friedrich Georg Vorwerk gegründete Stift, auch Vorwerk-Asyl genannt, nahm Angehörige der Unterschicht wie Dienstboten oder Wäscherinnen auf. Seit 1988 dient das Gebäude als selbstverwaltetes Wohn- und Atelierhaus für Künstler der

C 12 Beckpassage

C 13 Ehem. Wohn- und Geschäftshaus Fett & Co.

unterschiedlichsten Sparten. Leider sind die Architekten des Ursprungsbaus nicht bekannt. Der Handschrift nach zu urteilen, könnte es sich um Timmermann & Schrader handeln (vgl. die Jägerpassage, Nr. C 23.1).

C 11 Flakturm auf dem Heiligengeistfeld
Feldstraße 66, St. Pauli
Architekt: Reichsministerium für Bewaffnung und Munition, Abteilung Rüstungsausbau, Friedrich Tamms
1942

47 m hoher Bunker mit einer Wandstärke von 2 bis 2,6 m und einer Deckenstärke von 3,8 m, der auf einer Bodenplatte von 90 mal 90 m Kantenlänge steht. (Die Fassaden sind jeweils 70,5 m lang). Der Betonkoloss diente nicht nur als Schutzraum für die Zivilbevölkerung, sondern vor allem auch als Gefechtsturm für Flugabwehrkanonen (Flak). Er sollte ursprünglich mit einem »wehrhaften« Rustikasockel sowie Pilastern und Gesimsen im neoklassizistischen Stil verkleidet werden. Sein Gegenstück war der in den 1970er Jahren beseitigte Leitturm auf der Südseite des Heiligengeistfeldes. Beide Bunker zusammen wurden als »Flakturm IV Hamburg« bezeichnet.

C 12 Beckpassage
Beckstraße 8-20, 9-21/Neuer Pferdemarkt 17-19, Sternschanze
1898/99

Die Beckstraße wurde 1869 von der Sternstraße aus als Stichweg in den Block hinein angelegt und 1898 bis zum Neuen Pferdemarkt verlängert. Zwei repräsentative Etagenwohnhäuser mit neobarockem Stuck flankieren den Passagenausgang, der aufgrund der Baurechtsreform von 1892 nicht mehr torartig überbaut werden durfte wie noch in der benachbarten Augustenpassage von 1870 (zur Definition der Passage vgl. die Terrassen Wohlwillstraße, Nr. C 23). Die dreigeschossigen Gebäude in der Passage selbst müssen sich dagegen mit Gliederungen aus Backstein bescheiden.

Die ehem. **Vereinsbank**, Neuer Pferdemarkt 13, ist ein Entwurf von Haller & Geißler (1906).

C 13 Ehem. Wohn- und Geschäftshaus Johann Michael Fett & Co.
Schanzenstraße 56-62, Sternschanze
Architekten: Rambatz & Jollasse (Ursprungsbau)
Nugent & Hertel (Umbau und Modernisierung)
1896; Umbau und Modernisierung 1997

Durch den feingliedrigen Renaissancedekor aus Sandstein hebt sich dieses Gebäude gegenüber den zeitgenössischen Geschosswohnbauten in Hamburg hervor, die zumeist nur Gliederungen aus Stuck aufweisen. Gleichzeitig belegt die aufwändige Fassade, dass der Norden von St. Pauli früher nicht nur eine proletarische Wohnadresse war, sondern in den Vorderhäusern auch der gut situierte gewerbliche Mittelstand residierte, der hier von der Nähe zum Schlachthof profitierte, z. B. mit Großhandelsunternehmen (vgl. auch die Beckpassage, Nr. C 12).

C 14 Ehem. Fabrikgebäude Ferdinand Müller
C 14.1 Tritonhaus
Schanzenstraße 75-77, Sternschanze
Architekten: Carl Feindt (Ursprungsbau)
Ulf von Kieseritzky (Umbau und Modernisierung)
1906; Umbau und Modernisierung 1990/91
C 14.2 Delphinhaus
Bartelsstraße 12, Sternschanze
Architekten: Claus Meyer (Ursprungsbau). Planerkollektiv Schües, Tietz, Trommer (Umbau und Modernisierung)
1907; Umbau und Modernisierung 1990/91

Der heutige Schanzenhof, besser als Montblanc-Haus bekannt, war ursprünglich eine Fabrik für Armaturen und sanitäre Einrichtungen – Delphin- und Tritonhaus! – und wechselte erst später an den renommierten Hersteller von Schreibgeräten. Zwei straßenseitige Trakte schirmen die beiden Innenhöfe ab, zwischen denen der anspruchslose Ursprungsbau von 1897 liegt. Die ehemalige Verwaltung (Tritonhaus) orientiert sich mit einer kräftigen Pfeilerstruktur, die durch schmalere Fensterstützen rhythmisiert wird, am Kontorhausschema. Auch das Fabrikgebäude (Delphinhaus) weist eine Skelettfassade auf, die nur sparsam dekoriert ist und somit nahezu sachlich wirkt. Heute dient der Komplex mit einem Kino und Räumen für die Volkshochschule als kulturelles Stadtteilzentrum. Außerdem wurde hier das Jugendhotel »Übernachtungshaus Schanzenstern« eingerichtet.

C 15 Ehem. Boardinghouse des Westens
Schulterblatt 26-36, Sternschanze
Architekten: Klophaus, Schoch, zu Putlitz
1928, 1930/31

Bemerkenswerter Entwurf im Stil des »Neuen Bauens«. Die für ein Wohngebäude untypische Fassade mit seriell gereihten schmalen Fenstern, akzentuiert durch ein Fensterband im ersten Obergeschoss und einen turmartig aufragenden Erker, ist das Ergebnis wiederholter Umplanungen infolge der Weltwirtschaftskrise. Ursprünglich als Bürohaus konzipiert – und als solches heute auch

C 17 Wohn- und Gewerbehof Lippmannstraße   C 19 Reventlowstift   C 22 Geschosswohnbau Otzenstraße

genutzt –, wurde der Bau als komfortables Wohnheim mit hotelartigem Service für Künstler und Artisten fertiggestellt, die in den Vergnügungsstätten von St. Pauli und Altona gastierten. 1933 erfolgte die Umwandlung in ein normales Mietshaus.

C 16 Ehem. Piano-Mechaniken-Fabrik Isermann
Schulterblatt 58, Sternschanze
Architekten: C. E. Herrmann (Ursprungsbau). Richard Jacobssen (Aufstockungen und Maschinenhaus). Kay Clasen. Martina Coldewey (Umbau und Modernisierung)
1873/74; Aufstockungen und Maschinenhaus 1909; Umbau und Modernisierung 1994, 1994-98

Die Fabrik, mitten in einem gründerzeitlichen Wohnblock gelegen, erstreckt sich über drei Höfe, was eher berlinerisch als hamburgisch anmutet. Das schmucklose Sichtmauerwerk verleiht den hoch aufragenden, schematisch durchfensterten Fassaden eine geradezu monumentale Wucht. Auffällig ist, dass der Innenausbau z. T. noch komplett in Holz erfolgte und nicht mit den damals üblichen Gusseisenstützen. Mitte der 1990er Jahre wurde der Komplex zu einem Medienzentrum umgebaut, wobei Material von Abbruchhäusern zum Einsatz kam.

C 17 Wohn- und Gewerbehof Lippmannstraße
Lippmannstraße 2-22, Sternschanze
Architekten: MRL Architekten Markovic, Ronai, Lütjen
1989, 1990-93

Die komplexe Ausgangssituation: Drei gründerzeitliche Etagenwohnhäuser und zwei Gewerbebauten – ein Backsteingebäude aus den 1880er Jahren und eines in der Waschbeton-Optik der 1970er Jahre – bildeten ein ungeordnetes Ensemble; der Hof wurde von einem Autohändler als Abstellplatz genutzt. Die Lösung: Der Hofbereich wurde mehrgeschossig mit einer Tiefgarage unterkellert, um oberirdisch Platz für »Gartenhäuser« mit weißen Putzfassaden, gewölbten Pultdächern und Balkonnasen aus verzinktem Stahl zu schaffen; der unattraktive Gewerbebau verschwand hinter Wellblech. Besonders bemerkenswert: Jede Erdgeschosswohnung verfügt über einen eigenen Hauseingang.

C 18 Adolphpassage
Bernstorffstraße 160-162, 160c-k, St. Pauli
Architekt: Carl Heinrich Leopold Gerlach
1885; 1943 teilzerstört

Spätklassizistische Putzbauten mit kleinen Vorgärten säumen die private Wohnstraße, die eine blockinterne Verbindung zwischen der Bernstorffstraße und der Lerchenstraße schafft und ursprünglich nur über Tore in den Vorderhäusern zugänglich war (vgl. die Terrassen Wohlwillstraße, Nr. C 23). Die Adolphpassage gehörte bis 1937 zu Altona. Die direkt belichteten Treppenhäuser und die größeren Abstände der Gebäude zu den Grundstücksgrenzen hin illustrieren die im Unterschied zu Hamburg strengere Baugesetzgebung der preußischen Nachbarstadt.

C 19 Reventlowstift
Bernstorffstraße 145a-v/Thadenstraße 118, Altona-Altstadt
Architekten: Albert Winkler (Ursprungsbauten)
Planungsgruppe me di um Jentz, Popp, Störmer, Wiesner (Erweiterung)
1882/83; Teilzerstörung 1943; Erweiterung 1979, 1983-86

Die historischen Stiftsbauten gruppieren sich um zwei Gartenhöfe, deren Schmalseiten seit 1986 durch maßstäblich angepasste Pavillons mit Pyramidendächern geschlossen werden. Auch die schlichten roten Ziegelfassaden, sparsam akzentuiert durch Treppenhäuser und Veranden aus filigranen Metallprofilen, korrespondieren mit der neogotischen Backsteinarchitektur (die heute leider unter einem weißen Anstrich verschwindet). Eine wesentliche Ergänzung erhielt das Stift durch das Pflegeheim an der Thadenstraße, das im Hinblick auf seine nervöse Vielgliedrigkeit allerdings die gestalterische Zurückhaltung der Pavillons vermissen lässt.

Die ehemalige **Volksschule** Bernstorffstraße 147 hat Heinrich Oswald Winkler, der Vater von Albert Winkler, entworfen (1882, 1943 teilzerstört, 1998-2000 durch Christoph Regensburger restauriert).

C 23.1 Jägerpassage

C 20 Wohnanlage Schilleroper
Schmidt-Rottluff-Weg/Lerchenstieg/Thadenstraße, St. Pauli
Architekten: Busack & Göb (Nr. 11-17)
Planum (Nr. 2-8). Sonnenschein & Balck (Nr. 10-18)
Stabenow & Siemonsen (Nr. 1-9)
Bebauungsplan 1981, 1986-89

Vier individuell gestaltete Wohnblöcke, die symmetrisch auf die Friedenskirche als Point de Vue ausgerichtet sind. Der Bebauungsplan basierte auf zwei städtebaulichen Gutachten von 1977, an denen u.a. Rob Krier beteiligt war. Das Ergebnis war eine moderate hamburgische Version der damals aktuellen Postmoderne mit Giebeln, Eingangsportalen, Sprossenfenstern und turmartig überhöhten Eckrisaliten. Das orangegelbe Verblendmauerwerk schweißt die Gebäude zu einem Ensemble zusammen. Zeittypisch ist auch die völlig geschlossene Blockrandbebauung, die im Zusammenspiel mit den kleinen Mietergärten vor den Erdgeschosswohnungen und der Wohnstraße ein differenziertes System von öffentlichen und privaten Räumen schafft.

C 21 Evangelisch-lutherische Friedenskirche
Otzenstraße 19, St. Pauli
Architekten: Johannes Otzen (Ursprungsbau)
Planerkollektiv Schües, Tietz, Trommer (Umbau)
1890, 1893-95; Zerstörung 1943; Wiederaufbau 1952/53; Umbau 1995

Wandpfeilerkirche auf kreuzförmigem Grundriss. Der ungeschlacht wirkende Backsteinbau ist heute kaum noch als qualitätsvolles Beispiel der neogotischen »Hannoverschen Schule« zu identifizieren. Der Innenraum büßte beim Wiederaufbau seine Wand- und Deckengliederungen zugunsten schlichter Putzflächen ein; die Fensteröffnungen, die ursprünglich maßwerkartig gefüllt waren, wurden bis auf schmale Lanzetten zugemauert. Um den Gottesdienstraum den Bedürfnissen einer schrumpfenden Gemeinde anzupassen, wurden die Umgänge zwischen den Wandpfeilern 1995 durch Glaswände vom Langhaus getrennt. Vor 1949 gehörte die Kirche zu Altona.

Das **Gemeindehaus mit Pastorat**, Am Brunnenhof 36/38, stammt von Albert Winkler (1893-95).

C 22 Geschosswohnbau Otzenstraße
Otzenstraße 30, St. Pauli
Architekten: A 3 Architekten + Stadtplaner
1993, 1998/99

Eine elegante Lösung für ein problematisches Eckgrundstück: Zwei kubische, weiß verputzte Baukörper mit Maisonettewohnungen werden durch ein gemeinsames Sockelgeschoss verklammert, das mit Klinker verkleidet ist. Dank der Skelettbauweise konnten die Fenster vorrangig nach kompositorischen Kriterien angeordnet werden. Besonders raffiniert gelang dies im Hochparterre. Horizontale gläserne Nuten durchschneiden dort die Fassaden und bringen die darüber liegenden Stockwerke gleichsam zum Schweben.

C 23 Terrassen Wohlwillstraße
Wohlwillstraße, St. Pauli

Terrassen sind private Wohnstraßen, die sich hinter der Straßenrandbebauung im Innenbereich eines Baublocks erstrecken und oft nur über Tore in den Vorderhäusern zugänglich sind. Eine vergleichbare Bauform stellen Passagen dar, die als blockinterne Verbindung zwischen zwei öffentlichen Straßen dienen – mit Ausnahme der Jägerpassage, bei der es sich tatsächlich um eine Terrasse handelt. Terrassen und Passagen erlaubten eine intensive Grundstücksausnutzung und waren somit vor allem typisch für den spekulativen Städtebau der Gründerzeit, tauchten z. T. aber auch noch deutlich später auf (vgl. z. B. die Beckpassage, Nr. C 12).

C 23.1 Jägerpassage
Wohlwillstraße 20-28
Architekten: Timmermann & Schrader
1866-68; Teilzerstörung 1943; Teilabbruch 1982

Komplex aus einem Vorderhaus und ursprünglich drei quergestellten Hinterhauszeilen, von denen die nördlichste 1982 abgebrochen wurde. Bauherr war die »Baugesellschaft von 1866«, deren Gründung von der Patriotischen Gesellschaft (vgl. Nr. A 15) angeregt worden war, um die Wohnverhältnisse der Unterschicht zu verbessern. Zweispänner, innenliegende Wasserklosetts und direkt belichtete Treppenhäuser kennzeichneten die reformerischen Errungenschaften in der Südzeile. Alle drei Zimmer einer Wohnung waren außerdem vom Flur aus zugänglich, um eine Trennung der Familienmitglieder nach Geschlecht und Generation zu ermöglichen. Als sich zeigte, dass die Mieten für Arbeiter kaum erschwinglich waren, wurde der Standard in den anderen beiden Zeilen deutlich gesenkt, wo es jeweils vier Zweizimmerwohnungen pro Geschoss gab (Vierspänner). Während die Hinterhäuser mit schmucklosen roten Backsteinfassaden errichtet wurden, kontrastieren an der Straßenseite rote Ziegelvorlagen mit gelben Füllflächen.

C 23.2 Wohlwillterrassen
Wohlwillstraße 7-23
Architekten: J. H. L. Tiedemann (Ursprungsbau)
ASK Ina und Dietrich Hassenstein. Architekturbüro Streb (Modernisierung)

C 24 Ehem. Israelitisches Krankenhaus

1874; Teilzerstörung 1943; Teilabbruch 1982; Modernisierung 1990/91

Wesentliche Fortschritte gegenüber der Jägerpassage lagen bei den Wohlwillterrassen in der Begrenzung der Hofbebauung auf drei Geschosse und dem Verzicht auf Kellerwohnungen: eine Folge der Bauvorschriften, die ab 1873 bei der Vergabe von städtischen Grundstücken für den Kleinwohnungsbau zur Auflage gemacht wurden. Dank der spätklassizistischen Putzfassaden war der Unterschied zum bürgerlichen Wohnungsbau außerdem weniger augenfällig. Fiel auch hier die erste Terrasse 1982 dem Leitbild der Blockentkernung zum Opfer, so konnten weitere Abbrüche zehn Jahre später in letzter Minute durch das Denkmalschutzamt verhindert werden mit der Konsequenz, dass die bereits demolierten Häuser wiederhergestellt werden mussten.

C 24 Ehem. Israelitisches Krankenhaus
Simon-von-Utrecht-Straße 4a, St. Pauli
Architekten: Johann Hinrich Klees-Wülbern (Ursprungsbau). Ernst Friedheim (seitliche Erweiterungen)
Distel & Grubitz (Eingangsbau)
Alfred Freudemann (Wiederaufbau)
Karres-Hartmeyer-Dreyer (Restaurierung)
1840, 1841-43, seitliche Erweiterungen 1904, Eingangsbau 1930; Zerstörung 1943; Wiederaufbau ab 1947; Restaurierung 1987-90

C 24.1 Chirurgische Station
Hein-Hoyer-Straße 43, St. Pauli
Architekten: Distel & Grubitz
1929-31

Risalite, Lisenen und Rundbogenfriese gliedern den langgestreckten zweigeschossigen Putzbau, der beispielhaft für den Rundbogenstil der Gärtner-Schule ist. Das Israelitische Krankenhaus wurde 1839 von Salomon Heine zum Gedenken an seine verstorbene Frau Betty gestiftet. Hinsichtlich der Wasserklosetts und des ausgeklügelten Entlüftungssystems war es für seine Zeit als fortschrittlich zu charakterisieren. Umbauten und Erweiterungen wie die chirurgische Station, ein sachlicher Klinkerbau, gewährleisteten, dass es auch noch im

C 27 Davidwache

20. Jahrhundert seinen Zweck erfüllte. Bei der Restaurierung wurden die Zwillingsfenster im Mittelrisalit rekonstruiert. Sie markieren die Lage der ehemaligen Krankenhaussynagoge, die 1939 zerstört wurde, als der Komplex zwangsweise in den Besitz der Stadt Hamburg wechselte. Heute dient das Gebäude als Ortsamt St. Pauli.

Eines der ältesten erhaltenen Gebäude in St. Pauli ist das **Sahlhaus** Hein-Hoyer-Straße 44-48 (um 1820, zur Definition des Sahlhauses vgl. den Bäckerbreitergang, Nr. B 30).

C 25 Schulen Seilerstraße
C 25.1 Ehem. Volksschule
Seilerstraße 41-43, St. Pauli
Architekt: Hochbauwesen, Carl Johann Christian Zimmermann
1885, 1887/88

C 25.2 Ehem. evangelisch-reformierte Realschule
Seilerstraße 42, St. Pauli.
Architekten: Hallier & Fittschen
1885/86

Die Namen Reeperbahn und Seilerstraße erinnern an die Reepschläger, die in St. Pauli seit 1626 ansässig waren und auf langen Bahnen Schiffstaue – Reepe – fertigten.

C 28 Bavaria Quartier, Geschosswohnbau von Jan Störmer Partner (Baufeld 4)

C 28 Bavaria Quartier, Geschosswohnbau von Steidle + Partner (Baufeld 3) mit Hotel »Empire Riverside«

1883 mussten sie das Gelände räumen, das daraufhin für den Bau von repräsentativen Etagenwohnhäusern parzelliert wurde. Außerdem fanden dort zwei Schulgebäude Platz: kompakte Bauten mit bis zu drei Obergeschossen und zweibündigen Grundrissen, wie sie für den Hamburger Schulbau vor dem Ersten Weltkrieg auch allgemein typisch sind. Während die Volksschule sparsam dekorierte Backsteinfassaden aufweist, heben Werksteingliederungen im Renaissancestil die Realschule als ranghöhere Institution hervor. Seit 2000 ist hier das Schulmuseum untergebracht.

C 26 Theater am Spielbudenplatz
C 26.1 Schmidts Tivoli
Spielbudenplatz 27-28, St. Pauli
Architekten: Bahre & Querfeld
1890
C 26.2 St. Pauli-Theater
Spielbudenplatz 29-30, St. Pauli
Architekt: Franz Jacobssen (Umbau)
1840/41; Umbau 1898

Eine besondere denkmalpflegerische Trouvaille stellte die Ausstattung von »Schmidts Tivoli« dar, das noch in den 1980er Jahren unter dem Namen »Zillertal« krachlederne Rustikalität versprach. Der Alpendekor aus den 1920er Jahren bildete zwar ebenfalls einen schützenswerten Bestand, wurde dann aber doch entfernt, weil sich darunter die weitaus attraktiveren Wandbilder und gusseisernen Stützen von 1890 verbargen. Auch mit dem St. Pauli-Theater ist eine historische Saalarchitektur überliefert, nämlich das 1841 eröffnete Urania-Theater, das gegen Ende des 19. Jahrhunderts seine heutige Fassade im Stil der Neorenaissance erhielt. Ihr repräsentativer Anspruch macht deutlich, dass die Vergnügungsstätten an der Reeperbahn durchaus auch bürgerliche Schichten ansprechen wollten – bis das Klischee von der angeblich »sündigsten Meile der Welt« zu einem immer stärkeren Niedergang der traditionellen Unterhaltungskultur führte.

Die **Neugestaltung des Spielbudenplatzes** erfolgte nach einem Entwurf von Spengler Wiescholek Architekten und Lützow 7 (2004 W, 2005/06).

C 27 Davidwache
Spielbudenplatz 31, St. Pauli
Architekt: Hochbauwesen, Fritz Schumacher
1913/14

Der Bürgerhausgiebel und die dunklen Klinkerfassaden, akzentuiert durch Erker mit glasierten Terrakotten von Richard Kuöhl, machen die legendäre Polizeiwache noch heute zu einem Fremdkörper am Spielbudenplatz. Der klar umrissene Baukörper mit dem voll ausgebildeten Dach lässt kaum vermuten, dass es Schumacher hier gelungen war, neben Diensträumen für die Wache selbst auch noch eine Dienststelle der Kriminalpolizei, eine Meldestelle, einen sittenpolizeilichen Untersuchungsdienst und zwei Dienstwohnungen unterzubringen, die zudem über separate Eingänge und eigene Treppenaufgänge verfügten. Die **Erweiterung** ist ein Entwurf von Prof. Bernhard Winking Architekten (2002 W, 2003/04).

C 28 Bavaria Quartier
Davidstraße/Bernhard-Nocht-Straße/Hopfenstraße/Zirkusweg, St. Pauli
Architekten: David Chipperfield Architects (Baufeld 1) Prof. Friedrich + Partner (Baufeld 2). Steidle + Partner (Baufeld 3). döll – atelier voor bouwkunst (Baufeld 3) Axthelm Architekten (Baufeld 4). Jan Störmer Partner (Baufeld 4). Herzog + Partner (Baufeld 5)
2001/02 W, 2004-08
C 28.1 Astraturm
Zirkusweg 2, St. Pauli
KSP Architekten Engel und Zimmermann
2004 W, 2006/07

Neugestaltung des ehemaliges Geländes der Traditionsbrauerei Bavaria-St. Pauli, die sich 1863 auf dem Grundstück angesiedelt hatte. Verkehrsfreie Binnenräume, die durch Gastronomie und Einzelhandel belebt werden, machen die rund 30 Hektar große Fläche nach allen Seiten hin durchlässig, wobei aufgrund der extrem hohen Baudichte jedoch eher ein hermetischer Eindruck entsteht. Die fünf Baufelder wurden in Wettbewerben an unterschiedliche Architekturbüros vergeben. Auf dem Grundstück des Astraturms stand ursprünglich die

C 32.1 St. Pauli-Landungsbrücken, Empfangsgebäude (Aufnahme um 1930)

Brauereiverwaltung, die zunächst umgebaut werden sollte, dann aber doch abgebrochen wurde. Insgesamt umfasst der Komplex rund 115.000 qm Bruttogeschossfläche, wovon ein Viertel auf Wohnungen entfällt.

Zwei Hochhäuser, das Hotel »Empire Riverside« im Westen (Baufeld 1) und das Atlantic Haus im Osten (Baufeld 5), bilden gleichsam die Eckpfeiler des Quartiers. Die Wohnbebauung konzentriert sich an der Hopfenstraße (Baufelder 2 und 4) und an der Bernhard-Nocht-Straße (Baufeld 3). Das Bavaria Office von Axthelm Architekten (Baufeld 4) arrondiert die Bebauung im Nordosten. Der modische Materialmix – bronzefarbene Curtain Walls, Putz, Backstein, Terrakottaplatten, Laminat in Holzoptik – lässt keine Leitlinie erkennen. Und auch in architektonischer Hinsicht weckt das Ensemble eher zwiespältige Empfindungen. Die Bauten von Axthelm Architekten und David Chipperfield Architects – das erwähnte Hotel und das Copper House – sind an Trivialität kaum zu überbieten.

C 29 Ehem. Tropenkrankenhaus
Bernhard-Nocht-Straße 74, St. Pauli
Architekten: Hochbauwesen,
Fritz Schumacher (Ursprungsbau)
Baubehörde, Hochbauamt (Wiederaufbau)
Puls & Richter. Waldmann (Erweiterung Krankenhaus)
1910-14; Zerstörungen 1943/44; sukzessiver Wiederaufbau bis 1957; Erweiterung Krankenhaus 1960

Der Komplex bestand ursprünglich aus einem Hauptgebäude und einem separaten Krankenhaus, die 1960 durch einen Bettentrakt verbunden wurden. Das Tropenkrankenhaus – heute Bernhard-Nocht-Institut für Tropenmedizin – diente nicht nur als Heil- und Kontrollanstalt für Schiffs-, Geschlechts- und Tropenkrankheiten sondern auch als Ausbildungsstätte für Schiffs- und Kolonialärzte. Außerdem war hier der hafenärztliche Dienst untergebracht. Quaderketten und ornamental gestaltete Brüstungsfelder bilden den sparsamen Schmuck der Klinkerfassaden. Wesentlicher war Fritz Schumacher offenbar die Fernwirkung der Gebäude über den Hafen hinweg, die er durch hohe Dachkörper, Zwerchhäuser mit Schweifgiebeln und einen Giebelreiter erzielte. Beim Wiederaufbau wurde die Dachzone vereinfacht. Heute wird die von Schumacher intendierte stadträumliche Wirkung des Komplexes durch ein massiges **Laborgebäude** sabotiert, ein Entwurf von Kister Scheithauer Gross Architekten (2002 W, 2005-07). Dieses nimmt den Platz des 1943 zerstörten Tierhauses ein, das weitaus niedriger war.

C 30 Ehem. Navigationsschule
Bernhard-Nocht-Straße 76, St, Pauli
Architekt: Hochbauwesen, Albert Erbe
1902, 1903-05

Schlossartiger Backsteinbau mit Sandsteingliederungen im Stil der niederländischen Renaissance, die Albert Erbe als »Formen Althamburger Bauten« interpretierte: ein frühes Beispiel für seine Suche nach einem spezifischen »Genius loci« der Hamburger Architektur. Seitdem die Schule mit der Altonaer Seefahrtsschule vereinigt wurde (vgl. Nr. J 5), dient das Gebäude als Bundesamt für Seeschifffahrt und Hydrographie. Die Namen in den Kar-

tuschen, die den Fassadenschmuck bilden, erinnern an
berühmte Geographen, Kartographen und Entdecker.

C 31 Hotel Hafen Hamburg
Seewartenstraße 9, St. Pauli
Architekten: Christian Timmermann (Ursprungsbau)
Karl Jacobsgaard. Kleffel & Köhnholdt (Erweiterung)
Meyer + Fleckenstein (Aufstockung)
1858-63; Erweiterung 1984-86; Aufstockung 1998,
1999/2000

Zweiflügelbau mit einfach strukturierten, aber stark
kontrastierenden Backsteinfassaden in Rot und Gelb, die
heute durch einen weißen Anstrich neutralisiert sind.
Einen Gewinn bedeutet die neugestaltete Dachzone. Ursprünglich auf Betreiben einiger Reeder als Logierhaus
mit Krankenstation errichtet, musste sich das ehemalige
Seemannshaus schon bald nach anderen Nutzern umsehen, weil die meisten Seeleute die soziale Kontrolle
scheuten, der sie hier unterworfen waren. Zeitweilig
waren in dem Gebäude deshalb auch die Navigationsschule, das Tropenkrankenhaus, die Seemannsmission
und nicht zuletzt der »Heuerstall« – die Zahlstelle – untergebracht. Beim Umbau zu einem Hotel wurde der Komplex mit einem postmodernen Klinkerturm ergänzt, dessen kupferner Aufsatz gestalterisch zwischen expressionistischer »Stadtkrone« und maritimem Wahrzeichen
angesiedelt ist.

Das **Hotel Residenz Hafen Hamburg**, Seewartenstraße 7, stammt von Meyer + Fleckenstein (1991 W,
1993-95).

C 32 St. Pauli-Landungsbrücken und Alter Elbtunnel
Bei den St. Pauli-Landungsbrücken, St. Pauli
C 32.1 Empfangsgebäude
Architekten: Raabe & Wöhlecke (Empfangsgebäude)
Garten, Kahl, Hoyer (Brückenhaus)
Empfangsgebäude 1906-10; Teilzerstörung 1943;
Brückenhaus 1975/76

Mit seinen sechs Durchgangshallen bildet der lang
gestreckte Bau das symbolische Eingangstor zum Hafen.
An den Landungsbrücken legten aber nicht nur die
Hafenfähren an, hier wurden auch Seebäderschiffe und
der Passagierverkehr auf der Unterelbe abgefertigt. Die
Rustikafassaden aus Tuffstein und der archaisierende
Dekor repräsentieren ein gestalterisches Repertoire, wie
man es von den Bismarck-Türmen eines Wilhelm Kreis
her kennt: monumental, aber doch unverbraucht im
gestalterischen Ausdruck – eben »wilhelminisch« (Julius
Posener). Die beiden Kuppeln werden von Skulpturen
flankiert, die Arthur Bock als Allegorien der vier Winde
gestaltet hat. Die 1943 zerstörte Gepäckhalle wurde
durch das so genannte Brückenhaus ersetzt, dessen
neutrale braune Vorhangfassade sich problemlos in das
Ensemble einfügt. Die **Anlegepontons** (1953-55)
haben bei der Umgestaltung durch GM Architekten ihre
»Flugdächer« aus Spannbeton eingebüßt (2001/01).

C 29 Ehem. Tropenkrankenhaus (Aufnahme 1930er Jahre). Links ist
das 1943 zerstörte Tierhaus zu sehen.

C 32.2 Alter Elbtunnel
Architekten: Raabe & Wöhlecke
Ingenieure: Philipp Holzmann & Cie.
Baudeputation, Sektion für Strom- und Hafenbau
1907-11; Zerstörungen 1943/44; Wiederaufbau bis 1952

Der Alte Elbtunnel verbindet die traditionellen Arbeiterviertel St. Pauli und Neustadt mit dem Hafen- und
Industriegebiet Steinwerder. Spätestens seit der Eröffnung
der Hochbahnringlinie 1912 stieß die Elbunterquerung
an Kapazitätsgrenzen. 1913 wurden durchschnittlich
850.000 Fußgänger und 9.000 Fuhrwerke im Monat
gezählt, dazu bis zu 15.000 Radfahrer. Die beiden 448,5
m langen Tunnelröhren – zwischen den Aufzugkabinen
gemessen – sind mit genieteten Stahlsegmenten ausgekleidet. Um zu verhindern, dass bei den Bauarbeiten
Wasser einsickert, wurden sie unter Druckluft im Schildvortrieb gebohrt: eine technische Meisterleistung, die
der pantheonartige Eingangsbau in St. Pauli mit einer
kupfernen Kuppel und reliefgeschmückten Tuffsteinfassaden (Bildhauer Hermann Perl) architektonisch überhöht. Sein schlichteres Gegenstück in Steinwerder,
ursprünglich ein Backsteinbau, ist seit den Kriegszerstörungen nicht mehr im Originalzustand erhalten.

C 33 Evangelisch-lutherische Kirche St. Pauli
Pinnasberg 80, Altona-Altstadt
Architekten: Carl Ludwig Wimmel (Kirche, Pastorat und
Schule). Max Wallenstein (Turm)
1819/20; Turm 1864; Pastorat und Schule 1819

Klassizistische Saalkirche mit seitlichen Emporen und
einer Altarnische mit Tonnengewölbe. An den Vorgängerbau von 1682, der am 3. Januar 1814 mitsamt dem
Stadtteil von den französischen Besatzern niedergebrannt
worden war, erinnern noch der Taufstein (1693), ein
Kruzifix (1690) sowie eine Holzfigur des Namenspatrons,
die ebenfalls aus dem späten 17. Jahrhundert stammt.
Das Dach war ursprünglich an allen vier Seiten abgewalmt
und wurde erst beim Turmbau mit den beiden Giebeln
versehen. Zwei kubische Bauten mit Walmdächern, eine
ehemalige Schule und ein Pastorat, flankieren das
Grundstück an der Südseite. Ihre schmucklosen Back-

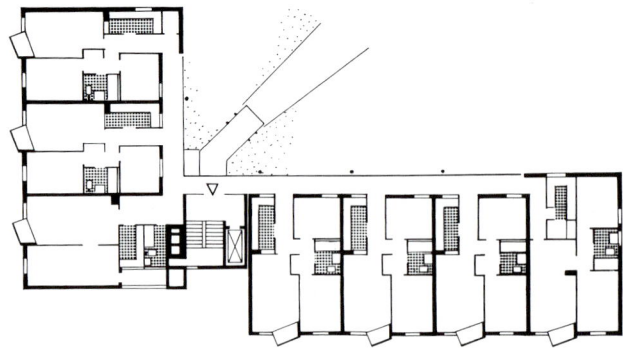

C 35 Römisch-katholische Kirche
St. Joseph (Aufnahme um 1955)

C 37 Neu-Altona, Hochhaus von Ernst May, Grundriss

steinfassaden korrespondieren mit dem ebenso schlichten Gottseshaus. Bis zur Gebietsreform von 1949 gehörte das Viertel um die Kirche zu St. Pauli.

Die ehemalige **Paulus-Wache** am Hein-Köllisch-Platz wurde 1815 errichtet.

C 34 Bürgerhäuser Große Freiheit
C 34.1 Bürgerhäuser
Große Freiheit 27-29/Große Freiheit 31-33, St. Pauli
Nach 1713
C 34.2 Bürgerhaus
Große Freiheit 75, St. Pauli
3. Viertel des 18. Jahrhunderts

Die drei schlichten Backsteinbauten an der Großen Freiheit, jeweils traufständig mit mittigem Zwerchhaus, stellen neben der St.-Joseph-Kirche (vgl. Nr. C 35), der St.-Trinitatis-Kirche (vgl. Nr. C 39) und einem Giebelhaus an der Großen Elbstraße (vgl. Nr. C 46) die letzten Relikte der barocken Altstadt von Altona dar (die überdies zum Teil 1949 an St. Pauli gelangte). Das klassizistisch überformte Gebäude Nr. 75 gehörte ursprünglich zu einer Mennonitenkirche (vgl. Nr. C 68). Es erinnert somit an die »Große Freiheit«, die Altona im 17. und 18. Jahrhundert gewährte, nämlich die religiösen, kulturellen und wirtschaftlichen Entfaltungsmöglichkeiten, die hier auch Nicht-Lutheranern zugestanden wurden.

C 35 Römisch-katholische Kirche St. Joseph
Große Freiheit, St. Pauli
Architekten: Melchior Tatz (Ursprungsbau)
Georg Wellhausen (Wiederaufbau)
1718-23; Zerstörungen 1943/44; Wiederaufbau 1953-55

Saalkirche mit eingezogenem Rechteckchor und polygonal gebrochener Apsis (innen rund). Der für den Hamburger Raum ungewöhnliche Barockbau mit schildartiger, im Zentrum konkav einschwingender Ostfassade wird einem Österreicher zugeschrieben. Hatte Georg Wellhausen den Innenraum betont schlicht wiederhergestellt, so erfolgte ab den 1970er Jahren eine sukzessive Barockisierung in Anlehnung an die ursprünglichen Wand- und Deckendekorationen – nicht ohne Geschick, aber mit zweifelhafter Legitimation, denn an authentischer Substanz war 1945 neben Teilen der Langhauswände kaum mehr als die Eingangsfront erhalten.

Der Kirchenvorplatz wird von zwei **Pfarrhäusern** flankiert. Bei dem nördlichen (vermutl. Claus Stallknecht, 1717), handelt es sich um eine Rekonstruktion, bei dem südlichen um eine angepasste Neuschöpfung.

C 36 Pestalozzischule
Kleine Freiheit 68, St. Pauli
Architekt: Stadtbauamt Altona, Gustav Oelsner
1927/28; Wohngebäude 1929/30; Zerstörung 1943;
Wiederaufbau 1951

Ensemble aus kubischen Baukörpern mit schmucklosen Klinkerfassaden, Flachdächern und Fensterbändern im Sinne des »Neuen Bauens«. Schon allein aus wirtschaftlichen Gründen sah Gustav Oelsners Sanierungskonzept für die Altonaer Altstadt keine radikalen Flächenabrisse vor, sondern nur partielle Eingriffe wie z.B. Hinterhofentkernungen. Nachvollziehbar sind diese Maßnahmen heute nur noch an dem Schulhof der Pestalozzischule, der einen zur Straße hin offenen Freiraum aus dem ursprünglich dicht bebauten Viertel ausgrenzt.

C 37 Hochhäuser Neu-Altona
Louise-Schröder-Straße 17/Holstenstraße 26/
Scheplerstraße 15, Altona-Altstadt
Architekt: Ernst May
1959/60

Für den Wiederaufbau von Altona – programmatisch Neu-Altona genannt – zeichnete ab 1955 neben Oberbaudirektor Werner Hebebrand maßgeblich die Neue Heimat mit ihrem damaligen Chefplaner Ernst May verantwortlich. Dabei verschwand die historische Struktur der Altstadt unter der Verkehrsschneise Holstenstraße und einem Grünzug, dem heutigen Walter-Möller-Park (zu Walter Möller vgl. Nr. C 55). Die Bebauung folgte mit Zeilenbauten und akzentuierenden Punkthäusern dem Leitbild der »gegliederten und aufgelockerten Stadt«, wobei es jedoch nicht gelang, aus der offenen Bauweise stadträumliche Qualitäten zu entwickeln. Fünf Hoch-

C 37 Neu-Altona, Hochhaus von Ernst May (Mitte rechts, Aufnahme um 1960)

häuser, von denen drei von May selbst stammen, sollten die zentrale Grünachse im Stadtbild markieren; sie wirken eher wie zufällig in das Gelände gestreut. Die knapp geschnittenen Wohnungen, die sich wie Waben an Laubengängen reihen, erinnern daran, dass der Architekt in der Weimarer Republik einer der eifrigsten Propagandisten der »Wohnung für das Existenzminimum« war.

C 38 Jüdischer Friedhof
Königstraße, Altona-Altstadt
17. bis 19. Jahrhundert

1611 erwarben die in Hamburg lebenden Sephardim – Juden, die von der iberischen Halbinsel stammten – eine Begräbnisstätte an der heutigen Königstraße. Ab 1616 wurden auf einem angrenzenden Gelände die ersten Aschkenasim – Juden aus Ost- und Mitteleuropa – beerdigt. Seit 1877 ist der Friedhof nicht mehr in Benutzung. Ein einzigartiges kulturhistorisches Dokument ist der sephardische Friedhofsbereich, auf dem noch zahlreiche barocke Grabmale erhalten sind. Kennzeichneten sich die Gräber der Aschkenasim durch aufrecht stehende Stelen, so bevorzugten die Sephardim liegende Steine, teilweise in zeltartiger Form, deren reicher plastischer Schmuck von ihrem Wohlstand zeugt. Der Friedhof ist nicht öffentlich zugänglich, lässt sich aber durch den Gitterzaun gut einsehen.

C 39 Evangelisch-lutherische Kirche St. Trinitatis
Kirchenstraße 40, Altona-Altstadt
Architekten: Jacob Bläser (Turm und Westgiebel)
Cai Dose (Kirchenschiff)
Horst Sandtmann. Friedhelm Grundmann (Wiederaufbau)
Turm und Westgiebel 1688-94; Kirchenschiff 1742/43;
Zerstörung 1943; Wiederaufbau 1962, 1963-69

Der rekonstruierte Turm und der Westgiebel gehören noch zu dem Vorgängerbau von 1650, der zu klein und überdies baufällig geworden war. Cai Dose setzte das neue Kirchenschiff auf die alten Fundamente und verlängerte lediglich den Chor. Zusätzlicher Raum entstand vor allem durch die beiden kurzen Querarme, die stark zur Mitte des Langhauses gerückt wurden. Auf diese Weise erhielt St. Trinitatis einen zentralisierenden, kreuzförmigen Grundriss. 1943 wurde die Kirche bis auf den Turmstumpf und die Umfassungsmauern zerstört, was der puristische Innenraum widerspiegelt. Die künstlerische Ausstattung stammt von Peter Dreher. Der späte Wiederaufbau belegt die Ignoranz, die der historischen Identität Altonas nach dem Verlust seiner kommunalen Eigenständigkeit 1937/38 entgegengebracht wurde.

C 40 Siedlung Hexenberg
Dosestraße/Trommelstraße/Hexenberg/Hamburger Hochstraße, Altona-Altstadt
Architekten: Kallmorgen & Partner. Fischer & v. Bassewitz
1969, 1971-74

Bis 1971 wurden die letzten Reste der südlichen Altstadt von Altona kahlschlagsaniert, um Platz für 446 Sozialwohnungen zu schaffen. Die relativ hohe Baudichte und die umschlossenen Binnenräume mit den kleinen Gärten vor den Erdgeschosswohnungen – statt sterilem Distanzgrün – bedeuteten eine demonstrative Abkehr von den städtebaulichen Leitbildern der 1950er Jahre,

C 39 Evangelisch-lutherische Kirche St. Trinitatis

C 42 Ehem. Fischauktionshalle

wie sie den Neu-Altona-Planungen zugrunde lagen (vgl. Nr. C 37). Durch ein differenziertes Wohnungsangebot – Ein- bis Vierzimmerwohnungen inklusive sieben Behindertenwohnungen – wurde eine stärkere soziale Durchmischung angestrebt. Zeittypisch ist das orangegelbe Verblendmauerwerk (im gleichen Farbton verfugt), das die kubischen Baukörper, die sich rhythmisch auf einem Hanggelände staffeln, unweigerlich zu Fremdkörpern in ihrem Umfeld macht.

Das **Bürohaus Dock 47**, Pinnasberg 27, ist ein Entwurf von Spengler Wiescholek Architekten (2001 W, 2003/04).

C 41 Altonaer Fischmarkt
C 41.1 Ottilienhof
Fischmarkt 3-9, 17/Große Elbstraße 10-12, Altona-Altstadt
Architekt: Albert Winkler
1894/95
C 41.2 Eilguthalle
Fischmarkt 2a, Altona-Altstadt
Architekt: Stadtbauamt Altona
1910/11
C 41.3 Neubauten
Fischmarkt 1, 11-15, 19/Fischmarkt 4, 8-18, Altona-Altstadt
Architekten: v. Gerkan, Marg + Partner (Nr. 1, 11-15, 19)
Günter Talkenberg (Nr. 4, 8-18)
1983, 1987-89

Von der Vorkriegsbebauung sind nur noch einige wenige Etagenwohnhäuser erhalten, darunter der teilzerstörte, aber immer noch sehr repräsentative Ottilienhof, dessen vielgliedriges und vielfarbiges gotisierendes Verblendmauerwerk beispielhaft für die »Hannoversche Schule« ist. An die einstige Bedeutung Altonas als Fischereihafen erinnert die ehemalige Eilguthalle, die im Erdgeschoss eines Mietshauses mit Backsteinfassaden und Mansardsatteldach lag: ein typisches Beispiel für die regionalistisch gefärbte Reformarchitektur. Hier konnten Meerestiere für den sofortigen Versand mit der Eisenbahn aufgegeben werden. Die Backsteinbauten aus den 1980er Jahren greifen mit Steildächern, Giebeln, Erkern und Türmchen den ursprünglichen Charakter des Platzes wieder auf (an der Westseite mit einer deutlich höheren Detailqualität). Auch die »Gaslaternen«, das Kopfsteinpflaster und der Fischmarktbrunnen von 1742, der mit einer modernen Skulptur von Hans Kock ergänzt wurde, erzeugen ein gewollt nostalgisches Ambiente.

C 42 Ehem. Fischauktionshalle
Große Elbstraße, Altona-Altstadt
Architekten: Stadtbauamt Altona (Ursprungsbau)
Günter Talkenberg (Restaurierung)
1895/96; Restaurierung 1982-84

Die mächtige Halle mit basilikalem Querschnitt und Kuppel dokumentiert den Aufschwung Altonas zum wichtigsten deutschen Fischereihafen neben Bremerhaven; eine weitere Konkurrenz befand sich mit der Auktionshalle von St. Pauli in Sichtweite (1888, 1971 abgebrochen). Auf den umlaufenden Galerien in den Seitenschiffen wurden Waren gestapelt und Netze geflickt, im Mittelschiff fanden die Fischauktionen statt. Die innen wie außen offen hervortretende, genietete Eisenskelettkonstruktion mit Ziegelausfachung ist ein frühes Beispiel für das Streben nach »konstruktiver Ehrlichkeit«. Heute dient der einfühlsam restaurierte Bau als Veranstaltungszentrum.

C 43 Stadtlagerhaus
Große Elbstraße 27, Altona-Altstadt
Architekten: Albert Petersen (Mühlengebäude)
Raabe & Wöhlecke (Silo)
Jan Störmer Architekten (Umbau und Erweiterung)
Mühlengebäude 1880; Silo 1903/04; Umbau und Erweiterung 1994 W, 1998-2001

Das kompakte Backsteingebäude war ursprünglich eine Dampfmühle; der anschließende Bau mit dem Kleeblattbogen auf der Fassade diente als Silo. Ende der 1990er Jahre wurde die ehemalige Mühle zum Bürohaus umgebaut und mit 28 exklusiven Wohnungen aufgestockt, die sich durch zweischalige Glasfassaden – als Schall- und Klimaschutz – von dem Altbau abheben. Das

C 42, C 43, C 44, C 45 Luftaufnahme des Elbufers mit dem Bürogebäude Ost am Holzhafen, dem Stadtlagerhaus und der ehemaligen Fischauktionshalle (von links nach rechts) sowie dem Stilwerk (Bildmitte)

Silo erhielt dagegen wieder ein Satteldach; in den entkernten Innenraum wurde ein Parkpaternoster eingefügt. Der geschwungene Steg, der zum zweiten Stock des Stilwerks hinüberführt, wird nur gebraucht, wenn das Elbufer bei einer Sturmflut »Land unter« meldet.

C 44 Stilwerk
Große Elbstraße 66-68, Altona-Altstadt
Architekten: Schaar & Hintzpeter
(Baumaßnahmen ab 1894)
Lange & Partner. Rolf Heide (Umbau und Erweiterung)
Ursprungsbau frühes 19. Jahrhundert, wiederholt erweitert, Fassade 1894; Kontor- und Stallgebäude 1907; Mälzereigebäude 1910/11; Umbau und Erweiterung 1993-96

Zusammen mit der Dampfmühle (vgl. Nr. C 43) dokumentiert die ehemalige Mälzerei Naefeke die frühere Bedeutung des Getreideumschlags für den Altonaer Hafen. Der Ursprungsbau steht an der Buttstraße. 1993 wurde der Komplex entkernt und in ein Einzelhandelszentrum für exklusives Wohn- und Bürodesign umgebaut, das mittlerweile auch bundesweit Maßstäbe setzt. Rolf Heide hat dem Lichthof mit den Ladengalerien einen sachlichen, hinsichtlich der soliden Materialien – Stahlprofile, Lochbleche, Beton – nahezu ruppigen Charakter verliehen, der kongenial mit dem Altbau korrespondiert. Bei der Gestaltung der Fassaden wurden dagegen zu viele Konzessionen an die historische Architektur gemacht. Bogen, Gesimse und Vorlagen überspielen heute, dass das Gebäude ursprünglich niedriger war und über weitaus weniger Fenster verfügte.

C 45 Holzhafen Bürogebäude Ost
Große Elbstraße 43-49, Altona-Altstadt
Architekten: KCAP Kees Christiaanse Architects & Planners. ASTOC Architects & Planners
1994 W, 2000-03

Kubischer Backsteinbau mit acht Geschossen, der ursprünglich westlich des Holzhafens ein noch größeres Pendant erhalten sollte (was dann aber aufgrund von Anwohnerprotesten scheiterte, so dass das Bauvolumen in zwei Gebäude aufgelöst wurde, s. unten). Im Vergleich mit dem Hanseatic Trade Center im Westen der Speicherstadt (vgl. Nr. L 2) fällt positiv auf, dass sich das sturmflutgefährdete Erdgeschoss mit Freitreppen und Glasflächen zur Straße öffnet statt sich als abweisender Garagensockel zu präsentieren. (Die Eingangshalle wird durch ein versenkbares Stahltor geschützt.) Die mehrgeschossigen Fassadeneinschnitte sollten den wuchtigen Baukörper optisch durchlässig machen (was offenbar nur im Modell funktioniert). Minimale Variationen bei der Detaillierung und Anordnung der schmalen zweischaligen Fenster bewirken, dass die seriell gegliederten Fassaden rhythmisiert und somit alles andere als monoton wirken.

Das korrespondierende **Bürogebäude West** und das **Wohnhochhaus Kristall** stammen ebenfalls von ASTOC Architects & Planners (2005, 2008/09).

C 46 Ehem. Fabrikgebäude Groth & Degenhardt
C 46.1 Bürgerhaus mit Speicher
Große Elbstraße 146, Altona Altstadt
Bürgerhaus um 1772; Speicher um 1820

C 48, C 49 Luftbild des Fischereihafens mit Dockland, Elbkaihaus, Lofthaus und Elbberg Campus (von vorne nach hinten gesehen)

C 46.2 Fabrikgebäude
Sandberg 1-3, Altona-Altstadt
Architekten: Baugeschäft Glocke & Göttsch (2. BA)
Schaar & Hintzpeter (3. BA)
1. BA 1881; 2. BA 1892; 3. BA 1899

Der heterogene Komplex vereinigt mehrere Bauschichten, die den Wandel des Altonaer Elbufers von einer durchaus bürgerlichen Wohnadresse zum Gewerbegebiet dokumentieren. 1880 wurden das barocke Bürgerhaus mit dem volutengeschmückten Giebel – das letzte seiner Art in Altona – und der rückwärtige Speicher einer Segelmacherei an die Maschinenfabrik Groth & Degenhardt verkauft. Das 1881 errichtete Kesselhaus im Hof und vor allem die Neubauten am Sandberg von 1892 (die rückwärtige Sheddachhalle) und 1899 (das Vordergebäude) markieren den sukzessiven Aufschwung des Unternehmens.

Das **Seemannsheim**, Große Elbstraße 132, ist ein Entwurf von Kurt Stoltenberg aus dem Büro Raabe & Wöhlecke (1929).

C 47 Kreuzfahrtterminal
Van-der-Smissen-Straße 1-3, Altona-Altstadt
Architekten: me di um Architekten Jentz, Popp, Wiesner
William Alsop Architects
Ingenieure: Ove Arup & Partners
1988 W, 1991-93

Die A-förmigen Betonstützen, auf denen sich der 186 m lange Gebäuderiegel erhebt, wirken wie Zitate der Hafenkräne. Auch die Aluminiumhaut und die abgehängte Fluchtgangway an der Wasserseite wecken maritime Assoziationen, ohne den um 1988 aktuellen postmodernen Zitatenschatz der »Dampferarchitektur« zu bemühen. Abweichend von dem Wettbewerbsentwurf musste der Komplex größtenteils in ein Bürohaus umgeplant werden, weil hier statt Luxuslinern nur die Fährschiffe nach Harwich abgefertigt wurden (2002 nach Cuxhaven verlagert). Erst 2007 fiel die Entscheidung zum Ausbau als Kreuzfahrtterminal, um das Cruise Center in der HafenCity zu entlasten.

C 48 Elbkaihaus
Große Elbstraße 143-145, Altona-Altstadt
Architekten: gmp Architekten v. Gerkan, Marg und Partner
1992, 1998/99

Das Bürogebäude war ursprünglich ein unansehnliches Fischkühlhaus aus den 1960er Jahren, wenn auch mit einer bemerkenswerten Konstruktion. Da die wasserseitigen Stützen bereits das Gewicht der Halbportalkräne zu tragen hatten, wurden die Obergeschosse an Überzügen abgehängt, die optisch in der Dachfläche verschwanden. Auch nach dem Umbau sollte diese Struktur »lesbar« bleiben. Die Überzüge wurden deshalb freigelegt und als Stirnwände in die neuen Dachaufbauten integriert, während die schalungsrauen Stahlbetonstützen im Innern lediglich einen lasierenden Anstrich erhielten. Außerdem blieben die Ladeplattformen an der Wasserseite erhalten. Die neuen Glasfassaden wirken mit ihren filigranen Sprossen wie ein Zitat der Vorkriegsmoderne. Bei einer Tiefe des Gebäudes von 28 m bot sich eine loftartige Aufteilung der Büros an.

C 50.1 Ensemble Palmaille, Stadthäuser von Christian Frederik Hansen. Das zweite Haus von rechts gehörte Hansen.

C 50.1.5 Ensemble Palmaille, Haus Baur

C 49 Bauten von BRT Architekten
C 49.1 Dockland
Van-der-Smissen-Straße 9, Altona-Altstadt
Architekten: BRT Architekten Bothe Richter Teherani
1995, 2002-06

Bürohaus mit einem signifikanten Umriss, der aus einem Parallelogramm entwickelt ist. Die Westseite ragt wie ein Schiffsbug 40 m weit über den Leitdamm des Fischereihafens hinaus, der für das Gebäude verlängert werden musste. Auf der gegenläufig geneigten Ostseite führen Außentreppen zu einer Aussichtsterrasse hinauf. Die Stahlteile der »Bugspitze« wurden auf einer Rendsburger Werft vorgefertigt und mit Pontons über den Nord-Ostsee-Kanal zum Bauplatz gebracht. Der Kernbau ist eine Stahlbetonskelettkonstruktion mit diagonalen Zugbändern aus Stahl, die mitsamt den Fassadenstützen in die zweischaligen Glasfassaden integriert wurden. Die Erschließung erfolgt über zwei Schrägaufzüge.

C 49.2 Lofthaus
Elbberg 1, Altona-Altstadt
Architekten: BRT Architekten Bothe Richter Teherani
1994 W, 1996/97

Auf dem handtuchschmalen keilförmigen Grundstück war nur Platz für ein extrem schlankes Gebäude mit Loftbüros. Die monolithische Betonscheibe der Nordfassade fällt durch ihre Verkleidung aus vorpatinierten Kupferschindeln und die gerundeten Fensterschlitze auf. Sie bildet gleichsam das Rückgrat für die Deckenplatten und knickt gleichzeitig als Dachschale über den beiden letzten Obergeschossen ein. Die sägezahnartig ausschwingende Südfront ist dagegen vollständig verglast. Die Vorderkanten der Decken sind mit rotem Glas verkleidet, was die elegante Fassadenkontur unterstreicht.

C 49.3 Campus Elbberg
Elbberg 6, 6a-d, 7, 8, Altona-Altstadt
Architekten: BRT Architekten Bothe Richter Teherani
1999, 2001-03

Der Fuß des Geesthangs wurde abgetragen und durch ein Sockelbauwerk ersetzt, über das weiterhin die Straße Elbberg führt, wenn auch nur noch als Flucht- und Rettungsweg. Um auch die Untergeschosse optimal nutzen zu können, wurden Lichthöfe in den Sockel eingefügt, die wie Laufgräben einer Festung wirken. Das Bürogebäude an der Großen Elbstraße ist mit einer kompakten Blechhülle ummantelt, deren gerundete Kanten an das modische Round-Line-Design der frühen 1970er Jahre erinnern. Die Wohn- und Bürogebäude am Elbberg ducken sich unter Dachschalen, die mit Kupfer verkleidet sind. Holzlamellen schirmen die Fenster ab.

Hinter dem Campus verbirgt sich der Tunnelmund des 961 m langen »Schellfischtunnels« (1876, bis 1895 erweitert), der direkt zum Bahnhof Altona führt.

C 50 Ensemble Palmaille
Palmaille, Altona-Altstadt

Die Palmaille, 1638/39 als Allee für das damals populäre Spiel »palla a maglio« angelegt, aber offenbar kaum hierfür genutzt, entwickelte sich ab dem ausgehenden 18. Jahrhundert zur Prachtstraße. Als älteste Bauschicht sind die Bürgerhäuser Nr. 104 und Nr. 106 erhalten (um 1786) sowie das Etagenwohnhaus Nr. 100 (um 1790), ein frühes Beispiel seiner Art. Ihren Glanz erhielt die Palmaille jedoch vor allem durch die Entwürfe von Christian Frederik Hansen (1756-1845), Absolvent der Kopenhagener Akademie der Künste und von 1783 bis 1804 königlich-dänischer Landbaumeister in Holstein. Klassizistische Putzbauten traten nun an die Stelle der schlichten Backsteingebäude mit Zwerchhaus, wie sie die Altonaer Altstadt bis dahin geprägt hatten (vgl. Nr. 106). Als Hansen wieder nach Kopenhagen ging, übernahm sein Neffe Johann Matthias Hansen (1781-1850) das Altonaer Privatbüro. Im Zweiten Weltkrieg wurde die Straße schwer zerstört; auch mehrere Bauten von Christian Frederik Hansen gingen verloren. Der Wiederaufbau hat das Ensemble zu einem historischen Versatzstück inmitten von Hochhäusern und banalen Zeilenbauten degradiert.

C 50.1 Stadthäuser von Christian Frederik Hansen
C 50.1.1 Haus Dehn
Palmaille 112
Architekt: Christian Frederik Hansen
1797/98; Beschädigung 1944; Instandsetzung 1958/59

C 51 Neues Rathaus Altona

C 52 Haus der Jugend

C 50.1.2 Haus Hansen
Palmaille 116
Architekten: Christian Frederik Hansen (Ursprungsbau)
Cäsar Pinnau (Restaurierung)
1803/04; Restaurierung 1972

C 50.1.3 Stadthaus
Palmaille 118
Architekt: Christian Frederik Hansen
1803/04; Abbruch bis auf die Fassade und Neubau 1968/69

C 50.1.4 Haus Jacobsen
Palmaille 120
Architekt: Christian Frederik Hansen
1802; Umbau und Erweiterung 2. Hälfte 19. Jahrhundert

Hinsichtlich der traufständigen Lochfassade, deren einzigen Schmuck das mittig angeordnete Portal bildet, ist Haus Dehn eher als konventionell zu charakterisieren. Einen neuen Klang in die Altonaer Altstadt brachte dagegen Hansens eigenes Wohnhaus: ein dreigeschossiger Kubus mit betont flächiger Front und Quaderungen an den Gebäudekanten. Das Sockelgeschoss präsentiert sich zur Straßenseite hin als vollständig gequaderte Fläche, in die lediglich ein Rundbogenportal eingeschnitten ist. Das erste Obergeschoss wird effektvoll durch eine Fenstergruppe mit Pilastern und einem Dreieckgiebel als Verdachung akzentuiert. Eine verwandte Gliederung zeigt Nr. 118, wenn auch in reduzierter Form und ursprünglich ohne Mezzaningeschoss (das erst Ende der 1960er Jahre aufgesetzt wurde). Das mit Pilastern nobilitierte Haus Jacobsen ist dagegen stark verändert; u. a. wurde das Mittelportal durch ein Fenster ersetzt.

C 50.1.5 Haus Baur
Palmaille 45-49
Architekt: Christian Frederik Hansen (Ursprungsbau)
Elingius & Schramm. Mogens Koch (Restaurierung)
1801-05; Restaurierung 1937

Das bedeutendste Gebäude an der Palmaille wurde für den Großkaufmann Georg Friedrich Baur errichtet. Der kubische Bau mit der wie ausgestanzt wirkenden Rundbogenloggia an der Elbseite – 1867/68 vermauert und 1937 rekonstruiert – greift Motive der Villen von Andrea Palladio und somit wohl Anregungen von Hansens Italien-Reise (1782-84) auf. 1936 erwarb der Reeder John T. Essberger (Deutsche Afrika-Linien) das Haus und ließ es aufwändig restaurieren.

C 50.2 Stadthäuser von Johann Matthias Hansen
Palmaille 53-65
Architekt: Johann Matthias Hansen
1824/25

Gruppe von klassizistischen Einzel- und Doppelhäusern, die sich gestalterisch an den Entwürfen von Christian Frederik Hansen orientieren. Georg Friedrich Baur ließ die Gebäude errichten, um seinem Palais eine architektonisch anspruchsvolle Nachbarschaft zu verschaffen. Von den ursprünglich »zehn neuen Baurschen Häusern« stehen heute noch sieben; die Häuser Palmaille 67-71 wurden 1901 abgebrochen.

C 51 Neues Rathaus Altona
Platz der Republik 1, Altona-Altstadt
Architekten: Heinrich Oswald Winkler (Kernbau)
Stadtbauamt Altona, Emil Brandt (Erweiterung)
Kernbau 1843/44; Erweiterung 1896-98

Palastartige Vierflügelanlage im Renaissancestil, wirkungsvoll akzentuiert durch Mittelrisalite mit Giebeldreiecken und Kolossalsäulen. An der Südseite integriert der Komplex das ehemalige Kopfgebäude des Altonaer Bahnhofs, der 1895 an den heutigen Standort verlegt wurde. Der Name erinnert daran, dass es bis zur Zerstörung 1943 auch noch das Alte Rathaus von Claus Stallknecht gab (1716-20), das am östlichen Ende der Königstraße stand. Der Neubau belegt mithin nicht nur das Selbstbewusstsein der aufstrebenden preußischen Großstadt, sondern auch die Verlagerung des Altonaer Stadtzentrums nach Westen. Das Relief im Giebelfeld über dem Haupteingang, eine allegorische Darstellung Altonas, hat Carl Garbers unter Mitwirkung von Ernst Barlach geschaffen. Das Reiterstandbild Kaiser Wilhelms I. vor dem Eingang stammt von Gustav Eberlein (1898).

Der **Stuhlmann-Brunnen** am nördlichen Ende des Platzes der Republik ist ein Entwurf des Berliner Bildhauers Paul Türpe (Ausführung Otto Brommer, 1899/1900).

C 53 Evangelisch-lutherische Kirche St. Petri

C 52 Haus der Jugend
Museumsstraße 15-19/Braunschweiger Straße 6, Ottensen
Architekten: Stadtbauamt Altona, Gustav Oelsner
1928-30; ehem. Uhrmacherfachschule 1929/30

Drei Jahrzehnte lang beherrschte der Pompbau des wilhelminischen Neuen Rathauses (vgl. Nr. C 51) unangefochten das repräsentative Zentrum Altonas, bis ihm in der Weimarer Republik, unverkennbar mit programmatischer Absicht, der nüchterne Skelettbau des »Hauses der Jugend« gegenübergesetzt wurde. Wie Max Taut wählte Gustav Oelsner hier die »Rohbauästhetik« des Stahlbetonrasters, um eine der ökonomischen Zwangslage der Weimarer Republik angemessene, dabei aber doch formal anspruchsvolle Architektur zu schaffen. Die Brüstungsflächen sind mit gefalztem Kupferblech verkleidet. Die Dachterrassen sollten den fehlenden Pausenhof ersetzen. Mit einem 800 Personen fassenden Saal (heute Altonaer Theater) war der Komplex Stadthalle und Berufsschulzentrum in einem. Die ehemalige Uhrmacherfachschule an der Braunschweiger Straße wurde als selbstständiges Nebengebäude errichtet.

Das **Altonaer Museum**, Museumsstraße 23, ist ein Entwurf von Reinhardt & Süßenguth (1898-1901, 1943 teilzerstört)

C 53 Evangelisch-lutherische Kirche St. Petri
Schillerstraße 22-24, Altona-Altstadt
Architekten: Johannes Otzen (Ursprungsbau)
Schaar & Hintzpeter (südl. Vorhalle)
1879/80 W, 1881-83; südliche Vorhalle 1898

Wandpfeilerkirche mit eingezogenem Kastenchor. Auffällig an dem zurückhaltend gestalteten Bau ist das kompakte Westwerk, das mit einer Zwillingsspitze bekrönt ist. 1904 wurde der dunkle Innenraum in lichteren Farben neugestaltet, nachdem 1896/97 bereits die Glasflächen der Fenster vergrößert und weitere Öffnungen eingebrochen worden waren. Bei der Renovierung 1978/79 wurde die Backsteinsichtigkeit der Pfeiler und Gewölberippen wiederhergestellt. Die Kirche bildet einen Gruppenbau mit dem Pastorat und dem Konfirmandensaal, die ebenfalls von Johannes Otzen stammen.

C 54 Ehem. Verwaltungsgebäude der SAGA mit Geschosswohnbauten
Max-Brauer-Allee 58-60/Lamp'lweg 12/Goethestraße 37, Altona-Altstadt
Architekt: Bernhard Hermkes
1952 W, 1952/53

Ehemaliges Verwaltungsgebäude der 1922 gegründeten kommunalen Wohnungsbaugesellschaft SAGA (Gemeinnützige Siedlungs-Aktiengesellschaft Altona), das von zwei schlichten, obgleich sorgfältig proportionierten Geschosswohnbauten flankiert wird. Die feingliedrigen Stahlbeton-Rasterfassaden und das »Flugdach« auf dem großzügig verglasten Staffelgeschoss verweisen auf schweizerische Vorbilder aus den 1940er Jahren. Der gelbbunte Klinker schweißt die Gebäude zu einem Ensemble zusammen. (Das gleiche Material kam auch bei den Grindelhochhäusern zum Einsatz, der ersten großen Nachkriegssiedlung der SAGA, an der auch Bernhard Hermkes beteiligt war, vgl. Nr. D 60.) Vorsitzender im Preisgericht des Wettbewerbs war übrigens Gustav Oelsner, der ehemalige Altonaer Bausenator (1924-33), der die SAGA in der Weimarer Republik mit seinen Entwürfen maßgeblich geprägt hatte.

Von Hermkes stammt auch das **Bürohaus** Max-Brauer-Allee 62-64 (1955/56).

C 55 Ehem. Landes- und Amtsgericht Altona
Max-Brauer-Allee 89-91, Altona-Nord
Architekt: Preußische Staatshochbauverwaltung
1873-78; Erweiterung 1904-07

Das kasernenartige Backsteingebäude von 1878 ist beispielhaft für die Berliner Schinkel-Schule. Die Erweiterung von 1907 weist dagegen Putzfassaden mit reichen Werksteingliederungen im Stil der deutschen Renaissance auf, die wohl besser in das Weserbergland als nach Altona gepasst hätten. Eine Gedenktafel am Eingang des Altbaus erinnert an vier Altonaer Kommunisten, die am 1. August 1933 im Hof des Gerichtsgefängnisses (nicht erhalten) hingerichtet wurden. Ihnen war fälschlicherweise der Tod von zwei SA-Männern während des »Altonaer Blutsonntags« am 17. Juli 1932 zur Last gelegt worden, als Tausende uniformierter SA-Leute in provokativer Weise durch das »rote Altona« marschiert waren. Bei der anschließenden Schießerei kamen 18 Menschen, zumeist unbeteiligte Anwohner, ums Leben. An August Lütgens und Walter Möller, zwei der damaligen Justizopfer, erinnern heute der Walter-Möller-Park und der August-Lütgens-Park (vgl. Nr. C 37 bzw. Nr. C 57).

Das ehemalige **Lyzeum**, Max-Brauer-Allee 83, ist ein Entwurf von Emil Brandt (1903, vgl. die ehem. Oberrealschule am Hohenzollernring, Nr. J 22).

C 56 Nyegaard-Stift
Max-Brauer-Allee 127, Altona-Nord
Architekten: Kühn & Baumgarten
1899 W, 1900/01

C 57 Ehem. Allgemeines Krankenhaus Altona

C 57.1 Ehem. Allgemeines Krankenhaus Altona, Schwesternheim

Rauputzfassaden, Erker mit feingliedrigem Renaissanceschmuck, Krüppelwalmdächer und Türmchen kennzeichnen den zweigeschossigen Baukomplex, dessen malerische Gestaltung – ein Entwurf eines Berliner Büros – der straff gegliederten »Anstaltsarchitektur« vergleichbarer Hamburger Objekte diametral entgegensteht (vgl. das Stiftsviertel in Eppendorf, Nr. D 77). Nach dem Willen der Stifterin, der Offizierswitwe Hedwig von Nyegaard, standen die 50 Wohnungen verarmten Witwen und unverheirateten Töchtern aus bürgerlichen Kreisen zur Verfügung.

Das **Helenenstift**, Max-Brauer-Allee 133, und die dazugehörige **Christopherus-Kirche** stammen von Albert Winkler (1882 bzw. 1892).

C 57 Ehem. Allgemeines Krankenhaus Altona
Max-Brauer-Allee 134, Altona-Altstadt
Architekten: Heinrich Oswald Winkler (Hauptgebäude)
Stadtbauamt Altona (Erweiterungen Hauptgebäude, Pavillons und Jenckelhaus)
1859-61, Erweiterungen 1888-90 und 1920; Pavillons 1881/82; Jenckelhaus 1912

Lang gestreckter Satteldachbau mit drei Risaliten und gelben Backsteinfassaden im zeittypischen Rundbogenstil, die durch Friese, Gesimse und Fenstereinfassungen aus roten Ziegeln akzentuiert werden. Sparsame neogotische Sandsteingliederungen heben den Haupteingang hervor. Die nördliche Erweiterung ordnet sich gestalterisch dem Ursprungsbau unter. Die zweigeschossigen Pavillons im heutigen August-Lütgens-Park (vgl. Nr. C 55) passen sich zumindest hinsichtlich der Materialfarbigkeit an. Erst das neoklassizistische Jenckelhaus und die südliche Erweiterung bringen mit roten Klinkerfassaden einen neuen Klang in das Ensemble. Heinrich Oswald Winkler kam 1843 im Auftrag der Altona-Kieler Eisenbahngesellschaft nach Altona, um den neuen Bahnhof zu errichten (vgl. Nr. C 51) und wurde schon bald darauf zum Stadtbaumeister ernannt.

Der **Geschosswohnbau** Hospitalstraße 28 ist ein Entwurf von Kleffel Köhnholdt Architekten (1997/98).

C 57.1 Schwesternheim
Max-Brauer-Allee 136, Altona-Altstadt
Architekt: Stadtbauamt Altona, Gustav Oelsner
1926/27

Kompakter kubischer Bau mit gelb-bunter Klinkerfassade, der zwar hinsichtlich des Materials Bezug auf die historische Krankenhausarchitektur nimmt, inmitten der grauen Putzfassaden der Nachbarschaft früher aber wohl wie ein provokanter Fremdkörper gewirkt haben dürfte. Hohe gestalterische Qualität war Gustav Oelsner auch hier ein besonderes Anliegen, sogar um den Preis, dass er die von der Verwaltung bereits beschaffte Einrichtung der 50 Schwesternzimmer zurückwies und eine neue Möblierung durchsetzte – was dann auch einer der Punkte war, die ihm nach der Machtergreifung der NSDAP 1933 in einem Dienststrafverfahren wegen angeblicher Verschwendung von Steuergeldern zur Last gelegt wurden.

C 58 Ehem. Stadtmission
Billrothstraße 79-83, Altona-Altstadt
Architekten: Carl Voß (Ursprungsbau)
Mensinga, Rogalla & Partner (Umbau und Erweiterung)
1888/89; Umbau und Erweiterung 1984 W, 1987-89

Die trutzige neogotische Backsteinarchitektur lässt das ehemalige Gebäude der Stadtmission – heute Gemeindehaus – wie ein christliches Bollwerk inmitten der Arbeiterquartiere des »roten Altona« erscheinen. Versammlungsräume für das christliche Vereinswesen und zwei Wohnungen für Missionare waren hier untergebracht. Tagsüber dienten die Vereinsräume als Arbeitsschule für Mädchen. Die Erweiterung mit Behindertenwohnungen greift das Fassadenprofil des Altbaus wieder auf, ohne sich der historischen Architektur anzubiedern. Die über zwei Geschosse greifenden Fassadenöffnungen überspielen dabei die niedrigeren Geschosshöhen. Auch die neugestaltete Dachzone wirkt wie eine Klammer zwischen den beiden Bauabschnitten.

Von Carl Voß stammt auch die ehemalige **Volksküche**, Billrothstraße 77 (1880), eine Einrichtung der Altonaer »Speiseanstalt für Bedürftige und Arme«.

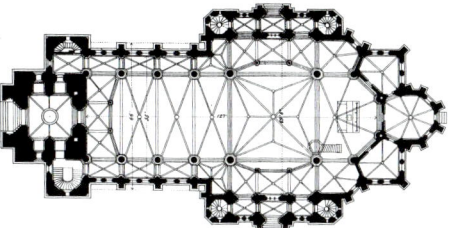

C 60 Evangelisch-lutherische Kirche St. Johannis mit Grundriss (rechts oben)   C 62 Evangelisch-freikirchliche Christuskirche

C 59 Wohnblock Thedebad
C 59.1 Ehem. Thedebad
Thedestraße 108, Altona-Altstadt
Architekten: Albert Petersen (Ursprungsbau)
Wolfgang Schultz-Coulon (Umbau)
Ursprungsbau 1880/81; Umbau 1991-93
C 59.2 Wohnblock
Thedestraße/Holstenstraße/Govertsweg, Altona-Altstadt
Architekt: Wolfgang Schultz-Coulon
1990, 1992-94

Diszipliniert gegliederte Backsteinfassaden mit gestalterischen Anleihen an das Bauen der Weimarer Republik und filigrane Metallsprossen – an den Laubengängen und den verglasten Lärmschutzerkern – kennzeichnen den Wohnblock. An der Südseite integriert der Komplex das ehemalige Thedebad: ein zweigeschossiger Ziegelbau mit schmalen Bogenfenstern, die sich wie ein Fries um das Obergeschoss legen. Die ehemalige Schwimm- und Badeanstalt bot auch ein »Volksbrausebad« für die Bewohner der angrenzenden Arbeiterviertel, die nicht über den Luxus eines Badezimmers verfügten. Das Gebäude ist heute in Gewerbeflächen aufgeteilt.

Die ehemalige **Volksschule** Thedestraße 100 ist ein Entwurf von Heinrich Oswald Winkler (1867/68, 1891/92 erweitert).

C 60 Evangelisch-lutherische Kirche St. Johannis
Bei der Johanniskirche 16, Altona-Altstadt
Architekten: Johannes Otzen (Ursprungsbau)
Plan-R-Architektenbüro Joachim Reinig (Restaurierung)
1867/68 W, 1868-73; Restaurierung 1992-98

Als dreischiffige neogotische Basilika mit kreuzförmigen Grundriss und Einturm verkörpert St. Johannis beispielhaft die Prinzipien des gründerzeitlichen Sakralbaus im Sinne des »Eisenacher Regulativs« von 1861. Sie ist das Erstlingswerk des bedeutenden Kirchenbauers Johannes Otzen (1839-1911), eines Schülers von Conrad Wilhelm Hase in Hannover, der übrigens auch als Preisrichter im Wettbewerb fungierte. Hases Einfluss – die »Hannoversche Schule« – kommt nicht nur im Stil zum Ausdruck, sondern auch im reich gegliederten Sichtmauerwerk des Äußeren wie des Innern. Als richtungweisend für die weitere Enwicklung kann die dominante Vierung gelten, die den Innenraum zentriert. Die Pionierstellung von St. Johannis lässt sich übrigens auch daran ablesen, dass sich die Ziegelei zunächst nicht in der Lage sah, die Steine für das Verblendmauerwerk in der gewünschten Qualität zu produzieren. Bei der Restaurierung wurde die Steinsichtigkeit der Innenwände wiederhergestellt, die 1956/57 teilweise verputzt worden waren. Die Glasfenster hat Eu Nim Ro gestaltet.

C 61 Kriegerehrenmal der 31er
Bei der Johanniskirche/Max-Brauer-Allee, Altona-Altstadt
Architekten: Esselmann & Gerntke
Bildhauer: August Henneberger
1925

Drei Terrakottafiguren – Krieger mit aufgestelltem Schwert – umgeben eine expressionistische Backsteinstele, die sich von ihrem Zentrum her aufzufalten scheint. Das Ehrenmal wurde zum Gedenken an die im Ersten Weltkrieg Gefallenen des Thüringischen Infanterieregiments Nr. 31 errichtet, dem Altona als Garnisonsstandort und St. Johannis als Garnisonskirche diente.

C 62 Evangelisch-freikirchliche Christuskirche
Suttnerstraße 18, Altona-Altstadt
Architekten: J. W. Lehmann (Ursprungsbau)
Werner Kallmorgen (Wiederaufbau)
1913-15; Zerstörung 1943; Wiederaufbau 1957

Zentralbau mit kreuzförmigem Grundriss. Ein rustizierter Werksteinsockel und neoromanische Motive verleihen der Klinkerarchitektur eine gewisse Monumentalität. Mit einem für baptistische Gotteshäuser ungewöhnlichen Turm und einer halbrunden Apsis – tatsächlich befindet sich dort der Vorraum – ordnet sich der Entwurf konventionellen Sakralbauschemata unter. Charakteristisch für Freikirchen ist dagegen die Anordnung der Gemeinderäume unter dem Gottesdienstraum. Beim Wiederaufbau des 1943 ausgebrannten Gebäudes wurden im Innern konkav gewölbte Wandschalen vor die Umfassungsmauern gesetzt und die Kuppel mit einer untergehängten Decke aus Rabitz (Drahtputz) kaschiert. Schattenfugen setzen diese Eingriffe deutlich vom Bestand ab. Ziel war es, den Raum stärker auf den Altar und das große Taufbecken auszurichten, das im Fußboden eingelassen ist.

C 63 Theater und Bürohaus Neue Flora
Stresemannstraße 161-163/Alsenstraße 2, Altona-Nord
Architekten: Kleffel & Köhnholdt
1988, 1989/90

Für das private Musical-Theater mit 2.000 Plätzen stand nur eine kurze Projektierungsphase zur Verfügung, so dass die Architekten mit der Kombination von Lochfassaden und Fensterbändern sowie Fassadenabschnitten aus gelbem und rotem Backstein, jeweils im gleichen Ton verfugt, auf Lösungen zurückgriffen, die sie bereits für ein Bürohaus in Hammerbrook entwickelt hatten – damals scherzhaft als »Flora-Ost« bezeichnet (vgl. Nr. E 31). Zwei Bürotrakte verbergen den Theatersaal. Lediglich der vertikale Eingangsschlitz an der Ecke verweist auf die besondere Funktion des Gebäudes, zeichenhaft bekrönt mit einem »Flugdach« aus filigranen Metallprofilen. Hatte der Sparzwang zunächst einen nicht reizlosen Rohbaucharakter der Innenräume mit viel Sichtbeton zur Folge, so erfolgte später eine repräsentative Neugestaltung.

C 63 Theater und Bürohaus Neue Flora

C 64 Geschosswohnbauten Koldingstraße/Gefionstraße/Augustenburger Straße
Koldingstraße 8-16/Gefionstraße 16-20, 24-26/Augustenburger Straße 3-7, 11-17, 25-31 u. a., Altona-Nord
Architekt: Stadtbauamt Altona, Gustav Oelsner
1. BA 1925/26 (Koldingstraße 8-16); 2. BA 1926/27 (Gefionstraße 16-20, 24-26); Zerstörung 1943; Wiederaufbau 1948-50

Komplex aus drei viergeschossigen Wohnblöcken mit Walmdächern, die teilweise geöffnet sind, entsprechend dem neuen städtebaulichen Leitbild nach dem Ersten Weltkrieg. Typisch für Gustav Oelsner ist die Wahl unterschiedlicher Ziegelformate für die Brüstungs- und Fensterzonen, was den Fassaden im Zusammenspiel mit dem rotbunten unsortierten Klinker und den feingliedrigen Sprossenfenstern (nicht erhalten) eine geradezu textil anmutende Struktur verleiht. Bei einem Luftangriff 1943 brannten die Gebäude aus, wurden aber bis auf den Abschnitt Koldingstraße 2-6 in der ursprünglichen Form wiederhergestellt. Bauherr war die kommunale Wohnungsbaugesellschaft SAGA – Gemeinnützige Siedlungs-Aktiengesellschaft Altona –, für die Oelsner bis 1933 zahlreiche richtungweisende Siedlungen und Einzelobjekte entworfen hat (vgl. auch den Wohnblock Lunapark, Nr. C 66).

Von Gustav Oelsner stammen auch die **Geschosswohnbauten mit Kindergarten**, Koldingstraße 5-27 (1927/28, 1934/35 aufgestockt), und die **Geschosswohnbauten** Gefionstraße 11-15 (1927/28), die heute durch eine Fassadenmodernisierung stark verändert sind.

C 65 Arbeitsamt Kieler Straße
Kieler Straße 39, Altona-Nord
Architekten: Stadtbauamt Altona, Gustav Oelsner (Ursprungsbau)
Hochbauamt, Wolfgang Rudhard (Erweiterung)
1926/27; Erweiterung 1953-56

Zweigeschossiger kubischer Baukomplex mit einem zentralen Innenhof. Typisch für Gustav Oelsner sind die Stahlbetonskelettfassaden (vgl. das Haus der Jugend, Nr. C 52), deren serielle Struktur die Anordnung der 16 Ein-

C 88 Ehem. Höhere Handelsschule Schlankreye

C 91 Geschosswohnbauten Schäferstraße/Agathenstraße

macht. Die Namensgebung, die den Physiker Heinrich Rudolf Hertz (1857-94) ehrte, war programmatisch gemeint, um die naturwissenschaftliche Ausrichtung des Gymnasiums zu unterstreichen. In der NS-Zeit wurde die Schule in »Realgymnasium am rechten Alsterufer« umbenannt, weil Hertz jüdischer Herkunft war. 1937 wurde sie mit der Lichtwarkschule in Winterhude (vgl. Nr. F 36) zusammengelegt. Seitdem dient das Gebäude in Rotherbaum als Gewerbeschule.

C 86 Ehem. Emilie-Wüstenfeld-Schule
Bundesstraße 78, Eimsbüttel
Architekten: Distel & Grubitz
1915 W, 1919-23; Aula und Turnhalle 1927/28

Das heutige Emilie-Wüstenfeld-Gymnasium belegt die maßstabbildende Kraft der öffentlichen Hochbauten von Fritz Schumacher. Die hohen Mansardwalmdächer, die straff gegliederten Klinkerfassaden mit dem sparsamen Terrakottaschmuck und die fassadenbündig eingelassenen Sprossenfenster verweisen unmittelbar auf seine Entwürfe. Wie in Hamburg damals allgemein üblich, wurde die Emilie-Wüstenfeld-Schule 1897 als private höhere Mädchenschule gegründet (vgl. das ehem. Hansa-Lyzeum, Nr. C 82). Nach dem Ersten Weltkrieg wechselte sie in den Besitz der Stadt. Die Wandbilder im Treppenhaus, die von der jüdischen Künstlerin Gretchen Wohlwill stammen (1931/32), wurden 1933 übermalt und 1994 restauriert.

C 87 Wohnblock Bundesstraße
Bundesstraße 80-86/Gustav-Falke-Straße/
Heymannstraße/Schlankreye, Eimsbüttel
Architekt: Richard Laage
1927/28

Eines der schönsten Beispiele für die Hamburger Klinkerarchitektur in der Weimarer Republik. An den Längsfronten wölben sich »Utluchten« mit gedrechselten Fensterpfosten hervor, mit denen die eingebuchteten Fensterachsen der Treppenhäuser gleichsam als Negativformen korrespondieren. Auch andere Details verraten die Freude an den gesinterten Ziegeln, die hier jedoch nicht, wie bei so vielen Entwürfen dieser Zeit, zu einem Horror vacui und somit zu überbordenden Dekorationen geführt hat. Es ist vielmehr gerade die betonte Flächigkeit der Fassaden, die den Klinker bei diesem Gebäude so gut zur Wirkung bringt.

C 88 Ehem. Höhere Handelsschule Schlankreye
Bundesstraße 88, Eimsbüttel
Architekten: Hinsch & Deimling
1927 W, 1928/29

Der von Privatarchitekten entworfene Klinkerbau belegt einmal mehr, welche Potentiale in der Hamburger Architektur brach lagen, weil Fritz Schumacher alle planerischen und gestalterischen Entscheidungen im öffentlichen Hochbau an sich zog. Die Lage in einer Hochbahnkurve war die Inspirationsquelle für den dynamisch ausschwingenden Südflügel à la Erich Mendelsohn, der den nördlichen Trakt förmlich zu durchstoßen scheint. Die Fensterbänder verleihen den Fassaden einen vorhangartigen Charakter.

Die ehemalige **Lernbehindertenschule Eimsbüttel**, Bundesstraße 94, ist ein Entwurf von Fritz Schumacher (1925, 1926/27).

C 89 Synagoge
Hohe Weide 34, Eimsbüttel
Architekten: Klaus May. Karl Heinz Wongel
1957 W, 1958-60

Der Komplex besteht aus einem polygonalen Hauptbau mit 370 Plätzen (um den Gemeindesaal mit 80 Plätzen erweiterbar) und einem niedrigeren Trakt, der außer Gemeinderäumen auch zwei Wohnungen enthält. Helle Kunststeinfassaden fassen die beiden Baukörper zusammen. »Der Synagogenbau [...] ist fünfeckig; eine Grundform, die an das Siegel Salomos erinnern mag. Im Betraum ist, ungeachtet seiner neuzeitlichen Gestalt, die alte orthodoxe Ordnung anzutreffen: die Männer nehmen Platz zu ebener Erde, die Frauen hoch auf der Empore. An der Ostwand (in Richtung auf Jerusalem) steht der Thoraschrein und an seit je festgelegten Stellen im Raum sind Thorapult, Vorbeterpult und Chanukka-

C 85 Ehem. Heinrich-Hertz-Realgymnasium

C 87 Wohnblock Bundesstraße

C 90 Presbyterianische Jerusalem-Kirche

tralraum, der aus dem griechischen Kreuz entwickelt ist, wird von einem Sterngewölbe überfangen. Der asymmetrisch angefügte Turm mit dem spitzen Helm steigert den konventionellen neogotischen Backsteinbau zu malerischer Wirkung. Beim Wiederaufbau wurden die Wand- und Deckenflächen mit einem Strukturputz versehen, der auch die Backsteinglieder überdeckt und somit den ursprünglichen Raumcharakter verfälscht.

Der **Gemeindesaal** und das **Pastorat** stammen ebenfalls von Hugo Groothoff (1898/99).

C 84 Ehem. jüdische Stifte Bogenstraße und Kielortallee
C 84.1 Z. H. May und Frau Stiftung
Bogenstraße 25-27, Eimsbüttel
Architekt: Ernst Friedheim
1914

Hinsichtlich der landhausartigen Klinkerarchitektur mit Mansardwalmdach, Sprossenfenstern und neoklassizistischen Motiven lässt das Gebäude eher an einen exklusiven Geschosswohnbau als an eine wohltätige Einrichtung denken. Besondere gestalterische Sorgfalt galt auch dem rückwärtig anschließenden Trakt, der sich mit Loggien zu einem Garten öffnet (vgl. auch das Julius und Betty Rée-Stift, das ebenfalls von Ernst Friedheim stammt, Nr. D 77.7).

C 84.2 Vaterstädtische Stiftung
C 84.2.1 Max und Mathilda Bauer Stift
Kielortallee 25, Eimsbüttel
Architekten: Dyrssen & Averhoff
1926-28
C 84.2.2 Theodor-Wohlwill-Stift
Kielortallee 26, Eimsbüttel
Architekten: Dyrssen & Averhoff
1929/30

Zwei nahezu identische Klinkergebäude, die effektvoll die Einmündung der Kielortallee rahmen. Walmdächer, Rundbogen und Sprossenfenster mit Buckelglasscheiben verleihen der Architektur eine konservative Note. Überraschend modern wirken demgegenüber die Kragdächer über den Eingängen und die scharrierten Betonrahmen, die jeweils zwei Fenster zusammenfassen (mit Füllflächen, die paradoxerweise Ziegelverbände imitieren). Die beiden Stifte werden von der Vaterstädtischen Stiftung verwaltet, die vor dem Zweiten Weltkrieg insgesamt elf Stifte in mehreren Stadtteilen zählte und somit die größte jüdische Einrichtung in Hamburg war.

Zur Vaterstädtischen Stiftung gehört auch das **Rosenthal-Altenhaus**, Kielortallee 23, das von Stamman & Zinnow (1908/09) stammt.

C 84.3 Oppenheimer Stiftung
Kielortallee 22-24, Eimsbüttel
Architekt: Ernst Friedheim
1907/08

Die Oppenheimer Stiftung, 1868 von Hirsch Berend Oppenheimer in der Neustadt gegründet, bot Freiwohnungen für jüdische Familien, die unverschuldet in Not geraten waren. Der Neubau an der Kielortallee entwickelt sich nach Art der »Hamburger Burg« (vgl. Nr. C 72) u-förmig um einen Eingangshof. Auch die neobarocken Putzfassaden lassen ihn wie einen herkömmlichen Geschosswohnbau erscheinen – im diametralen Gegensatz zur prosaischen Anstaltsarchitektur der zeitgenössischen Stifte (vgl. das gegenüberliegende Rosenthal-Altenhaus, Nr. C 84.2). In den Kriegsjahren wurde das Gebäude als »Judenhaus« genutzt. Für 122 Frauen und Männer, die im Juli 1942 nach Auschwitz und Theresienstadt deportiert wurden, ließ sich die Kielortallee 22-24 als letzte Hamburger Adresse ermitteln. In der kleinen Synagoge im Hof, die als einzige in der NS-Zeit intakt geblieben war, wurde im September 1945 die jüdische Gemeinde in Hamburg neugegründet.

C 85 Ehem. Heinrich-Hertz-Realgymnasium
Bundesstraße 58, Rotherbaum
Architekt: Hochbauwesen, Albert Erbe
1907, 1908-10

Im Unterschied zu den beiden höheren Jungenschulen von Albert Erbe in Eimsbüttel (vgl. Nr. C 78) zeigt dieser Entwurf den von Erbe favorisierten »Sonnin-Barock« in Reinform, wenn auch in einer übersteigerten Maßstäblichkeit, die das historische Vorbild fast zur Karikatur

C 82 Ehem. Hansa-Lyzeum mit Grundriss (rechts)

sionistischer und barocker Dekorationen. Ein gemeinsames Moment der heterogenen Fassaden besteht dagegen in den durchlaufenden Gurt- und Sohlbankgesimsen. Der gestalterische Aufwand verdeutlicht, dass hier nicht für Arbeiter gebaut wurde, sondern für die kleinbürgerliche Mittelschicht der Angestellten, Beamten und selbstständigen Gewerbetreibenden – was auch allgemein das neue Wohnviertel kennzeichnet, das nach dem Ersten Weltkrieg östlich des Isebekkanals entstand.

C 80 Wohnblock »Der Klinker«
Bogenstraße 52-54/ Schlankreye 27-73/Grindelberg 81-83, Harvestehude
Architekten: Ernst und Rudolf Eckmann
Christian H. Leopold Strelow
1924, 1. BA 1925/26, 2. BA 1928/29; Zerstörung 1943; Wiederaufbau 1948-53

Über 400 m langer Großwohnblock mit schwerfällig gegliederten Klinkerfassaden und flachen Dächern. Bauherr war der »Gewerbeverein vor dem Dammthor«, was die Werkstattgebäude im Hof erklärt. Der Name Klinker war programmatisch gemeint. Auf einem Relief im Eingang des Holi-Kinos – ursprünglich als Veranstaltungssaal gebaut – wird die Produktion und Verarbeitung der Ziegel als traditioneller handwerklicher Vorgang dargestellt (Hermann Perl). Mit einer Fläche von bis zu 104 qm konnten die Wohnungen nach dem Ersten Weltkrieg als gehobener Standard gelten. Der Kopfbau am Grindelberg wurde als letzter Bauabschnitt errichtet.

Das **Haus der Malerei-Gesellschaft**, Schlankreye 3-25, ist ein Entwurf von Berg & Paasche (1926-29).

C 81 Ehem. Jahnschule
Bogenstraße 34-36, Harvestehude
Architekt: Hochbauwesen, Fritz Schumacher
1927, 1929-33

Die heutige Ida-Ehre-Gesamtschule gehörte ursprünglich zu dem Volksschulbauprogramm, das Ende der 1920er Jahre in Angriff genommen wurde, dessen Realisierung sich dann aber aufgrund der Weltwirtschaftskrise verzögerte – so auch bei der Jahnschule. Ein seitlicher Anbau mit Turnhalle, Aula und Gymnastiksaal lockert den symmetrischen Baukörper auf, in dem Fritz Schumacher eine Jungen- und eine Mädchenschule zusammengefasst hat. Steil aufschießende Pfeiler rahmen die Treppenhausfenster an den Gebäudekanten und verleihen der sachlichen Klinkerarchitektur einen expressiven Zug. Die Wandbilder in der Aula stammen von Heinrich Stegemann.

Die neue **Sporthalle**, Gustav-Falke-Straße 42, ist ein Entwurf von A. P. B. Architektengruppe Planen & Bauen Beisert, Findeisen, Grossmann-Hensel, Wilkens (1986/87).

C 82 Ehem. Hansa-Lyzeum
Bogenstraße 32, Harvestehude
Architekt: Hochbauwesen, Albert Erbe
1906, 1908-10

Baugruppe mit Schweifgiebeln und einem Dachreiter nach dem Vorbild von Theodor Fischers Volksschule am Elisabethplatz in München (1901). Das heutige Helene-Lange-Gymnasium war eine der ersten staatlichen höheren Mädchenschulen in Hamburg – erst 1904 nahm sich die Stadt dieser Bildungsaufgabe an. Ungewöhnlich für Albert Erbe sind die Putzfassaden im Rokokostil, die den Bau geradezu plakativ von den höheren Jungenschulen in der weiteren Nachbarschaft unterscheiden, die mit Backstein verblendet sind (vgl. Nr. C 78 und Nr. C 85). Außerdem fällt der introvertierte Charakter der Anlage auf. Der Pausenhof wird durch Arkaden und eine Turnhalle abgeschirmt, was ihn quasi zum Schutzraum für höhere Töchter macht. Zählebige Klischees von weiblichen Tugenden repräsentiert die Skulptur am Haupteingang: eine anmutige Frauengestalt mit Spinnrocken.

C 83 Evangelisch-lutherische Kirche St. Andreas
Bogenstraße 30, Harvestehude
Architekten: Hugo Groothoff (Ursprungsbau)
Reinhard Vogt (Wiederaufbau)
1906/07; Zerstörung 1943; Wiederaufbau 1951

Ursprünglich stand hier nur das zweite Pastorat von St. Johannis in Rotherbaum (vgl. Nr. D 28) mit einer Kapelle, die später durch eine Kirche ersetzt wurde. Der Zen-

C 77 Ehem. evangelisch-lutherische Bethlehemkirche (Aufnahme um 1959)

C 77 Ehem. Bethlehemkirche, Innenraum (Aufnahme um 1959)

C 76 Römisch-katholische Kirche St. Bonifatius
Am Weiher 29, Eimsbüttel
Architekt: Fritz Kunst
1909/10

Konservativer Sakralbau mit gedrungenem, basilikalem Querschnitt, eingezogenem Chor und halbrunder Apsis. Fritz Kunst hatte seinen Entwurf zwar unter dem Motto »Kirche in englischer Gotik« eingereicht; die schlicht verputzten Mittelschiffswände mit den kleinen Zwillingsfenstern im Obergaden vermitteln aber eher den Eindruck einer Bettelordenskirche. Bemerkenswert ist die Präzision, mit der das steinsichtige Mauerwerk innen wie außen gefügt wurde, insbesondere am Westwerk – eigentlich ein »Nordwerk« –, dessen besonderer Reiz in dem Kontrast zwischen der ansonsten schmucklosen Backsteinarchitektur und den filigranen Maßwerkfeldern aus Formziegeln besteht.

C 77 Ehem. evangelisch-lutherische Bethlehemkirche
Eppendorfer Weg 131, Eimsbüttel
Architekt: Joachim Matthaei
1956 W, 1958/59

Einer der wenigen auch im überregionalen Vergleich herausragenden Hamburger Sakralbauten der Nachkriegszeit. Der Stahlbetonskelettbau mit roten Klinkerfassaden und Fensterbändern aus Betonformsteinen ist betont introvertiert gestaltet. Die Innenwände, die aus akustischen Gründen gefaltet sind, bestehen ebenfalls aus Backstein (wobei die Löcher der Hohlziegel als Austrittsöffnungen für die Warmluft der Heizung dienen). Die ornamentalen Streifen über dem Altar symbolisieren die Wurzel Jesse, den Stammbaum Christi (Entwurf Nanette Lehmann). Die Prinzipalstücke hat Joachim Matthaei gestaltet. Das Altarkreuz und die Bronzetür stammen von Fritz Fleer. Letztere zeigt die vier Evangelistensymbole aus der Apokalypse sowie Szenen aus der Geburtsgeschichte Christi wie den Kindermord in Bethlehem, der hier mit ungeschönter Drastik dargestellt wird. Zeittypisch ist die isolierte schlanke Turmstele. 2005 wurde die Bethlehemkirche entweiht.

C 78 Ehem. höhere Jungenschulen von Albert Erbe
C 78.1 Ehem. Oberrealschule Kaiser-Friedrich-Ufer
Kaiser-Friedrich-Ufer 6, Eimsbüttel
Architekt: Hochbauwesen, Albert Erbe
1907, 1909-11
C 78.2 Ehem. Bismarck-Realschule
Bogenstraße 59, Eimsbüttel
Architekt: Hochbauwesen, Albert Erbe
1909, 1911/12

Zwei Backsteingebäude mit akzentuierenden Gliederungen und Ornamenten aus Sandstein, die sich nur auf den ersten Blick der von Albert Erbe gern zitierten Hamburger Barockarchitektur zuordnen lassen (vgl. auch das Heinrich-Hertz-Realgymnasium von Erbe, Nr. C 85). Denn die grotesken Masken und das Beschlag- und Rollwerk an den Fassaden der Oberrealschule – heute Kaiser-Friedrich-Gymnasium – sind typisch für die Renaissance, wogegen an der Bismarck-Realschule neben einem Barockportal auch klassizistische Formen auftauchen. Vergleichbar ist dagegen die städtebauliche Lösung, denn es handelt sich jeweils um Zweiflügelbauten, die einen sich nach Süden öffnenden Pausenhof umklammern. Das ehemalige Realschulgebäude wird heute gemeinsam vom Kaiser-Friedrich-Gymnasium und vom Helene-Lange-Gymnasium (vgl. Nr. C 82) als so genanntes Oberstufenhaus genutzt.

Die **Kindertagesstätte mit Schülercafeteria**, Kaiser-Friedrich-Ufer 5, ist ein Entwurf von Wacker Zeiger Architekten (2004 W, 2005/06).

C 79 Geschosswohnbauten Bogenstraße/ Kaiser-Friedrich-Ufer/Hohe Weide
Bogenstraße 56-62/Kaiser-Friedrich-Ufer 15-28/Hohe Weide 39-53, 58-88, Harvestehude
Architekten: Klophaus & Schoch bzw. Klophaus, Schoch, zu Putlitz
1924-28

Giebel, Dacherker und Ecktürme steigern das Klinkerensemble zu malerischer Gesamtwirkung. Auffällig ist auch die unorthodoxe Mischung klassizistischer, expres-

C 92 Schröder-Stift

Leuchter (südlich vom Thoraschrein) zu finden« (*Kunst und Kirche*, 1/1962, S.31). Die Fenster sind ein Entwurf von Herbert Spangenberg. Vor dem Zweiten Weltkrieg lag das Zentrum des jüdischen Lebens in Rotherbaum (vgl. Nr. D 21 ff.). Die isolierte Lage der neuen Synagoge macht den Verlust dieses sozialen und kulturellen Umfelds bewusst.

Das ehemalige **Lehrerinnenseminar**, Hohe Weide 16, stammt von Fritz Schumacher (1913/14, 1929 erweitert).

C 90 Presbyterianische Jerusalem-Kirche und Jerusalem-Krankenhaus
Schäferkampsallee 36/Moorkamp 2, Eimsbüttel
Architekten: Johannes Grotjan (Ursprungsbauten)
Kurt Schrieber (Wiederaufbau)
1911/12; Zerstörung der Kirche 1943; Wiederaufbau 1953

Gruppenbau aus einer Saalkirche und einem Gemeindehaus mit roten Backsteinfassaden. Beim Wiederaufbau der Kirche wurde auf den Westgiebel und somit auf das ursprüngliche Kreuzdach verzichtet. Die stilisierten neoromanischen Sandsteingliederungen erinnern an die Entwürfe des amerikanischen Architekten Henry Hobson Richardson (1838-86), der als einer der Wegbereiter der Architekturreformen um 1900 gilt. Das Krankenhaus zitiert dagegen Landhausmotive. Die Jerusalemgemeinde wurde 1849 von der Irisch-Presbyterianischen Kirche mit dem Ziel gegründet, jüdische Auswanderer zu unterstützen und zu missionieren. Nach 1933 wurde sie zum geistlichen Zufluchtsort für Christen jüdischer Herkunft.

Das **St. Johannishaus**, Schäferkampsallee 28, ist ein Entwurf von Richard Wagner (1908/09). In Sichtweite an der Fruchtallee steht die evangelisch-lutherische **Christuskirche** von Johannes Otzen (1883/84, Wiederaufbau durch Reinhard Vogt 1952/53).

C 91 Geschosswohnbauten Schäferstraße/Agathenstraße
C 91.1 Geschosswohnbauten
Schäferstraße 1-5, 2-4, Eimsbüttel
Architekt: F. G. Schirlitz
1875/76
C 91.2 Geschosswohnbau
Schäferstraße 7, Eimsbüttel
Architekt: W. Gevert
1878
C 91.3 Geschosswohnbauten mit Terrasse
Schäferstraße 9-11, 9 a-b, 11 a-b, 19/ Agathenstraße 2-12, 5-11/Weidenallee 14, Eimsbüttel
Architekt: J. H. L. Tiedemann
1875/76

Das weitgehend einheitlich gestaltete Ensemble von Geschosswohnbauten ist ein typisches Beispiel für die spekulative Erschließung Eimsbüttels in der Gründerzeit, wobei die Architekten zugleich als Bauherren fungierten. Mit drei Zimmern, z. T. mit zusätzlicher Kammer, waren die Wohnungen für damalige Maßstäbe von kleinbürgerlichem Zuschnitt. Die Toiletten lagen innerhalb der Wohnungen, wurden aber nur über die Treppenhäuser belichtet und belüftet (wie in Hamburg auch allgemein üblich). Mit Kellerwohnungen und einer so genannten Terrasse (vgl. die Terrassen an der Wohlwillstraße, Nr. C 23) wurde der Baugrund intensiv genutzt. Die schematisch gegliederten spätklassizistischen Putzfassaden, sporadisch akzentuiert durch Renaissancemotive, spiegeln den bescheidenen Anspruch wider.

C 92 Schröder-Stift
Schröderstiftstraße 34, Rotherbaum
Architekten: Albert Rosengarten (Ursprungsbau)
Albert Petersen (Erweiterung der Kapelle)
Planerkollektiv (Modernisierung)
1851/52; Erweiterung der Kapelle 1904; Modernisierung 1982/83

Wohnstift für Hilfsbedürftige der »höheren Stände«. Das Zentrum der Dreiflügelanlage bildet eine Kapelle mit Kuppel und Sterngewölbe, die anlässlich der Überführung der Sarkophage des Stifters Johann Heinrich von Schröder und seiner Frau erweitert und umgestaltet wurde. Die Wohnungen liegen als Zweispänner an direkt belichteten Treppenhäusern, was damals sehr fortschrittlich war und Maßstäbe beim Bau weiterer Stifte setzte. Einfach strukturierte gelbe Backsteinfassaden, akzentuiert durch rote Gliederungen, kennzeichnen die Architektur. Die Erweiterungen von 1862 und 1874, die sich bis zur Bundesstraße erstreckten, wurden 1971 abgebrochen. Als zehn Jahre später auch die Zerstörung der Kernbauten von 1852 drohte, gelang es den mittlerweile studentischen Bewohnern und einer Gruppe von Architekten, deren Erhalt als Wohnmodell durchzusetzen.

Der **Wasserturm** im Sternschanzenpark – ein Entwurf von Wilhelm Schwarz (1906 W, 1907-10, vgl. den Wasserturm im Stadtpark, Nr. F 44) – dient heute als Mövenpick Hotel (Umbau und Erweiterung Architekturbüro Falk von Tettenborn, 2005-07). Seit 2008 gehört er mitsamt dem Park zum neuen Stadtviertel Sternschanze.

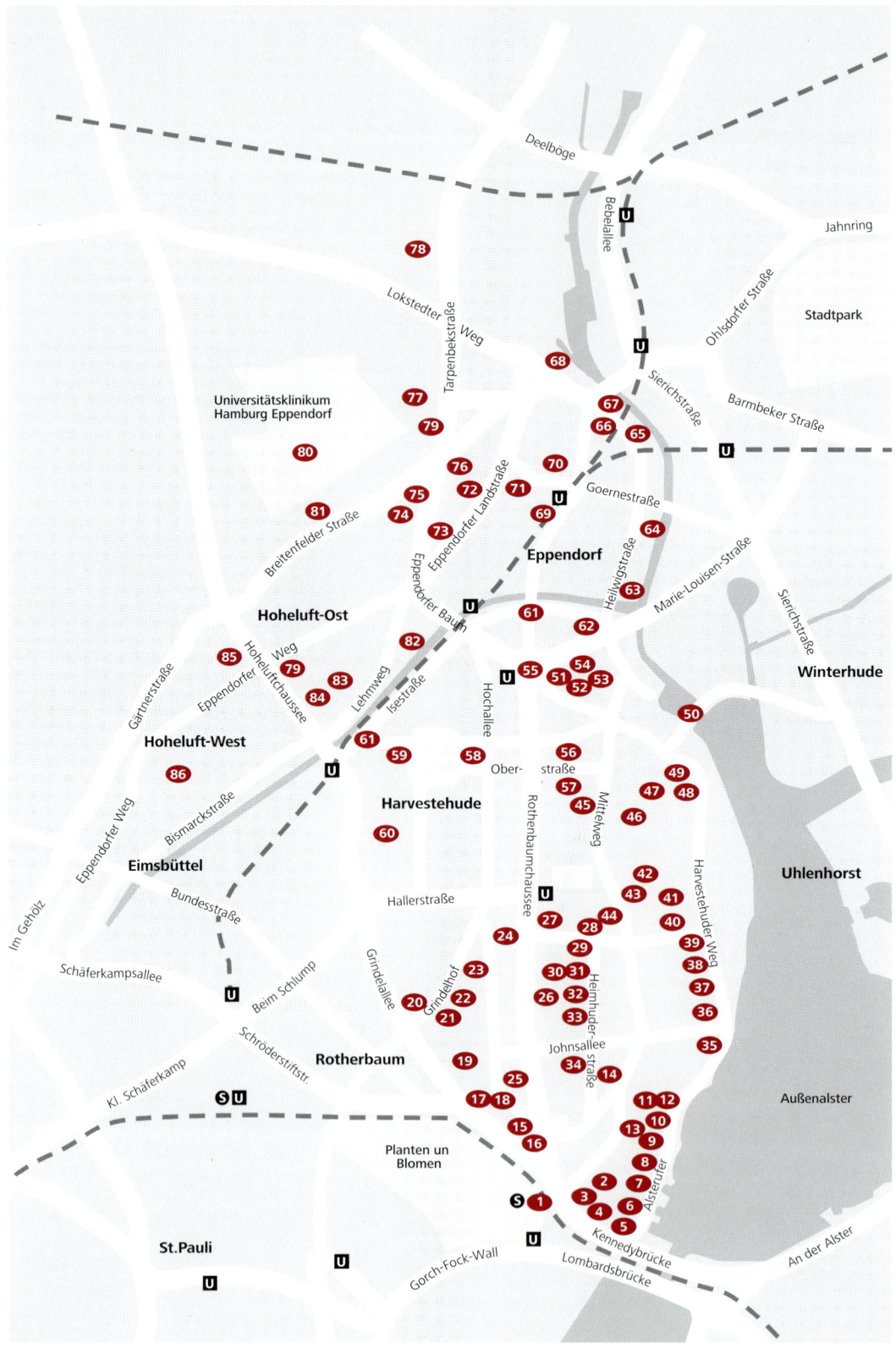

D 1 Dammtorbahnhof

D 2 Hauptverwaltung der SIGNAL IDUNA Gruppe (Aufnahme um 1957)

D Rotherbaum, Harvestehude, Eppendorf und Hoheluft

Der größte Teil von Harvestehude gehörte ursprünglich dem St.-Johannis-Kloster (vgl. Nr. D 65), dem Rechtsnachfolger des während der Reformation aufgehobenen Zisterzienserinnenklosters Herwardeshude. 1866 wurde das Klosterland, das sich von der heutigen Hallerstraße bis zur Isebek erstreckte und auch Teile des Alsterufers umfasste, an ein Spekulantenkonsortium verkauft. Bereits 1873 waren die Straßen angelegt. Die Bebauung zog sich jedoch noch bis zum Ersten Weltkrieg hin, was an der angestrebten Exklusivität des neuen Viertels lag. Auch das Gebiet westlich des Grindelbergs, das nahtlos in Eimsbüttel übergeht und somit in einem anderen Kontext vorgestellt wird (vgl. Kapitel C, Nr. 79 ff.), blieb lange Zeit Brachland. Die letzten freien Flächen wurden dort erst in der Weimarer Republik mit Klinkerblöcken gefüllt.

Wie Harvestehude war auch Rotherbaum bis zur Aufhebung der Torsperre 1861 nur dünn besiedelt und wurde vor allem durch saisonal genutzte Landhäuser geprägt (vgl. Nr. D 13). Im Südosten bildete das Schröder-Stift seit 1852 einen isolierten Vorposten (vgl. Kapitel C, Nr. 92). Obwohl das Kerngebiet von Rotherbaum bereits seit 1752 der Stadt gehörte und somit beste Voraussetzungen für eine planmäßige Entwicklung geboten hätte, lehnte der Senat den weitschauenden städtebaulichen Entwurf ab, den William Lindley 1855 für die systematische Erschließung des gesamten Gebiets westlich der Außenalster vorlegte. Stattdessen wurden isolierte Straßenprojekte realisiert, z. B. das Alsterglacis (1856) oder die Johnsallee (ab 1868), die sich nur allmählich zu einem geschlossenen Siedlungsgebiet fügten. Dennoch war auch Rotherbaum bald das bevorzugte Wohnviertel des Großbürgertums.

Eppendorf kam im 14. Jahrhundert ebenfalls in den Besitz des Klosters Herwardeshude. Das verkehrsgünstig an der Alster gelegene Dorf war schon damals ein attraktives Siedlungsgebiet und verfügte seit 1267 mit St. Johannis auch bereits über eine eigene Kirche (vgl. Nr. D 67). 1889 wurde hier das Allgemeine Krankenhaus eröffnet (vgl. Nr. D 80). Aber erst nach 1900 entstanden die repräsentativen Geschosswohnbauten an der Eppendorfer Landstraße, während sich östlich der Loogestraße gleichzeitig ein Villenviertel entwickelte. Das Etagenhausquartier Hoheluft wurde 1939 als selbstständiger Stadtteil von Eppendorf getrennt und mit der Aufteilung Hamburgs in Bezirke 1949 in Hoheluft-Ost und Hoheluft-West gespalten. Im Zweiten Weltkrieg erlitten Rotherbaum, Harvestehude und Eppendorf nur relativ geringe Schäden, was sie heute zu Flächendenkmälern von europäischem Rang macht.

D 1 Dammtorbahnhof
Theodor-Heuss-Platz, Rotherbaum
Architekten: Eisenbahndirektion Altona, Baurat Schwartz. Alexander Rüdell (Ursprungsbau)
Studio & Partners (Umbau)
1901-03; Umbau 1999-2002

Einer der ursprünglich fünf neuen Bahnhöfe an der Verbindungsbahn zwischen Hamburg und Altona, mit deren kreuzungsfreiem Ausbau um die Jahrhundertwende begonnen wurde – und neben dem Hauptbahnhof der einzige, der noch seinen ursprünglichen Charakter bewahrt hat, seitdem die Bahnhöfe Sternschanze, Holstenstraße und Altona abgebrochen bzw. »zurückgebaut« wurden. Das außergewöhnlich schöne Bauwerk in Rotherbaum weist eine klare vertikale Zweiteilung nach dem Vorbild der Bahnhöfe Alexanderplatz und Friedrichstraße in Berlin auf. In den Viadukten unter den Gleisen sind die Empfangs- und Warteräume sowie Läden untergebracht; darüber erhebt sich eine 17 m hohe Bahnsteighalle, deren Karniesbögen an den Stirnseiten das Profil der stählernen Fachwerkbinder nachzeichnen. Oberhalb der beiden Mittelportale an den Längsfronten verschwindet die Skelettkonstruktion hinter repräsentativen Jugendstilfassaden aus Sandstein, die von Türmen mit Flaggenmasten flankiert werden, diente der Bahnhof doch auch zum Empfang von Staatsgästen. Die Umbauten betrafen die Eingangshalle, die in Anlehnung an den Vorkriegszustand neugestaltet wurde.

D 3 Hauptverwaltung der Hanse-Merkur Versicherungsgruppe

D 3.1 Hauptverwaltung der Hanse-Merkur Versicherungsgruppe, Haus Wedells

D 2 Hauptverwaltung der SIGNAL IDUNA Gruppe
Neue Rabenstraße 15-19, Rotherbaum
Architekten: Georg Wellhausen (Ursprungsbau)
Wellhausen & Partner (Erweiterungen)
Kleffel, Köhnholdt, Gundermann (Kantine)
Kleffel Köhnholdt Architekten (Modernisierung)
1955-57; Erweiterungen 1970-73; Kantine 1992/93;
Modernisierung 1997-99

Um das Versicherungsgebäude in das kleinteilige Quartier zu integrieren, wurde das Volumen in drei unterschiedlich hohe, hintereinandergestaffelte Bürotrakte aufgelöst, die durch eine quer hierzu verlaufende zentrale Erschließungsachse verbunden werden (Anfang der 1970er Jahre zur Warburgstraße hin mit zeittypisch groben Fassaden erweitert.) Zwischen den Trakten liegen gärtnerisch gestaltete Höfe mit Wasserbecken. Die Keramikformsteine an den Brüstungsbändern sind ein Entwurf von Georg Wellhausen. Die sorgfältige Detaillierung und die konzeptionelle Schlüssigkeit machen den Komplex zu einem herausragenden Beispiel für den Bürohausbau der Nachkriegszeit. Ziel der Modernisierung war es deshalb auch, den ursprünglichen Charakter der Architektur zu erhalten.

Der **Erweiterungsbau** Alsterterrasse 1 stammt von Kleffel, Köhnholdt, Gundermann (1989, 1990-92).

D 3 Hauptverwaltung der Hanse-Merkur Versicherungsgruppe
Siegfried-Wedells-Platz 1, Rotherbaum
Architekten: A. P. B. Architektengruppe Planen & Bauen
Beisert, Findeisen, Galedary, Grossmann-Hensel, Wilkens
1984/85 W, 1990-93

Mit den weiß verputzten Rasterfassaden ordnet sich der Bau zwar problemlos in sein historisches Umfeld ein; hinsichtlich der Maßstäblichkeit mussten aber Abstriche gemacht werden. Das Gebäude weist 30 Prozent mehr Bruttogeschossfläche auf als im Wettbewerb gefordert, was nur durch zusätzliche Geschosse und einen Querriegel im Innenhof möglich war, der die imposante glasgedeckte Eingangshalle an der Ostseite abschließt. (Ursprünglich war dort eine Glasfront geplant, die einen reizvollen Ausblick auf einen alten Baum geboten hätte.)

Hervorzuheben ist das denkmalpflegerische Engagement. Der Komplex integriert Haus Wedells von Martin Haller und zwei Doppelvillen am Alsterglacis, deren aufwändig restaurierte Repräsentationsräume heute als Kantine genutzt werden (vgl. Nr. D 4.1).

D 3.1 Haus Wedells
Siegfried-Wedells-Platz 2, Rotherbaum
Architekt: Martin Haller
1895/96

Ein Renaissance-Palazzo für den Kaufmann Siegfried Wedells mit nobler Sandsteinfassade. Der Fassadenaufbau ist konventionell hierarchisiert, ungeachtet der tatsächlichen Raumaufteilung: Das Erdgeschoss wird durch eine Quaderung als Sockel definiert; Segmentbogenverdachungen über den Fenstern heben den ersten Stock als Beletage hervor. Die repräsentativen Wand- und Deckendekorationen in der Treppenhalle und in den Gesellschaftsräumen – Empfangszimmer, Salon und Speisesaal im Erdgeschoss, Billardraum und Herrenzimmer im ersten Stock – sind unverändert erhalten, diente das Gebäude doch bis 1965 als Gästehaus des Hamburger Senats und wurde dementsprechend pfleglich behandelt. Auch die im Originalzustand überlieferten Nebengelasse wie die Garderobe, das WC (mit britischer Toilettenschüssel), die Anrichte oder der Schrankraum machen Haus Wedells zu einem bedeutenden Zeugnis der großbürgerlichen Wohnkultur Hamburgs.

D 4 Villa Alsterglacis mit Remise und Bürohaus Warburgstraße
D 4.1 Villa
Alsterglacis 8, Rotherbaum
Architekt: vermutl. Jean David Jollasse
1862

Kubischer Putzbau mit einem Zinnenkranz. Vorbilder aus Venedig und Florenz mischen sich hier im Sinne des »romantischen Historismus« mit Motiven aus dem Tudorstil, was typisch für die Entwürfe von Jean David Jollasse ist (vgl. die »Slomanburg«, Nr. D 36). Da in den so genannten Landgebieten vor 1872 keine Bauakten geführt wurden, muss allerdings offen bleiben, ob dieser

D 4.1 Villa Alsterglacis 8 und Doppelvillen

D 4.2 Bürohaus Warburgstraße und Remise

D 6 Haus Eggert

Entwurf auch tatsächlich von Jollasse stammt. Das Alsterglacis wurde 1856 angelegt und bald darauf mit den beiden **Doppelvillen** Nr. 4-7 bebaut.

D 4.2 Bürohaus Warburgstraße und Remise
Warburgstraße 5, Rotherbaum
Architekten: vermutl. Jean David Jollasse (Remise)
Marc-Olivier Mathez (Bürohaus)
Remise 1862; Bürohaus 1994, 1999-2000

Die Bürogeschosse wurden auf einem Lasttisch aus Stahlbeton über einer Remise aufgeständert, die ursprünglich zur Villa Alsterglacis 8 gehörte. Glasfassaden und eine mit Sandstein verkleidete Stirnwand bilden einen betonten Kontrast zu dem historischen Bau. Die Heizung, der Sonnenschutz und die Beleuchtung (Deckenfluter) wurden in die Fassade integriert, um Störungen der Außenarchitektur zu vermeiden. Das Treppenhaus behielt Rohbaucharakter mit Sichtbetonflächen.

Von Marc-Olivier Mathez stammt auch das **Bürohaus** Alsterterrasse 2 (1998, 2003-05).

D 5 Ehem. Verwaltungsgebäude der Rhenania-Ossag
Alsterufer 4-5, Rotherbaum
Architekt: Rudolf Brüning
1929-31

Das Verwaltungsgebäude des Düsseldorfer Architekten ist beispielhaft für die schrittweise Verdrängung der Wohnbebauung am westlichen Alsterufer durch Bürohäuser, die bereits in den 1930er Jahren einsetzte. In gestalterischer Hinsicht hebt sich der Bau mit seinem ausgeprägten Horizontalrelief aus Gesimsen und Fensterbändern deutlich von den vertikal gegliederten Fassaden der Kontorhäuser ab. Die Rhenania-Ossag war ein Tochterunternehmen der Shell AG. Hierauf verweist das Relief von Johannes Knubel neben dem Eingang, das die Herstellung, die Lagerung und den Transport von Mineralöl thematisiert, wobei auch das bekannte Shell-Logo, die Muschel, auftaucht.

Das ehem. **Verwaltungsgebäude der Hamburg-Mannheimer Versicherung**, Alsterufer 1-3, ist ein Entwurf von Elingius & Schramm (1934/35, bis 1957 von Schramm & Elingius im gleichen Stil nach Südwesten erweitert, vgl. das Prien-Haus, Nr. B 20.1).

D 6 Haus Eggert
Alsterufer 12, Rotherbaum
Architekten: Stammann & Zinnow
1887

Nobles Stadtpalais mit Blick über die Außenalster. Loggien mit Säulenschmuck in aufsteigender Ordnung

D 8 Generalkonsulat der USA

D 9 Bürohaus Alsterufer und Apartmenthaus (Aufnahme um 1971)

D 10.2 Villen von Hans und Oskar Gerson, Villa Alsterufer 36

D 13 Landhaus von John Fontenay

(toskanisch, ionisch, korinthisch) und ein Giebeldreieck betonen die Mittelachse. Das Piano nobile ist durch Ädikulen hervorgehoben. Die Feingliedrigkeit selbst der Quaderungen an den Kanten und die eleganten Proportionen machen den Bau zu einem besonders qualitätsvollen Beispiel für die Neorenaissance in Hamburg. Umso bedauerlicher ist, dass auf dem Gebäude heute ein unmaßstäbliches modernes Penthouse lastet.

D 7 Ehem. Verwaltungsgebäude der Rickmers Reederei
Alsterufer 26, Rotherbaum
Architekten: Richard Meier & Partners
1998, 1999-2001

Die typischen Markenzeichen Richard Meiers – Fassadenverkleidungen aus weißem Blech und Anleihen an die rationalistische Vorkriegsmoderne – kamen auch bei diesem Entwurf zum Tragen. Der komplexe Fassadenaufbau aus sich überlagernden und durchdringenden Schichten, die zudem geschlossen, transparent oder opak sind, ist an Meiers großem Vorbild Le Corbusier geschult. Die zweigeschossige Eingangshalle, in die eine unregelmäßig geformte, skulptural anmutende Galerie hineinragt, und gläserne Trennwände sorgen auch im Innern für vielschichtige Raumeindrücke.

D 8 Generalkonsulat der USA
Alsterufer 27, Rotherbaum
Architekten: Martin Haller (Ursprungsbauten). Elingius & Schramm (1. Umbau). Schoch & Gundlach (2. Umbau)
Villa Michaelsen 1882; Villa Rée 1883; 1. Umbau 1934; 2. Umbau 1951

Die verschachtelt wirkende Baugruppe entstand 1934 durch die Vereinigung zweier Einzelvillen, damit sich hier Karl Kaufmann, der Gauleiter der NSDAP, mit seinem Stab niederlassen konnte. Während die ehemalige Villa Michaelsen (links) noch weitgehend die ursprüngliche Fassade zeigt, wenn auch ohne Dächer, wurde die etwas malerischere Gliederung der Villa Rée (rechts) durch neoklassizistische Details ersetzt. Dabei orientierten sich die Architekten jedoch weniger am NS-Monumentalstil als vielmehr an einem bis heute gültigen Leitbild von hanseatischer Noblesse. Das Säulenvordach wurde erst 1951 angefügt, als das Generalkonsulat der USA hier einzog. Es machte den Komplex im Volksmund schon bald zum »Weißen Haus« an der Alster.

D 9 Bürohaus Alsterufer und Apartmenthaus
Alsterufer 33/Fontenay-Allee 1-2, Rotherbaum
Architekten: v. Gerkan & Marg
1970/71

D 12 Geschosswohnbau Vogel

Der Gebrauch von Fertigteilen aus Sichtbeton führte hier zu einer Gestaltung, die zwar relativ undifferenziert, aber nicht reizlos ist. Die konstruktive Struktur ist klar ablesbar, wenn auch im Hinblick auf die Profile von einer in statischer Hinsicht kaum zu rechtfertigenden Massivität. Der aufgelöste Umriss resultiert bei dem Apartmenthaus an der Fontenay-Allee aus dem Split-Level-Prinzip, d. h. die Geschosse sind jeweils um eine halbe Etage gegeneinander versetzt.

D 10 Villen von Hans und Oskar Gerson
D 10.1 Villa Themme
Alsterufer 35, Rotherbaum
Architekten: Hans und Oskar Gerson
1914-17
D 10.2 Villa
Alsterufer 36, Rotherbaum
Architekten: Hans und Oskar Gerson
1914/15

Der Bau des Villenpaares wurde durch eine teilweise Parzellierung des Fontenayparks ermöglicht, der sich ursprünglich bis an das Alsterufer erstreckte (vgl. die Landhäuser von John Fontenay, Nr. D 13). Kolossalpilaster, dreieckige Fensterverdachungen und gerundete Gebäudekanten verleihen der Villa Alsterufer 36 einen neobarocken Zug. Dabei konterkariert der Schwung der beiden zierlichen Veranden, die den Vorplatz wie einen Ehrenhof umschließen, jedoch jeden Anflug von Monumentalität. Wurde hier der Kanon herkömmlicher Repräsentationsformeln spielerisch aufgebrochen, so griffen die Architekten bei der Villa Themme mit einer Säulenloggia auf konventionelle Motive der klassizistischen Landhausarchitektur zurück.

D 11 Haus Wütow
Alsterufer 37, Rotherbaum
Architekt: Block & Hochfeld
1922/23

Kompakter zweigeschossiger Bau mit Walmdach. Mit diesem Entwurf drang zum ersten Mal der Klinker an das Alsterufer vor. Die sparsamen Dekorationen sind noch dem Expressionismus der Inflationsjahre verhaftet. Schon bald darauf orientierten sich die Architekten am »Neuen Bauen«.

D 12 Geschosswohnbau Vogel
Alsterufer 38, Rotherbaum
Architekten: Ingrid Spengler. Manfred Wiescholek
1990 W, 1992/93

Der kubische Bau à la Le Corbusier ist einer der spektakulärsten Entwürfe der frühen 1990er Jahre in Hamburg. Alles ist von höchster Qualität und steigert sich gegenseitig in seinem subtilem Zusammenspiel: die weiße Fassadenverkleidung aus mattgeschliffenen Glasplatten, der warme Honigton der hölzernen Fensterrahmen, die kühle Farbgebung der übrigen Materialien, der Sichtbeton für die auskragenden Teile. Überaus kultiviert sind auch die Grundrisse nach dem Split-Level-Prinzip mit anderthalbgeschossigen Wohnhallen und einem organisch geformten Annex, der die Wohnräume der rückwärtigen Apartments ebenfalls in den Genuss des Alsterpanoramas bringt. Allerdings wurde dem Gebäude eine denkmalschutzwürdige Klinkervilla von 1921 geopfert.

Das **Kriegerdenkmal** zur Erinnerung an den Deutsch-Französischen Krieg 1870/71 ist ein Entwurf von Johannes Schilling (1877). Es wurde 1926 von der Esplanade an die Straße Alsterufer versetzt.

D 13 Landhäuser von John Fontenay
Mittelweg 183 u. 185, Rotherbaum
Architekten: pmp Architekten (Restaurierung)
1820 (Nr. 183); 1825 (Nr. 185); Restaurierung 2001-03

1813 wurde die Bebauung vor dem Dammtor von den napoleonischen Besatzungstruppen niedergebrannt. Einer der Pioniere der Wiederbesiedlung war der Kaufmann John Fontenay, der südlich der heutigen Badestraße ab 1818 Straßen anlegen und das Gelände mit Landhäusern bebauen ließ (vgl. die Straßennamen in der Nachbarschaft). Das Gebäude Nr. 185 wurde von ihm selbst bewohnt. Der schlichte Bau zeigt auch noch in seiner reduzierten Form die typischen Merkmale der »herrschaftlichen« Landhausarchitektur: mittig angeord-

D 14 Haus Lorenz-Meyer   D 15 Hauptgebäude der Universität Hamburg (Aufnahme um 1911)   D 17 Dammtorpalais

netes Portal, Fensterverdachungen und angedeutete Seitenrisalite. Weitaus bescheidener präsentiert sich der Fachwerkbau Nr. 183, ursprünglich ein Doppelhaus, der nach einer Brandstiftung wiederhergestellt wurde.

D 14 Haus Lorenz-Meyer
Tesdorpfstraße 19, Rotherbaum
Architekten: J. F. Beger (Ursprungsbau)
Haller & Geißler (Umbau)
1872/73; Umbau 1912

Hinsichtlich der Gliederung und der Dekoration bildete der Bau ursprünglich ein Pendant zu Tesdorpfstraße 17, einer typischen Reihenvilla im Stil der Neorenaissance mit Seitenrisalit, Veranda und zurückgesetztem Eingang, die ebenfalls von Beger stammte. Die Umgestaltung von 1912 wurde von dem neuen Hausbesitzer Eduard Lorenz Lorenz-Meyer, einem Mitstreiter des Kunsthallendirektors Alfred Lichtwark für den Heimatstil, programmatisch verstanden. Seitdem präsentiert sich der Bau mit einer flächigen Backsteinfassade, Sprossenfenstern – ursprünglich mit Klappläden – und einem angedeuteten Mansarddach. Es spricht für Martin Hallers Souveränität, dass er mit diesem Entwurf einen demonstrativen Schlussstrich unter eine Architekturentwicklung zog, deren Hauptvertreter er selbst für Jahrzehnte gewesen war. Von Haller stammte übrigens auch das Landhaus von Lorenz-Meyer (vgl. Haus Billhoop, Nr. M 46).

D 15 Hauptgebäude der Universität Hamburg
Edmund-Siemers-Allee 1, Rotherbaum
Architekten: Distel & Grubitz (Ursprungsbau)
Dinse, Feest, Zurl (Instandsetzung und Neugestaltung der Innenräume)
1907/08 W, 1909-11; Instandsetzung und Neugestaltung der Innenräume 2001, 2002-04

Das Hörsaalgebäude war ursprünglich eine Stiftung des Kaufmanns Edmund J. A. Siemers für das »Allgemeine Vorlesungswesen«, das sich an die breite Bevölkerung richtete, und wurde erst 1919 von der neu gegründeten Universität übernommen. Die Kuppel über dem Hauptauditorium (700 Plätze) markiert das Zentrum der weitläufigen Anlage, die zwar mehrere Hörsäle vereinigt, aufgrund der geringen Höhe und der geradezu beschwingten neobarocken Gliederung aber eher pavillonartig wirkt. Wie ein süddeutscher Architekturimport muten die für Hamburg untypischen Rauputzfassaden an. Welche Bedeutung dem Gebäude zugemessen wurde, verrät das prominent besetzte Preisgericht im Wettbewerb von 1908, in dem u. a. Theodor Fischer, Ludwig Hoffmann, Gabriel von Seidl und Friedrich von Thiersch vertreten waren. (Letzterer trat als Ersatz für den erkrankten Alfred Messel ein.)

Die **Flügelbauten** stammen von Folker Schneehage (Westflügel 1996-98, Ostflügel 1999-2002). Sie sind eine Schenkung der Dr. Helmut und Hannelore Greve Stiftung für Wissenschaften und Kultur.

D 16 Büsch-Denkmal
Edmund-Siemers-Allee/Rothenbaumchaussee, Rotherbaum
Architekt: Johann August Arens
Bildhauer: Ernst Matthaei (Porträt)
Johann Conrad Wolff (Allegorie)
1802

Östlich des Hauptgebäudes der Universität fand nach wiederholtem Ortswechsel das Denkmal für Johann Georg Büsch (1728-1800), den aufgeklärten Mathematiker und Nationalökonom sowie Mitbegründer der Patriotischen Gesellschaft (vgl. Nr. A 15), einen würdigen Standort. Der Obelisk ist auf zwei Seiten mit Lorbeerkränzen und Reliefs aus Bronze geschmückt, die ein Porträt von Büsch bzw. eine allegorische Darstellung zeigen: Handel, Staatswirtschaft und Gewerbe sowie die »Bürgerliebe« werden vor einem Opferaltar personifiziert. Das Büsch-Denkmal gilt als erstes öffentliches Personendenkmal in Hamburg überhaupt. Der Ring aus Pappeln, der den Obelisken umgibt, ist ein Zitat der Grabstätte des Philosophen Jean-Jacques Rousseau in Ermenonville.

Der **Luftschutzturm System Zombeck**, Rothenbaumchaussee 2, wurde 1939/40 vom Hochbauamt errichtet (Entwurf Wolfgang Rudhard, vgl. Nr. E 70).

D 19.1, D 19.2 Campus der Universität Hamburg, »Philosophenturm« und Pädagogisches Institut (Aufnahme um 1963)

D 19.3 Campus der Universität Hamburg, Auditorium maximum (Aufnahme um 1960)

D 17 Dammtorpalais
Moorweidenstraße 34/Schlüterstraße 1, Rotherbaum
Architekt: Emil Neupert
1910-12

Ein besonders bemerkenswertes Beispiel für die Reformarchitektur vor dem Ersten Weltkrieg. Bis auf das Sockelgeschoss bestehen die Fassaden ausschließlich aus Backstein. Bandartige Strukturen aus Klinker, die sich als Rahmen um die Fenster legen, setzen Akzente auf dem roten Verblendmauerwerk; auch die Brüstungen werden durch Ziegelornamente belebt. Eine Reminiszenz an die niederdeutsche Bauernhausarchitektur und somit typisch für den um 1910 aktuellen Heimatstil sind der »Donnerbesen« und die Windmühle an der Giebelseite, flankiert von einem Reichsadler und einem Hamburg-Wappen. Charakteristisch ist schließlich auch das voll ausgebildete Dach. Im Innern bot das Gebäude Luxuswohnungen mit sechs bis zehn Zimmern.

D 18 Provinzialloge von Niedersachsen
Moorweidenstraße 36, Rotherbaum
Architekten: Hermann Schomburgk. Christian H. Leopold Strelow. Max Gerhardt
1906 W, 1907-09

Der Entwurf wurde durch einen Wettbewerb innerhalb des Freimaurerordens ermittelt, wobei sich die Architekten den ersten Preis teilten. Der Jugendstildekor verleiht der neoklassizistisch gegliederten Hauptfront eine zeitgemäße Ausprägung. Die Mosaiken am Eingangsrisalit – ein Kreuz mit Strahlenkranz im Giebeldreieck, Johannes der Täufer und der Apostel Andreas zwischen den Kolossalsäulen – repräsentieren die »Abteilungen«, die ein Freimaurer auf dem Weg zur Erkenntnis durchschreitet: zunächst die Johannisloge (links), dann die Andreasloge (rechts) und schließlich das Kapitel (im Giebel). Die sieben Stufen vor dem Eingang entsprechen den Erkenntnisgraden, die zu diesem höchsten Ziel führen. In der NS-Zeit wurden die Logen geschlossen. Ab 1941 diente das Gebäude als Sammelpunkt für die Deportation der Hamburger Juden in die Ghettos und Vernichtungslager. Die Transporte erfolgten von der vorgelagerten Grünanlage aus, woran der Gedenkstein von Ulrich Rückriem (1983) erinnert.

D 19 Campus der Universität Hamburg
Von-Melle-Park, Rotherbaum
Architekten: Hochbauamt, Paul Seitz u. a.
1954, 1955-63

D 19.1 Hochhaus der Philosophischen und der Theologischen Fakultät
Von-Melle-Park 6
Architekt: Hochbauamt, Paul Seitz
1958, 1960-62

D 19.2 Pädagogisches Institut
Von-Melle-Park 8
Architekten: Hochbauamt, Paul Seitz (Ursprungsbau)
v. Mansberg, Wiskott + Partner (Modernisierung)
1958, 1960/61; Modernisierung 2003-05

Der Campus der Universität Hamburg negiert auf zeittypische Weise den gründerzeitlichen Straßenraster von Rotherbaum. Die Solitäre des Auditorium maximum von Bernhard Hermkes (vgl. Nr. D 19.3) und des »Philosophenturms« bilden vage Bezugspunkte für die übrigen, locker über das Gelände verteilten Bauten. Die naive Identifikation gestalterischer Konzepte mit den Werten eines demokratischen und pluralistischen Bildungswesens gewinnt hier anschaulich Gestalt. Alles ist so zwanglos und »offen«, wie sich auch die Gesellschaft der Adenauer-Ära gerne sah. Während die Außenanlagen noch weitgehend dem ursprünglichen Zustand entsprechen, haben die Gebäude durch Modernisierungen deutlich an Qualität eingebüßt. So wurden z. B. die Betonlamellen am Pädagogischen Institut durch eine Leichtmetall-Konstruktion ersetzt, die auch hinsichtlich der Gliederung divergiert.

D 19.3 Auditorium maximum
Von-Melle-Park 4
Architekt: Bernhard Hermkes
1958, 1959/60

Bei einer maximalen Spannweite von nahezu 59 m ruht die 13 cm starke Spannbetonkuppel unabhängig von den Wandscheiben auf den außenliegenden schlanken Stützen. Sie überwölbt zwei Hörsäle mit 1.772 bzw. 546 Plätzen, die sich mittels einer versenkbaren, 6 t schweren Trennwand vereinigen lassen. Von größter Leichtigkeit sind die gleichsam frei schwebenden Treppen und die geschwungene Empore in der verglasten Eingangshalle: eine der schönsten Raumschöpfungen der Wiederaufbaujahre. Als Vorbild diente das Kresge Auditorium von Eero Saarinen in Cambridge/USA (1953-55), wie sich an der flachen Kuppel und dem abgerundeten dreieckigen Grundriss sowie den untergehängten Schallsegeln an der Decke ablesen lässt. Das abstrakte Relief im Foyer stammt von Karl Hartung.

Das ehemalige **Zentralfernsprechamt**, Schlüterstraße 51-53, ist ein Entwurf der Postbauräte Paul Schuppan und Sucksdorf (1902-07, vereinfacht wiederaufgebaut).

D 20 Wohn- und Geschäftshaus Grindelallee
Grindelallee 100, Rotherbaum
Architekten: v. Gerkan, Marg + Partner
1984, 1985-87

Fast alles stimmt an diesem Entwurf: die konventionelle turmartige Betonung der exponierten stadträumlichen Situation, die sorgfältige Detaillierung der Lärmschutzerker, nicht zuletzt die hohe Baudichte, die an dieser Stelle ebenso eine vernünftige Entscheidung war wie die Mischung von Wohn- und Gewerberaum (in den unteren drei Geschossen). Im Innern stapeln sich dafür aber auch wieder nur die üblichen Ein- und Zweizimmerschachteln. Und es fragt sich, ob weiße Putzfronten und wie ziseliert wirkende Glaserker wirklich eine angemessene Antwort auf das verkehrsmäßig stark belastete Eckgrundstück darstellen.

An der Rentzelstraße 10b hat Carsten Roth eine Hinterhoffabrik in ein **Bürohaus** umgebaut (1991-94) und sein eigenes **Architektenatelier** errichtet (1993, 1995/96).

D 21 Mahnmal Joseph-Carlebach-Platz
Rotherbaum
Architekt: Bernhard Hirche. Künstlerin: Margrit Kahl
1987/88

Die Namensgebung erinnert an Joseph Carlebach (1883-1942), den Hamburger Oberrabbiner und Direktor der Talmud-Tora-Schule (vgl. Nr. D 22), der 1941 mit seiner Frau Charlotte und drei seiner vier Kinder in das Ghetto Riga deportiert wurde. Ursprünglich stand hier die Synagoge der Deutsch-Israelitischen Gemeinde von Semmy Engel und Ernst Friedheim (1904-06). Sie wurde bei dem Pogrom in der Nacht vom 9. auf den 10. November 1938 zwar im Innern demoliert, blieb aber baulich intakt und musste 1939 auf Kosten der Gemeinde abgerissen werden. Das Mahnmal, das den Grundriss und die Gewölbelinien des neoromanischen Kuppelbaus im Pflaster nachzeichnet, soll einen Leerraum im Stadtbild definieren und somit an den Verlust erinnern. Dieser Eindruck ist jedoch nur schwer vermittelbar, denn das Synagogengrundstück verschwindet seit 1942 hinter einem Hochbunker, der später in ein Universitätsgebäude umgebaut wurde.

D 22 Ehem. Talmud-Tora-Oberrealschule
Grindelhof 30, Rotherbaum
Architekt: Ernst Friedheim
1909, 1910-11

Die Talmud-Tora-Schule war 1805 in der Neustadt als jüdische Armenschule gegründet worden. 1869 wurde sie als Realschule und 1932 als Oberrealschule anerkannt, was sie zu einem zentralen baulichen Dokument für die Bildungs- und Emanzipationsbestrebungen der Hamburger Juden macht. Im April 1939 wurde sie geschlossen und der Unterricht in die Israelitische Töchterschule verlagert (vgl. Nr. C 6). Der Entwurf von Ernst Friedheim verzichtet auf eine eigenständige Aussage und orientiert sich mit roten Backsteinfassaden und einem Mansardwalmdach an den öffentlichen Schulbauten von Albert Erbe, wenn auch ohne die damals beliebten »Althamburger« Barockmotive, dafür aber mit einem dorischen Portikus als Würdeformel. Die Pfeilerstruktur der Hauptfassade stellte eine Konsequenz des Wunsches der Schulleitung nach hellen Räumen dar. 2004 wurde das Gebäude von der Stadt Hamburg als Schenkung an die jüdische Gemeinde in Hamburg zurückgegeben. (Anmerkung: Im Schulnamen wird Thora tatsächlich ohne »h« geschrieben.)

D 23 Hamburger Kammerspiele
Hartungstraße 9-11, Rotherbaum
Architekten: Hermann Diederich Hastedt (Ursprungsbau)
Semmy Engel (Erweiterung)
Fritz Block. Ernst Hochfeld. Oskar Gerson (Umbau)
1863/64; Erweiterung 1903/04; Umbau 1937

Eine spätklassizistische Villa (linke Gebäudehälfte) wurde 1903/04 für die jüdische Henry-Jones-Loge erweitert. 1937 erwarb der Jüdische Kulturbund das Haus und ließ es von den ebenfalls aus rassistischen Gründen diskriminierten Architekten zum Kammerspieltheater mit fast 500 Plätzen umbauen: quasi als Insel der Selbstbehauptung in einer immer bedrohlicher werdenden Umwelt, zumal es in Hamburg kaum noch andere Orte gab, an denen jüdische Künstler auftreten durften. Im Dezember 1945 wurden hier unter der Leitung von Ida Ehre, die in der NS-Zeit selbst als Jüdin verfolgt worden war, die Hamburger Kammerspiele eröffnet. Heftig umstritten waren die allzu schicken Umgestaltungsmaßnahmen von 2001/02, die dem Gebäude seine stille Würde genommen haben.

D 24 Geschosswohnbau Hermann-Behn-Weg
Hermann-Behn-Weg 21, Rotherbaum
Architekten: Prof. Hans Kollhoff,
Architekten Kollhoff und Timmermann
2000

D 20 Wohn- und Geschäftshaus Grindelallee   D 26 Museum für Völkerkunde Hamburg

 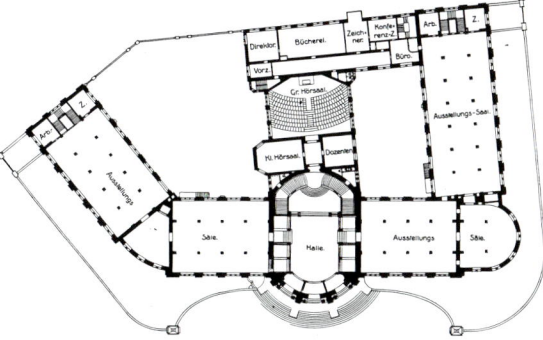

D 27.3 Wohnanlage Turmweg   D 26 Museum für Völkerkunde Hamburg, Grundriss

Symmetrisches Gebäude mit Mittelrisalit, der durch ein flaches Giebeldreieck betont wird. Auch die weißen Putzfassaden, die Gurtgesimse – tatsächlich handelt es sich um Metallschienen mit U-Profil – und die stehenden Fensterformate verleihen der Architektur einen neoklassizistischen Charakter. Der »herrschaftliche« Wohnungsbau des späten Kaiserreichs stand auch bei der Gestaltung des Innern Pate: Wohn- und Esszimmer sind durch Flügeltüren verbunden; wertvolle, aber unaufdringliche Materialien machen aus dem Eingangsbereich ein repräsentatives Entree.

D 25 Curiohaus
Rothenbaumchaussee 13-17, Rotherbaum
Architekten: Johann Emil Schaudt. Walther Puritz (Ursprungsbau)
Dinse, Feest, Zurl (Umbau und Restaurierung)
1910/11; Umbau und Restaurierung 1997/98
Verwaltungs-, Wohn- und Versammlungsgebäude für den Lehrerverband »Gesellschaft der Freunde des Vaterländischen Schul- und Erziehungswesens«, der 1805 durch Johann Carl Daniel Curio gegründet worden war und vor allem die immer zahlreicher werdenden Volksschullehrer erfasste (weshalb die Gesellschaft im Quartier der Villenbesitzer zunächst nicht wohlgelitten war).

Ein barock anmutender, gesprengter Giebel, der von schmalen Risaliten flankiert wird, beherrscht die Hauptfassade, was in der Seitenansicht eine effektvolle Staffelung ergibt. Der Rauputz setzt das Gebäude demonstrativ von den Stuckfronten in der Nachbarschaft ab. Für Hamburg eher ungewöhnlich, erinnert er an die Reformarchitektur in Berlin (von woher Johann Emil Schaudt auch stammte). 1997/98 konnte der ursprüngliche Charakter der Innenräume wiedergewonnen werden, wenn auch viele Details aufgrund unsensibler Modernisierungen unwiederbringlich verloren sind.

Die **Zentralbibliothek Recht** der Universität Hamburg, Rothenbaumchaussee 33, ist ein Entwurf von me di um Architekten Roloff Ruffing + Partner (1999 W, 2002-04).

D 26 Museum für Völkerkunde Hamburg
Rothenbaumchaussee 64, Rotherbaum
Architekt: Hochbauwesen, Albert Erbe (Ursprungsbau)
BPHL Architekten (Cafeteria)
1907, 1908-12; Erweiterung 1929; Cafeteria 1997/98
Schlossartiger Bau mit Mansardwalmdach und einem ovalen Mittelpavillon, in dem sich die Eingangshalle befindet. Der Zweiklang von rotem Backstein und Gliederungen aus Sandstein ist der norddeutschen Barock-

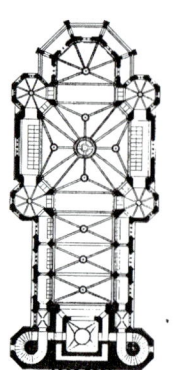

D 28 Evangelisch-lutherische Kirche St. Johannis mit Grundriss (rechts oben)

D 31, D 32 Haus Süchting (links) und Häuser Deussen und Zennig

architektur entlehnt. Die »Eyebrows« über den mittleren Fenstern verweisen auf Vorbilder von Bruno Schmitz (z. B. Festhalle Rosengarten in Mannheim, 1899-1903). Die Pfeilerfassaden sind aus der Skelettbauweise des Gebäudes abgeleitet. Die mit Marmor verkleidete Eingangshalle ist ein subtiles Beispiel für die geometrisch-ornamentale Variante des Jugendstils. Die Erweiterung an der Binderstraße wurde dem Bestand angepasst. 1997/98 wurde der südliche Innenhof überdacht, um als Gastronomiefläche zu dienen.

D 27 Wohn- und Bürokomplex Rothenbaumchaussee/Turmweg
D 27.1 Multimedia Centrum I
Rothenbaumchaussee 78, Rotherbaum
Architekten: Sir Norman Foster & Partners
1996 W, 1997-99
D 27.2 Multimedia Centrum II
Rothenbaumchaussee 76, Rotherbaum
Architekten: Peter Kulka
2000 W, 2001-03

Das Gelände war ursprünglich ein Fußballplatz. Den Auftakt zu einer angemesseneren Nutzung machte die Wohnanlage am Turmweg (vgl. Nr. D 27.3). An der Rothenbaumchaussee verzögerte sich die Realisierung, weil der Investor für die Seniorenresidenz ausschied, die Foster & Partners ursprünglich im Anschluss an das Multimedia Centrum geplant hatten. Peter Kulka entwarf stattdessen ein weiteres Bürohaus mit Brüstungsbändern aus anthrazitgrauem Klinker, dessen geradezu haptisch anmutende Schwere demonstrativ mit den schlanken Stahlstützen und horizontalen Glaslamellen des Foster-Baus kontrastiert. Beide Gebäude werden in Längsrichtung von Eingangshallen durchschnitten, die durch ihr ausgefeiltes Design hervorstechen. Die überdimensionale Eingangsloggia des Foster-Baus wirkt nur auf den ersten Blick unmotiviert. Sie verdeckt das aufdringlich postmoderne **VAP-Medienzentrum**, Rothenbaumchaussee 80a-c, das von Wolfgang Großner stammt (1995).

D 27.3 Wohnanlage Turmweg
Turmweg 1-31, Rotherbaum
Architekten: Atelier 5
1993 W, 1997/98

Um eine hohe Baudichte zu erzielen, wurden traditionelle Hamburger Typologien mit modernen Mitteln wiederbelebt: Mit ihren Vorbauten und Vorgärten erinnern die Gebäude am Turmweg an die Reihenvillen in der Nachbarschaft; die schmalen Wohngassen im Blockinnern verweisen auf die proletarischen »Terrassen« der Grün-

 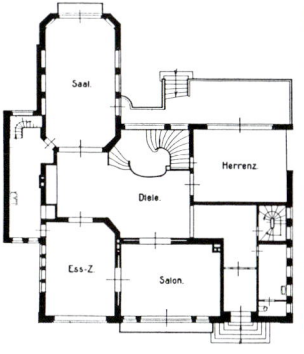 

D 29.2 Häuser von Hans und Oskar Gerson, Haus Heilbuth mit Grundriss (rechts)

D 30 Villa Ballin

derzeit (vgl. die Terrassen Wohlwillstraße, Nr. C 23). Dort reihen sich in den Erdgeschossen Maisonetten wie Reihenhäuser an kleinen Gartenhöfen. Die Wohnungen in den Vorderhäusern, die sich mit gewerblich nutzbaren Ateliers kombinieren lassen, sind dagegen von konventionellem Zuschnitt und für die exklusive Lage relativ bescheiden dimensioniert. Weiße Putzfassaden, akzentuiert durch Sichtbetondetails, schweißen die kubischen Baukörper zu einem Ensemble zusammen. Der Komplex umfasst insgesamt 127 frei finanzierte und 58 öffentlich geförderte Wohnungen.

D 28 Evangelisch-lutherische Kirche St. Johannis
Turmweg, Rotherbaum
Architekt: Wilhelm Hauers
1879 W, 1880-82

Wilhelm Hauers war ein ehemaliger Schüler und Mitarbeiter des bedeutenden Neugotikers Conrad Wilhelm Hase. Anders als etwa der Hase-Schüler Johannes Otzen spielte Hauers im Sakralbau jedoch kaum eine Rolle und orientierte sich zu Beginn der 1880er Jahre auch schon längst an der marktgängigeren Neorenaissance. Als Wandpfeilerkirche mit einer dominanten Vierung, die den Innenraum zentriert, folgt St. Johannis zwar eng dem Otzenschen Konzept. Hauers verzichtete aber auf den für Otzen charakteristischen bewegten Umriss mit Strebepfeilern und einem »Kapellenkranz« um den Chor (vgl. St. Johannis in Altona-Altstadt, Nr. C 60).

Insgesamt zehn spitze Helme sorgen zwar auch bei St. Johannis in Rotherbaum für eine malerische Fernwirkung. Diese »erwachsen« jedoch nicht aus dem kompakten Baukörper, sondern wirken wie additiv aufgesetzt. Das Mauerwerk bleibt betont flächig und wird durch Gesimse, Blendarkaden und Friese blockhaft zusammengefasst – Schinkel dabei vielleicht näher stehend als der gründerzeitlichen Neogotik. Selbst der Schaft des Turmes mutet an, als wäre er aus drei übereinander gestapelten Würfeln montiert. Bemerkenswert ist der gute Erhaltungszustand der Ausstattung. Die Deckenmalereien stammen von Hermann Schmidt, die Skulpturen von Engelbert Peiffer.

D 29 Häuser von Hans und Oskar Gerson
D 29.1 Haus Magnus
Mollerstraße 20, Rotherbaum
Architekten: Hans und Oskar Gerson
1924/25

Pavillonartiger eingeschossiger Bau mit zwei geschwungenen Flügeln, die auf eine zentrale Rotunde mit einer flachen Kuppel zulaufen. Das Vorbild barocker Lustschlösschen ist auch im Grundriss nicht zu übersehen. Die beiden Schlafräume liegen sich mit jeweils eigenem Bad wie »Appartements« an den Gebäudeenden gegenüber. Dazwischen erstreckt sich eine Enfilade von Gesellschaftsräumen. Wie Rocailles wirkende Ornamente über den Fenstertüren – tatsächlich sind es Weintrauben – schmücken die Fassade.

D 29.2 Haus Heilbuth
Feldbrunnenstraße 70, Rotherbaum
Architekten: Hans und Oskar Gerson
1909/10

Die Backsteinfassaden, das Mansardwalmdach und die Sprossenfenster sind typische Motive des so genannten Heimatstils, wobei hier außer den gequaderten Lisenen allerdings kaum Anklänge an den um 1910 modischen »Sonnin-Barock« zu finden sind. Weniger geglückt erscheint der Grundriss. Es gelang nicht, das gesamte Raumprogramm in den klar umrissenen Baukörper zu integrieren, weshalb Anbauten nötig waren. Das Entree knickt zudem ungeschickt im rechten Winkel ab, um in die Halle zu münden.

D 30 Villa Ballin
Feldbrunnenstraße 58, Rotherbaum
Architekten: Lundt & Kallmorgen
1908/09

Wohnhaus des Reedereidirektors Albert Ballin (1857-1918), unter dessen Leitung die Hapag zum größten Schifffahrtsunternehmen der Welt aufstieg. Während das Gebäude zur Binderstraße hin ein Bay Window aufweist und sich somit nicht prinzipiell von seiner Nachbarschaft unterscheidet – sieht man von der für Hamburger Villen ungewöhnlichen Natursteinverkleidung ab –,

 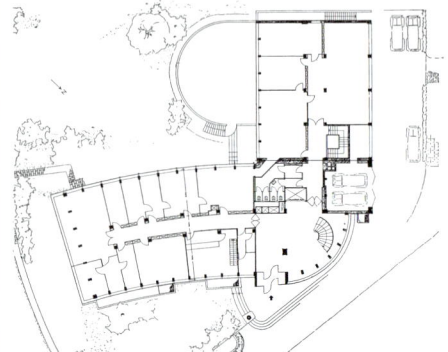

D 35 Ehem. Verwaltungsgebäude der IDUNA-Germania-Versicherung (Aufnahme um 1951) mit Grundriss (rechts)

vertritt die Fassade an der Feldbrunnenstraße mit ihren wuchtigen ionischen Kolossalsäulen einen geradezu feudalen Anspruch. Und auch das Innere bot einen mehr als angemessenen großbürgerlichen Lebensrahmen – selbst wenn Kaiser Wilhelm II. zu Besuch in der Feldbrunnenstraße weilte.

D 31 Häuser Deussen und Zennig
Heimhuderstraße 73 und 75, Rotherbaum
Architekten: William und Rudolf Rzekonski
1909/10

Zwei kubische Einzelvillen mit dunkelroten Backsteinfassaden, Werksteingliederungen und Mansardwalmdächern. Die beiden Gebäude sind einander scheinbar spiegelbildlich zugeordnet, tatsächlich bestehen jedoch wesentliche Unterschiede. Zeigt der rechte Bau einen Risalit mit eingestellten Kolossalsäulen und Giebeldreieck, so stehen die Säulen bei dem linken Gebäude vor der Fassade. Außerdem ist dort der Giebel kleiner. Ist jedes der beiden Gebäude, für sich betrachtet, auch ungleichgewichtig strukturiert, so bilden sie zusammen doch ein ausgewogenes Ensemble und somit eine überaus wirkungsvolle architektonische Inszenierung.

D 32 Haus Süchting
Heimhuder Straße 71, Rotherbaum
Architekten: Distel & Grubitz
1910/11

Kompakte Einzelvilla, die mit Raupputzfassaden und Gliederungen aus Muschelkalk beispielhaft für das gestalterische Repertoire der Reformarchitektur ist. Traditionelle Architekturmotive wie die dorischen Säulen am Eingangsportal mischen sich mit neuartigen Dekorationsformen, wie den stilisierten Ornamenten am Hauptgesims. Wesentliche Teile der Innenausstattung, z. B. die zentrale Kaminhalle, sind erhalten.

D 33 Apartmenthaus Heimhuder Straße
Heimhuder Straße 65-67, Rotherbaum
Architekt: Ferdinand Streb
1951

30 Einzimmerapartments, z. T. mit einem nur 16 qm großen Hauptraum, sowie einige Mehrraumwohnungen dokumentieren hier in bester Lage den bescheidenen Wohnstandard der frühen Wiederaufbaujahre. Das Sozialprestige der Adresse verrät nur der anspruchsvolle gelbe Klinker der Fassaden. Die unterschiedlich breiten Fenster der Haupt- und Nebenräume sind durch Betonrahmen zu Bändern zusammengefasst, einer der für Ferdinand Streb typischen Rückgriffe auf die Vorkriegsmoderne. Von demonstrativer Leichtigkeit sind die Balkone an der Südseite, die noch die ursprünglichen Brüstungen aus Drahtglas aufweisen.

D 34 Haus Rothschild
Heimhuder Straße 39, Rotherbaum
Architekten: Kurt F. Schmidt
Hermann Höger (Fertigstellung)
1923-27

In mehreren Schritten wurde eine konventionelle gründerzeitliche Reihenvilla in eine individuelle Erscheinung verwandelt. Von dem ursprünglichen Gebäude ist kaum mehr als die Grundform erhalten. Gotisierende Lanzettfenster und ein feingliedriger plastischer Dekor, der sich wie ein Fries um die Fassaden legt, verleihen ihm einen expressionistischen Charakter.

D 35 Ehem. Verwaltungsgebäude der IDUNA-Germania-Versicherung
Alte Rabenstraße 1, Rotherbaum
Architekt: Ferdinand Streb
1950/51

Der Zufall fügte es, dass Ferdinand Streb für zwei Investoren, eine Versicherungsgruppe und eine Immobiliengesellschaft, weite Bereiche der Alten Rabenstraße neu gestalten konnte (Nr. 1, 2, 5-6, 30-32). Besonders bemerkenswert ist die ehemalige Hauptverwaltung der IDUNA-Germania-Versicherung, die mit einem geschwungenen Flügel organisch in den Alsterraum vorstößt. Da die Stützen hinter der Außenhaut liegen, konnte die mit Sandstein verkleidete Rasterfassade besonders feingliedrig ausfallen. Dunkel getönte Glasscheiben in schma-

D 36 »Slomanburg«

D 37 Villa von Horschitz

len Rahmen unterstützen diese vorhangartige Wirkung. (Die Fenster werden seit 2008 in Anlehnung an den ursprünglichen Zustand erneuert.) Eine zeittypische repräsentative Geste ist die geschwungene Treppenspindel, die man durch die gewölbte Glasfront des Treppenhauses sieht.

D 36 »Slomanburg«
Harvestehuder Weg 5-6, Rotherbaum
Architekt: Jean David Jollasse
1848/49

Als sich das Freundespaar Robert M. Sloman und C. A. Ascan Lutteroth Ende der 1840er Jahre entschied, ganzjährig an der Außenalster zu wohnen, kam dies einer Pioniertat gleich, galt die Gegend doch bis dahin nur als geeignet für saisonal genutzte Landhäuser. Die abwechslungsreich gegliederte burgartige Baugruppe aus Türmen, Risaliten mit Staffelgiebeln und Vorbauten, die durch ein mächtiges Hauptgesims mit Zinnen verklammert wird, lässt vergessen, dass es sich de facto um zwei Häuser handelt. Die neogotischen Motive bedeuteten einen demonstrativen Bruch mit der klassizistischen Landhaustradition, was bald dazu führte, dass die Parklandschaft an der Außenalster derjenigen von Schloss Babelsberg immer ähnlicher wurde. Ein weiters Beispiel für diese Entwicklung ist die anonyme **Villa** Badestraße 30 (1867/68).

D 37 Villa von Horschitz
Harvestehuder Weg/Magdalenenstraße 64a,
Rotherbaum
Architekt: Albert Rosengarten
1870-72

Albert Rosengarten, der vor allem für Stiftsbauten in nüchterner Backsteinarchitektur bekannt ist (vgl. das Schröderstift, Nr. C 92), ordnete sich hier mit Putzfassaden und klassizistischem Dekor der »Kleiderordnung« des rechten Alsterufers unter. Dabei wirken die typischen Motive der Landhausarchitektur – Belvedere, Portikus, Giebeldreiecke – allerdings uninspiriert wie nach einem Baukastenschema »montiert«. Von der opulenten Lebensführung des Bauherrn, des Kaufmanns Sally von Horschitz, zeugen die repräsentativen Innenräume, insbesondere die von Säulen getragene Eingangshalle mit Marmortreppe und Bronzegeländern.

Die **Villa** Harvestehuder Weg/Magdalenenstraße 64b wurde 1878/79 errichtet (Architekt unbekannt).

D 38 Villa Laeisz
Harvestehuder Weg 8a, Rotherbaum
Architekt: Ernst Paul Dorn
1906/07

Alterssitz von Sophie Christine Laeisz, der Witwe des Reeders Carl Heinrich Laeisz (vgl. den Laeiszhof, Nr. A 17). Hinsichtlich der symmetrischen Gliederung und der konventionellen repräsentativen Gesten blieb der Entwurf hinter den Möglichkeiten seiner Zeit zurück – wie überhaupt die meisten Bauherren am westlichen Alsterufer nicht sehr innovationsfreudig waren (vgl. die folgenden Beispiele). Außerdem besteht ein krasses Missverhältnis zwischen der oberen und der unteren Fassadenzone. Die beiden großzügig verglasten Veranden im Erdgeschoss bilden einen allzu schmalbrüstigen Sockel für den hoch aufragenden, schildartigen Mittelrisalit, dessen Dekor, eine Mischung aus Jugendstil und Barock, ganz auf Fernwirkung angelegt ist.

D 39 Villen von Martin Haller
D 39.1 Budge-Palais
Harvestehuder Weg 12, Rotherbaum
Architekten: Martin Haller (Ursprungsbau)
Haller & Geißler (Erweiterungen und Umbauten)
1883/84; Erweiterungen und Umbauten 1900-13

Nachdem der jüdische Bankier Henry Budge die Villa Gans erworben hatte, wurde der ohnehin nicht bescheidene Bau schrittweise zu einem geradezu feudalen Anwesen erweitert, dessen Ausstattung 1909/10 in einem vergoldeten Spiegelsaal für private Theateraufführungen und Hauskonzerte kulminierte, in dem u. a. Enrico Caruso und Paul Hindemith gastierten. Auch das Äußere erhielt ein verändertes Gesicht, wobei der schwerfällige Neo-Renaissance-Stil der Gründerzeit jedoch gewahrt blieb. Neue Zutaten gegenüber der Villa Gans

D 39.1 Budge-Palais

D 39.4 Budge-Palais, ehem. Remise

waren u. a. die steilen Dächer und der halbrunde Anbau an der Alsterseite.

Ab 1938 diente das Budge-Palais als Amtssitz des Reichsstatthalters Karl Kaufmann, der in seiner zweiten Funktion als Gauleiter bereits am westlichen Alsterufer residierte (vgl. Nr. D 8). Aus dieser Zeit stammt der rückwärtig gelegene Bunker. Henry Budge, 1928 verstorben, wollte die Villa einschließlich seiner kostbaren Sammlung von Antiquitäten zwar ursprünglich der Stadt Hamburg vererben, angesichts der politischen Entwicklung nach 1933 ließ seine Frau Emmy das Testament aber ändern. Nach ihrem Tod 1937 konnte die Stadt das Gebäude dennoch in ihren Besitz bringen – für den Spottpreis von 305.000 RM inklusive 1,6 ha Alsterpark!

Seit 1959 wird das Budge-Palais von der Hochschule für Musik und Theater genutzt, wobei es neben einer allgemeinen Verwahrlosung auch zu zahlreichen zerstörerischen Eingriffen kam. Von der ursprünglich sehr prachtvollen Ausstattung ist kaum mehr als die Wandvertäfelungen erhalten. Eine Beeinträchtigung bedeuten auch die neuen **Hochschulgebäude** von Fritz Trautwein (1969-82), wobei vor allem der Konzertsaal störend auffällt. Diesem amorphen Gebäudecluster musste 1980 der erwähnte Spiegelsaal weichen, dessen Innendekoration ausgebaut und im Museum für Kunst und Gewerbe mit großem Aufwand rekonstruiert wurde.

D 39.2 Villa Beit
Harvestehuder Weg 13, Rotherbaum
Architekt: Martin Haller
1890/91

Dieser Entwurf belegt den disziplinierenden Einfluss der Ecole des Beaux-Arts in Paris, deren Absolvent Martin Haller gewesen war, auf sein gestalterisches Schaffen. Quader um die Fenster und an den Gebäudekanten, Gurt- und Sohlbankgesimse sowie ein halbrunder Giebel über dem Mittelrisalit bilden den einzigen Schmuck an der Alsterfront. Weitaus vielgestaltiger präsentiert sich dagegen die Eingangsseite, wo eine Remise mit einem Türmchen steht. Das Gebäude war ursprünglich ein roter Ziegelbau mit Stuckgliederungen und wurde erst 1953 verputzt.

D 39.3 Villa Behrens
Harvestehuder Weg 14, Rotherbaum
Architekt: Martin Haller (Ursprungsbau).
Haller & Geißler (Erweiterung)
1866/67; Erweiterung 1896-99

Auf die Villa Behrens trifft die gleiche Charakterisierung wie auf die Villa Beit zu, nur dass dieser Bau mit der Rückseite unmittelbar an den schmalen Pöseldorfer Weg grenzt und somit auf eine repräsentative Eingangssituation verzichtet werden musste. Um so herrschaftlicher wirkt dafür die langgestreckte Alsterfront, die eher an ein Schloss als an eine Villa erinnert. Und auch der Grundriss zeigt feudale Züge. Im Erdgeschoss bildeten ursprünglich ein Wohnzimmer, ein Salon und ein Musikzimmer eine Enfilade, flankiert von der Bibliothek im südlichen und dem Speisesaal im nördlichen Seitenrisalit. (Weitere Bauten am Harvestehuder Weg sind unter Nr. D 48 ff. verzeichnet.)

D 39.4 Ehem. Remise des Budge-Palais
Milchstraße 11, Rotherbaum
Architekten: Haller & Geißler (Ursprungsbau)
Helmut Gronau (Umbau)
1905/06; Umbau 1959/60

Der anspruchsvolle Lebensstil Henry Budges führte auch zu einem großzügigen Neubau für die Remise mit Pferdestall und Kutscherwohnung. Die Dachform und der sparsame Bauschmuck ordnen das Gebäude den Alstervillen von Martin Haller zu. Um 1960 wurde die Remise zum Wohn- und Geschäftshaus für den Antiquitätenhändler Eduard Brinkama umgebaut: der erste Schritt zur Aufwertung des Viertels um die Milchstraße – Pöseldorf genannt – zur exklusiven Adresse für Boutiquen und Galerien (vgl. auch das zweite Wohnhaus von Brinkama, Nr. D 40).

D 40 Haus Brinkama
Milchstraße 8, Rotherbaum
Architekt: Helmut Gronau (Umbau)
Kernbau 1830er Jahre; Umbau um 1964

Für sein zweites Wohnhaus in Pöseldorf ließ Eduard Brinkama ein schlichtes zweigeschossiges Satteldachhaus

D 41 Geschosswohnbau Pöseldorfer Weg (Aufnahme um 1968)

D 44 Landesjugendmusikschule

zu einem neoklassizistischen Stadtpalais mit Portikus und Balustradenbekrönung umgestalten. Die Stilwahl war nicht zufällig, wurde das Gebäude doch bevorzugt mit englischem und norddeutschem Mobiliar aus dem späten 18. und frühen 19. Jahrhundert ausgestattet. Auf diese Weise entstand ein für damalige Verhältnisse überaus luxuriöses Ambiente, das nach der Dürftigkeit der Wiederaufbaujahre den Boden für gehobenere Konsumansprüche bereitete. Als ironische Pointe sei vermerkt, dass der Bau bis dahin als Autowerkstatt gedient hatte. Der Flügel links vom Eingangshof war die Reparaturhalle, rechts davon befand sich die Lackiererei!

D 41 Geschosswohnbau Pöseldorfer Weg
Pöseldorfer Weg 8, Rotherbaum
Architekt: Peter Schweger
1965, 1967/68

Eines der wenigen Beispiele für die »brutalistische« Architektur der 1960er Jahre, die Hamburg aufzuweisen hat. Durch die Split-Level-Bauweise der südlichen Gebäudehälfte und die gerundeten Unterkanten der Fensterbrüstungen gewinnt die Hauptfassade nahezu skulpturale Qualitäten. Dementsprechend individuell ist die Innenaufteilung mit Wohnungen, die z. T. mehrgeschossig sind. Ungewöhnlich sind die verglasten Schrägflächen über den Fensterbändern, die den Räumen Ateliercharakter verleihen. Der sandgestrahlte Sichtbeton der Fassaden ist heute mit einem Anstrich versiegelt.

D 42 Landhaus Schwieger
Alsterchaussee 30, Harvestehude
Architekt: Georg Wellhausen (Umbau)
1828/29; Umbau 1951/52

Das kompakte eingeschossige Walmdachgebäude diente ursprünglich als Landhaus für den Bauunternehmer Christian Diederich Gerhard Schwieger, der die heutige Alsterchaussee als Privatstraße anlegen und bebauen ließ (vgl. auch die Landhäuser von John Fontenay, Nr. D 13). Eingestellte ionische Säulen am Eingang und Eckquaderungen nobilitieren die ansonsten schlichte Fassade. Nachdem Georg Wellhausen die hinteren Räume zu einer Bühne und einem Zuschauerraum zusammengelegt hatte, schrieb hier das »Theater im Zimmer« unter der Leitung von Helmuth Gmelin bzw. seiner Tochter Gerda Gmelin bis 1999 Hamburger Theatergeschichte.

D 43 Doppelvilla Alsterchaussee
Alsterchaussee 7-9, Rotherbaum
Architekt: Johannes Grotjan
1876

Kubische Zwillingsvillen in Mischbauweise, d. h. mit Backsteinfassaden und Gliederungen aus Sandstein. Die reizvollen Figuren- und Ornamentfriese unter den weit überstehenden, italienisch anmutenden Dächern und die anspruchsvolle Materialwahl sind für Hamburg untypisch. Hier dürfte die Berliner Schinkel-Schule Pate gestanden haben.

D 44 Landesjugendmusikschule
Mittelweg 42, Rotherbaum
Architekten: EMBT Associated Architects, Enric Miralles und Benedetta Tagliabue (Entwurf)
nps und partner Nietz, Prasch, Sigl, Tchoban, Voss Architekten (Ausführungsplanung)
1998 W, 1999-2000

Die Übungs- und Unterrichtsräume bilden einen Cluster, dessen Bestandteile mit zentrifugaler Kraft auseinander zu streben scheinen. Auch die Rampe, die in das erste Obergeschoss führt, stößt weit aus dem Baukörper hervor. Die unterschiedlichen Oberflächen verstärken diesen vielgliedrigen Eindruck. Putzflächen fügen sich mit Verblendmauerwerk in Ocker und Ziegelrot zu unregelmäßig angeordneten Fassadenfeldern; dekorative bunte Streifen lockern die graue Pfosten-Riegel-Konstruktion der Eingangsseite auf; Wandscheiben aus Beton rahmen den Vorplatz. Der Rückgriff auf das organische Gestalten eines Hans Scharoun sollte der Architektur »Musikalität« verleihen. Bei näherer Betrachtung enttäuscht jedoch die allzu grobe und überkomplexe Detaillierung insbesondere im zweigeschossigen Foyer. Das Gebäude ist eher Polka als Jazz, um auf der metaphorischen Ebene zu bleiben.

D 45 Studio- und Bürogebäude des NDR

D 46 Ehem. Generalkommando der Wehrmacht

D 45 Studio- und Bürogebäude des NDR
Mittelweg 52, Harvestehude
Architekten: ASP Architekten Schweger Partner
2001 W, 1. BA 2002-04; 2. BA 2006-08

Mit den beiden Gebäuden wurde der erste Schritt zu einer Neuordnung des Geländes des NDR (Norddeutscher Rundfunk) getan, das durch provisorisch anmutende Nachkriegsbauten geprägt wird. Zwei parallel gegeneinander verschobene Baukörper, an deren entgegengesetzten Enden sich die Studios befinden, sind jeweils über einen transparenten Erschließungstrakt miteinander verbunden. Aufgrund der 80 cm starken Installationsböden und -decken in den Aufnahmeräumen weisen die Studios nur drei Geschosse auf – gegenüber vier in den Büroflügeln –, was aber geschickt durch die Fassadengestaltung überspielt wird: Glasfronten mit ultramarinblauen Türnischen kennzeichnen die Büroflügel; die äußere Verkleidung der weitgehend fensterlosen Studioköpfe besteht aus horizontalen Glaslamellen.

Das **Landhaus** Mittelweg 50 stammt aus dem Jahr 1826. Das **Landhaus** Mittelweg 116 wurde 1827 errichtet (Umbau durch Henry Grell 1921/22).

D 46 Ehem. Generalkommando der Wehrmacht
Sophienterrasse 14, Harvestehude
Architekten: Distel & Grubitz. Heeresbauamt II, Regierungsbaumeister Stubenrauch
1935-37

Im »Dritten Reich« konnte die Wehrmacht mit einem umfangreichen Verwaltungskomplex in das kleinteilige Wohnquartier am Alsterufer eindringen: ein treffendes Bild für die schrittweise Militarisierung der Gesellschaft nach 1933 (vgl. auch die Offizierswohnungen in Osdorf, Nr. K 34). Am deutlichsten trifft die straffe Pfeilerordnung am Mittelrisalit den zackigen Kasernenhofton, der im offiziellen Bauen der NS-Zeit gewünscht war. Die monumentale Dreiflügelanlage kann sich in der schmalen Nebenstraße allerdings kaum entfalten, und die langgestreckten Putzfronten wirken mit ihrer schematischen Gliederung und den »Konsölchen« unter den Fenstereinfassungen reichlich schmalbrüstig gegenüber dem wuchtigen Fassadenzentrum, auf dem zwei kraftvolle Adler dräuen.

D 47 Wohnanlage »Sophieneck«
Sophienterrasse 11a-i/Alsterkamp 32a-d, Harvestehude
Architekten: Semmy und Bernd Engel
1928/29

Eines der bemerkenswertesten Beispiele für das »Neue Bauen« in Hamburg mit Flachdächern, Putzfassaden und halbrunden Vorbauten, deren dynamischer Schwung sparsam durch horizontale Klinkerstreifen nachgezeichnet wird. Der architektonischen Moderne verpflichtet ist auch der terrassenartige Aufbau der Wohnanlage, wogegen mit der spiegelsymmetrischen Anordnung der Baukörper und den zurückgesetzten Hauseingängen typische Kennzeichen der traditionellen Reihenvilla aufgegriffen wurden. Von der Sophienterrasse führt ein Fußweg zum Harvestehuder Weg.

D 48 Verlagskomplex Hoffmann und Campe
D 48.1 Verlagsgebäude
Harvestehuder Weg 42, Harvestehude
Architekten: PAS Jochem Jourdan und Bernhard Müller
1989, 1990/91

Hinsichtlich des Maßstabs und der Gliederung fügen sich die beiden neuen Verlagsgebäude problemlos in das Villenensemble am Alsterufer ein. Bemerkenswert ist auch das Geschick, mit dem das nicht geringe Bauvolumen zwischen die Altbauten (z. T. ebenfalls für Verlagszwecke genutzt) und den geschützten Baumbestand eingepasst wurde. Der Entwurf basierte auf einem Direktauftrag an die Frankfurter Architekten. Deshalb bestimmte auch nicht Klinker die Gestaltung, sondern eine eklektizistische Postmoderne, die unbekümmert klassizistische Motive – der Belvedere – mit Anleihen an den Wiener Sezessionsstil – der Dekor an den Dachunterseiten – mischt, wobei das traditionelle Weiß der Alstervillen das Lokalkolorit bildet.

D 48.2 Villa Krogmann
Harvestehuder Weg 41, Harvestehude
Architekten: Haller & Lamprecht (Ursprungsbau)

D 47 Wohnanlage »Sophieneck«

D 48.1 Verlagsgebäude Hoffmann und Campe

Grundmann, Rehder (Restaurierung)
1878/79; Restaurierung 1989-92

Auffällig ist das schlichte Ziegelmauerwerk ohne reiche Stuck- oder Werksteingliederungen. Die Architekten entwickelten zwar einen stark differenzierten Baukörper, wie er im Villenbau der 1870er Jahre Mode wurde. Im Detail stellen aber nur die Giebelbekrönungen im Renaissancestil eine Konzession an den Zeitgeschmack dar. Die übrigen Dekorationsformen sind dagegen betont zurückhaltend – was Martin Haller aber wohl auch immer mehr gelegen haben dürfte als der gründerzeitliche Horror vacui. In den Repräsentationsräumen sind die originalen Wand- und Deckendekorationen erhalten, deren ursprüngliche Fassung wiedergewonnen werden konnte.

Von Haller & Lamprecht bzw. Martin Haller stammen auch die **Villa von der Meden**, Harvestehuder Weg 43 (1874), und die **Villa Bielenberg**, Harvestehuder Weg 44 (1865, Umbau durch Haller & Geißler 1901)

D 48.3 Haus Dr. Kruspig
Harvestehuder Weg 45, Harvestehude
Architekten: Emil Fahrenkamp (Ursprungsbau)
Grundmann, Rehder (Restaurierung)
1930/31; Restaurierung 1989-92

Kubisches Gebäude mit Fensterbändern und »Dampfermotiven« wie Bullaugen oder Relings. Hinsichtlich der Klinkerfassaden ordnete sich Emil Fahrenkamp der hamburgischen Konvention unter, wogegen seine kompromisslos moderne Handschrift eher unhanseatisch anmutet. Das breite Garagentor dient heute als Zufahrt zu einer Tiefgarage, die sich unter den Verlagsgebäuden von Hoffmann und Campe befindet.

D 49 Geschosswohnbau Harvestehuder Weg
Harvestehuder Weg 55, Harvestehude
Architekten: Helmut Wolff. Dieter Schlühr
1972-74

Die selbsttragende Konstruktion des Gebäudes – zwei Giebelschotten und eine Mittelschotte mit aussteifendem Treppenhauskern sowie Decken ohne Unterzüge – erlaubte eine individuelle Aufteilung der acht Wohnungen mit 90 bis 145 qm Wohnfläche. Mit seinen abwechslungsreich gegliederten Sichtbetonfassaden und den verandaartigen Vorbauten – mit orangegelben Fensterrahmen – behauptet sich der Bau souverän zwischen den gründerzeitlichen Stuckvillen, die auch ihrerseits diesen ruppigen »Eindringling« gut vertragen.

Die **Villa Sloman**, Harvestehuder Weg 50, ist ein Entwurf von Gerhard Gehrke (1927).

D 50 Krugkoppelbrücke
Harvestehude
Architekt: Hochbauwesen, Fritz Schumacher
Ingenieur: Ingenieurwesen, Gustav Leo
1927/28

Einschließlich der drei Korbbogengewölbe ist der Stahlbetonbau vollständig mit Klinker verkleidet. Halbrunde Bastionen mit ornamentalem Terrakottaschmuck (Richard Kuöhl) heben die Pfeiler hervor. Wenig passend wirken die »Nostalgieleuchten«, die heute den strengen Charakter des Bauwerks verfälschen.

D 51 Evangelisch-lutherische Hauptkirche St. Nikolai
Harvestehuder Weg 118, Harvestehude
Architekten: Gerhard und Dieter Langmaack
1959, 1960-62

Einer der bedeutendsten Sakralbauten Hamburgs nach dem Zweiten Weltkrieg mit subtilen gestalterischen und räumlichen Qualitäten. Auf die Wiederherstellung der 1943 zerstörten Hauptkirche in der entvölkerten Innenstadt wurde verzichtet und stattdessen ein Neubau in Harvestehude errichtet, dessen Einwohnerzahl nach 1945 stark angestiegen war. Typisch für die Architekten ist der kelchförmige Grundriss, der die Gemeinde vor dem Altar und der Kanzel zusammenschließen soll, ohne die räumliche Grenze zum Altarbereich zu verwischen. Die steil aufragende Turmspitze unterstreicht den Rang des Gotteshauses. In den wuchtigen Turmschaft ist ein Glasfenster von Elisabeth Coester eingefügt (1939), das ursprünglich für die Hauptkirche in der Altstadt gedacht war, aber wegen des Kriegsbeginns nicht

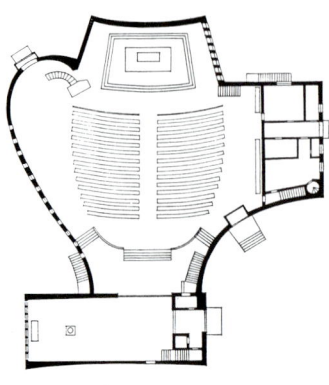

D 51 Evangelisch-lutherische Hauptkirche St. Nikolai
mit Grundriss (rechts oben)

D 51.1 St. Nikolai, Gemeindehaus

mehr eingebaut wurde. Auch das farbige Mosaik des Gekreuzigten von Oskar Kokoschka über dem Altar (1974), dessen Schwarzweißfassung in der Turmruine von St. Nikolai hängt (vgl. Nr. A 19), stellt eine Verbindung zum Vorgängerbau her.

D 51.1 Gemeindehaus
Architekt: Carsten Roth
2000 W, 2002/03

Eine perfekt detaillierte Fassade aus Jura-Marmor und goldfarbene Fensterrahmen heben den kubischen Bau demonstrativ von der Kirche ab, die mit rustikalen Backsteinen verblendet ist. Die Fassadenöffnungen wirken wie aus dem kantigen Volumen herausgeschnitten. Die Lage des Gemeindesaals im ersten Obergeschoss wird durch ein transluzentes goldfarbenes Metallgewebe hervorgehoben, das die Galerie im Foyer abschirmt. Um den Maßstab der Nachbargebäude zu wahren, wurde ein Teil der Gemeinderäume im Untergeschoss angeordnet, wo ein abgesenkter Gartenhof für Tageslicht sorgt.

D 52 Haus Lincke
Abteistraße 38, Harvestehude
Architekten: William und Rudolf Rzekonski
1909

Repräsentative neoklassizistische Einzelvilla. Das schmale Eckgrundstück warf wohl einige Probleme auf, wie sich an der schiefwinkligen Rückfront zeigt. Massive Backsteinkanten umklammern die durchfensterten Fassadenfelder, die Werkstein vortäuschen. Das ungebrochene Walmdach und der niedrige Sockel unterstreichen den kompakten Charakter des Baukörpers. Die anspruchsvolle Geste der Kolossalsäulen, die sich quasi in der Eingangsloggia versteckten, wird nur eingeschränkt wirksam.

D 53 Haus Amsinck
Abteistraße 25, Harvestehude
Architekt: Emil Rudolf Janda
1905/06

Die Einzelvilla des Reedereidirektors Theodor Amsinck (Hamburg-Süd) bildet den individuellen Abschluss einer Zeile von einheitlich gestalteten Reihenvillen. Hinsichtlich der Barockformen und des dunkelroten Verblendmauerwerks verweist der Entwurf bereits auf den Heimatstil, der in der Villenarchitektur um 1910 Mode wurde. Das Gebäude ist aber noch in Mischbauweise mit Stuck und nicht als reiner Backsteinbau ausgeführt.

Die **Reihenvillen** Abteistraße 11-15 sind ein Entwurf von August Ott (1896-/97).

D 54 Haus Michahelles

D 55 U-Bahnstation Klosterstern

D 54 Haus Michahelles
Nonnenstieg 1, Harvestehude
Architekt: Edgar Michahelles
1910/11

Verleiht der hoch aufragende, mit Kolossalpilastern geschmückte Mittelrisalit der Villa auf den ersten Blick einen stattlichen Charakter, so wirkt er von der Seite betrachtet eher unproportioniert an dem schmalen Baukörper. Das Motto »mehr Schein als Sein« hatte bei dem Innenarchitekten Edgar Michahellis jedoch auch Methode, denn als Ausstatter von Passagierschiffen sah er sich ebenfalls mit dem Problem konfrontiert, auf engem Raum Größe und Vielfalt zu suggerieren. Dieses Spiel setzt sich in den Repräsentationsräumen im Erdgeschoss fort, wo zwar zunächst der reiche Gebrauch von Stuckmarmor, vergoldeten Festons und Spiegelverglasungen im Stil Louis Seize überwältigt, aber auch schnell deutlich wird, wie relativ knapp bemessen die Flächen tatsächlich sind.

Haus Dr. Bromberg, Nonnenstieg 9, stammt von Paul Schöß (1913-15).

D 55 U-Bahnstation Klosterstern
Klosterstern/Eppendorfer Baum, Harvestehude
Architekten: Walther Puritz (Ursprungsbau)
Grundmann, Rehder (Restaurierung)
1929; Restaurierung 1984-86

Bemerkenswert ist der gute Erhaltungszustand, der die Station Klosterstern zu einem der letzten bis ins Detail authentischen Beispiele für die Hamburger Verkehrsarchitektur der Vorkriegsjahre macht. Die Wandverkleidung besteht aus Keramikplatten, die sich zu vertikalen und horizontalen Streifen fügen und den gekrümmten Wänden noch zusätzlich ein dynamisches Moment verleihen (im Eingangsbereich ergänzt). Überaus effektvoll präsentiert sich auch die Kette der Dreieckslampen unter dem mittigen Unterzug, mit denen die originalen Beleuchtungsquellen wiederhergestellt wurden. Auch die hölzernen Bauten auf dem Bahnsteig zeigen sich wieder in den ursprünglichen warmen Gelb- und Orangetönen der Erbauungszeit.

D 56 Reihenvillen Oberstraße
Oberstraße 111-135, Harvestehude
Architekt: Hans Rackwitz
1893-95

Seit dem Beginn der systematischen Erschließung Harvestehudes in der Gründerzeit entstanden unzählige derartiger Reihenvillen, die mit rund 300 bis 400 qm Wohnfläche (einschließlich Küche im Keller) auf »gehobene« bürgerliche Wohnbedürfnisse zugeschnitten waren. Dabei wurden die Gebäude gleichsam »von der Stange« geliefert, so auch die Gruppe an der Oberstraße, für deren Entwurf und Realisierung der Bauunternehmer Hans Rackwitz verantwortlich zeichnete (wenn auch mit einigen Unterbrechungen). Variierende, aber sich im Prinzip ähnelnde Gliederungen im Renaissancestil verklammern das Verblendmauerwerk der einzelnen Gebäude miteinander, was aufgrund der individuellen Anstriche allerdings nur noch bedingt nachvollziehbar ist. Zwischen den beiden Weltkriegen wurden die meisten Gebäude in Geschosswohnungen aufgeteilt, weil sich immer weniger Hausbesitzer in der Lage sahen, diesen Wohnstandard zu halten: als Folge der wirtschaftlichen Krisen der Weimarer Republik, aber nicht zuletzt auch der systematischen Entrechtung und Ausgrenzung der jüdischen Bevölkerung in der NS-Zeit.

D 56.1 Haus Rosenkranz
Oberstraße 108, Harvestehude
Architekten: Hans Rackwitz (Ursprungsbau). Block & Hochfeld (1. Umbau). Oskar Gerson (2. Umbau)
1888; 1. Umbau 1922/23; 2. Umbau 1934

Die Villen Oberstraße 110 und 108 waren ursprünglich spiegelsymmetrisch gestaltet. Zeigt Nr. 110 noch die schwerfällige Neorenaissance-Gliederung der Erbauungszeit, so wurde der Stuck von Nr. 108 beim Umbau durch Block & Hochfeld abgeschlagen und durch eine schmucklose Edelputzfläche ersetzt, sparsam akzentuiert durch eine expressionistische Fortuna von Richard Kuöhl und die stilisierten Rosendarstellungen am Eingangsportal als Anspielung auf den Namen des Eigentümers. 1934 wurde das Gebäude in ein Mehrfamilienwohnhaus umgewandelt.

D 56 Reihenvillen Oberstraße

D 57 Tempelsynagoge

D 57 Tempelsynagoge
Oberstraße 120, Harvestehude
Architekten: Robert Friedmann. Felix Ascher (Ursprungsbau)
SEHW Architekten (Umbau und Modernisierung)
1929 W, 1930/31; Umbau und Modernisierung 2000

Einer der letzten Großsynagogen aus der Vorkriegszeit – ehemals 1.200 Plätze –, die noch in Deutschland erhalten sind. Der »Neue Israelitische Tempelverein in Hamburg« war 1817 von zumeist wohlhabenden und wohl auch patriotisch gesinnten Juden gegründet worden, denn der erste Tempel wurde 1818 am fünften Jahrestag der Völkerschlacht von Leipzig eingeweiht. Der Verein verstand sich als liberale Reformgemeinde, die sich mit Chorgesang, Orgel, deutschem Gebetbuch und deutscher Predigt dem christlichen Umfeld assimilieren wollte. Dies zeigte sich auch beim Wettbewerb, zu dem auch renommierte Kirchenbaumeister wie Otto Bartning und Dominikus Böhm geladen wurden, die jedoch vermutlich keinen Entwurf eingereicht haben.

Bestechend ist die selbstbewusste moderne Geste der Architektur. Drei kubische Baukörper sind symmetrisch um einen Vorhof angeordnet. Nur das Lochfenster mit der stilisierten Menora von Friedrich Adler – dem siebenarmigen Leuchter – deutet auf ihren sakralen Zweck hin. Ein Mahnmal von Doris Waschk-Balz (1983) erinnert an das Pogrom 1938, bei dem die Tempelsynagoge zwar geschändet, aber nicht zerstört wurde. 1941 musste das Gebäude zum Grundstückspreis an die Stadt verkauft werden. Seit 1950 dient es als Konzertsaal für den NDR (2000 Umbau zum Rolf-Liebermann-Studio). Die hebräische Inschrift über dem Eingang klingt wie ein Hohn auf die heutige Nutzung: »Mein Haus soll ein Bethaus für alle Völker genannt werden« (Jesaja 56,7).

D 58 Römisch-katholische Kirche St. Elisabeth
Oberstraße 67, Harvestehude
Architekten: Heinrich Renard. Joseph van Geisten
1926

Anders als die exponierte protestantische St.-Johannis-Kirche in Rotherbaum (vgl. Nr. D 28) musste sich der Kirchenbau hier mit zwei schmalen Reihenvillengrundstücken begnügen: eine Konsequenz der Parzellierung des Klosterlandes, bei der auf die Ausweisung hervorgehobener Standorte für Sonderbauten verzichtet wurde, aber auch ein Ausdruck der Missachtung der katholischen Kirche in Hamburg, deren Bedürfnisse bei der Stadtplanung keine Rolle spielten. Der Baukörper selbst ist bis auf den asymmetrisch angefügten Turm wenig auffällig und ordnet sich auch hinsichtlich der Traufhöhe der angrenzenden Bebauung unter. Die Werksteinfassaden zeigen einen zurückhaltenden expressionistischen Dekor. Das Portal ist mit Reliefs geschmückt, die Szenen aus der Legende der heiligen Elisabeth von Thüringen darstellen (u. a. das »Rosenwunder«). Der Innenraum, ein langgestrecktes Achteck, wurde 1967 mit Arbeiten von Hermann Stehr ausgestattet.

Die **Erweiterung des Gemeindezentrums**, Oberstraße 65, ist ein Entwurf von me di um Architekten Roloff Ruffing + Partner (2006).

D 59 Reihenvilla Innocentiastraße
Innocentiastraße 37, Harvestehude
Architekt: August Hinsch
Um 1906

Die Grundstücke Oberstraße 15, 17 und 25 sowie Innocentiastraße 37, 39 und 41 wurden von August Hinsch erworben und auf eigene Rechnung mit Reihenvillen im Jugendstil bebaut. Eine besondere Bedeutung als zeitgeschichtliches Dokument kommt der Eckvilla Innocentiastraße 37 zu. 1935 wurde eine Synagoge der kleinen portugiesisch-jüdischen Gemeinde der Hansestadt (Sephardim) mit 130 Plätzen in dem Gebäude eingerichtet, die auch nach außen hin mit einer hebräischen Inschrift und einem Davidstern auf dem Eckturm offen in Erscheinung trat. 1942 wurden die Einbauten wieder herausgerissen, nachdem die etwa 20 Bewohner des Gebäudes, das inzwischen zu einem »Judenhaus« geworden war, deportiert worden waren. Unter ihnen befand sich auch der bekannte Produktgestalter Friedrich Adler, 1878 geboren und bis 1933 als Professor an der Hamburger Landeskunstschule tätig, der 1942 in Auschwitz ermordet wurde.

D 60 Grindelhochhäuser (Aufnahme um 1956)

D 60 Grindelhochhäuser
Oberstraße/Grindelberg/Hallerstraße/Brahmsallee, Harvestehude
Architekten: Bernhard Hermkes. Rudolf Jäger (Hopp & Jäger). Rudolf Lodders. Loop & Streb (bis 1948) bzw. Ferdinand Streb. Heinz Jürgen Ruscheweyh (bis 1948) Albrecht Sander. Fritz Trautwein. Hermann Zess
Planungs- und Baubeginn 1946-48; Fertigstellung 1949-56

Zwölf symmetrisch gestaffelte Hochhausscheiben mit gelben Klinkerfassaden unter schnittigen »Flugdächern«. Neben Wohnungen umfasst der Komplex auch Läden, Büro- und Praxisräume sowie das Bezirksamt Eimsbüttel. Als richtungweisend galt die verkehrsfreie »grüne Mitte«, für die das Straßennetz der 1943 fast völlig zerstörten Blöcke aufgehoben wurde. Ursprünglich waren Großwohnungen für die Familien der britischen Besatzungssoldaten geplant. Als die britische und die amerikanische Zone 1947 zur Bizone vereinigt wurden und Hamburg eine Teil der Militärverwaltung verlor, wurden die Bauarbeiten jedoch im März 1948 eingestellt. Die Fertigstellung erfolgte nach den Maßstäben des sozialen Wohnungsbaus. Mit Fahrstühlen, Müllschluckern, Einbauküchen und gefliesten Vollbädern repräsentierten die Grindelhochhäuser in den 1950er Jahren gehobenen

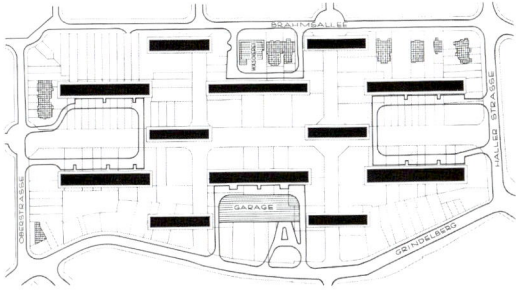

D 60 Grindelhochhäuser, Lageplan (oben) und das Gelände vor der Zerstörung (unten)

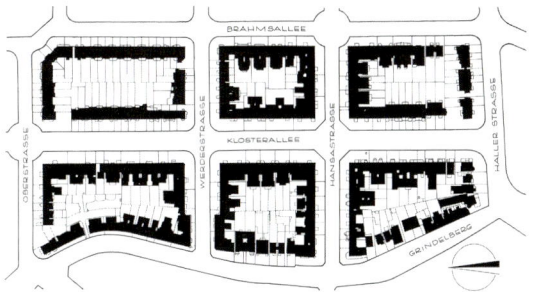

Wohnstandard. Da Mieterdarlehen zu leisten waren, waren die Wohnungen anfänglich fast nur für Angehörige der Mittelschicht erschwinglich.

D 61 Geschosswohnbauten Isestraße
Isestraße, Harvestehude
Architekten: A. Barca und Ulrich Pierstorff (Nr. 121-125, 1907-09). J. Jahnke (Nr. 81-95, 1910/11). Albert Lindhorst (Nr. 39, 1909/10; Nr. 76-94, 1905/06). Friedrich Otto Lindner (Nr. 9-21, 1908-10; Nr. 71-73, 1907/08). Wilhelm Schröder (Nr. 115-119, 1907/08). Winand & Zöllner (Nr. 96-98, 1910/11) u. a.
Gesamtensemble ca. 1905-1912

Die eindrucksvolle Reihung von Etagenwohnhäusern mit Jugendstilfassaden wurde durch den Bebauungsplan von 1906 ermöglicht, der entlang dem Isebekkanal eine einheitliche Bebauung vorschrieb. Gilt der südwestliche Abschnitt der Isestraße mit dem Hochbahnviadukt bei alteingesessenen Hamburgern noch heute als das »schlechte Ende« – was bei Wohnungen mit mindestens fünf Zimmern und rund 140 bis 180 qm Fläche allerdings relativ ist –, so lässt sich der privilegierte Status des nördlichen Abschnitts schon allein an den tiefen Vorgärten und der aufwändigen Gestaltung der Eingangsportale ablesen. Mehr als 200 qm Wohnfläche mit Zentralheizung, Fahrstuhl und z. T. auch separatem Dienstbotenaufgang waren hier Standard.

D 62 Haus O'Swald
Heilwigstraße 31, Harvestehude
Architekt: Paul Schöß
1907/08

Doppelvilla für William Henry O'Swald, Spross der Kaufmanns- und Senatorenfamilie Oswald, die ihren Namen bereits in früheren Zeiten mit einem Apostroph anglisiert hatte. Den Ausschlag für die kompakte Gestaltung des Gebäudes gab seine Lage in einer Straßengabelung: Gedrungene Ecktürme mit Volutengiebelchen bilden die Blockkanten. Auf den um 1910 aktuellen Heimatstil verweisen die Sprossenfenster (ursprünglich mit Klappläden) und die der niederdeutschen Bauernhausarchitektur entlehnten »Donnerbesen«, die in die Backsteinfassaden eingefügt sind. Die ansonsten kahlen Ziegelflächen müssen damals »absolutely shocking« gewirkt haben, um in der anglophilen Diktion des Bauherrn zu verbleiben.

D 63 Villa Wehber
Heilwigstraße 52, Eppendorf
Architekten: Johannes Grotjan
1904

Neobarocke Villa mit Putzfassaden und Mansardwalmdach. Die Eingangsachse wird durch einen Portikus und einen halbrunden Giebel mit einer Wappenkartusche betont. Der steife, geradezu offiziöse Charakter der Architektur herrscht auch im Innern vor. Das Zentrum des Hauses bildet eine überdimensionale zweigeschossige

D 61 Geschosswohnbauten Isestraße

Treppenhalle mit einer Galerie, von der aus die Schlaf- und Sanitärräume direkt erschlossen werden. Der Wunsch nach Privatheit hatte offenbar einen geringeren Stellenwert als die repräsentative Geste.

D 64 Warburg-Bibliothek
Heilwigstraße 116, Eppendorf
Architekten: Gerhard Langmaack (Ursprungsbau)
Dieter Langmaack (Restaurierung)
1925/26; Restaurierung 1994/95

Das Familienvermögen ermöglichte es dem Kunsthistoriker Aby M. Warburg (1866-1929), eine bedeutende kulturwissenschaftliche Bibliothek aufzubauen. Fritz Schumacher, der sich mit Vorplanungen für das Gebäude beschäftigte, vermittelte den jungen Gerhard Langmaack als Architekten. 60.000 Bände kamen bis 1933 zusammen; sie wurden noch Ende des Jahres nach London verschifft, um dort den Grundstock des Warburg Institute zu bilden. Eine Stiftung erlaubt es der Universität Hamburg seit 1993, das Gebäude wieder für wissenschaftliche Zwecke im Sinne seines Erbauers zu nutzen.

Das Hauptaugenmerk bei der Konzeption der Bibliothek galt der inneren Organisation mit dem ovalen Lese- und Vortragssaal, dessen Ausstattung 1994/95 fast vollständig rekonstruiert wurde. Das Gebäude selbst ist

D 62 Haus O'Swald

D 65 St.-Johannis-Kloster

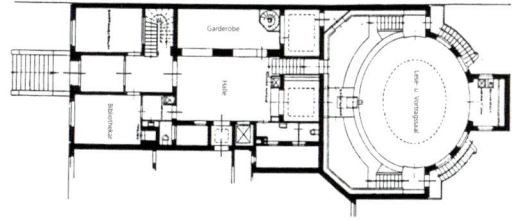
D 64 Warburg-Bibliothek mit Grundriss (rechts)

eher unscheinbar und reiht sich nahtlos in die Häuserzeile ein; selbst das Dach greift auf die Nachbarbauten über. (Im Innern bestand eine Verbindung zu Nr. 114, dem Wohnhaus Warburgs.) Den einzigen Schmuck der Klinkerfassade bilden vier aus dem Ziegelverband entwickelte Lisenen, gleichsam als Abbreviatur einer Tempelfront, doch die Schmuckstreifen sind splittrig gebrochen und die Last eines Gebälks fehlt.

Die **Villa** Heilwigstraße 140 ist ein Entwurf von Jacob & Ameis (1921).

D 65 St.-Johannis-Kloster
Heilwigstraße 158-162, Eppendorf
Architekten: Kahl & Endresen
1912-14

Nach der Reformation wurde das Dominikanerkloster St. Johannis in ein lutherisches Damenstift umgewandelt, das u. a. die ehemaligen Nonnen des aufgehobenen Zisterzienserinnenklosters Herwardeshude aufnahm. 1837 zog das St.-Johannis-Kloster aus den mittelalterlichen Gebäuden in einen Neubau am Klosterwall um, 1914 dann an den Alsterkanal. Das Stift war reich dotiert durch umfangreichen Landbesitz in Harvestehude, der 1866 verkauft wurde. Ein Teil des Erlöses ging an die Landeskirche, die sich dank dieser finanziellen Ausstattung vom Staat trennen konnte. Die anspruchsvolle Klinkerarchitektur mit britischen Landhausmotiven veranschaulicht das hohe Sozialprestige, das das Stift bis heute genießt. Ein Uhrturm markiert das Zentrum der Anlage, die sich ursprünglich in das »Witwenhaus« und das »Klostergebäude« (für ledige Frauen) gliederte. Die Wohnungen umfassten jeweils drei bis vier Zimmer zuzüglich einer Dienstmädchenkammer.

D 66 Geschosswohnbau Heilwigstraße
Heilwigstraße 121-125, Eppendorf
Architekten: Zwinscher & Peters
1923/24

Der kristallin zersplitterte Fassadendekor und die zackenartigen kleinen Giebel ordnen den Entwurf dem Klinkerexpressionismus zu. Aber auch Motive der Reformarchitektur des späten Kaiserreichs tauchen wieder auf, z. B. die Rundbogen oder das Mansardwalmdach. Dabei entstand hier, wie sollte es auf einem Grundstück gegenüber einer Parkanlage an der Oberalster auch anders sein, Wohnungsbau mit »herrschaftlichem« Zuschnitt. Erst die Weltwirtschaftskrise brachte eine kleinbürgerliche Nivellierung der Wohnverhältnisse in Eppendorf (vgl. Nr. D 75).

D 69.1 Hochbahnhaltestelle Kellinghusenstraße, Bahnsteigbrücke

D 67 Evangelisch-lutherische Kirche St. Johannis
Ludolfstraße 66, Eppendorf
Architekten: Johann Leonhard Prey (Neugestaltung Turm). Julius Faulwasser (Umgestaltung)
Gerhard Langmaack (Restaurierung)
Bunsmann, Scharf, Lockner (Instandsetzung)
Teile des Turms spätes 12. Jahrhundert; Kirchenschiff 1622; Neugestaltung Turm 1751; Umbau 1902/03; Restaurierung 1957-63; Instandsetzung 1981-84

Im Turm verbergen sich Reste eines runden Wehrturms aus dem späten 12. Jahrhundert, der 1751 rechteckig ummantelt und mit einem neuen Helm versehen wurde. Eine Kirche wird erst 1267 erwähnt. Das Gotteshaus wurde im 17. Jahrhundert, wie viele Hamburger Dorfkirchen, als Fachwerksaal erneuert, jedoch nur mit einem platten Chorschluss. An Ausstattungsstücken sind die Kanzel (1781) und ein Kruzifix (um 1510) erwähnenswert. Von dem ursprünglichen Bau ist aufgrund der wiederholten Umgestaltungen nur noch relativ wenig erhalten. Julius Faulwasser ließ u. a. den Dachstuhl neu errichten und die Balkendecke durch eine hölzerne Tonne ersetzen sowie neugotische Fenster einbauen. Gerhard Langmaack machte etliche dieser Eingriffe wieder rückgängig. In den 1980er Jahren wurde auch der Altarraum neugestaltet. Der Altartisch ist ein Entwurf von Paul Gerhard Scharf (1989).

Das **Pastorat** stammt im Kern von 1730/31 (1843 umgebaut und aufgestockt). Das ehemalige **Gemeindehaus**, Ludolfstraße 53, ist ein Entwurf von Geißler & Wilkening (1927/28).

D 68 Willsches Palais
Ludolfstraße 19, Eppendorf
Um 1700; südlicher Anbau 1813; Gartenflügel um 1820

Das Landhaus erinnert an die Zeit, als Eppendorf Sommersitz wohlhabender Bürger war. Der massive Kernbau, der um 1700 errichtet wurde, ist mit korinthischen Kolossalpilastern und einem Kranzgesims geschmückt, was ihn zu einem der letzten erhaltenen Beispiele für den niederländischen Einfluss auf die Hamburger Barockarchitektur macht. Die Erweiterungen erfolgten in Fachwerk.

D 71.1 Wohnanlage Kellinghusenpark, Geschosswohnbauten Goernestraße

D 69 Hochbahnhaltestelle Kellinghusenstraße
Goernestraße/Loogeplatz, Eppendorf
Architekten: Raabe & Wöhlecke
1909, 1910-12
D 69.1 Bahnsteigbrücke und Stellwerk
Architekt: Walther Puritz
1926, 1930/31

Der Bahnhof bildet das repräsentative Entree zu den bürgerlichen Quartieren von Eppendorf. Der nördliche Eingang wird durch ein Giebeldreieck akzentuiert, das auf zwei Figurengruppen von Johann Bossard ruht: jeweils ein Mann und eine Frau sowie ein Kind, das zu ihren Füßen auf einem blitzenden Rad wie auf einem Spielzeug reitet (als allegorische Anspielung auf die elektrische Hochbahn). Die Dargestellten sollen zwar die Lebensalter darstellen, sie ähneln aber eher modernen Kleinfamilien. Ähnlich originell ist das gedrungene Tor, das sich unvermittelt über einem der Gleise erhebt – gleichsam als Abbreviatur einer anspruchsvolleren Architektur, denn auf eine Bahnsteighalle wurde verzichtet. Für den Umsteigeverkehr auf der Strecke vom Jungfernstieg nach Langenhorn – 1934 auf ganzer Länge in Betrieb genommen – wurde eine Bahnsteigbrücke errichtet. Der verglaste Überbau besteht aus Holzrahmen mit einer engmaschigen Sprossstruktur.

D 72 Geschosswohnbau Eppendorfer Landstraße

D 74 Wohnblock Haynstraße/Breitenfelder Straße

Der Sockel der Überführung ist, wie auch das unscheinbare Stellwerk, mit Klinker verkleidet.

D 70 Holthusenbad
Goernestraße 21, Eppendorf
Architekt: Hochbauwesen, Fritz Schumacher
1913/14

Der kompakte Baukomplex mit dem wuchtigen Dachkörper umfasste ursprünglich nicht nur zwei nach Geschlecht getrennte Schwimmbäder, sondern auch ein Standesamt und eine Bücherhalle. Außerdem gab es medizinische Anwendungen und Wannenbäder, boten doch die wenigsten Wohnungen damals den Luxus eines Badezimmers. Virtuos wurde hier das Verblendmauerwerk gestaltet: bläulich glänzende Klinker wechseln schichtweise mit mattem roten Backstein. Der mittige Dachreiter, de facto die Entlüftungshaube, und die »Kolossalordnung« der Pfeiler am Mitteltrakt straffen die Fassaden. Das Innere ist bis auf den Eingangsbereich und die Galerien in den beiden Schwimmhallen, auf denen zumindest die Türen der Umkleidekabinen erhalten blieben, stark verändert.

D 71 Wohnanlage Kellinghusenpark
D 71.1 Geschosswohnbauten
Goernestraße 4-12/Gustav-Leo-Straße 5-15; Gustav-Leo-Straße 14-18, Eppendorf
Architekt: Hans und Oskar Gerson
1926

D 71.2 Geschosswohnbauten
Eppendorfer Landstraße 58-64/Gustav-Leo-Straße 2-4, Eppendorf
Architekten: Hans und Oskar Gerson
1928

Eine der korrigierenden »Retuschen« bereits bebauter Viertel, wie es Fritz Schumacher nannte. Inmitten der Etagenwohnhäuser von Eppendorf waren nur die benachbarten Landhausgärten Schröder und Knauer als größere Grünfläche übriggeblieben. Um ihren Erhalt als öffentliches Grün wirtschaftlich rechtfertigen zu können, wurde eine partielle Verwertung des Terrains durch eine Randbebauung erlaubt. Dabei entstand eine der wohl reizvollsten Hamburger Wohnanlagen der Weimarer Republik. Die mit Marmor verkleideten Eingänge deuten an, dass sich hinter den vergleichsweise schlichten Klinkerfassaden bürgerliche Wohnungen mit z. T. mehr als 100 qm Fläche befinden. Der erste Bauabschnitt von 1926 stammt von Ernst Gerson, der 1920 als Juniorpartner in das Büro seiner Brüder eintrat, ohne dass der Büroname geändert wurde.

D 72 Geschosswohnbau Eppendorfer Landstraße
Eppendorfer Landstraße 47-49, Eppendorf
Architekt: Robert Friedmann
1928

Souverän wurden hier divergierende Vorbilder verschmolzen. Die Risalite mit den seitlich angefügten Balkonen und das langgestreckte Hinterhaus sind typische Motive des Wohnungsbaus der Kaiserzeit, ebenso die »herrschaftlichen« Grundrisse. Hinsichtlich der kubischen Baukörper, des Flachdachs und der sprossenlosen Fenster ist der Entwurf dagegen eindeutig der Moderne zuzuordnen. Ungewöhnlich ist die Verkleidung der Fassade mit Klinkerplatten, die durch das Sichtmauerwerk der Eckpfeiler an den Fenstern aufgebrochen wird.

D 73 Geschosswohnbauten Eppendorfer Landstraße/Haynstraße
Eppendorfer Landstraße 11/Haynstraße 19-21; Haynstraße 23, Eppendorf
Architekt: Johannes C. Hansen
1924 (Nr. 23); 1927 (Nr. 19-21)

Zwei Etagenwohnhäuser aus den 1920er Jahren, die sich dem repräsentativen Charakter der vor 1914 entstandenen Bebauung an der Eppendorfer Landstraße unterordnen und typische architektonische Motive dieser Zeit aufgreifen. Die Quaderlisenen an den Klinkerfassaden von Nr. 19-21 verweisen auf den Heimatstil, wenn auch gepaart mit einer expressionistischen Zackenbekrönung, die neoklassizistischen Putzfassaden von Nr. 23 auf die Reformarchitektur. Eine Gemeinsamkeit liegt dagegen in den dorischen Halbsäulen an den Eckgeschossen.

D 75.3 Geschosswohnbauten Robert-Koch-Stieg   D 76 Bezirksamt Nord (Aufnahme 1950er Jahre)

D 74 Wohnblock Haynstraße/Breitenfelder Straße
Haynstraße 29-33/Breitenfelder Straße 80/Husumer Straße 37/Sudeckstraße 2-6, Eppendorf
Architekten: Hans und Oskar Gerson
1924/25

Klinkerblock mit Mansardwalmdach. Der Reiz des Entwurfs liegt vor allem in der meisterhaften handwerklichen Ausführung der Fassaden. Hinsichtlich der gerundeten Anschlüsse wirken die Flügelwände der Loggien wie in das Mauerwerk verschliffen. Expressionistische Portale und Skulpturen (Ludwig Kunstmann) aus farbig glasierter Terrakotta bilden den einzigen Schmuck an den betont flächigen Fronten. Sie unterstreichen mit noblem Understatement den sozialen Status des Wohnkomplexes.

D 75 Geschosswohnbauten Haynstraße/Robert-Koch-Stieg/Lenhartzstraße
D 75.1 Geschosswohnbauten
Haynstraße 32/Robert-Koch-Stieg 2-4/Lenhartzstraße 19-23; Lenhartzstraße 16-20/Robert-Koch-Straße 1, Eppendorf
Architekt: Ulrich Pierstorff
1936-38
D 75.2 Geschosswohnbauten
Haynstraße 34-38, Eppendorf
Architekt: Gustav Meves
1935
D 75.3 Geschosswohnbauten
Haynstraße 40-44/Robert-Koch-Stieg 1-7/Lenhartzstraße 25-33/Breitenfelder Straße 82-90, Eppendorf
Architekt: Alfred Ruppert
1933-38

Mit schematisch gegliederten Lochfassaden unter schlichten Walmdächern repräsentieren die Bauten den typischen »Mietskasernenstil« der NS-Zeit, allerdings städtebaulich wirkungsvoll inszeniert durch die torartige Einschnürung der Lenhartzstraße, die noch zusätzlich durch Arkaden hervorgehoben wird. Typisch ist auch der Verzicht auf Klinker zugunsten des anspruchsloseren roten Backsteins. Und auch der Wohnstandard wurde nach der Weltwirtschaftskrise deutlich gesenkt. Hier entstanden nur noch Wohnungen mit zwei bis drei Zimmern. Zum Vergleich bietet sich das herrschaftliche **Eppendorfer-Baum-Palais**, Lenhartzstraße 2-5, von Kahl & Endresen (1910) an.

D 76 Bezirksamt Nord
Kümmellstraße 7, Eppendorf
Architekt: Hochbauamt, Erster Baudirektor Paul Seitz
1952, 1. BA 1953/54, 2. BA 1956/57, 3. BA 1958/59

Das Bezirksamt war eines der ersten Projekte des frisch ernannten Leiters des Hochbauamtes neben der Schule an der Mendelssohnstraße (vgl. Nr. J 63). Wie Scheiben gestaltete Dächer und Stirnwände, Rasterfassaden und unprätentiöse solide Materialien, die der Architektur eine charakteristische Eigenfarbigkeit verleihen – gelbe Verblender, durchgefärbter Beton, roter Backstein als Akzent im Eingangsbereich – sind nicht nur die Kennzeichen dieses Entwurfs, sondern auch allgemein typisch für den öffentlichen Hochbau in der Ära Seitz (1952-63). Die einzelnen Trakte wurden vorrangig nach einer für die Besonnung als optimal erachteten Lage ausgerichtet.

Die **Sonderschule** Robert-Koch-Straße 15 stammt von Gerhart Laage (1954, 1956-57, 1961/62 erweitert).

D 77 Stiftsviertel Eppendorf
D 77.1 Schutte-Stift
Tarpenbekstraße 31, Eppendorf
Architekten: Haller & Geißler
1906/07
D 77.2 Mathilden-Stift
Tarpenbekstraße 33, Eppendorf
Architekt: C. D. Müller
1901/02
D 77.3 Soltow-Stift
Schedestraße 6, Eppendorf
Architekt: Ernst Vicenz
1906
D 77.4 Kampe-Stift
Schedestraße 24, Eppendorf
Architekten: Behr & Eckmann
1906/07

D 77.1 Stiftsviertel Eppendorf, Schutte-Stift

D 77.2 Stiftsviertel Eppendorf, Mathilden-Stift

D 77.5 Stiftsviertel Eppendorf, Beyling-Stift

Diese vier Wohnstifte seien als pars pro toto für das umfangreiche Stiftsviertel genannt, das sich zwischen der Schedestraße und der Frickestraße erstreckt und im wesentlichen vor 1914 ausgebaut wurde. Frappant ist die Ähnlichkeit der für alle vier Einrichtungen gewählten architektonischen Lösungen, die ein konventionelles Muster für die Bauaufgabe Stift verdeutlichen, denn es handelt sich jeweils um Dreiflügelbauten, die einen Eingangshof umschließen. (Das Kampe-Stift wurde allerdings 1928 zur Vierflügelanlage ausgebaut, vgl. Nr. D 77.6.) Und auch die gotisierende Gestaltung stellt ein verbindendes Moment dar, wenn auch eindeutige Stilzitate, z. B. Spitzbogen, fehlen. Typisch sind vielmehr rahmende Backsteinstreifen, die auf den hell verblendeten bzw. verputzten Flächen ein die Bauglieder verklammerndes Netz bilden – eine Lösung, die auch auf den genossenschaftlichen Wohnungsbau übertragen wurde, dessen maßgeblicher Vertreter Ernst Vicenz, der Architekt des Soltow-Stifts, war (vgl. den Wohnblock des Bau- und Sparvereins zu Hamburg, Nr. E 68, der ebenfalls von Vicenz stammt).

D 77.5 Beyling-Stift
Schedestraße 13-17, Eppendorf
Architekten: Strohmeyer & Giese
1927

D 77.6 Erweiterung Kampe-Stift
Schedestraße 18-22, Eppendorf
Architekten: Strohmeyer & Giese
1928

Zwei bemerkenswerte Beispiele für den Einfluss des »Neuen Bauens« auf die Stiftsarchitektur mit zeittypischen Klinkerfassaden und Flachdächern. Der Reiz liegt in der Rhythmisierung serieller Motive, wie sie sich bei der Aneinanderreihung von Kleinwohnungen mit gleich großen Fenstern fast von selbst ergeben. Während das Kampe-Stift eine konventionelle Lochfassade aufweist, wurden die Fenster und Loggienöffnungen beim Beyling-Stift zu horizontalen Bändern zusammengezogen, was weitaus großzügiger wirkt.

D 77.7 Julius und Betty Rée-Stift
Schedestraße 23-39, Eppendorf
Architekt: Ernst Friedheim
Mittelbau 1912; Seitenflügel 1915

Eine der über 30 jüdischen Stiftungen, die zwischen 1830 und 1930 in Hamburg und Altona gegründet wurden. Gleichzeitig ist der Backsteinbau ein seltenes Beispiel für ein Wohnstift in der Reformarchitektur der späten Kaiserzeit, was ihn deutlich von seiner Nachbarschaft abhebt (vgl. die Z. H. May und Frau Stiftung, Nr. C 84.1, die ebenfalls von Ernst Friedheim stammt).

D 78 Jenisch-Stift

D 81 Ehem. Lyzeum Curschmannstraße

D 79.2 Evangelisch-lutherische Kirche St. Markus, Ruine und Wiederaufbau als Notkirche

D 78 Jenisch-Stift
Tarpenbekstraße 93, Eppendorf
Architekten: Krumbhaar & Heubel (Ursprungsbauten)
Rosenberg & Wex (Modernisierung und Umbau)
1893, Haus I 1895, Haus II 1910; Modernisierung und Umbau 1978-80

Eine der ehemals reichsten Hamburger Stiftungen – 1858 zur Erinnerung an Senator Martin Johan Jenisch von seiner Witwe Fanny gegründet –, deren Kapital 1881 durch ein Vermächtnis auf zwei Millionen Mark aufgestockt wurde. Von den ursprünglich geplanten neun Gebäuden, die für bedürftige Angehörige der »besseren Stände« gedacht waren, konnten bis zur Inflation nur zwei realisiert werden. Die schlossartige Anlage spiegelt diesen Anspruch wider, wobei hier nicht die für Stifte übliche Neogotik gewählt wurde, sondern der als repräsentativer erachtete Renaissancestil.

D 79 Notkirchen
D 79.1 Evangelisch-lutherische Kirche St. Martinus
Martinistraße 31, Eppendorf
Architekten: Otto Bartning. Gerhard Langmaack
1949; Turm 1952-54

D 79.2 Evangelisch-lutherische Kirche St. Markus
Heider Straße 1, Hoheluft-Ost

Architekten: Hugo Groothoff (Ursprungsbau)
Otto Bartning. Gerhard Langmaack (Wiederaufbau)
1898/99; Zerstörung 1943; Wiederaufbau 1948/49

Zwei von insgesamt 48 so genannten Notkirchen, die bis 1951 vom Hilfswerk der evangelisch-lutherischen Kirche Deutschlands mit internationaler Unterstützung errichtet wurden. Hierfür hatte Otto Bartning 1947 eine Holzkonstruktion aus Bindern, Pfetten, Dachtafeln, Fenstern und Türen entwickelt, die einschließlich der Bänke und der Bauteile für eine Empore vorgefertigt an die Baustelle geliefert wurden. Die Gemeinden mussten dann nur noch für Material zum Decken des Daches und zur Errichtung der nichttragenden Außenwände, z. B. Trümmersteine, sorgen.

Gerhard Langmaack erweiterte die Notkirche in Eppendorf um eine halbrunde Apsis, der später noch ein Turm mit Konfirmandensaal folgte. In Hoheluft-Ost fügte er die Binder und die Dachkonstruktion in eine zerstörte neogotische Kirche ein, von der außer dem Turm und Resten des Langhauses auch noch der Chor erhalten geblieben war. Beide Entwürfe stießen nicht nur auf Zustimmung, denn sie verfälschten den von Bartning angestrebten schlichten architektonischen Charakter. Eine dritte Notkirche wurde in Schnelsen errichtet (vgl. die Adventskirche, Nr. I 50).

D 82 Ehem. Großbäckerei der Produktion

D 83 Falkenriedterrassen (Aufnahme um 1960)

Das **Gemeindehaus** von St. Martinus, das unmittelbar an die Kirche angefügt ist, stammt von Jörn Rau (1972/73).

D 80 Universitätsklinikum Hamburg-Eppendorf
Martinistraße 52, Eppendorf
Architekten: Hochbauwesen, Carl Johann Christian Zimmermann und Ernst Ruppel (Ursprungsbauten)
Ursprungsbauten 1880, 1884-89

Das Allgemeine Krankenhaus Eppendorf – seit 1934 Universitätskrankenhaus – wurde im damals fortschrittlichen Pavillonsystem errichtet, das die Infektionsrisiken mindern sollte. Mit über 70 ein- bis zweigeschossigen Bauten – überwiegend mit roten Backsteinfassaden und flachen Satteldächern – war es ursprünglich eines der größten Pavillonkrankenhäuser überhaupt. Eine zentrale Straßenachse teilte die Anlage symmetrisch in einen Frauen- und einen Männerbereich. Heute präsentiert sich das Krankenhaus als gestalterisch und funktional völlig unbefriedigendes Konglomerat aus den sporadisch erhaltenen Resten der alten Pavillonstruktur, die bereits 1945 zu 40 Prozent zerstört war, und Neubauten, die nach dem Ausbaukonzept von Paul Seitz ab Mitte der 1950er Jahre betont achsennegierend errichtet wurden. 2002 wurde ein Masterplan für eine grundlegende Neuordnung des Geländes beschlossen.

Das **Neue Klinikum** ist ein Entwurf von Nickl & Partner (2003 W, 2005-08).

D 80.1 Erika-Schwesternhaus
Bereich West, Haus W 29
Architekten: Hochbauwesen, Fritz Schumacher (Ursprungsbau)
Baubehörde, Hochbauamt (Wiederaufbau)
1912-14; Teilzerstörung 1943, Wiederaufbau 1952/53

Ehemaliges Wohnheim für Krankenschwestern und Internat für Schwesterschülerinnen. Der Dreiflügelbau mit Walmdach orientiert sich zu einem Garten, der ursprünglich sehr sorgfältig gestaltet war. Das Zentrum bildet der Speisesaal, der sich an der Gartenseite unangemessen monumental mit schmalen hohen Bogenfenstern hervorwölbt. Die Skulpturen auf der Terrasse stammen von Karl Weinberger. Der zerstörte Südflügel wurde 1952/53 durch einen schlichten Neubau ersetzt. Die Dekorationen der Eingangshalle und der Gemeinschaftsräume sind erhalten (2000 restauriert).

Von Fritz Schumacher stammt auch das ehemalige **Gebäude für die theoretischen Institute** (1913-16, 1924-26 fertiggestellt, Bereich Nord, Haus N 30). Das gegenüberliegende **Laborgebäude** (Haus N 27) ist ein Entwurf von gmp Architekten v. Gerkan, Marg und Partner (2003 W, 2005-07).

D 81 Ehem. Lyzeum Curschmannstraße
Curschmannstraße 39, Hoheluft-Ost
Architekt: Fritz Höger
1925 W, 1926-28

Eine der wenigen Schulen aus der Ära von Fritz Schumacher, die der Oberbaudirektor nicht selbst entworfen hat. Der wuchtige Trakt an der Curschmannstraße schließt die Grünanlage vor dem Universitätskrankenhaus wie eine Trutzburg aus Klinker ab. Ein Uhrturm akzentuiert die Straßenkreuzung. Diesem gliedert sich ein Aulatrakt an, der mit »Lanzettfenstern« wie ein Kirchenschiff wirkt. Weiße Sprossenfenster, Buckelglasscheiben und Steine mit Goldglasur setzen Akzente auf den dunklen Fassaden. Als richtungweisend kann der einbündige Grundriss gelten, der im damaligen Hamburger Schulbau nicht die Regel war. Die Schule ist heute mit der ehemaligen **Volksschule Breitenfelder Straße**, Löwenstraße 58, von Albert Erbe (1906, 1910-12) zur Gesamtschule Eppendorf zusammengeschlossen.

D 82 Ehem. Großbäckerei der Produktion
Hegestraße 34-40, Hoheluft-Ost
Architekt: G. Lehne
1911; Mühlen- und Silobau am Isebekkanal 1915

Stahlbetonskelettbau mit roter Ziegelausfachung. Nur die Bekrönung mit Schweifgiebeln, die in stilisierten Voluten auslaufen, stellt noch ein konventionelles Dekorationsmotiv dar, wogegen die Fassadenstruktur konsequent aus der Konstruktion und der Funktion des Gebäudes entwickelt ist.

D 83 Falkenriedterrassen
Falkenried/Löwenstraße, Hoheluft-Ost
Architekten: Padberg & Partner (Instandsetzung und Modernisierung)
1890/91; Erweiterung 1903; Teilzerstörungen 1941 und 1943; Instandsetzung und Modernisierung 1992-94

Der Block am Falkenried wird von fünf schmalen Privatstraßen durchschnitten, die jeweils rund 140 m lang und bis auf die Kopfbauten an den jeweiligen Enden dreigeschossig bebaut sind – was das Ensemble schon allein im Hinblick auf seine Ausdehnung einzigartig macht. Hinter den einfach strukturierten Stuckfassaden befinden sich Zweizimmerwohnungen mit einer Wohnfläche von 32 bis 46 qm, in denen früher kinderreiche Arbeiterfamilien lebten. Terrassen galten als Synonyme für gründerzeitliches Wohnungselend (zur Definition vgl. die Terrassen an der Wohlwillstraße, Nr. C 23). Erst als immer mehr studentische Mieter den Reiz dieser Bauform erkannten, wandelte sich auch deren Bewertung. Um den Erhalt der vom Abbruch bedrohten Häuser zu sichern, bildete sich 1973 eine Mieterinitiative, aus der 1988 eine Genossenschaft hervorging.

Der **Hochbunker** Löwenstraße 27-29, für den mehrere Häuser der Falkenriedterrassen abgebrochen wurden, ist ein Entwurf von Erwin Nagel (1942-44).

D 84 Falkenried-Quartier
Falkenried/Straßenbahnring/Straßenbahnstieg/ Hoheluftchaussee/Lehmweg, Hoheluft-Ost

D 84.1 Ehem. Falkenried Fahrzeugwerkstätten GmbH
Architekten: BRT Architekten Bothe Richter Teherani (Umbau Verwaltung). LABFAC (Umbau Werkstatthalle)
1926-30; Umbau Verwaltung 2001-03; Umbau Werkstatthalle 2002-03

D 84.2 Neubauten
Architekten: APB. Architekten Beisert, Wilkens, Grossmann-Hensel. Baumschlager & Eberle. Bolles + Wilson Renner Hainke Wirth Architekten. Spengler Wiescholek Architekten
1999 W, 2001-04, Geschäftshäuser Hoheluftchaussee 2005/06

Auf dem 5,5 ha großen Gelände war ursprünglich die Falkenried Fahrzeugwerkstätten GmbH ansässig, die 1880 für den Bau von Pferdebahnen und später auch Straßenbahnen gegründet worden war. Außerdem war hier ein Straßenbahndepot untergebracht. Von 1926 bis 1930 wurde das Gelände völlig neu bebaut, woran noch das Pförtnerhaus, das Verwaltungsgebäude und die Werkstatthalle erinnern. Die Verwaltung, ein Klinkerbau mit Pfeilerfassaden, wurde von BRT Architekten entkernt und mit futuristischen Penthouses aufgestockt. Die Werkstatthalle ist heute in Büro- und Einzelhandelsflächen aufgeteilt. Von den beiden Wagenhallen des Straßenbahndepots stehen dagegen nur noch die Stirnfronten mit den großen Holztoren, die sich wie Kulissen vor den Stadthäusern von Spengler Wiescholek Architekten erheben.

Der erste Preis im städtebaulichen Wettbewerb 1999 ging an Bolles + Wilson, die auch das Wohnhochhaus Straßenbahnring 7-9 und die beiden angrenzenden Bürohäuser entworfen haben. Die übrigen Baufelder wurden in weiteren Wettbewerben an unterschiedliche Architekten vergeben. Von Renner Hainke Wirth stammen die modisch-bunten Geschäftshäuser an der Hoheluftchaussee. Im Nordwesten wird das Quartier durch einen Wohnkomplex von APB. Architekten arrondiert. Während sich die meisten Bauten mit Putz- oder Backsteinfassaden der historischen Klinkerarchitektur unterordnen, setzten Baumschlager + Eberle beim »Lighthouse«, Lehmweg 16a-c, demonstrativ auf Transparenz. Raumhohe Fenster gewähren dort selbst in den Lichthöfen ungehinderten Einblick in die Wohnungen.

Das **Wohn- und Verwaltungsgebäude** Straßenbahnring 1 ist das älteste Relikt der Fabrik (1890er Jahre, Architekt unbekannt).

D 85 Ehem. Tabakfabrik von Eicken
Hoheluftchaussee 95, Hoheluft-West
Architekten: Gustav Schrader (Ursprungsbauten)
Manfred Milz (Restaurierung und Umbau)
Ursprungsbauten 1902/03; Erweiterung Kesselhaus 1907; Erweiterung Fabrikgebäude 1909; Restaurierung und Umbau 1984/85

In einem Hinterhof verbirgt sich eine beeindruckende Fabrikanlage. Hier wurde von oben nach unten gearbeitet, d. h. der Produktionsprozess begann im letzten Stock mit der Sortierung und Anfeuchtung des Rohtabaks und endete im Erdgeschoss mit der Verpackung und dem Versand. Der vertikale Transport erfolgte wie bei einem Lagerhaus mit außenliegenden Winden über Luken. Lisenen, Friese und Zinnenkränze aus rotem Backstein akzentuieren die Putzfassaden und verleihen ihnen einen für die Erbauungszeit bereits konventionellen neogotischen Charakter. Der markante Turm mit dem Wasserreservoir auf der Spitze entstand erst 1909. In seinem Zentrum befindet sich ein Schornstein, um den sich konzentrisch eine Fluchttreppe legt.

D 86 Geschosswohnbau Scheideweg
Scheideweg 3, Hoheluft-West
Architekten: A. P. B. Architektengruppe Planen & Bauen Beisert, Findeisen, Grossmann-Hensel, Wilkens
1974, 1976/77

Der Entwurf brachte mit den Klinkerfassaden und den dynamischen Brüstungsbändern des »Neuen Bauens« Ende der 1970er Jahre auf den Punkt, was damals unter dem Stichwort »Genius loci« die Hamburger Architekturdiskussion beherrschte, nämlich die Wiedergewinnung einer ortstypischen Architektursprache (und was seitdem leider nahezu automatisch das Bauen in der Schumacher-Ära meint). Bemerkenswert ist auch das Geschick, mit dem das Gebäude zwischen seinen unterschiedlich hohen Nachbarn vermittelt.

D 84.2 Falkenried-Quartier, Wohnhochhaus von Bolles + Wilson

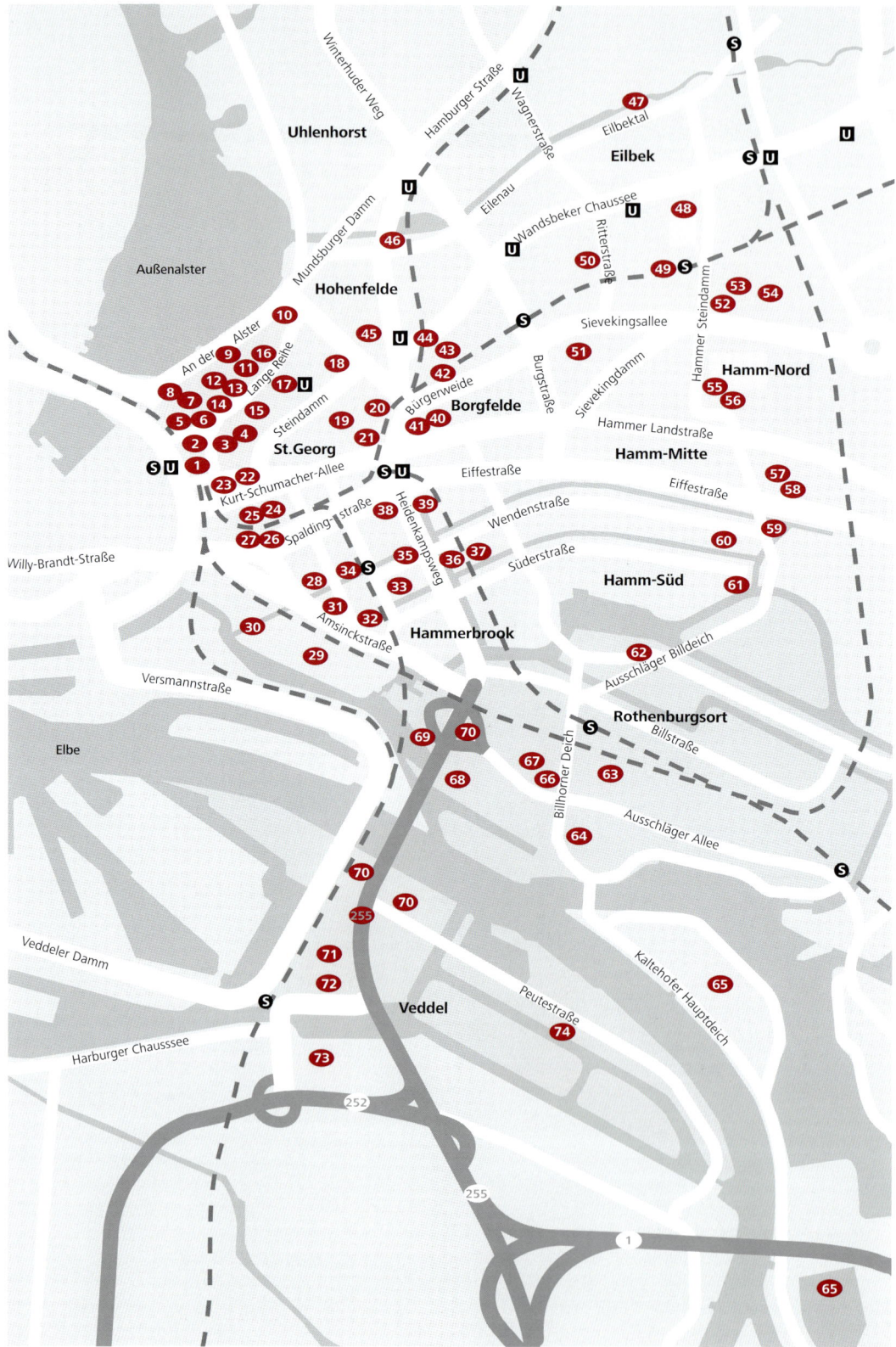

E 1 Hauptbahnhof

E Der Osten von St. Georg bis Eilbek und Veddel

Seinen Namen verdankt St. Georg einem Spital für Leprakranke, das um 1200 vor den Toren der Stadt gegründet worden war. 1682 wurde es in die Befestigungsanlagen einbezogen, blieb aber bis 1861 durch die abendliche Torsperre aus dem Kerngebiet der Alt- und Neustadt ausgegrenzt. Ab 1830 konnten die Bewohner das Stadtbürgerrecht erwerben, was bald den Bau ansehnlicher Wohnhäuser am Alsterufer zur Folge hatte. In der Gründerzeit wandelte sich St. Georg zum großstädtischen Etagenhausquartier. Während der neue Hauptbahnhof (1903-06, vgl. Nr. E 1) zunächst kaum Auswirkungen auf die bauliche Entwicklung des Stadtteils hatte, sieht man von einigen neuen Hotels und Kontorhäusern ab, räumte der Zweite Weltkrieg die Grundstücke für die Ansiedlung von Großverwaltungen frei.

Das ursprünglich zu St. Georg gehörige Marschgebiet Hammerbrook wurde ab 1840 für den Bau der Eisenbahnstrecke nach Bergedorf mit Kanälen entwässert und aufgehöht. Der größte Teil war noch zu Beginn der 1880er Jahre unbebaut. Galt Hammerbrook bis zur völligen Zerstörung im Feuersturm des 28. Juli 1943 als Synonym für proletarische Lebensverhältnisse, so wurde beim Wiederaufbau weitgehend auf Wohnungen verzichtet mit dem Ergebnis, dass hier auch 40 Jahre nach Kriegsende noch große Brachflächen klafften. Erst seit den 1980er Jahren wird Hammerbrook gezielt als Bürostandort entwickelt (»City Süd«). Auch Rothenburgsort, das bereits seit dem Mittelalter hamburgisch ist (damals noch als Teil von Billwerder), war bis zu den Luftangriffen im Sommer 1943 ein typisches dicht bebautes Arbeiterquartier der Gründerzeit.

Der uniforme Wiederaufbau der östlichen Viertel mit immer gleichen backsteinroten Zeilen lässt heute leicht vergessen, dass der topographischen ursprünglich auch eine soziale Differenzierung entsprach: Die Geestviertel »Oben-Borgfelde«, »Oben-Hamm«, Hohenfelde und das »Auenviertel« von Eilbek – so benannt nach den Straßennamen – waren vor dem Zweiten Weltkrieg bevorzugte Wohnadressen und wurden in weiten Bereichen durch Villen geprägt. Während die Stadt Borgfelde und Hamm bereits 1256 bzw. 1385 in ihren Besitz brachte, gehörten Hohenfelde und Eilbek dem Heiligen-Geist-Hospital. Die Veddel, heute vor allem als Klinkersiedlung aus der Schumacher-Ära bekannt (vgl. Nr. E 71), war dagegen seit 1643 dänisch und gelangte erst durch den Gottorper Vergleich von 1768 an Hamburg.

E 1 Hauptbahnhof
Kirchenallee/Glockengießerwall, St. Georg
Architekten: Reinhardt & Süßenguth. Eisenbahndirektion Altona, Eisenbahnbauinspektor Ernst Moeller
1901/02 W, 1903-06

1898 wurde ein Abkommen zwischen Hamburg, Preußen und der Lübeck-Büchener Eisenbahngesellschaft geschlossen, um die seit Jahrzehnten unzulänglichen Bahnverbindungen zwischen Hamburg und seinen preußischen Nachbarstädten zu verbessern. Nicht nur die 1866 fertiggestellte Verbindungsbahn nach Altona, die dicht bebaute Viertel wie St Pauli durchquerte, wurde auf einen Damm mit Unterführungen gelegt. Hamburg

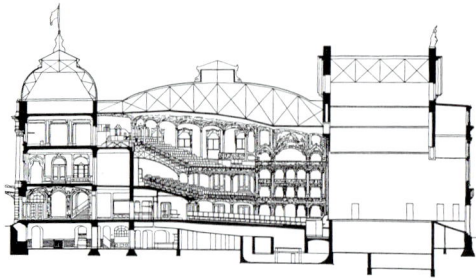

E 3 Deutsches Schauspielhaus mit Schnitt (rechts)

erhielt auch einen Zentralbahnhof, nachdem sich der Bahnverkehr bis dahin auf mehrere Richtungsbahnhöfe verteilt hatte.

Als Standort bot sich ein ehemaliges Friedhofsgelände an der Kirchenallee an. Da das Grundstück keinen Platz für ein Empfangsgebäude bot, erhielt der Bahnhof eine 72 mal 22 m große und rund 30 m hohe »Wandelhalle«, die die Gleise überspannt. Noch imposanter geriet die Bahnsteighalle, eine Dreigelenkbinderkonstruktion aus Stahlfachwerkträgern mit einer Spannweite von 72 m und einer Höhe von 36 m, der auf jeder Seite noch ein 20 m tiefes »Seitenschiff« angegliedert ist. Vorbild war die Galerie des Machines auf der Weltausstellung in Paris 1889.

Für die Konzeption und Konstruktion zeichnete die Eisenbahndirektion Altona verantwortlich, die Gestaltung stammte von Reinhardt & Süßenguth. Weil Kaiser Wilhelm II. den ursprünglichen Jugendstil-Entwurf nicht billigte, fiel die Wahl auf Renaissanceformen und Tuffsteinrustika, die aber auch ausgezeichnet mit der Skelettkonstruktion harmonieren und sie zu monumentaler Wirkung steigern. Nur einen Schönheitsfehler gibt es: Seit dem Bau der Mönckebergstraße (ab 1908) liegen die Haupteingänge auf der falschen Seite.

Die **Vordächer** an der Kirchenallee sind ein Entwurf von Schweger & Partner (1982-86).

E 1.1 Wandelhalle
Architekten: Schramm, v. Bassewitz, Hupertz & Partner
Ingenieure: Pirlet & Partner
1987 W, 1989-91

Schwere Korrosionsschäden – insbesondere an den Stützen, auf denen die Wandelhalle lastete –, machten eine Instandsetzung nötig, die in weiten Bereichen einem Neubau gleichkam (inklusive einer Rekonstruktion der Fassade). Die Wandelhalle hängt heute an sieben Stahlfachwerkträgern, die jeweils 73 m lang und 4 m hoch sind, und ruht außerdem auf Betonstützen. Die Umwandlung in eine Einkaufspassage mit einer Ladengalerie im ersten Obergeschoss bedeutete einen Balanceakt zwischen Denkmalpflege und Kommerz. Die Einbauten wurden betont zurückhaltend gestaltet und durch eine neutrale Farbgebung optisch »weggestrichen«; die Leuchtwerbung liegt hinter den Schaufensterscheiben, was ebenfalls zu einem geschlossenen Gesamteindruck beiträgt.

E 2 Bieberhaus
Hachmannplatz 2, St. Georg
Architekten: Rambatz & Jollasse
1908-10

Mit diesem blockfüllenden Bau griff die Kontorhauscity über die Grenzen des Wallrings hinaus. Seine Allansichtigkeit lässt das gestalterische Prinzip des Hamburger Kontorhauses, d. h. die Auflösung der Fassaden in ein Skelett aus Pfeilern und schlankeren Fensterstützen, besonders deutlich hervortreten. Ein Mansardwalmdach, typisch für die Architektur um 1910, schließt den Baukörper nach oben hin ab.

E 3 Deutsches Schauspielhaus
Kirchenallee 39, St. Georg
Architekten: Fellner & Helmer (Ursprungsbau)
Bäumer & Streb. Dieter Langmaack (Bühnenhaus, Magazin- und Verwaltungsgebäude und Parkhaus)
1899/1900; Bühnenhaus, Magazin- und Verwaltungsgebäude und Parkhaus 1979, 1982-84

Das Theater mit ursprünglich 1.900 Plätzen wurde von einer Aktiengesellschaft finanziert. Der Entwurf stammt von einem Wiener Architekturbüro, das eine Vielzahl ähnlicher oder sogar nahezu identischer Theater errichtet hat. Korinthische Kolossalsäulen bzw. -pilaster gliedern die Putzfassaden. Charakteristisch für Fellner & Helmer ist auch die Innenausstattung: opulenter Neobarock à la Schönbrunn in Weiß, Rot und Gold. Bis 1984 wurden die Innenräume aufwändig restauriert, das Bühnenhaus innerhalb der alten Umfassungsmauern erneuert und ein Magazin- und Verwaltungsgebäude sowie ein Parkhaus angefügt. Der an dieser Stelle völlig unmotivierte gelbe Backstein, eine Forderung des Bauträgers, macht die Erweiterungen trotz traditioneller Motive wie Lochfassaden, Sprossenfenster oder kupferne Dachflächen zu Fremdkörpern. Die Dichterbüsten an den Fassaden

E 4 Hansa-Brunnen

E 5 Kattenhof

und die beiden allegorischen Figurengruppen der darstellenden Künste, die die Kuppel flankieren, stammen von Carl Garbers.

E 4 Hansa-Brunnen
Hansaplatz, St. Georg
Architekten: Kayser & von Großheim
Bildhauer: Engelbert Peiffer
1878

Der repräsentative Hansaplatz ist ein typisches Beispiel für den spekulativen Städtebau der Gründerzeit. 1873 wurde das Gelände zwischen dem Steintorwall und der Danziger Straße, das bis dahin Zimmerleuten als Holzstapelplatz gedient hatte, von der Stadt zu einem günstigen Preis an die Hanseatische Baugesellschaft mit der Auflage verkauft, die Infrastrukturen zu schaffen und diese nach zwei Jahren in öffentlichen Besitz zu übergeben. Außerdem verpflichtete sich die Baugesellschaft, einen Schmuckbrunnen zu errichten.

Der Hansa-Brunnen ist ein wenig elegantes Potpourri aus Renaissancemotiven, das eine »Hansa« mit Dreizack und Boot bekrönt. Ansonsten nehmen nur die Wappen der damals selbstständigen Städte Hamburg, Lübeck und Bremen Bezug auf die Hansezeit. Das Figurenprogramm in den Nischen der Ädikulen – Kaiser Konstantin, Karl der Große, Bischof Ansgar und Graf Adolf III. von Schauenburg – verweist allgemein auf die Christianisierung insbesondere des Nordens bzw. auf Herrscher, die bereits vor der Hansezeit für Hamburgs Entwicklung bestimmend waren.

E 5 Kattenhof
St. Georgstraße 3-7, St. Georg
1820-24; Hofbebauung 1842

Hinter zwei bescheidenen Vorderhäusern erstreckt sich ein ausgedehnter Wohnhof nach dem Vorbild der »Gängeviertel« in der Altstadt und Neustadt (vgl. den Bäckerbreitergang, Nr. B 30). Diese schlichten Fachwerkbauten wurden nach dem Großen Brand vom Mai 1842 als Notwohnungen für Obdachlose errichtet.

E 6 Evangelisch-lutherische Dreieinigkeitskirche
St. Georgskirchhof, St. Georg
Architekten: Johann Leonhard Prey (Turm)
Heinz Graaf (Kirchenschiff und Rekonstruktion Turm)
Turm 1743-47, Zerstörung 1943, Rekonstruktion 1959-62;
Kirchenschiff 1953/54 W, 1955-57

Der barocke Vorgänger brannte 1943 bis auf die Umfassungsmauern aus und musste aus Sicherheitsgründen abgebrochen werden. Nur der Turmstumpf blieb stehen und erhielt wieder den eleganten Aufsatz mit der zierlichen Spitze. Das gerade in seiner Schlichtheit überzeugende neue Kirchenschiff rückt achsenverneinend von dem Turm ab und ist mit diesem nur über einen verglasten Gang verbunden. Betonstützen und weißes Sichtmauerwerk verleihen dem Innern einen asketischen Charakter. Mit den ausschwingenden Emporen scheint noch ein schwacher Reflex des zerstörten Barockraums auf. Die Darstellung der Dreieinigkeit über dem Altar stammt von Karl Knappe, das Kruzifix von Jürgen Weber. Vor dem Turmportal steht der Abguss einer Kreuzigungsgruppe (um 1500), die ursprünglich die letzte Station eines Kreuzwegs vom Dom St. Marien nach St. Georg markierte. (Das Original befindet sich in der Turmhalle.) Die Skulptur des heiligen Georg neben dem Eingang hat Gerhard Marcks geschaffen (1958).

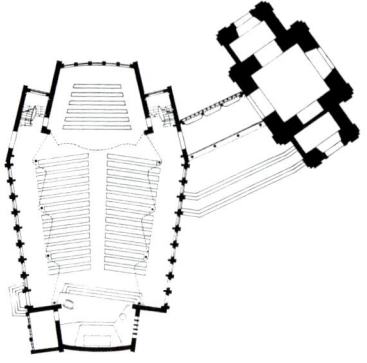

E 6 Evangelisch-lutherische Dreieinigkeitskirche (Aufnahme um 1962) mit Grundriss (rechts)

E 7 Ehem. Klosterschule St. Johannis
Holzdamm 5, St. Georg
Architekt: Hermann Diederich Hastedt (Ursprungsbau)
1873/74; Erweiterungen 1884 und 1911

Backsteingebäude mit kräftiger Vorlagengliederung. Gliederungen aus rotem Sandstein setzen sparsame Akzente. Wie der prosaische, aber nicht reizlose Bau ausgesehen hat, bevor das gelbe Mauerwerk mit einem Anstrich versiegelt wurde, lässt sich an der Erweiterung von 1911 an der Rautenbergstraße 9 ablesen. Die Klosterschule war die erste höhere Mädchenschule in Hamburg (mit Lehrerinnenseminar). Sie ist eine Gründung des Damenstifts St.-Johannis-Kloster (vgl. Nr. D 65), das hierfür einen Teil seines Grundbesitzes veräußerte.

Das **Pacific Haus**, Holzdamm 28-32, ist ein Entwurf von BRT Architekten Bothe Richter Teherani (1995-97).

E 8 Hotel Atlantic
An der Alster 72-79, St. Georg
Architekten: Boswau & Knauer
1907-09

Der repräsentative neoklassizistische Bau stellt eines der letzten erhaltenen Beispiele für ein Grandhotel des Kaiserreichs dar, das zudem auch noch seinen ursprünglichen Zweck erfüllt. Die eleganten Festsäle im Stil Louis Seize sind in wesentlichen Teilen im Originalzustand überliefert. Die Eingangshalle ziert immer noch ein Fliesenbild Kaiser Wilhelms II. Auch der Leuchtglobus auf der Gebäudeecke diente bereits 1909 als Werbeträger. Hier machten Reisende der Ersten Klasse Zwischenstation, die sich in Hamburg oder Cuxhaven nach Übersee einschiffen wollten.

E 9 Haus Schumacher
An der Alster 39, St. Georg
Architekt: Fritz Schumacher (Umbau)
1837/38; Umbau 1914

Mit der Aufwertung St. Georgs zur Vorstadt im Jahre 1830 setzte die systematische Bebauung des Alsterufers ein. Aus dieser Zeit datiert das Wohnhaus, das Fritz Schumacher erwarb und vor allem im Innern umgestaltete, wogegen außen nur der von vier dorinthischen Säulen getragene Altan angefügt wurde. Die Entscheidung des Propagandisten der Backsteinarchitektur für einen biedermeierlichen Putzbau ist nur scheinbar widersprüchlich, bot doch neben der traditionellen heimatlichen Bauweise gerade auch der Klassizismus Vorbilder für die Reformarchitekten des späten Kaiserreichs. 1942 verkaufte Schumacher das Haus an den Architekten Gerhard Langmaack und zog in eine Mietwohnung.

E 10 Stadthäuser »Crescent«
An der Alster 9, 12-14, St. Georg
Architekt: Jean David Jollasse
Um 1860

Der halbmondförmige Grundriss der Bebauung mutet nicht nur von ungefähr angelsächsisch an, denn der städtebauliche Entwurf stammte von dem britischen Ingenieur William Lindley, der sich vor allem um den Wiederaufbau der Innenstadt nach dem Großen Brand 1842 verdient gemacht hatte (vgl. die Stadtwasserkunst, Nr. E 64). Von 1856 bis 1858 angelegt, war der Platz wohl schon bald darauf bebaut, zumal das Wohnen an der Außenalster durch die Aufhebung der Torsperre 1861 ungleich attraktiver wurde. Die Putzfassaden im Rundbogenstil und der feingliedrige gotisierende Dekor

E 8 Hotel Atlantic

E 12 August-Heerlein-Stift

E 14 Passage Koppel/Lange Reihe

sind typisch für Jean David Jollasse. Die Häusergruppe Nr. 9 wurde 2007/08 vollständig entkernt und in ein Bürohaus umgebaut.

Das **Bürohaus ADA 1**, An der Alster 1, ist ein Entwurf von Jürgen Mayer H. (2005 W, 2006/07).

E 11 Haus des Kunsthandwerks
Koppel 66, St. Georg
Architekten: Kluth & Sliwa (Umbau)
1924; Umbau 1978-80

Eine expressionistische Klinkerfassade hebt den Bau an der Koppel hervor. Ursprünglich diente das dreigeschossige Gebäude als Maschinenbaufabrik, woran im Innern noch die erhaltene Laufkatze unter dem Glasdach erinnert. Mit seinen galerieartigen Obergeschossen war der Stahlbetonskelettbau geradezu für den Umbau in ein Ausstellungs- und Werkstattgebäude für Kunsthandwerker prädestiniert. In den Luftraum wurde eine zusätzliche Treppe eingefügt.

E 12 August-Heerlein-Stift
Koppel 17, St. Georg
Architekt: Ernst Paul Dorn
1893/94, Erweiterung 1912

Der Standort und die architektonische Gestaltung verdeutlichen den hohen Anspruch, mit dem die Anlage zum Gedenken an August Heerlein von dessen Witwe und Tochter gestiftet wurde. Der Gebäudekomplex, der verarmten Witwen und unverheirateten Frauen aus den »gebildeten Gesellschaftskreisen« einen bei aller gebotenen Bescheidenheit angemessenen Lebensrahmen bieten sollte, erstreckte sich ursprünglich bis zum Alsterufer. Seit den Kriegszerstörungen sind nur noch die neobarocken »Gartenhäuser« von 1912 und der neogotische Eingangsbau von 1894 erhalten, der das Stiftsgelände fortifikationsartig zur Koppel hin abschirmt.

E 13 Handelshof und Geschosswohnbau
Koppel 20-26/Lange Reihe 29, St. Georg
Architekt: Fritz Höger
1913/14

Der voluminöse Handelshof, ein Kontorhaus mit einer Pfeilerfassade aus Klinker, dokumentiert den Veränderungsdruck, der seit dem Bau des Hauptbahnhofs auf dem Wohnviertel St. Georg lastet. Zur Koppel hin schließt ein großstädtischer Geschosswohnbau mit fünf Obergeschossen an, dessen schmucklose Klinkerfassade bereits auf die architektonische Entwicklung nach dem Ersten Weltkrieg verweist.

E 14 Passage Koppel/Lange Reihe
Koppel 14-16/Lange Reihe 21-25, St, Georg
Architekten: Stammann & Zinnow
1889/90

Als Passagen werden private Wohnstraßen oder Wohnhöfe bezeichnet, die eine blockinterne Verbindung zwischen zwei öffentlichen Straßen schaffen und häufig nur über Tore in den Vorderhäusern zugänglich sind (vgl. die Terrassen Wohlwillstraße, Nr. C 23). Diese Passage sticht nicht nur durch ihre repräsentative Neorenaissance-Architektur selbst im Innenhof hervor. Bemerkenswert ist auch, dass der Entwurf von den renommierten »Rathausbaumeistern« Hugo Stammann und Gustav Zinnow stammt, denn für derartig prestigearme Bauaufgaben zeichneten in der Regel aus dem Handwerk stammende Baumeister verantwortlich oder Archi-

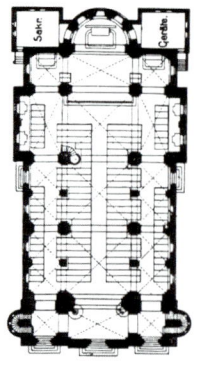

E 17 Römisch-katholische Domkirche St. Marien mit Grundriss (rechts)

tekten, die zugleich als Bauunternehmer und Immobilienspekulanten tätig waren.

E 15 Neugestaltung Carl-von-Ossietzky-Platz
St. Georg
Architekten: Meyer + Fleckenstein
1988/89

Der unaufdringlich gestaltete Platz hebt sich auch optisch als Ruhepol von der lauten und bunten Langen Reihe ab. Traditionelles Kleinpflaster und Asphalt, eine offene Schutzhalle mit flachem Tonnendach auf filigranen Metallstützen, ein ebenso feingliedriger Stahl-Glas-Pavillon als Stehbistro, an Masten aufgehängte Leuchten und das skurrile Metallgestänge einer öffentlichen Uhr mit Sonnenkollektor schaffen ein urbanes Ambiente, das ohne historisierende Zitate oder postmoderne Gags auskommt.

E 16 Bürgerhaus Lange Reihe
Lange Reihe 61, St. Georg
Architekten: Padberg, Stietzel, Reumschüssel & Partner
Dietrich Raeck (Restaurierung)
1621; Erweiterungen und Umbauten 18. und 19. Jahrhundert; Restaurierung 1988/89

Der schlichte traufständige Fachwerkbau mit Zwerchhaus wurde ursprünglich wohl von einem wohlhabenden Bürger in der wärmeren Jahreszeit als Lusthaus genutzt (mit einem Garten, der sich bis zum Alsterufer erstreckte). Im ersten Obergeschoss sind klassizistische Dekorationen erhalten, im zweiten Obergeschoss wurde bei der Restaurierung eine bemalte Holzbalkendecke mit Weinranken und floralen Motiven entdeckt (3. Viertel 17. Jh.), die über einem abgehängten Plafond aus dem 18. Jahrhundert verborgen war.

Die **Terrasse** Lange Reihe 92 ist ein Entwurf von C. H. M Bauer (1871, vgl. die Terrassen Wohlwillstraße, Nr. C 23).

E 17 Römisch-katholische Domkirche St. Marien
Danziger Straße 60, St. Georg
Architekten: Arnold Güldenpfennig (Ursprungsbau)
Reinhold Hofbauer (Erneuerung des Innenraums)
1890-93; Erneuerung des Innenraums 1962

St. Marien, der erste katholische Kirchenneubau in Hamburg seit der Reformation, wurde 1994 zur Domkirche des neugegründeten Erzbistums Hamburg erhoben. Die Namensgebung erinnert an den Hamburger Dom, der von 1804 bis 1807 abgebrochen wurde. Auch die Gestaltung verdeutlicht den Selbstbehauptungswillen der katholischen Gemeinden im »Diasporagebiet« des Bistums Osnabrück, zu dem Hamburg ursprünglich gehörte. Die anspruchsvolle Geste der Doppelturmfassade war im damaligen hamburgischen Sakralbau ebenso ohne Beispiel wie die neoromanische Backsteinarchitektur, die sich am Limburger Dom orientiert.

Tendierte der protestantische Sakralbau zu dieser Zeit bereits zu zentralisierenden Lösungen, so wurde St. Marien als dreischiffige Basilika konzipiert. Auf ein relativ kurzes Langhaus – zwei Joche im gebundenen System (d. h. einem Langhausjoch entsprechen jeweils zwei Joche in den Seitenschiffen) – folgen der Chor und eine halbrunde Apsis. Das Querhaus ist aufgrund der beengten Lage extrem verkürzt. Der Innenraum hat durch Kriegsschäden und Modernisierungen große Teile der Originalausstattung eingebüßt. Die Goldmosaiken in der Apsis blieben erhalten. Die Szene in der Konche stellt die Triumphhochzeit Christi mit Maria dar.

E 18 Philips Headquarter

E 19 Erstes Amalienstift

E 18 Philips Headquarter
Lübeckertordamm 5, St. Georg
Architekten: KSP Architekten Engel und Zimmermann
2002 W, 2004/05

Der Entwurf variiert das konventionelle Thema »Verwaltungshochhaus mit Breitfuß« (für die Kantine und sonstige Sonderräume). Das 17-geschossige Hochhaus setzt sich aus zwei parallel verschobenen Scheiben mit einer gläsernen Trennfuge zusammen, die sich im Hofbereich als horizontaler Einschnitt fortsetzt. Die Obergeschosse kragen am jeweils entgegengesetzten Ende aus, so dass sich am Lübeckertordamm geradezu beiläufig eine repräsentative und zugleich witterungsgeschützte Eingangssituation ergibt. Trotz der großflächigen Verglasungen stellt sich nur bei abendlicher Beleuchtung der Eindruck von Transparenz und Leichtigkeit ein. Dies liegt vor allem an der dunkelgrauen Rasterstruktur, die den Fassaden einen eigentümlich starren und monolithischen Charakter verleiht.

Das **Verwaltungsgebäude der Securvita Versicherung**, Lübeckertordamm 1-3, ist ein Entwurf von Pysall Ruge Architekten (2003 W, 2005-07).

E 19 Erstes Amalienstift
Stiftstraße 65, St. Georg
Architekt: Alexis de Chateauneuf
1838, 1839/40

Die Amalie-Sieveking-Stiftung ging aus dem 1832 gegründeten »Weiblichen (Sieveking'schen) Verein für Armen- und Krankenpflege in Hamburg« hervor, einem der Vorläufer der heutigen Diakonissengemeinschaften. Das Gebäude umfasste ursprünglich neben Armenwohnungen auch ein Kinderhospital und Badestuben. Es musste mithin nicht nur wirtschaftlich im Bau, sondern auch vielfältig nutzbar sein. Alexis de Chateauneuf löste diese Aufgabe mit großer Eleganz, indem er das massive Mauerwerk auf die in statischer Hinsicht stärker beanspruchten Kanten beschränkte. Die dazwischenliegenden Fassadenabschnitte mit den Fenstern bestehen, wie auch die Innenwände, aus Fachwerk. Der Grundriss ist aus 25 gleich großen Quadraten entwickelt, die jeweils einen der massiven Wandstreifen bzw. zwei Fensterachsen breit sind. Nach diesem Schema ließen sich die Geschossflächen flexibel aufteilen. Nur der Mittelgang mit der Treppe bildete einen Festpunkt.

Die **Erweiterungen** Stiftstraße 67 und Minenstraße 11 stammen von Julius Faulwasser (1892 bzw. 1914).

E 20 Hauptfeuerwache
Westphalensweg 1/Berliner Tor, St. Georg
Architekt: Hochbauwesen, Fritz Schumacher
1914-22; Zerstörung 1944; Wiederaufbau bis 1953

Dreiflügelbau mit schmucklosen Backsteinfassaden und hohen Mansardwalmdächern, die die umfangreiche Baugruppe gestalterisch zusammenschweißen. Der Komplex enthielt außer der Feuerwehrzentrale auch eine Feuerwache und Wohnungen. Im Hof befindet sich der Schlauchturm, dessen wie leere Fensterhöhlen wirkende Fassadenöffnungen zu Übungszwecken genutzt werden sollten. Die Südfassade büßte beim Wiederaufbau die Rundbogentore und die Erker ein.

Weitere Gebäude in der Nachbarschaft, die von Fritz Schumacher stammen, sind das ehemalige **Klostergymnasium**, Westphalensweg 7 (1918, 1919-23), die ehemalige **Technische Staatslehranstalt**, Berliner Tor 21 (1908, 1910-14, vereinfacht wiederaufgebaut), und die **Handelsschule**, Wallstraße 2 (1915, 1919-22).

E 21 Ehem. Polizeipräsidium
Beim Strohhause 31, St. Georg
Architekten: Atmer & Marlow. Hans Th. Holthey. Egon Jux. Harro Freese (Ursprungsbau). BRT Architekten Bothe Richter Teherani (Umbau und Fassadensanierung)
1955 W, 1958-62; Umbau und Fassadensanierung 2000/01

Mit seiner komplexen Fassadenstruktur aus »Brises Soleil« – schattenspendenden Betonlamellen – und der Aufständerung auf »Pilotis« orientierte sich der Entwurf an einem Hochhausprojekt Le Corbusiers für Algier (1939). Bemerkenswerterweise stieß dessen Architektursprache anfänglich jedoch auf Ablehnung bei den Vertretern der Polizei im Preisgericht des Wettbewerbs, die sie

E 21 Ehem. Polizeipräsidium mit Berliner Tor Center

damit begründeten, dass ein Polizeigebäude in einem demokratischen Staat auch in gestalterischer Hinsicht Bürgernähe symbolisieren sollte und somit offen und transparent wirken müsse. 2000/01 wurde die sanierungsbedürftige Betongliederung durch Profile in Leichtbauweise ersetzt und der westlich anschließende Flachtrakt abgebrochen. Das neue Polizeipräsidium steht in Winterhude (vgl. Nr. F 68.5).

Die Hochhausbebauung um das ehemalige Polizeipräsidium – das **Berliner Tor Center** – stammt von Jan Störmer Architekten (1998 W, 2000-04).

E 22 Zentraler Omnibusbahnhof ZOB
Adenauerallee 78, St. Georg
Architekten: ASW Architekten Silcher, Werner + Redante
Ingenieure: Schlaich, Bergermann & Partner
1997 W, 2001-03

Ersatzbau für den alten Zentralomnibusbahnhof von 1951, der den Anforderungen nicht mehr genügte und abgebrochen wurde. Merkzeichen des neuen Bahnhofs ist das geschwungene, 190 m lange Glasdach, unter dem ein Teil der Busbahnsteige sowie Pavillons mit unterschiedlichen Dienstleistungsangeboten angeordnet sind. Da sich unter dem Gelände ein U-Bahn-Tunnel befindet, ist das Dach über Kragarme einseitig an einer sichelförmigen Stahl-Stabrippenschale befestigt, die auf einer Kolonnade von 21 schlanken Stahlstützen ruht.

Das ehemalige **Wachgebäude**, Adenauerallee 70, ist ein Entwurf von Carl Ludwig Wimmel (1819).

E 23 Museum für Kunst und Gewerbe
Steintorplatz 1, St. Georg
Architekt: Hochbauwesen, Carl Johann Christian Zimmermann
1872, 1874-76

Schlossartiger Putzbau mit Sandsteingliederungen im Stil der Neorenaissance. Das Gebäude diente ursprünglich hauptsächlich schulischen Zwecken, was den schematischen Grundriss und die nüchterne Innenarchitektur erklärt. Für Ausstellungen war nur das Erdgeschoss reserviert, das sich das Museum für Kunst und Gewerbe

E 22 Zentraler Omnibusbahnhof ZOB

anfänglich auch noch mit den botanischen und völkerkundlichen Sammlungen teilen musste. Heute ist die Wirkung des stattlichen Bauwerks durch den Verlust der Wallanlagen beeinträchtigt, die den Gleisen des neuen Hauptbahnhofs geopfert wurden.

Bereits Justus Brinckmann (1843-1915), der Gründer und langjährige Direktor des Museums, erwarb zeitgenössische Arbeiten und legte hierdurch die Grundlage für die bedeutende Jugendstilabteilung mit Entwürfen u. a. von Peter Behrens, Henry van de Velde, Josef Hoffmann und Richard Riemerschmid, die auch komplette Interieurs umfasst. Auch die übrige Sammlung mit den besonderen Schwerpunkten Porzellan, Ostasiatika, Gebrauchsgrafik und Fotografie macht das Museum zu einem der reichhaltigsten und bedeutendsten seiner Art in Deutschland.

Außerdem dient der geräumige Bau als »Endlager« für als erhaltenswert erachtete Ausstattungen abgebrochener oder durch Umbau veränderter Hamburger Bürgerhäuser, wie den mit Fresken von Erwin Speckter geschmückten Salon aus dem Haus Abendroth von Alexis de Chateauneuf (1834/35) oder den neobarocken Musiksaal aus dem Budge-Palais von Haller & Geißler (1909, vgl. Nr. D 39.1). In den nördlichen Innenhof wurde die reich dekorierte Renaissancefassade des

E 23 Museum für Kunst und Gewerbe

E 26 Münzburg

Kaiserhofs (1619) eingefügt, der 1873 am Neß einem Bankneubau weichen musste.

E 23.1 Schümann-Flügel
Architekten: Alsop & Störmer Architekten
1996 W, 1998-2000

Die Erweiterung im südlichen Innenhof wurde von Hans-Otto Schümann gestiftet, um Platz für (Sonder-)Ausstellungen, die Bibliothek, Arbeitsräume und das beliebte Bistro »Destille« zu schaffen. Der zweiflügelige Trakt schmiegt sich unmittelbar an den Altbau an, wodurch dessen Fassaden zu Innenwänden werden. Ein weiteres raumprägendes Element sind die schlanken elliptischen Sichtbetonstützen. An der Außenseite ist die Erweiterung mit Kerto-Schichtholz verkleidet, einem Material aus dem Waggonbau, vor das ein gazeartiges Edelstahlgewebe gespannt wurde: als Filter für das kräftige Rotbraun der Holzflächen und um die schmalen Fensterschlitze zu kaschieren.

E 24 Ehem. Verwaltungsgebäude der GEG
Besenbinderhof 51-52, St. Georg
Architekt: Heinrich Krug
1906/07

Hauptverwaltung der Großeinkaufsgesellschaft Deutscher Consumvereine m.b.H. (GEG). Mit der schwerfällig gegliederten und zur Flächigkeit tendierenden neoromanischen Werksteinfassade blieb der Entwurf weit hinter den damaligen gestalterischen Möglichkeiten der Hamburger Bürohausarchitektur zurück. Die GEG wurde 1894 gegründet, um die wirtschaftlichen Vorteile des Großeinkaufs zu nutzen und somit die Versorgung der einkommensschwachen Kreise der Bevölkerung mit Lebensmitteln und anderen Gütern des täglichen Bedarfs zu verbessern. Sie war eine der Säulen der deutschen Arbeiterbewegung. Ab 1909 nahm die GEG die Produktion in eigenen Fabriken auf, wobei Hamburg einen Schwerpunkt bildete (vgl. Nr. E 28 und Nr. E 74).

Das ehemalige **Gesundheitsamt**, Besenbinderhof 41, ist ein Entwurf von Hermann Höger (1925/26, 1950 vereinfacht wiederaufgebaut).

E 25 Gewerkschaftshaus
Besenbinderhof 57-59, St. Georg
Architekten: Heinrich Krug (1. BA)
Wilhelm Schröder (2. BA)
1. BA 1904-06; 2. BA 1912/13

Das Gewerkschaftshaus wurde bei seiner Einweihung am 29. Dezember 1906 von August Bebel als »geistige Waffenschmiede« der deutschen Arbeiterschaft apostrophiert und euphorisch als eine der drei wichtigsten baulichen Sehenswürdigkeiten Hamburgs neben dem Rathaus und dem neuen Hauptbahnhof gewürdigt. In der Tat war der Komplex, der neben Versammlungsräumen und Büros auch eine Bibliothek, eine Speisehalle und Unterkünfte für Wanderarbeiter umfasste, nicht nur ein politischer, sondern auch ein sozialer und kultureller Mittelpunkt der deutschen Arbeiterbewegung. Hinsichtlich der schwellenden Barockformen, die mit Jugendstildekor verschmelzen, und der reichen Dachlandschaft (durch Kriegsschäden und eine Aufstockung zerstört) blieb der erste Bauabschnitt noch konventionellen Vorstellungen von Repräsentativität verhaftet – was kaum weniger auf die Erweiterung zutrifft, die in strengeren Formen gestaltet ist. Erst in der Weimarer Republik fand das Selbstbewusstsein der Gewerkschaften mit Entwürfen wie denjenigen von Max Taut, Erich Mendelsohn oder Hannes Meyer zu einem eigenständigen architektonischen Ausdruck.

E 26 Münzburg
Münzplatz 11/Repsoldstraße 45, Hammerbrook
Architekt: Johann Heinrich Martin Brekelbaum
1886

Eines der schönsten Beispiele für die neogotische Architektur der »Hannoverschen Schule« in Hamburg, wenn auch die Stilwahl und die Verwendung von dunkelroten und grün glasierten Backsteinen, durch Gesimse und Konsolen aus Sandstein nobilitiert, für ein bürgerliches Mietshaus in der Hansestadt eher untypisch sind. Die besondere Sorgfalt galt auch Details wie den ebenfalls mit Backstein verkleideten Hofseiten oder den Kreuzgratgewölben im Eingang und in den Läden. Die Skulp-

E 29 Großmarkthalle (Aufnahme um 1962)

E 31 VTG-Gebäude

turen an der Hauptfassade – ein Patrizier mit Barett, Dokumentenrolle und Börse am Gürtel und eine weibliche Figur mit Spinnrocken als Sinnbilder für wirtschaftlichen und gesellschaftlichen Erfolg bzw. Fleiß und Bescheidenheit – projizierten die Werte und Leitbilder der Erbauungszeit auf das Mittelalter. Die Wohnungen waren von der Größe her auf gehobene Bedürfnisse zugeschnitten.

E 27 Terrasse Spaldingstraße
Spaldingstraße 41-47, Hammerbrook
Architekten: Hallier & Fittschen
1885-87

Wie bei der Münzburg (vgl. Nr. E 26) wurde auch bei diesem Entwurf auf Stuckdekorationen verzichtet. Die Straßenfassade besteht nur aus hellrotem Verblendmauerwerk und Formsteinen. Der sechsgeschossige Bau mit zwei quergestellten Hinterhäusern – eine so genannte Terrasse (vgl. die Terrassen Wohlwillstraße, Nr. C 23) – steht heute isoliert zwischen modernen Bürohäusern. Er verdeutlicht die hohe Baudichte von Hammerbrook vor dem Zweiten Weltkrieg. Diese Straßenschluchten wurden bei dem Luftangriff in der Nacht vom 27. auf den 28. Juli 1943 für unzählige Menschen zur Feuerfalle.

E 28 Ehem. Zentrallager der GEG
Sonninstraße 24-28, Hammerbrook
Architekt: Bau- und Ingenieurbüro der GEG
1911-14

Der mit Backstein verkleidete Stahlbetonskelettbau diente ursprünglich als Zentrallager der GEG (Großeinkaufsgesellschaft Deutscher Consumvereine m.b.H., vgl. die ehemalige GEG-Verwaltung, Nr. E 24). Er wurde zur Süßwarenfabrik umgebaut, als 1927 das neue Lagerhaus auf der Peute in Betrieb genommen wurde (vgl. Nr. E 74). Die Pfeilerstruktur der Fassaden erinnert an die Kontorhausarchitektur. Derartige gestalterische Lösungen setzten sich kurz vor dem Ersten Weltkrieg jedoch auch im Gewerbebau durch (vgl. die Hansaburg, Nr. E 59). Dass die Kanäle früher wichtige Verkehrswege waren, belegen die Lukenachsen an der Wasserseite.

E 29 Großmarkthalle
Banksstraße, Hammerbrook
Architekten: Bernhard Hermkes und Gerhart Becker
Schramm & Elingius
Ingenieure: Dyckerhoff & Widmann AG
1954/55 W, 1958-62

Die rund 40.000 qm große Halle wurde von den beiden ersten Preisträgern des Wettbewerbs realisiert, wobei Bernhard Hermkes und Gerhart Becker zusammen mit der Dyckerhoff & Widmann AG für die Hallenkonstruktion verantwortlich zeichneten, Schramm & Elingius dagegen für die Untergeschosse mit den Kühl- und Reifungsräumen. Die komplex gekrümmten Stahlbetonschalen der drei Hauptschiffe werden von zwölf Binderketten getragen, die jeweils aus drei annähernd parabelförmigen Stahlbetonbindern und zwei verbindenden Traversen bestehen.

Die Großmarkthalle stellt auch im bundesweiten Vergleich ein herausragendes Beispiel für die Architektur der Wiederaufbaujahre dar. Der elegante, organische Schwung dieser Ära mag auf Puristen zwar immer noch irritierend wirken. Die tragenden Glieder verjüngen sich jedoch folgerichtig nur dort, wo sie in statischer Hinsicht weniger stark beansprucht werden, und auch die senkrechten Streifen an den Giebelfronten sind nicht nur Dekor, sondern steifen gleichzeitig auch die großen Wandscheiben aus.

Die **Blumenmarkthalle**, die nachträglich an der Nordseite angefügt wurde, ist ebenfalls ein Entwurf von Bernhard Hermkes (1982-84).

E 30 Hammerbrookschleuse
Stadtdeich, Hammerbrook
Ingenieur: Johann Hermann Maack (Erweiterung)
1844-47; Erweiterung 1865/66

Nach den schweren Kriegszerstörungen stellt die Hammerbrookschleuse einen der letzten Zeugen für die systematische Erschließung Hammerbrooks in den 1840er Jahren dar, als das Marschgebiet mit einem Kanalnetz durchzogen wurde. Sie ist eine Tideschleuse, d. h., sie hat nur die Aufgabe, die Strömung und den

E 31 Geschosswohnbau Nagelsweg

E 33 Industriehof

Wasserstand bei auflaufendem und ablaufendem Wasser zu regulieren. Die Schleusenkammer von 1847 ist zum Teil im Stadtdeich erhalten, wenn auch ohne die ursprünglichen Tore. Die östliche Erweiterung von 1865/66 verfügt dagegen noch über das originale, mittig gelagerte Drehtor mit zwei Klappschützen in den beiden unteren Ecken, mit denen für einen Ausgleich des Wasserstands gesorgt wurde.

E 31 VTG-Gebäude und Geschosswohnbau
Amsinckstraße 57-61/Nagelsweg 34, Hammerbrook
Architekten: léonwohlhage
1993 W, 1994-96

Mit den betont kantigen Fassaden aus grünen Betonfertigteilen brachte das VTG-Gebäude einen frischen Klang in das backsteinrote Einerlei der damaligen Hamburger Bürohausarchitektur. Eine zweischalige Glasfassade schirmt die Büros an der stark befahrenen Amsinckstraße ab. Die spitz hervorstoßenden rückwärtigen Flügel werden durch Fassadengalerien gegliedert, die wie aus den Betonplatten gestanzt wirken. Wie in den 1960er Jahren bewiesen die Architekten wieder Mut zur undifferenzierten Großform. Dank subtiler Rhythmisierungen, insbesondere der Fensterflächen, wurde dabei aber jeder Anflug von Monotonie bereits im Keim erstickt.

Weil sich Klostertor und Hammerbrook heute in weiten Bereichen als sterile Büroviertel präsentieren, durften am Nagelsweg wieder Geschosswohnbauten errichtet werden. Die extravagante Verkleidung der Fassaden besteht hier aus matten Glasbausteinen. Verglaste Loggien bilden einen Schall- und Staubschutz. Die Ein- bis Zweizimmerwohnungen sind auf die Bedürfnisse urbaner Singles und kinderloser Paare zugeschnitten. Schiebetüren zwischen nahezu allen Räumen schaffen offene und abwechslungsreiche Wohnsituationen und brechen das Klischee monofunktionaler Zimmer auf.

Das **Bürohaus** Amsinckstraße 28 ist ein Entwurf von Kleffel, Köhnholdt, Gundermann (1987, 1990-93).
Das **Hansa Carree**, Nagelsweg 49-55, stammt von HPP Hentrich, Petschnigg & Partner (1989-93).

E 32 Poseidon-Haus
Amsinckstraße 65-71/Süderstraße, Hammerbrook
Architekten: Architekten Schweger + Partner
1989 W, 1990-94

Der Grundriss des Bürokomplexes fügt sich geschickt in den dreieckigen Grundstückszuschnitt ein, wobei Diagonale und rechter Winkel im fruchtbaren Widerstreit liegen. Markant gestaffelte Kopfbauten, die mit Blech verkleidet sind, durchstoßen die Klinkerfassade an der Amsinckstraße und machen die einzelnen Gebäudeeinheiten ablesbar. Auch die Zylindertürme an den Gebäudeenden lockern das stereotype Schema der Blockrandbebauung auf.

E 33 Industriehof
Hammerbrookstraße 93, Hammerbrook
Architekt: Albert Lindhorst
1906

Der Eisenbetonskelettbau mit kraftvoll profilierter Pfeilerfassade, ehemals eine Mietfabrik, ist eines der wenigen Gebäude, die nach dem Feuersturm wiederaufgebaut wurden. Bis 1943 war es von Geschosswohnbauten umschlossen. Die Nottreppenhäuser sind als Ecktürme angefügt, um möglichst ungeteilte Geschossflächen zu erhalten. Der Transport der Rohstoffe bzw. Waren erfolgte ursprünglich vor allem über den Süderkanal, was sich dort an den Zwerchgiebeln mit den Windenauslegern ablesen lässt.

E 34 S-Bahnstation Hammerbrook und Viadukt
Hammerbrookstraße, Hammerbrook
Architekten: Schramm, Pempelfort, v. Bassewitz, Hupertz
1976 W, 1978-83

Haltestation auf einem S-Bahn-Viadukt. Die gedrungenen Sichtbetonpfeiler sind kanneliert, um sie schlanker erscheinen zu lassen und für Graffiti und Plakate ungeeignet zu machen. Die hohen Brüstungen sollen die Fahrgeräusche dämpfen. Im Bereich der Haltestelle sind sie als Wind- und Schallschutz bis auf Höhe der Bahnsteigüberdachung hochgezogen, wodurch die Station

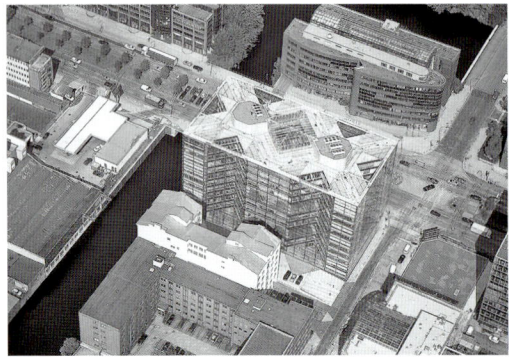
E 35 Doppel-XX

E 36 Bürohaus Heidenkampsweg

E 38 Fabrikgebäude Leder-Schüler

E 39 Berliner Bogen

eine Art Waggonform erhält, deren Signifikanz durch die rote Blechverkleidung noch gesteigert wird. Zu monieren sind die fensterlosen und durch den Verzicht auf Rolltreppen und Aufzüge zudem wenig benutzerfreundlichen Aufgänge.

E 35 Doppel-XX
Heidenkampsweg 56-58, Hammerbrook
Architekten: BRT Architekten Bothe Richter Teherani
1995 W, 1997-99

Eine punktförmig aufgehängte Glashaut umschließt zwei diagonal eingestellte Baukörper mit kreuzförmigen Grundrissen: das Doppel-XX. Zwischen der Außenhülle und den Kernflächen erstrecken sich gigantische Hallen, die über alle zwölf Geschosse reichen. Sie haben den Effekt eines Staub-, Lärm- und vor allem Klimapuffers, was das Gebäude im Zusammenspiel mit dem einfallenden Sonnenlicht, den natürlichen Luftströmungen und der Speichermasse der Betonrippendecken zu einem Niedrigenergiehaus macht. In jeweils zwei übereinanderliegenden Etagen wurde alternierend auf einen der vier Kreuzarme verzichtet und stattdessen zwischen den Geschossen begrünte Terrassen angelegt. Zu dem Komplex gehört auch die ehemalige **Mietfabrik**, Wendenstraße 45, von Albert Lindhorst (1910), die zu einem Atelierhaus für Künstler umgebaut wurde.

E 36 Bürohaus Heidenkampsweg
Heidenkampsweg 73-79, Hammerbrook
Architekten: Sievers, Piatscheck & Partner (Kernbau)
Böge + Lindner-Böge (Fassaden)
1989 W, 1990-92

Der Innenausbau ist zwar lieblose Routine, was bereits ein Blick in die Eingangsbereiche verdeutlicht. Für die Fassaden musste aber ein Wettbewerb ausgeschrieben werden, weil sich das Grundstück im Besitz der Stadt befand. Während sich die Bürotrakte an der Wasserseite kammartig staffeln und in verglaste Rotunden auslaufen, wurde zum Heidenkampsweg hin der geglückte Versuch unternommen, auf bauliche Zäsuren zu verzichten und die fast 140 m lange Klinkerfront nur durch die »Taille« des Fensterbands im zweiten Obergeschoss zu gliedern. Zwei über mehrere Geschosse greifende, wie Wintergärten wirkende Öffnungen mit Sprossenfenstern sind dieser Fassade gleichsam als Kontrapunkte aufgesetzt.

   Das in gestalterischer Hinsicht vergleichbare **Bürohaus** Heidenkampsweg 40 ist ebenfalls ein Entwurf von Böge + Lindner Böge (1991 W, 1993-95).

E 40 Ehem. Haus des Deutschen Bauarbeiterverbandes

E 37 Ehem. Schokoladenfabrik Reese & Wichmann
Wendenstraße 130, Hammerbrook
Architekten: Theodor Speckbötel (Ursprungsbau)
v. Bismarck + Partner (Umbau und Aufstockung)
1908; Teilzerstörung 1943; Wiederherstellung 1952;
Umbau und Aufstockung 1994-97

Zwei parallele Baukörper, ehemals ein Fabrikgebäude und ein Lagerhaus, sind durch zwei Torbauten miteinander verbunden. Der dazwischenliegende Hofraum diente als Lieferzone für Fuhrwerke. Die Schuten, die den Kakao aus dem Hafen brachten, legten am Süderkanal an. Dort steht auch das Kesselhaus, das noch über den originalen Schornstein verfügt. Im Zweiten Weltkrieg wurden die Dächer mit den gotisierenden Schmuckgiebeln zerstört. Die Aufstockung von 1997 bildet mit Tonnendächern und Metallprofilen einen betonten Kontrast zu den narbig belassenen roten Backsteinfassaden. Heute sind hier Medienunternehmen untergebracht.

Die ehemalige **Volksschule Wendenstraße**, Wendenstraße 166, stammt von Fritz Schumacher (1927, 1929/30, vgl. die Volksschule Osterbrook, Nr. E 60).

E 38 Fabrikgebäude Leder-Schüler
Heidenkampsweg 32, Hammerbrook
Architekt: Fritz Höger
1926, 1927/28; Aufstockung vermutl. nach 1934

Hatte Fritz Höger ursprünglich einen Bau mit horizontalen Gliederungen im Sinne des »Neuen Bauens« konzipiert, so fand er mit dem Ausführungsentwurf wieder zu dem bewährten Schema der vertikalen Rippen zurück. Der spektakuläre Klinkerexpressionismus erschien ihm hier, wie auch bei der gleichzeitig errichteten Zigarettenfabrik Haus Neuerburg (vgl. Nr. G 20), offenbar geeigneter für eine Architektur mit Werbeeffekt. Der Seitentrakt an der Nordkanalstraße war zunächst dreigeschossig und wurde erst später aufgestockt.

E 39 Berliner Bogen
Anckelmannplatz 1, Hammerbrook
Architekten: BRT Architekten Bothe Richter Teherani
1996, 1998-2001

Kreative Weiterentwicklung von Norman Fosters Entwurf für das Mikroelektronik-Zentrum in Duisburg (1995/96). Nach dem Haus-im-Haus-Prinzip staffeln sich die Geschosse unter einer parabelförmigen Stahlbetonschale. Diese wurde mitsamt den Decken an 36 m hohen Stahlträgern abgehängt, weil sich unter dem Gebäude ein Rückhaltebecken der Stadtentwässerung befindet. In diese rund 140 m lange Großstruktur sind an beiden Seiten jeweils drei Lichthöfe eingeschnitten, die als Klimapuffer fungieren (vgl. das Bürohaus Doppel-XX, Nr. E 35). Die äußere Hülle ist eine punktförmig befestigte Glashaut. Ursprünglich war das Gebäude als Hauptverwaltung einer Versicherung geplant, wurde dann aber als Mietbürohaus fertiggestellt. Hierdurch erklärt sich der nüchterne Innenausbau des großzügigen Eingangsbereichs.

E 40 Ehem. Haus des Deutschen Bauarbeiterverbandes
Jungestraße 1/Klaus-Groth-Straße 1, Borgfelde
Architekt: Albert H. W. Krüger
1910/11

Die Kolossalpilaster an der Hauptfassade und die wertvolle Ausstattung des Eingangsbereichs mit Marmorverkleidung und Keramikbrunnen belegen das Selbstbewusstsein, mit dem das Gewerkschafts- und Wohngebäude von der 1911 gegründeten Interessenvertretung der Bauhandwerker und Bauhilfsarbeiter errichtet wurde. Auf seinen ursprünglichen Zweck verweisen neben den Backsteinfassaden, deren betonte Vielgliedrigkeit eine willkommene Gelegenheit bot, handwerkliches Können unter Beweis zu stellen, vor allem die Reliefs an den Brüstungen mit der Inschrift »Einigkeit macht stark« und symbolischen Darstellungen der einzelnen Bauegewerke. Das 1943 zerstörte Mansardwalmdach mit Dachreiter wurde nicht wiederhergestellt.

E 41 Evangelisch-lutherische Erlöserkirche
Jungestraße 5, Borgfelde
Architekten: Friedrich R. Ostermeyer und Paul Suhr
Henry Schlote
1950 W, 1951/52, Turm 1957

Der konservative Sakralbau bildete den Auftakt zu einer ganzen Reihe derartiger Kirchen, für die Friedrich R. Ostermeyer in den 1950er Jahren verantwortlich zeichnete – wobei dieser Entwurf allerdings aus einer Arbeitsgemeinschaft mit Henry Schlote, dem Gewinner des Wettbewerbs, hervorging. Der flach gedeckte Innenraum ist dreischiffig. Auch der Rundbogen vor der Altarnische, das steile Satteldach, die von Konsolen getragenen Balkone am Turm und die Segmentbogenportale sind Reminiszenzen an das traditionalistische Bauen der 1930er Jahre. Bei dem Bombenangriff in der Nacht vom 27. auf den 28. Juli 1943 lag der zerstörte Vorgängerbau im Zentrum des Feuersturms, dessen Wucht hier sogar Bäume umgeknickt hatte. Hieran erinnert mittelbar das am Giebel angebrachte Denkmal für die Toten beider Weltkriege von Hans Kock (1955).

E 41 Evangelisch-lutherische Erlöserkirche (Aufnahme 1950er Jahre)

E 42.2 St.-Hiobs-Hospital

E 42 Stiftsbauten Bürgerweide
E 42.1 Alida-Schmidt-Stift
Bürgerweide 23, Borgfelde
Architekt: Albert Rosengarten
1874
E 42.2 St.-Hiobs-Hospital
Bürgerweide 25, Borgfelde
Architekten: Semper & Krutisch
1883/84
E 42.3 St.-Gertruden-Stift
Bürgerweide 41-45, Borgfelde
Architekt: Peter von der Heyde
1883/84

Auffällig im Vergleich mit späteren Ensembles von Stiften ist der heterogene Charakter der Gebäude, die nicht nur verschiedenfarbige Backsteinfassaden, sondern auch unterschiedliche Grundrisse aufweisen (vgl. das Stiftsviertel in Eppendorf, Nr. D 77). Während das St.-Gertruden-Stift aus drei pavillonartigen Einzelhäusern besteht, präsentiert sich das Alida-Schmidt-Stift als kompakter Block mit zwei Innenhöfen. Das St.-Hiobs-Hospital ist dagegen ein Vierflügelbau. Bemerkenswert ist hier der fortifikationsartige Mittelrisalit mit dem Hoftor und dem zierlichen Dachreiter: ein Zitat des Vorgängers von 1743 in der Altstadt, der 1884 abgebrochen wurde.

E 43 Staatliche Gewerbeschule G 1 (Stahl- und Maschinenbau)
Angerstraße 7, Hohenfelde
Architekten: Lothar Kreitz (Ursprungsbau)
Rüdiger Franke (Modernisierung und Neubau Lehrwerkstätten und Pausenhalle)
1958, 1959-61; Modernisierung und Neubau Lehrwerkstätten und Pausenhalle 2000, 2003/04

Trotz seiner kompakten Bauform wirkt der Schulkomplex pavillonartig, wozu neben der starken Aufgliederung der Hauptfassade vor allem das freundliche Fassadenmaterial beiträgt: Raster aus weißem Kunststein sind mit gelbem Backstein und gewellten Keramikelementen ausgefacht. Der aufgeständerte Verwaltungstrakt überragt den Komplex als »Dominante« und verdeckt zugleich den Altbau. Die rückwärtig anschließenden Lehrwerkstätten mussten wegen Baufälligkeit abgebrochen werden. Die Neubauten sind mit Aluminium verkleidet, was sie gegenüber der feingliedrigen Architektur der Wiederaufbaujahre wie grobe Schlosserarbeit wirken lässt.

Die **Gewerbeschule** Angerstraße 4 ist ein Entwurf von Fritz Schumacher (1926, 1926/27).

E 44 U-Bahnstation Lübecker Straße
Lübecker Straße, Hohenfelde
Architekten: Sandtmann & Grundmann
Ingenieur: Stefan Polónyi
1961/62

Mit der Gestaltung der Stationen an der U-Bahn-Strecke zwischen dem Jungfernstieg und Wandsbek-Gartenstadt (1955-63) wurden neben Hamburger Architekten auch ortsansässige bildende Künstler beauftragt. Ein besonders geglücktes Beispiel für eine derartige Kooperation stellt der Spannbetonkuppelbau an der Lübecker Straße dar. Er überwölbt den gemeinsamen Eingang der neuen Station und der alten Haltestelle von 1912, deren Linien sich hier kreuzen. Eine Reliefwand mit stilisierten Baummotiven von Hans Kock – eine Anspielung auf die Walddörfer, die von der Linie U 1 erschlossen werden – schirmt den Eingangsbereich ab. Auch die Kioske und Vitrinen sind frei zwischen den vier Stützen der Kuppel angeordnet.

E 44 U-Bahnstation Lübecker Straße (Aufnahme 1962)

E 45 Alsterschwimmhalle (Aufnahme um 1973)

Die ehem. **Polizeiwache**, Lübecker Straße 54, stammt von Fritz Schumacher (1913/14).

E 45 Alsterschwimmhalle
Ifflandstraße 21, Hohenfelde
Architekten: Horst Niessen. Rolf Störmer
Ingenieure: Leonhardt & Andrä
1961 W, 1968-73

Die großartige architektonische Geste der Dachschale aus Stahlbeton, die auf nur drei Punkten ruht, machte die Alsterschwimmhalle im Volksmund schon bald zur »Schwimmoper«. Um so enttäuschender ist der Innenausbau. Bereits der Eingangsbereich lässt jegliche Großzügigkeit vermissen. Auch die wenig einladend gestalteten Umkleideräume, Sanitärbereiche und Ruhezonen stellen trotz wiederholter Nachbesserungen immer noch Minuspunkte dar. Und auch die Euphorie, mit der damals der innovative konstruktive Ansatz begrüßt wurde, ist mittlerweile verpflogen. So räumte Jörg Schlaich, seinerzeit einer der maßgeblich an dem Projekt beteiligten Mitarbeiter von Leonhardt & Andrä, später selbstkritisch ein: »Beim Hallenbad Hamburg galt es, ein formal vom Architekten vorgegebenes, 100 m weit gespanntes Hyparschalendach mit frei tragenden, möglichst schlanken Randträgern zum Stehen zu bringen. Das technische Problem faszinierte uns so sehr, dass wir das Überzogene des Entwurfs nicht sehen wollten und deshalb von vornherein mit verfehlten Mitteln arbeiteten.« (*Bauingenieur*, 1/1986, S. 57).

Das **Albis-Haus**, Ifflandstraße 4, ist ein Entwurf von Paetzel Architekten (1999, 2000-02).

E 46 Geschosswohnbau Mielck
Güntherstraße 1, Hohenfelde
Architekten: Rambatz & Jollasse
1888/89

Das Etagenwohnhaus stellt eines der in Hamburg vergleichsweise seltenen Beispiele für die Neogotik im bürgerlichen Wohnungsbau dar. Lisenen aus Backstein bilden ein kräftiges Fassadenrelief; das flächige Mauerwerk wird durch Putzfelder aufgelockert. Die Dachzone wurde nach Kriegsschäden vereinfacht wiederhergestellt.

Hohenfelde und der Nordwesten von Eilbek waren bis 1943 bürgerliche Viertel, was die sporadisch erhaltenen **Reihenvillen** am Graumannsweg, an der Uhlandstraße, an der Lessingstraße, an der Blumenau und an der Eilenau belegen (1860er bis 1880er Jahre).

E 47 Evangelisch-lutherische Versöhnungskirche
Eilbektal 33, Eilbek
Architekt: Fernando Lorenzen
1914 W, 1916-21, Turm 1925

Saalkirche mit asymmetrisch angefügtem Einturm. Der traditionalistische Klinkerbau bedeutete eine einschneidende Wende im Schaffen des bekannten Hamburger Kirchenarchitekten, der hinsichtlich der Raumlösungen zwar immer auf der Höhe der Zeit stand, diese bis dahin aber noch gerne in die Stilgewänder des 19. Jahrhunderts gekleidet hatte (vgl. die Gnadenkirche, Nr. C 5). Der relativ schlichte Innenraum mit dreiseitiger Empore und holzgetäfelter Altarnische wird von einem kassettierten Tonnengewölbe überfangen. Die Fertigstellung des Gebäudes verzögerte sich aufgrund der kriegsbedingten Bausperre von 1917.

E 48 Evangelisch-lutherische Osterkirche
Wandsbeker Chaussee 192, Eilbek
Architekten: Isaiah Wood (Ursprungsbau)
Hopp & Jäger (Wiederherstellung)
1863/64; Wiederherstellung 1960-62

Gelber Backsteinbau mit neogotischen Sandsteingliederungen und Satteldach, das ein moderner Dachreiter bekrönt. Die kleine Saalkirche ohne Apsis diente ursprünglich als Kapelle für den 1848 eröffneten Friedhof des Kirchspiels St. Jacobi, der 1934 aufgehoben und später in einen Park umgewandelt wurde. Der Entwurf stammte vermutlich von Alexis de Chateauneuf (um 1847). Ausführender Architekt war aber Isaiah Wood, der Bauleiter der Hauptkirche St. Nikolai (vgl. Nr. A 19), wobei offen bleiben muss, wie weit sich Wood an Chateauneufs Plänen orientiert hat.

E 50 Ehem. Volksschule Ritterstraße (Aufnahme um 1948)

E 49 S-Bahnstation Hasselbrook
Hasselbrookstraße, Eilbek
Architekt: Ingenieurwesen, Eugen Göbel
1906

Neogotischer Backsteinbau mit Staffelgiebeln und einem niedrigen Turm mit Zwiebelhaube, der zusammen mit der heutigen S-Bahn-Strecke nach Ohlsdorf eröffnet wurde. Die Eingangshalle zeigt noch die ursprüngliche Ausstattung mit Kreuzgratgewölben und einer Wandverkleidung aus elfenbeinfarbenen Glasursteinen. Heute ist hier ein Gastronomiebetrieb untergebracht, weil die Bahnsteigbrücke 1990 abgebrochen und ein neuer Zugang geschaffen wurde.

Der **Luftschutzturm System Zombeck**, Hasselbrookstraße 174, wurde 1940 vom Hochbauamt errichtet (vgl. Nr. E 70).

E 50 Ehem. Volksschule Ritterstraße
Ritterstraße 44, Eilbek
Architekt: Hochbauwesen, Albert Erbe
1901, 1905-07

Zweiflügelbau mit Mansardwalmdach. Typisch für Albert Erbe ist der Rückgriff auf Motive der Hamburger Barockarchitektur des 18. Jahrhunderts, mit denen er eine ortstypische Bautradition im öffentlichen Hochbau begründen wollte: Backsteinfassaden mit Quaderlisenen sowie Portale, Gesimse und andere Details aus Sandstein. Das zwar frei stehende, aber ursprünglich von dichter Bebauung umgebene Gebäude hat den Feuersturm am 28. Juli 1943 nur überstanden, weil es den Anwohnern instinktiv als Fluchtpunkt diente, die dann vereint löschten und brennende Akten aus dem Dachboden warfen. Auf diese Weise wurden vermutlich nicht wenige öffentliche Gebäude gerettet.

Die benachbarte evangelisch-lutherische **Friedenskirche** stammt von Johannes Otzen (1883-85, Wiederaufbau durch Hans Michaelsen 1960).

E 51 Ehem. evangelisch-lutherische Simeonkirche
Sievekingsallee 12, Hamm-Nord
Architekten: Friedhelm Grundmann. Herbert Kuhn
1964 W, 1965/66

Der Entwurf kombiniert die weißen Gebäudekuben der rationalistischen Vorkriegsmoderne mit der brutalistischen Architektursprache Le Corbusiers. Motive wie der Wasserspeier, der sich in einen Betonzylinder ergießt, lassen unweigerlich an Entwürfe wie das Kloster La Tourette des französischen Architekten denken. Und auch der Innenraum strahlt durch die hochliegenden Fenster zwischen den Betonbalken und den Zusammenklang von weißem Sichtmauerwerk und grauem Beton klösterliche Abgeschiedenheit aus. Die Prinzipalstücke (ebenfalls aus Beton) und die Eingangstür hat Hans Kock gestaltet. 2003 wurde die Kirche an eine griechisch-orthodoxe Gemeinde verkauft und in Kirche des Heiligen Nikolaos umbenannt. Störend macht sich seitdem die traditionelle Ikonenwand – die Ikonostase – bemerkbar, die den Altarbereich abtrennt. Außerdem gingen Teile der ursprünglichen Ausstattung von Kock verloren.

Die **Villa** Jordanstraße 13 (1880er Jahre) erinnert an den ursprünglichen sozialen Status von Hamm-Nord.

E 51 Ehem. evangelisch-lutherische Simeonkirche
(Aufnahme um 1966)

E 53.1 Geschosswohnbau
Hammer Steindamm

E 52 Ehem. Kirchenpauer-Realgymnasium
Hammer Steindamm 129, Hamm-Nord
Architekten: Bomhoff & Schöne
1928, 1930/31

Eine der wenigen Schulen dieser Zeit, die nicht von Fritz Schumacher stammen, was sich nicht zuletzt an der kompromisslosen Umsetzung des gestalterischen Repertoires des »Neuen Bauens« ablesen lässt. Drei stumpfwinklig aneinandergefügte Trakte, die an den Rand des Grundstücks gerückt sind, umschließen den Pausenhof – eine typische Lösung der Vorkriegsjahre (vgl. die Volksschule Rübenkamp, Nr. F 66). Die Hauptfassade ist vollständig in Brüstungsstreifen und schlanke Stützen aufgelöst. (Schumacher war dagegen meistens bestrebt, seinen Fassaden durch flächige Abschnitte und massive Kanten »Fleisch« zu verleihen) Außerdem wurde auf Sprossenfenster verzichtet. Vermutlich stammt der Entwurf von Hermann Schöne, der 1928 Juniorpartner von Heinrich Bomhoff wurde.

E 53 Geschosswohnbauten Hammer Steindamm/Chateauneufstraße
E 53.1 Geschosswohnbau
Hammer Steindamm 115-117, Hamm-Nord
Architekt: Heinrich Schöttler
1926/27
E 53.2 Geschosswohnbau
Chateauneufstraße 7-9, Hamm-Nord
Architekt: Weber
1926/27
E 53.3 Geschosswohnbau
Chateauneufstraße 11-13, Hamm-Nord
Architekten: Eickmann & Schröder
1926/27

Die Stadterweiterungsgebiete der Weimarer Republik in Hamm-Nord waren nicht auf Arbeiter zugeschnitten, sondern auf die kleinbürgerliche Mittelschicht der Angestellten, Beamten und selbstständigen Gewerbetreibenden. Mit 80 bis 90 qm Wohnfläche lagen die Wohnungen an der Chateauneufstraße 7-9 deutlich über dem damaligen Standard. Bauherr an der Chateauneufstraße 11-13 war die Hamburger Lehrerbaugenossenschaft. Die aufwändige Gliederung der Putz- bzw. Klinkerfassaden – dreieckige Erker, Balkone und Lisenen sowie Terrakottafriese – spiegelt das Anspruchsniveau wider. Der Bauschmuck am Hammer Steindamm 115-117 belegt zudem Baumeisterstolz: Auf der rechten Fassadenseite sind Hammer und Maurerkelle, auf der linken Seite Lot, Winkel und Zirkel zu sehen.

Die ehemalige **Volksschule Marienthaler Straße**, Griesstraße 101, ist ein Entwurf von Fritz Schumacher (1927, 1929/30).

E 54 Ehem. Oberrealschule Caspar-Voght-Straße
Caspar-Voght-Straße 54, Hamm-Nord
Architekt: Hochbauwesen, Fritz Schumacher
1928, 1929-31

Trotz der flachen Dächer wirkt die ehemalige höhere Mädchenschule – heute als Ballettzentrum Hamburg John Neumeier genutzt – konservativer als die gleichzeitig errichteten Volksschulen von Fritz Schumacher (vgl. die Schule Osterbrook, Nr. E 60). Dies liegt an der schwerfälligen Gliederung der Baugruppe und den Lochfassaden (statt der um 1930 aktuellen Fensterbänder). Im Gymnastiksaal ist das Wandbild »Orpheus mit den Tieren« von Anita Rée erhalten, die einzige öffentliche Arbeit der jüdischen Künstlerin, die in der NS-Zeit nicht zerstört wurde.

Die evangelisch-lutherische **Pauluskirche**, Caspar-Voght-Straße 57, ist ein Entwurf von Friedrich R. Ostermeyer und Paul Suhr (1954/55).

E 55 Sportgebäude und Parkrestaurant
Hammer Steindamm 131/Hammer Hof 1, Hamm-Nord
Architekt: Ingenieurwesen, Eugen Göbel
1925

Die beiden expressionistischen Klinkerpavillons liegen im Südwesten des Hammer Parks, der von Gartendirektor Otto Linne auf dem Gelände des ehemaligen Landhauses Sieveking angelegt wurde (1914-20). Sie bildeten einen maßstäblichen Übergang zu den Villen, die bis 1943 am Horner Weg standen.

E 56 Evangelisch-lutherische Dreifaltigkeitskirche (Aufnahme um 1957)

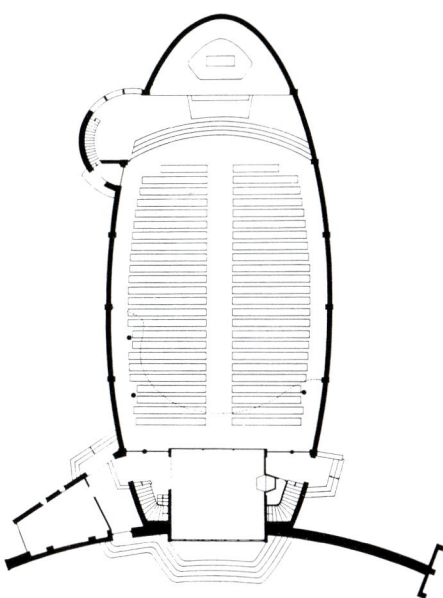

E 59 Hansaburg (zeitgenössische Darstellung)

E 56 Evangelisch-lutherische Dreifaltigkeitskirche, Grundriss

E 56 Evangelisch-lutherische Dreifaltigkeitskirche
Horner Weg 17, Hamm-Nord
Architekt: Reinhard Riemerschmid
1954 W, 1956/57

Nach St. Johannis in Harburg (1953/54, vgl. Nr. L 46) war die Dreifaltigkeitskirche der zweite Hamburger Sakralbau der Nachkriegszeit von überregionaler Bedeutung. Die Binder der Stahlbetonkonstruktion treten innen wie außen frei hervor. Auch die Wände sind auf beiden Seiten mit gelbem Backstein verblendet. Eine Schildwand verbindet den wie ein schlankes A gestalteten Turm mit dem ovalen Kirchenschiff. Diese Formen sind als Alpha und Omega zu deuten, die Symbole für den Anfang und das Ende der Welt (was das Betonrelief von Karl-Heinz Hoffmann an der Schmalseite der Schildwand unterstreicht, das Szenen aus der Offenbarung Johannis zeigt). Durch diese Verweise auf die Erlösungshoffnung angesichts der Apokalypse erhält das Gotteshaus den Charakter eines Mahnmals für die Opfer des Bombenkrieges. Die Holzplastik der Dreifaltigkeit über dem Altar stammt von Helmut Ammann, das Glasfenster in der Taufkapelle und das Glasmosaik am Turm hat Claus Wallner gestaltet.

An den 1943 zerstörten Vorgänger, eine barocke Saalkirche (1683), erinnern heute nur noch die in einem Grünzug aufgegangenen Reste des ehemaligen Friedhofs mit dem **Grabmal der Familie Sieveking**, das von Alexis de Chateauneuf stammt (1828-30).

E 57 Geschosswohnbau Wackerhagen
Wackerhagen 2-12/Dobbelersweg 45/Droopweg 16-18, Hamm-Mitte
Architekt: Robert Friedmann
1927/28

Mit fünf Obergeschossen – zuzüglich Attikageschoss – ist der Komplex beispielhaft für den ursprünglichen Maßstab der Wohnbebauung in den Marschgebieten von Hamm, die 1943 fast völlig zerstört und bis auf die als städtebaulich »gesund« geltenden Klinkerblöcke aus der Weimarer Republik nicht wieder aufgebaut wurde. Besondere Sorgfalt galt bei diesem Entwurf den Fassadendetails. Betonrahmen fassen die Öffnungen der Loggien und die angrenzenden Fenster zu Gruppen zusammen. Das Erdgeschoss wird durch eine horizontale Profilierung des Mauerwerks als Sockel betont.

E 58 Röhrenbunker Wichernsweg
Wichernsweg 16, Hamm-Mitte
Architekt: Amt für kriegswichtigen Einsatz
1940/41

Bis Kriegsende wurden in Hamburg fast 880 Bunker gebaut, darunter auch 415 so genannte Röhrenbunker: im Erdreich verborgene Betonröhren mit einem Einstiegshäuschen, die zwar Schutz gegen Bombensplitter und herabstürzende Trümmerteile, nicht aber gegen direkte Treffer boten. Elektrische Beleuchtung und Heizung, eine handbetriebene Lüftungsmaschine und ein Trockenklosett gehörten zur Standardausrüstung. Der Röhrenbunker am Wichernsweg umfasst vier Röhren von jeweils 2 m Breite, 2,25 m Höhe und 17 m Länge, in denen insgesamt etwa 200 Menschen Platz fanden. Seit 1997 ist er öffentlich zugänglich, wofür die Originalausstattung rekonstruiert wurde. Eine Dauerausstellung, die vom Stadtteilarchiv Hamm betreut wird, erinnert an die Zerstörung von Hamm und Hammerbrook.

E 59 Hansaburg
Wendenstraße 493, Hamm-Süd
Architekt: Heinrich Schöttler
1913-15

Ehemaliges Fabrikations- und Verwaltungsgebäude der Papierfabrik Lehmann & Hildebrandt. Der mit Backstein verkleidete Stahlbetonskelettbau ist eines der qualitäts-

E 60 Ehem. Volksschule Osterbrook

E 61.2 Wohnhöfe Steinbeker Straße

vollsten Beispiele für die Hamburger Industriearchitektur vor dem Ersten Weltkrieg. Trotz der Kriegsschäden, u. a. Verlust der Walmdächer, vermittelt sich auch heute noch der repräsentative Anspruch des Entwurfs. Wie im Kontorhausbau sind die Fassaden durchgängig in Pfeiler und Fensterstützen aufgelöst. Der von Risaliten flankierte, überhöhte Mittelteil der Hauptfassade verleiht dem Komplex einen monumentalen Zug. Auf der zerstörten Attika war der Firmenname angebracht.

E 60 Ehem. Volksschule Osterbrook
Osterbrook 17-19, Hamm-Süd
Architekt: Hochbauwesen, Fritz Schumacher
1928, 1929-31

Ende der 1920er Jahre wurde mit dem Bau einer neuen Generation von Volksschulen begonnen, für deren Entwurf ausschließlich Fritz Schumacher verantwortlich zeichnete. Ihre Kennzeichen sind schmucklose Klinkerfronten, Flachdächer, großzügig verglaste Treppenhäuser – gewölbt hervortretend oder die Gebäudekanten aufbrechend – und Fenster, die durch Gesimse oder Rahmen aus Beton zu Bändern bzw. Gruppen zusammengefasst werden. Asymmetrisch angefügte Vorbauten sollten die gleichmäßig gegliederten Fassaden auflockern. Mit 37 Klassen war die Volksschule Osterbrook die drittgrößte nach denen auf der Veddel und in Horn (vgl. Nr. E 71.2 bzw. Nr. G 4).

Besonderer Wert wurde auf die Ausstattung der neuen Schulgebäude mit Aulen, Bibliotheken und naturwissenschaftlichen Fachräumen gelegt. Die Aula am Osterbrook verfügte über 300 Plätze und konnte, mit Bühne und Kinoeinrichtung ausgerüstet, auch als kulturelles Stadtteilzentrum fungieren. Dabei wurde jedoch weiterhin an der kompakten Gebäudeform mit bis zu fünf Geschossen und zweibündigen Grundrissen festgehalten, die im fortschrittlichen Schulbau der Weimarer Republik längst als überholt galten. Auch die Koedukation von Jungen und Mädchen war noch nicht pädagogischer Standard, was die beiden nach Geschlecht getrennten Eingänge belegen.

E 61 Wohnanlagen Steinbeker Straße
E 61.1 Hallenhäuser
Steinbeker Straße 4-18, Hamm-Süd
Architekten: Czerner Sudbrack
1996 W, 1998-2000
E 61.2 Wohnhöfe
Steinbeker Straße 68-72, Hamm-Süd
Architekten: KBNK Architekten
1996 W, 1999-2001

Das Wohngebiet von Hamm-Süd ist seit dem Wiederaufbau eine isolierte Enklave inmitten von Gewerbeflächen, was wohl den introvertierten Charakter der neuen Wohnbebauung erklärt. Bei der Ausführungsplanung wurden zwei Wettbewerbsentwürfe kombiniert: Im Abschnitt von Czerner Sudbrack (1. Preis) umschließen jeweils zwei parallele Laubenganghäuser eine verglaste Halle, die als witterungsgeschützter Eingangsbereich und als Gemeinschaftsfläche dient. Im Abschnitt von KBNK Architekten (2. Preis) grenzen betont kubische Baukörper Binnenräume aus. Die gestalterische Klammer zwischen den beiden heterogenen Entwürfen bildet der rote Backstein.

E 62 Gedenkstätte Janusz-Korczak-Schule
Bullenhuser Damm 92-94, Rothenburgsort
Architekt: Hochbauwesen, Albert Erbe
1902, 1908-10

Die Backsteinfassaden der ehemaligen Volksschule sind in Pfeiler und große Fensterflächen aufgelöst. Terrakottareliefs mit Märchenszenen und spielenden Kindern bilden den freundlichen Schmuck, der jedoch an diesem Bau beklemmend wirkt, denn am 20. April 1945 wurden hier 20 jüdische Kinder mit ihren Betreuern von der SS erhängt, um die Spuren grausamer medizinischer Experimente zu verwischen. Außerdem wurden 24 sowjetische Kriegsgefangene getötet. An diese Verbrechen erinnert der von Lili Fischer als Mahnmal gestaltete Rosengarten. Seit 1980 ist die Schule nach Janusz Korczak benannt, dem Leiter eines jüdischen Waisenhauses in Warschau, der 1942 mit seinen Schützlingen in Treblinka ermordet wurde.

E 62 Gedenkstätte Janusz-Korczak-Schule   E 64 Ehem. Stadtwasserkunst   E 66 Evangelisch-lutherische Kirche St. Thomas (Aufnahme um 1960)

E 63 Ehem. Kinderkrankenhaus Rothenburgsort
Marckmannstraße 129, Rothenburgsort
Architekten: Walter Martens. Henry Grell (Ursprungsbau). Grell & Pruter (Erweiterung)
1914-17; Erweiterung 1927/28; Zerstörung 1943; Wiederaufbau 1950

Der neoklassizistische Ursprungsbau präsentiert sich mit einer schematischen Pfeilerfassade aus Klinker und einem ungebrochenen Walmdach. Die Brüstungsfelder sind verputzt. Der strenge Charakter der Architektur steht in einem gewissen Widerspruch zur Bauaufgabe – ein Eindruck, der durch die lieblichen Putten am Eingang kaum gemildert wird. Die expressionistisch dekorierte Erweiterung ist mit einer Skulptur von Richard Kuöhl (»Mutterliebe«) geschmückt.

Die ehemalige **Oberrealschule Marckmannstraße**, Marckmannstraße 127, ist ein Entwurf von Albert Erbe (1909, 1912-14, 1943 teilzerstört)

E 64 Ehem. Stadtwasserkunst
Billhorner Deich 2, Rothenburgsort
Architekt: Alexis de Chateauneuf
Ingenieure: William Lindley. William Chadwell Mylne Francis Giles
1843, 1844-48

Eine zentrale Modernisierungsmaßnahme beim Wiederaufbau der Innenstadt nach dem Großen Brand 1842 war die Trinkwasserversorgung, gab es doch bis dahin nur Schöpfwerke an der Alster und Brunnen. Der Plan für die Stadtwasserkunst einschließlich 62 km Leitungsnetz und 1.300 Feuerlöschhydranten stammte von William Lindley und William Chadwell Mylne, dem Oberingenieur der Londoner New River Wasserwerke. Da aus Kostengründen auf die geplante Sandfiltration verzichtet wurde, mussten sich die Hamburger allerdings jahrzehntelang mit unzureichend gereinigtem Elbwasser begnügen, was ein wesentlicher Grund für den Ausbruch der Cholera-Epidemie im August 1892 war.

Zur Grobreinigung wurde das Elbwasser zunächst in drei Absetzbecken geleitet (weitgehend zugeschüttet) und danach mit Hilfe zweier Dampfmaschinen in eine Steigleitung gepumpt, die sich in dem 65 m hohen Backsteinturm befand (wohl ein Entwurf von Alexis de Chateauneuf). Dieser wird oft für ein Wasserreservoir gehalten; tatsächlich sollte die in seinem Innern befindliche Wassersäule aber nur für den nötigen Druck im Leitungsnetz sorgen, ohne die Pumpstöße direkt auf die spröden gusseisernen Leitungen übertragen zu müssen. Außerdem diente der Turm als Schornstein des Kesselhauses, so dass die Abwärme im Winter verhinderte, dass das Wasser in der Steigleitung gefror.

E 65 Ehem. Wasserwerk Kaltehofe und Billwerder Insel
Kaltehofe Hauptdeich/Kaltehofe Hinterdeich/Moorfleeter Hauptdeich, Rothenburgsort
Ingenieure: Baudeputation, Ingenieurwesen
1891-93

Unter dem Eindruck der Cholera-Epidemie des Sommers 1892, die über 8.600 Opfer forderte, wurde der Bau des neuen Elbwasserwerks auf Kaltehofe und der Billwerder Insel forciert. Das Gelände ist insgesamt rund einen Quadratkilometer groß, wovon zwei Drittel ursprünglich auf die Wasserflächen entfielen. Zunächst wurde das Wasser auf der Billwerder Insel in Absetzbecken gepumpt, in denen grobe Verschmutzungen mit Hilfe von schwefelsaurer Tonerde ausgeflockt wurden. Dann wurde das vorgereinigte Wasser auf der stromabwärts gelegenen Elbinsel Kaltehofe in 22, später 26 offenen Filterbecken durch eine Filterschicht aus Steinen, Kies und Sand geleitet. Charakteristisch für diesen Teil der Anlage sind die Brunnenhäuser mit den Kegeldächern. Zum Schluss wurde das Wasser durch einen Düker (Unterwasserrohr) zum Pumpwerk in Rothenburgsort geleitet, von wo aus es in das Verteilungsnetz gelangte. 1964 wurde das Wasserwerk auf Grundwasser umgestellt und 1989 endgültig geschlossen. Seitdem harrt das bedeutende Technikdenkmal, das einschließlich der Betriebsgebäude weitgehend im Originalzustand überliefert ist, einer neuen Nutzung.

E 67 Römisch-katholische Kirche St. Erich (Aufnahme um 1963)

E 66 Evangelisch-lutherische Kirche St. Thomas
Vierländer Damm 3, Rothenburgsort
Architekt: C. H. Grassmann (Turm)
Otto Kindt (Kirchenschiff)
Turm 1883-85; Kirchenschiff 1955-57

An den 1943 zerstörten Vorgänger von 1885 erinnert heute nur noch der neogotische Turm, der vereinfacht wiederhergestellt wurde. Er ist über einen Eingangsbau mit dem neuen Kirchenschiff verbunden: einem introvertierten achteckigen Baukörper mit kleinen kreuzförmigen Fenstern, die sich auf den Backsteinfassaden zu einem Band fügen. Der Innenraum ist bis auf eine figürliche Deckenmalerei von R. Albrecht, die stilisierte Engel darstellt, weitgehend schmucklos. Die Bänke gruppieren sich im Halbrund um eine flache Altarinsel, was St. Thomas zu einer der seltenen zentralräumlichen Lösungen im protestantischen Sakralbau der 1950er Jahre macht.

E 67 Römisch-katholische Kirche St. Erich
Billhorner Röhrendamm 151, Rothenburgsort
Architekt: Reinhold Hofbauer
1961-63

Die Fensterbänder verleihen den Backsteinfassaden einen sachlichen Zug, wie er dem Sakralbau der 1960er Jahre eigen ist. Der kühne Schwung der Flügelmauern, die den Turm in einer dynamischen Geste mit dem Kirchenschiff verschmelzen, und die Innenausstattung lassen das Gebäude dagegen als einen Nachzügler des »Nierentisch-Stils« des vorangegangenen Jahrzehnts erscheinen. Die demonstrative Polarität von Chor und Glockenstuhl legitimiert sich im Innern durch die Gegenüberstellung von Altar und Taufbecken; die Taufkapelle befindet sich im Turm. Weniger organisch, als es die äußere Gestaltung verspricht, wirkt das Innere, das durch ein hohes Altarpodest und zwei niedrigere Annexe zergliedert wird. Altar, Kanzel und Taufe hat Reinhold Hofbauer entworfen. Das Tabernakel stammt von Claus Pohl, der textile Kreuzweg von Tatiana Ahlers-Hestermann.

E 68 Wohnblock des Bau- und Sparvereins zu Hamburg
Hardenstraße 36-42/Billhorner Mühlenweg/Billwerder Neuer Deich, Rothenburgsort
Architekt: Ernst Vicenz
1900/01; Teilzerstörung 1943

Der Putzbau mit Gliederungen aus rotem Backstein war das zweite richtungsweisende Projekt des genossenschaftlichen Bau- und Sparvereins zu Hamburg nach der Wohnanlage am Stellinger Weg (vgl. Nr. C 72). Die uförmig einspringende Blockrandbebauung – die »Hamburger Burg« – gewährleistete eine bessere Belichtung und Belüftung der Wohnungen, ohne auf eine hohe Ausnutzung der Grundstücksfläche verzichten zu müssen. Dafür konnten die für die Bauzeit typischen Hinterflügel mit den dazwischen liegenden schmalen Lichthöfen – »Schlitzbauweise« – entfallen. Außerdem werden pro Geschoss nur zwei Wohnungen von einem direkt belichteten Treppenhaus erschlossen, was damals ebenfalls einen wesentlichen Fortschritt bedeutete. Mit bis zu drei Zimmern waren die Grundrisse auf gut verdienende Arbeiter und das Kleinbürgertum zugeschnitten.

E 68 Wohnblock des Bau- und Sparvereins zu Hamburg

E 69 Ehem. Reedereigebäude und Kaischuppen
Brandshofer Deich 114-116, Rothenburgsort
Architekt: Otto Hoyer
1928/29

Der Komplex gehörte ursprünglich zur Schlesischen Dampfer-Compagnie Berliner Lloyd A.-G. Klinkerfassaden mit dreieckigen Lisenen heben das Verwaltungsgebäude hervor. Sachlicher sind der Kaischuppen und der Geschosswohnbau gestaltet. Trotz der schweren Kriegsschäden stellen die Bauten am Billhafen ein wichtiges bauliches Zeugnis für die ursprüngliche Bedeutung der Binnenschifffahrt auf der Elbe dar. Hier wurden die sogenannten Oberländer für den Hinterlandverkehr abgefertigt, der sich über den Elbe-Havel-Kanal bis an die Oder erstreckte.

E 70 Luftschutztürme Typ Zombeck
E 70.1 Luftschutzturm
Billhorner Brückenstraße 41, Rothenburgsort
Architekt: Baubehörde, Hochbauabteilung
1940/41
E 70.2 Luftschutzturm
Peutestraße 1, Veddel
Architekt: Baubehörde, Wolfgang Rudhard
1939/40
E 70.3 Luftschutzturm
Prielstraße 9, Veddel
Architekt: Baubehörde, Hochbauabteilung
1940/41

Drei der ursprünglich elf Hamburger Luftschutztürme vom Typ Zombeck – so benannt nach einem Patent des Dortmunder Ingenieurs Paul Zombeck (1937) –, die alle einen Durchmesser von 12,2 m bei einer Höhe von 22 m aufweisen. In dem zylindrischen Baukörper führt eine Rampe spiralförmig nach oben, die für den Aufenthalt von 600 Menschen gedacht war. (Im Ernstfall drängten sich hier bis zu dreimal so viele Schutzsuchende.) Im Mittelkern sind die Toiletten untergebracht. An dem Kegeldach mit der verstärkten Spitze aus Stahlbeton sollten die Bomben abprallen. Die Wände bestehen aus Stampfbeton ohne Bewehrung. Für die Gestaltung der fast durch-

E 70.2 Luftschutzturm Peutestraße

gängig mit Klinker verblendeten Fassaden wurde 1939 ein behördeninterner Wettbewerb durchgeführt. Von der festungsartigen Architektur und den Hoheitszeichen, die ursprünglich über den Eingangsportalen angebracht waren, erhoffte man sich wohl eine psychologische Wirkung: Hier versprach das Reich Schutz.

E 71 Großsiedlung Veddel
Veddeler Brückenstraße/Am Gleise/Passierzettel/Sieldeich/Wilhelmsburger Straße/Slomanstraße/Immanuelplatz u. a., Veddel
Architekten: Wilhelm Behrens. Elingius & Schramm. Hans und Oskar Gerson. Hermann Höger u. a.
1926-31; Zerstörung 1943; Wiederaufbau 1950-52

Die Veddel sollte Ersatzwohnungen für die Bevölkerung der südlichen Altstadt bieten, die dem Kontorhausviertel weichen musste (vgl. Nr. A 62). Auch für die neue Großsiedlung wurde ein Wohngebiet zerstört, nämlich eine Einfamilienhauskolonie, die zwischen 1879 und 1890 unter Federführung des Reeders Robert M. Sloman als Musterprojekt für Hafenarbeiter angelegt worden war. Stattdessen entstanden individuell gestaltete Großblöcke, die durch die Flachdächer und Klinkerfassaden zu einem Ensemble zusammengeschweißt werden. Heute zählt die Siedlung aufgrund ihrer isolierten und unattraktiven Lage und des hohen Anteils an kleinen Wohnungen zu den Hamburger Problemvierteln, auch wenn der Wohnwert durch Modernisierungsmaßnahmen (ab 1980) und eine gezielte soziale Stadtteilentwicklung mittlerweile entscheidend verbessert werden konnte.

E 71 Großsiedlung Veddel (Aufnahme um 1931)

E 71.1 Wohnblöcke Wilhelmsburger Straße
E 71.1.1 Wohnblock
Wilhelmsburger Straße 77-87/Immanuelplatz 11-13/
Immanuelstieg 2-8/Veddeler Brückenstraße 158-162/
Veddeler Damm 2-6
Architekten: Elingius & Schramm. Hermann Höger
1926/27
E 71.1.2 Wohnblöcke
Wilhelmsburger Straße 76- 90/ Immanuelplatz 19/
Am Gleise 32-40/Veddeler Damm 10;
Wilhelmburger Straße 92-94/Wilhelmsburger Platz 13-14/
Am Gleise 41-45/Veddeler Damm 5-9
Architekt: Wilhelm Behrens
1926/27

Seriell gegliederte Klinkerfassaden mit sparsamem expressionistischem Dekor kennzeichnen die drei Wohnblöcke. Die Luken im Attikageschoss des Blocks von Elingius & Schramm und Hermann Höger erinnern daran, dass die Kohlen in Hamburg früher auf den Dachböden gelagert wurden. Bei aller Liebe zum Detail waren die Wohnungen auf der Veddel, die vor allem für Arbeiter gedacht waren, jedoch bescheiden dimensioniert und ausgestattet, z. B. mit Duschen statt Vollbädern. In einigen Blöcken wurde selbst darauf verzichtet.

E 71.2 Ehem. Volksschule auf der Veddel
Slomanstieg 1-3
Architekt: Hochbauwesen, Fritz Schumacher
1929-32

U-förmiger Klinkerkomplex mit Fensterbändern und Flachdach. Die sachliche Gestaltung und die Ausstattung mit Aula, Turnhalle und Gymnastiksaal sowie ursprünglich auch einer öffentlichen Bücherhalle – im südlichen Seitenflügel – machten den Klinkerkomplex zu einem typischen Beispiel für das Hamburger Volksschulbauprogramm der späten 1920er Jahre (vgl. die Volksschule Osterbrook, Nr. E 60). Besonderer Wert wurde auch auf die künstlerische Ausstattung gelegt mit Wandbildern von Arnold Fiedler, Eduard Hopf, Paul Kayser und Otto Thämer. Der Schulhof und der Sportplatz bilden eine große Freifläche im Zentrum der Siedlung: ein charakteristisches städtebauliches Motiv von Fritz Schumacher. Mit 38 Klassen war die Volksschule auf der Veddel eine der größten Schulen, die vor dem Zweiten Weltkrieg in Hamburg realisiert wurden.

Die evangelisch-lutherische **Immanuelkirche** ist ein Entwurf von Hermann Schöne (1953/54).

E 72 Feuerwache Veddel
Am Zollhafen 11, Veddel
Architekt: Hochbauwesen, Fritz Schumacher
1927/28; Zerstörung 1943; Wiederaufbau 1952/53

Kubischer Klinkerbau mit zwei dynamisch gerundeten Anbauten, die im ersten Obergeschoss durch ein Fensterband verklammert werden. Der an das westliche Ende gerückte Schlauchturm bricht die strenge Gliederung auf. Dabei vermied Fritz Schumacher jedoch, wie bei vielen seiner Bauten, einen allzu kühnen Vorstoß zur Moderne. Rundbogen, Symmetrien und der traditionelle Klinker sind Ausdruck seines konventionellen Architekturverständnisses.

Die ehemalige **Polizeikaserne**, Am Zollhafen 5a, stammt von Johann Christoph Otto Ranck (1926).

E 71.1.1 Großsiedlung Veddel, Wohnblock Wilhelmsburger Straße (Aufnahme um 1927)

E 71.2 Großsiedlung Veddel, ehem. Volksschule auf der Veddel

E 72 Feuerwache Veddel

E 73 BallinStadt

E 73 BallinStadt
Veddeler Bogen 2, Veddel
Architekten: nps tchoban voss
2004, 2006/07

Rekonstruktion von drei u-förmigen Pavillons mit Backsteinfassaden und flachen Satteldächern, die ursprünglich als Schlafsäle dienten und zu den »Auswandererhallen« der Hapag gehörten (1901 eröffnet, 1906/07 erweitert). Zwischen die Seitentrakte wurden dabei Glashallen eingefügt, um zusätzliche Ausstellungsflächen zu gewinnen. Die Sammelunterkunft auf der Veddel, die bis zu 5.000 Menschen beherbergen konnte, war in erster Linie als Maßnahme zur medizinischen und sozialen Kontrolle der Auswanderer gedacht. Sie bot jedoch auch einen gewissen Komfort und kam mit Kultusräumen für Juden und Christen beider Konfessionen sowie koscherer Küche zudem den religiösen Bedürfnissen der Passagiere entgegen. Nach dem Ersten Weltkrieg war die große Zeit der Auswanderung vorbei. 1934 übernahm die Stadt das Gelände und ließ die rund 30 Gebäude sukzessive abreißen. Seit 2007 erinnert hier die Ausstellung BallinStadt an die rund 5 Millionen Auswanderer, die von 1850 bis 1934 von Hamburg aus den Weg nach Übersee angetreten haben.

E 74 Ehem. Zentrallager und Fabrikgebäude der GEG
Peutestraße 22-32, Veddel
Architekten: Bauhütte Bauwohl
1925-27

Der Komplex, zu dem auch etliche Nebengebäude wie das Pförtner- oder das Kesselhaus zählen, gehörte ursprünglich zur GEG (Großeinkaufsgesellschaft Deutscher Consumvereine m.b.H. – vgl. die ehemalige GEG-Verwaltung, Nr. E 24). Wuchtige Pfeilerfassaden aus Klinker verleihen der kubischen Fabrikgruppe einen monumentalen Zug. Im Hauptgebäude wurden Waschpulver und Körperpflegemittel hergestellt, während der rückwärtig anschließende Flachtrakt als Papierfabrik diente. Das ehemalige Zentrallager weist dagegen Stahlbetonskelettfassaden mit Füllflächen aus Klinker auf. Die anspruchsvolle Gestaltung und der authentische Erhaltungszustand machen das Ensemble zu einem herausragenden Beispiel für die Hamburger Industriearchitektur.

Einen genaueren Blick lohnen auch die **Fabrik- und Lagergebäude** Peutestraße 51-53 (um 1930).

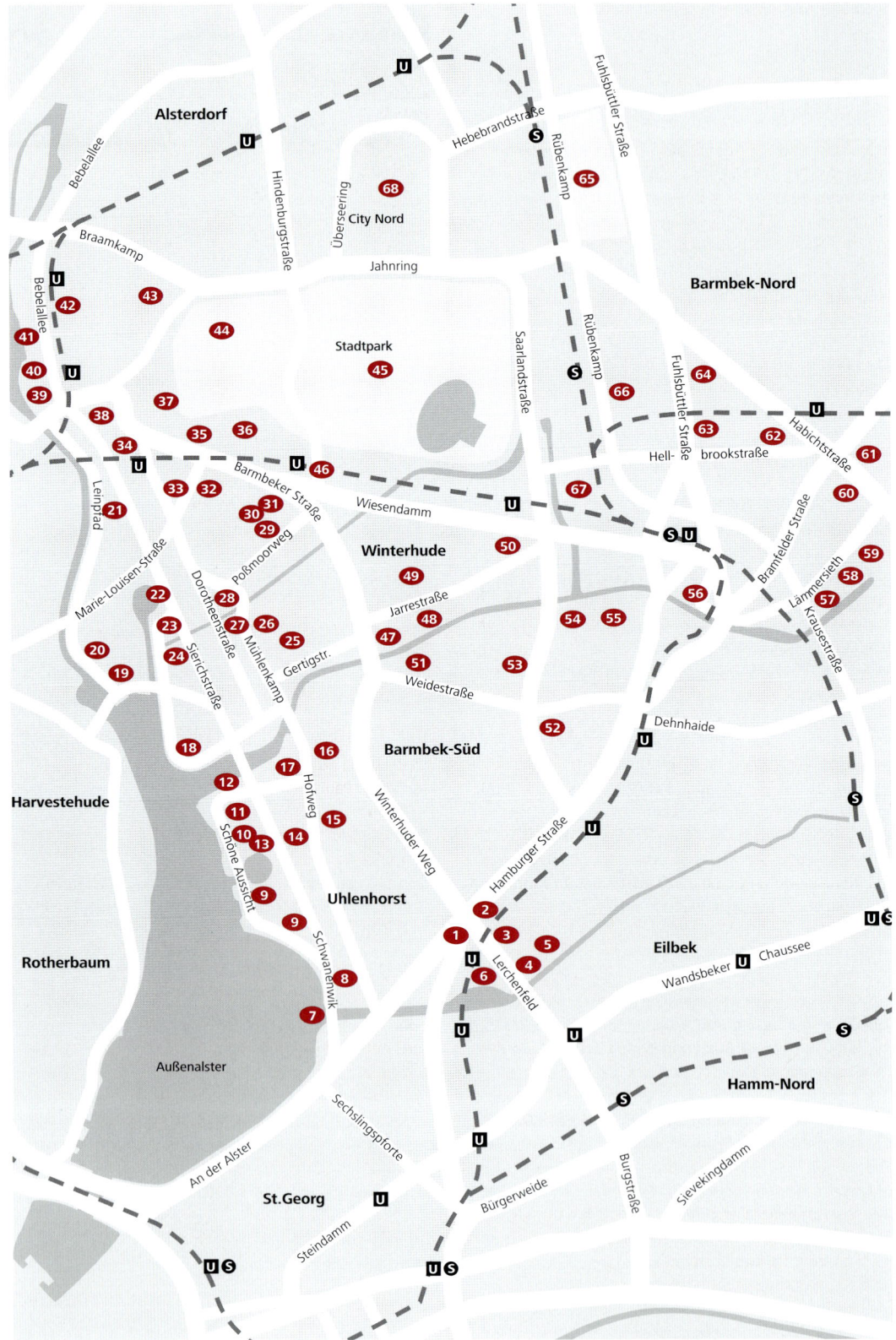

F Uhlenhorst, Winterhude und Barmbek

Den entscheidenden Impuls für die systematische Besiedlung von Uhlenhorst gab die Aufhebung der Torsperre 1861. Bereits Ende der 1860er Jahre waren nicht nur die Schöne Aussicht, sondern auch die Auguststraße, die Karlstraße und die Adolfstraße – heute Herbert-Weichmann-Straße – mit Villen bebaut. Ihre Namen erinnern an August Abendroth, Karl Heine und Adolf Jenquell, die das ehemals städtische Pachtgut Uhlenhorst 1837 erworben hatten und bis 1846 die ersten Straßen anlegen ließen. Das Gebiet um den Mundsburger Damm blieb dagegen weiterhin Brachland; die Infrastrukturmaßnahmen, u. a. die Kanalisierung der Eilbek, wurden erst 1881 abgeschlossen. Danach entstand hier ein bürgerliches Etagenhausquartier, das 1943 weitgehend zerstört wurde, wie überhaupt der größte Teil der Bebauung auf dem linken Alsterufer.

Auch bei der Erschließung von Winterhude, das sich seit 1365 im Eigentum des Klosters Herwardeshude bzw. des späteren St.-Johannis-Klosters (vgl. Nr. D 65) befand, war die Spekulation die treibende Kraft. Noch heute erinnern Straßennamen wie Sierichstraße, Maria-Louisen-Straße oder Dorotheenstraße an die Familie von Adolph Sierich, der bis Mitte der 1860er Jahre den größten Teil des Geländes zwischen dem Winterhuder Marktplatz und der Außenalster in seinen Besitz brachte und die Straßen und Kanäle anlegen ließ. Außerdem war Sierich Eigentümer des Sierichschen Gehölzes, das später in den Stadtpark umgewandelt wurde (vgl. Nr. F 45). Das Gebiet zwischen dem Mühlenkamp und der Barmbeker Straße gehörte dagegen Julius Gertig, der dort aber zunächst nur ein Ausflugslokal und später auch eine Trabrennbahn betrieb. Der größte Teil der Bebauung entstand erst nach 1900.

Im Unterschied zu Harvestehude und Rotherbaum kennzeichneten sich die Viertel auf dem linken Alsterufer durch eine größere bauliche und soziale Heterogenität. Die Kanäle boten optimale Voraussetzungen für die Ansiedlung von Industriebetrieben. Die Jarrestadt in Winterhude (vgl. Nr. F 49) wurde zudem erst in der Weimarer Republik errichtet. Sie zählt zu den bedeutendsten Leistungen der Schumacher-Ära und wurde nach dem Zweiten Weltkrieg originalgetreu rekonstruiert – ebenso wie die Großsiedlung Barmbek-Nord (vgl. Nr. F 64). An das historische Barmbek-Süd erinnern seit den Luftangriffen 1943 dagegen nur noch Relikte. Das ehemals dicht bebaute Arbeiterquartier ging in der Gründerzeit aus einem Dorf hervor, das seit 1355 dem Hospital zum Heiligen Geist gehört hatte.

F 1 Hochbahnhaltestelle Mundsburg
Mundsburger Damm/Schürbeker Bogen, Uhlenhorst
Architekten: Raabe & Wöhlecke (Ursprungsbau)
Grundmann, Rehder (Instandsetzung)
1910-12; Instandsetzung 1983-85
Das zweigeschossige Bauwerk mit mittig angeordneten Eingangsrisaliten und einem Walmdach gehört zur 1912

F 1 Hochbahnhaltestelle Mundsburg

fertiggestellten Hochbahnringlinie, die Uhlenhorst auf Viadukten bzw. einem Damm durchquert. Die Dachkonstruktion der Bahnsteighalle wird durch eine untergehängte Decke kaschiert, was die Station gegenüber den benachbarten Haltestellen Uhlandstraße und Hamburger Straße hervorhebt. Auch die repräsentative Gestaltung spiegelt den ursprünglichen sozialen Status des 1943 fast völlig zerstörten Wohnquartiers am Mundsburger Damm wider: straff gegliederte Pfeilerfassaden aus rotem Backstein, akzentuiert durch Gliederungen aus Sandstein. Die sorgfältig detaillierte Innenausstattung ist im Originalzustand erhalten.

Von Raabe & Wöhlecke stammt auch die **Hochbahnbrücke** über den Kuhmühlenteich (1910/11).

F 2 Geschosswohnbau Oberaltenallee
Lerchenfeld 48/Oberaltenallee 4, Uhlenhorst
Architekt: Paul A. R. Frank
1929/30
Eine elegante Komposition aus zwei ineinander verschränkten kubischen Baukörpern mit Klinkerfassaden, die durch auskragende Eckbalkone und die Horizontalen der Fensterbänder verklammert werden. Die metropolitane Geste der Architektur erinnert daran, dass der Platz vor der Hochbahnhaltestelle Mundsburg vor 1943 ein lebendiges urbanes Zentrum war.

F 3 Ehem. Hammonia-Bad
Lerchenfeld 14-18, Uhlenhorst
Architekt: Carl Feindt
1926-28
Das mit Gesimsen aus Muschelkalk geschmückte Klinkergebäude wurde von der Hamburg-Altonaer Kur- und Badeanstalten GmbH errichtet und bot neben medizinischen Anwendungen, Massagen und Gymnastik auch Wannen- und Brausebäder für die Bewohner der benachbarten Arbeiterviertel, deren Wohnungen in der Regel nicht mit Badezimmern ausgestattet waren. Das expressionistische Zackengesims an dem hochhausartigen Kopfbau verbarg ein »Luftbad«, d. h. eine Dachterrasse, auf der man Sonnenbäder nehmen konnte.

F 4 Ehem. Kunstgewerbeschule (Hochschule für Bildende Künste)
Lerchenfeld 2, Uhlenhorst
Architekten: Hochbauwesen, Fritz Schumacher (Ursprungsbau). Gustav Hassenpflug (Wiederaufbau und Staffelgeschoss Nordflügel)
Godber Nissen (Aufstockung Flachtrakt)
Prof. Bernhard Winking (Neugestaltung Eingangshof)
1909, 1911-13; Zerstörung 1943; Wiederaufbau 1951-53; Staffelgeschoss Nordflügel 1954/55; Aufstockung Flachtrakt 1962/63; Neugestaltung Eingangshof 1992 bis 1993

F 4 Ehem. Kunstgewerbeschule (Aufnahme 1920er Jahre)

Die heutige Hochschule für Bildende Künste stellt eines der Hauptwerke von Fritz Schumacher dar, wenn auch der aktuelle Zustand dies z. T. nur noch schwach durchscheinen lässt. Der Baukomplex gliedert sich in einen dreiflügeligen Hauptbau am Lerchenfeld und einen Werkstattflügel an der Uferstraße. Beide waren aus Lärmschutzgründen nur über einen Flachtrakt verbunden, auf dessen Dachterrasse ursprünglich Gewächshäuser zu Studienzwecken standen. Um eine nordöstliche Ausrichtung der Atelierfenster zu erreichen, wurde der Mitteltrakt des Hauptbaus schiefwinklig abgeknickt, wodurch der nördliche Seitenflügel zwangsläufig kürzer als der südliche geriet – ein Makel, den Schumacher jedoch geschickt durch einen Wandelgang mit einem Eingangspavillon zu kaschieren wusste, der den Eingangshof zur Straße hin abschirmte.

Seit der Zerstörung ist vor allem der Südflügel von Interesse, der mit der Bibliothek, der Aula und der in scharriertem Sichtbeton gestalteten Eingangshalle auch die wichtigsten Teile der originalen Ausstattung enthält. (Die Glasfenster in der Halle stammen von Carl Otto Czeschka.) Der Mitteltrakt ist stark verändert. Der Nordflügel hat das hohe Mansardwalmdach zugunsten eines flachen Staffelgeschosses eingebüßt, das die vertikalen ornamentalen Keramikstreifen an den Fassaden (Richard Luksch) ins Leere laufen lässt. 1992 wurde der Eingangshof mit einer Pergola aus Stahlbetonpfeilern und Stahlträgern eingefasst. Eine elliptische Stufenanlage zitiert den verlorenen Eingangspavillon, wenn auch um 45 Grad aus der ursprünglichen Achse gedreht und somit auf den seitlich liegenden Haupteingang ausgerichtet.

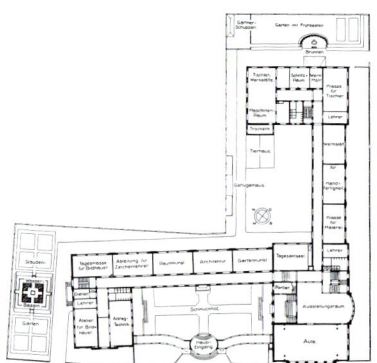

F 4 Ehem. Kunstgewerbeschule, Grundriss

Die ehemalige **Gewerbeschule für Mädchen**, Uferstraße 10, ist ebenfalls ein Entwurf von Fritz Schumacher (1926, 1927/28).

F 5 Ehem. Institut für Geburtshilfe
Finkenau 35, Uhlenhorst
Architekt: Hochbauwesen, Fritz Schumacher
1911-14; Erweiterungsbau 1926/27

Die spätere Frauenklinik wurde als Mütter- und Säuglingsheim mit Entbindungsanstalt errichtet und verfügte außerdem über Lehr- und Forschungseinrichtungen. Geburten außer Haus erfolgten vor dem Ersten Weltkrieg nur im Falle medizinischer Komplikationen oder sozialer Notlagen und galten somit als moralisch anrüchig. Dies spiegelte auch die Diskussion um den Standort wider: »Man fürchtete durch den Zweck des Instituts die Gegend zu entwerten, man befürchtete Anstoß und Belästigung, und es war eine der ersten Aufgaben des Architekten zu beweisen, daß sich die Sache anlegen ließe, ohne etwas Auffallendes im Betrieb oder im Typus des Gebäudes nach außen hin mit sich zu bringen.« (*Hamburger Staatsbauten von Fritz Schumacher*, 1921, Bd. II, S. 11). Der ländlich anmutende Backsteinbau mit Sprossenfenstern, sparsamem Werksteinschmuck und Loggien (heute verschlossen) hat in der Tat nichts »Auffallendes«. Außerdem wurde ein erheblicher Teil des Raumprogramms in dem Mansardwalmdach untergebracht, so dass sich das Gebäude mit nur zwei Vollgeschossen auch in maßstäblicher Hinsicht dem gegenüberliegenden Stadthausquartier unterordnete. Der Brunnen am Eingang stammt von Oscar E. Ulmer.

Fritz Schumacher hat auch die ehemalige **Lernbehindertenschule**, Finkenau 42 (1911, 1912/13) entworfen, wobei der Vorentwurf von Albert Erbe stammt.

F 6 Evangelisch-lutherische Kirche St. Gertrud
Immenhof, Uhlenhorst
Johannes Otzen (Ursprungsbau)

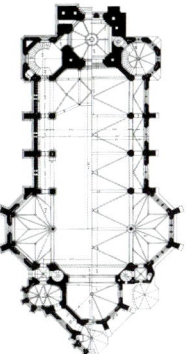

F 8 Haus von Pein (Literaturhaus)

F 6 Evangelisch-lutherische Kirche St. Gertrud mit Grundriss (rechts)

F 7 Schwanenwikbrücke
Uhlenhorst/Hohenfelde
Architekten: Ingenieurwesen, Franz Andreas Meyer (Ursprungsbau). Baubehörde, Tiefbauamt (Instandsetzung und Erneuerung)
1874-76; Instandsetzung und Erneuerung 1978-80

Dreifeldbrücke mit bastionsartigen Vorbauten aus Granit, auf denen vier Kandelaberpaare stehen, die nach historischen Vorlagen rekonstruiert wurden. Die beiden Seitenöffnungen für Fußgänger sind massiv gemauert. Das Tragwerk der 26 m breiten Mittelöffnung über dem Eilbekkanal bestand ursprünglich aus schmiedeeisernen Dreigelenk-Fachwerkbogen. Hiervon blieben bei der Erneuerung nur die beiden äußeren Bogen erhalten, um die dahinterliegenden Stahlbetonträger zu kaschieren. Außerdem wurden die seitlichen Öffnungen wiederhergestellt, die im Zweiten Weltkrieg verschlossen worden waren, um als Luftschutzräume zu dienen

In Sichtweite liegt die **Mundsburger Brücke**, die 1871 im Rahmen der Kanalisation der Eilbek errichtet wurde.

F 8 Haus von Pein (Literaturhaus)
Schwanenwik 38, Uhlenhorst
Architekten: Jean David Jollasse (Ursprungsbau)
Krauss & Minck (Gartensaal)
Schramm, v. Bassewitz, Hupertz (Restaurierung)
1867/68; Gartensaal 1889/90; Restaurierung 1988/89

Die Stadthäuser Schwanenwik 38 und 37 – letzteres stammt ebenfalls von Jean David Jollasse – dokumentieren die Besiedlung des östlichen Alsterufers nach der Aufhebung der Torsperre 1861. Typisch für Jollasse sind die feingliedrigen Stuckfassaden im Rundbogenstil, vorzugsweise mit gotischen Anklängen. Die erhaltenen Repräsentationsräume im Erdgeschoss machen Nr. 38 zu einem wichtigen Beispiel für die Hamburger Wohnkultur im 19. Jahrhundert. 1889 erwarb der Kaufmann Friedrich Adolph v. Pein das Gebäude und ließ einen Gartensaal mit Pilastern aus Stuckmarmor und einem Deckenbild (Elfenreigen) anbauen. Dieser wird seit der Restaurierung durch Horst v. Bassewitz als Vortragsraum und Café für das Literaturhaus genutzt.

Friedhelm Grundmann (Instandsetzung)
1881 W, 1882-85; Instandsetzung 1962

Wandpfeilerkirche mit Kreuzgrundriss und »Kapellenkranz«. (Tatsächlich handelt es sich um Nebenräume). Die kurzen polygonalen Querarme treten im Innern jedoch kaum in Erscheinung, weil keine Vierung ausgebildet ist und sich das Emporengeschoss auch über das Querhaus erstreckt. 1962 wurden die farbig bemalten Putzflächen der Innenwände, die stark beschädigt waren, weiß gestrichen. Die Backsteingliederungen blieben aber unangetastet. Auch der Altar, die Kanzel und das Taufbecken wurden auf Anraten von Friedhelm Grundmann nicht erneuert, was als frühe Auseinandersetzung mit der Ästhetik der Gründerzeit zu werten ist. Unverändert überliefert ist dagegen das äußere Erscheinungsbild der Kirche. Die besonders reich gegliederte und vielfarbige neogotische Backsteinarchitektur mit Türmchen, Strebepfeilern und Wimpergen macht St. Gertrud zu einem Hauptwerk der »Hannoverschen Schule« – die mit Conrad Wilhelm Hase und Franz Andreas Meyer übrigens auch prominent im Preisgericht des Wettbewerbs vertreten war.

Die beiden **Pastorate**, die die Kirche flankieren, stammen von Johannes Otzen (1883/84, Westseite) und Fernando Lorenzen (1886-88, Ostseite).

F 9.1 Villa Keitel

F. 9.2 Gästehaus des Hamburger Senats

F 9 Villen von Martin Haller
F 9.1 Villa Keitel
Schöne Aussicht 14, Uhlenhorst
Architekten: Haller & Geißler (Ursprungsbau)
AWK Architekten (Restaurierung)
1898; Restaurierung 1991/92
F. 9.2 Gästehaus des Hamburger Senats
Schöne Aussicht 26, Uhlenhorst
Architekt: Martin Haller
1868

Bis weit nach der Jahrhundertwende blieb Martin Haller der gravitätischen Neorenaissance der Gründerzeit treu, die seinen Entwürfen ein nobles Understatement verlieh, so auch der Villa Keitel. Eckquader, Gesimse und gerade Fensterverdachungen – im Erdgeschoss mit Pilastern – gliedern den ansonsten schmucklosen zweigeschossigen Putzbau, dessen Mittelrisalit wie ein Belvedere erhöht ist. Die mit Marmor verkleidete Eingangshalle vermittelt einen Eindruck von der ursprünglichen Opulenz der Innenräume. Der einfach gegliederte spätklassizistische Putzbau an der Schönen Aussicht 26 – seit 1965 Gästehaus des Hamburger Senats – ist eines der frühesten noch erhaltenen Gebäude von Martin Haller.

F 10 Geschosswohnbauten Schöne Aussicht
F 10.1 Wohnanlage
Schöne Aussicht 30, Uhlenhorst
Architekten: Hilmer & Sattler und Albrecht
1998 W, 1998/99
F 10.2 Geschosswohnbau
Schöne Aussicht 32, Uhlenhorst
Architekten: Kahlfeldt Architekten
1998, 1999-2001

Die beiden Entwürfe sind beispielhaft für die klassizistische Attitüde, die seit den 1990er Jahren immer stärker zum Kennzeichen des Geschosswohnungsbaus in den bevorzugten Wohnlagen an Elbe und Alster wird. Weißer Putz, Gesimse und Fenstertüren gehören ebenso zu diesem »gehobenen« Entwurfsrepertoire wie Achsensymmetrien oder repräsentative Eingangshallen, die mit Marmor und Edelhölzern verkleidet sind.

F 11 Schiitische Imam Ali Moschee
Schöne Aussicht 36, Uhlenhorst
Architekten: Schramm & Elingius
1959 W, 1961-69

Der Rohbau stand bereits 1963; finanzielle Engpässe verzögerten jedoch die Fertigstellung. Mit dem Entwurf wurde die islamische Bautradition in moderne Baumaterialien und Baustrukturen übersetzt. Ein Wasserbecken führt auf ein Spitzbogenportal zu, das von zwei schlanken Minaretten aus Beton flankiert wird. Die Kuppel des Betsaals ruht im Innern auf v-förmigen Stahlbetonstützen, deren diagonale Streben mit den schrägen Lichtschlitzen in den Fassaden und der ornamentalen hellblauen Fassadenverkleidung korrespondieren.

F 12 Geschosswohnbau Fährhausstraße
Fährhausstraße 11, Uhlenhorst
Architekten: BRT Architekten Bothe Richter Teherani
1996, 1997/98

Luxuriöser Geschosswohnbau, der durch seine selbstbewusste moderne Haltung hervorsticht, ohne den Genius loci zu leugnen. Die stumpfwinklig nach außen geknickten Stirnwände bringen Bewegung in den kompakten weißen Baukörper. Auch die gläserne Rückfront, mit der sich die Wohnräume zu einem Nebenarm der Außenalster öffnen, faltet sich zum Zentrum hin auf. Die Balkone an der Straßenseite werden durch Schiebeelemente mit Holzlamellen abgeschirmt. Hadi Teherani bewohnt selbst eine der Wohnungen.

F 13 Villa de Meuron
Am Feenteich 14, Uhlenhorst
Architekt: Auguste de Meuron
1860; bis 1928 mehrfach erweitert und umgebaut

Wie Jean David Jollasse (vgl. Haus von Pein, Nr. F 8), so hat auch Auguste de Meuron die Hamburger Wohnkultur in den 1840er bis 1860er Jahren maßgeblich geprägt. Einer der wenigen erhaltenen bzw. nachweisbaren Bauten von de Meuron ist sein eigenes Wohnhaus, mit dem er zum Pionier der Besiedlung von Uhlenhorst wurde. Bemerkenswert ist die zurückhaltende

F 10.2 Geschosswohnbau Schöne Aussicht 32

F 14 Doppelvilla Gustav-Freytag-Straße

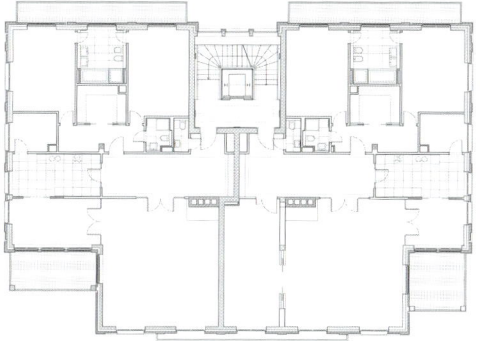
F 10.2 Geschosswohnbau Schöne Aussicht 32, Grundriss

F 15 Uhlenhorster Hof

Dekoration der Putzfassaden mit Anklängen an das Neu-Rokoko des »Deuxième Empire« Kaiser Napoleons III., das zu jener Zeit vor allem die Innenarchitektur beherrschte.

Die **Villa Köbke**, Am Feenteich 12, ist ein Entwurf von Hans und Oskar Gerson (1911).

F 14 Doppelvilla Gustav-Freytag-Straße
Gustav-Freytag-Straße 13-15, Uhlenhorst
Architekt: Heinrich Mandix
1902/03

Mit den extravaganten runden bzw. schlüssellochartigen Fensteröffnungen gehört die Doppelvilla zu den in Hamburg seltenen Beispielen für reinen Jugendstil. Dabei ist auch bemerkenswert, dass der Architekt den, wenn auch nur zaghaften, Versuch unternommen hat, den Baukörper selbst organisch zu modellieren.

F 15 Uhlenhorster Hof
Hofweg 63a–65a, Uhlenhorst
Architekten: BPHL Architekten v. Bassewitz, Patschan, Hupertz, Limbrock
1995, 1996/97

Revitalisierung eines ursprünglich gewerblich genutzten Blockinnenraums am Uhlenhorster Kanal. Die u-förmige Wohnanlage besteht aus zwei parallele Zeilen und einem kubischen Punkthaus, das die nördliche Seite schließt. Der Reiz des Entwurfs liegt in seiner formalen Stringenz und dem prosaischen Charakter der Fassadenmaterialien. Die Treppenhäuser und die kompakten Stirnwandscheiben sind mit großformatigen roten Ziegeln, die übrigen Flächen mit verzinktem Trapezblech verkleidet; Gitterroste kaschieren eine Außentreppe. Den Grundrissen liegt nahezu durchgängig ein einheitliches Achsmaß zugrunde, so dass die Erschließungskerne die gleiche Breite haben wie die Loggien.

Die **Wohnanlage** Kanalstraße 4 und 10 stammt von A. P. B. Architektengruppe Planen & Bauen Beisert, Findeisen, Galedary, Grossmann-Hensel, Wilkens (1988, 1991-93).

F 16 Evangelisch-lutherische Heilandskirche
Winterhuder Weg 130-134, Uhlenhorst
Architekt: Emil Heynen
1926-28

U-förmiger Komplex aus einer zweigeschossigen Saalkirche und zwei flankierenden Pastoraten, die einen Vorplatz aus der geschlossenen Blockrandbebauung ausgrenzen. Nur der Dachreiter und die spitzbogigen Eingangsarkaden der Kirche verweisen auf den sakralen

F 18.1 Geschosswohnbau Bellevue 21-22

F 18.2 Geschosswohnbau Bellevue 20 (Aufnahme 1952)

Zweck der ansonsten schlichten Klinkerbauten. Der Innenraum wurde nach Kriegsschäden vereinfacht wiederhergestellt. Der Brunnen stammt von Richard Kuöhl.

F 17 Villen Marienterrasse
Marienterrasse 12-14, Uhlenhorst
Architekt: Wilhelm Hauers
1872/73

Sparsam dekorierte gelbe Backsteinfassaden und flach geneigte Satteldächer verleihen den Gebäuden einen rustikalen Charakter. Der Eindruck von ländlichen Wirtschaftsgebäuden oder Dorfschulen drängt sich auf. Die beiden Entwürfe stellen einen der – letztlich vergeblichen – Versuche dar, die neogotische Backsteinarchitektur der »Hannoverschen Schule« im bürgerlichen Wohnungsbau zu etablieren. Bald darauf orientierte sich Wilhelm Hauers bei repräsentativen Bauaufgaben denn auch an der marktgängigeren Neorenaissance (vgl. die Colonnaden, Nr. B 25).

F 18 Geschosswohnbauten Bellevue
F 18.1 Geschosswohnbauten
Bellevue 19 und 21-22, Winterhude
Architekt: Cäsar Pinnau
1950/51

In den »Wirtschaftswunderjahren« avancierte Cäsar Pinnau rasch zum Lieblingsarchitekten der gesellschaftlichen Elite, die sich wieder bevorzugt an der Außenalster ansiedelte. Die meisten seiner Einfamilienhäuser auf dem linken Alsterufer wurden mittlerweile allerdings lukrativeren Geschosswohnbauten geopfert. Die beiden Apartmenthäuser an der Bellevue sind beispielhaft für seine traditionalistische Handschrift. Mit Sprossenfenstern, Klappläden und Balustraden bzw. zierlichen Gittern werden dort südländische Vorbilder zitiert, kombiniert mit neoklassizistischen Motiven.

F 18.2 Geschosswohnbau
Bellevue 20, Winterhude
Architekten: Sprotte & Neve
1951/52

Charakteristisch für den frühen Wiederaufbau auf dem linken Alsterufer sind einfach gegliederte Putzfassaden, hinter denen sich oftmals noch Teile zerstörter Villen verbergen, so auch bei diesem Apartmenthaus, dessen extravagante Balkonlösung die *Bauwelt* in Heft 37/1955 zu beißendem Spott provozierte: »Dann aber begrüßen wir die glatte Putzfront unter gläsernem Aufbau, so deutlich auch Stimmen zu uns dringen, die sich die Zeiten der Kargheit überwunden wünschen. Hier, wie in so vielen schlichtesten Hausfronten, spiegelt sich durchaus nicht die Tugend der Not, vielmehr die einer wohlabgewogenen Harmonie, selbst hinter dem reizenden Witz der busigen Balkone.«

F 19 Villa Troplowitz
Agnesstraße 1, Winterhude
Architekt: William Müller
1908/09

Der Industrielle Oscar Troplowitz (1864-1918), Inhaber der Firma Beiersdorf und somit Urheber zahlreicher Produkte, die, wie die Nivea-Creme, heute aus dem Alltag kaum mehr wegzudenken sind, war auch im Privatleben eine aufgeschlossene Persönlichkeit. Dies belegt nicht zuletzt seine kleine, aber hochrangige Kunstsammlung, als deren Hauptwerk »Die Absinthtrinkerin« aus der »Blauen Periode« von Pablo Picasso (1902) gelten kann. Auch mit seinem eigenen Wohnhaus wollte Troplowitz innovative Impulse vermitteln und beauftragte deshalb den Berliner Architekten William Müller, einen Schüler von Alfred Messel, mit dem Entwurf. Details wie die Rauputzfassaden, die Lisenen aus Muschelkalk oder die Kuppel sind für eine Hamburger Villa denn auch eher ungewöhnlich.

Die **Fernsichtbrücke** und die **Krugkoppelbrücke** (vgl. Nr. D 50) stammen von Fritz Schumacher und Oberingenieur Gustav Leo (beide 1927/28).

F 20 Villa Mövenstraße
Mövenstraße 5, Winterhude
Architekten: Lundt & Kallmorgen
Um 1905

F 20 Villa Mövenstraße

F 19 Villa Troplowitz

F 21 Haus Coutinho (Aufnahme um 1912)

Wie das westlich angrenzende Harvestehude, so wird auch Winterhude in weiten Bereichen durch Reihenvillen geprägt. Die Villa Mövenstraße 5 hebt sich durch rote Backsteinfassaden hervor, die einen effektvollen Hintergrund für den sparsamen weißen Renaissancedekor und die ebenso gestrichenen breiten Fenstereinfassungen bilden. Das Schieferdach und die Eckfenster lassen Vorbilder aus der britischen Landhausarchitektur anklingen.

Von Lundt & Kallmorgen stammen auch die **Reihenvillen** Mövenstraße 1 und Leinpfad 15-17 (um 1901).

F 21 Haus Coutinho
Leinpfad 98, Winterhude
Architekten: Hans und Oskar Gerson (Ursprungsbau).
Stoeppler + Stoeppler Architekten (Umbau und Restaurierung)
1912; Umbau und Restaurierung 1997/98

Kompakter zweigeschossiger Klinkerbau mit Sprossenfenstern und Dreiecksgiebel, der sich mit Quaderlisenen an den Kanten und Giebelvoluten vage an der barocken Bürgerhausarchitektur orientiert, ansonsten aber relativ schlicht geblieben ist (was die widersprüchlichen Tendenzen in der Architektur um 1910 verdeutlicht). Die gediegene Ausstattung der Repräsentationsräume mit Täfelungen, Heizkörperverkleidungen, Parkettböden und zurückhaltend profilierten Stuckdecken ist im Originalzustand erhalten. Hier wurde vorrangig Wert auf Wohnlichkeit gelegt.

Die **Villa Barbara**, Leinpfad 102, ist ein Entwurf von R. Linnemann (1924-26).

F 22 Villa Rappolt
Rondeel 37, Winterhude
Architekten: Ernst Paul Dorn (Ursprungsbau)
Schramm, Pempelfort, v. Bassewitz, Hupertz (Umbau)
1907/08; Umbau 1977

Hinter dem Gebäude verbirgt sich der kreisrunde Rondeelteich, der vor dem Ersten Weltkrieg ein bevorzugter Standort für großbürgerliche Einzelvillen war, heute aber vor allem von belanglosen Apartmenthäusern gesäumt wird. Eines der letzten Relikte der ursprünglichen Bebauung ist die zweigeschossige Villa Rappolt, die wie ein Lustschlösschen des 18. Jahrhunderts gestaltet ist. Beherrschendes Motiv ist die ovale Treppenhalle, die sich in der Mitte der Fassade mit einer Kuppel vorwölbt.

F 23 Haus Schweger
Rondeel 4, Winterhude
Architekten: Architekten Schweger + Partner
1992/93

F 26 Geschosswohnbau Semperstraße

F 29 Kleinwohnungsbauten Poßmoorweg/Heidberg

Wohnhaus des Architekten Peter Schweger mit Einliegerwohnungen im Souterrain und im Erdgeschoss. Unter dem Pultdach, das förmlich zum Rondeelkanal hin aufzuklappen scheint, liegt der rund 100 qm große Wohnbereich. Die grauen Pfosten-Riegel-Konstruktionen der Fensterflächen und die ziegelroten Terrakottaplatten, mit denen die übrigen Fassadenabschnitte verkleidet sind, verleihen der Architektur einen spröden Charakter (der hier völlig deplatziert wirkt).

F 24 Haus Stern
Andreasstraße 9, Winterhude
Architekten: Elingius & Schramm (Ursprungsbau)
KBNK Architekten (Rekonstruktion)
1927; Teilzerstörung 1943; Rekonstruktion 2004/05

Kompakte zweigeschossige Klinkervilla mit Walmdach, Sprossenfenstern und Klappläden: ein Haustyp, der beispielhaft für die zunehmende Standardisierung der Entwürfe von Elingius & Schramm in den 1920er Jahren ist (vgl. Haus Hinrichsen, Nr. F 41.2). Eine asymmetrisch angefügte Veranda mit biedermeierlich anmutenden neogotischen Fenstern lockert die strenge Gliederung auf. 1943 wurde das Gebäude bis auf das Erdgeschoss zerstört und in dieser fragmentarischen Form fast 50 Jahre lang bewohnt. Die Rekonstruktion belegt die Wertschätzung, die großbürgerliche Anwesen heute wieder genießen.

F 25 Evangelisch-lutherische Bodelschwingh-Kirche
Forsmannstraße 7, Winterhude
Architekten: Gerhard und Dieter Langmaack
1957, 1960-62

Die kompakte, annähernd quadratische Kirche wurde auf einem Eckgrundstück errichtet, das der Bombenkrieg freigeräumt hatte. Ein flächendeckendes abstraktes Fliesenmosaik in Hellblau, Weiß und Grau – Entwurf Franz Porsche – hebt den Kirchensaal hervor, der aus Platzgründen im ersten Obergeschoss über den Gemeinderäumen liegt. Das Sockelgeschoss und die schlanke Turmstele sind dagegen mit rotem Backstein verblendet. Die Prinzipalstücke und das Altarkreuz haben die Archi-

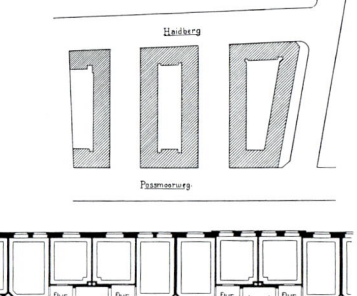
F 29 Kleinwohnungsbauten, Grundriss und Lageplan

tekten gestaltet. Das dekorative Fassadenmuster, die gerundeten Gebäudekanten und das tropfenförmige abstrakte Fenster über dem Altar – ein Entwurf von Anna Andersch – lassen den Bau wie ein beschwingtes Möbel der Nierentisch-Ära wirken.

F 26 Geschosswohnbau Semperstraße
Semperstraße 10-12, Winterhude
Architekten: A. P. B. Architektengruppe Planen & Bauen
Beisert, Findeisen, Galedary, Grossmann-Hensel, Wilkens
1988, 1990/91

Die Straßen zwischen dem Mühlenkamp und der Geibelstraße wurden erst nach 1901 angelegt und innerhalb weniger Jahre komplett mit Etagenwohnhäusern bebaut, wodurch das Quartier eine große bauliche Geschlossenheit erhielt. Mit Putzfassaden, stehenden Fensterformaten und der klassischen Dreiteilung in Sockel, Obergeschosse und Dachzone – mit Giebeln – fügt sich das Gebäude an der Semperstraße taktvoll in das Ensemble ein. Die Grundrisse der Zwei- und Dreizimmerwohnungen – letztere mit Esszimmern, die über Flügeltüren mit den Wohnräumen verbunden sind – repräsentieren die Wohnbedürfnisse der kinderlosen urbanen Mittelschicht, der »dinks« (»double income, no kids«), wie sie die Soziologie treffend charakterisiert hat.

Die ehemaligen **Fabrikgebäude der Maihak AG**, Semperstraße 26, wurden von Dinse, Feest, Zurl in Büros, Wohnungen und Ateliers umgebaut (1997, 1999-2001).

F 27 Ehem. Fabrikgebäude Rieck & Melzian
Goldbekplatz 2, Winterhude
Architekten: H. L. Trömner (Ursprungsbau)
Pysall, Stahrenberg & Partner (Umbau und Sanierung)
1908; Aufstockungen 1942 und 1954; Umbau und Sanierung 1994

Der schlichte zweiflügelige Backsteinbau – ursprünglich eine Metallwarenfabrik – dokumentiert die gewerbliche Nutzung der Ufergrundstücke östlich der Dorotheenstraße, wo die Kanäle als Verkehrswege für Waren und vor allem Rohstoffe dienten. Der vertikale Transport der Güter auf die Fabriketagen erfolgte wie bei einem Lagerhaus mit einer außenliegenden Winde, woran die Luken und der Windenausleger im Giebel erinnern. Die weiten, von Gusseisenstützen getragenen Innenräume boten sich geradezu für den Umbau zu einem Architektenatelier an. An die Nordseite wurde ein zylindrischer Anbau mit filigranen Metallsprossen angefügt, der sich demonstrativ von dem narbigen Mauerwerk des Altbaus abhebt.

Das **Bürohaus** Goldbekplatz 3 stammt von dem Nachfolgebüro Architekten Ingenieure PSP (2001/02).

F 28 Verlagsgebäude Jahreszeiten Verlag
Moorfuhrtweg 11-17/Poßmoorweg 2/Dorotheenstraße 84, Winterhude
Architekten: BRT Architekten Bothe Richter Teherani
1999 W, 2003-05

Der zickzackartig über das Gelände ausgreifende Baukörper erhebt sich auf v-förmigen Stützen aus Stahlbeton, die hinter den Glasfronten der Erdgeschosse liegen. Die Obergeschosse sind mit opaken Glaspaneelen verkleidet, akzentuiert durch Fensterlaibungen in Ultramarin und Orange. Das modische Spiel »verwischter« Fensterachsen soll die überlangen Fassaden beleben. Hier wurde eine städtebauliche Chance verschenkt: Statt das kleinteilige Wohn- und Dienstleistungsviertel am Goldbekkanal mit einer ebenso differenzierten Baustruktur zu arrondieren, wurde ihm ein monofunktionaler Großkomplex mit rund 24.000 qm Bruttogeschossfläche implantiert.

F 29 Kleinwohnungsbauten Poßmoorweg/Heidberg
Poßmoorweg 35-41a/Heidberg 34-42/Kaempsweg/ Roepersweg/Gottschedstraße, Winterhude
Um 1910

Die drei Wohnblöcke repräsentieren beispielhaft die wohnreformerischen Errungenschaften vor dem Ersten Weltkrieg: direkt belichtete Treppenhäuser und Toiletten – dort lagen die Fenster ursprünglich über den niedrigeren Speisekammern – sowie der Verzicht auf »Schlitzbauweise« (Hinterflügel, zwischen denen nur Platz für schmale Lichthöfe bleibt). Außerdem werden nur zwei Wohnungen pro Geschoss von einem Treppenhaus erschlossen (»Zweispänner«). Auffällig ist die relativ einfache Fassadengestaltung. Auf Balkone wurde verzichtet. Die Putzfronten werden vor allem durch Gesimse und Felder aus Rauputz oder Backstein gegliedert.

F 30 Evangelisch-lutherische Matthäuskirche
Gottschedstraße, Winterhude
Architekten: Julius Faulwasser (Ursprungsbau)
Paul Schnabel (Umgestaltung)
1909 W, 1910-12; Umgestaltung 1960

F 30.1 Pastorat I
Gottschedstraße 17, Winterhude
Architekt: Fernando Lorenzen
1908/09

F 30.2 Pastorat II
Bei der Matthäuskirche 4, Winterhude
Architekt: Julius Faulwasser
1924/25

F 30.3 Gemeindehaus
Bei der Matthäuskirche 6, Winterhude
Architekt: Heinrich Biesterfeld
1955/56

Backsteinbau mit Sandsteingliederungen im »Sonnin-Barock«, mit dem sich Julius Faulwasser intensiv auseinander gesetzt hatte (vgl. St. Michaelis, Nr. B 50). Typisch für den protestantischen Kirchenbau des 18. Jahrhunderts ist auch der zentralisierende Grundriss in Form eines griechischen Kreuzes. Der gedrungene Turm mit der geschweiften Kupferhaube wirkt ländlich und vermag sich kaum im großstädtischen Stadtbild zu behaupten. Der mit einer Kuppel überwölbte Innenraum wurde Anfang der 1960er Jahre in enger Zusammenarbeit mit dem Bildhauer Klaus-Jürgen Luckey purifizierend erneuert, wobei die Gliederungen und die Wandtäfelungen entfernt wurden. Die Glasfenster stammen von Charles Crodel. Die Gemeindebauten spiegeln die jeweiligen Architekturtrends wider: von Anklängen an den Jugendstil über die Klinkerarchitektur der Weimarer Republik bis zum sachlich gefärbten Traditionalismus der Nachkriegszeit.

F 31 Wohnblock Gottschedstraße/Opitzstraße
Gottschedstraße 19-23/Opitzstraße 17-25, Winterhude
Architekten: nps Nietz, Prasch, Sigl Architekten
1992-94

Der u-förmige Komplex wurde im Rahmen des öffentlich geförderten Wohnungsbaus gezielt für Aussiedler errichtet. Mit Klinkerfassaden und plastischen Ziegelbändern, die das Erdgeschoss als Sockel betonen, wird die Architektur der Weimarer Republik zitiert. Die Gebäudekanten sind in Glasbausteine und Metallprofile aufgelöst, die an der Südostecke eine expressive Spitze à la Chilehaus bilden. Die Grundrisse stechen durch familiengerechte Lösungen wie z. B. separate Flure vor den Schlafräumen hervor.

  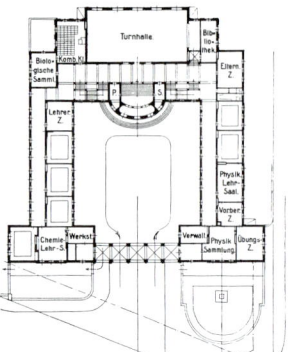

F 31 Wohnblock Gottschedstraße/
Opitzstraße

F 32 Gelehrtenschule des Johanneums
mit Grundriss (rechts)

F 32 Gelehrtenschule des Johanneums
Maria-Louisen-Straße 114, Winterhude
Architekt: Hochbauwesen, Fritz Schumacher
1912, 1912-14

Der kompakte Dreiflügelbau mit Mansardwalmdach umschließt einen Eingangshof, der durch einen Arkadengang mit dorischen Halbsäulen abgeschlossen wird: ein verfremdetes Zitat des Vorgängerbaus von Carl Ludwig Wimmel in der Altstadt (1837-40, 1943 zerstört), das zugleich die Exklusivität des humanistischen Gymnasiums unterstreicht. Sparsame Werksteingliederungen nobilitieren die schlichten Klinkerfassaden und verleihen ihnen einen neoklassizistischen Zug. Der Dachreiter auf dem Eingangsflügel war als Plattform für astronomische Übungen gedacht. Die Skulpturen, die die Uhr über dem Eingang flankieren, und der »Sieger« (1928) im Hof stammen von Richard Kuöhl. Das Standbild von Johannes Bugenhagen neben den Arkaden hat Engelbert Peiffer geschaffen (1885). Es erinnert an den bedeutenden Mitstreiter Martin Luthers, der das Hamburger Dominikanerkloster St. Johannis 1529 in eine Gelehrtenschule umgewandelt hatte.

F 32.1 Forum Johanneum
Opitzstraße 15, Winterhude
Architekt: Studio Andreas Heller
2005, 2006/07

Selbstständige Erweiterung, die eine Turnhalle, eine Cafeteria und Fachräume für Musik, Kunst und Theater zusammenfasst. Hinsichtlich des dreiflügeligen Grundrisses, des terrassierten Vorplatzes und der Klinkerfassaden – ein dunkelgrauer Kohlebrandziegel – wirkt das Gebäude wie eine Paraphrase auf den Schumacher-Bau. Aber auch Vorbilder aus der Vorkriegsmoderne, etwa Mies van der Rohes berühmte Villen in Krefeld, standen bei den dynamisch ausgreifenden Flachtrakten Pate. Der Eingangsbereich ist durch Betonwerkstein hervorgehoben, der wie Travertin anmutet. Auch die zarten Gesimse an den Dachkanten und die goldene Uhr verleihen der Architektur eine dezente Noblesse. Eher nüchtern wirken demgegenüber die Innenräume.

F 33 Geschosswohnbau Burmeister
Maria-Louisen-Straße 63-67/Dorotheenstraße 123, Winterhude
Architekt: Karl Schneider
1927/28

Eines der seltenen Beispiele für das »Neue Bauen« im bürgerlichen Geschosswohnungsbau mit Vier- bis Fünfzimmerwohnungen. Die mit Marmorplatten verkleideten Eingangsbereiche unterstreichen den gehobenen Standard. Die dynamisch gerundete Klinkerfassade verklammert förmlich die heterogene Nachbarschaft. Ihr Aufbau zeugt von großer Virtuosität. Das vorgeschaltete Sockelgeschoss mit den Ladengeschäften, die Brüstungs- und Fensterzonen der Obergeschosse, die verputzten Rückwände der Loggien und die vertieft eingelassenen Treppenhausfenster bilden zusammen mit dem zurückgestaffelten Attikageschoss ein komplexes Gefüge aus sich überlagernden räumlichen Schichten.

Von Karl Schneider stammt auch **Haus Präsent**, Maria-Louisen-Straße 139 (1932). **Haus Roman**, Maria-Louisen-Straße 132, ist ein Entwurf von Jacob & Ameis (1924/25).

F 34 Geschosswohnbauten Gryphiusstraße
Gryphiusstraße 8-10, Winterhude
Architekten: Grell & Pruter
1923

Bemerkenswert sind hier vor allem die stark plastischen Klinkerfronten mit expressionistischem Dekor. Tiefe Fassadeneinschnitte mit gerundeten Kanten machen die Treppenhausfenster zum Ereignis und verdeutlichen zugleich eine wichtige Reform des Wohnungsbaus in der Weimarer Republik, denn vor dem Ersten Weltkrieg lagen die Treppenhäuser in Hamburg in der Regel im Zentrum der Gebäude und erhielten lediglich über ein Glasdach Tageslicht. Das bürgerliche Etagenhausquartier nördlich der U-Bahnstation Sierichstraße – eines der schönsten Beispiele seiner Art in Hamburg – wurde bereits um 1912 errichtet, so dass die beiden Gebäude wie Fremdkörper inmitten der neoklassizistischen Putzfassaden des späten Kaiserreichs wirken.

F 32.1 Gelehrtenschule des Johanneums, Forum Johanneum

F 39 Winterhuder Fährhaus, Geschosswohnbauten und Bürohaus (hinten rechts)

F 35 Haus Dr. Munro
Barmbeker Straße 138, Winterhude
Architekt: Willem Bäumer
1934

Der Entwurf eines ehemaligen Schülers und Assistenten von Paul Schmitthenner stellt einen bemerkenswerten Versuch dar, die subtilen Qualitäten der traditionalistischen »Stuttgarter Schule« auf das Hamburger Bauen zu übertragen. Bezeichnend hierfür sind die betont handwerklichen Details wie der sorgfältig ausgeführte Ziegelverband der roten Backsteinfassaden oder die außenbündig eingesetzten und auswärts schlagenden Fensterflügel mit festen Mittelpfosten und Zargen sowie geschmiedeten Winkelbändern, wie sie vor allem im Heimatstil um 1910 eine Rolle spielten. Sie erfüllen den Anspruch auf konstruktive »Ehrlichkeit«, ohne die Bautraditionen des Nordens zu leugnen.

F 36 Ehem. Lichtwarkschule
Grasweg 74, Winterhude
Architekt: Hochbauwesen, Fritz Schumacher
1914, Baubeginn 1919/20, Fertigstellung 1922-25

Dreiflügelbau mit Walmdach. Auffällig ist die überlange Hauptfassade mit der schematischen Pfeilergliederung. Die 1914 gegründete Oberrealschule – heute Heinrich-Hertz-Gesamtschule – blieb aufgrund des Kriegsbeginns 1914 und eines Baustopps während der Inflationsjahre lange Zeit ein Barackenprovisorium. 1922 wurde sie programmatisch nach Alfred Lichtwark (1852-1914) benannt, dem ehemaligen Direktor der Hamburger Kunsthalle, der sich auch um den benachbarten Stadtpark verdient gemacht hatte (vgl. Nr. F 45). Unter ihrem liberalen Lehrkörper entwickelte sie sich zu einem pädagogischen Reformprojekt, in dem Koedukation ebenso selbstverständlich war wie die gezielte Förderung musischer Talente oder der Verzicht auf Frontalunterricht. Die Orgel in der Aula stammt von Hans Henny Jahnn. Ihren Namen büßte die Lichtwarkschule übrigens bereits 1937 ein, als sie mit dem Heinrich-Hertz-Realgymnasium (vgl. Nr. C 85) zur »Oberschule am Stadtpark für Jungen« zusammengelegt wurde.

F 37 Bleicherhäuser
Ulmenstraße, Winterhude
1850er bis 1880er Jahre

Die 1854 angelegte Ulmenstraße ist das letzte Relikt des dörflichen Winterhude. Hier siedelten sich vor allem Bleicher an, was der Straße den Namen »Wäscherviertel« eintrug. Das älteste Gebäude ist das Fachwerkhaus Nr. 11/13 (1856). Die danach entstandenen Häuser sind in der Regel eingeschossige traufständige Putzbauten mit einem in der Mittelachse angeordneten Zwerchhaus, das mit einem Dreiecksgiebel bekrönt ist, wie Nr. 17 (1858/59), Nr. 23 (um 1870), Nr. 24 (1864), Nr. 48 (1858/59) oder die Doppelhäuser Nr. 25/27 (1861/62) und Nr. 45/47 (1866). Beim Bleicherhof Nr. 33/35 wurde dieses Schema in reduzierter Form auch auf die Hinterhäuser übertragen (Vorderhaus 1858/59, Hofbebauung 1860er Jahre). Erst das Bleicherhaus Nr. 18 weicht mit einem Seitenrisalit – allerdings ebenfalls mit Dreiecksgiebel – von dieser Bauform ab (um 1886/87).

F 38 Geschosswohnbauten
Hudtwalckerstraße/Hudtwalckertwiete
F 38.1 Geschosswohnbau
Hudtwalckerstraße 24-30/Winterhuder Marktplatz 1-2, Winterhude
Architekt: Johannes C. Hansen
1928/29
F 38.2 Geschosswohnbauten
Hudtwalckertwiete 1-7, 2-8, Winterhude
Architekt: E. Franck
1935/36

Weiß gestrichene Gesimse gliedern die langgestreckte Klinkerfassade an der Hudtwalckerstraße und am Winterhuder Marktplatz, die sich im Zentrum effektvoll mit dreieckigen Erkern und halbrunden Balkons auffaltet. Weitaus schlichter präsentiert sich die rückwärtig anschließende Bebauung an der Hudtwalckertwiete, die im Innern des Baublocks liegt und wie bei einer gründerzeitlichen Terrasse (vgl. die Terrassen Wohlwillstraße, Nr. C 23) nur über die Tordurchfahrt im Vorderhaus zugänglich ist.

F 41.2 Villen von Erich Elingius, Haus Hinrichsen (Aufnahme 1920er Jahre)

F 41.1 Villen von Erich Elingius, Haus Stahl (Aufnahme 1920er Jahre)

F 39 Winterhuder Fährhaus
Hudtwalckerstraße/Bebelallee/Winterhuder Kai, Winterhude
Architekten: Architekten Schweger + Partner
1982 W, 1985-88

Komplex aus neun »Stadtvillen« mit Geschosswohnungen, einem Bürohaus und dem privaten Theater »Komödie Winterhuder Fährhaus«. Mit Klinkerfassaden und traditionellen Motiven wie Satteldächern, Sprossenfenstern oder Wintergärten arrondieren die Wohngebäude das angrenzende Villenquartier aus den 1920er Jahren. Auch die übrigen Bauten ordnen sich dem kleinteiligen Maßstab der Nachbarschaft unter. Völlig unmotiviert wirkt jedoch der reichliche Gebrauch von Metallprofilen an den Fassaden, zumal nur das Theater auch tatsächlich ein Stahlskelettbau ist. Vor 1985 gab es auf dem attraktiven Grundstück, das direkt an der Alster liegt, übrigens nur Kleingärten und das Ausflugslokal »Winterhuder Fährhaus«.

Von Architekten Schweger + Partner stammt auch der **Tewessteg** (1988-90).

F 40 Einfamilienhaus Winterhuder Kai
Winterhuder Kai 19, Winterhude
Architekt: Hermann Muthesius
1924, 1928/29

Der posthum realisierte Klinkerbau sei vor allem wegen des berühmten Architekten erwähnt. Die traditionalistische Architektur ist dagegen kaum auffällig, zumal die Sprossenfenster wenig sensibel erneuert wurden und die Klappläden fehlen.

F 41 Villen von Erich Elingius
F 41.1 Haus Stahl
Bebelallee 12, Winterhude
Architekt: Erich Elingius
1922/23

F 41.2 Haus Hinrichsen
Bebelallee 14, Winterhude
Architekten: Elingius & Schramm
1923/24

Die beiden Villen für den Werftdirektor Paul Stahl – Vulcan-Werften in Hamburg und Stettin – und den Korsettfabrikanten Edmund Hinrichsen zeigen deutlich die Handschrift von Erich Elingius, dessen Büropartner Gottfried Schramm 1924 wurde. Zu dieser Zeit orientierte sich Elingius an Symmetrieachsen und klaren Gebäudeumrissen, wobei sich der Grundriss und die Fassadengliederung jedoch nicht immer schlüssig zur Deckung bringen ließen. Denn erwartet man hinter den großen Erdgeschossfenstern an den Eingangsseiten Repräsentationsräume, so befinden sich dort z. T. nur Garderoben und andere Nebengelasse und bei Haus Hinrichsen sogar das WC.

Ein Erbe der Vorkriegszeit sind die Reminiszenzen an historische Vorbilder, die Haus Stahl wie ein schleswig-holsteinisches oder mecklenburgisches Gutshaus aus dem 18. Jahrhundert erscheinen lassen. Der kubische Klinkerbau von Haus Hinrichsen mutet zwar auf den ersten Blick moderner an. Bei der Gestaltung der Innenräume und der Gartenfassade griff Elingius aber wieder auf Motive der von ihm besonders geschätzten britischen Landhausarchitektur zurück: Bay Windows (Erkerfenster) und toskanische Säulen, die einen Balkon mit einer Balustrade tragen.

Die großzügigen Gärten sollten Bestandteil der Parklandschaft an der Oberalster sein, die Fritz Schumacher im Rahmen der **Alsterkanalisierung** (1913-16, vgl. Nr. I 19) geplant hatte. **Haus Olff**, Bebelallee 18, ist ein Entwurf von Fritz Höger (1925/26).

F 42 Wohnblock Lattenkamp
Lattenkamp 13-29/Lattenkampstieg 2-4, Winterhude
Architekt: Friedrich Steineke
1927-30

Auffällig ist der architektonische Aufwand, der bei diesem Projekt getrieben wurde, obwohl es sich nur um Kleinwohnungsbau handelt. Der Block fügt sich aus mehreren unterschiedlich hohen Abschnitten mit Satteldächern bzw. Flachdächern zusammen; der Mittelteil ist aus der Flucht zurückgesetzt. Der Wechsel von rotem zu gelbem Klinker unterstreicht diese Aufgliederung. Dreieckige Erker setzen Akzente.

F 43 Stiftsviertel Winterhude (Aufnahme um 1931)

F 43 Stiftsviertel Winterhude
F 43.1 Georg-Buhecker-Stift
Ohlsdorfer Straße 51-55, Winterhude
Architekt: Carl Bruncke
1922/23
F 43.2 Parkheim der Detaillistenkammer
Baumkamp 88-104/Baumtwiete/Bussestraße, Winterhude
Architekten: Puls & Richter
1926/27
F 43.3 Kleinrentner-Speisung e. V.
Baumkamp 79-97/Krochmannstraße/Efeuweg/Fiefstücken/Braamkamp, Winterhude
Architekten: Klophaus, Schoch, zu Putlitz
1929-31

Das Gelände im Norden Winterhudes war wegen seiner attraktiven Lage am Stadtpark von vornherein für Altenwohnungen vorgesehen. Insgesamt sechs Stifte bzw. Wohnanlagen wurden dort zwischen 1922 und 1931 errichtet: zumeist dreigeschossige Gebäude mit Klinkerfassaden, Sprossenfenstern und Walmdächern, akzentuiert durch traditionalistische Motive wie Rundbogen Gesimse oder Erker. Ausgedehnte Vorgärten und abgeschirmte Binnenräume, z. B. der kleine Platz vor dem ehemaligen Speisesaal der Kleinrentner-Speisung, Fiefstücken 8, vermitteln auch in städtebaulicher Hinsicht Geborgenheit. Das Wohnungsangebot richtete sich vor allem an den kleinbürgerlichen Mittelstand, z. B. ehemalige Ladeninhaber (Detaillisten). Selbst für eine Wohnung in dem Komplex der Kleinrentner-Speisung war neben der günstigen Monatsmiete von 25,- RM noch ein für damalige Verhältnisse nicht geringer Baukostenzuschuss in Höhe von 1.500 RM zu entrichten.

F 44 Wasserturm im Stadtpark
Hindenburgstraße 1b, Winterhude
Architekt: Oscar Menzel
1906/07 W, 1913-15

Für die geplanten drei neuen Wassertürme im Stadtpark, im Sternschanzenpark (vgl. Nr. C 92) und am Winterhuder Weg (1956/57 abgebrochen) wurde 1906 ein reichsweiter Wettbewerb ausgeschrieben. Das 57 m hohe Bauwerk an der Hindenburgstraße bildet den Point de Vue der 1,4 km langen Zentralachse des Stadtparks, an deren entgegengesetztem Ende der Stadtparksee liegt. Motive wie der mit Muschelkalk verkleidete Sockel, der Pfeilerumgang, die Kuppel oder das vorgelagerte Wasserbassin mit Kaskade verleihen dem neoklassizistischen Klinkerbau einen Denkmalcharakter, vergleichbar mit einem Bismarck-Turm. 1929/30 wurde in das Wasserreservoir ein Planetarium eingebaut.

F 45 Stadtpark
Winterhude
Architekt: Hochbauwesen, Fritz Schumacher
Ingenieur: Ingenieurwesen, Ferdinand Sperber
1902, 1911-14, weiterer Ausbau bis ca. 1930; Wiederherstellung bis 1953

Durch den Kauf des Sierichschen Gehölzes und einiger angrenzender Flächen bot sich der Stadt 1902 eine willkommene Gelegenheit, den Mangel an öffentlichen Grünanlagen östlich der Alster zu beheben, zumal der

F 43.1 Stiftsviertel Winterhude, Georg-Buchecker-Stift

geplante Hochbahnring dem Gelände bald eine besondere Standortgunst verlieh. Fritz Schumacher wurde bereits vor seinem offiziellen Amtsantritt in die Planungen einbezogen, nachdem ein Wettbewerb 1908 keine befriedigenden Ergebnisse erzielt hatte. In Kooperation mit Ferdinand Sperber brachte er die bis dahin entwickelten Ideen zur Klärung: die 1,4 km lange Hauptachse zwischen dem Stadtparksee und dem geplanten Wasserturm (vgl. Nr. F 44) und den Kompromiss zwischen stärker landschaftlich und stärker architektonisch orientierten Konzepten.

1914 war der rund 150 ha große Park bis auf die Gebäude im Wesentlichen fertiggestellt. Nach Kriegsende folgten noch Einrichtungen wie das Luftbad oder die Freilichtbühne, die ihn zu einem »Freiluft-Volkshaus« (Fritz Schumacher) machen sollten. Die Kriegs- und Nachkriegsschäden, u.a. Abholzungen, wurden bis 1953 zwar behoben, viele dieser Maßnahmen haben aber das ursprüngliche Konzept verfälscht – ebenso der heutige Trend zu pflegeleichten Bepflanzungen. Völlig zerstört wurden 1943 die Bauten um den Stadtparksee, die ebenfalls von Schumacher stammten: die Kaskade (1914/15), das Stadtcafé (1914-16) und das Restaurant »Stadthalle« (1912-16, Fertigstellung 1924), das den See als Gegengewicht zum Wasserturm dominierte.

F 45.1 Trinkhalle
Hindenburgstraße/Südring
Architekt: Hochbauwesen, Fritz Schumacher
1914/15

Der kleine Rundbau mit offener Pfeilerhalle und zwei kurzen Seitenflügeln ist axial auf eine schmale langgestreckte Rasenfläche ausgerichtet, die auf die Skulptur »Diana mit Hunden« von Arthur Bock (1911) zuläuft. Ursprünglich sollten hier Brunnenkuren für Menschen angeboten werden, die sich einen Aufenthalt in einem Kurbad nicht leisten konnten. Heute dient das Gebäude als Seniorentreff.

F 45.2 Landhaus
Hindenburgstraße 2
Architekt: Hochbauwesen, Fritz Schumacher
1914/15

F 44 Wasserturm im Stadtpark

Der niedrige Baukörper und das mit Biberschwanzziegeln gedeckte Krüppelwalmdach verleihen dem als Gastwirtschaft geplanten Gebäude einen ländlichen Charakter. Traditionalistische Motive wie die Fledermausgauben oder die Sprossenfenster mit Klappläden verstärken noch den rustikalen Eindruck der Architektur. War der Betrieb ursprünglich vor allem auf die wärmere Jahreszeit ausgerichtet, so wurden die zum Biergarten hin offenen Arkaden später mit Fenstern verschlossen und das Restaurant um einen Anbau erweitert (vermutlich um 1930). Der Brunnen mit der Skulptur »Junge mit Enten« stammt von Wilhelm Rex (1916).

An Adolph Sierich, den Vorbesitzer des Stadtparkgeländes, erinnert das ehemalige **Jägerhaus**, Hindenburgstraße 1 (1885).

F 46 U-Bahnstation Borgweg
Borgweg, Winterhude
Architekten: Hans M. Loop (Eingangsbau)
Planungsgruppe Nord Glienke + Hirschfeld
(Modernisierung und Umbau)
Eingangsbau 1953; Modernisierung und Umbau
1993/94

Während der Eingangsbau an beiden Seiten mit kleinen Flügelbauten erweitert wurde, ansonsten aber unverändert blieb, mussten der Bahnsteig und der Treppenaufgang mit Rücksicht auf die benachbarte Blinden- und Sehbehindertenschule völlig neu gestaltet werden. Als wichtigste Maßnahmen, die längst an allen zentralen Verkehrsanlagen obligatorisch sein sollten, seien die Erhöhung des Bahnsteigs für niveaugleichen Ein- und

F 45 Stadtpark (Aufnahme um 1930)

Ausstieg, das Blindenleitsystem (Profilplatten im Boden), der Neubau des Aufgangs mit flacherer Steigung und Doppelhandlauf sowie der Einbau eines Schrägaufzugs für Rollstuhlfahrer genannt. In gestalterischer Hinsicht ist vor allem die neue Bahnsteigüberdachung hervorzuheben, die den traditionellen Bautyp mit Y-Stützen auf moderne Weise variiert. Dabei wurde die Dachfläche verglast, um den Bahnsteig für die sehbehinderten Fahrgäste besser auszuleuchten.

F 47 Medienpark Kampnagel
Jarrestraße 2-6/ Barmbeker Straße, Winterhude
Archtekten: Steidle & Partner
1996 W, 1. BA 1997-99, 2. BA 2001/02
Fünf Gebäude mit Büros, Studios und Läden gruppieren sich um das renommierte Kulturzentrum Kampnagel, das sich seit 1982 in den ehemaligen Fabrikgebäuden der Maschinenbaufirma Nagel & Kaemp – seit 1934 Kampnagel AG – etabliert hat (Kernbauten um 1900, wiederholt erweitert). Das Medienzentrum enttäuscht durch seinen monotonen seriellen Charakter. Unterschiedlich breite Fenster, die wie horizontal gegeneinander verschoben wirken, rhythmisieren die weißen, gelben und blauen Putzfassaden. Die Stirnseiten an der Barmbeker Straße sind in einen allzu kleinteilig wirkenden Raster aus schmalen Alu-Glas-Paneelen aufgelöst. Und auch der öffentliche Raum zwischen den Gebäuden entfaltet alles andere als urbanen Charme (was allerdings nicht nur an der Betonplattentristesse liegt, sondern auch an der Schwierigkeit, attraktive Mieter für die Ladenflächen zu finden).

Der **Gastronomiepavillon »Casino«** ist ein Entwurf von Bernstorff Architekten (2001).

F 48 Geschosswohnbauten Jarrestraße
Jarrestraße 24-40/Hertha-Feiner-Asmus-Stieg, Winterhude
Architekten: Patschan, Werner, Winking (Wettbewerb)
Patschan, Winking (1. u. 2. BA)
Prof. Bernhard Winking (3. BA)
1982 W, 1. u. 2. BA 1989-91, 3. BA 1992/93
Bis zu der konventionellen Dialektik von Vorder- und Rückseite bzw. öffentlichem und privatem Raum ordnet sich der Komplex gestalterisch den kubischen Blöcken der Jarrestadt (vgl. Nr. F 49) unter: Die Straßenseiten sind mit Klinker verblendet, die Hoffassaden verputzt. Der Zugang zum Osterbekkanal wurde torartig überbaut, so dass der zentrale Grünzug der Siedlung nun auch an dieser Seite von den Kanälen abgetrennt ist.

F 49 Großsiedlung Jarrestadt
Jarrestraße/Glindweg/Stammannstraße/Hanssensweg/
Semperstraße/ Hölderlinsallee/Großheidestraße/
Meerweinstraße/Martin-Haller-Ring u. a., Winterhude
Architekten: Wilhelm Behrens. Block & Hochfeld
Bomhoff & Schöne. Distel & Grubitz. Robert Friedmann
Otto Hoyer. Emil Neupert. Richard Ernst Oppel
Friedrich R. Ostermeyer. Puls & Richter. Karl Schneider
1926 W, 1927-30; Zerstörung 1943; Wiederaufbau
1949-51
Die Jarrestadt ist eine der bedeutendsten Hamburger Großsiedlungen der Weimarer Republik – ein Umstand,

F 49 Großsiedlung Jarrestadt (Aufnahme um 1930). Im Zentrum ist der Block von Karl Schneider zu sehen (vgl. Nr. F 49.1).

F 47 Medienpark Kampnagel

F 48 Geschosswohnbauten Jarrestraße

F 49 Großsiedlung Jarrestadt, Wohnblock Großheidestraße von Friedrich R. Ostermeyer (1928/29, Aufnahme um 1950)

F 49.2 Großsiedlung Jarrestadt, ehem. Volksschule Meerweinstraße

der nach dem Zweiten Weltkrieg mit der Rekonstruktion der 1943 ausgebrannten Gebäude gewürdigt wurde. Gegenstand des Wettbewerbs 1926 war das Gebiet westlich der Großheidestraße. Da bereits ein städtebaulicher Entwurf von Fritz Schumacher vorlag, der das Gelände beiderseits einer zentralen, nordsüdlich verlaufenden Grünachse in relativ schmale Flächen aufgeteilt hatte, konnten die Wettbewerbsteilnehmer nur noch Einfluss auf die Grundrisse und die Gestaltung der einzelnen Blöcke nehmen sowie die »Dominanten« festlegen.

Der erste Preis ging an Karl Schneider, der die Blockecken aufsprengen wollte, um eine bessere Besonnung und Belüftung der Blockinnenräume zu gewährleisten. Diese Lösung spielte jedoch später keine Rolle und lässt sich in Ansätzen nur an den »Negativecken« von Schneiders eigenem Block ablesen (vgl. Nr. F 49.1). Charakteristisch sind vielmehr parallele Zeilen, die durch niedrigere Quertrakte verbunden werden (Großheidestraße 35-47 von Friedrich R. Ostermeyer, Glindweg 2-12 von Wilhelm Behrens) oder teilgeöffnete Blöcke (Hölderlinsallee 1-17 von Distel & Grubitz, Hölderlinsallee 6-22 von Richard Ernst Oppel).

Heute macht sich vor allem der Verlust der ursprünglichen Sprossenfenster negativ bemerkbar, die für belebende Akzente auf den zumeist flächigen Fronten sorgten. Die angesichts der geringen Straßenbreiten ohnehin viel zu hohen Gebäude – vier bis fünf Geschosse zuzüglich Attikageschoss – wirken deshalb oftmals nur noch wie grobschlächtige Klinkermassive. Durch die teilweise Überbauung der zentralen Grünachse und einiger Straßen mit Tordurchfahrten zerfällt die Jarrestadt zudem in isolierte Binnenräume. Die östlich der Großheidestraße geplante Erweiterung ist aufgrund der Weltwirtschaftskrise ein Torso geblieben.

F 49.1 Wohnblock Hanssensweg
Hanssensweg 10-20/Jean-Paul-Weg 22-38/Stammannstraße 9-17/Novalisweg 1-11
Architekt: Karl Schneider
1927/28

Wie in der Berliner »Hufeisensiedlung« von Martin Wagner und Bruno Taut (1925-30) sollte auch in der Jarrestadt eine spektakuläre Geste das Zentrum markieren: ein u-förmiger Block, der sich an der Südseite öffnet und eine 100 mal 100 m große Grünfläche umschließt. Durch unsensible Modernisierungen hat der Komplex allerdings wesentliche Merkmale eingebüßt. Die weißen Balkonbrüstungen, die sich ursprünglich durchgängig als Bänder um den gesamten Blockinnenraum legten, sind z. T. durch Geländer ersetzt; statt der für Schneider typischen dreiflügeligen Blockzargenfenster wurden zweigeteilte Kunststoffrahmen eingebaut.

F 49.2 Ehem. Volksschule Meerweinstraße
Meerweinstraße 26-28
Architekt: Hochbauwesen, Fritz Schumacher
1927, 1928-30

Einer der sachlichsten Entwürfe Fritz Schumachers. Die Fassaden sind in einen weitmaschigen Stahlbetonraster aufgelöst, der mit Klinkerbrüstungen und Fensterbändern ausgefacht ist. Das tragende Skelett verschwindet also nicht mehr hinter einer homogenen Ziegelhaut, sondern wird nach außen hin klar differenziert. Konventionell gedacht ist jedoch die streng symmetrische Spiegelung der Jungen- und der Mädchenschule. Auch die Anbauten für die Turnhalle und einen Gymnastikraum liegen axial im Gebäudezentrum.

Die evangelisch-lutherische **Epiphanienkirche**, Großheidestraße 44, ist ein Entwurf von Friedrich R. Ostermeyer und Paul Suhr (1961/62).

F 50 Versuchsbauten Jarrestraße
F 50.1 Geschosswohnbau
Hauersweg 2-20, Winterhude
Architekten: Block & Hochfeld
1929-31

F 50.2 Geschosswohnbau
Georg-Thielen-Gasse 1-15, Winterhude
Architekten: Bensel, Kamps & Amsinck
1929/30; Zerstörung 1944; Wiederaufbau 1948

F 50.3 Geschosswohnbauten
Georg-Thielen-Gasse 2-4/Groothoffgasse 1-3, Winterhude
Architekt: Paul A. R. Frank
1929/30

F 50.4 Geschosswohnbauten
Groothoffgasse 2-10/Saarlandstraße 25-29, Winterhude
Architekt: Karl Schneider
1929/30; Zerstörung 1944; Wiederaufbau 1948

Die sechs Flachdachbauten mit schmucklosen Klinkerfassaden wurden als Versuchsprojekte von der »Reichsforschungsanstalt für Wirtschaftlichkeit im Bau- und Wohnungswesen« errichtet, um unterschiedliche Konstruktionen – Massiv- und Stahlbetonskelettbau – und Erschließungen – Zweispänner, Laubengänge – miteinander zu vergleichen. Hier wurde erstmalig in Hamburg eine offene Zeilenbebauung realisiert. Ein weiteres Projekt der Reichsforschungsanstalt entstand in Fuhlsbüttel (vgl. die Laubenganghäuser Am Lustberg, Nr. I 33). Die Dachgeschosse wurden 1993/94 durch Prof. Friedrich + Partner und Kleffel, Köhnholdt, Gundermann zu Penthouses ausgebaut.

F 51 Gewerbe- und Wohnpark Osterbekkanal
Weidestraße 128-130, Barmbek-Süd
Architekten: Dinse, Feest, Zurl
1995 W, 1. BA 1996-98, 2. BA 1998-2000, 3. BA 2004/05

Zu berücksichtigen waren die baulichen Relikte eines ehemaligen Kohlekraftwerkes (1901 eröffnet), die in drei Bauabschnitten in die Umbauung eines Innenhofs integriert wurden. Den Auftakt machte der Büroriegel an der Westseite (1. BA), gefolgt von dem aufgeständerten Trakt, der die Hofeinfahrt überspannt und innen wie außen bewusst Rohbau-Charakter wahrt (2. BA). Nach Norden hin wurde der Komplex mit einem Geschoss-

F 53 Evangelisch-lutherische Bugenhagenkirche

F 53 Bugenhagenkirche, Innenansicht

wohnbau abgeschlossen (3. BA). Der kreative Materialmix – Naturstein, Putz, Beton, Holz, farbig beschichtete Platten, Industrieglas – verleihen der Architektur im Zusammenspiel mit den Backsteinfassaden des Kraftwerks einen collagenhaften Charakter.

Der **Wohnblock** Weidestraße 111a-h ist ein Entwurf von Friedrich R. Ostermeyer und C. Wendt (1929/30).

F 52 Römisch-katholische Kirche St. Sophien mit Kloster
Weidestraße 53, Barmbek-Süd
Architekt: Heinrich Beumer (Ursprungsbau)
Kammerhuber (Wiederaufbau)
1898, 1899-1900; Teilzerstörung 1943;
Wiederaufbau bis 1951
St. Sophien büßte 1943 zwar den Turmhelm ein, konnte ansonsten aber in enger Anlehnung an den ursprünglichen Zustand wiederhergestellt werden. Die neogotische Stufenhalle verweist auf Vorbilder aus Westfalen, der Heimat des Architekten. Dabei fällt hier, wie auch bei St. Marien in St. Georg (1890 bis 1893, vgl. Nr. E 17), der konservative Umgang mit dem historischen Vorbild auf, der St. Sophien von den gleichzeitig errichteten protestantischen Gotteshäusern unterscheidet. 1962 wurde die Kirche an den neugegründeten Dominikanerkonvent St. Johannis übergeben.

F 52.1 Dominikanerkloster St. Johannis
Architekten: Rau, Bunsmann, Scharf
1965/66
Der polygonale ringförmige Komplex, der unmittelbar an den Chor von St. Sophien anschließt, lässt mit Backsteinfassaden unter kompakten Traufkanten aus Beton brutalistische Vorbilder anklingen. Die Namensgebung des Klosters nimmt Bezug auf die benachbarte Bugenhagenkirche (vgl. Nr. F 53), hatte der Reformator Johannes Bugenhagen den mittelalterlichen Vorgänger in der Altstadt doch 1529 in eine Gelehrtenschule umgewandelt (vgl. das Johanneum, Nr. F 32).

F 53 Evangelisch-lutherische Bugenhagenkirche
Biedermannplatz 15, Barmbek-Süd
Architekt: Emil Heynen (Ursprungsbau)
Prof. Bernhard Hirche (Umbau und Restaurierung)
1925 W, 1927-29; Umbau und
Restaurierung 1993, 1996-98
Der Klinkerbau verdankt seine massige Gestalt nicht zuletzt der Anordnung des Gemeindesaals unter dem Gottesdienstraum, was für eine lutherische Kirche zwar als ungewöhnlich galt, im Wettbewerb aber gefordert war. Die strenge kubische Bauform ist dagegen das Ergebnis von Sparzwängen, denen der ursprünglich vorgesehene expressionistische Dekor zum Opfer fiel. Nicht gespart wurde jedoch an dem Turm, der sogar noch von 35 m auf 41 m erhöht wurde, um mit der gegenüberliegenden katholischen St.-Sophien-Kirche konkurrieren zu können, und am Skulpturenschmuck der Hauptfassade. Fünf überlebensgroße Keramikfiguren von Alphons Ely, Richard Kuöhl und Friedrich Wield, die den Theologen Johannes Bugenhagen (die zentrale Figur) und einige seiner Mitstreiter darstellen, erinnern dort an die Reformation in Hamburg.

Bernhard Hirche konnte bis 1998 nicht nur zahlreiche Details der ursprünglichen Innen- und Außenarchitektur wiederherstellen, z. B. das Vordach oder die Einfassung des Vorplatzes, sondern auch einige konzep-

F 56.2 Museum der Arbeit, Neue Fabrik

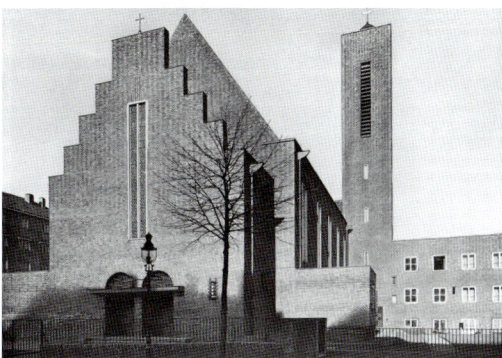
F 57 Römisch-katholische Kirche St. Franziskus (Aufnahme um 1927)

tionelle Mängel beheben wie die fehlende Besuchertreppe zwischen den beiden Hauptgeschossen. Der Gottesdienstraum zeigt sich heute wieder in dem kühlen Weiß und Ultramarinblau der Erbauungszeit, mit dem die neuen Glasfenster von Jochem Poensgen korrespondieren. Die Christusstatue in der Altarnische stammt von Ludwig Kunstmann (1929). Hirche hat den neuen Altar allerdings weit in den Raum hineingerückt und mit der Mensa aus Edelstahl-Gitterrosten einen eigenen Akzent in dem historischen Umfeld gesetzt. Betont heutig wirkt auch das neue Café »B'hagen« im Turm, das sogar über einen Bartresen verfügt.

F 54 Wohnblock der Produktion
Lohkoppelstraße 46-54/Schleidenstraße/
Brucknerstraße/Ortrudstraße, Barmbek-Süd
Architekt: vermutl. Heinrich Krug
1905/06; Zerstörung 1943; Wiederaufbau 1949/50
Wohnblock des Konsum-, Bau- und Sparvereins Produktion mit ursprünglich 255 Wohnungen (überwiegend zwei Zimmer), Läden des Konsumvereins und einer Gastwirtschaft, die vor 1933 bei den sozialdemokratischen Arbeitern große Beliebtheit genoss. Die u-förmig einspringende Nordseite – die »Hamburger Burg« (vgl. Nr. C 72) – gewährleistete eine bessere Belichtung und Belüftung der Wohnungen, ohne auf eine hohe Ausnutzung der Grundstücksfläche verzichten zu müssen. Dafür konnten die für die Bauzeit typischen Hinterflügel mit den dazwischen liegenden schmalen Lichthöfen – »Schlitzbauweise« – entfallen. Alle Wohnungen verfügen über eine Loggia oder einen Balkon. Die hellen Putzfassaden mit den roten Backsteingliederungen erinnern an die zeitgenössische Stiftsarchitektur (vgl. das Stiftsviertel in Eppendorf, Nr. D 77).

F 55 Keitel-Stift
Lohkoppelstraße 24, Barmbek-Süd
Architekt: Gustav Schrader
1904/05
Repräsentativer Backsteinbau mit Gliederungen aus Werkstein bzw. Zementputz im Stil der Neorenaissance, der für die Hamburger Stiftsarchitektur eher ungewöhnlich ist. Zwei kurze Seitenflügel umschließen den Vorplatz wie einen Ehrenhof. Ein hoher Turm, ursprünglich mit geschweifter Haube, betont die Mittelachse. Mit den großen Loggien und Fenstern erinnert das Gebäude eher an ein Bäderhotel als an ein Wohnstift. Im diametralen Gegensatz zur aufwändigen Gestaltung stand der Grundriss. Die Reihung von Einzimmerwohnungen an Mittelgängen und die außerhalb der Wohnungen liegenden Toiletten stellten im Vergleich mit anderen Stiften einen Rückschritt dar (vgl. das Schröder-Stift, Nr. C 92).

F 56 Museum der Arbeit
F 56.1 Altbau
Maurienstraße 13-17, Barmbek-Nord
Architekten: Hallier & Fittschen (Erweiterung 1883)
Planerkollektiv Architekten Tietz Trommer + Partner
(Instandsetzung und Erweiterung südlicher Teil)
SWP Schrader Weydemann Partner (Instandsetzung und Erweiterung nördlicher Teil)
1871-73; Erweiterung 1883; Zerstörung 1943; Instandsetzung und Erweiterung südlicher Teil 2003/04; dito nördlicher Teil 2005/06
F 56.2 Neue Fabrik
Maurienstraße 19, Barmbek-Nord
Architekten: Baugeschäft P. H. A. Wolkau (Ursprungsbau). Planerkollektiv Schües, Tietz, Trommer (Instandsetzung und Erweiterung)
1907; Zerstörung 1943; Instandsetzung und Erweiterung 1989, 1993-96
Die Gebäude der ehemaligen New York-Hamburger Gummi-Waaren Compagnie sind wichtige Zeugen der wirtschaftlichen Entwicklung Hamburgs in der Gründerzeit. Die Fabrik lag bereits außerhalb der Freihandelszone von Hamburg, die für das dort ansässige produzierende Gewerbe erhebliche Nachteile brachte, aber noch in günstiger Nähe zu dem damals gerade erst entstehenden Arbeiterwohnviertel Barmbek. Die Osterbek brachte demgegenüber zunächst keinen Standortvorteil, weil sie erst drei Jahrzehnte später bis nach Barmbek zum schiffbaren Kanal ausgebaut wurde.

F 61 Hauptverwaltung der Techniker Krankenkasse

F 61.1 Kopfbau der ehem. Margarinefabrik Voss

 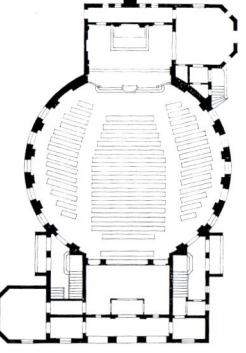
F 62 Evangelisch-lutherische Auferstehungskirche (Aufnahme um 1920) mit Grundriss (rechts)

F 58 Wohnblock Lämmersieth

Außer den beiden Hauptgebäuden – einfach strukturierte Backsteinbauten mit Vorlagengliederung – sind auch noch zwei wichtige Nebengebäude erhalten, die den Produktionsprozess veranschaulichen: das Kesselhaus (1896) und die Zinnschmelze (1880er Jahre), in der Gussformen, z. B. für Kämme aus Hartkautschuk, hergestellt wurden. Der Komplex bot sich deshalb geradezu als Standort für das neugegründete Museum der Arbeit an, wofür zunächst die Neue Fabrik von 1907 instandgesetzt und aufgestockt wurde. Der Altbau wird dagegen nur im nördlichen Teil vom Museum genutzt, während sich in der südlichen Hälfte ein Bürohausneubau aus dem bewusst ruinös belassenen Bestand herausschält.

Das **Verwaltungsgebäude der SAGA-GWG**, Poppenhusenstraße 2, ist ein Entwurf von nps tchoban voss (2003/04). Der **Luftschutzturm Typ Zombeck**, Wiesendamm 7, wurde 1939/40 von der Hochbauabteilung der Baubehörde errichtet (vgl. Nr. E 70).

F 57 Römisch-katholische Kirche St. Franziskus
Lämmersieth 38, Barmbek-Nord
Architekten: Bensel & Kamps
1926 W, 1926/27; Zerstörung 1943; Wiederaufbau bis 1954

Klinkerbau mit schlankem Einturm, eingezogenem polygonalen Altarraum, steilem Satteldach und einem Treppengiebel über dem Eingangsvorbau. Ähnlich konservativ präsentiert sich auch das Innere mit einer flachen Balkendecke und niedrigen Seitenschiffen, deren einzelne Abschnitte durch Rundbogen verbunden sind. Der Gottesdienstraum wurde 1974/75 mit Arbeiten von Fritz Fleer neugestaltet. Die beiden Chorfenster, die mit Kriegsbeginn im Keller der Schule eingelagert worden waren, stammen von dem Berliner Künstler Heinrich Kamps (um 1939), die übrigen Fenster von Tatiana Ahlers-Hestermann (1973).

Die Kirche bildet eine Baugruppe mit dem zeitgleich errichteten **Pfarrhaus** und der ehemaligen **Gemeindeschule St. Franziskus** (1932, 1934/35, heute Franz-von-Assisi-Schule), die von Bensel, Kamps & Amsinck stammt.

F 58 Wohnblock Lämmersieth
Lämmersieth 46-54/Wachtelstraße/Adlerstraße/ Dohlenweg, Barmbek-Nord
Architekten: Ernst und Eduard Theil
1926/27; Zerstörung 1943; Wiederaufbau 1951
Konventionell gegliederter Klinkerblock mit Walmdach und den modischen Dreieckserkern der 1920er Jahre, die

F 63 Geschosswohnbau Fuhlsbüttler Straße/Suhrsweg

im Zusammenspiel mit den traditionalistischen Rundbogen der Eingänge und den dynamisch gerundeten Gebäudekanten ein eklektizistisches Gesamtbild ergeben. Der expressionistische Terrakottaschmuck mit Glasuren in Orangegelb und irisierenden Blau- und Grüntönen stammt von Richard Kuöhl. Bauherr war die Angestellten-Baugenossenschaft Heimat, für die Ernst und Eduard Theil vergleichbare Projekte in Lokstedt und Harburg realisiert haben (vgl. Nr. I 6 und Nr. L 50.1).

F 59 Ehem. Volksschule Adlerstraße
Lämmersieth 72, Barmbek-Nord
Architekt: Hochbauwesen, Fritz Schumacher
1927, 1929/30

Der Klinkerkomplex ist ein typisches Beispiel für das Hamburger Volksschulbauprogramm, das Ende der 1920er Jahre realisiert wurde (vgl. die Volkschule Osterbrook, Nr. E 60). Die Fassaden sind klarer gegliedert als bei vielen anderen Schulen von Fritz Schumacher und wirken zudem transparenter, was ihnen einen moderneren Charakter verleiht. Eckfenster brechen die kubischen Baukörper auf. Ein großzügig verglaster Treppenhausturm fungiert als Gelenk zwischen dem Klassentrakt und dem Anbau für die Turnhalle. Mit einer Art Aussichtskanzel bekrönt, wirkt er im Grünzug am Osterbekkanal wie ein Belvedere.

F 60 Heinrich und Caroline Köster Testament-Stiftung
Meisenstraße 25/Habichtstraße 35, Barmbek-Nord
Architekt: Paul A. R. Frank
1931/32

Trotz Klinker und Sprossenfenster wirkt das Kösterstift wie ein nüchterner Zweckbau und somit weitaus weniger behaglich als die gleichzeitig errichteten Altenwohnheime im Stiftsviertel von Winterhude (vgl. Nr. F 43). Dieser sachliche Eindruck entsteht vor allem durch die Brüstungen der Balkone und Laubengänge, die mit weißen Keramikplatten verkleidet sind und als horizontale Bänder ohne Zäsur um den Baukörper herumlaufen.

F 61 Hauptverwaltung der Techniker Krankenkasse
Bramfelder Straße 140, Barmbek-Nord
Architekten: Architekten Schweger + Partner
1983/84 W, 1. u. 2. BA 1986-89; 3. BA 1993-97

Unterschiedliche Fassadenkonzepte verhindern, dass der Komplex die für Großverwaltungen charakteristische Monotonie ausstrahlt. Zeigt sich das Gebäude mit Lochfassadenabschnitten zur stark befahrenen Habichtstraße hin eher reserviert, so öffnet es sich zum Blockinnern mit verglasten Rotunden und Fassadengalerien. Betont transparent wirken auch der Kasinopavillon im japonesk gestalteten Gartenhof (Landschaftsarchitekten Warburg, Zwirner & Partner) und der Eingangstrakt, der wie ein überdimensionales Gewächshaus gestaltet ist. Beschichtete Bleche in einem eleganten, lichten Patinagrün und bodenständiger Klinker, aufgelockert durch Glasurziegelbänder, bestimmen das äußere Erscheinungsbild, weiß gestrichene Wandflächen, helles Naturholz und skandinavisches Design die Innenräume. Demgegenüber enttäuscht der dritte Bauabschnitt durch seine plumpe Gliederung.

F 61.1 Kopfbau der ehem. Margarinefabrik Voss
Bramfelder Straße 138, Barmbek-Nord
Architekten: J. Wagner (Fabrikhalle)
Grell & Pruter (Kopfbau)
Fabrikhalle 1910; Kopfbau 1925/26

Die ehemalige Margarinefabrik, ein Eisenbetonbau mit neogotischer Glasurziegelfassade in Elfenbein und Rot, wurde bis auf ein Fragment für den Neubau der Techniker Krankenkasse abgebrochen. Davor erhebt sich seit 1926 ein zweigeschossiges Verwaltungsgebäude mit einer expressiven, wie aufgefaltet wirkenden Klinkerfassade, deren Mittelachse ein Uhrturm betont. Die plakative Gestaltung sollte offenbar Werbezwecken dienen, wogen der Rinderkopf am Turm Rätsel aufwirft: Sollte hiermit die Herkunft des Pflanzenfettprodukts verschleiert werden? Oder erinnert die Plastik vielmehr daran, dass Margarine früher auch Rindertalg enthielt?

F 62 Evangelisch-lutherische Auferstehungskirche
Tieloh 22-26, Barmbek-Nord
Architekt: Camillo Günther
1913 W, 1916-20; Gemeindehaus 1927

Traditionalistischer Backsteinbau mit einer glockenförmigen Kuppel, auf der sich ein kleiner Turm erhebt. Mit ihrem kreisrunden Grundriss steht die Auferstehungskirche in der Tradition der »Predigtkirchen« des 18. Jahrhunderts (vgl. die Kirchen in Niendorf und Rellingen, Nr. I 9 bzw. I 52), deren zentralräumliche Lösungen um 1900 wieder aktuell wurden und im Wettbewerb auch ausdrücklich gefordert waren. Allerdings profitiert hiervon nur die Kanzel als Ort der Verkündigung, während der tiefe Altarraum den Altar von der Gemeinde isoliert. Das Mosaik in der Altarnische hat Axel Bünz entworfen. Das Abendmahlrelief und die Porträtköpfe von Martin Luther und Philipp Melanchthon an den Eingangsarkaden stammen von

F 64 Großsiedlung Barmbek-Nord (Aufnahme um 1930) mit dem Laubenganghaus Heidhörn (unten links), den Wohnblöcken Habichtstraße (Mitte rechts) und dem Schwalbenhof (links, vgl. Nr. F 64.1ff.)

Richard Kuöhl. Die Kirche bildet einen Gruppenbau mit dem im gleichen Stil errichteten Gemeindehaus.

Die ehemalige **Volksschule Tieloh**, Tieloh 28, ist ein Entwurf von Fritz Schumacher (1910, 1913/14).

F 63 Geschosswohnbau Fuhlsbüttler Straße/Suhrsweg
Fuhlsbüttler Straße 166-168/Suhrsweg 2-4, Barmbek-Nord
Architekten: Brenner & Tonon
1985-87

Wohn- und Geschäftshaus mit knapp geschnittenen Sozialwohnungen, die durch die offenen Grundrisse mit Durchgangszimmern und Schiebetüren jedoch eine gewisse Großzügigkeit erhalten. Virtuos verklammert das Gebäude seine heterogene Nachbarschaft. Der verputzte Bauabschnitt an der Fuhlsbüttler Straße scheint sich förmlich in die gewölbte Klinkerschale hineinzuschieben, mit der die Fassade am Suhrsweg um das Gebäude herumgreift.

Von Benedict Tonon stammt auch die **Hamburger Sparkasse**, Fuhlsbüttler Straße 145 (1990 W, 1993/94).

F 64 Großsiedlung Barmbek-Nord
Fuhlsbüttler Straße/Heidhörn/Schwalbenplatz/Habichtstraße/Habichtsplatz/Langenfort/Lorichsstraße/Hartzlohplatz/Rübenkamp/Alte Wöhr u. a., Barmbek-Nord
Architekten: Berg & Paasche. Ernst H. Dorendorf. Eugen Fink. Paul A. R. Frank. Hermann Höger. Richard Laage Friedrich R. Ostermeyer. A. Plotz. Karl Schneider u. a.
1918, 1922-41; Zerstörungen 1942/43; Wiederaufbau 1949-54

Eines der zentralen Reformprojekte Fritz Schumachers nach dem Ersten Weltkrieg bestand in der Überarbeitung des Bebauungsplans für Barmbek-Nord. Da bereits mit dem Bau des Sielnetzes begonnen worden war, konnte Schumacher den Plan jedoch nicht grundlegend revidieren, sondern musste sich mit partiellen Korrekturen begnügen. Die Zahl der maximal zulässigen Geschosse wurde verringert und das Gelände in kleinere Blöcke aufgeteilt, weil sich die tiefen Parzellen der Vorkriegszeit nur mit »Schlitzbauten« wirtschaftlich ausnutzen ließen. Außerdem wurden zusätzliche Grünflächen eingefügt, die zwar keine zentrale Grünachse wie in der Großsiedlung Dulsberg bildeten (vgl. Nr. G 23), sich aber zu einem Netz »großstädtischer Wanderwege« ergänzten, wie Schumacher es selbst charakterisiert hat.

Bei den Luftangriffen im Sommer 1943 wurde die Siedlung in weiten Bereichen zerstört. Ganze Straßenzüge brannten bis auf die Umfassungsmauern aus. Der Wiederaufbau orientierte sich zwar äußerlich am Vorkriegszustand einschließlich der Sprossenfenster. Der Not der Zeit gehorchend wurden aber die Zweispänner in Dreispänner umgewandelt, d. h. statt zwei lagen nun drei Wohnungen pro Geschoss an einem Treppenhaus, und somit die Wohnungsgrößen stark verringert. Auch der mittlere Straßenring, der das Viertel seit 1971 mit einer Hochstraße zerschneidet, bedeutet eine erhebliche Minderung der Wohnqualität. Erst in den 1990er Jahren konnte der negative soziale Entwicklungstrend abgebremst werden, der aus Barmbek-Nord einen der ärmsten Hamburger Stadtteile gemacht hat.

F 64.2 Großsiedlung Barmbek-Nord, Wohnblock Habichtstraße

F 64.4 Großsiedlung Barmbek-Nord, Geschosswohnbauten Habichtsweg

F 64.1 Laubenganghaus Heidhörn
Heidhörn 2-6/Schwalbenstraße 73-75
Architekt: Paul A. R. Frank
1926/27; Zerstörung 1943; Wiederaufbau um 1950

Das erste Laubenganghaus Hamburgs war eine kleine Sensation und lockte neugierige Besucher an. Mit diesem Entwurf wurde prototypisch die Hamburger Version der »Wohnung für das Existenzminimum« formuliert, wie sie vor allem in der NS-Zeit eine Rolle spielen sollte: Wohnküche statt Wohnraum und gemeinschaftliche Bade- und Duschräume im Keller statt privater Badezimmer. Dafür wurden die Mieter mit gut ausgestatteten Waschküchen, einem Sonnenbad auf dem Flachdach und Staubsaugern entschädigt, die einmal in der Woche kostenlos zur Verfügung gestellt wurden. Bauherrin war die Gemeinnützige Kleinhaus-Baugesellschaft mbH, die von dem Architekten Paul A. R. Frank und seinem Bruder, dem Volkswirt Hermann Frank, gegründet worden war. Das Laubenganghaus bildete den Auftakt einer Reihe derartiger Projekte, die sparsamste Grundrisse mit formalem Anspruch zu verbinden versuchten (vgl. die Laubenganghäuser Oberschlesische Straße, Nr. G 23.5).

F 64.2 Wohnblock Habichtstraße
Habichtstraße 114-130/Habichtsplatz 2-6/
Eckmannsweg 1-11/Herbstsweg 2-14/Wittenkamp 2-6
Architekten: Karl Schneider. Berg & Paasche
1927/28; Zerstörung 1943; Wiederaufbau 1951

Der Wohnblock, ein Hauptwerk Karl Schneiders, greift die Blockränder auf, öffnet sich aber am Eckmannsweg mit einer breiten Durchfahrt, die auf beiden Seiten von dynamisch gerundeten Ladenpavillons flankiert wird. 1943 wurde der Komplex in einigen Abschnitten bis auf die Grundmauern zerstört – man beachte die Zuganker in den Fassaden –, so dass der Wiederaufbau einer Rekonstruktion gleichkam. Erst spätere Generationen ließen diese Achtung vor dem Werk Karl Schneiders vermissen, wie die unsensiblen Modernisierungen belegen. Besonders nachteilig macht sich der Verlust der für Schneider typischen Blockzargenfenster bemerkbar, die den seriell gegliederten Klinkerfassaden ein subtiles Relief verliehen hatten.

Die **Wohnblöcke** Habichtstraße 101-113 (1928/29), Schwalbenplatz 2-10 (1928-30) und Eckmannsweg 2-6 (1928-30) stammen ebenfalls von Karl Schneider (alle drei mit Hermann Höger).

F 64.3 Schwalbenhof
Schwalbenplatz 15 u. 15a
Architekt: Paul A. R. Frank
1929/30; Zerstörung 1942; Wiederaufbau um 1951

Frauenwohnheim in Stahlbetonskelettbauweise mit 192 Einzimmerwohnungen, die sich an Laubengängen reihen. Gemeinschaftliche Einrichtungen wie Lese- und Musikräume, ein Kasino oder Waschküchen sollten für die knapp bemessene Wohnfläche entschädigen. Hier wohnten vor allem berufstätige Frauen, die neben der relativ hohen Miete von bis zu 50 RM auch noch einen verlorenen Baukostenzuschuss in Höhe von 2.000 RM aufbringen mussten – was nur für die bürgerliche Mittelschicht erschwinglich war. Während die Außengalerien beim Laubenganghaus Heidhörn an der Hofseite liegen (vgl. Nr. F 64.1), beherrschen sie beim Schwalbenhof auch die Hauptfassade.

F 64.4 Geschosswohnbauten Habichtsweg
Schwalbenplatz 17-19/Habichtsplatz 1-7/
Habichtsweg/Fuhlsbüttler Straße
Architekt: A. Plotz
1924-27

Inmitten der sachlichen Klinkerblöcke von Barmbek-Nord fällt der Wohnkomplex durch seine neoklassizistischen Putzfassaden auf. Ein Torbogen verbindet den Habichtsweg mit dem Habichtsplatz, wodurch eine reizvolle intime städtebauliche Situation entsteht.

F 64.5 Adolf-von-Elm-Hof
Dennerstraße 9-19/Fuhlsbüttler Straße 236-252/Mildestieg
Architekt: Friedrich R. Ostermeyer
1926/27; Zerstörung 1943; Wiederaufbau 1951

Der Wohnblock ist heute zwischen zwei Hauptverkehrsstraßen eingezwängt, deren Ausbau der Vorplatz mit dem Rattenfängerbrunnen von Richard Kuöhl zum Opfer fiel. (Der Brunnen steht jetzt im Hof von Schwalbenstraße 66). Auch die Skulptur eines Arbeiters an der Südostecke stammt von Kuöhl. Bis auf die horizontale Profi-

F 68.1 City Nord, Hauptverwaltung der ESSO A.G. (Aufnahme um 1968)

F 68.3 City Nord, Ehem. IBM-Verwaltung mit Schulungszentrum

lierung des Erdgeschosses ist der kubische Baukörper schmucklos geblieben. Im Innenhof, der durch die Loggien weniger abweisend wirkt, ist der ehemalige Waschküchenpavillon erhalten. Der Name ehrt den sozialdemokratischen Reichstagsabgeordneten und Gewerkschaftsfunktionär Adolf Johann von Elm (1857-1916, vgl. auch den Adolf-von-Elm-Hof in Eißendorf, Nr. L 51).

F 64.6 Wohnblock Hartzlohplatz
Hartzlohplatz 1-11/Lorichsstraße 30-44/
Eiligersweg 14-26/Funhofweg u. a.
Architekt: Eugen Fink
1927/28

Der Wohnblock überspannt den Funhofweg mit einer Durchfahrt, über der Pantherskulpturen von Ludwig Kunstmann zum Sprung ansetzen. Die Klinkerfassaden sind mit einem Rippenmuster aus horizontal hervortretenden Ziegelschichten überzogen, die sich an den Gebäudekanten und den Treppenhausfenstern zu vertikalen Schmuckstreifen verdichten.

Der Hartzlohplatz wird von der ehemaligen **Polizeiwache** von Fritz Schumacher (1929/30) und der evangelisch-lutherischen **St.-Gabriel-Kirche** flankiert, die von Hermann Schöne (1954-56) stammt.

F 64.7 Ehem. Volksschule Langenfort
Langenfort 68-70
Architekt: Hochbauwesen, Fritz Schumacher
1927-29

Die Schule Langenfort zeigt ein Janusgesicht: Zur Straße hin präsentiert sie sich mit dynamisch gerundeten Vorbauten und einem flachen Dach, zum Schulhof hin dagegen als konventionell gegliederter Walmdachbau. Diese Zwittergestalt ermöglichte den Verzicht auf einen großen, das gesamte Gebäude überspannenden Dachkörper, der gestalterisch nicht erwünscht war und auch zu teuer geworden wäre. Die nächste Generation von Volksschulen wies deshalb durchgängig Flachdächer auf (vgl. die Volksschule Osterbrook, Nr. E 60).

Die ehemalige **Volksschule Schaudinnsweg**, Fraenkelstraße 1-3, stammt ebenfalls von Fritz Schumacher (1929-31).

F 65 Ehem. Allgemeines Krankenhaus Barmbek
Rübenkamp 148, Barmbek-Nord
Architekten: Hochbauwesen, Ernst Ruppel
1910-15

Der Komplex wurde im zeittypischen Pavillonsystem errichtet, d. h. mit isolierten Einzelbauten, von denen sich die Mediziner ein geringeres Infektionsrisiko versprachen. Das schlossartige Verwaltungsgebäude am Rübenkamp und der ihm gegenüber liegende Wasserturm an der Fuhlsbüttler Straße markieren eine Symmetrieachse, an der die Gebäude ausgerichtet sind. Hohe (Mansard-)Walmdächer, Lisenen, Portale mit gesprengten Giebeln und verkröpfte Gesimse verleihen der Backsteinarchitektur eine barocke Festlichkeit, die allerdings nur bedingt mit der Funktion der Gebäude korrespondiert, zumal im Hinblick auf die offenen Liegehallen, die die Fassaden förmlich durchlöchern. Es ist geplant, das im Zweiten Weltkrieg teilzerstörte Ensemble mit maßstäblich angepassten Neubauten zu ergänzen und zum gemischten Dienstleistungs- und Wohnviertel »Quartier 21« zu entwickeln.

Die **Asklepios Klinik Barmbek**, die im Norden des Geländes liegt, ist ein Entwurf von APB. Architekten Beisert, Wilkens, Grossmann-Hensel (1999, 2002-05).

F 66 Ehem. Volksschule Rübenkamp
Rübenkamp 50/Genslerstraße 33, Barmbek-Nord
Architekt: Hochbauwesen, Fritz Schumacher
1910, 1911-13

Drei stumpfwinklig abknickende Flügel, die an den äußersten Rand des Grundstücks gerückt sind, umschließen einen Pausenhof: ein typischer Kunstgriff von Fritz Schumacher, um freie Räume im dichten Gefüge der Stadt zu schaffen. Bis auf die profilierten Pfeiler zwischen den Fenstern und den sparsam applizierten Terrakottaschmuck sind die Klinkerfassaden als schlicht zu charakterisieren. Eine wichtige Rolle im Hinblick auf die Fernwirkung des Gebäudes spielt das Mansardwalmdach mit der Kette flacher Giebel. Die Dachreiter, die als Lüftungshauben dienten, gingen verloren.

F 68.4 City Nord, ehem. Hauptverwaltung der Deutschen Shell AG (Aufnahme um 1975)

F 67 Betriebsanlagen der Hochbahn
Hellbrookstraße, Barmbek-Nord
F 67.1 Ehem Kraftwerk
Architekten: Johann Emil Schaudt. Walther Puritz
1910/11
F 67.2 Betriebsgebäude
Architekten: Volz & Jung
1910-14

Obwohl das ehemalige Kraftwerk die beiden 80 m hohen Schornsteine eingebüßt hat, vermittelt sich immer noch der monumentale Charakter, der die Barmbeker Betriebsanlagen der Hochbahn ursprünglich kennzeichnete. Mit Kolossalpilastern und einem Frontispiz ist das neoklassizistische Verwaltungsgebäude an der Hellbrookstraße (1912/13) für seinen Zweck zwar unangemessen repräsentativ geraten. Die übrigen Bauten weisen aber zurückhaltend gegliederte, nahezu sachliche Backsteinfassaden auf, sparsam akzentuiert durch eine aus dem Material entwickelte Ornamentik. Bemerkenswert ist auch die zweischiffige Wagenhalle von 1913/14, deren Eisenbetonbinder unverkleidet an den Außenseiten hervortreten und somit die Konstruktionsweise veranschaulichen.

F 68 City Nord
Überseering/New-York-Ring/Mexikoring/Kapstadtring u.a., Winterhude
Architekten: Dissing & Weitling. v. Gerkan, Marg + Partner. Graaf, Schweger & Partner. Herbert Großner Arne Jacobsen – Otto Weitling Association.
Lothar Loewe. Pysall, Stahrenberg & Partner. Schramm & Pempelfort. Ingeborg und Friedrich Spengelin Gerhard Weber u. a.
1958, 1. BA 1964-71 (Ostteil); 2. BA 1971-77 (Westteil); 3. BA 1975-91 (Nordteil); Zentrale Zone 1970-74

Das immer stärkere Vordringen der Dienstleistungsunternehmen in die Wohnviertel, insbesondere an der Außenalster, zwang Oberbaudirektor Werner Hebebrand Ende der 1950er Jahre, nach einem alternativen Standort für die expandierenden Großverwaltungen der Versicherungen, Mineralölkonzerne und Kreditinstitute zu suchen. Außerdem sollte die Bebauungsdichte in der Innenstadt gesenkt werden. Als Ausweichquartier bot sich ein Kleingartengebiet im Norden des Stadtparks an, das ursprünglich als Fläche für Sportstätten reserviert worden war. Hatte Hebebrand anfänglich noch eine Mischnutzung angedacht, so wurde das Gelände ab 1961 konsequent zur »Bürostadt im Grünen« mit mehr als 20.000 Arbeitsplätzen entwickelt.

Hinsichtlich ihres monofunktionalen Charakters, der aufgelockerten, solitären Bebauung und der konsequenten Entflechtung der Verkehrswege für Automobile und Fußgänger entspricht die City Nord den in der »Charta von Athen« kodifizierten städtebaulichen Leitbildern. Ein zentraler Grünzug (Gartenarchitekt Günther Schulze) sorgt für eine Anbindung an den Stadtpark. Zusammen mit einem Netzwerk aus Rampen und Brücken, die den sechsspurigen Überseering überqueren, sollte er zugleich als Verteiler für den Fußgängerverkehr fungieren. Im Osten war ein Zubringer der geplanten Stadtautobahn vorgesehen. Der Anschluss an den öffentlichen Nahverkehr ist bis heute unzulänglich geblieben.

Galt die City Nord Anfang der 1960er Jahre als richtungsweisendes Konzept, so machte ihr antiurbaner Charakter sie zehn Jahre später zum Inbegriff für verfehlten Städtebau. Außerdem entwickelte sie sich bald zum Experimentierfeld für die Propagandisten des vollklimatisierten Großraumbüros, was heute ebenfalls einen negativen Standortfaktor darstellt. Seit einigen Jahren werden deshalb immer mehr Gebäude abgebrochen oder grundlegend umgestaltet. Auch in der Zentralen Zone, wo das Einkaufszentrum und einige Apartmenthäuser liegen, sind verstärkt Investitionen nötig, damit sich der Verwaltungskomplex auch weiterhin in der Konkurrenz mit der Innenstadt und den citynahen Bürolagen behaupten kann.

F 68.1 Hauptverwaltung der ESSO A.G.
Kapstadtring 2
Architekten: Schramm & Elingius (Wettbewerb)
Schramm & Pempelfort. Herbert Großner (Realisierung)
1964 W, 1966-68

Vier Trakte strahlen von einem Erschließungskern aus. Da überwiegend konventionell aufgeteilte Büroflächen gewünscht wurden, sind lediglich die beiden kurzen Quertrakte für Großraumbüros geeignet. Sie werden durch umlaufende Außengalerien mit weißen Brüstungen hervorgehoben, die sich markant von den dunkelbraunen Vorhangfassaden absetzen.

F 68.2 Ehem. Hauptverwaltung der HEW
Überseering 12
Architekten: Arne Jacobsen – Otto Weitling Association
1962/63 W, 1966-69

Verwaltung des Energiekonzerns Vattenfall Europe Hamburg AG (vormals HEW Hamburgische Electricitäts-Werke AG). Rund 48.600 qm Bruttogeschossfläche verteilen sich auf vier parallel gegeneinander verschobene Hochhausscheiben mit einem zentralen Erschließungskern, was an das Dreischeibenhaus für die Thyssen AG in Düs-

 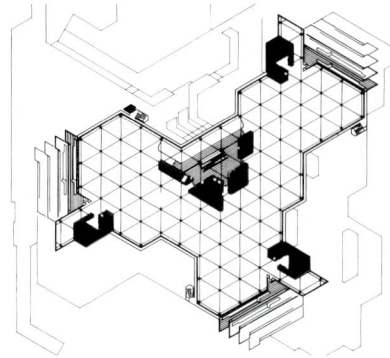

F 68.5 City Nord, Hauptverwaltung der Hamburg-Mannheimer Versicherungs-AG (Aufnahme um 1974) mit Grundriss (rechts)

seldorf von Hentrich & Petschnigg (1957-60) erinnert. Auf Großraumbüros wurde verzichtet. Bei einer Raumbreite von mindestens 375 cm können die Innenwände im Modul von 187,5 cm versetzt werden. Die dunklen Glasfassaden werden im Abstand von 62,5 cm durch senkrechte Sprossen geteilt, was ihnen ein besonders feingliedriges Profil verleiht. Die fensterlosen Stirnwände sind mit Granitplatten verkleidet. Die Möblierung der Repräsentationsräume und der Kantine stammt ebenfalls von Arne Jacobsen. Leider erhebt sich der elegante Vierscheibenbau in einem wenig angemessenen, vorstädtisch wirkenden Umfeld.

Das **Oval Office**, Überseering 10, ist ein Entwurf von nps tchoban voss (2003/04).

F 68.3 Ehem. IBM-Verwaltung mit Schulungszentrum
Überseering 24
Architekten: Dissing & Weitling
1972 W, 1975-77

Der kompakte Baukörper umschließt zwei Lichthöfe. Die beiden untersten Geschosse sind hinter Rundstützen zurückgesetzt, um die Fußgängerebene der City Nord witterungsgeschützt bis an den Haupteingang heranführen zu können (was dann aber daran scheiterte, dass die Brücken für den Fußgängerverkehr nicht in dem vorgesehenen Umfang realisiert wurden). Im Wettbewerb war eine Architektur gefordert, die der Selbstdarstellung des Computer-Konzerns dient. Dies gewährleistet vor allem die perfekt detaillierte silberne Außenhaut, die sich mit gerundeten Kanten um das Gebäude spannt und wegen der profillosen Oberflächen und der spiegelnden Fensterscheiben entmaterialisiert wirkt. Sie verleiht dem Bauwerk die Aura eines High-Tech-Produkts.

F 68.4 Ehem. Hauptverwaltung der Deutschen Shell AG
Überseering 35
Architekten: v. Gerkan, Marg + Partner
1970 W, 1973-75

Bedenken der Deutschen Shell gegenüber dem Großraumbüro und somit gegenüber dem Wettbewerbsentwurf von 1970 führten 1972 zu einer völligen Neuplanung mit konventionellen zweibündigen Bürotrakten. Diese strahlen wie Windmühlenflügel von einem zentralen Erschließungskern aus. Die dunkelbraun eloxierten Vorhangfassaden mit ebenso gefärbten Verglasungen – seit Ludwig Mies van der Rohes bronzefarbenem Seagram Building (1954-58) Inbegriff von Prestige und vornehmer Reserviertheit – signalisieren Konzernarchitektur mit internationalem Niveau. Eine typische Zutat der frühen 1970er Jahre sind die Fassadengalerien à la Egon Eiermann. Auffällig ist die Ähnlichkeit mit dem Patentamt in München, das ebenfalls von v. Gerkan, Marg + Partner stammt (1970 W, 1975-80).

F 68.5 Hauptverwaltung der Hamburg-Mannheimer Versicherungs-AG
Überseering 45
Architekten: Graaf, Schweger & Partner. Lothar Loewe Ingeborg und Friedrich Spengelin
1969 W, 1971-74

Mit 75.600 qm Bruttogeschossfläche ist das Gebäude noch heute eines der größten Bürohäuser in Hamburg. Der Entwurf dokumentiert den Entwicklungsstand des Großraumbüros zu Beginn der 1970er Jahre, als der Trend immer stärker zu komplexen Strukturen ging. Die Grundrisse und das Konstruktionsschema sind aus einem 60-Grad-Raster entwickelt, was den Baukörper wie eine prismatische Großplastik wirken lässt. Die unterschiedlichen Fassadenabschnitte spiegeln die Funktionen der dahinterliegenden Räume wider: Umlaufende Galerien mit Geländerstreben und Sonnenschutzlamellen kennzeichnen die Großraumbüros, Vorhangfassaden die Pausenräume und fensterlose Betontürme die Nottreppenhäuser und Sanitärräume. Die souveräne Bewältigung des Bauvolumens und die konzeptionelle Schlüssigkeit machen den Versicherungskomplex zu einem herausragenden Beispiel der deutschen Nachkriegsmoderne, wenn der Entwurf auch eher den Endpunkt einer schon bald darauf als verfehlt erkannten Entwicklung markieren dürfte.

Das **Polizeipräsidium**, Hindenburgstraße 47, ist ein Entwurf von BRT Architekten Bothe Richter Teherani (1995 W, 1997-2000).

F 68.2 City Nord, ehem. Hauptverwaltung der HEW (Aufnahme um 1969)

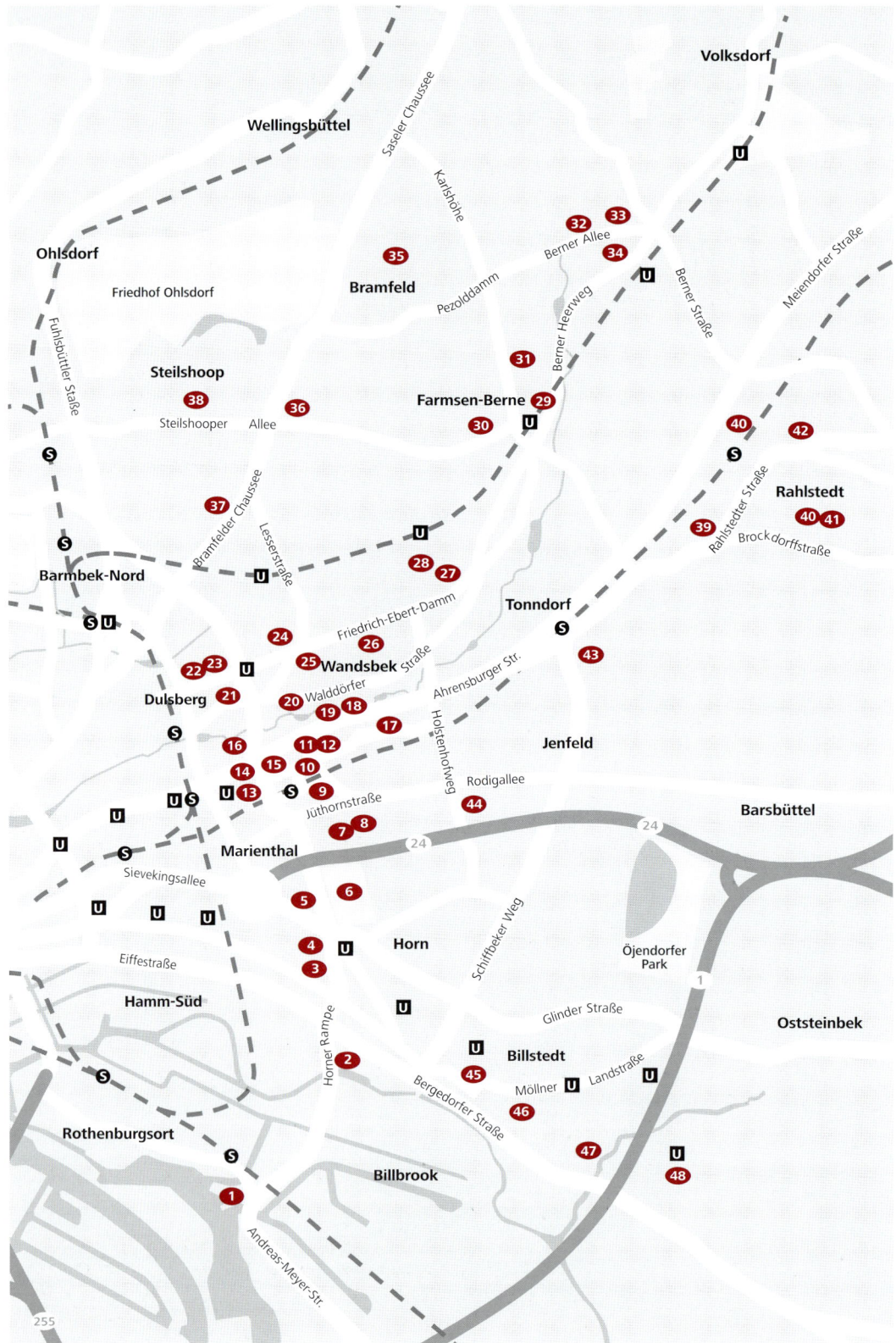

G 1 Kraftwerk Tiefstack

G Der Osten von Horn bis Steilshoop, Rahlstedt und Billstedt

Die östlichen Gebiete Hamburgs gehörten bis zum Groß-Hamburg-Gesetz von 1937 zu Preußen mit Ausnahme der Exklave Farmsen-Berne (zur Geschichte der Walddörfer vgl. die Einführung von Kapitel H). Auch Horn und Billbrook – ehemals ein Teil von Billwerder – waren bereits seit dem späten 14. Jahrhundert hamburgisch. Während die Marschwiesen von Billbrook um 1900 als Industriegebiet erschlossen wurden, entwickelte sich die Geest vor allem zum Wohnviertel. Das Kerngebiet von Horn zählt zum »Gürtel um Hamburgs alten Leib«, wie Fritz Schumacher die Siedlungen aus der Weimarer Republik charakterisiert hat, die sich im Osten bis Dulsberg erstrecken (vgl. Nr. G 23). 1943 weitgehend ausgebrannt, waren sie bereits Anfang der 1950er Jahre wiederaufgebaut.

Wandsbek, 1296 erstmalig erwähnt und 1870 zur Stadt erhoben, war lange Zeit ein Gutsdorf, das 1762 in den Besitz von Heinrich Carl von Schimmelmann gelangte (vgl. Schloss Ahrensburg, Nr. H 45). Hieran erinnert heute nur noch Schimmelmanns Mausoleum (vgl. Nr. G 15), denn das Wandsbeker Schloss wurde 1861 abgerissen und große Teile der Ländereien für den Bau der Villenkolonie Marienthal parzelliert. Die 1865 eröffnete Eisenbahnstrecke von Hamburg nach Lübeck bot hierfür beste Voraussetzungen. Treibende Kraft war der Spekulant Johann Anton Wilhelm Carstenn, der bald darauf auch die Vororte Lichterfelde und Friedenau bei Berlin entwickelte. Bei den Luftangriffen im Sommer 1943 wurden Wandsbek und Marienthal großflächig zerstört.

1927/28 wurde die kommunale Aufsplitterung beseitigt, die den Osten bis dahin gekennzeichnet hatte. Tonndorf und Jenfeld wurden nach Wandsbek eingemeindet. Altrahlstedt, Neurahlstedt, Oldenfelde und Meiendorf schlossen sich zur Großgemeinde Rahlstedt zusammen. Aus Schiffbek, Kirchsteinbek und Öjendorf wurde Billstedt. Nur Bramfeld und Steilshoop konnten bis zum Groß-Hamburg-Gesetz von 1937 ihre Selbstständigkeit behaupten. An eine systematische Entwicklung dieser jahrzehntelang vernachlässigten und bis heute ungeordnet wirkenden Gebiete war in den letzten Jahren vor dem Zweiten Weltkrieg nicht mehr zu denken. Sie werden deshalb vor allem durch Nachkriegsprojekte wie die Großsiedlung Steilshoop (vgl. Nr. G 38) geprägt.

G 1 Kraftwerk Tiefstack
Ausschläger Allee 22-26, Billbrook
Architekten: Schramm, v. Bassewitz, Hupertz & Partner
Ingenieure: WTM Windels, Timm, Morgen
1984, 1989-93

Das Kraftwerk, eine Kombination aus Heizkraftwerk und Heizwerk, wurde als Ersatz für den denkmalschutzwürdigen Vorgängerbau von Carl Gustav Bensel (1914-17) errichtet, der restlos abgebrochen wurde. Ein roter Backsteinsockel von 24 m Höhe verklammert die Baugruppe, die mit einem halbrunden Kopfbau – dem Verwaltungstrakt – effektvoll in die Billwerder Bucht ausgreift. Die darüberliegenden Fassadenabschnitte sind mit hellblauen Alu-Paneelen verkleidet. Die gewölbten Dächer der beiden 70 m hohen Kohlekessel mit den Firstlüftungen und das 110 m hohe Viererbündel der Schornsteinrohre verleihen dem Komplex eine starke Fernwirkung. Durch den Verzicht auf den ursprünglich geplanten dritten Kohlekessel zugunsten eines niedrigeren Gaskessels ist die symmetrische Konzeption der Anlage nur noch bedingt nachvollziehbar.

G 2 Ehem. Fabrik- und Verwaltungsgebäude H. C. E. Eggers & Co.
Kolumbusstraße 8, Horn
Architekten: Gustav Schrader
Baugeschäft Neugebauer & Schybilski
1908/09

Weniger die konventionelle Gestaltung als vielmehr der gute Erhaltungszustand macht die ehemalige Fabrik für Eisenhochbau, 1865 als Geldschrankfabrik gegründet, zu einem der bedeutendsten Beispiele für die historische Hamburger Industriearchitektur. Sie ist darüber hinaus ein Dokument für die Erschließung der Marschgebiete unterhalb der Geest von Horn und Billstedt als Industrierevier. Von den ursprünglichen Werksanlagen stehen noch das Verwaltungs- und Sozialgebäude, das Maschinenhaus und die Montagehalle: eine dreischiffige Eisenbinderkonstruktion, die eine der größten erhaltenen Fabrikhallen ihrer Zeit in Hamburg ist. Gustav Schrader, damals einer der führenden Hamburger Industriearchitekten, blieb hier seiner neogotischen Handschrift treu, wenn auch mit einigen Konzessionen an den Zeitgeschmack wie das Mansardwalmdach des Verwaltungs- und Sozialgebäudes.

G 3 Evangelisch-lutherische Martinskirche
Bei der Martinskirche 8, Horn
Architekt: Johannes Vollmer (Ursprungsbau)
1886; Turm 1894; Erweiterung des Chores 1954

G 6.1 Horner Rennbahn, Tribüne

G 7 Villengruppe Behrensstraße

Die schlichte neogotische Saalkirche, ursprünglich mit eingezogenem Kastenchor, zählt zu den wenigen Gebäuden in Horn, die 1943 nicht zerstört wurden. Ungewöhnlich für Hamburg ist das mit einem Dachreiter bekrönte Satteldach auf dem Turm. Der Innenraum wird durch die dunklen Holzflächen der Decke und der Wandpaneele geprägt, die im Originalzustand überliefert sind. Die ornamentalen Schablonenmalereien der verputzten Wandabschnitte wurden wiederhergestellt.

G 4 Ehem. Volksschule Beim Pachthof
Beim Pachthof 15-17, Horn
Architekt: Hochbauwesen, Fritz Schumacher
1928, 1930/31
Die sachliche, aus der Skelettbauweise abgeleitete Architektur stellt einen der qualitätsvollsten Entwürfe Fritz Schumachers nach dem Ersten Weltkrieg dar. Die Fassaden sind nicht mit einem konventionellen Verblendmauerwerk verkleidet, sondern mit roten Keramikplatten. Auch die großen Fensteröffnungen, die sich über die gesamte Klassenraumlänge erstrecken, betonen, dass die Außenwände keine tragende Funktion haben. Horizontale Betonbänder bilden den einzigen Schmuck. Typisch für Schumacher ist die städtebauliche Lösung: Zwei winkelförmig angeordnete Trakte, zwischen denen ein zylindrisches Treppenhaus als Gelenk fungiert, schirmen den Pausenhof ab. Mit 40 Klassen war die Schule Beim Pachthof das größte Projekt, das im Rahmen des Volksschulbauprogramms realisiert wurde (vgl. die Volksschule Osterbrook, Nr. E 60).

G 5 Geschosswohnbauten Sievekingsallee
Sievekingsallee 201-213/Sebastiangasse/Rennbahnstraße; Sievekingsallee 204-218/Bei den Zelten/Horner Weg, Horn
Architekt: Ernst H. Dorendorf
1938/39
Zwei teilgeöffnete Blöcke mit Walmdächern und vorgelagerten Pavillons, die über Arkaden an die Hauptgebäude angebunden sind: eine architektonische Geste, die aus der Einmündung der Sievekingsallee eine Art Stadtentree macht. Horn wurde erst in den 1930er Jahren verstärkt ausgebaut, weshalb die Gebäude hier schlichter und traditionalistischer sind als in den Siedlungen der Weimarer Republik. An der Sievekingsallee verraten Segment- und Rundbogen, auf Stich gemauerte Stürze und schmiedeeiserne Gitter die Erbauungszeit. Typisch ist auch der einfache rote Backstein, der den Klinker nach 1933 verdrängt.

Die benachbarte evangelisch-lutherische **Kapernaumkirche** stammt von Otto Kindt (1958, 1960/61).

G 6 Bauten der Horner Rennbahn
G 6.1 Tribüne
Rennbahnstraße 96, Horn
Architekten: Otto March (Ursprungsbau)
Architekten Gössler (Sanierung und Umbau)
1912; Sanierung und Umbau 1997, 1997-99
G 6.2 Geschosswohnungen und Stallungen
Rennbahnstraße 98, Horn
Architekten: Architekten Gössler
1993/94
Die Tribüne ist einer der frühesten reinen Stahlbetonbauten in Hamburg, wobei die Konsequenz überrascht, mit der Otto March das nahezu sachliche Bauwerk ganz aus seiner Funktion und Bauweise heraus entwickelt hat. Im Norden des Geländes liegen die neuen Stallungen: einfache Konstruktionen mit Stahlbetonschotten, auf die z. T. Laubengangwohnungen mit Pultdächern gesetzt sind. Die Fassaden präsentieren sich hier als filigrane Assemblagen aus Latten, Lochblechen, Sperrholzpaneelen und Stahlstützen. Die Galopp-Rennbahn wurde 1869 eröffnet. Alljährlicher Höhepunkt ist das auch international bedeutende Deutsche Derby.

Der **Richterturm** gegenüber der Tribüne ist ein Entwurf von Meyer + Fleckenstein (1991).

G 7 Villengruppe Behrensstraße
Behrensstraße 2-4/Nöpps 62, Marienthal
Um 1912
Gruppe von drei landhausartigen Einfamilienhäusern mit schmucklosen Putzfassaden und Mansarddächern.

G 10 Ehem. Volksschule Bovestraße (Aufnahme um 1929)

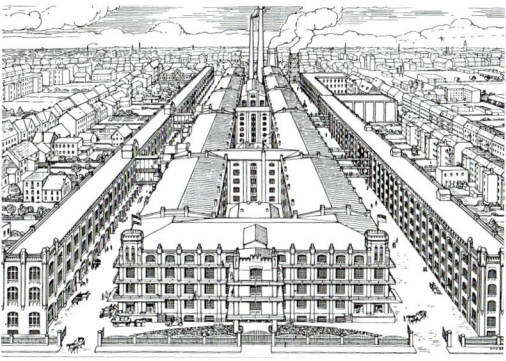

G 12 Ehem. Fabrikgebäude der Kakao-Compagnie Theodor Reichardt (zeitgenössische Darstellung)

Sprossenfenster, Klappläden und z. T. auch Fachwerkgiebel unterstreichen den traditionalistischen Charakter der Architektur. Die Villenkolonie Marienthal wurde 1943 so stark zerstört, dass Vorkriegsgebäude nur noch sporadisch erhalten sind. Ihr Maßstab verdeutlicht, dass hier weniger das Großbürgertum als vielmehr der gut situierte Mittelstand wohnte.

G 8 Villa Blunck
Octaviostraße 45, Marienthal
Architekt: Johannes Ohrt
Um 1912

Eingeschossiges Gebäude mit neoklassizistischen Putzfassaden und einem steilen Krüppelwalmdach. Zwei im stumpfen Winkel abknickende Flügel umklammern den halbrunden Vorbau für den Wintergarten und betonen auf diese Weise effektvoll das Eckgrundstück.

G 9 Haus Wulff
Waldfrieden 23, Marienthal
Architekten: Grundmann + Hein
1997, 1998

Zweigeschossiges Einfamilienhaus mit einem gewölbten Pultdach. Die Eingangsdiele und der großzügige Wohnbereich fließen ohne räumliche Zäsuren ineinander, sieht man von einigen Stufen ab. Das Erdgeschoss ist als kubischer Klinkersockel definiert, aus dem sich das weiß verputzte Obergeschoss löst. Die subtilen Durchdringungen und Verschränkungen dieser beiden Ebenen verleihen den Fassaden Ausdruck.

G 10 Ehem. Volksschule Bovestraße
Bovestraße 10-12, Wandsbek
Architekten: Stadtbauamt Wandsbek, Arnold und Wahls
1927, 1928/29

Komplex aus einer ehemaligen Jungen- und einer ehemaligen Mädchenschule, die im rechten Winkel angeordnet sind, wobei der um die Aula erhöhte Verwaltungstrakt als Gelenk fungiert. Klinkerfassaden schweißen die ausgewogene Komposition kubischer Baukörper zusammen. Auch die Fensterbänder sind typisch für das »Neue Bauen«. Die Schule belegt den eigenständigen Charakter, den der öffentliche Hochbau in Wandsbek gegenüber Hamburg behaupten konnte. Ein weiterer bemerkenswerter Entwurf aus dem Stadtbauamt Wandsbek ist die ehemalige **Volksschule Denksteinweg**, Denksteinweg 17, in Jenfeld (1929/30).

G 11 Ehem. Lyzeum Wandsbek
Neumann-Reichardt-Straße 20-22, Wandsbek
Architekt: Henry Grell
1914 W, 1914-16

Das heutige Charlotte-Paulsen-Gymnasium ist ein typisches Beispiel für die Reformarchitektur des späten Kaiserreichs mit Klinkerfassaden, steilen Satteldächern und Sprossenfenstern. Zwei Flügel grenzen einen Vorplatz aus, ein dritter schließt rückwärtig an. Besondere Sorgfalt galt den Ziersetzungen im Mauerwerk, die dem niederdeutschen Bauernhaus entlehnt sind (was den damals aktuellen Heimatstil ins Spiel bringt). Die Reliefs am Eingangsvorbau – Putten mit Eule und Schiefertafel sowie ein Bienenkorb – stehen symbolisch für Weisheit, Lerneifer und Fleiß. Ein prominenter Preisrichter im Wettbewerb 1914 war übrigens Fritz Schumacher.

G 12 Ehem. Fabrikgebäude der Kakao-Compagnie Theodor Reichardt
Neumann-Reichardt-Straße 29-33, Wandsbek
Architekt: Valentin Schmidt
Um 1900; Teilzerstörung 1943

Komplex aus einem zentralen Fabrikgebäude und ursprünglich zwei flankierenden Trakten, in denen die Sozialräume, das Lager und die betriebseigene Druckerei mit Kartonagenherstellung untergebracht waren. Trotz der Teilzerstörung und entstellender Modernisierungen vermittelt sich immer noch der monumentale Charakter der Anlage. Hinsichtlich der Zinnen, Ecktürme und Backsteinfassaden mit Putzspiegeln entspricht der Entwurf zwar den damaligen gestalterischen Konventionen in der Industriearchitektur. Die schematische Gliederung, die Fassadengalerien und die großen Fenster

G 13 Stormarnhaus

G 14.2 Busbahnhof Wandsbek-Markt

G 14.3 Gastronomiepavillon Wandsbek-Markt

G 15 Schimmelmann-Mausoleum

lassen ihn aber durchaus sachlich wirken im Sinne einer »Moderne vor der Moderne«. Die bedeutende Schokoladenfabrik mit ehemals 1.500 Arbeitern (1914) wurde 1928 an das Kölner Unternehmen Stollwerck verkauft und geschlossen.

G 13 Ehem. Stormarnhaus
Schloßstraße 60, Wandsbek
Architekten: Fritz Höger (Ursprungsbau). Baubehörde, Hochbauamt (Wiederaufbau und Erweiterung)
1922/23; Zerstörung 1943; Wiederaufbau und Erweiterung 1951-53

Das heutige Bezirksamt Wandsbek diente bis 1943 als Sitz der Verwaltung des preußischen Kreises Stormarn und wurde erst nach dem Zweiten Weltkrieg an Hamburg verkauft. Es ist einer der wenigen Bauten von Fritz Höger mit Putzfassaden. Auffällig ist die Ähnlichkeit mit Peter Behrens Mannesmann-Verwaltung in Düsseldorf (1911/12): Gurt- und Sohlbankgesimse fassen die Fenster zu Bändern zusammen; kompakte Pfeiler bilden die Fensterstützen. Das Walmdach und der Eingangsvorbau gingen beim Wiederaufbau verloren. Dafür wurde der östliche Seitenflügel angefügt, den Höger 1922/23 nicht realisieren konnte. Die Erweiterungen ordnen sich dem Ursprungsbau gestalterisch unter.

G 14 Busbahnhof, Gastronomiepavillon und U-Bahnstation Wandsbek-Markt
Wandsbeker Marktstraße/Schloßstraße, Wandsbek
G 14.1 U-Bahnstation
Architekten: Schramm & Elingius (Ursprungsbau)
Grundmann + Hein (Umbau und Modernisierung)
1961/62; Umbau und Modernisierung 2000, 2002-05
G 14.2 Busbahnhof
Architekten: Heinz Graaf (Ursprungsbau)
Grundmann + Hein (Erweiterung)
Ingenieure: Schülke + Wiesmann (Erweiterung)
1960 W, 1961/62; Umbau und Erweiterung 1998, 2000-03

Die beiden übereinander angeordneten Verkehrsbauwerke waren hauptsächlich durch weitläufige Fußgängertunnel mit den angrenzenden Straßen verbunden, um den Verkehr kreuzungsfrei abzuwickeln. Erst bei der Erweiterung des Busbahnhofs wurden ausreichend Straßenübergänge geschaffen. Die U-Bahnstation hat ihren ursprünglichen Charakter bewahrt. Auffällig ist hier die keramische Wandverkleidung, eine von De Stijl inspirierte Komposition aus türkisblauen, grauen und weißen Vierecken (Entwurf Johannes Ufer). Von dem Busbahnhof blieb dagegen nur das Faltdach aus Spannbeton erhalten, das mit einer filigranen Stahl-Glas-Konstruktion

G 16 Staatsarchiv der Freien und Hansestadt Hamburg

G 17 Haus Grundmann

und einer flachen Kuppel – einer unterspannten Gitternetzschale – ergänzt wurde, um die witterungsgeschützte Fläche zu vergrößern.

G 14.3 Gastronomiepavillon
Architekten: Meyer + Fleckenstein
2000 W, 2003-05

Der dreieckige Glasbau lehnt an einen zweigeschossigen Wirtschaftstrakt an, der mit Holzlatten verkleidet ist. Farbige horizontale Glaslamellen schirmen die großen Fensterflächen wie ein Vorhang nach Südwesten ab und sorgen zugleich für interessante Lichtspiele im Innern.

G 15 Schimmelmann-Mausoleum
Wandsbeker Marktstraße/Robert-Schumann-Brücke, Wandsbek
Architekt: Carl Gottlob Horn
1787-91

Das Mausoleum für Heinrich Carl Graf von Schimmelmann, den Gutsherrn von Wandsbek und Ahrensburg (vgl. Schloss Ahrensburg, Nr. H 45), und seine Gattin Caroline Tugendreich wurde nach einem Vorentwurf von Giovanni Antonio Antolini errichtet. Der schlichte kubische Putzbau mit Sandsteingliederungen und einer Pendentifkuppel, die im Innern auf dorischen Säulen ruht, lässt nichts von seiner reichen Ausstattung ahnen. Sind die Wände weitgehend schmucklos, so zeigen die Kuppel und die Gewölbe der beiden Konchen mit den Sarkophagen eine um so aufwändigere Dekoration mit Kassetten, Rosetten und Friesen sowie figürlichen und pflanzlichen Darstellungen. Die bei aller Feierlichkeit doch auch heitere Stimmung des Raumes, der sich mit einer Lünette nach Süden öffnet, wird durch die restaurierte originale Farbigkeit unterstrichen: Beige- und Ockertöne, die mit dem gelblich und rötlich geflammten schwarzen Marmor der Sarkophage und des Fußbodens korrespondieren.

Die benachbarte evangelisch-lutherische **Christuskirche** ist ein Entwurf von Hopp & Jäger (1952-54, Turm und Westfassade 1963-65). Sie integriert Fragmente des 1943 zerstörten Vorgängers, der von Fernando Lorenzen stammte (1901).

G 16 Staatsarchiv der Freien und Hansestadt Hamburg
Kattunbleiche 19, Wandsbek
Architekten: Alsop & Störmer Architekten
1994 W, 1996/97

Dezentraler Ersatz für das innerstädtische Archivgebäude von 1972, dessen Kapazitäten erschöpft waren. Gläserne Brücken bilden die einzige Verbindung zwischen dem Wissenschaftler- und Besuchertrakt und dem Magazingebäude. Auf diese Weise können die Arbeitsräume veränderten Bedingungen angepasst werden (bis hin zum Totalabriss), ohne die archivierten Bestände zu beeinträchtigen. Die gläserne Außenhaut des fensterlosen Magazins changiert in Blautönen, die einen Eisblock assoziieren sollen als Metapher für den konservierenden Charakter eines Archivs. Die Brüstungsbänder der Bürogeschosse sind ebenfalls mit hellblauem Glas verkleidet, wogegen die Fassade des Vortragssaals aus rötlichem Kerto-Schichtholz, einem Material aus dem Waggonbau, besteht. Im Innern setzt sich das Spiel mit warmen und kalten Farben fort: Der Lesesaal ist in kräftigem Orange gehalten.

G 17 Haus Grundmann
Eickhoffweg 42a, Wandsbek
Architekt: Friedhelm Grundmann
1965/66

Hinsichtlich des kubischen, weiß geschlämmten Baukörpers ist der Entwurf der rationalistischen Vorkriegsmoderne entlehnt, wogegen die stark plastische Gliederung und die Details in Sichtbeton beispielhaft für die brutalistischen Tendenzen in der Nachkriegsarchitektur sind. Im Unterschied zur signifikanten äußeren Gestaltung ist der Grundriss eher als konventionell zu charakterisieren: ein wohldurchdachtes Familienwohnhaus mit einem Architektenatelier.

G 18 Evangelisch-lutherische Kreuzkirche
Kedenburgstraße 10, Wandsbek
Architekt: Fernando Lorenzen
1909/10

G 20 Ehem. Zigarettenfabrik Haus Neuerburg, Westflügel

G 21 Friedrich-Ebert-Hof

Nur die rustikalen Handstrichziegel, statt des glatten Verblendmauerwerks der »Hannoverschen Schule«, verweisen bei diesem Bau auf die architektonischen Reformbestrebungen vor dem Ersten Weltkrieg, wogegen die neogotische Architektur noch dem 19. Jahrhunderts verhaftet ist. Kaum weniger konventionell präsentiert sich der Grundriss: ein griechisches Kreuz mit kurzen Armen. Die dominante Vierung mit Sterngewölbe verstärkt den zentralisierenden Charakter des Raumes, der zudem von einer hölzernen Empore umfangen wird. Die Verglasungen der Dreipässe in der polygonalen Apsis hat Hans Kock gestaltet.

G 19 Wohnanlage Brodersenstraße
Brodersenstraße 2-14, Wandsbek
Architekt: Hans-Georg Tinneberg
1966-68

Die Wohnanlage ist ein typisches Produkt des Städtebaus der 1960er Jahre, als zwar wieder nach »Urbanität durch Dichte« gestrebt wurde, die geschlossene Blockrandbebauung der Vorkriegszeit aber noch als obsolet galt. Vier- bis fünfgeschossige Geschosswohnbauten und zweigeschossige Reihenhauszeilen sind so angeordnet, dass sie teilgeöffnete Binnenräume umschließen. Drei Punkthäuser mit bis zu zehn Geschossen setzen vertikale Akzente. Wandscheiben aus rustikalen braunen Backsteinen und kantige Sichtbetondetails kennzeichnen die vom britischen Brutalismus inspirierte Architektur. Der Entwurf stammt von Geert Stolley und Dietrich Grasedyck, die damals Mitarbeiter im Büro Tinneberg waren (vgl. auch Block 9 in der Großsiedlung Steilshoop, Nr. G 38.1).

G 20 Ehem. Zigarettenfabrik Haus Neuerburg
Walddörfer Straße 103, Wandsbek
Architekten: Klophaus & Schoch (Ursprungsbau)
Fritz Höger (Erweiterungen bis 1929)
HPP Hentrich-Petschnigg & Partner (Umbau)
1924/25; Erweiterungen 1926-29 und 1930er Jahre; Umbau 1983/84

Komplex aus mehreren Produktions- und Bürotrakten mit expressionistischen Klinkerfassaden, die durch dreieckige Lisenen gegliedert werden. Von diesem Schema weicht der spektakuläre Westflügel ab, den Fritz Höger gleichsam als Aushängeschild des Unternehmens gestaltet hat (1926/27). Die Fassaden sind dort mit vertikalen Spiralen dekoriert, deren einzelne Schichten – immer zwei Ziegel mit einer gemeinsamen Kantenlänge von 25 mal 25 cm – beim Mauern jeweils um 15 Grad gegenüber der darunterliegenden gedreht wurden. An ihrem oberen Ende münden diese überdimensionalen Taustäbe in Konsolen, in die Steine mit Goldglasur eingelegt sind. Im Innern verbirgt sich ein Stahlbetonskelett mit achteckigen Pilzkopfstützen. 1983/84 wurde die Fabrik, die bereits 1935 an Reemtsma verkauft worden war, in ein Verwaltungsgebäude umgewandelt.

G 21 Friedrich-Ebert-Hof
Walddörferstraße 2-12/Lengerckestraße/Eulenkamp, Wandsbek
Architekt: Friedrich R. Ostermeyer
Um 1930

Die Klinkerfassaden ordnen den Friedrich-Ebert-Hof eindeutig der Dulsberg-Siedlung zu (vgl. Nr. G 23), was vergessen lässt, dass der Eulenkamp bis 1938 die preußische Landesgrenze markierte. Der kubische Baukörper, die breiten Fenster und das Flachdach sind typische Motive des »Neue Bauens«, wenn auch gepaart mit konventionellen symmetrischen Gliederungen. Tordurchgänge machen den Innenhof zum öffentlichen Raum, der deshalb ebenfalls mit Klinker verblendet wurde. Obwohl der Bau unter Denkmalschutz steht, ist sein Erscheinungsbild heute stark durch den Verlust der Sprossenfenster und eine nachträgliche Verkleidung der Fassaden beeinträchtigt.

G 22 Ehem. Volksschule Krausestraße
Krausestraße 53, Dulsberg
Architekt: Hochbauwesen, Fritz Schumacher
1914, 1919-23

Eine Kolossalordnung aus säulenartigen Klinkervorlagen, die sich über alle Obergeschosse erstreckt, verleiht dem ansonsten schmucklosen Walmdachbau einen monu-

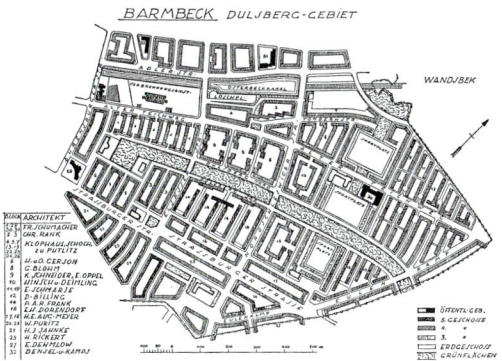

G 22 Ehem. Volksschule Krausestraße (Aufnahme 1920er Jahre)

G 23 Großsiedlung Dulsberg, Lageplan (1932). Der östliche Teil wurde nicht in der dargestellten Form realisiert.

mentalen Zug. Der Grundriss ist aus einem Viertelkreis entwickelt, so dass das Gebäude mit dem vorgelagerten Pausenhof eine »Negativecke« an der Einmündung der Straßburger Straße bildet und somit den Eingang zur Großsiedlung Dulsberg akzentuiert. Noch im Kaiserreich geplant, wurde die Schule bei ihrer Realisierung um eine Bibliothek und Fachräume ergänzt – Einrichtungen, die vor dem Ersten Weltkrieg nicht zur selbstverständlichen Ausstattung von Volksschulen gehörten. Heute dient der Bau als Gymnasium.

G 23 Großsiedlung Dulsberg
Straßburger Straße/Tiroler Straße/Elsässer Straße/Oberschlesische Straße/Dulsberg-Süd/Dulsberg-Nord/Alter Teichweg/Nordschleswiger Straße u. a., Dulsberg
Architekten: Hochbauwesen, Fritz Schumacher (Bebauungsplan). Ernst H. Dorendorf. Paul A. R. Frank. Robert Friedmann. Hinsch & Deimling. Klophaus, Schoch, zu Putlitz u. a. (Bebauung)
1917, Bebauungsplan 1919, Bebauung 1921-42; Zerstörungen 1942/43; Wiederaufbau und Fertigstellung 1949-56

Eines der bedeutendsten städtebaulichen Projekte Fritz Schumachers. Da das Gelände zu einem Großteil der Stadt gehörte und noch kaum Straßen angelegt worden waren, war es ihm möglich, den Bebauungsplan von 1903 grundlegend zu revidieren und kleinere Blöcke einzuteilen sowie die vorgesehenen Gewerbeflächen umzuwidmen. Außerdem wurde die Zahl der maximal zulässigen Stockwerke gesenkt. Eine Grünachse von mehr als einem Kilometer Länge durchzieht die gesamte Siedlung in Ost-West-Richtung. Ursprünglich war nur eine kleine Grünanlage im Zentrum vorgesehen.

Abgesehen von einigen wenigen Bauten bildete die Nordschleswiger Straße vor dem Zweiten Weltkrieg die Ausbaugrenze. Erst in den 1950er Jahren wurden die Brachen mit Zeilenbauten und Punkthäusern gefüllt, die das einheitliche Bild der Siedlung aufbrechen. 1943 brannte der größte Teil der Gebäude aus. Die meisten Bauten konnten wiederhergestellt werden, wobei aber die Wohnungen geteilt wurden. Seit den 1990er Jahren wird gezielt versucht, durch eine soziale Stadtteilentwicklung und Wohnungszusammenlegungen dem negativen Trend gegenzusteuern, der aus Dulsberg eines der ärmsten Hamburger Viertel gemacht hat.

G 23.1 Staatsbauten
G 23.1.1 Geschosswohnbauten
Straßburger Straße 1-17/Straßburger Platz 1-11/Lothringer Straße/Metzer Straße/Forbacher Straße/Weißenburger Straße/Gebweiler Straße/Elsässer Straße u. a.
Architekten: Hochbauwesen, Johann Christoph Otto Ranck und Carl Bruncke
1919, 1921-23; Zerstörung 1943; Wiederaufbau 1950

G 23.1.2 Geschosswohnbauten
Zoppoter Straße/Olivaer Straße/Hohensteiner Straße/Weichselmünder Straße
Architekten: Butte & Hansen. Frank & Zauleck. Alfred Löwengard. Wilkendorf & Wilkening
1919, 1921-23; Zerstörung 1943; Wiederaufbau 1950

G 23.1.3 Einküchenhaus
Elsässer Straße 8-10
Architekt: Carl Bruncke
1919, 1921

Der erste Bauabschnitt der Siedlung wurde als so genannte Staatsbauten von der Stadt Hamburg nach Vorentwürfen von Fritz Schumacher errichtet. Mit geringeren Gebäudetiefen als bisher, direkt belichteten Toiletten und Treppenhäusern, Boden- bzw. Kellerraum für jeden Mieter und zwei Wohnungen pro Geschoss und Treppe (beim Wiederaufbau durch Wohnungsteilungen auf drei erhöht) fand hier mustergültig das Kleinwohnungsgesetz vom Dezember 1918 Anwendung, das die staatliche Förderung des Kleinwohnungsbaus an bestimmte Auflagen knüpfte und somit entscheidend zur Reform des hamburgischen Wohnungsbaus nach dem Ersten Weltkrieg beitrug.

Die Blöcke südlich des Grünzugs stammen von Schumachers Mitarbeitern, diejenigen nördlich des Grünzugs hauptsächlich von Privatarchitekten. Dort wurde erstmals die geschlossene Blockrandbebauung aufgebrochen, wenn auch noch mit kurzen Querflügeln an den offenen Seiten. Eingeschossige Ladentrakte verban-

G 23.1.1 Großsiedlung Dulsberg, Ruinen der Staatsbauten (um 1948) G 23.1.2 Großsiedlung Dulsberg, Staatsbauten

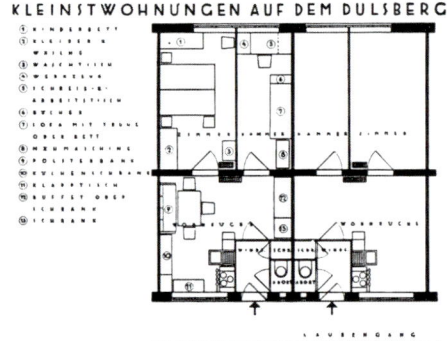

G 23.5 Großsiedlung Dulsberg, Laubenganghäuser Oberschlesische Straße mit Grundriss (rechts)

den die Gebäude (z. T. als Garagen wiederaufgebaut). Das »Einküchenhaus«, ursprünglich als Ledigenheim mit Speisesaal konzipiert, wurde später als Studentenwohnheim genutzt. Hinsichtlich der Walmdächer und der konventionell gegliederten Klinkerfassaden mit Gesimsen und Rundbogen sind die Entwürfe als traditionalistisch zu bezeichnen.

G 23.2 Geschosswohnbauten Straßburger Straße
Straßburger Straße 2-32/Bredstedter Straße/
Dithmarscher Straße/Schwansenstraße/Elsässer Straße
Architekten: Klophaus, Schoch, zu Putlitz
1927/28; Zerstörung 1943; Wiederaufbau 1950-52

Konventionell gegliederte Geschosswohnbauten mit Steildächern, die mit den Blöcken von Ranck und Bruncke an der Nordseite der Straße korrespondieren. Die Fassaden sind weitgehend schmucklos. Nur dreieckige Erker und die einspringenden, expressiv überhöhten Blockecken verleihen den schlichten Fronten ein lebendigeres Relief.

Ein später Entwurf von Rudolf Klophaus sind die **Zeilenbauten** Straßburger Straße 38-48 (1954-56).

G 23.3 Evangelisch-lutherische Frohbotschaftskirche
Straßburger Platz 2
Architekten: Dyrssen & Averhoff
1936/37; Zerstörung 1943; Wiederaufbau 1953

Saalkirche mit asymmetrisch angefügtem Eintrum, der mit einer Art Zwiebeldach bekrönt ist. Das traditionalistische Äußere – Satteldach und Backsteinfassaden mit neoklassizistischen Anklängen – steht im Widerspruch zum Innenraum, der durch parabelförmige Betonbinder gegliedert wird. (Beim Wiederaufbau wurde eine flache Decke eingezogen.) Das Grundstück war bereits in den Planungen von 1903 für eine Kirche vorgesehen. Durch die Verschwenkung der Straßburger Straße hat Fritz Schumacher den Standort hervorgehoben.

G 23.4 Geschosswohnbauten Eupener Straße/ Eupener Stieg/Hultschiner Straße
Eupener Straße 3-17/Eupener Stieg 1-11, 2-14/
Hultschiner Straße 1-9
Architekt: Ernst H. Dorendorf
1938/39

Die Geschosswohnbauten wurden in offener Zeilenbauweise errichtet, was in Hamburg Ende der 1930er Jahre auch allgemein als städtebauliches Leitbild galt. Türen und Fenster mit Segmentbogen akzentuieren die Treppenhausachsen. Zeittypisch sind auch die Satteldächer und die schmucklosen, schematisch gegliederten Lochfassaden. Hier scheint bereits der anspruchslose Wiederaufbau der frühen Nachkriegsjahre Gestalt angenommen zu haben.

G 24 Evangelisch-lutherische Dietrich-Bonhoeffer-Kirche (Aufnahme um 1969)

G 23.5 Laubenganghäuser Oberschlesische Straße
Oberschlesische Straße 1-9/Dulsberg-Süd 5-7/Elsässer Straße/Schlettstadter Straße/Mühlhäuser Straße/Diedenhofer Straße
Architekt: Paul A. R. Frank
1929-31; Teilzerstörung 1943; Wiederaufbau 1953/54
Ende der 1920er Jahre wurde der Standard im Wohnungsbau deutlich gesenkt, um die neuen Wohnungen für breitere Schichten erschwinglich zu machen. Kleinwohnungen mit 42 qm Wohnfläche, die jeweils eine Wohnküche, zwei Kammern und ein WC umfassen, reihen sich an Laubengängen. Diese münden wie Promenadendecks in halbrunde Sonnenterrassen, die sich an den Schmalseiten der Gebäude vorwölben. Klinkerfassaden und Sprossenfenster binden die Bauten in das allgemeine Bild der Siedlung ein. Richtungweisend für die weitere Entwicklung war die offene Zeilenbauweise. Wenig Erfolg hatten dagegen die Laubengänge, obwohl hierdurch die Zahl der Treppenhäuser reduziert werden konnte, ohne auf die Möglichkeit zum Querlüften verzichten zu müssen (vgl. auch das Laubenganghaus Heidhörn von Paul A. R. Frank, Nr. F 64.1).

G 23.6 Wohnblock Naumannplatz
Nordschleswiger Straße 41-59/ Oberschlesische Straße/Dulsberg-Süd/Königshütter Straße/Naumannplatz
Architekten: Klophaus, Schoch & zu Putlitz
1928/29; Zerstörungen 1942/43; Wiederaufbau 1950/51
Die Glaserker der Treppenhäuser sind zu schmalbrüstig und zu feingliedrig, um die schematisch gegliederten Klinkerfassaden zu strukturieren. Umso bemerkenswerter ist dagegen die städtebauliche Lösung. In die teilweise geöffnete Blockrandbebauung ist eine weitere ringartige Baustruktur eingefügt, in deren Zentrum der Naumannplatz liegt. Sein Name erinnert an den liberalen Politiker Friedrich Naumann (1860-1919) und verweist somit darauf, dass der Block von der Baugesellschaft Freie Stadt, einer Gründung der DDP (Deutsche Demokratische Partei), errichtet wurde.

Die ehemalige **Volksschule Alter Teichweg**, Alter Teichweg 200, ist ein Entwurf von Fritz Schumacher (1927, 1929-31).

G 23.7 Zeilenbauten Graudenzer Weg
Graudenzer Weg 11-19/Thorner Gasse 12-20
Architekten: Hinsch & Deimling. Robert Friedmann
1927 W, 1930/31
Zwei Flachdachbauten mit Putzfassaden in offener Zeilenbauweise, die zum Alten Teichweg hin durch einen eingeschossigen Ladentrakt verbunden werden (durch Modernisierungen verändert). 1927 wurde ein Wettbewerb für den Nordosten der Dulsberg-Siedlung ausgeschrieben, den Hinsch & Deimling für sich entscheiden konnten. Geplant waren Kleinwohnungen mit maximal 55 qm Fläche. Die Weltwirtschaftskrise ließ das Projekt jedoch scheitern, so dass nur einige wenige Zeilen realisiert wurden, die später zudem bis auf die beiden erhaltenen Gebäude abgebrochen wurden.

G 24 Evangelisch-lutherische Dietrich-Bonhoeffer-Kirche
Dulsberg-Süd 26, Dulsberg
Architekt: Gerhart Laage
1966 W, 1967-69
Kubische Ziegelgebäude gruppieren sich um einen gemeinsamen Vorplatz; das projektierte Altenheim konnte nicht realisiert werden. Typisch für die Erbauungszeit sind die kompakten Betonstürze und der kantige Charakter der Architektur. Aber auch Anklänge an das »Neue Bauen« der Weimarer Republik werden deutlich. Die kastenförmige Kirche ist nahtlos in die Gemeindebauten eingebunden. Der zweischiffige Innenraum, der sich in ein Hauptschiff und einen niedrigen Annex für den Eingang und das Taufbecken gliedert, wird durch Sichtbeton und weiß geschlämmtes Sichtmauerwerk geprägt. Die expressive Fensterfront hat Sergio de Castro gestaltet.

G 25 Geschosswohnbau Lesserstraße
Lesserstraße 26-52/Hinschenfelder Straße, Wandsbek
Architekten: Berg & Paasche
1926/27; Zerstörung 1943; Wiederaufbau 1948
Die geplante Erweiterung Wandsbeks im Osten von Dulsberg blieb vor dem Zweiten Weltkrieg ein Torso und ist bis heute nicht mit der Siedlung städtebaulich zusammengewachsen. Den ursprünglichen Anspruch der Planungen belegt der expressionistisch dekorierte Komplex an der Lesserstraße, dessen überlange Klinkerfront durch die Erhöhung einzelner Bauabschnitte auf fünf Geschosse sowie sparsam angeordnete Balkone und dreieckige Erker rhythmisiert wird.

G 26 Ehem. Autohaus »Car and Driver«
Friedrich-Ebert-Damm 110, Wandsbek
Architekten: Hadi Teherani. Wolfgang Raderschall
Ingenieure: Polonyi + Fink
1990/91
Der Pavillon wurde als erstes Gebäude in Hamburg mit einer Planarfassade – einer Glasfassade mit Punkthalte-

G 26 Ehem. Autohaus »Car and Driver«   G 27 Hauptverwaltung der LVA Landesversicherungsanstalt

rung – errichtet, die hinsichtlich ihrer präzisen und eleganten Detaillierung noch heute Maßstäbe setzt. Ursprünglich wurden hier Luxuslimousinen ausgestellt, wobei ein Wasserbecken vor der Glasfront die Passanten auf Abstand hielt. In den dahinterliegenden Hallen wurden die Autos gewartet und repariert. Heute dient der Komplex als Cash-and-carry-Markt für Elektrogeräte und Unterhaltungselektronik, was entstellende Veränderungen zur Folge hatte.

Das **Raffay Smart City Entertainment Center**, Friedrich-Ebert-Damm 124-134, ist ein Entwurf von gmp Architekten v. Gerkan, Marg und Partner (1997, 1998 bis 1999).

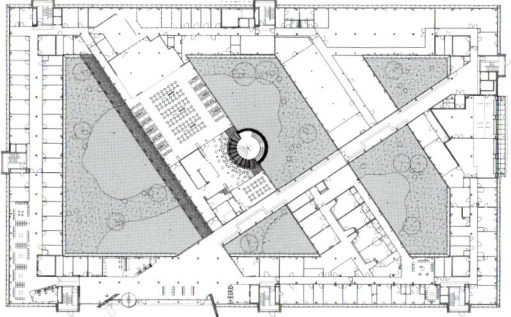

G 27 LVA Landesversicherungsanstalt, Grundriss

G 27 Hauptverwaltung der LVA Landesversicherungsanstalt
Friedrich-Ebert-Damm 245, Farmsen-Berne
Architekten: ASP Architekten Schweger Partner
1997 W, 1999-2002

Zweischalige Glasfassaden, die nach außen hin wegen der leichten Schrägstellung der Flächen – zwecks Hinterlüftung – wie geschuppt wirken, umschließen 46.700 qm Bruttogeschossfläche. Präsentiert sich der Komplex von der Straße her als undifferenzierte kubische Großform mit einer 130 m langen Hauptfassade, so bieten die Innenhöfe ein umso vielgestaltigeres Bild. Dort haben die Architekten Flachbauten für die Kantine und andere Sonderräume eingestellt und dabei mit der Diagonale gespielt, so dass bewusst schiefwinklige Restflächen entstehen. Ein gläserne Rotunde bildet den spielerischen Kontrapunkt. Die Außenanlagen hat Gustav Lange gestaltet.

G 28 Siedlung Trabrennbahn Farmsen
G 28.1 Abschnitt Trabrennbahn
Max-Herz-Ring/Traberweg u. a., Farmsen-Berne
Architekten: PPL Planungsgruppe Prof. Laage. nps und partner Nietz, Prasch, Sigl, Tchoban, Voss Architekten
1992 W, 1. BA 1995-97, 2. BA 1997-99

Dank privatem Engagement wurde das Gelände einer Trabrennbahn in eine Siedlungsfläche umgewidmet. Die Bebauung – städtebaulicher Entwurf Planungsgruppe Prof. Laage (1. Preis) – zeichnet die Rennbahnen nach; die Mitte ist als öffentliche Grünanlage frei geblieben. Die interne Erschließung erfolgt über Spielstraßen, wobei Wert auf ein differenziertes System aus privaten und öffentlichen Flächen mit klaren Grenzen, z. B. niedrige Mauern oder Gräben, gelegt wurde (Landschaftsarchitekten Kontor Freiraumplanung Möller Tradowsky). Der ruhende Pkw-Verkehr bleibt konsequent im Außenbereich der Siedlung. Die Materialvielfalt der Fassaden (Backstein, Putz, Zinkblech), Pultdächer und die Split-Level-Bauweise der Maisonette-Wohnungen sorgen für eine lebendige Gestaltung.

G 28.2 Abschnitt Grabeland und Hunderennbahn
Traberweg, Farmsen-Berne
Architekten: Ingrid Spengler. Manfred Wiescholek (Wettbewerb). Spengler Wiescholek Architekten. Enno Klünder (Bebauung)
1992 W, 1995/96

Gegenstand des Wettbewerbs 1992 waren auch Flächen, die nördlich der Trabrennbahn lagen, darunter eine Hunderennbahn. Der städtebauliche Entwurf für diesen Bereich stammt von Ingrid Spengler und Manfred Wiescholek (2. Preis im Gesamtwettbewerb). Spengler Wiescholek Architekten haben auch die Geschosswohn-

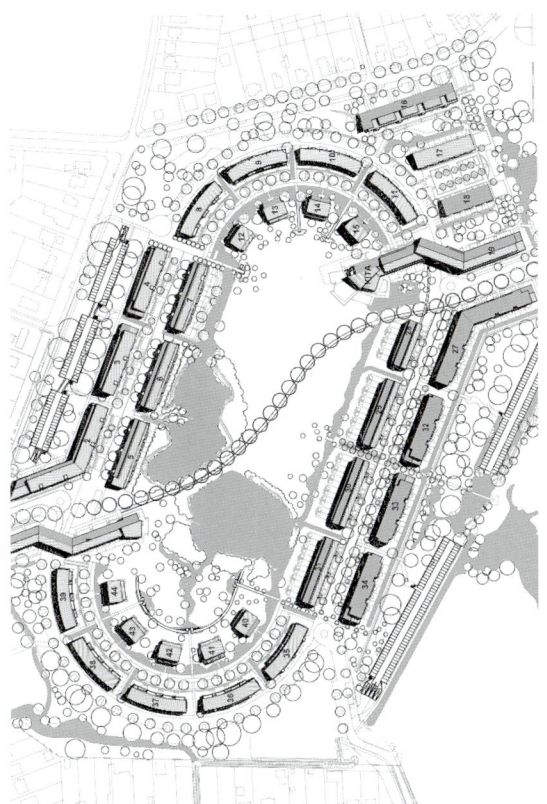

G 28.1 Siedlung Trabrennbahn Farmsen, Bauabschnitt von PPL Planungsgruppe Prof. Laage

G 28.1 Siedlung Trabrennbahn Farmsen, Bauabschnitt von PPL Planungsgruppe Prof. Laage und nps und partner, Lageplan

G 28.2 Siedlung Trabrennbahn Farmsen, Bauabschnitt von Spengler Wiescholek Architekten

bauten Traberweg 9-17 entworfen, die sich mit disziplinierten Klinkerfassaden und kantigen Sichtbetondetails deutlich von der vielgliedrigen Bebauung der ehemaligen Trabrennbahn absetzen. Der östliche Teil wurde dagegen von Enno Klünder überplant, was nicht nur das ursprüngliche Konzept, sondern auch die architektonische Qualität verwässert hat.

Die **Grundschule Traberweg**, Eckerkoppel 125, ist ein Entwurf von ASW Architekten Silcher, Werner + Redante (1995 W, 1996/97).

G 29 Turnhalle der Gemeindeschule Farmsen
Berner Heerweg 183, Farmsen-Berne
Architekten: Karl Schneider (Ursprungsbau)
Grundmann, Rehder (Restaurierung)
1926, 1927/28; Restaurierung 1990-91

Einer der bedeutendsten Entwürfe der Vorkriegsmoderne in Hamburg. Mit einer Bühne, einem Filmvorführraum und einer Besuchergarderobe ausgestattet, sollte das Gebäude nicht nur als Turnhalle dienen, sondern auch als Aula der Gemeindeschule Farmsen. Die Proportionen der Pfeilerhalle, die dem kubischen Baukörper vorgelagert ist, sind von geradezu klassizistischer Ausgewogenheit. Die nach Befunden rekonstruierte Farbigkeit widerlegt das Klischee von der puristischen »weißen Moderne«, das hier nur auf die Fassaden selbst zutrifft. Die Fenster und Türen präsentieren sich in Signalrot und Blau, in der Turnhalle wurde der ursprüngliche Dreiklang von ockergelben Wänden, roten Deckenflächen und grünen Stahlbetonbindern wiederhergestellt.

Die ehemalige **Gemeindeschule Farmsen** stammt von Fritz Höger (1909/10, 1922 erweitert)

G 30 Evangelisch-lutherische Erlöserkirche
Bramfelder Weg 23, Farmsen-Berne
Architekten: Kurt Schwarze (Ursprungsbau)
Prof. Bernhard Hirche (Restaurierung)
1957, 1959/60; Restaurierung 1995

Zwei ineinander geschobene Stahlbetonschalen mit parabelförmigem Querschnitt überwölben den Gottesdienstraum. Sie falten sich zu farbig verglasten Fensterschlitzen auf – Entwurf Ulrich Knispel –, die indirekt beleuchtet werden können. Auch andere Details wie die unregelmäßig angeordneten Schallöcher in der Altarwand oder die bunt verglasten Lochfenster über dem Eingang haben den gestalterischen Charme der Nierentisch-Ära. Zeittypisch ist schließlich auch die schlanke Turmstele, die locker an das Kirchenschiff angebunden ist. Das Bronzerelief mit dem Haupt des Gekreuzigten über dem Altar stammt von Robert Müller-Warnke. Die

G 29 Turnhalle der Gemeindeschule Farmsen

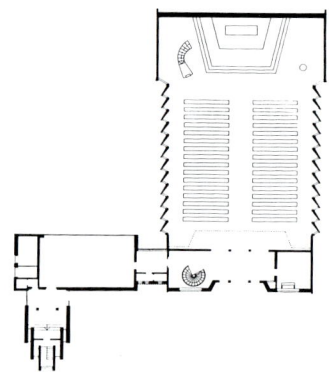

G 30 Evangelisch-lutherische Erlöserkirche mit Grundriss (links)

Erlöserkirche gehört zur **Gartenstadt Farmsen**, die von Hans Bernhard Reichow und Otto Gühlk stammt (1953/54, vgl. die Gartenstadt Hohnerkamp von Reichow, Nr. G 35).

G 31 Ehem. Werk- und Armenhaus
August-Krogmann-Straße 100, Farmsen-Berne
Architekten: Baudeputation, Hochbauwesen (Ursprungsbauten). Hochbauwesen, Lindenkohl (Erweiterung von 1910/11)
1903/04; Erweiterung 1910/11; Verwaltungsgebäude um 1926

Das Bade- und Waschhaus mit dem Wasserturm teilte den Komplex früher in eine Frauenseite und eine Männerseite (im Norden). Mit Fertigstellung der Erweiterung war der Komplex für rund 800 Insassen ausgelegt, die sich aus den gesellschaftlichen Randgruppen rekrutierten und hier zur Arbeit in der Landwirtschaft, in den eigenen Werkstätten oder in der Küche und im Waschhaus angehalten wurden. Die Ursprungsbauten von 1904 lassen sich anhand der Backsteinfassaden mit Putzspiegeln identifizieren. Die Gebäude von 1911 sind vollständig mit Backstein verblendet und weisen Mansarddächer, Lisenen und Quaderketten auf, was an ländliche Barockbauten, etwa auf Gutshöfen, erinnert. Das Verwaltungsgebäude ist ein zeittypischer Klinkerbau. Zu dem Komplex gehören auch die **Beamtenwohnhäuser** August-Krogmann-Straße 89-101, die schöne Beispiele für den Heimatstil sind.

G 32 Ehem. Gemeindeschule Berne
Lienaustraße 32, Farmsen-Berne
Architekt: Hochbauwesen, Fritz Schumacher
1928, 1929/30

Die ehemalige Volksschule ist ein typisches Beispiel für die sachlichen Entwürfe Fritz Schumachers, der sich gegen Ende der 1920er Jahre immer konsequenter dem »Neuen Bauen« annäherte. Das gestalterische Repertoire der innerstädtischen Großschulen – Flachdächer, Fensterbänder, großzügig verglaste Treppenhäuser – wurde hier auf eine kleinere Vorortschule übertragen (vgl. die Volksschule Osterbrook, Nr. E 60).

G 33 Gartenstadt Berne
Berner Allee/Blakshörn/Lienaustraße/St. Jürgenstraße/ Pferdekoppel/Saselheider Weg/Karlshöher Weg/ Beim Farenland/Hohenberne/Berner Heerweg u. a., Farmsen-Berne
Architekten: Prestinari. Friedrich R. Ostermeyer
1919, 1920-32

G 32 Ehem. Gemeindeschule Berne

G 35 Gartenstadt Hohnerkamp (Aufnahme um 1954)

G 37 Berufsbildungszentrum Vattenfall

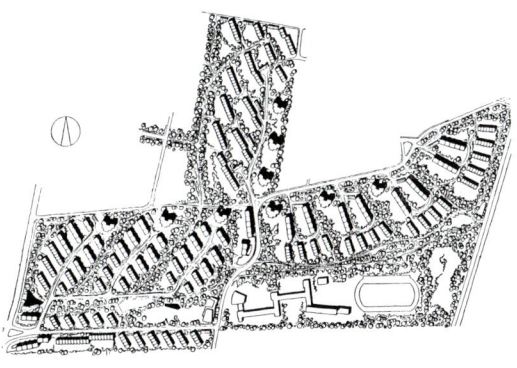
G 35 Gartenstadt Hohnerkamp, Lageplan

Die Siedlung wurde als genossenschaftliches Selbsthilfeprojekt von der Gartenstadt Hamburg eGmbH errichtet. Die insgesamt 509 Wohneinheiten verteilen sich vor allem auf Doppelhäuser mit Putz- oder Klinkerfassaden, traditionalistisch gestimmt durch Sprossenfenster, Klappläden und teilweise auch Krüppelwalmdächer (z. T. durch Modernisierungen verändert). Die verputzten Gruppenhäuser Berner Heerweg 433-495 stammen von Prestinari (1920), der 1921 von Friedrich R. Ostermeyer als Planer abgelöst wurde. Mit den Flachdachbauten Berner Allee 18-20 (1929-32) hielt das »Neue Bauen« Einzug. Auf den großen Grundstücken konnten die Abwässer problemlos verrieseln, was den Verzicht auf ein Sielnetz erlaubte. Die Gartenstadt war eine Selbstversorgersiedlung – Obst- und Gemüseanbau sowie Kleintierhaltung –, wie sie in vergleichbarer Form bis in die Nachkriegszeit hinein dutzendfach in Hamburg entstanden.

Die **Altenwohnungen**, Kleine Wiese 1-39, stammen von Kamps & Koch (1938-40).

G 34 Haus Ranck
Zum Gutspark 2, Farmsen-Berne
Architekt: Johann Christoph Otto Ranck
1926

Wohnhaus von Johann Christoph Otto Ranck, der als Erster Baudirektor einer der maßgeblichen Mitarbeiter von Fritz Schumacher war und wohl für eine Reihe Entwürfe verantwortlich zeichnete, die gemeinhin dem Oberbaudirektor allein zugeschrieben werden. Mit Satteldach und Klinkerfassaden ordnet sich der eingeschossige Bau zwar dem Gartenstadtcharakter von Berne unter, weist ansonsten aber kaum Ähnlichkeiten mit den kleinbürgerlichen Einfamilienhäusern in seiner Nachbarschaft auf. Die Bay Windows sind der britischen Landhausarchitektur entlehnt. Der Grundriss war auf Hauspersonal zugeschnitten. Der ehemals sorgfältig gestaltete Garten musste teilweise dem Ausbau des Berner Heerwegs weichen.

Das **Gutshaus Berne**, Berner Allee 31a, wurde 1884 errichtet.

G 35 Gartenstadt Hohnerkamp
Hohnerkamp/Lüdmoor/Gumbinner Kehre/Trakehner Kehre/Goldaper Kehre/Elbinger Kehre/Königsberger Straße/Marienwerder Straße/Insterburger Straße/Heilsberger Hang u. a., Bramfeld
Architekt: Hans Bernhard Reichow
1953/54

Einer der bedeutendsten städtebaulichen Entwürfe der Nachkriegszeit, der geradezu idealtypisch das von Hans

G 38 Großsiedlung Steilshoop mit der Gesamtschule (Mitte rechts, Aufnahme um 1975)

Bernhard Reichow geprägte Leitbild der »organischen Stadtbaukunst« verkörpert. Charakteristisch für Reichow ist das biomorph geschwungene Straßennetz mit der konsequenten Differenzierung in Durchgangs- und Erschließungsstraßen. Die Fußwege führen teilweise unabhängig vom Straßenverlauf durch die Grünflächen. Geschosswohnungen und Einfamilienhäuser wurden gemischt, um eine stärkere Ausgewogenheit der Bewohnerstruktur zu erzielen. Typisch sind auch die »Duplex-Häuser« – zweigeschossige Reihenhäuser mit jeweils einer Kleinwohnung pro Geschoss –, die bei einer Entspannung des Wohnungsmarktes zu einem vollwertigen Einfamilienwohnhaus zusammengelegt werden sollten. Akzentuiert wird die Gartenstadt durch fünfgeschossige Punkthäuser, die sich zur Sonne hin auffalten. Reichow hat die rhythmische Staffelung der unterschiedlich hohen Flachdachbauten als »terrassenförmig« charakterisiert. Auch die Farbigkeit – weiße Stirnwände, pastellfarbene Fronten – weckt südländische Assoziationen. Ein vergleichbares Siedlungskonzept hat Reichow mit der Gartenstadt Farmsen realisiert (vgl. Nr. G 30).

G 36 Evangelisch-lutherische Osterkirche
Bramfelder Chaussee 200, Bramfeld
Architekt; Wilhelm Voigt (Ursprungsbau)
Gerhard und Dieter Langmaack (Umgestaltung)
1913/14; Umgestaltung 1963/64

Anmutiger neobarocker Zentralbau mit oktogonalem Grundriss und hohem Turm. Wilhelm Voigt, ein aus Kiel stammender Architekt, hatte sich offenkundig an den Dorfkirchen des 18. Jahrhunderts im Nordwesten Hamburgs orientiert (vgl. die Kirchen in Niendorf und Rellingen, Nr. I 9 bzw. Nr. I 52). 1963/64 wurden nicht nur die originalen Bänke entfernt, sondern auch der Kanzelkorb aus dem Kanzelaltar gelöst und die verbleibende leere Fläche mit einem Relief von Fritz Fleer gefüllt. Seit einer erneuten Umgestaltung 1991 wirkt der Raum zwar wieder harmonischer, bis auf die Empore und das Taufbecken ist die ursprüngliche Ausstattung aber unwiederbringlich verloren.

G 37 Berufsbildungszentrum Vattenfall
Moosrosenweg 18, Bramfeld
Architekten: v. Gerkan, Marg + Partner
1986, 1987-90

Berufsbildungszentrum für den Energiekonzern Vattenfall (vormals Hamburgische Electricitäts-Werke AG HEW). Das kompakte, langgestreckte Gebäude wird über eine zweigeschossige Passage mit Galerie und Glasdach erschlossen. Die Architektur erinnert nicht nur von ungefähr an Ludwig Mies van der Rohes Illinois Institute of Technology in Chicago, das aus den 1940er Jahren stammt. Die mit gelben Ziegeln ausgefachten Stahlskelettfassaden werden ebenso zitiert wie die berühmten »Negativecken« an den Gebäudekanten. Die Lamellen an den Außengalerien, die als Schattenspender dienen, bestehen aus Sonnenkollektoren.

Auf dem Vattenfall-Betriebshof an der Bramfelder Chaussee 130 verbirgt sich das **Werkstatt- und Bürogebäude bramax** von ASW Architekten Silcher, Werner, Redante (1996-98).

G 38.2 Großsiedlung Steilshoop, evangelisch-lutherische Martin-Luther-King-Kirchengemeinde

G 38 Großsiedlung Steilshoop
Gründgensstraße/Edwin-Scharff-Ring/Fritz-Flinte-Ring/
Gropiusring/Fehlinghöhe/Cesar-Klein-Ring/Schreyerring/
Erich-Ziegel-Ring/Borchertring, Steilshoop
Architekten: Burmester & Ostermann. Candilis, Josic,
Woods. Garten & Kahl. John Suhr (Bebauungsplan-
entwurf). Köster & Stübing. Matthaei & Elschner
Schramm & Pempelfort. Ingeborg und Friedrich Spengelin
Hans-Georg Tinneberg u. a. (Bebauung)
1961 W, Bebauungsplan 1969, 1969-75

Der erste Preis im Wettbewerb 1961 sah noch eine stark durchgrünte offene Bebauung in Form von Zeilen und Hochhäusern vor, entsprechend dem damals aktuellen Leitbild von der »gegliederten und aufgelockerten Stadt«. Schon bald darauf traten Candilis, Josic und Woods jedoch mit einem völlig neuartigen Konzept hervor, das in Arbeitsgemeinschaft mit John Suhr und den beiden ersten Preisträgern im Wettbewerb Bebauungsplanreife erlangte. Entsprechend dem in den 1960er Jahren aktuellen Schlagwort von der »Urbanität durch Dichte« entstanden in Steilshoop wieder umbaute Innenhöfe, wenn auch noch in teilweise geöffneter Form und mit völlig anderen Dimensionen als in der Vorkriegszeit. Diese so genannten Ringe reihen sich an einer 1,5 km langen Fußgängerzone, die die gesamte Siedlung in Ost-West-Richtung durchzieht.

Hinsichtlich der durchschnittlichen Größe von 74 qm und des Prinzips des »Durchwohnens«, d. h. von einer Außenfront zu anderen, weisen die Wohnungen einen guten Standard auf. Problematisch ist dagegen die monotone architektonische Gestaltung: Rund die Hälfte der Gebäude wurde in Großtafelbauweise mit Wasch- bzw. Sichtbetonfassaden errichtet. Außerdem wurde die Zahl der Wohnungen von ursprünglich geplanten 5.700 auf 6.900 erhöht, was starke bauliche Massierungen von bis zu 13 Geschossen im Zentrum der Siedlung zur Folge hatte. Seit Mitte der 1980er Jahre wird versucht, mit einer gezielteren Belegung der Wohnungen, sozialen Projekten und gestalterischen Nachbesserungen gegen den negativen sozialen Entwicklungstrend des Viertels zu steuern.

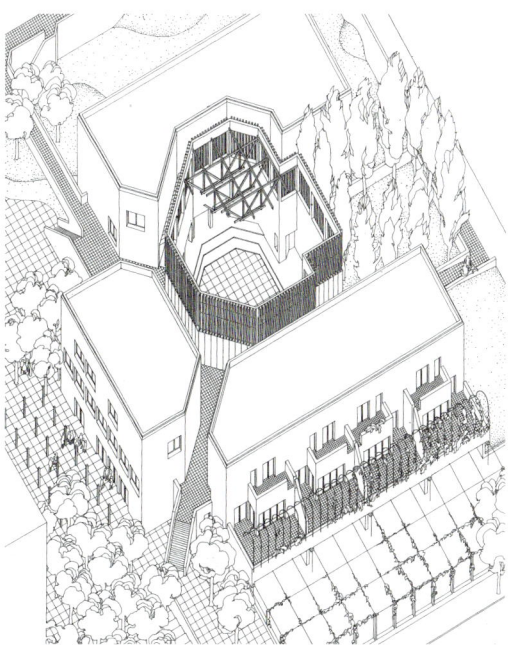

G 38.2 Martin-Luther-King-Kirchengemeinde, Isometrie

G 38.1 Block 9
Erich-Ziegel-Ring/Borchertring
Architekten: Hans-Georg Tinneberg. Geert Stolley
1973-75

Block 9 wurde u. a. von der Hamburger Lehrerbauge-nossenschaft e. G. errichtet und gilt als privilegierte Adresse in Steilshoop. Die durchschnittliche Größe der Wohnungen liegt bei 82 qm. Besonderer Wert wurde auf Gemeinschaftseinrichtungen wie Spielwohnungen, Partyräume, Saunen oder ein Kindertagesheim gelegt. Zweigeschossige Maisonetten in Split-Level-Bauweise, d. h. mit Ebenen, die jeweils um ein halbes Geschoss gegeneinander versetzt sind, bilden quasi eine Kette von Reihenhäusern am Fuß der Ringbebauung, während die übrigen Geschosse in konventionelle Wohnungen aufgeteilt sind. Poppige Farben, abwechslungsreich unterteilte Fenster, Balkone mit Pflanzwannen und brutalistisch anmutende Betonstürze kennzeichnen die vielgliedrigen Fassaden.

G 38.2 Evangelisch-lutherische Martin-Luther-King-Kirchengemeinde
Gründgensstraße 28
Architekten: Patschan, Werner, Winking
1972-74

Das Gemeindezentrum verzichtet darauf, architektonisch mit den Hochhäusern des zentralen Ringes konkurrieren zu wollen. Stattdessen wird der Komplex durch kobaltblaue Fliesen und leuchtend rote Fensterrahmen hervorgehoben. Der polygonale Kirchensaal verschwindet völlig hinter einer Umbauung aus Wohnungen und Gemeinderäumen. Ebenso introvertiert präsentiert sich

G 40.2 Villen von August Nissen, Landhaus Söchting

G 41 Stadtvillen Buchwaldstraße

der Gottesdienstraum, der ausschließlich durch Fensterbänder unter der Decke belichtet wird. Weißes Sichtmauerwerk, hölzerne Deckenbinder und die skandinavische Möblierung verleihen ihm einen unprätentiösen Charakter. Ungewöhnlich ist die Anordnung der Sitzreihen auf flach ansteigenden Stufen.

G 38.3 Gesamtschule Steilshoop
Gropiusring 41
Architekten: Jacob B. Bakema. Graaf & Schweger
Jos Weber
1969 W, 1971-73

Der Entwurf ging aus einem gemeinsamen Gutachterwettbewerb für die beiden integrierten Gesamtschulen hervor, die in Steilshoop und Mümmelmannsberg (vgl. Nr. G 48.1) geplant waren. Ursprünglich sollten hier bis zu 2.400 Schüler unterrichtet werden. Der Grundriss des weitläufigen Komplexes folgt der Grundform der Siedlung, die, wie in Brasilia, an ein Flugzeug erinnert. Der »Rumpf« wird aus der Pausenhalle und den Klassenräumen gebildet; die westliche »Tragfläche« besteht aus den Werkstätten und Fachräumen, die östliche aus den Sporthallen. Die Schule wurde aus Betonfertigteilen errichtet, wobei der Strukturalismus vage als Leitbild durchscheint. Es gelang jedoch weder in konzeptioneller noch in gestalterischer Hinsicht, besondere Qualitäten aus dem Bausystem zu entwickeln. Heute gilt die Schule als gescheitert. Seit 2005 werden keine neuen Klassen mehr angenommen, so dass sie in absehbarer Zeit geschlossen wird.

G 39 Evangelisch-lutherische Pfarrkirche Altrahlstedt
Pfarrstraße/Rahlstedter Straße 79, Rahlstedt
Architekten: Friedhelm Grundmann. Horst Sandtmann (Instandsetzung)
12./13. Jahrhundert; Turm 1780; Instandsetzung 1964

Saalkirche aus Feldsteinen mit einem Fachwerkturm, deren älteste Teile vermutlich aus dem späten 12. Jahrhundert stammen. Der Innenraum ist flach gedeckt. Lediglich der polygonale Chor, der in der zweiten Hälfte des 13. Jahrhunderts angefügt wurde, weist ein Gewölbe auf. An Ausstattungsstücken sind ein Triumphkreuz (14. Jh.), zwei Apostelfiguren, die von einem verlorenen Altar stammen (15. Jh.), die Kanzel (1634) und der Altaraufsatz (1695) hervorzuheben. Letzterer befindet sich seit 1981 wieder auf dem Altartisch, nachdem er 1904 an die Nordwand gehängt worden war.

G 40 Villen von August Nissen
G 40.1 Villa
Buchwaldstraße 71, Rahlstedt
Architekt: August Nissen
1909

G 40.2 Landhaus Söchting
Oldenfelder Straße 23, Rahlstedt
Architekt: August Nissen
1912/13

August Nissen (1874-1950) ließ sich 1904 als Architekt in Rahlstedt nieder. Von ihm stammen etliche Villen im Umkreis des Bahnhofs, z. B. an der hufeisenförmigen Remstedtstraße, die nach seinem Entwurf angelegt wurde. Zumeist handelt es sich um relativ schlichte zweigeschossige Putzbauten, akzentuiert durch Giebel mit Fachwerk oder Holzverschalungen. Ungewöhnlich repräsentativ für Rahlstedt muten dagegen die beiden neoklassizistischen Backsteinvillen an der Buchwaldstraße und an der Oldenfelder Straße an, wobei Haus Söchting den Vergleich mit den zeitgenössischen Landhäusern in den Elbvororten oder den Walddörfern nicht zu scheuen braucht. Das Gebäude dient heute als Pfarrhaus der römisch-katholischen **Kirche Mariä Himmelfahrt** von Paul Jaeckel (1958/59).

G 41 Stadtvillen Buchwaldstraße
Buchwaldstraße 74-82, Rahlstedt
Architekten: A. P. B. Architektengruppe Planen & Bauen Beisert, Findeisen, Grossmann-Hensel, Wilkens
1982, 1984

Einer der seltenen postmodernen Entwürfe in Hamburg. Vorbilder für die fünf Stadtvillen lieferte die angrenzende Villenkolonie, wie sich unschwer an den Giebelmansarddächern, den stehenden Fensterformaten und

 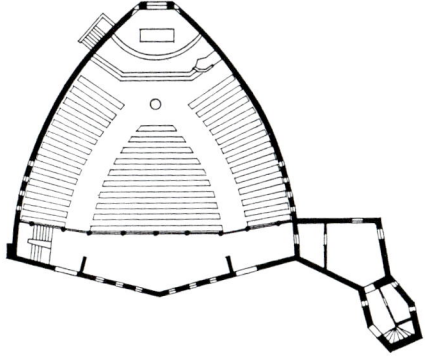

G 42 Evangelisch-lutherische Martinskirche mit Grundriss (rechts)

den erhöhten Sockeln ablesen lässt, die effektvoll durch rotbraune Streifen auf den gelben Fassaden hervorgehoben werden. Die kompakten Gebäude sind in Zwei- und Dreizimmerwohnungen mit bis zu 100 qm Wohnfläche eingeteilt (in den Dachgeschossen als Maisonetten). Ovale Treppenhäuser machen die Eingangsbereiche zu eleganten Entrees. Wegen des geschützten Baumbestandes konnte die Anlage nicht axial ausgerichtet werden. Stattdessen gruppieren sich die Bauten unregelmäßig um einen kleinen Platz mit einem Brunnen und einer Pergola.

G 42 Evangelisch-lutherische Martinskirche
Hohwachter Weg 2, Rahlstedt
Architekt; Olaf A. Gulbransson
1958 W, 1960/61

Typisch für die Entwürfe von Olaf A. Gulbransson ist der aus dem Dreieck entwickelte Grundriss, der die Gemeinde bergend zusammenschließt und sie auf den Altar ausrichtet – ein Effekt, der durch die zum Chorhaupt hin ansteigenden Wände noch verstärkt wird. Die Details – weiß geschlämmtes Sichtmauerwerk, Rundbogenportale, tief heruntergezogene Steildächer –, verleihen den Kirchen des bayerischen Architekten süddeutsches Lokalkolorit. Der Taufstein, die Kanzel und der Altar mit dem Abendmahlsrelief stammen von Karl-Heinz Hoffmann. Die Fenster hat Hubert Distler entworfen.

G 43 Landesstudio des ZDF
Wöschenhof 2, Tonndorf
Architekten: A. P. B. Architektengruppe Planen & Bauen Beisert, Findeisen, Grossmann-Hensel, Wilkens
1984 W, 1986-88

Mit horizontal geteilten Fenstern und »Dampfermotiven«, z. B. Bullaugen oder Relinge, zitiert der Entwurf die Vorkriegsmoderne. Details wie der expressiv in den kubischen Baukörper geschnittene Eingang, die kulissenartig dünn über die Gebäudekanten ragenden Fassaden oder der Sockel, dessen Quaderung sich als Blechplatten entpuppt, schaffen irritierende Momente im Sinne der Postmoderne.

G 44 Helmut-Schmidt-Universität
Holstenhofweg 85, Jenfeld
Architekten: Heinle, Wischer & Partner
Ingenieure: Leonhardt & Andrä
1973, 1974-78

Die Bundeswehrhochschule wurde auf dem Gelände der Douaumont-Kaserne aus den 1930er Jahren errichtet, die heute als Studentenwohnheim dient. Sie besteht aus 16 dreigeschossigen Pavillons mit einer Grundfläche von jeweils 36 mal 36 m, die zwar aneinandergekoppelt sind, aber in konstruktiver, installationstechnischer und funktionaler Hinsicht selbstständige Einheiten bilden. Um die Zahl der Innenstützen zu verringern und somit eine größere Flexibilität bei der Aufteilung der Geschossflächen zu gewährleisten, hängen die Decken an Überzügen aus Stahlfachwerk, was unweigerlich an Ludwig Mies van der Rohes Entwurf für das Nationaltheater in Mannheim erinnert (1952/53). Auch die subtil proportionierten und profilierten Architekturglieder atmen die klassizistische Strenge des Altmeisters der Moderne, ohne jedoch die für ihn typischen Motive, z. B. Stahlträger mit Doppel-T-Profil, zu zitieren. Die Erdgeschosse, in den die Hörsäle liegen, brechen mit polygonalen Grundrissen aus dem Quadratraster aus.

G 45 Römisch-katholische Kirche St. Paulus
Öjendorfer Weg 10, Billstedt
Architekten: Bensel & Kamps (Ursprungsbau)
Rau + Bunsmann (Umbau)
1929; Umbau 1963

Kubischer Bau mit niedrigen Seitenschiffen und einer halbrunden Apsis, die effektvoll von einem blockartigen Chorraum mit seitlich angefügtem Turm überragt wird – ein Motiv, das typisch für die Architekten ist (vgl. die St.-Paulus-Augustinus-Kirche, Nr. J 58, und die Johanneskirche, Nr. K 41). 1963 wurde ein Eingangsbau angefügt und das Dach erneuert, wobei das Langhaus ein Oberlichtband erhielt. 1969 wurde der Innenraum umgestaltet und der neue Altartisch stärker in die Kirche hineingerückt. Das **Gemeindehaus** von Rau, Bunsmann, Scharf schließt nahtlos an die Kirche an (1968).

G 43 Landesstudio des ZDF

G 45 Römisch-katholische Kirche St. Paulus

G 44 Helmut-Schmidt-Universität

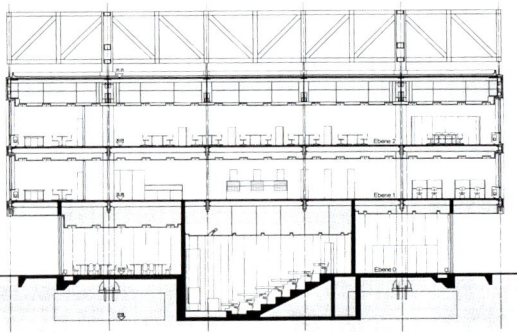
G 44 Helmut-Schmidt-Universität, Schnitt durch einen Pavillon

G 46 Geschosswohnbauten Kapellenstraße
Kapellenstraße 8-12a/Billstedter Mühlenweg 21-31, Billstedt
Architekten: Berg & Paasche
1928-1930
Die Geschosswohnbauten boten Kleinwohnungen für die Arbeiter des weiter südlich gelegenen Industrieviers Billbrook. Die Klinkerfassaden wirken überlang, zumal sie, abgesehen von den wechselnden Fensterformaten, keine Gliederungen aufweisen. Streng genommen handelt es sich bei dem Komplex jedoch nur um einen Torso, denn ursprünglich sollte das gesamte Areal bis zur Straße An der Schleemer Mühle bebaut werden.
Die **Zeilenbauten** auf dem übrigen Gelände stammen von Gumm & Dähn (1938-40).

G 47 Evangelisch-lutherische Dreieinigkeitskirche
Steinbeker Berg 3, Billstedt
Architekten: Otto Ritscher (Ursprungsbau)
Walter Ahrendt (Wiederherstellung)
1883/84; Wiederherstellung 1953-55
Wandpfeilerkirche mit gedrungen wirkendem Einturm, dessen steiler Helm eine Landmarke im Marschland der Bille setzt. Abweichend von dem gestalterischen Leitbild der »Hannoverschen Schule« bestehen die neogotischen Fassaden hier nicht ausschließlich aus Backstein, sondern wurden mit Gliederungen aus Zementguss versehen, die Sandstein imitieren sollen. Kanzel, Altartisch und Altarrelief in dem nach Kriegsschäden wiederhergestellten Innenraum stammen von Fritz Fleer, die Fenster von Claus Wallner.

G 48 Großsiedlung Mümmelmannsberg
Kandinskyallee/Mümmelmannsberg/Havighorster Redder/Steinbeker Grenzdamm u. a., Billstedt
Architekten: Werkgemeinschaft freier Architekten, Hirsch, Hoinkis, Lanz, Schütz, Stahl. Neue Heimat Baubehörde, Landesplanungsamt (Gesamtkonzept)
1968 W, 1. BA 1970-74 (Westteil einschließlich Einkaufszentrum), 2. BA 1975-80 (Süd- und Ostteil)
Nach der Siedlung Steilshoop (vgl. Nr. G 38) war Mümmelmannsberg das zweite Großprojekt in Hamburg, bei dem die Architekten zur Blockrandbebauung zurückfanden, wenn auch noch in Form teilgeöffneter, mäanderartiger Strukturen. Außerdem wurden Wohnwege angelegt und die über dem Straßenniveau liegenden Terrassen der Erdgeschosswohnungen mit Stützmauern aus Beton abgeschirmt, so dass an die Stelle des üblichen Distanzgrüns zwischen exponierten Zeilenbauten ein differenzierteres System von öffentlichen und privaten Räumen trat.

G 48 Großsiedlung Mümmelmannsberg (Aufnahme um 1974)

Die rund 7.300 Wohnungen sind vergleichsweise gut ausgestattet und großzügig geschnitten, wobei Wert auf Zweispänner und das Prinzip des »Durchwohnens«, d. h. von einer Außenfront zur anderen, gelegt wurde. Ein Minuspunkt ist dagegen das monotone Umfeld. Als auch die Bewohner immer deutlicher Kritik an den Montagebauten in Waschbeton übten, wurde der zweite Bauabschnitt in konventioneller Bauweise errichtet. Erst zehn Jahre nach Fertigstellung der Siedlung wurde die U-Bahnstation in Betrieb genommen.

G 48.1 Gesamtschule Mümmelmannsberg
Mümmelmannsberg 54
Architekten: Graaf, Schweger & Partner. Klaus Nickels
Timm Ohrt. Jos Weber
1969 W; 1. BA 1972-74; Fertigstellung 1978

Weitläufiger Komplex mit Haus der Jugend, öffentlicher Bibliothek und weiteren angegliederten Einrichtungen, der ursprünglich für 2.400 Schüler ausgelegt war. Die Entwürfe für die integrierten Gesamtschulen Steilshoop (vgl. Nr. G 38.3) und Mümmelmannsberg gingen aus einem Gutachterwettbewerb unter acht Architektengruppen hervor. Was als pädagogisches Experiment nicht ohne Euphorie begann, scheiterte letztendlich an der baulichen Umsetzung. Die hohe Schülerzahl und der Wunsch nach flexiblen Strukturen hatten in Mümmelmannsberg ein hypertrophes und unübersichtliches Gebilde zur Folge, das aufgrund der großen Gebäudetiefe z. T. nur künstlich zu belichten und belüften ist und zwangsläufig anonymisierend wirken muss. Poppige Farben, vor allem Orange und Blau, und eine dominante Erschließungsachse, Öffentlichkeit und Kommunikation suggerierend »Schulstraße« genannt, sollen die Orientierung erleichtern.

G 48.2 Evangelisch-lutherisches Gemeindezentrum Mümmelmannsberg
Havighorster Redder 48-50
Architekten: Grundmann, Rehder, Zeuner (Wettbewerb)
Grundmann, Rehder (Realisierung)
1973 W, 1974-76

Die Kirche wurde weniger als Sakralbau im konventionellen Sinne denn als multifunktionaler Gemeindesaal definiert. Nach außen wirkt der schlichte, polygonal gebrochene Baukomplex vor allem durch die farbig emaillierten Außenwände, die Hans Kock gestaltet hat. Dabei sollten die Räume möglichst flexibel nutzbar sein, was durch Wandelemente gewährleistet wird, die sich je nach Bedarf entfernen lassen. Von Kock stammen auch die Prinzipalstücke – Altartisch, Taufe, Kanzelpult – und die Betonreliefs im Gottesdienstraum.

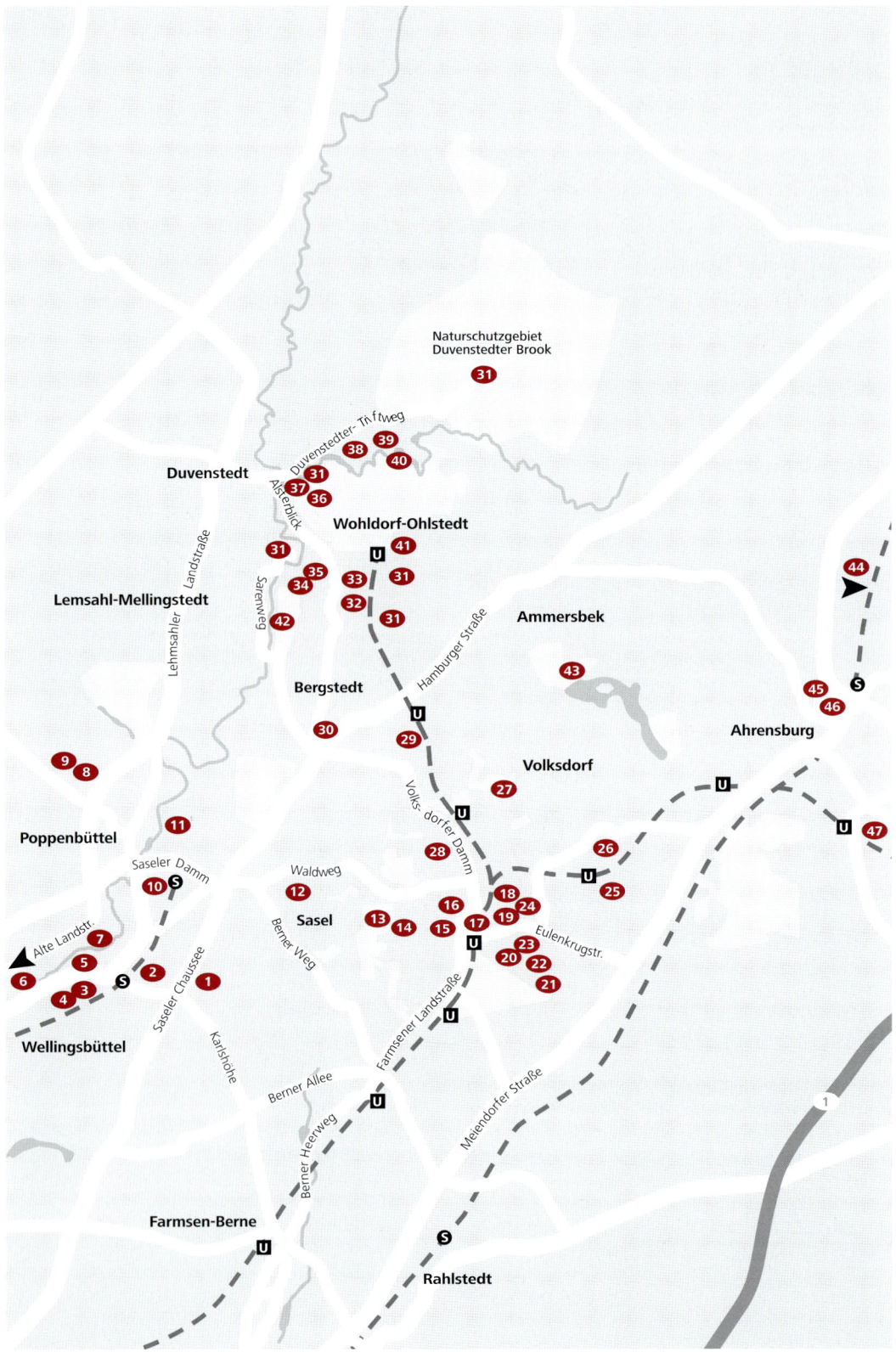

H 2 Haus Dr. Sautter (Aufnahme um 1969)

H Walddörfer, Alstertal und Ahrensburg

Die so genannten Walddörfer Farmsen-Berne, Volksdorf, Wohldorf-Ohlstedt und Großhansdorf-Schmalenbeck bildeten bis zum Groß-Hamburg-Gesetz von 1937 hamburgische Exklaven auf preußischem Gebiet. (Großhansdorf, wie die Gemeinde heute nur noch heißt, wurde 1937 allerdings Preußen zugeschlagen, um dessen Gebietsverluste zu kompensieren.) Bis auf Teile von Farmsen waren die Walddörfer bereits im 15. Jahrhundert sukzessive in den Besitz Hamburgs gelangt. Das Gut Berne gehörte dagegen von 1375 bis 1806 zum St.-Georg-Spital und wurde 1830 mit Farmsen zusammengelegt (zu Farmsen-Berne vgl. Kapitel G, Nr. 27ff.). Hamburg begegnete dieser territorialen Zersplitterung mit dem Bau der Walddörferbahn (1912-21), die sich in Volksdorf in Zweigstrecken nach Wohldorf-Ohlstedt und Großhansdorf-Schmalenbeck teilte.

Diese Infrastrukturmaßnahme machte die nordöstlich von Farmsen-Berne gelegenen, landschaftlich reizvollen Gebiete zu einer attraktiven Wohngegend, wodurch Hamburg nicht zuletzt auch der Abwanderung des Bürgertums in die preußischen Nachbargemeinden gegensteuern wollte, die sich damals bereits deutlich abzuzeichnen begann. Ein Nutznießer dieser Suburbanisierung war z. B. das schleswig-holsteinische Ahrensburg, das sich dank seiner verkehrsgünstigen Lage an der Eisenbahnstrecke Hamburg-Lübeck ab 1900 zu einem Villenvorort und somit zum ernsthaften Konkurrenten für das benachbarte Großhansdorf-Schmalenbeck entwickelte. Ahrensburg war aus dem Gut Woldenhorn hervorgegangen und wurde erst später nach dessen Herrenhaus, einem stattlichen Renaissanceschloss von 1596 (vgl. Nr. H 45), benannt.

Eine zweite Siedlungsachse bildete sich entlang der Vorortbahn nach Poppenbüttel heraus, die nördlich von Klein Borstel (Ohlsdorf) auf preußisches Gebiet führte. Während sich Wellingsbüttel nach dem Ersten Weltkrieg zur exklusiven Landhausadresse entwickelte (vgl. Nr. H 3), lockten Poppenbüttel und Sasel zunächst vor allem mit günstigem Siedlungsland für Selbstversorger (vgl. Nr. H 12). Nach den Luftangriffen im Sommer 1943 wurden in Poppenbüttel außerdem Behelfsheime für Ausgebombte errichtet (vgl. Nr. H 10). Durch das Groß-Hamburg-Gesetz büßten alle drei ihre kommunale Selbstständigkeit ein – ebenso Hummelsbüttel, Duvenstedt, Lemsahl-Mellingstedt und Bergstedt, die abseits der beiden großen Nahverkehrslinien im Nordosten Hamburgs lagen und somit bis 1939 ihren dörflichen Charakter bewahren konnten.

H 1 Gemeindehaus Arche Alstertal
Saseler Chaussee 76a, Wellingsbüttel
Architekt: Marc-Olivier Mathez
1991, 1992/93

Gemeindezentrum für eine Pfingstgemeinde. Der Gottesdienstsaal und die Gemeinderäume sind, wie bei Freikirchen häufig anzutreffen, übereinander angeordnet. Schräg gesetzte Innenwände erzeugen trotz der einfachen Grundform des Gebäudes ein spannungsreiches Raumgefüge. Die Holzleimbinder des flach gewölbten Tonnendaches ruhen auf schlanken Stahlrohrstützen, so dass die Oberlichtbänder ohne Zäsur durchlaufen können. Originell ist der farbliche Dreiklang von altrosa gestrichenen Putzfassaden, dunkelgrünen Fensterrahmen und hellen Holzverschalungen.

H 2 Haus Dr. Sautter
Lockkoppel 21, Wellingsbüttel
Architekt: Peter Schweger
1965, 1967/68

Die kompakten Betonkanten, z. T. nachträglich mit gefalztem Kupferblech verkleidet, ordnen den Entwurf eindeutig den brutalistischen Architekturtendenzen der 1960er Jahre zu. Das rote Verblendmauerwerk setzt sich in den Innenräumen nahtlos fort. Der Bau wurde von innen nach außen entwickelt, wie sich an der verschachtelten Gebäudestruktur ablesen lässt. Wohnraum, Kaminecke und Essraum gehen fließend ineinander über und bilden einen zusammenhängenden Wohnbereich, der sich mit einer Bibliotheksgalerie im ersten Obergeschoss fortsetzt. Gehobenen Anspruch signalisiert auch die

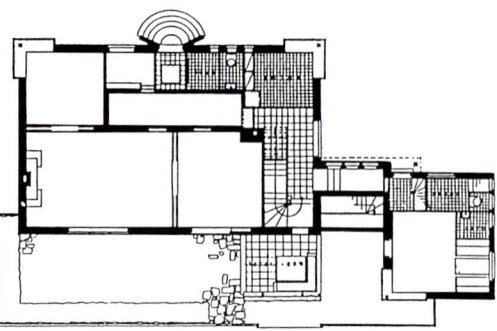

H 3.1.1 ATAG-Siedlung Wellingsbüttel, Haus Dr. Knoth mit Grundriss (rechts)

Schwimmhalle: das Statussymbol der Wirtschaftswunderjahre schlechthin.

H 3 ATAG-Siedlung Wellingsbüttel
Wellingsbüttler Weg/Up de Worth/Knastenberg/Barkenkoppel/Pfeilshofer Weg/Rabenhorst/Siriusweg/Eckerkamp u. a., Wellingsbüttel
Architekten: Felix Ascher. Fritz Höger. Friedrich R. Ostermeyer. Paul Schöß u. a.
Ab 1914

Die Alsterthal-Terrain-Actien-Gesellschaft (ATAG) wurde 1912 von den Gutsbesitzern in Sasel, Poppenbüttel und Wellingsbüttel gegründet, um ihren Grundbesitz in Bauland umzuwandeln, wofür zunächst die heutige S-Bahn-Linie nach Ohlsdorf bis Poppenbüttel verlängert werden musste. Das Verwaltungsgebäude der ATAG, Rabenhorst 11, ist ein Entwurf von Paul Schöß (um 1914). Die Wahl des Architekten ist programmatisch zu verstehen, war Schöß doch bis dahin vor allem mit Villen und Landhäusern hervorgetreten. Der Erste Weltkrieg und die wirtschaftlichen Krisen der Weimarer Republik hemmten jedoch die Entwicklung der neuen Siedlung. Die Bahnstrecke, 1918 provisorisch in Betrieb genommen, konnte erst 1924 fertiggestellt werden. Ab 1931 wurden nur noch kleinere Grundstücke verkauft.

Die Parzellengrößen sollten Wellingsbüttel von vornherein Exklusivität verleihen. Schon allein aus Rücksicht auf die Landschaft lag die Mindestgröße von Grundstücken an der Alster bei 5.000 qm; mindestens 2.500 qm waren in den Bereichen Up de Worth/Barkenkoppel und Pfeilshofer Weg/Rabenhorst vorgeschrieben; südlich der S-Bahnstation Hoheneichen sollte kein Grundstück kleiner als 1.000 qm sein. Wellingsbüttel zählt zwar zu den bevorzugten Wohngebieten, der hohe Anteil an relativ schlichten traditionalistischen Gebäuden aus den 1930er bis 1950er Jahren lässt den Stadtteil jedoch eher glanzlos wirken. Es fehlen die architektonischen »Highlights« aus dem späten Kaiserreich und der Weimarer Republik. Am Rabenhorst 12 hat Felix Ascher sein eigenes Wohnhaus errichtet (1926/27). Pfeilshofer Weg 10 stammt von Friedrich R. Ostermeyer (1928).

H 3.1 Einfamilienhäuser von Fritz Höger
H 3.1.1 Haus Dr. Knoth
Up de Worth 24, Wellingsbüttel
Architekt: Fritz Höger
1934
H 3.1.2 Haus Bagge
Up de Worth 26, Wellingsbüttel
Architekt: Fritz Höger
1935

Die beiden Einfamilienhäuser repräsentieren das Spätwerk von Fritz Höger, der nach 1933 trotz seiner unverhohlenen Sympathie für das NS-Regime kaum noch bedeutende Bauaufträge erhielt und wohl nur mühsam seinen Platz in der nun herrschenden Architekturdoktrin fand. Einige Details wie die Eckfenster von Haus Dr. Knoth oder die halbrunde Veranda von Haus Bagge erinnern zwar noch an die Architektursprache der 1920er Jahre. Der Typus der zweigeschossigen »Kaffeemühle« mit Walmdach (vgl. Haus Boesche, Nr. H 13) wurde hier aber zugunsten der »bodenständigen« eingeschossigen Bauweise mit Satteldach und Bretterverschalungen an den Giebeln aufgegeben, die eher an ein Siedlerhaus als an eine urbane Vorstadtvilla denken lässt.

H 4 Evangelisch-lutherische Lutherkirche
Up de Worth 23-27, Wellingsbüttel
Architekten: Hopp & Jäger
1936 W, 1937

Ländlich anmutende Saalkirche mit Seitenemporen und Tonnendecke sowie einem gedrungenen Einturm. Fachwerkfassaden am Emporengeschoss und traditionelle Ziersetzungen im Mauerwerk, die der niederdeutschen Bauernhausarchitektur entlehnt sind, z. B. »Donnerbesen«, unterstreichen den rustikalen Eindruck. Wer genau hinsieht, entdeckt in einer der Ausfachungen an der Südseite außerdem ein nach 1945 nur notdürftig kaschiertes Hakenkreuz. Einen vergleichbar konservativen Bau haben Hopp & Jäger mit der Maria-Magdalenen-Kirche in Ohlsdorf entworfen (vgl. Nr. I 27).

H 4 Evangelisch-lutherische Lutherkirche

H 5 Herrenhaus Wellingsbüttel

H 5.1 Herrenhaus Wellingsbüttel, Torhaus

H 5 Herrenhaus Wellingsbüttel
Wellingsbütteler Weg 71, Wellingsbüttel
Architekten: Martin Haller (1. Erweiterung)
nps tchoban voss (2. Erweiterung)
Um 1750; 1. Erweiterung 1889/90;
2. Erweiterung 2004-06

H 5.1 Torhaus
Wellingsbüttler Weg 75, Wellingsbüttel
Architekt: Georg Greggenhofer (Ursprungsbau)
1757; Instandsetzungen 1951-57 und um 1970

Ab 1673 gehörten das Dorf Wellingsbüttel – 1296 erstmalig erwähnt – und das Gut den Freiherren von Kurzrock, deren Besitz reichsunmittelbar war, d. h. dem Kaiser direkt unterstand. 1806 gelangte Wellingsbüttel an die dänische Krone und wurde holsteinisch, während sich das Gut bis 1938 im Besitz Hamburger Bürger befand, um schließlich an die Stadt Hamburg zu wechseln. An die Zeit derer von Kurzrock erinnert noch der anmutige Fachwerkbau des Torhauses mit einem Mansardwalmdach und einem zierlichem Dachreiter (heute Alstertal-Museum). Das Herrenhaus verdankt sein Erscheinungsbild dagegen dem späten 19. Jahrhundert, als der eingeschossige Bau aufgestockt und mit einer neobarocken Putzfassade versehen wurde, die mit korinthischen Kolossalpilastern am Mittelrisalit herrschaftlichen Anspruch erhebt. Seit der zweiten Erweiterung 2006, bei der an beide Schmalseiten maßstäblich angepasste Anbauten angefügt wurden, wird das Gebäude von einer **Seniorenresidenz** genutzt. Diese stammt, ebenso wie die benachbarte **Wohnanlage »Torhäuser«**, von APB. Architekten Beisert, Wilkens, Grossmann-Hensel (2002 W, 2004/05).

H 6 Haus Buck
Alte Landstraße 60, Hummelsbüttel
Architekt: Prof. Bernhard Hirche
1993, 1994-96

Exklusives Einfamilienhaus mit einem zweigeschossigen Schlaftrakt, von dem sich ein eingeschossiger Annex für den Wohnbereich löst. Die weißen Putzfassaden und die dynamisch gerundete überdeckte Terrasse, mit der das Gebäude weit in das Grundstück an der Oberalster vorstößt, sind offenkundige Zitate der Vorkriegsmoderne. Eine fensterlose Wandscheibe aus Klinker schirmt den Bau zur stark befahrenen Alten Landstraße hin ab. Sie gewährt nur durch einen knapp bemessenen Windfang Zutritt: ein inszenatorischer Kniff, um die Treppenhalle und den Wohnraum, der fließend in den Eingangsbereich übergeht, umso großzügiger wirken zu lassen.

H 6 Haus Buck

H 8.1.2 Hamburg Bau '78, Kettenhäuser Gödersenweg (Aufnahme 1978)

H 7 »Schloss Hohenlinden«
Alte Landstraße 270, Poppenbüttel
Architekt: H. Otto Brehmer
1922-24

Neoklassizistisches Landhaus mit Putzfassaden und Säulenloggia. Die wohlerhaltene Ausstattung der Innenräume rückte das Gebäude in den 1980er Jahren in das Blickfeld der Denkmalpflege. Bis hin zur Rufanlage für das Hauspersonal war hier noch die Lebensführung eines großbürgerlichen Haushalts im ersten Viertel des 20. Jahrhunderts ablesbar – die der Bauherr, der Baustoff-Kaufmann F. W. Bindel, allerdings mit wuchtigem Mobiliar und gründerzeitlich-pompösem Stuckdekor identifizierte, die eher in das wilhelminische Kaiserreich als in die 1920er Jahre zu passen scheinen. Heute wird das Gebäude von belanglosen Anbauten bedrängt.

H 8 Hamburg-Bau '78
Garleff-Bindt-Weg/Carsten-Meyn-Weg/Gödersenweg/Ohlendiekskamp/Kreienkoppel/Schusterkoppel u. a., Poppenbüttel
Architekten: A. P. B. Architektengruppe Planen & Bauen Beisert, Findeisen, Grossmann-Hensel, Wilkens. Bäumer & Streb. v. Gerkan, Marg + Partner. Patschan, Werner, Winking. PPL Planungsgruppe Professor Laage. Steidle & Partner u. a. (Bauten)
Gutachterverfahren 1976, Bebauungsplan 1977, Bebauung 1977 W, 1977/78

In den 1970er Jahren nahm die Abwanderung aus Hamburg in das Umland, wo günstiges Bauland lockte, greifbare Formen an, während die Außengebiete der Stadt bereits stark zersiedelt waren. Angesichts dieses Entwicklungstrends entschloss sich der Senat, die Erschließung eines neuen Einfamilienhausgebiets in Poppenbüttel mit einer Bauausstellung – der »Hamburg-Bau '78« – zu verbinden. Im Frühjahr 1977 lagen die Aussteller fest. Im selben Jahr wurde auch noch ein Wettbewerb entschieden, der Alternativen zu dem innerhalb der Stadtgrenzen immer weniger erschwinglichen frei stehenden Einfamilienhaus aufzeigen sollte. Das Gesamtbild der Siedlung, insgesamt 221 individuell gestaltete Einzel-, Reihen- und Gruppenhäuser an verkehrsberuhigten Wohnstraßen, geriet im Endeffekt allerdings enttäuschend. Es fehlte der Mut, das Repertoire auf einige wenige miteinander korrespondierende Haustypen zu beschränken und gestalterische Vielfalt nicht mit architektonischem Wildwuchs zu verwechseln. An herausragenden Wettbewerbsbeiträgen hätte es nicht gemangelt, wie die hier vorgestellten Entwürfe belegen.

H 8.1 Kettenhäuser Gödersenweg
H 8.1.1 Kettenhäuser
Gödersenweg 1-5/Carsten-Meyn-Weg 28;
Gödersenweg 13-27
Architekten: A. P. B. Architektengruppe Planen & Bauen Beisert, Findeisen, Grossmann-Hensel, Wilkens
1977 W, 1977/78

H 8.1.2 Kettenhäuser
Gödersenweg 6-20
Architekten: v. Gerkan, Marg + Partner
1977 W, 1977/78

Die Einfamilienhäuser wurden so aneinander gereiht, dass sie kammförmige Baustrukturen bilden und sich somit gegenseitig abschirmen. Das stark differenzierte Gesamtbild resultiert aus der Split-Level-Bauweise. Rotes Sichtmauerwerk und flach geneigte Pultdächer kennzeichnen die schlichte, aber gediegene, skandinavisch anmutende Architektur. Das Pflaster der Wohnstraßen geht nahtlos in die Hauszugänge über. Stufen, Stützmauern und Abpflanzungen deuten jedoch Grenzen an und schaffen somit ein differenziertes System von öffentlichen und privaten Räumen.

H 8.2 Stadthäuser Carsten-Meyn-Weg
Carsten-Meyn-Weg 20-26
Architekten: v. Gerkan, Marg + Partner
1977 W, 1977/78

Mit den Stadthäusern wurde der traditionelle Typus der urbanen Reihenvilla wiederaufgenommen. Aber auch die Vorkriegsmoderne klingt mit dem weißen Sichtmauerwerk, den Sprossenfenstern und den Dachterrassen an. Die Räume verteilen sich auf sechs jeweils um ein halbes Geschoss gegeneinander versetzte Ebenen (Split-

H 8.2 Hamburg Bau '78, Stadthäuser Carsten-Meyn-Weg (Aufnahme 1978)

H 10 Typisches Plattenhaus (Aufnahme um 1944, Standort unbekannt)

Level-Bauweise). Der Heizungsraum und die Garage sind in die Eingangsebene integriert, wodurch das Bauvolumen vergrößert und der Eindruck kleinbürgerlicher Reihenhäuschen von vornherein vermieden wurde.

Die **Gruppenhäuser** Kreienkoppel 15-23 sind ein Entwurf von Steidle & Partner und Ilsemarie Rojan-Sandvoss (1977 W, 1977/78).

H 9 Evangelisch-lutherische Simon-Petrus-Kirche
Harksheider Straße 156, Poppenbüttel
Architekten: Köster & Stübing
1963/64

Achteckiger Stahlbetonskelettbau mit einem Faltdach, das im Innern wie ein Sterngewölbe anmutet. Farbig verglaste Fensterschlitze – Entwurf Diether Kressel – sind wie Fugen zwischen dem Skelett und den mit Backstein verkleideten Wandscheiben angeordnet. Die ebenfalls achteckige Betonstele des Turmes ist über einen offenen Gang an die Kirche angebunden. Die konventionelle Ausrichtung der Bänke an einem Mittelgang wird dem zentralräumlichen Grundriss nicht gerecht. Sie ist jedoch bezeichnend für die reservierte Haltung, die die evangelisch-lutherische Kirche in den 1960er Jahren gegenüber grundlegenden Innovationen im Sakralbau einnahm (vgl. im Unterschied hierzu die römisch-katholische Heilig-Kreuz-Kirche in Volksdorf, Nr. H 15).

H 10 Gedenkstätte Plattenhaus Poppenbüttel
Kritenbarg 8, Poppenbüttel
Architekten: Georg Hinrichs (Entwurf)
Hans Th. Holthey (Bauleitung)
1944/45

Das unscheinbare Gebäude gehörte ursprünglich zu einer Siedlung für Ausgebombte, die rund 370 so genannte Plattenhäuser umfasste: knapp 40 qm große Behelfsheime aus Betonpfosten und Betonplatten, die im KZ Neuengamme vorgefertigt wurden (vgl. auch die Falkenbergsiedlung in Neugraben-Fischbek, Nr. L 60). Auch für den Bau der Häuser wurden neben Zwangsarbeitern ab Herbst 1944 KZ-Häftlinge eingesetzt, zumeist polnische Jüdinnen aus dem Außenlager Sasel des Stammlagers Neuengamme. In den 1960er Jahren musste die Siedlung dem Alstereinkaufszentrum weichen. 1985 wurde das letzte erhaltene Plattenhaus als Gedenkstätte eröffnet, die auch ein authentisches Bild von den damaligen Wohnverhältnissen vermittelt.

Der **Wohnpark Alstertal**, Kritenbarg 10-36, ist ein Entwurf von Paetzel Architekten (1995 W, 1996-99).

H 11 Herrenhaus und Wohnanlage Annenhof
Saselbergweg 23-37, Sasel
H 11.1 Herrenhaus
Architekten: Paul Schöß (Ursprungsbau)
Holger Schmidt (Umbau)
1922-24; Umbau 1990, 1992/93
H 11.2 Wohnanlage
Architekten: Rogalla & Kitzmann
1990, 1992/93

Wohnanlage in einem 5 ha großen Park. Eine Lindenallee, die zum Herrenhaus führt, bildet die Symmetrieachse für sechs »Kavaliershäuser«: kompakte Stadtvillen mit flach geneigten Dächern auf Staffelgeschossen, die jeweils vier Wohnungen und ein Penthouse enthalten. Ein weiteres Gebäude steht nördlich des Herrenhauses. Mit weißen Putzfassaden, Geländern, Rahmen und Verkleidungen haben die Architekten bewusst auf »Unterkühlung« gesetzt, was die Wohnanlage im Endeffekt exklusiver wirken lässt als die üblichen Stilsurrogate. Das Herrenhaus selbst, ein Komplex aus Hauptgebäude, Wirtschaftsflügel und Torturm mit Klinkerfassaden im englischen Landhausstil, wurde in vier reizvoll ineinander verschachtelte Wohnungen aufgeteilt, die jeweils über eine eigene Haustür und mindestens einen Hauptraum im Erdgeschoss verfügen.

H 12 Siedlerhäuser Op de Elg
Op de Elg 21-29, Sasel
Architekt: Fritz Höger
1921/22

Die drei Doppelhäuser mit Backsteinfassaden, Satteldächern und verschalten Giebeln wurden vermutlich von der »Kriegsgemeinschaft der Heimstätten- und Kreditge-

H 11.2 Wohnanlage Annenhof

H 11.1 Herrenhaus Annenhof

sellschaft G.m.b.H« für ehemalige Soldaten errichtet. Fritz Höger verstand die Gebäude wohl als Prototypen für weitere Projekte, was die unterschiedlichen Grundrisse erklärt. Mit 72 qm war der mittelgroße Haustyp vergleichsweise großzügig bemessen; der kleinste Typ wies jedoch nur eine Wohnküche statt eines Wohnraums auf. Alle drei Typen verfügten über Stallanbauten. In Sasel entstanden vor dem Zweiten Weltkrieg zahlreiche Siedlungen, deren Gartenland in Notzeiten eine Möglichkeit zur Subsistenz bot. Auf dem Höhepunkt der Weltwirtschaftskrise 1932 war denn auch knapp ein Drittel der 3.918 Einwohner auf staatliche Fürsorgeleistungen angewiesen.

H 13 Haus Boesche
Saseler Weg 53, Volksdorf
Architekt: Fritz Höger
1925/26

Der konventionelle zweigeschossige Bau mit Walmdach wurde für die kinderreiche Familie eines Kaufmanns errichtet. Heute wird er von zwei Parteien bewohnt, wobei die baulichen Veränderungen im Innern jedoch auf ein unerlässliches Minimum beschränkt blieben. Auch die Fassaden, die in einem warmtonigen, erdigbunten Ziegel statt der für die Erbauungszeit typischen dunkelroten Klinker ausgeführt wurden, sind noch im Originalzustand erhalten einschließlich der Sprossenfenster, der Buckelglasscheiben und der Klappläden.

H 14 Haus Klöpper
Klosterwisch 8, Volksdorf
Architekten: William und Rudolf Rzekonski
1904/05

Der eingeschossige Putzbau mit Mansardwalmdach und einem Altan mit ionischen Säulen wurde als Landhaus für den Kaufmann Heinrich Adolph Klöpper errichtet (vgl. das Klöpperhaus, Nr. A 59.2). Der Park, dessen Point de Vue ein Pavillon bildet, war ursprünglich nach barockem Vorbild in Parterre und Boskette gegliedert. Auch die beiden galerieartigen Haupträume wecken Assoziationen an ein Lustschlösschen.

Wesentliche Anregungen für den Entwurf gingen wohl von Alfred Lichtwark aus, dem damaligen Direktor der Hamburger Kunsthalle, der mit der Familie Klöpper freundschaftlich verbunden war. Heute gehört das durch Anbauten entstellte, aber ansonsten noch weitgehend im Originalzustand überlieferte Gebäude zu einem Kinderheim.

H 15 Römisch-katholische Heilig-Kreuz-Kirche
Farmsener Landstraße 181, Volksdorf
Architekten: Rau + Bunsmann. Paul Gerhard Scharf
1962 W, 1964/65

Der Vorgängerbau von Bensel, Kamps & Amsinck (1933/34), die erste katholische Kirche in den Walddörfern überhaupt, musste schon nach 30 Jahren einem größeren Neubau weichen. Dieser stellt ein typisches Beispiel für die Umdenkungsprozesse dar, die mit dem II. Vatikanischen Konzil im katholischen Sakralbau einsetzten, denn der Altartisch und die Taufe sind jeweils als Inseln inmitten der Sitzreihen angeordnet. Und auch in konstruktiver Hinsicht ist der Bau bemerkenswert. Die Stahlbetonbinder des zeltartigen Daches greifen wie Strebebogen über die Außenwände hinaus, die somit keine tragende Funktion haben (was der durchgängige Fensterschlitz unter der Decke verdeutlicht). Die Betonstele hinter dem Altar und das Tabernakel stammen von Rudolf Krüger, den Taufstein, das Lesepult und die Kerzenleuchter hat Hermann Stehr gestaltet.

Das **Stresow-Stift**, Farmsener Landstraße 60, ist eine Entwurf von Distel & Grubitz (1927).

H 16 Einfamilienhaus Halenreie
Halenreie 5, Volksdorf
Architekten: Küntzel & Koebcke
1925/26

Eingeschossiger Klinkerbau mit Satteldach. Das breite Zwerchhaus lässt das Gebäude stattlicher wirken als es tatsächlich ist. Zeittypisch ist der zurückhaltende expressionistische Dekor. – Eines der zahlreichen qualitätsvollen Einfamilienhäuser, die nach dem Ersten Weltkrieg in Volksdorf errichtet wurden.

H 13 Haus Boesche

H 15 Römisch-katholische Heilig-Kreuz-Kirche

H 17 Hochbahnhaltestelle Volksdorf
Halenreie/Claus-Ferck-Straße, Volksdorf
Architekten: Ingenieurwesen, Eugen Göbel (Ursprungsbau). Lehmann + Partner (Instandsetzung und Umbau)
Ca. 1914-18; Instandsetzung und Umbau 1998

In Volkdorf verzweigt sich die Walddörferbahn in die Strecken nach Ohlstedt und Großhansdorf, die 1918 bzw. 1921 in Betrieb genommen wurden. Um den Fahrgästen einen witterungsgeschützten Übergang zu den Anschlusszügen zu ermöglichen, erhielt die Haltestelle als einzige auf der Strecke eine Bahnsteighalle: eine Flachtonne aus Stahlbeton mit paarweise angeordneten Bindern und verglasten Giebelseiten, die für die Erbauungszeit überraschend sachlich anmutet. 1998 wurde das ursprüngliche Erscheinungsbild des Gebäudes wiederhergestellt.

H 18 Evangelisch-lutherische Kirche am Rockenhof
Rockenhof 3, Volksdorf
Architekten: Walter Ahrendt (Ursprungsbau)
Bernhard Hirche (Umgestaltung)
1936 W, 1950-52; Umgestaltung 1988/89

Backsteinbau mit basilikalem Querschnitt und halbrunder Apsis; die Stahlbetonbinder laufen im Innern zu flachen Spitzbogen zusammen. Auch andere traditionalistische Details wie das Stufenportal oder der Bogenfries am Turm verdeutlichen, dass der Wettbewerb bereits in der Vorkriegszeit entschieden wurde. Bei der Umgestaltung des Gottesdienstraums wurde auf die Mitteltür zugunsten zweier seitlicher Eingänge verzichtet. Hierdurch war es möglich, das Taufbecken, das früher in der Wegachse zum Altar stand, mit einer halbrunden Wandschale abzuschirmen. Außerdem erhielt die Kirche einen zweiten Altartisch, der weit in das Langhaus hineingerückt wurde. Die Kreuzigungsgruppe auf dem ursprünglichen Altar stammt von Karl Schubert.

Der neue **Gemeindesaal** ist ebenfalls ein Entwurf von Prof. Bernhard Hirche (1992, 1994/95).

H 19 Museumsdorf Volksdorf
Im Alten Dorfe 46-48, Volksdorf
17. 18. und 19. Jahrhundert

Das in einen Grünzug eingebettete Freilichtmuseum – unter Obhut des Heimatpflegevereins De Spieker von 1962 – hat nur noch wenig mit dem historischen Ortskern von Volksdorf zu tun. Bauernhäuser, Scheunen und andere Wirtschaftsgebäude suggerieren zwar ein intaktes Dorfidyll. Offenkundig wurde aber mehr Wert auf Atmosphäre als auf Authentizität gelegt. So befand sich die Schmiede, ein schlichter Fachwerkbau mit einer für den Norden ungewöhnlichen offenen Laube (1832), ursprünglich in Wohldorf-Ohlstedt. Die Grützmühle (1841) stammt aus Hummelsbüttel und die Durchfahrtscheune (1652) aus Schnakenbek bei Lauenburg.

Die Anlage strahlt fächerförmig vom Haupteingang aus. Das Zentrum bilden, von links nach rechts gesehen, drei Vollhufnerhäuser: das Durchfahrthaus, das Spiekerhus (beide spätes 17. Jh.) und der Harderhof (1757). Das Spiekerhus und der Harderhof stehen noch an ihrem ursprünglichen Ort, haben aber durch Umbauten bzw. einen Brand große Teile ihrer originalen Substanz eingebüßt. Auch das Durchfahrthaus – mit Toren in beiden Giebeln – ist ein originärer Bestandteil des alten Volksdorf. Es wurde aber bereits 1953 an einer anderen Stelle abgebrochen und 30 Jahre später rekonstruiert. Der »Dorfkrug« ist ein ehemaliges Instenhaus (18. Jh.).

Die **Villa von Ohlendorff**, Im Alten Dorfe 28, haben Elingius & Schramm entworfen (1927/28).

H 20 Haus Hering
Holthusenstraße 2, Volksdorf
Architekt: Bernhard Steinbrück
1911

Hinsichtlich der schmucklosen Fassaden, des Satteldachs und der bretterverschalten Giebel ist das Gebäude dem Typus des Siedlerhauses zuzuordnen, wie ihn z. B. Heinrich Tessenow zu dieser Zeit kultiviert hat. Mit rund 130 qm Erdgeschossfläche, aufgeteilt in eine Wohndiele, ein Wohnzimmer, ein Esszimmer, eine Veranda und eine Küche mit Anrichte genügte es aber problemlos bürgerlichen Ansprüchen. Bernhard Steinbrück war Lehrer an der Baugewerkschule Lübeck, was den Entwurf beispielhaft für die regionale Rezeption zeitgenössischer Archi-

H 21 Haus Schluck

H 22 Haus Hirche

H 23 Haus Thiede

tekturströmungen macht. Privater denkmalpflegerischer Initiative ist zu verdanken, dass die meisten Details wie der ockerfarbene Edelputz, die Dachziegel oder die Sprossenfenster mit den Klappläden noch im Originalzustand erhalten sind.

H 21 Haus Schluck
Meilenbergweg 83, Volksdorf
Architekten: Karl Schneider. Jakob Detlef Peters
Karl Witte
1921/22

Angesichts der späteren Entwürfe Karl Schneiders wirkt das Gebäude, eines der ersten von ihm selbst verantworteten Projekte überhaupt, noch bemerkenswert konservativ. Backsteinfassaden, ein Walmdach und Sprossenfenster charakterisieren den Bau. Die niedrigen Fenster im Obergeschoss und der Schornstein am Giebel scheinen englischen Landhausvorbildern entlehnt. Auch der Expressionismus hat Spuren hinterlassen, z. B. mit den sich nach unten verjüngenden Stützen der überdeckten Terrasse.

H 22 Haus Hirche
Huusbarg 53, Volksdorf
Architekt: Bernhard Hirche
1985, 1986/87

Verhalten postmoderner Bau mit Betonsteinfassaden und Satteldach. Der Luftraum der Wohnhalle durchschneidet den kubischen Baukörper wie ein vertikaler Schlitz. Im ersten Obergeschoss verbindet eine brückenartige Galerie die beiden Haushälften. Eine filigrane Wendeltreppe markiert das Gebäudezentrum. Das Dachgeschoss dient als Einliegerwohnung.

    Haus von Behr, Huusbarg 36, ist ein Entwurf von Fritz Höger (1935).

H 23 Haus Thiede
Foßredder 29a, Volksdorf
Architekten: Carsten Roth
1996, 1998/99

Zweifamilienhaus auf einem schmalen Grundstück. Um das Untergeschoss als Wohnfläche nutzen zu können, wurde der Gartenhof auf Kellerniveau abgesenkt. Die Funktionsräume konzentrieren sich auf der Nordseite, was nach Süden und Westen hin die Möglichkeit bot, frei mit den Fenstern zu spielen. Die Wand- und Dachscheiben und die Terrassendecks bilden ein komplexes Gefüge aus sich überlagernden und durchdringenden Schichten wie bei den Villen von Le Corbusier. Auch die weißen Putzfassaden sind ein Zitat der rationalistischen Vorkriegsmoderne, wogegen die übrigen Materialien – verzinkte Metallprofile, grobe Holzplanken, Sichtbeton – betont heutig wirken. Sie konterkarieren jeden Anflug von Eleganz, wie er der »Weißen Moderne« eigen ist.

H 24 Ehem. Walddörferschule
Im Allhorn 45, Volksdorf
Architekten: Hochbauwesen, Fritz Schumacher (Ursprungsbau). Burmester & Ostermann (Instandsetzung und Erweiterung)
1928-31; Instandsetzung und Erweiterung 1974, 1979-81

Zwei winkelförmige Baukörper mit Flachdächern und Fensterbändern, ursprünglich als Volksschule und als Oberrealschule geplant, und ein Aulapavillon umschließen einen weiträumigen Innenhof. Nach Westen hin sind dem Komplex Turnhallen vorgelagert. Charakteristisch für den konservativen Zug in Fritz Schumachers Schaffen ist die Symmetrieachse, an der er das Ensemble ausgerichtet hat. Die Erweiterung dokumentiert die Sensibilisierung für die Architektur der Schumacher-Ära in den 1970er Jahren. Der Innenhof wurde um ein Geschoss abgesenkt und ein »Schulforum« sowie zusätzliche Fachräume im Untergeschoss angeordnet, um den ursprünglichen Charakter der Anlage nach außen hin zu erhalten. Gleichzeitig wurde der Altbau einfühlsam instandgesetzt. Heute dienen die Gebäude ausschließlich als Walddörfer-Gymnasium.

H 25 Siedlung Moorbekring
Moorbekring/Buchenkamp, Volksdorf
Architekt: Benedict Tonon
1989 W, 1998-2001

H 24 Ehem. Walddörferschule (Aufnahme um 1931)

Der kurvige Moorbeekring fügt sich organisch in die Felder im Osten von Volksdorf ein; auch die gewölbten Dächer korrespondieren mit der Endmoränenlandschaft. Während sich die Siedlung nach Süden mit Zeilen und Punkthäusern öffnet, wird sie im Norden von einer bogenförmigen Baustruktur umschlossen. Die Zeilenbauten wirken wie Reihenhausgruppen, wobei es sich aber tatsächlich um Maisonetten bzw. konventionelle Geschosswohnungen handelt, wenn auch mit jeweils eigenen Hauseingängen im Erdgeschoss. Die gestalterischen Details verweisen auf die Vorkriegsmoderne. Einheitliche, annähernd quadratische Fensteröffnungen rhythmisieren die Klinkerfassaden, die Balkonbrüstungen laufen ohne Zäsur als horizontale Bänder durch.

H 26 Herrenhaus Wulfsdorfer Hof
Bornkampsweg 35, Ahrensburg (Schleswig-Holstein)
1906; Erweiterung 1910-12
Schmuckloser roter Backsteinbau, der mit Erkerfenstern und hohen Schornsteinen an die britische Landhausarchitektur erinnert. Zunächst wurde der eingeschossige Trakt errichtet, dann der zweigeschossige Querflügel mit Mansardwalmdach und Dachreiter. Mit Bädern, Zentralheizung und einem elektrischen Speiselift bot das Anwesen zeitgemäßen Komfort. Der Grundbesitz des Wulfsdorfer Hofes gehörte dem Hamburger Unternehmer und Ingenieur Johann Hermann Vering, der u. a. das Reiherstiegviertel in Wilhelmsburg erschlossen hatte. 1925 verkauften seine Erben das Gut an die Stadt Hamburg, die das Gutshaus mehr als 50 Jahre lang als Jugendheim nutzte. Heute ist es als »Haus der Natur«

öffentlich zugänglich. Das Herrenhaus liegt nur rund 300 m jenseits der Landesgrenze, weshalb es in den Rundgang durch Volksdorf einbezogen sei. Leider ist der Architekt unbekannt.

H 27 Haus Uhlmann
Duvenwischen 70, Volksdorf
Architekten: Jacob & Ameis
1910
Versteckt inmitten eines ursprünglich 25 ha großen Wald- und Parkgeländes ließ sich Martin Uhlmann, Spediteur und Inhaber von Lagereibetrieben, ein »herrschaftliches« Landhaus mit Wirtschaftstrakt und Reitstall errichten. Der Entwurf stammte von den jungen Architekten Alfred Jacob und Otto Ameis, die sich 1909 selbständig gemacht hatten. Schlichte rote Backsteinfassaden, neoklassizistische Details, z. B. die ionischen Säulen an der Terrasse, und die Sprossenfenster – im Erdgeschoss als Bay Windows wie bei einem britischen Landhaus – sind typisch für das Bauen um 1910. Die Ziersetzungen im Mauerwerk des Stallgebäudes verweisen dagegen auf die niederdeutsche Bauernhausarchitektur (vgl. das eigene Wohnhaus von Ameis, Nr. H 36).

H 28 Haus Kruse
Wietreie 61, Volksdorf
Architekten: Ingrid Spengler. Manfred Wiescholek
1989, 1990/91
Ein schlichtes Satteldachhaus aus den frühen 1950er Jahren, mit 78 qm Wohnfläche nach heutigen Maßstäben äußerst bescheiden dimensioniert, sollte auf

H 25 Siedlung Moorbekring

knapp 250 qm Fläche erweitert werden. (Eine Einliegerwohnung kann abgeteilt werden.) Die Architekten lösten das Problem, indem sie die Eigenschaften des Altbaus souverän negierten und einen völlig heterogenen zweigeschossigen Baukörper mit gewölbtem Pultdach daneben setzten, der über eine verglaste Wohnhalle an den Bestand angebunden wurde. Nur die Putzfassaden und der gemeinsame Klinkersockel bilden eine gestalterische Klammer, die das spannungsreiche Gebäudepaar zusammenhält – was nicht zuletzt aufgrund der hohen Detailqualität überzeugend wirkt. Dabei wurden ökologische Kriterien geltend gemacht.

H 29 Siedlung Wensenbalken
Wensenbalken/Ohlendorffs Tannen/Lottbeker Feld/ Lottbeker Platz/Heinrich-von-Ohlendorff-Straße u. a., Volksdorf
Architekten: Distel & Grubitz
1922-29

Die Siedlung wurde mit staatlichen Zuschüssen von der Hamburger Kriegerheimstätten GmbH gebaut, die das Gelände bereits 1915 erworben hatte, um Einfamilienhäuser für die von der Front heimkehrenden Soldaten zu errichten. Bis 1929 konnten 45 Doppelhäuser, neun Einzelhäuser und drei Reihenhausgruppen realisiert werden. Die Wohnfläche liegt bei 66 bis 93 qm, wobei die zweigeschossigen Doppelhäuser die Bebauung aber großzügiger wirken lassen. Schmucklose Klinkerfassaden mit Sprossenfenstern und Walmdächer kennzeichnen die Architektur. Hier sollten bürgerliche Gruppen angesprochen werden, was nicht nur die ursprüngliche Ausstattung – Badezimmer mit Gasbadeöfen –, sondern auch der Verzicht auf Stallanbauten verdeutlicht. Die Grundstücke waren vorrangig als Ziergärten und weniger als Anbauflächen für Selbstversorger gedacht.

H 30 Evangelisch-lutherische Pfarrkirche Bergstedt
Volksdorfer Damm 268/Wohldorfer Damm, Bergstedt
Architekten: Jasper Carstens (Erweiterung und Turm)
Walter Ahrendt (Instandsetzung)
Kernbau 1. Hälfte des 13. Jahrhunderts; Erweiterung und Turm 1745-50; Instandsetzung 1951/52

In den Außenmauern der Saalkirche sind noch Reste eines romanischen Feldsteinbaus erhalten – 1248 erstmals erwähnt –, der später gotisch überformt wurde. Der Fachwerkturm auf dem Giebel wurde zusammen mit der westlichen Erweiterung von 1750 errichtet. Bei der Instandsetzung wurde die südliche Empore abgebrochen und die nördliche verkürzt. Außerdem wurde die nachträglich verschalte Holzbalkendecke wieder freigelegt, die Malereien von 1685 aufweist. An Ausstattungsstücken sind die Kanzel (1686), ein Taufengel (1768) und der ehemalige Kanzelaltar erwähnenswert. Letzterer stellt jedoch nur ein Pasticcio aus Stücken des 17. Jahrhunderts und einem mittelalterlichen Kruzifix dar, weil der Kanzelkorb Anfang der 1950er Jahre aus dem Altar gelöst und separat angebracht wurde. Die Orgel neben dem Altar stammt aus der Werkstatt von Arp Schnitger (1686).

Auf dem Friedhof an der Bergstedter Chaussee liegt das **Familiengrab Beisser**, das Fritz Höger entworfen hat (1926).

H 27 Haus Uhlmann

H 28 Haus Kruse

H 31 Norweger-Häuser
H 31.1 Blockhäuser
Ohlstedter Stieg 1-11, 2-14/Ellerbrookswisch 7, 8/
Lottbeker Weg 40/Torfhuder Stieg 2a/Duvenstedter
Triftweg, Wohldorf-Ohlstedt
Architekt: Werner Kallmorgen
1944/45
H 31.2 Blockhäuser
Sarenweg 152-162, Duvenstedt
Architekt: Werner Kallmorgen
1944/45
H 31.3 Doppelhäuser
Stahmerstraße 41-49/Bredenbekstraße 62-64/
Duvenstedter Triftweg 14-16, Wohldorf-Ohlstedt
Architekt: Werner Kallmorgen
1944/45

Nach den schweren Luftangriffen im Sommer 1943 wurden in Wohldorf-Ohlstedt und Duvenstedt – fernab der Zielgebiete der Bombergeschwader – 34 vorgefertigte Holzhäuser errichtet, die von norwegischen Herstellern stammten: 27 Blockhäuser mit Grasdächern, Sprossenfenstern und Klappläden und sieben Doppelhäuser mit Satteldächern. Letztere wurden teilweise auf massive Geschosse gesetzt und zu Mehrfamilienhäusern mit bis zu sechs Wohnungen ausgebaut. Da Werner Kallmorgen auf die Gestaltung kaum Einfluss nehmen konnte, bestand sein Ehrgeiz vor allem darin, die Blockhäuser möglichst idyllisch in die Landschaft einzubetten.

Schon allein die Größe und die Ausstattung der Blockhäuser, 64 bis 123 qm Wohnfläche mit Bad und WC, machen deutlich, dass als Bewohner weniger die vielbeschworenen »Volksgenossen« gedacht waren – für die wurden gleichzeitig »Plattenhäuser« errichtet (vgl. Nr. H 10) – als vielmehr leitende Funktionäre der NSDAP, Angehörige der SS und andere Begünstigte des NS-Regimes. Auch Gauleiter und Reichsstatthalter Karl Kaufmann ließ für sich drei Blockhäuser mitten im Duvenstedter Brook errichten (Duvenstedter Triftweg). Nach Kriegsende wurden die meisten Häuser von ihren Bewohnern verlassen bzw. zwangsweise geräumt und NS-Opfern zur Verfügung gestellt.

H 32 Haus Lindhorst
Röötberg 12, Wohldorf-Ohlstedt
Architekten: Niederwöhrmeier + Wiese
2000/01

Die Loggia und das als japanischer Garten gestaltete Atrium wirken wie aus dem zweigeschossigen kubischen Baukörper gestanzt. Die Gartenfront ist mit weißen Blechpaneelen verkleidet; die übrigen Fassaden werden durch einen Edelputz belebt. Auffällig ist die konsequente dreiachsige Innenaufteilung, die aus der breiten Mittelzone mit der einläufigen Treppe resultiert. Die Bauherren haben ihr ästhetisches Empfinden bei einem langjährigen Aufenthalt in Japan geschult, was sich in der elementaren Detaillierung und den subtilen Proportionen des Gebäudes widerspiegelt.

H 33 Haus Müller-Drenkberg
Bredenbekstraße 29, Wohldorf-Ohlstedt
Architekten: Karl Schneider (Ursprungsbau)
Joachim Kähne (Instandsetzung)
1928/29; Instandsetzung 1989, 1993/94

Kubischer Klinkerbau mit gleichsam schwebenden Balkondecks, einer Dachterrasse und den für Karl Schneider charakteristischen Fensterbändern mit Blockzargen, die an den Gebäudekanten »Negativecken« bilden. Orangefarbene Türen und Fensterflügel setzen kräftige Akzente auf den dunklen Fassaden. Mit Esszimmer, Herrenzimmer und Damenzimmer, deren Einrichtung ursprünglich ebenfalls von Schneider stammte, sowie einer Dienstmädchenkammer entsprach der Grundriss bürgerlichen Ansprüchen. Bauherr war Erich Müller-Drenkberg, der in leitender Funktion in verschiedenen Baugesellschaften tätig war. Heute zählt sein Haus – einer der wenigen Bauten von Schneider, die noch im Originalzustand erhalten sind – zu den Hauptwerken des »Neuen Bauens« in Hamburg.

H 34 Haus Völker
Haselknick 22, Wohldorf-Ohlstedt
Architekten: Elingius & Schramm
1925/26

H 31.2 Norweger-Häuser, Blockhaus am Sarenweg

H 33 Haus Müller-Drenkberg (Aufnahme um 1929)

Einer der seltenen expressionistischen Entwürfe von Elingius & Schramm. Zackenbekrönungen, Spitzbogen, sternförmige Fenster und ein angelsächsisch anmutender Schornstein am Giebel schmücken den eingeschossigen Bau mit Steildach. Ungewöhnlich für die Architekten ist auch das weiß geschlämmte Sichtmauerwerk, das dem Gebäude einen rustikalen Charakter verleiht.

H 35 Einfamilienhaus Diestelstraße
Diestelstraße 5, Wohldorf-Ohlstedt
Architekten: Jacob & Ameis
1912

Der Bau besticht durch seine elegante neoklassizistische Gliederung im »Zopfstil« des ausgehenden 18. Jahrhunderts unter einem geschweiften Blendgiebel. Die Fenster und andere Details sind noch im Originalzustand erhalten, die durchgefärbte Edelputzfassade wurde nach dem ursprünglichen Vorbild erneuert. Die Innenräume kennzeichnet jene repräsentative und doch zugleich behagliche Atmosphäre, die Jacob & Ameis mit ihren Entwürfen kultiviert haben (vgl. Haus Ameis, Nr. H 36).

Haus Edye, Alsterblick 1, ist ein Entwurf von Fritz Höger (1923/24).

H 36 Haus Ameis
Schleusenredder 21, Wohldorf-Ohlstedt
Architekt: Otto Ameis
1907; Nebengebäude 1912

Das Erstlingswerk von Otto Ameis (1881-1958) ist zugleich ein herausragendes Beispiel für den nach der Jahrhundertwende beliebten Heimatstil. Mit Krüppelwalmdach, Fachwerkgiebeln, Ziersetzungen in den roten Backsteinfassaden und einer »Grootdör« – die Loggia im Erdgeschoss – zitiert der Entwurf typische Motive der niederdeutschen Bauernhausarchitektur. Auch das Innere ordnet sich mit Deckenbalken, Wandvertäfelungen und Delfter Fliesen dem ländlichen Charakter unter. War das Gebäude ursprünglich nur als Sommersitz gedacht, so genügte es doch auch den Ansprüchen an ein ganzjährig zu nutzendes bürgerliches Wohnhaus. Von Otto Ameis und seinem

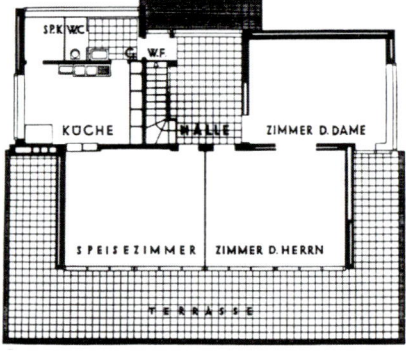
H 33 Haus Müller-Drenkberg, Grundriss

Büropartner Alfred Jacob (Jacob & Ameis) stammen auch **Haus Bozenhard**, Schleusenredder 9 (um 1912), und das **Landhaus** Duvenstedter Triftweg 30 (1913/14).

H 37 Haus Bauer
Duvenstedter Triftweg 4, Wohldorf-Ohlstedt
Architekten: Karl Schneider (Ursprungsbau)
nps Nietz, Prasch, Sigl Architekten (Instandsetzung)
1925, 1928; Instandsetzung 1992

Kubischer Bau mit weiß geschlämmtem Sichtmauerwerk. Da der Bauherr Ernst Bauer gehbehindert war, wurden alle Räume ebenerdig zu einem kompakten, winkelförmigen Grundriss mit fließenden Übergängen angeordnet. Fensterbänder mit den für Karl Schneider typischen Blockzargen (vgl. Haus Müller-Drenkberg, Nr. H 33) öffnen die Räume nach Süden und Westen. Dem Wunsch nach Licht, Luft und Sonne – das Ehepaar Bauer war Anhänger der Freikörperkultur – kam der Architekt mit einem Freisitz, einer Dachterrasse für Sonnenbäder und einem Schwimmbassin entgegen.

H 38 Herrenhaus Wohldorf
Herrenhausallee 4, Wohldorf-Ohlstedt
Architekt: H. Georg Günther
1712-14; Dacherker 1820

H 36 Haus Ameis

H 37 Haus Bauer (Aufnahme um 1928)

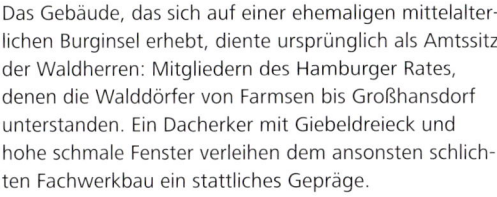
H 38 Herrenhaus Wohldorf

Das Gebäude, das sich auf einer ehemaligen mittelalterlichen Burginsel erhebt, diente ursprünglich als Amtssitz der Waldherren: Mitgliedern des Hamburger Rates, denen die Walddörfer von Farmsen bis Großhansdorf unterstanden. Ein Dacherker mit Giebeldreieck und hohe schmale Fenster verleihen dem ansonsten schlichten Fachwerkbau ein stattliches Gepräge.

H 39 Haus Reimann
Herrenhausallee 62a, Wohldorf-Ohlstedt
Architekten: Dinse, Feest, Zurl
1991/92

Hinsichtlich des mit Blech verkleideten Spitztonnendachs und der Holzverschalung erinnert das langgestreckte Gebäude unweigerlich an eine Scheune aus dem Mittelwesten der USA. Darin erschöpfen sich aber auch schon die traditionellen Motive, denn die übrigen Details zeugen von der Lust am Spiel mit industriellen Materialien, für das die Architekten bekannt sind. Souverän wurden hier die gängigen Klischees ortstypischer Architektur negiert – Backsteinfassaden, Sprossenfenster und Krüppelwalmdächer –, und dennoch fügt sich der Bau problemlos in die historische Nachbarschaft des denkmalgeschützten Kupferhofs ein.

H 40 Kupferhof
H 40.1 Kupfermühle
Herrenhausallee 64a, Wohldorf-Ohlstedt
18. Jahrhundert
H 40.2 Kate
Herrenhausallee 93, Wohldorf-Ohlstedt
1. Hälfte 19. Jahrhundert
H 40.3 Herrenhaus
Herrenhausallee 95, Wohldorf-Ohlstedt
Um 1750
H 40.4 Kate
Kupferredder 74, Wohldorf-Ohlstedt
18. Jahrhundert

1622 wurde die Ammersbek zum heutigen Kupferteich aufgestaut, um die Wasserkraft für die Herstellung von Messingdraht zu nutzen. Ab 1687 wurde hier ein Kupferhammer betrieben. Die Gebäude, die sich mit schlichten Fachwerkfassaden als typische Nutzarchitektur ihrer Zeit ausweisen, stammen überwiegend aus dem 18. Jahrhundert. Lediglich das Herrenhaus – das ehemalige Wohnhaus des Mühlenbesitzers – ist zweigeschossig und erhält durch ein Zwerchhaus ein etwas repräsentativeres Gepräge. Im Innern künden zeitgenössische Stuckdecken und eine repräsentative Treppe von einem gewissen Wohlstand.

H 42 Haus Köhnemann (Aufnahme um 1969)

H 44 Verwaltungsgebäude edding AG

H 41 Schule am Walde
Kupferredder 12, Wohldorf-Ohlstedt
Architekt: Hochbauwesen, Baurat Völker
1930/31
Komplex aus einem Klassen- und Verwaltungstrakt und einem Anbau mit Turnhalle. Die sachliche Klinkerarchitektur ist mit der gestalterischen Handschrift Fritz Schumachers eng verwandt. Ein weiterer Entwurf von Völker ist das **Gemeindehaus** von Wohldorf-Ohlstedt, Alte Dorfstraße 4 (1927).

H 42 Haus Köhnemann
Sarenweg 38, Lemsahl-Mellingstedt
Architekten: v. Gerkan & Marg
1968/69
Wohnhaus eines Innenarchitekten. Raumgroße Kuben mit dunkel lasierter Holzverschalung fügen sich zu einer stark differenzierten Baugruppe. Auch das stark abfallende Hanggelände wurde mit Böschungsmauern aus Sichtbeton diesem kompositorischen Schema unterworfen. Während sich das Gebäude zur Straße hin verschlossen zeigt, öffnet es sich zur Alster mit großen Glasflächen und Terrassen. Der Wohnbereich erstreckt sich mit einer Kaminecke bis in das Untergeschoss. Im auffälligen Gegensatz zu soviel räumlicher Großzügigkeit stehen die kabinenartigen Kinderzimmer.

H 43 Haus Gratenau
Schevenbarg, Ammersbek (Schleswig-Holstein)
Architekten: Elingius & Schramm
1924/25
Breit gelagerter eingeschossiger Klinkerbau mit einem hohen Walmdach und Staffelgiebeln an den Längsseiten, der von weitem wie ein ländliches Wirtschaftsgebäude wirkt. Von besonderer Schönheit waren die Außenanlagen (Gartenarchitekt H. König). In dem bewaldeten Gelände wurden zwei Achsen freigeschlagen, die den Blick zum Bredenbeker Teich und auf ein Badehaus mit Schwimmbecken lenkten. Seit 1960 dient das Gebäude als Golfclubhaus, wobei der Park dem Golfplatz zum Opfer fiel.

H 44 Verwaltungsgebäude edding AG
Bookkoppel 7, Ahrensburg (Schleswig-Holstein)
Architekten: Struhk + Partner
1987 W, 1989/90; Erweiterung 1999-2000
H-förmige Baustruktur mit vier Bürotrakten, die nach dem Split-Level-Prinzip von einer zentralen Passage erschlossen werden (bis 2000 um einen weiteren Trakt im Nordwesten erweitert). Filigran detaillierte Fensterfronten, Wandscheiben aus Betonsteinen und hauchdünn anmutende Trapezblechdächer verleihen dem Komplex einen pavillonartigen Charakter. Hier wurden zum ersten Mal in Deutschland Kombibüros realisiert, d. h. die Büros öffnen sich mit Glaswänden zu einladend gestalteten Mittelzonen mit Besprechungstischen und offenen Teeküchen, was die innerbetriebliche Kommunikation anregen soll.

H 45 Schloss Ahrensburg
Lübecker Straße 1, Ahrensburg (Schleswig-Holstein)
Architekten: Schramm, v. Bassewitz, Hupertz (Restaurierung)
Baubeginn bald nach 1570; Fertigstellung 1595; Umbauten ab 1759; Restaurierung 1981-89
Das Renaissanceschloss – das de facto ein Gutshaus ist – wurde von Peter von Rantzau errichtet, der 1569 die im Forst Hagen gelegene Burg Arnesvelde von seinem Bruder Daniel geerbt hatte. Als der zugeschüttete Schlossgraben in den 1980er Jahren wieder geöffnet wurde, bestätigten Pfostenfunde die Vermutung, dass bereits zu dieser Zeit mit dem Bau begonnen wurde und nicht erst, wie bisher angenommen, im Jahre 1580. Die Türme waren ursprünglich wohl nicht vorgesehen und wurden aufgrund einer längeren Unterbrechung der Bauarbeiten erst nach 1587 fertiggestellt. Das Vorbild für das Ahrensburger Schloss wäre dann eindeutig Schloss Glücksburg (1583-87), das eine vergleichbare Baustruktur aufweist: drei nebeneinander gereihte Giebelhäuser und vier Ecktürme, die feudalen Machtanspruch signalisieren.

1759 verkauften die verschuldeten Rantzauer das Gut an den Hamburger Kaufmann Heinrich Carl Schimmel-

H 45 Schloss Ahrensburg

H 46 Schlosskirche und Gottesbuden

mann (1724-82), der drei Jahre später auch Wandsbek erwarb, wo sein Mausoleum steht (vgl. Nr. G 15). Schimmelmann kann als einer der reichsten Männer Nordeuropas in der zweiten Hälfte des 18. Jahrhunderts gelten. Er war nicht nur Gutsherr, sondern auch Pächter der Meißener Porzellanmanufaktur und Besitzer von Zuckerplantagen auf den heutigen Jungferninseln. Seit 1762 führte er den Titel eines Freiherrn. 1763 wurde er zum dänischen Finanzminister ernannt und 1779 in den Grafenstand erhoben. 1932 mussten sich die Schimmelmanns ihrerseits aus wirtschaftlichen Gründen von dem Gut trennen. Das Schloss gelangte mit Teilen des wertvollen Inventars in öffentlichen Besitz und wurde in ein Museum umgewandelt.

Bis auf die geschweiften Giebel, die in Anlehnung an den ursprünglichen Zustand erneuert wurden, ließ Schimmelmann das Äußere des Schlosses unangetastet. Die Innenräume wurden jedoch seinem Bedürfnis nach Repräsentation und Komfort angepasst, u. a. durch ein neues Treppenhaus mit Rokokostuck (1761), das die Wendeltreppen der Renaissance ersetzte. Die Eichentäfelung des Speisezimmers im Stil Louis XVI. wurde vermutlich aus Paris bezogen (1766). Der Gartensaal mit Wandbildern von Tobias Stranover stammte dagegen noch von den Vorbesitzern. Der Festsaal im ersten Obergeschoss wurde 1855 geteilt und durch M. Scherer neu gestaltet. Ferner hervorzuheben sind ein Wohnzimmer im Biedermeierstil (1845) und ein Raum mit Tapeten von Guiseppe Anselmo Pellicia (1802), die ursprünglich zu einem Kieler Haus gehörten.

Der Wirtschaftshof des Schlosses, Lübecker Straße 4, wurde 1896 durch einen Brand zerstört und bald darauf wiederaufgebaut. Nur das **Verwalterhaus** (um 1800) und der **Marstall** (1845-47) blieben erhalten.

H 46 Schlosskirche und Gottesbuden
Am Alten Markt 1-5, Ahrensburg (Schleswig-Holstein)
1594-96; Grabkapelle und Dach 1745; Turm 1778
Saalkirche ohne Chor und Apsis. 1745 wurden die maroden Giebel abgebrochen und das Satteldach in ein Walmdach umgewandelt, wogegen der ursprüngliche Dachreiter erhalten blieb. Im Innern sticht die ungewöhnliche Decke hervor, die auf Konsolen mit Engelsköpfen ruht und aus einem engmaschigen Netz von Gewölbefeldern mit Kreuzrippen besteht, wobei letztere in vergoldeten Sternen zusammenlaufen. Während des Nordischen Krieges 1713 wurde die Kirche im Innern demoliert. Zur Neuausstattung, die Carl Döbel 1716 geschaffen hat, gehören der reich geschnitzte Kanzelaltar, der Taufengel und die Pastoren- und Grafenstühle. Auf beiden Längsseiten wird die Kirche von den 1596 von Peter von Rantzau gestifteten Gottesbuden flankiert: eingeschossigen Hausreihen mit ursprünglich 24 Wohnungen, von denen die Hälfte unentgeltlich Armen zur Verfügung gestellt wurde.

Das **Gemeindehaus**, Am Alten Markt 9, stammt von Grell & Pruter (1927).

H 47 Haus Tannenhöft
Sieker Landstraße 2, Großhansdorf (Schleswig-Holstein)
Architekten: Rambatz & Jollasse
1908/09
Auffällig ist der strenge Charakter des zweigeschossigen Putzgebäudes, zumal im Vergleich mit anderen zeitgenössischen Landhausentwürfen. Zwei Risalite mit Skelettfassaden, die an die Kontorhausarchitektur erinnern, rahmen die Gartenfront. Festons und ein Portikus mit ionischen Säulen bilden den einzigen Fassadenschmuck. Der von dem Reeder George Henry Lütgens, dem ursprünglichen Eigentümer, und dem Gartenarchitekten Rudolph Jürgens angepflanzte wertvolle Baumbestand (Arboretum) wird heute von einer Abteilung der Bundesforschungsanstalt für Forst- und Holzwirtschaft für wissenschaftliche Zwecke genutzt.

Haus Dr. Albrecht, Sieker Landstraße 3, ist ein Entwurf von Frejtag & Elingius (1912). Die ehemalige **Volksschule**, Wöhrendamm 59, stammt von Fritz Höger (1912/13).

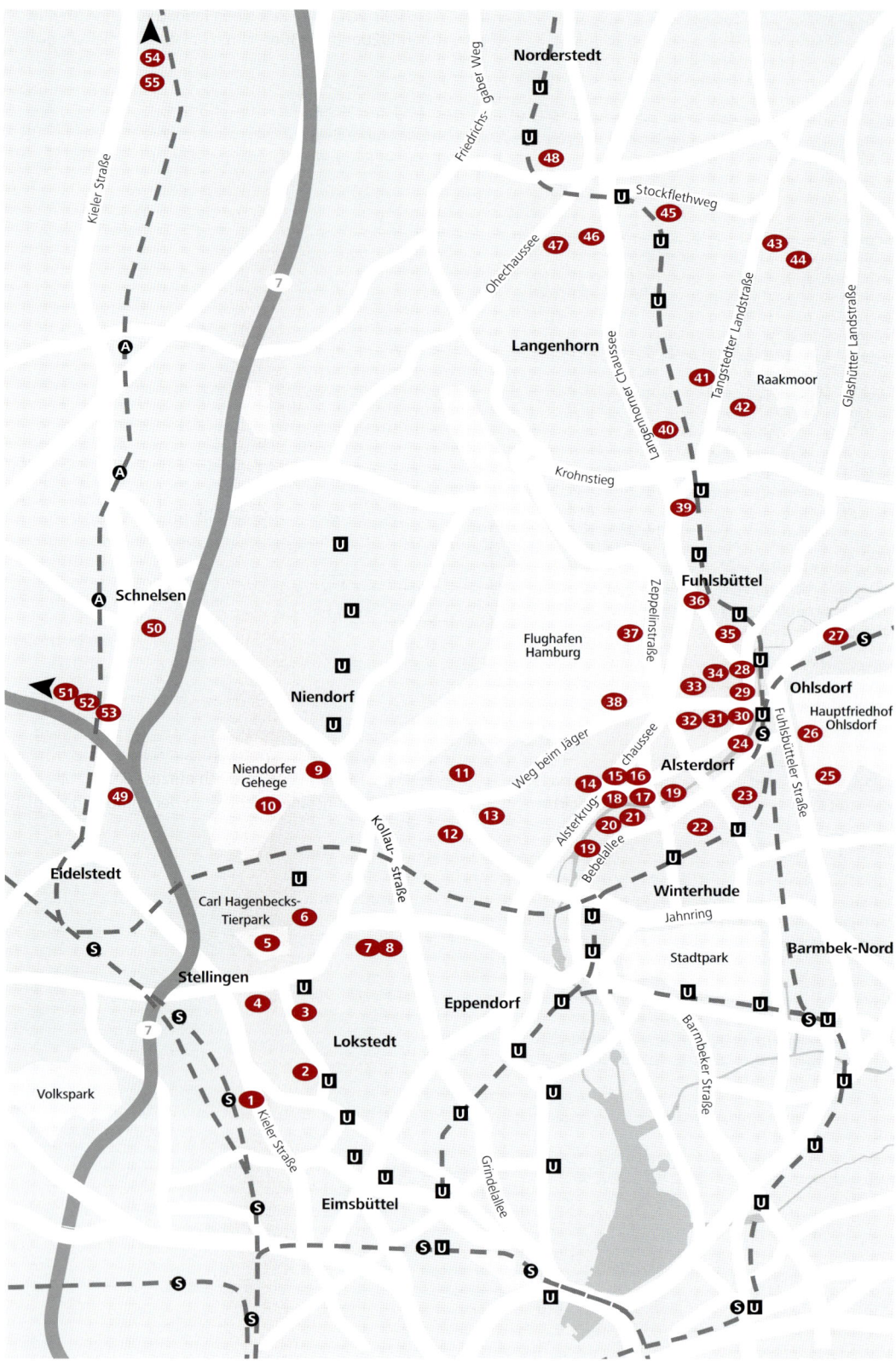

I 1 Evangelisch-lutherische Kirche Zum Guten Hirten
(Aufnahme um 1961)

I Der Norden von Alsterdorf bis Norderstedt und der Nordwesten von Lokstedt bis Quickborn

Alsterdorf gelangte erst 1803 durch Gebietstausch endgültig an Hamburg, wogegen Ohlsdorf und Groß Borstel bereits im Mittelalter zum Kloster Herwardeshude und somit zum hamburgischen Einflussgebiet gehörten. Ohlsdorf wird vor allem mit dem 1877 eröffneten Hauptfriedhof identifiziert (vgl. Nr. I 26). Diese Standortwahl erwies sich als ausgesprochen günstig für die Entwicklung der Gebiete an der Oberalster, denn der Friedhof wurde bereits früh vom Nahverkehr erschlossen. Nur in Alsterdorf vollzog sich der Ausbau schleppend, was vor allem an der späten Kanalisierung der Alster lag (vgl. Nr. I 19), die dazu führte, dass die attraktiven Ufergrundstücke erst in den Krisenjahren der Weimarer Republik baureif waren. Für die geplanten Villenviertel fanden sich dann kaum noch Interessenten.

Fuhlsbüttel und Langenhorn waren seit 1514 im Besitz des St.-Georg-Hospitals und sind somit ebenfalls angestammte Hamburger Territorien. Während sich Fuhlsbüttel bereits vor dem Ersten Weltkrieg zu einem attraktiven Wohngebiet für die bürgerliche Mittelschicht entwickelte, z. B. an der Farnstraße oder am Kleekamp, behielt Langenhorn trotz der Anbindung an die Hochbahn (1918) noch lange Zeit einen ländlichen Charakter. In den 1920er bis 1930er Jahren entstanden hier vor allem bescheidene Siedlungen für Selbstversorger (vgl. die Fritz-Schumacher-Siedlung, Nr. I 41). In der Nachkriegszeit kam verstärkt der Geschosswohnungsbau hinzu. Eine starke Belastung für den Norden Hamburgs bedeutet der Flughafen Fuhlsbüttel (vgl. Nr. I 37), der seit 1989 systematisch modernisiert wird.

Der Nordwesten Hamburgs gehörte ursprünglich zur Herrschaft Pinneberg (vgl. die Landdrostei, Nr. I 53), die 1640 durch Erbteilung an das dänische Königshaus gefallen war und 1867 in den preußischen Kreis Pinneberg umgewandelt wurde. 1927 schlossen sich Niendorf, Schnelsen und Lokstedt zur Gesamtgemeinde Lokstedt zusammen, während Stellingen und Eidelstedt nach Altona eingemeindet wurden. Seit 1937 sind Altona und Lokstedt hamburgisch. Die Gesamtgemeinde Lokstedt entwickelte sich zunächst zu einem bürgerlichen Vorort, bis die Weltwirtschaftskrise diesen Trend stoppte. Heute dominiert hier der Massenwohnungsbau. Gleich hinter der Landesgrenze beginnt die schleswig-holsteinische Mittelstadt Norderstedt, die 1970 aus der Vereinigung mehrerer Gemeinden hervorgegangen ist.

I 1 Evangelisch-lutherische Kirche Zum Guten Hirten
Försterweg 12, Stellingen
Architekten: Sandtmann & Grundmann
1959 W, 1960/61

Eine zeltartige Decke überspannt den asymmetrischen Innenraum, dessen Grundriss an ein Trapez erinnert. Schmale horizontale und vertikale Fensterbänder scheinen das Mauerwerk förmlich aufzuschlitzen. Mit dem schalungsrauen Sichtbeton der Empore, dem rustikalen Putz der Innenwände und den schießschartenartigen Öffnungen in der Südwand kündigt sich der »brutalistische« Sakralbau der 1960er Jahre an, wie ihn Le Corbusier mit der Wallfahrtskirche Notre Dame du Haut in Ronchamp (1950-54) vorgeben hat. Die Betonreliefs an der Empore und den Taufstein hat Klaus Arnold gestaltet. Das farbige Glasfenster im Altarbereich stammt von Siegfried Assmann. Der Turm ist ein Stahlbetonskettbau mit einer eingehängten Glockenstube.

I 2 Russisch-orthodoxe Kirche St. Prokopius
Hagenbeckstraße 10, Stellingen
Architekt: Aleksander Nürnberg (Entwurf)
Leo Seroff (Ausführung)
1961-65

Zentralbau mit kreuzförmigem Grundriss nach traditionellem russischen Vorbild. Die reiche Dachlandschaft mit Türmchen und blauen Zwiebeldächern, dekoriert mit goldenen Sternen, steigert die Baugruppe zu malerischer Wirkung. Zwei große Rundbogen verbinden den mit einer Kuppel überwölbten Hauptraum mit den beiden flach gedeckten Seitenschiffen. Die Ikonostase – die mit Ikonen geschmückte Bildwand, die den Altarraum abschirmt –

I 3 Wolfgang-Meyer-Stadion

und die flächendeckenden Fresken an den Wänden und an der Decke hat N. B. von Meyendorff geschaffen. Die Erläuterung des komplexen Bildprogramms sollte dem vor Ort erhältlichen Führer entnommen werden.

I 3 Wolfgang-Meyer-Stadion
Hagenbeckstraße 124, Stellingen
Architekten: ASW Architekten Silcher, Werner + Partner
Ingenieure: Schlaich, Bergermann & Partner
1990 W, 1992-94

Eine bestehende Kunsteis- und Radrennbahn wurde mit einer Überdachung und einem neuen Eingangsgebäude versehen. Das Dach besteht aus einem transluzenten Polyestergewebe mit einer Maximalausdehnung von 120 mal 70 m. Es ist an vier Pylonen aufgehängt und wird außerdem von so genannten Luftstützen mit Pilzköpfen gehalten, die auf gespannten Stahlseilen aufsitzen. Nicht nur die Konstruktion selbst war sehr wirtschaftlich, die Montage konnte zudem innerhalb von nur sechs Wochen erfolgen.

I 4 Ehem. Rathaus Stellingen
Basselweg 73, Stellingen
Architekt: Karl Zöllner
1912/13

Wuchtige Schweifgiebel im Barockstil zieren das repräsentative Gebäude, das heute als Ortsamt dient. Typisch für die Hamburger Bürgerhausarchitektur des 18. Jahrhunderts ist auch die Kombination aus rotem Backstein und Gliederungen aus Sandstein, die damals schon allein aus Kostengründen auf exponierte Stellen wie Portale oder Giebel beschränkt blieben. Auf der Suche nach einem ortstypischen Baustil wurden diese Motive um 1910 wieder aufgegriffen.

I 5 Carl Hagenbecks Tierpark
Lokstedter Grenzstraße 2, Stellingen
Architekt: J. Hinsch. Bildhauer: Urs Eggenschwyler
1902-07

Ab 1897 erwarb Carl Hagenbeck (1844-1913) das Gelände in Stellingen. Am 7. Mai 1907 wurde der Tierpark eröffnet, der bald weltweite Beachtung fand und auch international Maßstäbe setzte. Viele Tiere wurden hier zum ersten Mal in Panoramen aus künstlichen Felsen und Teichen präsentiert, die der Schweizer Maler und Bildhauer Urs Eggenschwyler in Zusammenarbeit mit dem Landschaftsarchitekten J. Hinsch ihren jeweiligen Naturräumen nachempfunden hatte. Als sensationell galt der Verzicht auf die üblichen Gitter; stattdessen verhindern Gräben, dass die Tiere aus den Gehegen ausbrechen. Das Wahrzeichen des Zoos ist der ehemalige Haupteingang: ein Jugendstiltor, das mit naturalistischen Skulpturen geschmückt ist, z. B. Elefantenköpfen, an deren Rüsseln Lampen hängen. Obwohl der Tierpark bei den Luftangriffen im Sommer 1943 stark in Mitleidenschaft gezogen wurde, hat die Anlage viel von ihrem nostalgischen Charme bewahrt.

I 6 Wohnblock Heimat
Gazellenkamp 80-84/Heimat 1-8/
Stellinger Chaussee 40-42, Lokstedt
Architekten: Ernst und Eduard Theil
1929/30

U-förmiger Komplex mit Klinkerfassaden und Walmdächern, der eine Grünfläche umschließt. Loggien und dreieckige Vorbauten lockern die serielle Reihung der einheitlichen Fensterformate auf. Bauherr war die Angestellten-Baugenossenschaft Heimat, für die Ernst und Eduard Theil noch weitere Projekte realisiert haben (vgl. Nr. F 58 und Nr. L 50.1). Die Skulptur »Gänseliesel« stammt von Richard Kuöhl.

I 7 Gefallenendenkmal Lokstedt
Grandweg/Bei der Lutherbuche, Lokstedt
Architekt: Rudolf Reusse
1923

Das Denkmal der Gemeinde Lokstedt für die Gefallenen des Ersten Weltkriegs wurde bemerkenswert frei von konventionellen Vorbildern gestaltet. Kristall, Flamme oder Stern mit Kometenschweif sind die Assoziationen, die sich angesichts des vertikal gegliederten Klinkeraufbaus einstellen, der sich auf seinem achtstrahligen

I 9 Evangelisch-lutherische Pfarrkirche Niendorf

Sternsockel gleichsam aufzufalten scheint. Diese expressive Geste korrespondiert mit einer der Inschriften auf den Bronzetafeln, die an dem sockelartigen Unterbau angebracht sind: »Den Gefallenen zum Gedächtnis, den Lebenden ein Vermächtnis, dem Vaterland der Schwur: EMPOR.«

I 8 Evangelisch-lutherische Christ-König-Kirche
Bei der Lutherbuche 34, Lokstedt
Architekten: Friedrich Dyrssen und Gert Johannsen
1954-56

Dreischiffiger Stahlbetonskelettbau mit roten Backsteinfassaden. Im Innern staffeln sich die Betonbinder aufgrund des trapezförmigen Grundrisses effektvoll hintereinander und legen sich somit, vom Eingang her gesehen, wie ein mehrschichtiger Rahmen um den Altarraum – was die prosaische Architektur zu sakraler Wirkung steigert. Das Satteldach und der Entlastungsbogen über dem Haupteingang verleihen dem Entwurf eine konservative Note. Eine für die Bauzeit originelle Lösung stellt die frei stehende Turmstele dar. Das **Pastorat** und das **Gemeindehaus** wurden bereits 1914 fertiggestellt (Architekt unbekannt). Aufgrund der krisenhaften Entwicklung nach dem Ersten Weltkrieg verzögerte sich der Bau der Kirche jedoch immer wieder.

Der **Wasserturm Lokstedt**, Süderfeldstraße 49, ist ein Entwurf von Ludwig und Hermann Mannes (1910/11, 1985 Einbau einer Wohnung).

I 9 Evangelisch-lutherische Pfarrkirche Niendorf
Niendorfer Marktplatz, Niendorf
Architekt: Heinrich Schmidt
1769/70

Achteckiges Backsteingebäude mit Mansardkuppel und Dachreiter. Der Innenraum ist mit Rokokostuck geschmückt. Kanzelaltar und Orgelempore bilden eine architektonische Einheit. Auch hinsichtlich des zentralisierenden Grundrisses entspricht die Niendorfer Kirche dem Typus der Predigtkirche, wie er zu dieser Zeit in Norddeutschland stärkere Verbreitung fand; im Mittelpunkt des Gottesdienstes sollte die Verkündigung stehen. Der Entwurf geht vermutlich auf Cai Dose zurück, von dem auch die für Niendorf vorbildhafte Kirche in Rellingen stammt (vgl. Nr. I 52). Empore, Kanzelaltar und Gestühl gehören zur Originalausstattung. Der Taufengel und die Skulpturen, die den Altar flankieren – Moses und der Evangelist Johannes –, entstanden 1785.

I 10 Landhaus Mutzenbecher
Bondenwald 108, Niendorf
Architekten: Frejtag & Elingius
1911

Eingeschossiger kompakter Klinkerbau mit hohem Dachkörper. Weiße Sprossenfenster und grüne Klappläden akzentuieren die schlichten Fassaden. Während die Eingangsseite wegen der kleinformatigen Fenster der Nebenräume eher verschlossen wirkt, öffnet sich die Gartenfront mit breiten Fenstern und einer Loggia, in die Säulen eingestellt sind. Ein Glockengiebel, der die geschwungene Kontur des abgeschleppten Daches aufgreift, betont dort die Mittelachse. Trotz des bürgerlichen Raumprogramms wurde auf überflüssige Verkehrsflächen und Nebenräume verzichtet, was der Wohnlichkeit zugute kam. Das Gebäude wird heute von der Revierförsterei Niendorf genutzt.

Die **Villa Puls**, Bondenwald 56, ist ein Entwurf von Peter Saxen (1913/14).

I 11 Staatliches Alten- und Pflegeheim Groß Borstel
Borsteler Chaussee 301, Groß Borstel
Architekt: Hochbauwesen, Fritz Schumacher
1927-29

Der blockhafte Baukörper, der tatsächlich nach Norden hin kammartig geöffnet ist, und die schmucklosen, schematisch gegliederten Klinkerfassaden unter Walmdächern lassen eher an eine Kaserne als an ein Altenwohnheim denken. Auch die ursprüngliche Aufteilung in 201 Einzel- und 26 Doppelzimmer sowie 5 Wohnungen für Ehepaare unterscheidet das staatliche Heim diametral von den Altenstiften mit ihren abgeschlossenen Kleinwohnungen, z. B. im Stiftsviertel von Winter-

I 12 Stavenhagenhaus

I 15 Feuerwache Alsterdorf

hude (vgl. Nr. F 43). Aber hier wurde auch keine behagliche »Feierabendarchitektur« für den Mittelstand geplant, sondern ein Anstaltsbau für bedürftige Alte.

Die evangelisch-lutherische **Kirche St. Peter**, Borsteler Chaussee 139, ist ein Entwurf von Otto Andersen (1956, 1958/59).

I 12 Stavenhagenhaus
Frustbergstraße 4, Groß Borstel
Architekt: Heinrich Holst (Umbau und Restaurierung)
1703; Umbau und Restaurierung 1961/62

Der anspruchsvoll gestaltete Backsteinbau ist ein typisches Beispiel für die Landhauskultur um 1700, als immer mehr Stadtbürger Bauernhöfe erwarben und zu repräsentativen Landsitzen für die wärmere Jahreszeit ausbauen ließen (vgl. das Landhaus in Moorfleet, Nr. M 5). Das zweigeschossige Hauptgebäude wird durch ein Frontispiz, Quaderlisenen und ein Sandsteinportal gegenüber dem eingeschossigen Wirtschaftsteil hervorgehoben. Das übergreifende hohe Dach verschmilzt die beiden heterogenen Baukörper.

I 13 Siedlung Beerboomstücken
Beerboomstücken/Klotzenmoor/Wigandweg/Moorweg u. a., Groß Borstel
Architekt: Werner Kallmorgen
1954, 1. BA 1955-57, 2. BA 1958-60

Inspiriert von skandinavischen Vorbildern entstand hier eine relativ schlichte, aber ansprechende Siedlung mit Backsteinfassaden und flach geneigten Satteldächern, die durch Modernisierungen allerdings viel an Qualität eingebüßt hat. Zeittypisch ist die Mischung von Einfamilienhäusern und Geschosswohnbauten. Winkelförmige Laubenganghäuser und Reihenhäuser gruppieren sich locker um begrünte Binnenräume. Der bei den Bauarbeiten angefallene Aushub wurde genutzt, um die für Norddeutschland charakteristischen »Knicks« (bepflanzte Erdwälle) zwischen den Gebäudegruppen aufzuschütten. Die meisten Reihenhäuser wurden als »Duplexhäuser« errichtet, d. h. mit je einer Wohnung pro Geschoss, die bei einer Entspannung des Wohnungsmarktes zu einem Einfamilienhaus zusammengelegt werden sollten. Bis 1960 wurde die Siedlung zum Wigandweg hin erweitert.

I 14 Ehem. Verwaltungsgebäude Citycomp
Sportallee 1, Groß Borstel
Architekten: Kleffel & Köhnholdt
1989/90

Langgestreckter dreigeschossiger Baukörper unter einem weit überstehenden Flachdach. Kulissenartige Wände aus Lochblech kaschieren die gläserne Front der Eingangshalle und verleihen dem Gebäude zugleich einen zeichenhaften Charakter mit Wiedererkennungseffekt. Auch die Gebäudekanten sind völlig in Glas aufgelöst, so dass die mit Klinker verblendeten Fassadenabschnitte wie isolierte Wandscheiben vor einem transparenten Kern wirken.

I 15 Feuerwache Alsterdorf
Alsterkrugchaussee 288, Alsterdorf
Architekt: Hochbauwesen, Fritz Schumacher
1910, 1913-14

Komplex aus einem langgestreckten Hauptgebäude und einem kurzen rückwärtigen Anbau mit Schlauchturm. Ein Dachreiter mit Uhr akzentuiert das hohe Walmdach, das auf dem niedrigen Baukörper zu lasten scheint. Details wie die Klinkerfassaden, die Bretterverschalung des Schlauchturms oder die gedrechselten Holzstützen an der Loggia über der Wagenhalle verleihen dem Gebäude einen landhausartigen Charakter, der wie ein Vorgriff auf die gleichzeitig von Fritz Schumacher geplante Villenkolonie in der Nachbarschaft wirkt (vgl. die Alsterkanalisierung, Nr. I 19). Der Entwurf war jedoch ursprünglich für Ohlsdorf vorgesehen und wurde unverändert auf das Grundstück in Alsterdorf übertragen. Schumacher hatte vergeblich dafür plädiert, die Feuerwache am Alsterkanal zu errichten, wo er mit öffentlichen Gebäuden Akzente setzen wollte.

Die **Geschosswohnbauten** und **Gruppenhäuser** Alsterkrugchaussee 387-421 und 418-442 stammen von Klophaus & Schoch bzw. von Klophaus, Schoch, zu Putlitz (1925-30).

I 17 Haus Philip

I 18 Doppelhaus Höger

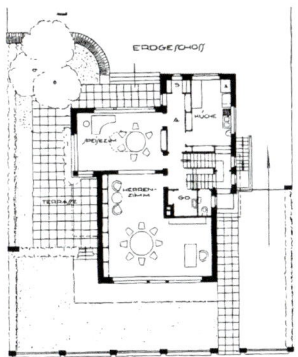
I 17 Haus Philip, Grundriss

I 16 Wolfgang-Borchert-Siedlung
Brabandstraße/Maienweg/Irma-Sperling-Weg/Gertrud-Pardo-Weg/Wilhelm-Bock-Weg u. a., Alsterdorf
Architekten: Anton C. Alberts (städtebauliches Konzept)
Architektengemeinschaft Neon. Bloem & Partner
Enno Klünder. Johannes Lupp. Jörg Neumann
PPL Planungsgruppe Prof. Laage. Rainer Steffen
Thomas Darboven (Bebauung)
Städtebaulicher Wettbewerb 1979;
Bebauung 1983 W, 1984-86

Der städtebauliche Wettbewerb wurde von einem Niederländer entschieden, wie sich an den verkehrsberuhigten Wohn- und Spielstraßen, den offenen Carports und der unprätentiösen Backsteinarchitektur ablesen lässt. (Der gestalterische Rahmenplan stammte ebenfalls von Anton C. Alberts.) Betont unregelmäßig gegeneinander versetzte Reihenhausgruppen, durchmischt mit Mehrfamilienhäusern, umschließen Gartenhöfe mit privaten und gemeinschaftlichen Flächen. Das rote Verblendmauerwerk und die einheitlich geneigten Pult- und Satteldächer verschmelzen die Gebäude zu einem harmonischen Ensemble. Der kleinteilige Maßstab verleiht der Siedlung einen wohnlichen Charakter, macht sie zugleich aber auch zu einem Fremdkörper inmitten der benachbarten Vorkriegsvillen. Insgesamt wurden 234 Wohneinheiten errichtet, wovon 134 auf Reihenhäuser entfallen.

I 17 Haus Philip
Brabandstraße 13, Alsterdorf
Architekten: Block & Hochfeld
1927/28

Flachdächer, eine Dachterrasse und relingartige Geländer machen den kubischen Klinkerbau zu einem Musterbeispiel für die Vorkriegsmoderne. Weniger avantgardistisch mutet der Grundriss an, der hinsichtlich der klar definierten Raumgrenzen und des bürgerlichen Raumprogramms als konventionell zu charakterisieren ist.

I 18 Doppelhaus Höger
Brabandstraße 1-2, Alsterdorf
Architekt: Hermann Höger
1926/27

Mit dem breit gelagerten Staffelgiebel, den Spitzbogenportalen und den Terrakotta-Dreiecken über den mittleren Fensterachsen ist der Entwurf beispielhaft für den Backsteinexpressionismus der 1920er Jahre, der wichtige Anregungen aus der Gotik bezog. Hermann Höger, der zu Unrecht leicht übersehene Bruder des berühmten Chilehaus-Architekten Fritz Höger, bewohnte selbst eine Doppelhaushälfte.

I 19 Alsterkanalisierung
Alsterdorf/Ohlsdorf/Winterhude/Eppendorf
Architekt: Hochbauwesen, Fritz Schumacher
1913-16

Durch den Bau der Fuhlsbütteler Schleuse (1912-15) wurde es möglich, die Alster nördlich der Hudtwalckerbrücke zu kanalisieren. Nach kontroversen Diskussionen mit dem Ingenieurwesen, das 1910 einen Plan für eine naturnahe Gestaltung vorgelegt hatte, konnte Fritz Schumacher dem Fluss eine strenge architektonische Fassung mit Böschungsmauern, Wassertreppen und Terrassen verleihen – monumental gesteigert durch ein 125 mal 90 Meter großes Becken, zu dem er sich auf halber Strecke zwischen Eppendorf und Ohlsdorf weitet. Drei parallel verlaufende Seitenkanäle umschließen »Villeninseln«. Die wirtschaftlichen Krisen der Weimarer Republik vereitelten jedoch das

I 21 Haus Blohm (Aufnahme um 1922)

I 24 Ehem. Krematorium Alsterdorf

ambitionierte Projekt. Statt Parks und Villen säumen heute vor allem Kleingärten die Ufer. Nur der Abschnitt in Winterhude (vgl. Nr. F 41) entspricht Schumachers ursprünglicher Intention.

I 20 Haus Lindner
Wolffsonweg 14, Alsterdorf
Architekten: Geißler & Wilkening
1926

Zweigeschossiger Klinkerbau mit Walmdach. Das mit Reliefs dekorierte Sandsteinportal hat Richard Kuöhl gestaltet. Allerdings muss diese anspruchsvolle Geste mit einem flachen Vorbau für das Treppenhaus konkurrieren, der unorganisch an die Hauptfassade gefügt wurde.

I 21 Haus Blohm
Bebelallee 141, Alsterdorf
Architekt: Erich Elingius
1922

Sparsamer Bauschmuck, Segmentbogen und Fensterläden verleihen dem zweigeschossigen Backsteingebäude einen traditionalistischen Charakter, ohne jedoch auf konkrete historische Vorbilder zu verweisen – eine Eigenart, die bereits die Entwicklung der 1930er Jahre vorweg zu nehmen scheint, nicht zuletzt im Schaffen von Erich Elingius selbst. Mit Herrenzimmer, Wohnzimmer, Speisezimmer und Morgenzimmer war der Grundriss noch den Leitbildern der großbürgerlichen Wohnkultur vor dem Ersten Weltkrieg verhaftet. Bauherr war Walther Blohm, Mitinhaber der Großwerft Blohm & Voss, der mit seinem eigenen Haus zum Pionier im damals erst dünn besiedelten Alsterdorf wurde.

I 22 Gartenstadt Alsterdorf
Heilholtkamp/Frühlingsgarten/Winterlingstieg/Blaukissenstieg/Rotbuchenstieg/Floot u. a., Alsterdorf
Architekten: Erwin Deimling. Willy Eggers. Hermann Höger. Walter Holst. Gustav Meves. Henry Schlote u. a.
1. BA 1935/36; 2. BA 1937/38

Nach der Weltwirtschaftskrise wurde der Anspruch für den Ausbau von Alsterdorf deutlich gesenkt. Statt Villen entstanden in der Gartenstadt 304 zumeist eingeschossige Einfamilienhäuser mit steilem Satteldach auf rund 500 qm großen Grundstücken. Der leicht gekrümmte Verlauf der Straßen, die sich an einigen Stellen zudem platzartig erweitern, sorgte für abwechslungsreiche Räume. Die vorgeschriebene Dachneigung und die roten Backsteinfassaden gewährleisteten trotz individueller Einzelentwürfe ein einheitliches Gesamtbild. Die Bauherren rekrutierten sich aus der Mittelschicht. Auch zwei der Architekten, Henry Schlote und Willy Eggers, errichteten am Heilholtkamp 49 bzw. 70 ihre eigenen Wohnhäuser. 1937/38 wurde die Gartenstadt nördlich des Heilholtkamps erweitert.

I 23 Evangelische Stiftung Alsterdorf
Dorothea-Kasten-Straße/Alsterdorfer Straße/Alsterdorfer Markt/Bodelschwinghstraße u.a., Alsterdorf

Die neogotische St.-Nicolaus-Kirche (1889) ist eines der letzten historischen Relikte der ehemaligen Alsterdorfer Anstalten, die 1863 von Pastor Heinrich Matthias Sengelmann (1821-99) gegründet wurden. Unter Sengelmanns Leitung entstand eine für damalige Verhältnisse mustergültige Einrichtung für mehr als 600 körperlich, geistig oder seelisch behinderte Menschen, die ihren Fähigkeiten entsprechend gefördert wurden. Nach der Jahrhundertwende rückte der pädagogische Anspruch jedoch immer stärker in den Hintergrund. In der NS-Zeit wurde in Alsterdorf auch sterilisiert und für die »Euthanasie« selektiert. Seit den 1990er Jahren wird die Anlage baulich neu geordnet. Das **Einkaufs- und Dienstleistungszentrum Alsterdorfer Markt** – Entwurf winckler röhr-kramer + prof. stabenow (2002/03) – und die Bugenhagen-Schule (vgl. Nr. I 23.2), eine integrative Gesamtschule für den gemeinsamen Unterricht von behinderten und nichtbehinderten Schülern, sollen dazu beitragen, dass sich das Stiftsgelände zum umgebenden Stadtteil öffnet.

I 23.1 Service-Wohnen
Alsterdorfer Straße 461-465
Architekten: Thüs Farnschläder Architekten
1998 W, 2001/02

I 23.2 Evangelische Stiftung Alsterdorf, Bugenhagen-Schule

Fünf Geschosswohnbauten für Familien mit behinderten Kindern, die unterschiedliche Bedürfnisse berücksichtigen: von Familienwohnungen bis zu Apartments für junge Menschen, die sich aus ihren Familien lösen möchten. Außerdem gibt es ein Gemeinschaftshaus. Die obersten Stockwerke sind mit Holz verschalt und ragen wie kantige Köpfe über die ansonsten weiß verputzten Baukörper hinaus.

I 23.2 Bugenhagen-Schule
Alsterdorfer Straße 506
Architekten: Stölken Schmidt Architekten
1998 W, 1999-2000

Zweigeschossiger Dreiflügelbau mit einer multifunktionalen Aulahalle, die unmittelbar an den Fachraumtrakt angegliedert ist. Eine extrem filigrane Pfosten-Band-Konstruktion macht die Fassade zu kaum mehr als einer transparenten Hülle, auf der die Holzrahmen der Fensterbänder und Türen gleichsam zu schweben scheinen. Die geschlossenen Fassadenabschnitte sind mit Latten aus Lärchenholz verkleidet, was die Feingliedrigkeit der Architektur unterstreicht. Auch im Innern sorgen Holzverkleidungen für warme Akzente gegenüber dem Sichtbeton der übrigen Flächen.

Von Stölken Schmidt Architekten stammen auch die **Apartmenthäuser** Paul-Stritter-Weg 6-12 (2001/02).

I 24 Ehem. Krematorium Alsterdorf
Alsterdorfer Straße 523, Alsterdorf
Architekten: Ernst Paul Dorn (Ursprungsbau). Ricardo Bahre (Erweiterung). Uwe Rybin (Umbau)
1890/91; Erweiterung 1911; Umbau 1998

Achteckiger Zentralbau mit Backsteingliederungen und Putzflächen, der nach romanischen Vorbildern aus Oberitalien gestaltet wurde. Das Gebäude wirkt zwar sakral, weckt aber keinerlei Assoziationen an eine Kirche (was wohl auch nicht erwünscht war). Richtungweisend war die diskrete Anordnung des Verbrennungsofens im Untergeschoss, in das der Sarg aus der Feierhalle mit einer hydraulischen Vorrichtung hinabgelassen wurde. Die neobarocke Terrassenanlage mit den roten Sandsteineinfassungen wurde erst nachträglich von der Friedhofs-

I 23.1 Evangelische Stiftung Alsterdorf, Service-Wohnen

verwaltung angelegt, um einen würdigen Rahmen für die Beisetzung der Urnen zu schaffen.

Das ehemalige Krematorium wurde von dem 1883 gegründeten »Hamburg-Altonaer Verein zur Förderung der Leichenverbrennung« errichtet. Es war die zweite Anlage zur Feuerbestattung in Deutschland nach dem Krematorium in Gotha (1878). Vor allem von kirchlicher Seite wurden der Einäscherung anfänglich große Widerstände entgegengebracht; gefördert wurde sie dagegen von liberalen bürgerlichen Kreisen. 1932 wurde das Alsterdorfer Krematorium durch den Neubau auf dem Hauptfriedhof abgelöst (vgl. Nr. I 26.3). Seit 1998 dient der denkmalgeschützte Bau als Restaurant, wofür er wenig einfühlsam erweitert wurde.

I 25 Jüdischer Friedhof
Ilandkoppel, Ohlsdorf
Architekt: August Pieper (Friedhofsgebäude)
Friedhof 1882/83; Friedhofsgebäude 1883/84

Der Hauptfriedhof Ohlsdorf war zwar als überkonfessionelle Begräbnisstätte konzipiert. Der jüdische Friedhof wurde aber abgetrennt, um den besonderen Begräbnisriten gerecht zu werden. Zum Grabmalbestand gehören auch Steine, die von den Ende der 1930er Jahre aufgehobenen Friedhöfen Rentzelstraße und Ottenser

I 26 Hauptfriedhof Ohlsdorf, Wasserturm

I 26.3 Hauptfriedhof Ohlsdorf, Krematorium

Hauptstraße stammen und zusammen mit den Gebeinen der dort Bestatteten an die Ilandkoppel überführt wurden. Das Friedhofsgebäude, ein neoromanischer Backsteinbau mit Kuppel, enthält die für die rituelle Waschung der Leichen (die Tohora) und deren Aufbahrung notwendigen Räume.

I 26 Hauptfriedhof Ohlsdorf
Fuhlsbüttler Straße, Ohlsdorf
Architekten: Ingenieurwesen, Wilhelm Cordes und Otto Linne u. a.
Eröffnung 1877; Generalplan 1881, 1887-1919 (Cordes-Teil); östliche Erweiterung ab 1920 (Linne-Teil); kontinuierliche Umgestaltungen bis in die Gegenwart

Mit einer Fläche von rund 405 ha und etwa 400.000 Grabstellen gilt der Hauptfriedhof Ohlsdorf weltweit als eine der größten Begräbnisstätten. Die Eröffnung 1877 und der Ausbau bis 1887 erfolgten unter provisorischen Bedingungen. Für die Gestaltung zeichneten im Wesentlichen die Friedhofsdirektoren Wilhelm Cordes (1879-1917) und Otto Linne (1919-33) verantwortlich. Der von Cordes geplante Teil, der im Westen liegt, lässt sich unschwer anhand der kurvig ineinander verschlungenen Straßen identifizieren, die mit der Topographie des Geländes korrespondieren. Ein vergleichbarer Entwurf von Cordes für die östliche Erweiterung stieß jedoch auf so vehemente Kritik, dass Linne einen völlig neuen Plan vorlegen musste: mit klaren Wegführungen und dominanten Achsen wie im kurz zuvor realisierten Stadtpark (vgl. Nr. F 45). Bei einem Gesamtbestand von rund 200.000 Grabmalen kann ein kurzer Überblick nicht einmal ansatzweise repräsentativ sein. Die ältesten Grabmale, die noch von den aufgehoben innerstädtischen Friedhöfen stammen, fanden im Heckengarten-Museum bzw. im Amtsteinmuseum Aufstellung. Außerdem gibt es zahlreiche Anlagen mit Denkmalcharakter wie die Soldatenfriedhöfe oder das Massengrab der Luftkriegstoten vom Sommer 1943.

I 26.1 Verwaltungsgebäude
Fuhlsbüttler Straße 756
Architekt: Ingenieurwesen, Wilhelm Cordes
1911-14

Der repräsentative, wenn auch um 1910 bereits völlig altmodische Entwurf des Friedhofdirektors amalgamiert barocke Schlossmotive mit neoromanischen Gliederungen, die dem Sakralbau entlehnt sind und wohl die Würde des Ortes unterstreichen sollen – der wegen seiner naturnahen Gestaltung mit ausgedehnten Gehölzen jedoch auch ein beliebtes Naherholungsgebiet für viele Hamburger war, was die gestalterische Ambivalenz des Gebäudes treffend zum Ausdruck bringt. Überhaupt hatte Wilhelm Cordes die Friedhofsbauten sehr malerisch gestaltet, so dass sie bisweilen eher Assoziationen an zeitgenössische Freizeitarchitekturen erwecken.

I 26.2 Mausoleum Riedemann
Architekten: Haller & Geißler
1905/06

Eines der in Ohlsdorf seltenen Mausoleen. Der kreuzförmige neoromanische Sandsteinbau mit achteckigem Vierungsturm und polygonalem Chor wurde für den »Petroleumkönig« Heinrich Riedemann errichtet (der allerdings 1920 in der Schweiz starb, wo er auch bestattet wurde). Das Hauptgeschoss sollte als Kapelle dienen, darunter ist eine Krypta angeordnet.

Von Haller & Geißler stammt auch das **Mausoleum für Heinrich von Ohlendorff** (1899-1900).

I 26.5 Hauptfriedhof Ohlsdorf, Denkmal für die Opfer des Bombenkrieges

I 26.6 Hauptfriedhof Ohlsdorf, Kapelle 13

I 26.3 Krematorium
Architekt: Hochbauwesen, Fritz Schumacher
1930-32

Das Gebäude ersetzte das Krematorium in Alsterdorf, das wegen der ablehnenden Haltung der Kirchen gegenüber der Feuerbestattung noch außerhalb des Friedhofs errichtet worden war (vgl. Nr. I 24). Auch Fritz Schumacher wies dem Neubau zumindest architektonisch eine Sonderrolle zu und gestaltete ihn mit offenen Wandelgängen und einer vorgelagerten Terrasse wie eine Denkmalanlage, die durch den dunklen Klinker und die Bronzetüren zudem einen obskuren Charakter erhält. Der Phönix am Giebel stammt von Richard Kuöhl wie auch der übrige plastische Bauschmuck. Der Innenraum wird durch parabelförmige Betonbinder gegliedert. Die Glasfenster hat Ervin Bossanyi entworfen.

I 26.4 Mahnmal für die Opfer nationalsozialistischer Verfolgung
Architekt; Heinz Jürgen Ruscheweyh
1948/49

Bereits 1946 beschloss der Senat, ein Mahnmal für die NS-Opfer zu errichten. Nachdem ein Wettbewerb keine befriedigenden Ergebnisse erbracht hatte, wurde Heinz Jürgen Ruscheweyh mit dem Entwurf beauftragt. Er konzipierte einen vertikalen Betonrahmen als Träger für 105 Urnen aus poliertem Granit, die mit Asche und Erde aus ebenso vielen Konzentrationslagern und Haftanstalten gefüllt sind (weitere 29 Urnen sind vor der Stele beigesetzt). Die lapidaren Inschriften lauten: »1933-1945« – »Unrecht brachte uns den Tod / Lebende, erkennt Eure Pflicht« – »Gedenkt unserer Not, bedenkt unseren Tod / Den Menschen sei Bruder der Mensch«. Die Opfer bleiben anonym, die Mahnungen abstrakt und unverbindlich. Erst 1965 wurde eine Gedenkstätte auf dem Gelände des ehemaligen Konzentrationslagers Neuengamme errichtet (vgl. Nr. M 17.1).

I 26.5 Denkmal für die Opfer des Bombenkrieges
Architekt: Konstanty Gutschow
Bildhauer: Gerhard Marcks (Mahnmal)
Ludwig Kunstmann (Balken)
Gräberfeld 1943/44; Denkmal 1947 W, 1948-52

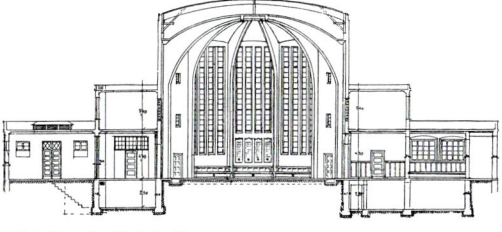

I 26.6 Kapelle 13, Schnitt

Konstanty Gutschow hatte das Massengrab für die 36.918 Opfer der Luftangriffe vom 25. Juli bis zum 3. August 1943 bereits während der Kriegsjahre gestaltet. Aus dieser Zeit stammen auch die Eichenbalken mit den Namen der am stärksten betroffenen Stadtviertel, die jedoch erst 1949 aufgestellt wurden. Nach Kriegsende kam noch das kastellartige, nach oben hin offene Mauergeviert hinzu, das das Zentrum der kreuzförmigen Fläche besetzt. In seinem Innern befindet sich eine Bogennische mit einer vollplastischen Figurengruppe von Gerhard Marcks. Sie stellt den Fährmann Charon dar, der die in ihr Schicksal ergebenen Toten auf dem Styx, dem Fluss der Unterwelt, übersetzt.

Das von Marcks gewählte Thema stieß wegen des Verzichts auf christliche Erlösungssymbole und seiner unverbindlichen Aussage schon bald auf Kritik (und wirkt angesichts der Todesqualen der Feuersturmopfer auch geradezu zynisch). Auch die Ursachen für den Krieg und somit für das Leiden der Zivilbevölkerung werden nicht reflektiert. Die klassizierende Umsetzung des Sujets suggeriert zudem eine Dignität, die diese Grabstelle nicht besitzt. Hier wurden die Toten wahllos in die Grube geworfen – zusammen mit den Eimern und Wannen, in denen man die bis zur Unkenntlichkeit verbrannten menschlichen Überreste eingesammelt hatte.

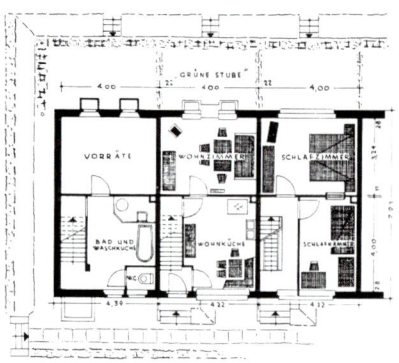

I 27 Franksche Siedlung, eines der Reihenhäuser mit Grundriss (rechts)

I 26.6 Kapelle 13
Architekt: Hochbauwesen, Fritz Schumacher
1927/28

Zentralbau mit Klinkerfassaden, der von zwei niedrigeren Anbauten flankiert wird. Woran Karl Friedrich Schinkel 100 Jahre früher noch scheiterte, nämlich die Verschmelzung von Antike und Mittelalter, gelang Fritz Schumacher problemlos mit dem Entwurf für Kapelle 13. Während das Gebäude außen als eine Art Rundtempel gestaltet ist, schließen sich die Betonbinder im Innern zu einem neogotisch anmutenden Sterngewölbe zusammen. Auch die expressionistische Bordüre am Architrav zeigt den Oberbaudirektor hier einmal mehr als Meister des allzu Gefälligen.

I 27 Franksche Siedlung
Wellingsbüttler Landstraße/Stübeheide/
Stübekamp/Kornweg/Am Stein/
Stüberedder/Övern Barg/Övern Block/
Borstels Ende, Ohlsdorf
Architekt: Paul A. R. Frank
1. BA 1935; 2. BA 1936-39

Mit 644 Wohnungen war die Siedlung ein zentrales Projekt der Wohnungsbaugesellschaft der Gebrüder Hermann und Paul A. R. Frank. Nach der Weltwirtschaftskrise entstanden hier sparsamste Reihenhäuser mit 57 qm Wohnfläche bei nur 4,3 m breiten Grundstücken, was den Widerstand der benachbarten Villenbesitzer gegen das Projekt provozierte. Wurden die Gebäude im ersten Bauabschnitt am Stübekamp schematisch zu Zeilen gereiht, so kennzeichnet den zweiten Abschnitt ein weitaus differenzierteres Layout mit gegeneinander versetzten Hausgruppen und gemeinschaftlichen Grünflächen, die durch Hecken oder Pergolen begrenzt werden und der Siedlung einen geschlossenen, nahezu intimen Charakter verleihen. Einige Details der schlichten Backsteinarchitektur verweisen noch auf das »Neue Bauen« der Weimarer Republik. Die Satteldächer und der Rundbogen, der den Siedlungseingang an der Wellingsbütteler Landstraße markiert, sind dagegen als Tribute an die Architektur der NS-Zeit zu werten.

Die evangelisch-lutherische **Maria-Magdalenen-Kirche**, Stübeheide 175, stammt von Hopp & Jäger (1937/38, vgl. die Lutherkirche, Nr. H 4),

I 28 Terrassenhäuser Im Grünen Grunde
Im Grünen Grunde 7-26, Ohlsdorf
Architekten: Ingeborg und Friedrich Spengelin
Gernot Baum
1. BA 1975/76; 2. BA 1978-80

Drei winkelförmige Baukörper schirmen die Wohnanlage zu den Hauptstraßen hin ab und öffnen sie zugleich zum Alsterkanal. Während der erste Bauabschnitt (Nr. 7-14) mit konventionellen Geschosswohnungen errichtet wurde, sind die übrigen Gebäude weitaus komplexer strukturiert. Maisonetten in Split-Level-Bauweise – d. h. mit Ebenen, die jeweils um ein halbes Geschoss gegeneinander versetzt sind – und Erdgeschosswohnungen mit bungalowartigen Vorbauten, die Gartenhöfe umschließen, erweitern hier das Wohnungsangebot (vgl. die Terrassenhäuser Reemstückenkamp, Nr. I 49). Bei so viel konzeptioneller Sorgfalt enttäuscht allerdings die grob detaillierte Backsteinarchitektur.

Die ehemalige **Straßenbahnwartehalle**, Im Grünen Grunde 20a (1901), war die Endstation der Linien nach Ohlsdorf, die 1895/96 in Betrieb genommen wurden.

I 29.2 Geschosswohnbauten Fuhlsbüttler Schleuse

I 31.1 Justizvollzugsanstalt Fuhlsbüttel, Torhaus Altbau

I 29 Geschosswohnbauten Fuhlsbüttler Schleuse
I 29.1 Geschosswohnbauten
Am Hasenberge 47/Im Grünen Grunde 2-6/
Justus-Strandes-Weg 2-8, Ohlsdorf
Architekten: Krüger & Schrader
1927-29

I 29.2 Geschosswohnbauten
Am Hasenberge 45/Woermannsweg 1-14/Woermannstieg 1-5/Maienweg 272-304, Ohlsdorf
Architekt: Carl Winand
1. BA 1925; 2. BA 1927-30

Die beiden flach gedeckten Klinkerblöcke flankieren die Fuhlsbütteler Schleuse (1912-15) und setzen somit einen markanten städtebaulichen Akzent an der Oberalster. Der Block von Carl Winand säumt fast das gesamte Ufer bis zur Ratsmühlendammbrücke. Dort stechen auch die sorgfältigen Fassadendetails hervor, die zudem nicht durch Modernisierungen beeinträchtigt sind. Große Portale öffnen die begrünten Innenhöfe nach außen. Der Block von Krüger & Schrader ist dagegen ein Torso geblieben, weil sich auf dem Gelände noch ein Straßenbahndepot befand (vgl. Nr. I 28).

I 30 Evangelisch-lutherische Kirche St. Marien
Am Hasenberge 44/Maienweg, Ohlsdorf
Architekten: Hopp & Jäger
1958-60

Das Kirchenschiff, die Gemeindebauten und der Turm – eine steil aufragende Kupferhaube auf einem niedrigen Sockel – bilden ein additives Ensemble mit Fernwirkung, das sich direkt an der Alster erhebt. Die Kirche ist ein Stahlbetonskelettbau mit schlanken Rundstützen im Innern. Die Außenmauern sind auf beiden Seiten mit gelbem Klinker verkleidet. Der parabelförmige Grundriss richtet den Raum auf den Altar aus. Die Lichtbänder unter der Decke verleihen ihm einen introvertierten Charakter. Die Glasmalereien stammen von Charles Crodel. Die Kanzel, die Taufe und den Altar hat Jürgen Weber geschaffen. Eines der Kanzelreliefs zeigt die Zerstörung von Sodom und Gomorrha als Anspielung auf den Feuersturm 1943.

I 31 Justizvollzugsanstalt Fuhlsbüttel
I 31.1 Altbau
Suhrenkamp 98, Ohlsdorf
Architekt: Baudeputation, Carl Johann Christian Zimmermann
1876-79

I 31.2 Neubau
Am Hasenberge 26, Ohlsdorf
Architekt: Hochbauwesen, Bauinspektor Necker
1901-06

Beide Gefängnisse sind als »panoptische« Anlagen konzipiert, d. h. von einer zentralen Rotunde, die dem Wachpersonal Kontrollblicke in alle Richtungen ermöglicht, strahlen die Zellentrakte aus. Die Türme an den Eingangsflügeln signalisieren, dass dort die Kirchen untergebracht sind. Der Altbau wurde im Rundbogenstil der 1830er Jahre errichtet, was auf langlebige gestalterische Konventionen hindeutet (vgl. die Polizeiwache Hütten, Nr. B 78). Lisenen und Rundbogenfriese gliedern die ansonsten schlichte Ziegelarchitektur. Auch der Neubau weist Backsteinfassaden auf. Die zeitgleich errichteten Beamtenwohnhäuser legten sich ursprünglich wie ein Kranz um das Gelände (am Maienweg abgebrochen). Im Torhaus am Suhrenkamp erinnert eine Ausstellung daran, dass Teile des Gefängniskomplexes ab 1933 als Konzentrationslager genutzt wurden.

Die **Geschosswohnbauten** Am Hasenberge 1-19 sind ein Entwurf von Klophaus, Schoch, zu Putlitz (1928/29 und 1933/34).

I 32 Ehem. Röntgenröhrenfabrik C. H. F. Müller
Röntgenstraße 24-26, Ohlsdorf
Architekt: Karl Schneider
1928, 1929/30

Der Komplex, der ursprünglich aus zwei parallelen Produktionstrakten bestehen sollte, konnte nicht einmal zur Hälfte realisiert werden. Eine gestalterische Pioniertat war die unverkleidete Stahlbetonskelettfassade des Fabrikgebäudes, wogegen die Verwaltung auf Wunsch der Baudeputation mit rotem Klinker verblendet werden musste. Überhaupt wurden Karl Schneider beim Entwurf enge

Grenzen gesetzt, gab doch der Philips-Konzern in Eindhoven, der die Firma 1927 übernommen hatte, sowohl das Achsmaß als auch das verglaste Innenwandsystem vor.

133 Laubenganghäuser Am Lustberg
Am Lustberg 14-22/Niedernstegen 11-19, Fuhlsbüttel
Architekten: Bensel, Kamps & Amsinck (südl. Kopfbauten). Block & Hochfeld (nördl. Kopfbauten)
Paul A. R. Frank. Karl Schneider (Laubengangtrakte)
1929, 1930/31

Die beiden parallelen Zeilen mit Flachdächern und Putzfassaden wurden als Versuchsbauten der »Reichsforschungsgesellschaft für Wirtschaftlichkeit im Bau- und Wohnungswesen« errichtet (vgl. die Versuchsbauten an der Jarrestraße, Nr. F 50). Für diese reduzierte Version des »Neuen Bauens« zeichneten die bedeutendsten Vertreter der Hamburger Vorkriegsmoderne gemeinsam verantwortlich. Dabei wurden die 168,5 m langen Baukörper jeweils in drei Planungsabschnitte aufgeteilt: zwei konventionell erschlossene Kopfbauten und einen Mittelteil mit Laubengängen.

134 Versuchshäuser der Vulcan-Werft
Soltstücken 2-4/Olendörp 12-14, Fuhlsbüttel
Architekten: Elingius & Schramm
1926/27

Gruppe aus vier zweigeschossigen Häusern mit Flachdächern und Fassaden aus Stahlblech. Mit diesem einmaligen Versuchsprojekt wollte die Hamburger Vulcan-Werft der Schiffbauindustrie neue Absatzmärkte eröffnen und gleichzeitig die Kosten im Wohnungsbau senken. Der Vorteil wurde vor allem in der Materialersparnis gesehen, denn hinter der äußeren Blechhülle befindet sich nur eine dünne isolierende Schicht aus Torfplatten und Schlacken- oder Bimsbeton. Der Bau ist übrigens auch ein Dokument für den damaligen Stand der Schiffbautechnologie: Während die Winkeleisen an den stärker beanspruchten Gebäudekanten noch ganz konventionell genietet wurden, kam bei der Flächenverkleidung bereits das neuartige Schweißverfahren zum Einsatz.

135 Öffentlicher Garten Wacholderweg
Wacholderweg/Bergkoppelweg, Fuhlsbüttel
Architekt: Leberecht Migge
1909

Die ursprünglich rund einen Hektar große Grünanlage illustriert den Aufschwung Fuhlsbüttels zu einem attraktiven Wohngebiet für die Mittelschicht. Gleichzeitig ist sie ein typisches Beispiel für die Reform der Gartenarchitektur vor dem Ersten Weltkrieg, als die ineinander verschlungenen »Brezelwege« des 19. Jahrhunderts immer stärker auf Kritik stießen. Die Anlage besteht im Wesentlichen aus einer naturbelassenen Spiel- und Ruhewiese, die durch Laubengänge und Bäume abgeschirmt wird. Der Haupteingang wurde einem Parkplatz geopfert.

Der **Geschosswohnbau** Schäfer, Bergkoppelweg 1-5, ist ein Entwurf von Karl Schneider (1927/28).

I 34 Versuchshäuser der Vulcan-Werft

136 Evangelisch-lutherische Kirche St. Lukas
Erdkampsweg, Fuhlsbüttel
Architekten: Julius Faulwasser (Ursprungsbau)
Hopp & Jäger (Umbau)
1892/93; Umbau 1935, 1937/38

Umbau und Erweiterung einer neoromanischen Kirche zu einem ländlich anmutenden Gotteshaus mit tief heruntergezogenem Dach und einem kompakten Turmmassiv, das mit einem niedrigen geschweiften Helm bekrönt ist. Weiß gestrichenes Sichtmauerwerk, ein roter Ziegelfußboden und eine holzverkleidete Tonnendecke verleihen auch dem Innenraum einen rustikalen Charakter. Dieses Erscheinungsbild ist ein Ergebnis der Zwänge und wirtschaftlichen Restriktionen, die in der NS-Zeit herrschten. Die neuen Außenwände mussten mit Strebepfeilern abgestützt werden, um Stahl für die Rüstung zu sparen. Außerdem drängte das Reichsluftfahrtministerium wegen der Nähe zum Flughafen darauf, die ursprüngliche Turmspitze zu kappen.

136.1 Gemeindezentrum mit Kindergarten
Hummelsbütteler Kirchenweg 3, Fuhlsbüttel
Architekt: Asmus Werner
1989 W, 1990/91

Zum einen war der Baumbestand auf dem Grundstück zu berücksichtigen, zum anderen wollten die Architekten alle Räume in einem eingeschossigen Baukörper unterbringen. Die Lösung war ein langgestreckter verglaster Gang, an den der Gemeindesaal, die Verwaltung, ein Tagungsraum und ein Kindergarten als selbstständige Baukörper in stereometrischen Grundformen – Kubus, Zylinder – oder als sich frei entfaltendes polygonales Volumen gleichsam angehängt sind. Die roten Backsteinfassaden korrespondieren mit der Kirche.

136.2 Geschosswohnbau
Hummelsbütteler Kirchenweg 4/Erdkampsweg 102, Fuhlsbüttel
Architekt: Carl Winand
1926/27

Der sorgfältig detaillierte Klinkerbau war ursprünglich als Bestandteil eines umfangreicheren Gemeindezentrums gedacht. Die runden Ecktürme, die effektvoll die Kreu-

I 37 Flughafen Hamburg, Terminal 2

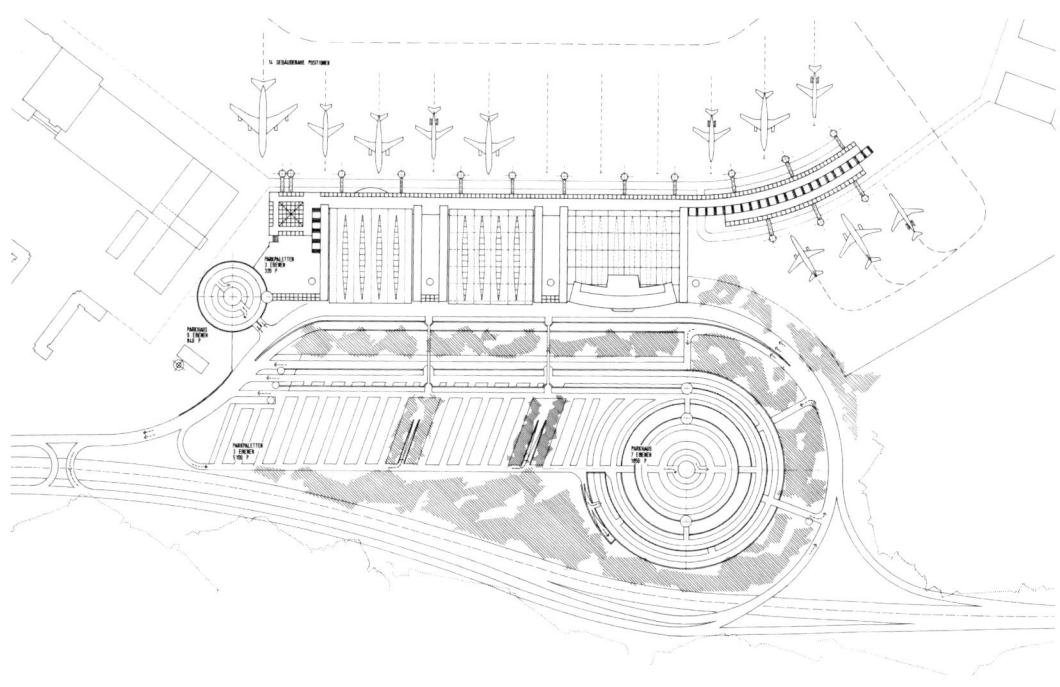

I 37 Flughafen Hamburg, Ausbaukonzept

I 38.3 Luftwerft, Jumbohalle

zung betonen, sollten mit dem Erker des geplanten neuen Pastorats auf der gegenüberliegenden Straßenseite korrespondieren. Die Eingänge sind mit Darstellungen des Evangelisten Lukas geschmückt.

Die ehemalige **Realschule Alstertal**, Erdkampsweg 89, stammt von Fritz Schumacher (1927, 1929/30, 2005/06 von Dohse + Stich Architekten erweitert).

I37 Flughafen Hamburg
Zeppelinstraße, Fuhlsbüttel
I37.1 Terminal 2, Pier und Parkhaus P 5
Architekten: v. Gerkan, Marg + Partner. Karsten Brauer
Ingenieure: Kockjoy-Schwarz
Dr. Weber Ingenieurgesellschaft mbH
1986 W, Terminal 2 1990-93; Pier 1989-91; Parkhaus P 5 1989/90
I37.2 Terminal 1 und Parkhaus P 2
Architekten: gmp Architekten v. Gerkan, Marg + Partner
Ingenieure: Kockjoy + Partner. Weber · Poll
Terminal 1 1999, 2001-05; Parkhaus P 2 2002, 2003/04
I37.3 Shopping Plaza
Architekten: gmp Architekten v. Gerkan, Marg + Partner
Ingenieure: Kockjoy + Partner. Weber · Poll
1999, 2006-08

Die seit den 1960er Jahren geplante Verlagerung nach Kaltenkirchen machte den Flughafen in Fuhlsbüttel zum Dauerprovisorium, bis 1984 die definitive Entscheidung für den bisherigen Standort fiel. Eine wesentliche Aufgabe des Wettbewerbs 1986 bestand darin, die bestehenden Bauten zunächst weiterhin funktionstüchtig zu halten, ohne jedoch den Ausbau zu blockieren. Die Architekten lösten das Problem mit einer 500 m langen Fluggastpier, die parallel zu den alten Abfertigungsgebäuden errichtet wurde und an der die Flugzeuge direkt andocken können. Sie sollte zugleich das Rückgrat für die geplanten vier neuen Terminals bilden, von denen drei bisher realisiert wurden. Durch den Ausbau der Straßenzufahrten und die Anbindung an die S-Bahn wurden außerdem die Verkehrsverhältnisse verbessert.

Die drei neuen Terminals ähneln demjenigen des Flughafens Stuttgart, der ebenfalls von v. Gerkan, Marg + Partner stammt (1987-91): Zwei seitliche Baukörper flankieren jeweils eine Halle, in die sich mehrere Serviceebenen wie Terrassen hineinstaffeln. In Hamburg ruhen die Pultdächer jedoch auf Rohrfachwerkbindern, die einen ruhigeren und auch großzügigeren Raumeindruck bewirken als die für Stuttgart gewählten Baumstützen. Bei der Gestaltung wurde auf Understatement gesetzt: Stahlrohre und Bleche in unterschiedlichen Grau- und Silbertönen, rötlicher Steinboden und Birnbaumholz verleihen dem gesamten Komplex eine gestalterische Corporate Identity. Abweichend vom ursprünglichen Konzept wurde der dritte Terminal als Shopping Plaza realisiert. Dort ist auch die zentrale Sicherheitskontrolle untergebracht.

I38 Luftwerft
Weg beim Jäger 193, Fuhlsbüttel
I38.1 Pförtnerhaus
Architekten: Renner Hainke Wirth Architekten
Ingenieure: Wetzel & von Seht
1998 W, 1999

Ein Bau mit Symbolkraft sollte die Neugestaltung der Luftwerft krönen. In der Tat weckt die weich konturierte Dachschwinge auf dem gläsernen Unterbau allerlei beziehungsreiche Assoziationen: ein schwerelos dahingleitender Rochen, eine Flugzeugtragfläche, eine aerodynamische Studie ... Auch die hohe Detailqualität macht den Entwurf zum adäquaten Aushängeschild für eines der bedeutendsten Hamburger Wirtschaftsunternehmen.
I38.2 Lackierhalle
Architekten: Patschan, Winking
Ingenieure: Obermeyer Planen + Beraten
1986 W, 1990/91

Die Halle wird durch eine Betonwand in zwei unterschiedlich breite Abschnitte geteilt, auf der die asymmetrischen Stahlfachwerkträger der Dachkonstruktion – Spannweiten 55 bzw. 75 m – aufliegen. Die drei Pylone auf dem Dach sind über Zugstangen mit den Trägern verspannt. Sie sollen Extrembelastungen abtragen helfen, die durch die tonnenschweren Arbeitsplattformen entstehen können, die an der Decke befestigt sind und

I 38.2 Luftwerft, Lackierhalle

I 39 Haus Dr. Hein (Aufnahme um 1936)

mit Teleskop-Armen zentimetergenau an die Flugzeuge herangefahren werden. Umweltschutzaspekte spielen eine zentrale Rolle. Die Altlackierung der Flugzeuge wird unter Hochdruck mit Wasser gelöst, das in Zisternen unter der Halle gesammelt und von Quellmitteln und Lacksplittern getrennt wird, um wieder Verwendung zu finden. Die künstliche Klimatisierung bedingt die geschlossene Fassadengestaltung und somit den sehr kompakten Baukörper.

I 38.3 Jumbohalle
Architekten: v. Gerkan, Marg + Partner. Karsten Brauer
Ingenieure: Assmann Beraten + Planen
1989, 1991/92

Die Forderung nach einer möglichst stützenfreien, zugleich aber auch äußerst stark belastbaren Dachkonstruktion – wegen der untergehängten Kräne – hatte auch hier eine signifikante Bauform zur Folge. Das Dach besteht aus einem Rost aus Quer- und Längsträgern, der an zwei 175 m weit gespannten Bögen hängt. Diese sind nach dem Vorbild der Fehmarnsundbrücke gegeneinander gekippt, damit sie sich gegenseitig stabilisieren. Die Lasten werden auf vier an der Außenseite angeordnete Stützböcke abgeleitet, was das schlanke Profil der Seitenwände ermöglichte.

Die zu den beiden Hallen gehörigen **Werkstatt- und Verwaltungsgebäude** haben Pysall, Stahrenberg & Partner (1989, 1991/92) und A. P. B. Architektengruppe Planen & Bauen Beisert, Findeisen, Galedary, Grossmann-Hensel, Wilkens (1989, 1991-93) entworfen.

I 39 Haus Dr. Hein
Tangstedter Landstraße 28, Langenhorn
Architekt: Rudolf Lodders
1935/36

Eines der zahlreichen Einfamilienhäuser von Rudolf Lodders, der seit Mitte der 1930er Jahre vor allem als Industriearchitekt für die Borgward-Werke in Bremen tätig war. Das Walmdach, die Klappläden und die akzentuierenden Rundbogen sind beispielhaft für den verhaltenen Traditionalismus, mit dem Lodders den Vorstellungen seiner zumeist sozial privilegierten Auftraggeber entgegenkam. Lediglich an den gleichsam kontrapunktisch angeordneten Bullaugen und dem Verzicht auf Sprossenfenster lässt sich ablesen, dass sich der ehemalige Mitarbeiter von Karl Schneider, Gustav Oelsner und Martin Elsaesser der Moderne verpflichtet wusste.

I 40 Evangelisch-lutherische Kirche St. Ansgar
Langenhorner Chaussee 266, Langenhorn
Architekten: Geißler & Wilkening
1929/30

Schmuckloser kubischer Klinkerbau mit einem Walmdach und einem schlanken, flach gedeckten Turm. Im Unterschied zum sachlich-strengen Äußeren ist der Grundriss mit Seitenschiffen und einer halbrunden Apsis als konservativ zu charakterisieren. Die Wandpfeiler im Mittelschiff sind an den oberen Enden nach Innen gebogen und leiten auf diese Weise zur Muldendecke über. In das Langhaus ist ein Gemeindesaal integriert, so dass die Kirche stattlicher wirkt, als sie vom Volumen des Gottesdienstraums her gesehen tatsächlich ist. Die Orgel hat Hans Henny Jahnn gebaut.

Die **Villa Höger,** Langenhorner Chaussee 109, hatte Fritz Höger für sich selbst entworfen (1905, durch eine Fassadenmodernisierung entstellt).

I 41 Fritz-Schumacher-Siedlung
Tangstedter Landstraße/Wördenmoorweg/Borner Stieg/
Fritz-Schumacher-Allee/Timmerloh/Immenhöven/Laukamp u. a., Langenhorn
Architekt: Hochbauwesen, Fritz Schumacher
1919-21

Eines der ersten großen Siedlungsprojekte der Stadt Hamburg nach dem Ersten Weltkrieg. Bis 1921 wurden 658 Wohnungen fertiggestellt, wovon mit 484 Einheiten der überwiegende Teil auf Reihenhäuser entfiel und nahezu der gesamte Rest auf Doppelhäuser. Die Qualität und die Ausstattung der Häuser waren den Zeitumständen entsprechend primitiv. Die Inflation und der allgemeine Baustoffmangel zwangen zu Sparmaßnahmen und konstruktiven Experimenten wie Lehmbauweise, so dass die Klagen der Mieter – seit 1920 rege

I 41 Fritz-Schumacher-Siedlung, Doppelhaus

I 42 Fritz-Schumacher-Schule

in einem Siedlerverein organisiert – über gravierende Baumängel, z. B. Durchfeuchtungen, nicht abrissen. Auf Bäder und Toiletten mit Wasserspülung wurde verzichtet.

Da die Siedlung erst 1928 einen Sielanschluss erhielt, die Abwässer also nur versickern konnten, waren die Grundstücke mit 750 qm relativ großzügig bemessen. Fritz Schumacher ordnete die Parzellen auf beiden Seiten der Reihenhäuser an, um trotz deren geringer Breite wirtschaftliche Grundstückszuschnitte zu erlangen. Ansonsten erschöpfte sich sein gestalterischer Ehrgeiz darin, die überlangen Häuserzeilen durch den Wechsel von ein- und zweigeschossigen Gebäuden zu rhythmisieren. Selbst Backsteinfassaden waren unerschwinglich. Seit Mitte der 1990er Jahre werden die zahllosen Modernisierungen, die das einheitliche Bild der Siedlung aufgebrochen haben, schrittweise beseitigt.

I 42 Fritz-Schumacher-Schule
Timmerloh 27-29, Langenhorn
Architekt: Hochbauwesen, Fritz Schumacher
1927, 1929-31

Hinsichtlich des steilen Walmdachs, akzentuiert durch einen Dachreiter, und der schlichten Lochfassaden in Klinker geriet der Bau deutlich konservativer als die innerstädtischen Volksschulen von Fritz Schumacher (vgl. die Volksschule Osterbrook, Nr. E 60), was wohl dem damals noch ländlichen Umfeld geschuldet war. Neben einer Volksschule – heute Gesamtschule – umfasste der Dreiflügelbau ursprünglich auch eine Berufsschule. Außerdem wurde die Turnhalle in das Gebäudezentrum integriert, wodurch ein langgestreckter, kasernenartiger Baukörper entstand. Die Wandbilder stammen von Eduard Bargheer und Otto Thämer.

I 43 Ehem. SS-Kaserne Germania
Tangstedter Landstraße 400, Langenhorn
Architekt: Hans von der Damerau
Um 1938

Acht ehemalige Unterkunftsgebäude der Waffen-SS staffeln sich als parallele Zeilenbauten hinter einem Hauptgebäude, dessen Zentrum ein überdimensionales Tor mit einem Rundbogen bildet. Ließ die Architektur hier mit bruchrauen Sandsteinquadern und dem Hoheitszeichen des »Dritten Reiches« (1945 entfernt) gleichsam die Muskeln spielen, so zeigen die übrigen Bauten schlichte Putzfassaden, die nur hinsichtlich der stehenden Fensterformate und der Walmdächer den traditionalistischen Leitbildern der NS-Zeit entsprechen. Nach dem Zweiten Weltkrieg wurde der Komplex in ein Krankenhaus umgebaut. Die zu der Kaserne gehörigen **Offizierswohnungen**, Götkensweg 1-19, 2-18, stammen ebenfalls von Hans von der Damerau (1938/39).

I 44 Heidberg-Villages
Anita-Sellenschloh-Ring, Langenhorn
Architekten: APB. Architekten Beisert, Wilkens, Grossmann-Hensel (Quartier 2 und Brückenhäuser). Görg + Partner (Quartier 3). Bernd Schaper (Quartiere 1 und 4)
1997 W, Quartier 2 2001/02; Quartier 3 2002/03; Quartiere 1 und 4 2006-08

Der erste Preis im städtebaulichen Wettbewerb ging an APB. Architekten, die auch 260 der rund 520 Wohneinheiten – hauptsächlich Maisonetten und Reihenhäuser – realisiert haben. Das Gebiet ist in vier Quartiere aufgeteilt, die sich als 1,50 m hohe Aufschüttungen aus dem teilweise moorigen Gelände erheben. So genannte Brückenhäuser überspannen die dazwischenliegenden Gräben auf Betonstützen und verklammern die einzelnen Quartiere wie Spangen miteinander. Die übrigen Gebäude gruppieren sich als offene Zeilenbebauung mit wechselnder Ausrichtung um kleine Plätze. Hinsichtlich der stereometrischen Baukörper und der weißen Putzfassaden erinnert der Bauabschnitt von APB. Architekten an die Vorkriegsmoderne.

I 45 Evangelisch-lutherische Kirche St. Jürgen
Eichenkamp 10, Langenhorn
Architekt: Gerhard Langmaack
1938/39

Schmucklose Saalkirche mit eingezogenem Rechteckchor und einer Tonnendecke, die sich über den frei liegenden Ankerbalken der Dachkonstruktion wölbt. Die

I 44 Heidberg-Villages

I 46.2 Schwarzwaldsiedlung

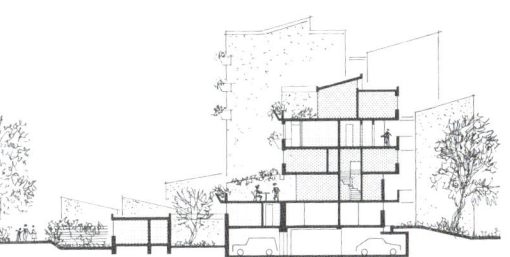

I 49 Terrassenhäuser Reemstückenkamp (Aufnahme um 1968) mit Schnitt (rechts)

roten Backsteinfassaden, das Satteldach und der Turm mit der hölzernen Galerie unter einem steilem Helm verleihen dem Gebäude einen traditionalistischen Charakter, wie er in der NS-Zeit auch von der evangelisch-lutherischen Kirche selbst favorisiert wurde. Als außergewöhnlich galt die Vereinigung von Kirche und Pastorat zu einem Gruppenbau.

I 46 Ehem. Werkssiedlungen der Hanseatischen Kettenwerke und der Messap
I 46.1 Strohdachhäuser
Käkenkamp 1-4/Tückobsmoor 3, Langenhorn
Architekt: Paul Alfred Richter
1935/36
I 46.2 Schwarzwaldsiedlung
Essener Straße 9-75, Langenhorn
Architekten: Paul Alfred Richter (Ursprungsbauten)
Fingas (Erweiterung)
1939/40; Erweiterung 1952

Die Fabriken der Hanseatischen Kettenwerke und der Messap (Deutsche Meßapparate GmbH) – ein Unternehmen der Gebrüder Junghans aus dem Schwarzwald für Präzisionsuhren und Bombenzünder – wurden Mitte der 1930er Jahre aus Luftschutzgründen im äußersten Norden Hamburgs angesiedelt. Die ländlichen Strohdachhäuser für die Angestellten der Kettenwerke waren als Tarnmaßnahme gedacht. Die niedrigen Anbauten, die wie Ställe wirken, dienten als Luftschutzräume! Der süddeutsche Charakter der Schwarzwaldsiedlung sollte den Facharbeitern und ihren Familien, die z. T. aus dem Stammwerk von Junghans kamen, die Eingewöhnung im Norden erleichtern. Rustikal strukturierte Putzfassaden, Holzverschalungen, Fachwerkgiebel und Klappläden kennzeichnen die Architektur. Die Erweiterung erfolgte dagegen in Backstein. Von Paul Alfred Richter stammen auch die **Tannenkoppel-Siedlung** am Peter-Mühlens-Weg (1938/39) und die **Geschosswohnbauten** am Querpfad 1-6 in Norderstedt (1939/40), die ursprünglich ebenfalls als Werkswohnungen dienten.

I 47 Architektenatelier Kähler
Rugenbarg 8, Norderstedt (Schleswig-Holstein)
Architekten: Architekten Kähler
1992/93

Ein Bungalow wurde mit einem Atelier aufgestockt. Auf den ersten Blick wirkt die schiefwinklige Assemblage aus Blech, Metallprofilen und Glas wie ein Ableger des um 1990 modischen Dekonstruktivismus. Tatsächlich ist der Bau aber auch in konstruktiver Hinsicht von bestechender Logik. Wie ein Schirm spannt sich das Dach,

I 52 Evangelisch-lutherische Kirche Rellingen

I 51 Gewerbebau Tobias Grau GmbH

das von filigranen v-förmigen Außenstützen getragen wird, an einer Mittelsäule auf. Der polygonale Grundriss lässt sich problemlos in Arbeitsnischen aufteilen.

I 48 Grundschule Lütjenmoor
Lütjenmoor 6-9, Norderstedt (Schleswig-Holstein)
Architekt: trapez architektur
1991 W, 1993-95

Die Grundschule ist Bestandteil eines von trapez architektur entwickelten Gesamtkonzepts für einen Schulkomplex, der auch eine integrierte Gesamtschule umfasst. Eine multifunktionale Pausenhalle fungiert als Gelenk zwischen dem eingeschossigen Trakt für die ersten und zweiten Klassen und dem zweigeschossigen Trakt für die älteren Jahrgänge. Weiße Putzflächen und Lärchenholzverkleidungen, die mittlerweile silbergrau patinieren, prägen die Fassaden. Gelber Backstein und farbige Platten setzten Akzente. Der stumpfwinklig gebrochene Grundriss, die schrägen Flügelmauern und die gewölbten Pultdächer, die sich zu Oberlichtern auffalten, verweisen auf die organische Architektur, wie sie Hans Scharoun zur Meisterschaft entwickelt hat.

I 49 Terrassenhäuser Reemstückenkamp
Reemstückenkamp, Eidelstedt
Architekten: Ingeborg und Friedrich Spengelin
1965, 1966-68

Hinsichtlich der offenen Bauweise und der stark differenzierten Mischung unterschiedlicher Gebäudetypen – Zeilenbauten, Punkthäuser und eingeschossige Kettenhäuser – ist die Siedlung Reemstückenkamp von Ingeborg und Friedrich Spengelin Mitte der 1960er Jahre bereits als konventionell zu bezeichnen. Eine Innovation waren dagegen die Terrassenhäuser. Maisonetten, herkömmliche Wohnungen und bungalowartige Vorbauten in Split-Level-Bauweise, die Atrien umschließen, wurden hier zu komplexen Baustrukturen integriert. Terrassen und große Balkone sollten als »grüne Zimmer« den unmittelbaren Zugang zum Freien ersetzten. Ziel war es, die Qualitäten eines Einfamilienhauses ein Stück weit auf den Geschosswohnungsbau zu übertragen. Die rhythmisch gegliederten Backsteinfassaden mit den charakteristischen Kübelbalkonen wurden 2006 mit einem Wärmedämmputz verkleidet.

I 50 Adventskirche
Kriegerdankweg 9, Schnelsen
Architekten: Otto Bartning. Hopp & Jäger
1949

Saalkirche mit polygonalem Chorschluss. Der asymmetrisch angefügte Turm mit Satteldach dient zugleich als Eingangsbau. Die Adventskirche ist eine der drei Hamburger Notkirchen, die nach einem Entwurf von Otto Bartning aus Holzbindern und anderen vorgefertigten Teilen errichtet wurden. Dabei verkörpert sie am reinsten den von Bartning entwickelten Grundtyp, denn die anderen beiden Notkirchen wurden in eine Kirchenruine eingefügt bzw. durch Anbauten in ihrem schlichten Charakter verfälscht (vgl. St. Martinus, Nr. D 79.1 und St. Markus, Nr. D 79.2).

I 51 Gewerbebau Tobias Grau GmbH
Siemensstrasse 35b, Rellingen (Schleswig-Holstein)
Architekten: BRT Architekten Bothe Richter Teherani
1. BA 1997/98; 2. BA 2000/01

Extravagante Firmenzentrale für einen Produzenten von Designerlampen. Zwei röhrenförmige Baukörper, die Büros, Werkstätten und Lagerflächen enthalten, sind durch einen Zwischentrakt verbunden. Die Konstruktion besteht aus gebogenen Holzleimbindern, um die sich eine Hülle aus Trapezblech und Alucobond-Paneelen legt (ein Verbundwerkstoff aus einem Kunststoffkern und einer Aluminium-Beschichtung). Da nach Norden hin eine schräge Dachfläche im Obergeschoss vorgeschrieben war, wurden die beiden Röhren an dieser Seite im 60-Grad-Winkel abgeschnitten.

I 52 Evangelisch-lutherische Kirche Rellingen
Kirchenstraße, Rellingen (Schleswig-Holstein)
Architekten: Jacob Bläser (Umgestaltung Turm)
Cai Dose (Kirche)
Umgestaltung Turm 1702; Kirche 1754-56

I 53 Landdrostei Pinneberg

I 55 Neutra-Siedlung

Das oktogonale Backsteingebäude mit Mansardkuppel und Laterne ist ein Hauptwerk des barocken Sakralbaus in Schleswig-Holstein und markiert zugleich den Höhepunkt im Schaffen von Cai Dose, der wohl auch die vergleichbare Pfarrkirche in Niendorf entworfen hat (vgl. Nr. I 9). Umlaufende Emporen und ein aufwändiger Kanzelaltar, um den herum das Gestühl in Blöcken angeordnet ist, machen den Zentralbau zum Musterbeispiel für eine protestantische Predigtkirche. Die illusionistischen Fresken in der Laterne – Propheten, Evangelisten und König David im Tambour sowie ein Wolkenhimmel mit dem Auge Gottes und musizierenden Engeln in der Kuppel – stammten ursprünglich von Francesco Martini (1950 z. T. durch Kopien ersetzt.), der auch die Altargemälde – Auferstehung Christi, Abendmahl und Christi Himmelfahrt – geschaffen hat. Der ungewöhnliche runde Turm, der noch von dem Vorgänger stammt und im Kern ein romanischer Feldsteinbau ist, wurde 1702 barock umgestaltet.

Haus Martens, Hauptstraße 17, stammt vermutlich von Hermann Höger (1923).

I 53 Landdrostei Pinneberg
Dingstätte 23, Pinneberg (Schleswig-Holstein)
Architekt: vermutl. Ernst Georg Sonnin
1765-67

Zweigeschossiger Backsteinbau mit Mansardwalmdach und Mittelrisaliten, die um ein Geschoss erhöht und mit Giebeldreiecken bekrönt sind. Sandsteinportale und gequaderte Lisenen bilden den Fassadenschmuck. Die Ausstattung der Innenräume ist z. T. im Originalzustand überliefert mit Sockelpaneelen, Rokokostuckdecken und Rundbogennischen in den Zimmerecken. Von der Landdrostei aus wurde die Grafschaft Pinneberg verwaltet, die nach dem Aussterben der männlichen Linie der Fürsten von Schauenburg 1640 an den dänischen König gefallen war. Ab 1867 residierten hier die Landräte des preußischen Kreises Pinneberg, zu dem bis zum Groß-Hamburg-Gesetz von 1937 auch große Teile des heutigen Hamburg gehörten. Heute dient das Gebäude als Kulturzentrum.

I 54 Evangelisch-lutherische Marienkirche
Kieler Straße/Ellerauer Straße 2, Quickborn (Schleswig-Holstein)
Architekt: Christian Frederik Hansen (Ursprungsbau)
1807-09; Turm 1863

Backsteinsaal ohne Apsis mit einem neoromanischen Turm, der nachträglich angefügt wurde. Die Marienkirche war die erste von insgesamt vier Kirchen in Schleswig-Holstein, die auf Entwürfe von Christian Frederik Hansen zurückgehen. Hierzu zählen außerdem die Marienkirche in Husum, die Vicelinkirche in Neumünster und wohl auch St. Peter in Krempe. (Alle drei wurden allerdings erst 20 Jahre später realisiert). Die Zweigeschossigkeit der Längsfassaden erklärt sich durch die Seitenemporen. Das bedeutendste Ausstattungsstück ist der Kanzelaltar: eine Ädikula mit korinthischen Säulen, die einen Kanzelkorb aus Mahagoni rahmt. Die Bauleitung hatte Hansens Neffe Johann Matthias Hansen.

I 55 Neutra-Siedlung
Marienhöhe 16-22, 35-95, Quickborn (Schleswig-Holstein)
Architekt: Richard Neutra
1962, 1963

Anfang der 1960er Jahre erhielt der amerikanische Architekt Richard Neutra den Auftrag für zwei Siedlungen der Bewobau in Quickborn und in Mörfelden-Walldorf. In Quickborn entstanden 158 eingeschossige und 32 zweigeschossige Häuser, von denen jedoch nur 67 von Neutra selbst stammen, zumeist Doppelhäuser. Neutra verstand es hier, seine exklusive Bungalow-Architektur mit den fließenden Grundrissen den wirtschaftlichen Verhältnissen in der jungen Bundesrepublik anzupassen. Die Stirnwände und die Dächer sind als Scheiben definiert, zwischen die sich große Fenster spannen. Roter Backstein und Holzverschalungen verleihen der Architektur einen ortstypischen Klang. Weiße Putzflächen setzen Akzente. Natursteinkamine sowie Türen und Einbaumöbel aus Mahagoni kennzeichnen den hochwertigen Innenausbau. Die Außenanlagen hat Gustav Lüttge gestaltet.

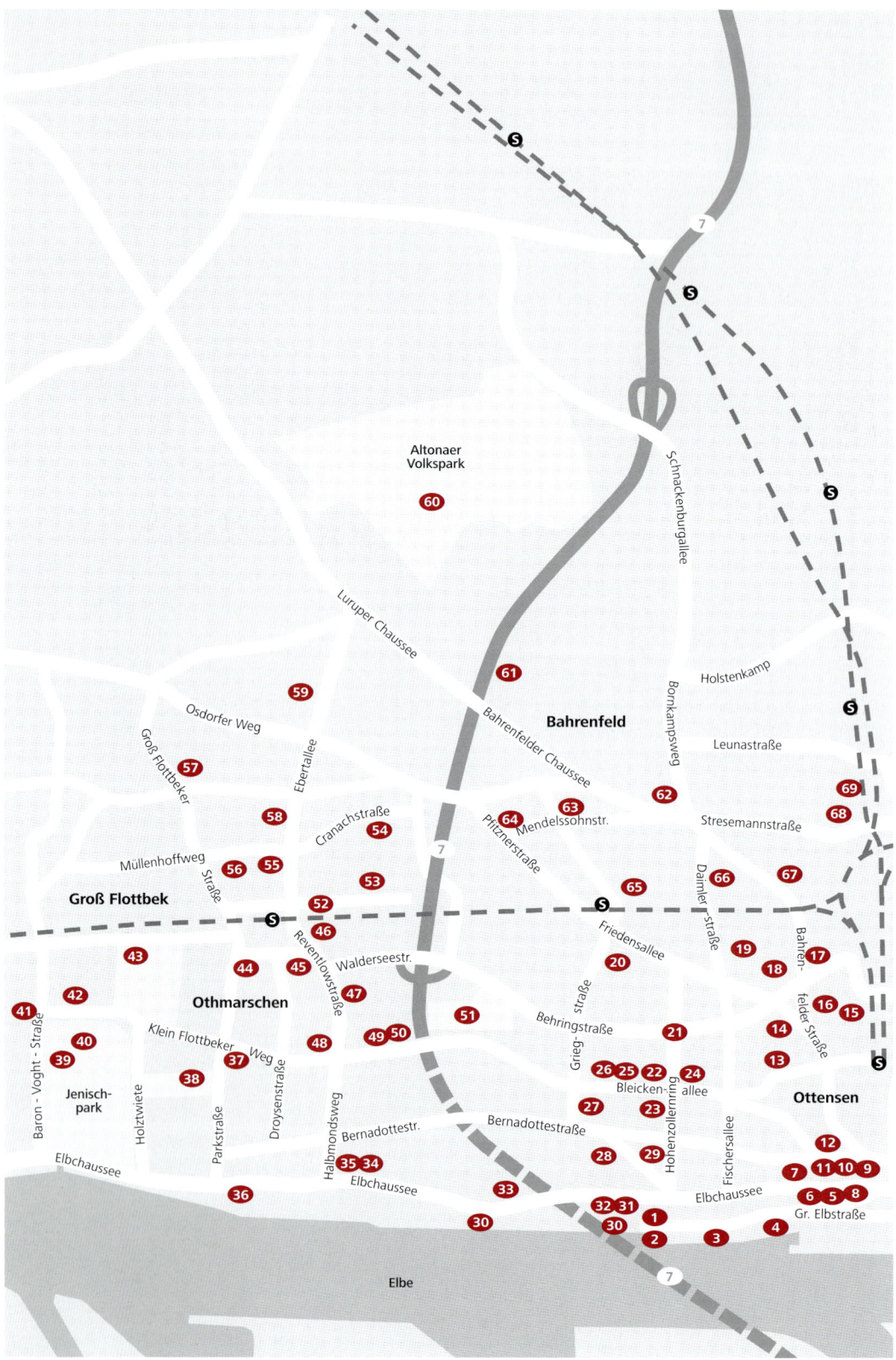

J 3 Polder Neumühlen

J Ottensen, Othmarschen, Groß Flottbek und Bahrenfeld

Tottenhusen – heute Ottensen – ist seit 1310 urkundlich nachgewiesen. 1547 erhielt das Dorf eine eigene Kapelle mit Friedhof, die spätere Christianskirche (vgl. Nr. J 9). Ab den 1860er Jahren entwickelte sich Ottensen zu einem der wichtigsten Industriestandorte im Hamburger Raum. Es lag bereits außerhalb der Freihandelszone von Altona, die für das dort ansässige produzierende Gewerbe erhebliche Nachteile brachte, aber noch in günstiger Nähe zum Hafen, zur Eisenbahn und zu den Arbeiterwohnvierteln. 1871 erhielt Ottensen Stadtrecht, 1889 wurde es nach Altona eingemeindet. Von den Kriegszerstörungen blieb das Viertel weitgehend verschont. Es präsentiert sich daher immer noch als typisches Arbeiterquartier des 19. Jahrhunderts mit einem hohen Anteil an Industriebauten, die heute zumeist in Büros, Ateliers und Ladenflächen umgewandelt sind.

Wie Ottensen gehörten auch Othmarschen und Groß Flottbek, 1317 bzw. 1305 erstmalig erwähnt, ursprünglich zum dänischen Herrschaftsgebiet und wurden erst 1867 preußisch. Bis weit in das 19. Jahrhundert hinein konzentrierte sich die Bebauung in Othmarschen neben dem historischen Dorfkern vor allem an der Elbchaussee, die eine bevorzugte Landhausadresse war. Ein dritter Siedlungsschwerpunkt entstand mit der Villenkolonie »Neu-Othmarschen« um den 1882 eröffneten Bahnhof (heute S-Bahnstation). Von dieser Anbindung profitierte auch Groß Flottbek, das ein beliebtes Wohngebiet der Mittelschicht wurde und deshalb bereits 1939 flächendeckend bebaut war im Unterschied zum großbürgerlichen Othmarschen. Während Othmarschen 1890 nach Altona eingemeindet wurde, konnte Groß Flottbek bis 1927 seine kommunale Selbstständigkeit behaupten.

Bahrenfeld, das 1890 ebenfalls an Altona gelangte, war bald darauf ein wichtiger Industriestandort. Die systematische Erschließung als Wohnviertel setzte dagegen erst später ein, was die zahlreichen Klinkerblöcke aus den 1920er und 1930er Jahren veranschaulichen. Die Entwicklung Altonas zur modernen Großstadt dokumentiert auch der Altonaer Volkspark (vgl. Nr. J 60), der ab 1914 in Bahrenfeld angelegt wurde. Zwei weitere historische Siedlungen liegen direkt am Elbufer. Während das ehemalige Fischer- und Lotsendorf Övelgönne, seit 1890 zu Othmarschen gehörig, bis heute seinen idyllischen Charakter bewahrt hat (vgl. Nr. J 30), entwickelte sich Neumühlen, seit 1868 zu Ottensen gehörig, zum Hafengebiet. 1937/38 wurden Ottensen, Othmarschen, Groß Flottbek und Bahrenfeld nach Hamburg eingemeindet.

J 1 Ensemble Neumühlen
Neumühlen, Ottensen
18. und 19. Jahrhundert

Neumühlen wurde bereits im späten 19. Jahrhundert vom expandierenden Altonaer Hafen verdrängt. An das historische Dorf erinnern deshalb nur noch wenige Relikte, zumeist einfach gegliederte traufständige Gebäude mit Satteldach, wie Nr. 34 (um 1800), Nr. 43 (um 1830) – als einziges mit Zwerchhaus – oder Nr. 44/45 (um 1800). Etwas stattlicher wirkt das spätklassi-

J 5 Ehem. Staatliche Seefahrtschule

J 8 Alnwick-Harmstorf-Haus

zistisch dekorierte Landhaus Nr. 42 (um 1850). Das älteste Gebäude ist Nr. 33, ein eingeschossiger Backsteinbau mit Mansardgiebeldach (1756). Im Westen geht Neumühlen nahtlos in das Nachbardorf Övelgönne über (vgl. Nr. J 30).

J 1.1 Ehem. Manufakturgebäude Lawaetz
Neumühlen 16-20, Ottensen
1802

Der schmucklose zweigeschossige Backsteinbau war ursprünglich eine Manufaktur für Wollzeug, Leinen und Segeltuche, die Johann Daniel Lawaetz als »Tempel der Tätigkeit« für arbeitsfähige Arme gestiftet hatte, um zu verhindern, dass sie zu Almosenempfängern degradiert wurden. Bis zu 1.000 Beschäftigte sollen zeitweilig für Lawaetz tätig gewesen sein, entweder in Heimarbeit oder in dem Gebäude in Neumühlen. Das Landhaus des Altonaer Kaufmanns, ein Entwurf von Christian Frederik Hansen (um 1797, 1944 zerstört), stand oberhalb der Manufaktur an der Elbchaussee.

Die **Erweiterung** ist ein Entwurf von Moritz Müller (2003-05).

J 2 Wohnstift Augustinum
Neumühlen 37, Ottensen
Architekten: v. Gerkan, Marg + Partner
1990, 1991-93

Das ehemalige Kühlhaus Neumühlen von Elingius & Schramm und Heinrich W. Müller (1924/25), ein expressionistisch dekorierter Klinkerkoloss, musste wegen erheblicher konstruktiver Schäden abgebrochen werden. Für den heutigen Bau, der als exklusive Seniorenresidenz dient, wurden die Fassaden rekonstruiert, jedoch mit Fensteröffnungen. Eine weitere neue Zutat ist die Glaskuppel auf dem Dach, die den Speisesaal überwölbt.

J 3 Polder Neumühlen
J 3.1 Bürogebäude
Neumühlen 9-11, Ottensen
Architekten: BHL Architekten v. Bassewitz, Hupertz, Limbrock
2000/01

J 3.2 Reederei Leonhardt & Blumenberg
Neumühlen 13-15, Ottensen
Architekten: Grüntuch Ernst Architekten
2001/02

J 3.3 Firmenzentrale der Edel Music AG
Neumühlen 17, Ottensen
Architekt: Antonio Citterio and Partners
2001/02

J 3.4 Bürogebäude
Neumühlen 19, Ottensen
Architekten: BRT Architekten Bothe Richter Teherani
2001/02

Insgesamt fünf voneinander unabhängige Gebäude stehen auf einem gemeinsamen 350 m langen Sockelbauwerk aus Stahlbeton, das als Sturmflutschutzmaßnahme dient und von den Bauherren privat finanziert werden musste. Die vier Bürohäuser öffnen sich u-förmig zum Strom, wobei die Obergeschosse an der Elbseite jeweils rund 12 m über die geböschte Sockelkante hinausragen. Bei der Gestaltung waren nicht nur die Witterungsverhältnisse, sondern auch die Lärmbelästigungen durch den Hafenbetrieb zu berücksichtigen. Zweischalige Glasfassaden (Nr. 13-15, Nr. 19) bzw. hinterlüftete Glasscheiben mit Punktbefestigung vor den Fenstern (Nr. 9-11) dienen deshalb als Klima- und Schallpuffer. Die Materialien – vor allem Glas und Sichtbeton – haben eine unterkühlte Grundnote. Bei Nr. 17 konnten Antonio Citterio and Partners auch die Innenräume gestalten, wobei das Thema der Schichtungen wieder aufgenommen wurde, das den Fassadenraster aus Beton und Holz kennzeichnet. Das **Elbloft** (Nr. 23) ist ein Entwurf von KSP Architekten Engel und Zimmermann (2003/04).

J 4 Kaispeicher D
Große Elbstraße 277-279, Ottensen
1923/24

Der kubische Klinkerbau wurde von der Altonaer Quai- und Lagerhausgesellschaft für den Umschlag und die Lagerung von Stückgut errichtet. Wegen der beengten räumlichen Verhältnisse in Neumühlen wurden hier zwei Gebäudetypen miteinander kombiniert, die im Ham-

J 9 Evangelisch-lutherische Christianskirche

J 10 Architektenatelier mit Wohnungen

burger Hafen deutlich unterschieden wurden. Die weiten Hallen im Erdgeschoss dienten als Schuppen für die kurzfristige Zwischenlagerung von Gütern, die bald an ihre Empfänger gehen sollten. Für die längerfristige Lagerung waren die Obergeschosse mit den Ladeplattformen an der Fassade gedacht, auf denen die Güter mit den Kaikränen abgesetzt wurden.

J 5 Ehem. Staatliche Seefahrtschule
Rainvilleterrasse 4, Ottensen
Architekten: Hans Meyer
Preußische Staatshochbauverwaltung
1930 W, 1931-35

Aufgrund einer längeren Unterbrechung der Bauarbeiten, bedingt durch die Weltwirtschaftskrise, konnte das Gebäude erst 1935 fertiggestellt werden. Fensterbänder und dynamisch auskragende Eckbalkone machen die kubische Baugruppe zu einem typischen Beispiel für das »Neue Bauen« der Weimarer Republik. Die Fassaden sind verputzt, so dass Klinker hier, im Unterschied zum öffentlichen Hochbau Hamburgs, außer im Sockelbereich keine Rolle spielt. Seit 2005 werden in der Hansestadt keine Nautiker mehr ausgebildet. Damit ging eine Tradition zu Ende, die bis 1749 zurückreicht.

Der von Hermann Hausmann entworfene **Schleswig-Holstein-Brunnen** (1907), der seine Hauptseite der Elbe zuwendet, erinnert an Matthäus Friedrich Chemnitz und Carl Gottlieb Bellmann, die Schöpfer der markig-patriotischen Hymne »Schleswig-Holstein, meerumschlungen, deutscher Sitte hohe Wacht ... «.

J 6 Gartenhaus Heine
Elbchaussee 31, Ottensen
1832

Klassizistisch dekorierter eingeschossiger Putzbau mit Krüppelwalmdach, der einen Gartensaal enthält, aber wohl auch als Gärtnerwohnhaus genutzt wurde. Das Gebäude stellt das letzte Relikt eines größeren Anwesens dar, das der Bankier Salomon Heine 1808 erworben und 1830 erweitert hatte und das 1881 abgerissen wurde.

J 7 Villa Elbchaussee
Elbchaussee 54, Ottensen
Architekten: Schaar & Hintzpeter
1904

Der opulente neobarocke Putzbau mit Stuckfassaden, Schweifgiebeln und Mansardwalmdach macht den Auftakt zur großbürgerlichen Bebauung an der Elbchaussee, die an ihrem östlichen Ende allerdings noch nicht sonderlich nobel anmutet. Das Zentrum bildet eine zweigeschossige Treppenhalle. Zur Gartenseite hin schließt ein Anbau für einen Spiegelsaal im Rokokostil an. Besonderer Wert wurde darauf gelegt, dass das Hauspersonal die Zimmer über versteckte Flure und Treppen erreichen konnte, ohne die Halle durchqueren zu müssen.

J 8 Alnwick-Harmstorf-Haus
Klopstockstraße 1, Ottensen
Architekten: Riecke & Karres
1973, 1974-76

Souverän ignoriert das Reedereigebäude die historische Bebauung an der Klopstockstraße, die vor allem durch spätklassizistische Putzbauten geprägt wird. Der Baukörper ist auf Rundstützen aufgeständert, was einen fließenden Übergang zu den Grünanlagen am Geesthang schafft. Die filigran detaillierte Vorhangfassade aus dunkelbraunem Glas legt sich straff wie eine Haut um die gerundeten Gebäudekanten.

Das **Stadthaus** Klopstockstraße 5 stammt von Martin Haller (1881/82). Die **Bürgerhäuser** Klopstockstraße 2-8 wurden 1797 errichtet.

J 9 Evangelisch-lutherische Christianskirche
Klopstockplatz, Ottensen
Architekten: Otto Johann Müller (Ursprungsbau)
Albert Petersen (Neugestaltung Turm)
Hopp & Jäger (Wiederaufbau)
1735-38; Neugestaltung Turm 1897/98
Zerstörungen 1944 und 1945; Wiederaufbau 1946-52

Saalkirche mit fünfseitigem Chorschluss. Der äußere Eindruck des schmucklosen Backsteinbaus wird durch das Mansardwalmdach und den gedrungenen Turm

J 11 Wohn- und Atelierhaus J 13 Berufsgenossenschaft für Fahrzeughaltungen J 15 Evangelisch-lutherische Osterkirche

bestimmt, der einschließlich des Portals 1897/98 neu gestaltet wurde. Die barocke Ausstattung ging im Zweiten Weltkrieg verloren und wurde in vereinfachten Formen nachempfunden. Der Kanzelaltar konnte aus geborgenen Stücken rekonstruiert werden, wobei der Kanzelkorb separat angebracht wurde. Dessen Platz nimmt heute ein Gemälde von Gottfried v. Stockhausen ein (1968). Ferner erwähnenswert sind die Taufe aus gotländischem Kalkstein (13. Jh.) und der Taufengel (1739). Der Name der Kirche erinnert an König Christian VI. von Dänemark, der den Bau als Ersatz für den baufälligen Vorgänger von 1548 angeordnet hatte.

Vor der Kirche steht das **Grabmal** für den Dichter Friedrich Gottlieb Klopstock (1724-1803) mit einem Relief von Philipp Jacob Scheffauer.

J 10 Architektenatelier mit Wohnungen
Kirchentwiete 29, Ottensen
Architekt: Marc-Olivier Mathez
1997, 1999-2000

Vier Maisonettewohnungen, die mit ihren Pultdächern nach Osten aufzuklappen scheinen, erheben sich auf dem Erdgeschoss mit dem Architektenatelier wie auf einem Stahlbetontisch. Der Wechsel von Sichtbeton zu Holzverschalungen unterstreicht diese funktionale und konstruktive Dualität. Scheinbar zwanglos angeordnete Fensteröffnungen rhythmisieren die Fassaden. Wegen der Dachterrassen liegen die Wohnräume über den Schlafräumen. Die Selbstverständlichkeit, mit der hier heterogene Nutzungen zu einer gestalterischen Einheit mit hohem Wohnwert gefügt wurden, lässt leicht vergessen, wie ungünstig geschnitten das handtuchschmale Grundstück tatsächlich ist.

J 11 Wohn- und Atelierhaus
Holländische Reihe 11, Ottensen
Architekten: Meyer + Fleckenstein
1990, 1992/93

Ein Gemeinschaftsprojekt mehrerer Bauherren. Um den unterschiedlichen Bedürfnissen der Nutzer, u. a. ein freischaffender Künstler und das Architekturbüro selbst, gerecht zu werden, sollten die Geschossflächen flexibel aufteilbar sein. Wie im Gewerbebau wurde das Gebäude deshalb mit einem Stahlbetonskelett und einem dezentralen Erschließungskern errichtet, wobei der Beton außen wie innen möglichst »roh« blieb. Während die Hofseite großflächig verglast ist, präsentiert sich die Straßenseite als Lochfassade aus Betonsteinen.

J 12 Sanierungsgebiet Karl-Theodor-Straße
Holländische Reihe/Karl-Theodor-Straße/Ottenser Marktplatz, Ottensen
Architekten: Bertram, Boockhoff, Bünemann (Ottenser Marktplatz 1/Karl-Theodor-Straße 20)
Kammerer & Belz (Karl-Theodor-Straße 7-11)
Planum (Holländische Reihe 12)
1974/75, 1977-83

Das 1973 von dem Journalisten Manfred Sack und der Wochenzeitung *Die Zeit* angestoßene Sanierungsprojekt erbrachte viele beispielhafte Lösungen für die »behutsame« Stadterneuerung der folgenden Jahre: verkehrsberuhigte Wohn- und Spielstraßen, Blockentkernungen, maßstäblich angepasste Baulückenschließungen und die Modernisierung der erhaltenswerten Altbauten. Die geschlossene Blockrandbebauung an der Holländischen Reihe wurde ergänzt, der Block zur Karl-Theodor-Straße hin dagegen mit einer kammförmigen Struktur geöffnet. Die staatliche Bürokratie reagierte anfänglich völlig unflexibel auf diese Herausforderungen. Auch die Detailqualität lässt zu wünschen übrig. Rote Backsteinfassaden mit Betonstürzen und Treppenhausfenstern aus profanem Industrieglas machen die Neubauten zu Fremdkörpern in ihrem gründerzeitlichen Umfeld.

J 13 Berufsgenossenschaft für Fahrzeughaltungen
Ottenser Hauptstraße 54, Ottensen
Architekten: Krug & Partner
1993 W, 1994-96

Mit Lochfassaden aus Betonsteinen bzw. Putz und transparenten Staffelgeschossen fügt sich der umfangreiche Verwaltungsbau zurückhaltend in sein historisches Umfeld ein. Der Haupteingang versteckt sich im Hinter-

J 14.1 Ehem. Schiffsschraubenfabrik Theodor Zeise, Medienfabrik Zeisehallen

J 14.2 Ehem. Schiffsschraubenfabrik Theodor Zeise, Medienhaus

hof eines gründerzeitlichen Wohnhauses, das wie selbstverständlich in den Komplex integriert wurde. Zum rückwärtigen Parkgelände hin zeigt das Gebäude dagegen eine Vorhangfassade, aufgelockert durch Erker, schräge Vorbauten und kompositorisch angeordnete farbige Glasfelder. Die betont filigrane Detaillierung und die dekonstruktivistisch anmutenden Details verweisen auf Günther Behnisch, dessen führender Mitarbeiter Jürgen Krug Anfang der 1970er Jahre war.

J 14 Ehem. Schiffsschraubenfabrik Theodor Zeise
J 14.1 Medienfabrik Zeisehallen
Friedensallee 7-9, Ottensen
Architekten: F. Beyerstedt (nördliche Halle und Verwaltung). Schaar & Hintzpeter (südliche Hallen). Planungsgruppe me di um Jentz, Popp, Störmer, Wiesner. Peter Dinse. Isabell Feest (Wettbewerb und 1. BA Umbau)
me di um Architekten Jentz, Popp, Wiesner (2. BA Umbau und Innenausbau nördliche Halle)
Nördliche Halle und Verwaltung 1882/83, Erweiterung 1898, Instandsetzung 1948-50; südliche Hallen 1901; Umbau 1985 W, 1. BA 1986-88, 2. BA 1990-93; Innenausbau nördliche Halle 1991/92

Das 1868 gegründete Unternehmen Zeise war ein führender Hersteller von Schiffsschrauben, bis es der Niedergang des westdeutschen Schiffsbaus 1979 in den Konkurs trieb. Der Revitalisierung der schlichten Backsteinbauten lag der Ideenwettbewerb »Das Kino von morgen« zugrunde. Zunächst wurde die nördliche Halle instandgesetzt und das Restaurant »Eisenstein« eingerichtet, dann die südliche Doppelhalle in eine Passage mit Läden, Kinosälen und Büros umgebaut. Mit einem kreativen Materialmix heben sich diese Einbauten deutlich von dem bewusst ruinös belassenen Mauerwerk des Bestands ab. Ein Schornsteintorso und eine der in den Fußboden eingelassenen Schrauben-Gussformen blieben erhalten, so dass die Fabrik weiterhin als Industriedenkmal lesbar ist. 1991/92 wurden in die nördliche Halle Raumcontainer für das Institut für Theater, Musiktheater und Film der Universität Hamburg eingefügt, die sich auf der ehemaligen Kranbahn abstützen.

J 14.2 Medienhaus
Friedensallee 14-16, Ottensen
Architekten: Planungsgruppe me di um Jentz, Popp, Störmer Wiesner. Peter Dinse. Isabell Feest (Umbau)
1880er Jahre, Fassade 1922/23; Umbau 1986/87

Das so genannte Werk II der Schiffsschraubenfabrik wurde für Unternehmen der Medienbranche und einen Gastronomiebetrieb umgebaut. Während die traditionalistische Backsteinfassade von 1923 mit den charakteristischen Korbbogenöffnungen unverändert blieb, wurden die Innenräume in eine komplexe Collage aus unterschiedlichen Raumschichten verwandelt, die den Nutzungswandel thematisiert. An der Rückseite wurden außerdem fünf Maisonetten aufgestockt.

J 15 Evangelisch-lutherische Osterkirche
Bei der Osterkirche 17, Ottensen
Architekten: Raabe & Wöhlecke (Ursprungsbau)
Otto Andersen (Neugestaltung)
1927, 1930; Neugestaltung 1957/58

Ein niedriger Turm verweist zeichenhaft auf den Zweck des Gebäudes, das die Kirche und die Gemeinderäume vereint, mit den geböschten Strebepfeilern an den Klinkerfronten aber eher wie eine Werkshalle anmutet. Der Kirchensaal wurde ursprünglich durch das dunkel gebeizte Holz der flachen Balkendecke, der Empore und der Bänke geprägt, mit denen die ebenfalls hölzernen Prinzipalstücke korrespondierten. Der heutige nüchterne Raumeindruck ist das Ergebnis der Umgestaltung von 1957/58. Dabei wurden nicht nur die Holzflächen in Grautönen lackiert, sondern auch das expressionistische Kruzifix von Walter von Ruckteschell entfernt und der Altar durch einen Sandsteinblock ersetzt (Bronzekreuz von Fritz Fleer). Der Entwurf stammt von Kurt Stoltenberg, seit 1930 Alleininhaber von Raabe & Wöhlecke.

J 16 Ensemble Zeißstraße
Zeißstraße, Ottensen
1860er und 1870er Jahre

Die Zeißstraße wird durch traufständige Häuser mit einfach gegliederten Fassaden aus Backstein oder Putz

J 18 Ehem. Ladehalle von Huckauf & Bülle

J 19 Zeilenbauten Bunsenstraße (Aufnahme um 1927)

geprägt, die beispielhaft für die Entwicklung Ottensens vom Dorf zum städtischen Arbeiterviertel sind. Das Gelände wurde 1858 von dem Schuhmachermeister Carl Halsinger in spekulativer Erwartung der Anlage der Straße erworben und vom ihm bzw. seinen Erben auch bebaut. Die ältesten Gebäude entsprechen noch den vorindustriellen innerstädtischen Haustypen, nämlich der eingeschossigen Bude und dem mehrgeschossigen Sahlhaus: Nr. 17-25 (1864, später aufgestockt), Nr. 18-26 (um 1860), Nr. 31-49 (um 1864), Nr. 42-46 und Nr. 61-63 (1860er Jahre) sowie Nr. 84-88 (um 1872). Charakteristisch für die Sahlhäuser sind die Dreitürengruppen, d. h. die beiden Erdgeschosswohnungen verfügen jeweils über eine eigene Haustür, während hinter der mittleren Tür die Treppe zum Obergeschoss liegt (vgl. den Bäckerbreitergang, Nr. B 30). Nr. 67 war das erste Gebäude mit einem zentralen Treppenhaus für alle Wohnungen (1867). Diese Lösung setzte sich bei den um 1874 errichteten Häusern Nr. 54-60, Nr. 55, Nr. 66 und Nr. 70 allgemein durch.

J 16.1 Ehem. Drahtstiftfabrik J. D. Feldtmann
Zeißstraße 22-34
J 16.1.1 Vorderhäuser
Architekten: Dinse, Feest, Zurl
(Rekonstruktion Nr. 30-34)
Um 1860; Rekonstruktion 1989, 1990/91
J 16.1.2 Fabrikgebäude
Architekt: Rudi Tussing (Umbau und Instandsetzung)
1874, Erweiterungen 1923 und 1952; Umbau und Instandsetzung 1986-89

Die Hinterhoffabrik bildet ein Ensemble mit zwei Vorderhäusern, die dem Typ des Sahlhauses entsprechen. Das 1874 gegründete Unternehmen war beispielhaft für die Zulieferbetriebe der Ottenser Industrien. Bis 1975/76 wurden hier Drahtstifte für Fischkisten, Bier- und Milchkästen sowie Zigarrenkistchen hergestellt; bis 1985 bestand der Betrieb noch als Großhandel für derartige Produkte. Der Komplex wird heute u. a. vom Stadtteilarchiv Ottensen genutzt, das sich auch erfolgreich für den Erhalt des in Teilen noch aus der Vorkriegszeit stammenden Fabrikinventars eingesetzt hat.

J 17 Die »Fabrik«
Barnerstraße 36, Ottensen
Architekten: v. Gerkan, Marg + Partner (Wiederaufbau)
1889; Zerstörung 1977; Wiederaufbau 1978/79

Dreischiffiger Hallenbau mit einer Innenkonstruktion aus Holz. 1971 wurde die ehemalige Fabrik für Holzbearbeitungsmaschinen in ein Kommunikations- und Kulturzentrum umgewandelt, das schon bald einen legendären Ruf genoss. 1977 brannte sie bis auf die Umfassungsmauern aus. Der Wiederaufbau erfolgte mit feuersicherem Bongossiholz und teilweise auch Abbruchmaterial, um dem Innern gleich von Anfang an wieder die typische Patina eines Szenetreffs zu verleihen. Der Kran auf dem neuen Eingangsvorbau stammt von der abgebrochenen Maschinenbaufabrik Menck & Hambrock, die in der Nachbarschaft stand.

J 18 Ehem. Ladehalle von Huckauf & Bülle
Borselstraße 18, Ottensen
Architekten: Schaar & Hintzpeter (Ursprungsbau)
Regensburger, Marady, Johannsen (Instandsetzung und Umbau)
1909; Instandsetzung und Umbau 1988/89

Der heutige Borselhof, ein Konglomerat von anspruchslosen Backsteinbauten aus den 1880er bis 1930er Jahren, wurde ursprünglich für zwei metallverarbeitende Unternehmen errichtet. Von besonderem Interesse ist die ehemalige Ladehalle, die gebaut wurde, nachdem Huckauf & Bülle den gesamten Komplex übernommen hatten – gleichsam als architektonisches Aushängeschild des vergrößerten Unternehmens. Dicht gereihte Backsteinpfeiler im Wechsel mit verputzten Brüstungen verleihen dem Gebäude eine sachlich gefärbte Repräsentativität. In das Rundbogentor konnte die Ottenser Industriebahn, eine Schmalspurbahn mit Anschluss an den Güterbahnhof in Bahrenfeld, direkt hineinfahren.

Ein weiteres bemerkenswertes Beispiel für die Umnutzung einer historischen Fabrik in der Nachbarschaft sind die **Planckstudios P 13**, Planckstraße 13-15, von Paetzel Architekten (Kernbau 1911, Umbau und Erweiterung 1993, 1998/99).

J 20 Friedrich-Ebert-Hof (Aufnahme um 1929)

J 19 Zeilenbauten Bunsenstraße
Borselstraße 19-29/Bunsenstraße/Ohmstraße/
Helmholtzstraße, Ottensen
Architekt: Stadtbauamt Altona, Gustav Oelsner
1926/27; Umbau und Aufstockung 1934/35;
Teilzerstörung 1943; Wiederaufbau 1950-52

Eine der ersten Wohnanlagen in Deutschland in Zeilenbauweise, mit der Gustav Oelsner die dichte Bebauung von Ottensen auflockern wollte. Ungeachtet der progressiven städtebaulichen Lösung vermitteln die Gebäude selbst einen eher konventionellen Eindruck, wozu neben den gelbbunten Klinkerfassaden vor allem die Sprossenfenster beitragen. Die verglasten Ladenpavillons an den Schmalseiten der Zeilen lassen mit ihren Kragdächern dagegen die charakteristische Dynamik der Vorkriegsmoderne anklingen. 1934/35 wurden die Attikageschosse, die bis dahin nur als Abstellräume gedient hatten, zu Vollgeschossen mit Wohnungen ausgebaut und die Flachdächer entsprechend der NS-Doktrin durch Walmdächer ersetzt.

J 20 Friedrich-Ebert-Hof
Friedensallee 249-261/Behringstraße 84-110 u. a.,
Ottensen
Architekt: Friedrich R. Ostermeyer
1928/29

Der Großwohnblock mit 738 Wohnungen sollte sich ursprünglich durchgängig von der Friedensallee bis zur Behringstraße erstrecken. (Heute liegt ein Sportplatz zwischen den beiden realisierten Abschnitten.) Sah sich Friedrich R. Ostermeyer bei vergleichbaren Projekten zumeist gezwungen, seine Entwürfe schiefwinkligen Grundstücken einzupassen, so können die kubischen Trakte hier frei in den Raum ausgreifen, freilich gebändigt durch eine Symmetrieachse. Die schmucklosen, schematisch gegliederten Klinkerfassaden verstärken noch den monumentalen Charakter der Anlage, der damals durchaus politisch verstanden wurde. So schrieb das sozialdemokratische *Hamburger Echo* am 5. August 1929 unter Bezugnahme auf den Namenspaten, den ehemaligen Reichspräsidenten Friedrich Ebert (1871-1925): »So wie die Persönlichkeit Friedrich Eberts eine Inkarnation des Machtstrebens der Arbeiterschaft, ihrer völlig veränderten Stellung zum Staate war, so strömt auch diesem gewaltigen Bauwerk der Geist eines unbeugsamen, seiner Mission bewußten Proletariats aus [...].«

J 21 Evangelisch-lutherische Kreuzkirche
Hohenzollernring, Ottensen
Architekten: Fernando Lorenzen (Ursprungsbau)
Plan-R-Architektenbüro Joachim Reinig (Instandsetzung)
1896 W, 1897/98; Instandsetzung 1993-98

Neogotischer Backsteinbau mit gedrungenem Vierungsturm. Der zentralisierende Grundriss in Form eines griechischen Kreuzes verweist bereits auf die zentralräumlichen Lösungen, die Fernando Lorenzen nach der Jahrhundertwende realisiert hat, z. B. die Gnadenkirche in St. Pauli (1906/07, vgl. Nr. C 5). Die exponierte Lage der Kirche auf einer Insel in der Mitte der Hohenzollernallee geht auf einen Entwurf des bekannten Städtebauers Hermann Joseph Stübben für die westliche Erweiterung von Ottensen zurück (1893).

J 26 Kinderkrankenhaus Altona

J 27 Wohnblock Am Rathenaupark

J 22 Ehem. Oberrealschule Hohenzollernring
Hohenzollernring 57-61, Ottensen
Architekten: Stadtbauamt, Emil Brandt
1908-10

Zweiflügeliger Komplex mit Putzfassaden und Sandsteingliederungen im Stil der Frührenaissance. Der Entwurf belegt den eigenständigen Charakter des öffentlichen Hochbaus in Altona, wurde in Hamburg zu dieser Zeit doch längst der Backstein favorisiert. Die Skulpturen am Eingangsrisalit stellen Martin Luther und Nikolaus Kopernikus dar. (Letzterer sollte die Naturwissenschaften verkörpern, auf die in den Oberrealschulen besonderer Wert gelegt wurde.) Heute ist hier das Gymnasium Altona untergebracht.

J 23 Geschosswohnbauten Hohenzollernring
J 23.1 Geschosswohnbauten
Hohenzollernring 31-37/Bleickenallee 15-17, Ottensen
Architekten: Friedrich R. Ostermeyer (1. BA und 2. BA) und Paul Suhr (2. BA). Werner Kallmorgen (2. BA)
1. BA 1930; 2. BA 1937/38

Komplex aus unterschiedlich hohen kubischen Baukörpern in Klinker, die im ersten Bauabschnitt (Nr. 31-33) aus der Bauflucht zurücktreten, so dass ein Vorplatz entsteht. Auch die schmucklosen Lochfassaden und die seriell gereihten Fenster sind typische Motive des »Neuen Bauens« der Weimarer Republik. Für den zweiten Bauabschnitt, dessen Planung bereits in die NS-Zeit fiel, forderte die Baupolizei dagegen steile Dachflächen statt des ursprünglich geplanten Flachdachs. Die Grundrisse waren auf bürgerliche Ansprüche zugeschnitten.

J 23.2 Geschosswohnbauten
Hohenzollernring 27-29, Ottensen
Architekt: Fritz Neugebauer
1912

Im Unterschied zu den Nachbargebäuden aus der Weimarer Republik weist dieses Doppelhaus noch die typischen langgestreckten Großwohnungsgrundrisse der Kaiserzeit auf, bei denen ein Teil der Räume in rückwärtigen Flügeln untergebracht ist. Hinsichtlich der schmucklosen Dreiecksgiebel, der Klinkerfassaden und der Sprossenfenster ist der Entwurf beispielhaft für die Reformarchitektur. Aber auch der Heimatstil klingt an, z. B. mit den Ziersetzungen im Fassadenmauerwerk, die dem niederdeutschen Bauernhaus entlehnt sind. Die Plastiken von Jünglingen und Männern, die in die Nischen der Treppenhausfenster eingestellt sind, sollen wohl die Lebensalter verkörpern.

Die **Geschosswohnbauten** Hohenzollernring 23-25 hat August Soll entworfen (1926-28). Die **Geschosswohnbauten** Hohenzollernring 28-32 stammen von Heinrich W. Müller (1930-32).

J 24 Wartepavillon
Bleickenallee 26a, Ottensen
Architekten: Stadtbauamt Altona, Gustav Oelsner (Ursprungsbau). Planungsgruppe Oelsner (Umbau)
1927; Umbau 2003

Der mit Klinkerplatten verkleidete Flachdachbau diente ursprünglich nicht nur als Wartehalle für die Straßenbahn, sondern auch als Kiosk; im Keller waren öffentliche Toiletten untergebracht. Er ist das letzte erhaltene Beispiel einer Reihe vergleichbarer Pavillons, die Gustav Oelsner entworfen hatte. 2003 wurde er zum Ateliergebäude für Stipendiaten der Hochschule für bildende Künste umgebaut.

Die ehemalige **Realschule**, Bleickenallee 1, ist ein Entwurf von Emil Brandt (1895/96, 1994-96 durch Joachim Kähne saniert).

J 25 Lankenau-Stift
Bleickenallee 34-36, Ottensen
Architekten: Raabe & Wöhlecke
1912/13

In der achsensymmetrischen Anlage der drei Gebäude, die sich um eine Art Ehrenhof gruppieren, klingen Schlossmotive an. Die traditionalistische Backsteinarchitektur verweist dagegen auf die zeitgenössischen Landhäuser in den Elbvororten. Angesichts dieser anspruchsvollen Gestaltung ist es erstaunlich, dass die Freiwohnungen nicht für verarmte Angehörige der »gebildeten Stände« gedacht waren wie im Betty-Stift (vgl. Nr. J 28),

  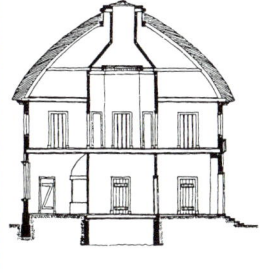

J 28 Betty-Stift

J 29 Landhaus Gebauer mit Schnitt des ursprünglichen Zustands (rechts)

sondern für Alleinstehende und Ehepaare aus den unter- und kleinbürgerlichen Schichten.

J 26 Kinderkrankenhaus Altona
Bleickenallee 38, Ottensen
Architekten: Curt F. Francke (Ursprungsbau)
Elingius & Schramm (Erweiterung)
1912-14; Erweiterung 1930/31

Der Bau des Kinderkrankenhauses, ein dringendes Desiderat angesichts der hygienischen und sozialen Verhältnisse, die in der Altstadt von Altona und in Ottensen herrschten, wurde durch private Stiftungen ermöglicht. Fast alle Krankenräume orientieren sich nach Süden und öffnen sich mit Loggien zur Sonne, was allerdings unschöne gestalterische Kompromisse erzwang. Die elegante, landhausartige Backsteinarchitektur im Sinne der Heimatschutzbewegung wirkt hierdurch wie durchlöchert. Erst das »Neue Bauen« der Weimarer Republik vermochte Funktion und architektonischen Anspruch zu versöhnen, wie sich an der rückwärtigen Erweiterung von Elingius & Schramm ablesen lässt, die als Terrassenhaus mit auskragenden Sonnendecks gestaltet ist.

J 27 Wohnblock Am Rathenaupark
Bleickenallee 41-45/Am Rathenaupark 1-15/
Bernadottestraße/Griegstraße u. a., Ottensen
Architekt: Stadtbauamt Altona, Kurt Meyer
1922-24

Der nobel anmutende Wohnblock orientiert sich an den britischen Reihenhaus-Crescents, ein Eindruck, den die neoklassizistische Architektur noch unterstreicht. Auch die Torbogen an der Grünewaldstraße suggerieren Exklusivität. Angesichts der Inflation entstanden hier jedoch nicht großzügige Einfamilienhäuser, sondern relativ bescheidene Drei- bis Vierzimmerwohnungen. Der Entwurf stammt von Kurt Meyer, dem Vorläufer von Gustav Oelsner im Amt des Altonaer Bausenators.

Die evangelisch-lutherische **Ansgarkirche**, Griegstraße 1a, hat Otto Andersen entworfen (1962-64).

J 28 Betty-Stift
Philosophenweg 29, Othmarschen
Architekten: Raabe & Wöhlecke
1904/05

Vier pavillonartige Gebäude gruppieren sich um ein Tor, das im Zentrum liegt. Fachwerkfassaden, Renaissancegiebel und Ecktürmchen mit geschweiften Hauben verleihen dem Komplex einen malerischen, zugleich aber auch rustikalen Charakter. Was auf den ersten Blick wie der Wirtschaftshof eines größeren Anwesens wirkt, entpuppt sich allerdings nur als Zugang zu einem Garten. Die Lage in einem Villengebiet unterstreicht die Intention, die mit dieser Stiftung verbunden wurde, nämlich »durch Gewährung von Freiwohnungen für alleinstehende weibliche Personen gebildeter Stände diesen eine ihrem Bildungsgrade entsprechende Lebensführung zu verschaffen« (*Hamburg und seine Bauten*, 1914, Bd. 2, S.630).

Die **Reihenhäuser** Rulantweg 2-12 stammen von Gustav Oelsner (1927).

J 29 Landhaus Gebauer
Philosophenweg 18, Othmarschen
Architekten: Christian Frederik Hansen (Ursprungsbau)
Konstantin Kleffel (Restaurierung)
1806; Aufstockung 1871; Restaurierung 1991-93

Ursprünglich mit einem kegelförmigen Reetdach bekrönt, präsentiert sich der Bau seit der Aufstockung 1871 als ungeschlacht wirkender, flach gedeckter Zylinder mit einer ebenfalls wenig ansprechenden Eingangslaube. Erst im Innern enthüllt sich die Logik des Entwurfs, denn die tragenden Innenwände beschränken sich auf zwei parallele Schotten, so dass die übrigen Wände je nach Bedarf angeordnet werden konnten; die Treppen und Nebengelasse wurden in den Zwickeln verborgen. Inspirationsquelle für den Entwurf war wohl Marc-Antoine Laugiers Theorie von der Urhütte – der Idealvorstellung eines ursprünglichen Gebäudes, das nur aus Stützen, Gebälk und Dach besteht –, die er 1753 in seinem »Essai sur l'architecture« veröffentlicht hatte. Aber auch das Vorbild der Revolutionsarchi-

J 30 Övelgönne

J 31 Architektenatelier und Wohnhaus »Elbschlucht«

tektur scheint mit der streng stereometrischen Form des Gebäudes auf.

J 30 Ensemble Övelgönne
Övelgönne, Othmarschen
18. und 19. Jahrhundert

Das pittoreske Fischer- und Lotsendorf Övelgönne ist kaum mehr als ein rund 1 Kilometer langer schmaler Siedlungsstreifen unterhalb des Geesthangs, der durch einen Fußweg erschlossen wird. Die gusseisernen Veranden – das älteste Beispiel ist Nr. 50/51 von 1839 – erinnern daran, dass die kleine Siedlung im 19. Jahrhundert zudem eine beliebte Sommerfrische war (allerdings erst nachdem die hier ursprünglich ansässigen »anrüchigen« Gewerbe wie Leimsiedereien oder Trankochereien den Betrieb aufgegeben hatten). Die Bebauung kennzeichnet sich durch einfach gegliederte traufständige Fachwerk- und Backsteinbauten mit ein bis zwei Geschossen sowie kleinere Etagenwohnhäuser mit Stuckdekor (spätes 19. Jh., frühes 20. Jh.). Außerdem gibt es einige Villen. Als älteste Bauschicht sind erhalten (nur die Vorderhäuser): Nr. 13 (1801), Nr. 40-42 (vor 1739), Nr. 46 (1. Hälfte 19. Jh.), Nr. 47/48 (um 1800), Nr. 49 (1802), Nr. 54/55 (um 1830), Nr. 57/58 (18. Jh.), Nr. 65/66 (1709-12), Nr. 67/68 (1829-31), Nr. 69 (um 1850), Nr. 72-75 (2. Viertel 18. Jh.), Nr. 83 (1. Hälfte 19. Jh.), Nr. 88/89 (vor 1792), Nr. 99/100 (vor 1792) sowie das ehemalige Schulhaus, Schulberg 6 (1743). Im Osten geht Övelgönne nahtlos in das ehemalige Nachbardorf Neumühlen über (vgl. Nr. J 1).

J 31 Architektenatelier und Wohnhaus »Elbschlucht«
Elbchaussee 139, Othmarschen
Architekten: v. Gerkan, Marg + Partner
1987, 1988/89

Da sich der Baugrund, ein Einschnitt im Elbhang, der im 19. Jahrhundert mit Schutt verfüllt worden war, als tückisch erwies, machten die Architekten aus der Not eine Tugend: Die Gebäude wurden an die sicheren Ränder gerückt; die Mitte blieb als öffentlich zugänglicher Platz

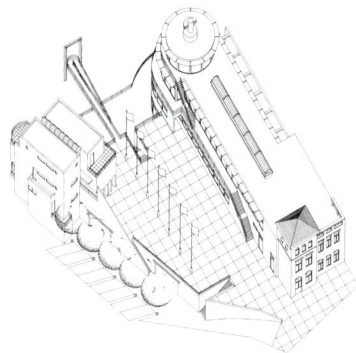
J 31 »Elbschlucht«, Isometrie

frei, der einen Panoramablick über die Elbe bietet. Dampfermotive allenthalben! Eine schrägseilverspannte Rampe ragt wie ein Bugsteven über die Aussichtsterrasse hinaus. Das Atelier, das Relikte eines Gebäudes aus dem 19. Jahrhundert integriert, schiebt sich mit einer halbrunden gläsernen Kommandobrücke hart an den Abhang vor (was wörtlich zu nehmen ist, denn hier liegen die Chefbüros). Bullaugen setzten Kontrapunkte. Relinge umziehen die Decks. Eher spröde geraten ist dagegen das Wohnhaus Meinhard von Gerkans, das die Eleganz der weißen Dampfermoderne mit einer Bretterverschalung konterkariert.

J 32 Landhaus Weber
Elbchaussee 153, Othmarschen
Architekten: Franz Gustav Forsmann (Ursprungsbau)
Hellwig Hofmann Architekten (Restaurierung)
1836/37; Restaurierung 2005/06

Relativ schlichter und etwas plump proportionierter zweigeschossiger Putzbau, der sich mit zwei übereinandergestapelten ionischen Säulenloggien zum Elbpanorama öffnet. Im Unterschied zum Klassizismus der Hansen-Zeit legten die Bauherren im Biedermeier offensichtlich mehr Wert auf bequeme und praktische Grundrisse als auf gestalterisches Raffinement. 1939 wurde das Ge-

J 33 Landhaus Brandt (Aufnahme 1950er Jahre)

J 34 Reihenhäuser Schlagbaumtwiete (Aufnahme um 1972)

bäude in Geschosswohnungen aufgeteilt. 2005 bis 2006 wurde der ursprüngliche Charakter der Räume im Erdgeschoss rekonstruiert.

J 33 Landhaus Brandt
Elbchaussee 186, Othmarschen
Architekt: Axel Bundsen
Um 1820

Eine der repräsentativsten »weißen Villen« an der Elbchaussee. Dem kubischen Baukörper ist eine zweigeschossige, halbkreisförmige Säulenhalle mit 22 dorischen bzw. ionischen Säulen vorgelagert, die im Erdgeschoss verschwenderisch in einer Doppelreihe angeordnet sind. Der Entwurf ist beispielhaft für den nordischen Klassizismus, denn der Däne Axel Bundsen war, wie sein ungleich berühmterer Landsmann Christian Frederik Hansen, ein Absolvent der Kopenhagener Akademie. Die Dekoration der Innenräume fiel 1936 dem Umbau in ein Mehrfamilienhaus zum Opfer.

J 34 Reihenhäuser Schlagbaumtwiete
Schlagbaumtwiete 1-9, Othmarschen
Architekten: PPL Planungsgruppe Prof. Laage
1971/72

Weiß geschlämmtes Sichtmauerwerk, Betonstürze und dunkel lasierte Fensterrahmen sind die zeittypischen Merkmale dieser beiden Reihenhausgruppen. Zylindrische Treppenhäuser verleihen den kubischen Baukörpern eine starke Plastizität. Eher als konventionell zu charakterisieren sind dagegen die Grundrisse, die auf zwei Geschossen rund 150 qm Wohnfläche bieten. Exklusivität erhält die Wohnanlage durch eine kleine Schwimmhalle mit Sauna.

J 35 Stallgebäude »Halbmond«
Elbchaussee 228, Othmarschen
Architekt: vermutl. Johann Matthias Hansen
1820

Eckquader und Fugenschnitte akzentuieren den eleganten Putzbau, der unter seinem Reetdach außer einem Stall und einer Remise auch Wohnungen für den Gärtner und den Kutscher vereinigte. Der »Halbmond« – so genannt wegen der im Halbrund angeordneten Seitenflügel – war ursprünglich ein Bau von Christian Frederik Hansen. Er brannte jedoch 1820 ab und wurde vermutlich von seinem Neffen Johann Matthias Hansen wiederaufgebaut, der sich in den Grundzügen an dem Entwurf seines Onkels orientierte. Das Stallgebäude gehörte zum Landhaus Thornton, Elbchaussee 215, das ebenfalls von Christian Frederik Hansen stammte (1795/96) und 1914 durch eine **Villa** von Paul Schöß ersetzt wurde.

J 36 Haus Pinnau
Elbchaussee 245, Othmarschen
Architekt: Cäsar Pinnau
1950/51

Ehemaliges Wohnhaus des Architekten im »Kolonialstil« mit Veranden, die von Säulen getragen werden. Der neoklassizistische Habitus ordnet das Gebäude den weißen Villen an der Elbchaussee zu, die betont filigrane Detaillierung verweist jedoch auch auf die Ästhetik der Wiederaufbaujahre. Bemerkenswert ist auch der geschickte Grundriss. Trotz der kompakten Gebäudeform wurde mit einer extrem langen Wegachse zwischen dem Eingang und dem runden Atelieranbau der Eindruck von Großzügigkeit und Weite hervorgerufen.

J 37 Villa Duhnkrack
Parkstraße 36, Othmarschen
Architekten: Fernando Lorenzen und Edmund Stehn
1911/12

Zweigeschossiger Backsteinbau mit Walmdach. Sprossenfenster und Klappläden akzentuieren die schmucklosen roten Fassaden. Auch der geschlossene Gebäudeumriss ist offenkundig von Erich Elingius inspiriert; das Dachhäuschen wirkt sogar wie ein Zitat (vgl. Haus Möller, Nr. J 48). Der Entwurf belegt die Wandlungsfähigkeit von Fernando Lorenzen, der wenige Jahre zuvor noch betont vielgliedrigen Baukörpern mit Jugendstildekorationen den Vorzug gab (vgl. die 1906-10 errichteten Villen Parkstraße 28-32, 25 und 40, die ebenfalls von Lorenzen und Stehn stammen).

J 35 Stallgebäude »Halbmond«

J 36 Haus Pinnau (Aufnahme um 1951)

J 38.1 Haus Reemtsma

J 38.2 Ehem. Verwaltungsgebäude der Reemtsma Cigarettenfabriken GmbH (Aufnahme um 1954)

J 38 Ehem. Verwaltungsgebäude der Reemtsma Cigarettenfabriken GmbH
Parkstraße 51, Othmarschen
J 38.1 Haus Reemtsma
Architekten: Martin Elsaesser (Ursprungsbau und 1. Umbau)
Godber Nissen (2. Umbau)
1930-32; 1. Umbau 1939/40; 2. Umbau 1953/54

Von dem luxuriösen Anwesen des Industriellen Philipp Fürchtegott Reemtsma mit Tennisplatz, Badesee, Reitparcours und Gewächshäusern ist heute kaum mehr als das ehemalige Wohnhaus erhalten: eine kubische Baugruppe im Sinne des »Neuen Bauens« mit Fensterbändern und Flachdächern. Auffällig ist die Fassadenverkleidung aus patinagrünen Keramikplatten (in Anlehnung an den ursprünglichen Zustand erneuert). Beim Umbau 1939/40 büßte das Gebäude die Dachterrasse ein. Außerdem wurde die Einrichtung der Repräsentationsräume im schwerfälligen traditionalistischen Stil der NS-Zeit umgestaltet. Nach dem Zweiten Weltkrieg gab Reemtsma das Gebäude für Wohnzwecke auf. Das Schwimmbad, die Turnhalle und das Kinderspielzimmer wurden 1953/54 zur Kantine für das neue Verwaltungsgebäude zusammengefasst. Durch den Park führt ein öffentlicher Weg zum Jenischpark (vgl. Nr. J 39).

J 38.2 Ehem. Verwaltungsgebäude
Architekten: Godber Nissen (Ursprungsbau)
Helmut Riemann (Umbau)
1952-54; Umbau 2006/07

Um den weitläufigen Charakter des Parks nicht zu beeinträchtigen, wurde der Komplex dicht an den Grundstücksrand gerückt und zudem in drei unterschiedliche Trakte aufgegliedert, die ursprünglich mit gläsernen Treppenhäusern aneinandergekoppelt waren. Rasterfassaden aus Kalkstein, gelber Klinker, weiße Stahlrohrstützen und Teakholzrahmen kennzeichnen die unprätentiöse, skandinavisch inspirierte Architektur. 2006/07 wurden die Büroflächen in großzügige loftartige Wohnungen aufgeteilt, wobei die Veränderungen an den Fassaden auf ein unerlässliches Mindestmaß begrenzt blieben.

J 39 Jenisch Haus
Baron-Voght-Straße 50, Othmarschen
Architekt: Franz Gustav Forsmann
1828, 1831-34; Restaurierung 1953-55

1828 erwarb der Hamburger Kaufmann und Senator Martin Johan Jenisch (1793-1857) das Mustergut von Caspar von Voght, dessen Herrenhaus ebenfalls an der Baron-Voght-Straße steht (vgl. Nr. J 41). Das neue Landhaus für Jenisch, heute als Außenstelle des Altona-

J 39 Jenisch Haus

er Museums zugänglich, wirkt innen wie außen wie aus einem Guss. Tatsächlich ist der noble Bau aber das Ergebnis eines komplexen Entwurfsprozesses, denn unzufrieden mit den Entwürfen, die ihm Franz Gustav Forsmann vorlegte, bat Jenisch Karl Friedrich Schinkel um ein Gutachten, der sich natürlich nicht die Gelegenheit entgehen ließ, einen Gegenentwurf zu erstellen.

Das realisierte Gebäude vereinigt Elemente beider Entwürfe. Von Schinkel stammen der kubische, »dachlose« Umriss, der charakteristische Fugenschnitt und das Attikageschoss. Dafür behielt Forsmann den quadratischen Grundriss und den von dorischen Säulen getragenen Altan bei. Seine Leistung ist wohl vor allem darin zu sehen, dass er es verstand, die Qualitäten des Schinkel-Entwurfs auf ein erheblich verringertes Bauvolumen zu übertragen, ja, sie durch die kompakte Würfelform sogar noch zu steigern. Der Landschaftspark war eine Liebhaberei von Jenisch und wurde von ihm in Zusammenarbeit mit dem Gärtner Johann Heinrich Ohlendorff auch selbst gestaltet.

J 40 Ernst Barlach Haus
Baron-Voght-Straße 50a, Othmarschen
Architekten: Werner Kallmorgen (Ursprungsbau)
KHD Architekten Hartmeyer-Dreyer-Rüdiger-Reichardt (Erweiterung)
1960 W, 1961/62; Erweiterung 1997

Eine Stiftung des Industriellen Hermann F. Reemtsma für seine bedeutende Sammlung mit Werken von Ernst Barlach. Der eingeschossige, weiß geschlämmte Backsteinkubus korrespondiert mit dem klassizistischen Landhaus Jenisch von 1834 (vgl. Nr. J 39). Der Ausstellungsbereich ist durch Stufen, Stichwände und abgehängte Decken in eine stark differenzierte Abfolge von Kabinetten und Sälen aufgeteilt, deren Fenster sich nahezu ausschließlich zu einem Innenhof öffnen. Auch dank unterschiedlicher Lichtquellen – Oberlicht, Seitenlicht, Kunstlicht – konnte jedem Exponat ein optimaler Standort zugewiesen werden.

1997 wurde das Gebäude durch KHD Architekten – das Nachfolgebüro von Werner Kallmorgen – um einen hinsichtlich Material und Maßstäblichkeit angepassten Ausstellungssaal erweitert. Der Innenhof erhielt ein gläsernes Tonnendach, was zwar einen Zugewinn an nutzbarer Fläche brachte, aber auch den kubischen Umriss des Baukörpers stört. Außerdem wurde die Loggia verglast, um ein Café einrichten zu können – ein mehr als problematischer Eingriff, denn erst die Loggia, die wie in den Baukörper gestanzt wirkte, verlieh dem spannungslos lagernden Volumen des Gebäudes Ausdruckskraft.

J 41 Landhaus Voght
Baron-Voght-Straße 63, Nienstedten
Architekt: Johann August Arens
1794-97; Erweiterung 1798

Mit den gegenüberliegenden Instenhäusern bildet das Landhaus das letzte Relikt des ehemaligen Gutes des Hamburger Kaufmanns Caspar von Voght (1752-1839, 1802 geadelt), das sich von der Elbchaussee bis über den heutigen Botanischen Garten erstreckte. Nicht ein luxuriöser Landsitz schwebte dem aufgeklärten Philanthropen jedoch vor – Vogt war Mitglied der Patriotischen Gesellschaft (vgl. Nr. A 15) und ein auch international anerkannter Reformer der Hamburger Armenfürsorge –, sondern ein Mustergut, wie er es bei einem Aufenthalt in England 1793/94 mit dem Anwesen »The Leasowes« des Dichters William Shenstone kennengelernt hatte. Nach diesem Vorbild gestaltete der Gärtner John Booth ab 1795 Voghts Ländereien in eine »ornamented farm« um, d. h. in eine englische Parklandschaft mit zwanglos eingebetteten landwirtschaftlichen Nutzflächen und Gebäuden – Naturverbundenheit und gesellschaftliche Harmonie suggerierend.

Auch die Gestaltung des Landhauses war programmatisch gemeint. Vogt wünschte vorrangig ein bequemes Wohnhaus, das sich dem ländlichen Umfeld anpassen sollte, wenn auch die Ausstattung erlesen war. Da Voghts Reformprojekte illustre Gäste anzogen – u. a. führte er neue Kulturfrüchte ein und experimentierte erfolgreich mit Düngemethoden – wurde schon bald eine Erweiterung um einen Saal und größere Wirtschaftsräume nötig, die sich allerdings unorganisch dem Ursprungsbau anfügt. Auffällig ist der »Kolonialstil« des Gebäudes mit umlaufenden, von Säulen getragenen Veranden, die unweigerlich an ein Herrenhaus in den Südstaaten der USA denken lassen. Johann August Arens (1757-1806), der Architekt des Gebäudes, der zu dieser Zeit auch für den Hof in Weimar tätig war, kann als einer der Wegbereiter des Klassizismus im ausgehenden 18. Jahrhundert gelten. Sein Talent war von der Patriotischen Gesellschaft entdeckt und gefördert worden.

J 41.1 Instenhäuser
Baron-Voght-Straße 52-72, Othmarschen
Architekten: Padberg & Partner. Dietrich Raeck (Wiederaufbau)
1786-98; Zerstörung 1992; Wiederaufbau 1993/94

J 40 Ernst Barlach Haus (Aufnahme um 1962)

Die schlichte, aber stimmungsvolle Fachwerkzeile mit Reetdach und »Klöndören« – quer geteilten Haustüren, auf deren unterer Hälfte man sich aufstützen kann, um zu klönen (sich zu unterhalten) – diente als Unterkunft für die Landarbeiter auf Voghts Gut. Jedes der Reihenhäuschen verfügte über ein Stube, ursprünglich mit Wandbett, und eine Küchendiele. 1992 fiel ein Teil des Ensembles einer Brandstiftung zum Opfer. Beim Wiederaufbau kam so weit wie möglich originales Material zum Einsatz. Eines der Häuser wurde als Außenstelle des Altonaer Museums hergerichtet, während die übrigen mittels Dachausbauten und rückwärtiger Erweiterungen dem heutigen Wohnstandard angepasst wurden.

Die **Instenhäuser** Jürgensallee 73-95 und 102-124 stammen aus der Zeit von Voghts Nachfolger Martin Johan Jenisch (vgl. das Jenisch Haus Nr. J 39).

J 42 Historischer Dorfkern Klein Flottbek
J 42.1 Hufnerhaus Biesterfeld
Hochrad 69, Othmarschen
1814
J 42.2 Handwerkerhaus
Hochrad 35, Othmarschen
1. Viertel 19. Jahrhundert
J 42.3 Kleinkaten
Ohnsorgweg 7-9, Othmarschen
1. Hälfte 19. Jahrhundert

Die Gemarkung von Klein Flottbek wurde mit der Gebietsreform von 1937 im wesentlichen auf Othmarschen und Nienstedten aufgeteilt; kleinere Teile gingen in Groß Flottbek und Osdorf auf. Im ehemaligen Dorfkern mit Löschteich sind noch einige kleinere ländliche Gebäude erhalten, die einen reizvollen Maßstabsbruch inmitten der Villenviertel bedeuten. Weitaus stattlicher wirkt demgegenüber das Haus des Bauernvogtes Jacob Biesterfeld: ein typisches niederdeutsches Zweiständerhaus, das den Wohn- und den Wirtschaftsbereich unter einem Dach vereinigte. In dem zweigeschossigen Wohntrakt, der nicht allgemein üblich war, manifestierte sich der soziale Status Biesterfelds (so genanntes Kreuzhaus, vgl. den Fährhof Odemann, Nr. M 10).

J 43 Gymnasium Christianeum
Otto-Ernst-Straße 34, Othmarschen
Architekten: Arne Jacobsen – Otto Weitling Assoc.
1965 W, 1968-72

Zweigeschossiger Komplex aus einem kompakten Sockelbauwerk mit Pausenhalle, Aula und Sporthalle, auf dem die Klassen- und Fachräume als Pavillons angeordnet sind. Das Dach wurde mit rund 1.500 Edelstahlankern an einem Skelett aus vorgefertigten Betonbalken und -stützen aufgehängt, das den gesamten Komplex einschließlich der Pausenterrassen, die ebenfalls im Obergeschoss liegen, wie eine überdimensionale Pergola überspannt. Auch die Decken, Fassaden und Trennwände bestehen aus Fertigelementen. Auf Möbel von Arne Jacobsen wurde aus Kostengründen verzichtet. Das humanistische Gymnasium wurde 1725 als Lateinschule in der Altstadt von Altona gegründet, woran das barocke Sandsteinportal vor dem Eingang erinnert (1744). Ein weiterer Vorgängerbau von 1931, der in Bahrenfeld stand, musste der Autobahn weichen.

J 44 Haus Carstens
Jungmannstraße 41, Othmarschen
Architekten: Albert Winkler (Ursprungsbau)
Jacob & Ameis (Umbau und Hoftrakt)
1890; Umbau 1922; Hoftrakt 1925

Ein Fachwerkgiebel und das reich gegliederte rote Sichtmauerwerk steigern den kompakten neogotischen Bau zu malerischer Wirkung (die heute allerdings durch verputzte Anbauten beeinträchtigt wird). Das Gebäude gehört zur Villenkolonie »Neu-Othmarschen«, die ab 1883 von einem Spekulantenkonsortium unter Führung von Ferdinand Ancker auf beiden Seiten der Bahnstrecke nach Blankenese angelegt wurde, mithin auch auf dem Gebiet von Groß Flottbek. Die Eröffnung des Bahnhofs Othmarschen (1882) und die fortschrittliche Infrastruktur – Anbindung an das Sielnetz und die Wasserversorgung von Altona, ein eigenes Elektrizitätswerk (ab 1895) – sicherten den Erfolg der Neugründung, so dass Ancker bis 1896 auch einen Kapitalgeber für die Villenkolonie Hochkamp gewinnen konnte (vgl. Nr. K 35).

J 41 Landhaus Voght

J 45.1 Häuser von Hans und Oskar Gerson, Haus Zadik

J 45.2 Häuser von Hans und Oskar Gerson, Haus Bondy

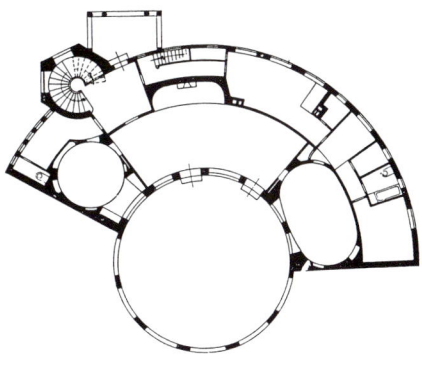
J 45.1 Haus Zadik, Grundriss

J 45 Häuser von Hans und Oskar Gerson
J 45.1 Haus Zadik
Jungmannstraße 1, Othmarschen
Architekten: Hans und Oskar Gerson
1913/14
J 45.2 Haus Bondy
Jungmannstraße 3, Othmarschen
Architekten: Hans und Oskar Gerson
1908/09
Roter Backstein, weiße Sprossenfenster und Steildächer verleihen den beiden Gebäuden einen traditionellen Charakter, ohne Stilzitate wie den zu dieser Zeit so beliebten Hamburger Barock zu bemühen. Von besonderem Reiz sind auch die Grundrisse, die bemerkenswert frei von herkömmlichen Vorbildern entwickelt wurden. Bei Haus Bondy schließt ein eingeschossiger Wirtschaftstrakt im stumpfen Winkel an einen Wohntrakt an, der zur Gartenseite hin zwei Geschosse aufweist; ein rundes Vestibül fungiert als Gelenk zwischen den beiden Flügeln. Bei Haus Zadik schirmt der aus einem Kreissegment entwickelte Grundriss eine runde Terrasse ab. Diese introvertierte Bauweise resultierte nicht nur aus der exponierten Lage des Gebäudes, sondern auch aus einem neuen Verständnis von Privatheit im Einfamilienhausbau.

J 46 Atelierhaus Dr. Sumfleth
Gottorpstraße 1, Othmarschen
Architekt: Thomas Darboven
1975/76
Wohnhaus mit Atelier für einen Augenarzt, der sich in seiner Freizeit der bildenden Kunst widmete. Der Entwurf stammt von einem Freund der Familie, der hier mit dem Modulor von Le Corbusier experimentiert hat; selbst die Aufteilung der Fensterflächen orientiert sich an diesem Maß- und Proportionssystem. Vier Betonschotten bilden das konstruktive Grundgerüst. Oberlichter über den Türen, Wandöffnungen und der Verzicht auf weitere Trennwände lassen den knapp dimensionierten Bau im Innern überraschend großzügig wirken.

Die **Einfamilienhäuser** Gottorpstraße 3-7 sind ein Entwurf von Esselmann & Gerntke (1922/23, vgl. Haus Neumann, Nr. J 54).

J 47 Haus Seip
Reventlowstraße 24, Othmarschen
Architekten: Frejtag & Wurzbach
1908
Zweigeschossiger Walmdachbau mit Sprossenfenstern, Klappläden und Backsteinfassaden, die lediglich durch Quaderlisenen akzentuiert werden. Inspiriert von bri-

J 46 Atelierhaus Dr. Sumfleth

J 48.1 Haus Möller

J 49 Evangelisch-lutherische Christuskirche

tischen Vorbildern begründete Erich Elingius schon bald nach seinem Eintritt in das Büro Frejtag & Wurzbach im Herbst 1904 – seit 1910 Frejtag & Elingius – eine Entwurfstradition, die den gehobenen Einfamilienhausbau im Hamburger Raum bis weit in die 1920er Jahre hinein prägen sollte (vgl. auch Haus Möller, Nr. J 48.1).

Haus Dr. Dormann, Reventlowstraße 21, ist ein Entwurf von Eugen Fink (1913).

J 48 Häuser Möller und Schnackenberg
J 48.1 Haus Möller
Reventlowstraße 5, Othmarschen
Architekten: Frejtag & Elingius
1911
J 48.2 Haus Schnackenberg
Klein-Flottbeker-Weg 6, Othmarschen
Architekten: Hans und Oskar Gerson
1911

Ursprünglich befand sich das gesamte Gelände im Besitz des Gartenarchitekten Schnackenberg, der sich von den Gebrüdern Gerson ein eingeschossiges Einfamilienhaus am Klein-Flottbeker-Weg entwerfen ließ. Diesem eher unscheinbaren Gebäude wurde mit Haus Möller ein zweigeschossiger Walmdachbau mit verhalten traditionalistischen Backsteinfassaden gegenübergestellt, wie sie für Erich Elingius typisch sind (vgl. Haus Seip, Nr. J 47). Das Grundstück wurde von Schnackenberg & Siebold als einheitliche Anlage mit Knicks (bepflanzten Erdwällen) an den Rändern gestaltet. Heute ist dieser Zusammenhang allerdings nicht mehr zu erkennen, denn auf dem gemeinsamen Tennisplatz, der zwischen den beiden Häusern lag, wurde in den 1980er Jahren ein grobschlächtiger Neubau errichtet.

J 49 Evangelisch-lutherische Christuskirche
Roosens Weg 28, Othmarschen
Architekten: Albert Petersen (Ursprungsbau)
Elingius & Niggemann (Umbau)
1898-1900; Umbau 1969

Hinsichtlich der betont rustikalen Oberflächen aus Tuffstein und Lavakrotzen hebt sich die Christuskirche von den zeitgenössischen Gotteshäusern im Hamburger Raum ab, wie auch die einfache frühgotische Gliederung an die rustizierten neoromanischen Fassaden Henry Hobson Richardsons denken lässt. Ebenso ungewöhnlich ist die Verschmelzung des Gebäudes mit dem Pastorat und dem Gemeindehaus zu einem Gruppenbau, was ebenfalls auf angelsächsische und amerikanische Vorbilder verweist. Standard war um 1900 dagegen der zentralisierende Grundriss, hier in Form eines griechischen Kreuzes. 1969 wurde der Innenraum purifizierend erneuert und an der Westseite ein Eingangsvorbau angefügt, was eine Neuorientierung der Kirche bedeutete, die nicht nach Osten ausgerichtet war.

Das **Gemeindezentrum mit Kindergarten**, ein Entwurf von Schramm & Elingius (1955/56), wurde von Horst v. Bassewitz erweitert (1973 W, 1974/75).

J 50 Röperhof
Agathe-Lasch-Weg 2, Othmarschen
Architekten: Carola Hein. Christoph Mühlhans (Instandsetzung)
1759; sukzessive Instandsetzung ab 1983

Typisches niederdeutsches Zweiständerhaus mit einem eingeschossigen Wirtschaftsteil und einem zweigeschossigen Wohnteil (vgl. das Bauernhaus Biesterfeld, Nr. J 42), der relativ schmal ist und deshalb ein ungewöhnlich steiles Reetdach aufweist. Das einfühlsam restaurierte Fachwerkgebäude stellt eines der letzten Relikte des Dorfkerns von Othmarschen dar, der dem Bau der westlichen Autobahnumgehung weichen musste. Heute ist hier ein Gastronomiebetrieb untergebracht.

J 51 Allgemeines Krankenhaus Altona
Paul-Ehrlich-Straße 1, Othmarschen
Architekten: Kallmorgen & Partner
1958 W, 1961-70

Das Allgemeine Krankenhaus Altona wurde für 1.078 Betten in 31 Stationen geplant. Außer dem Bettenhaus mit Behandlungstrakt umfasst der Komplex auch eine Reihe Nebengebäude, die als Solitäre in das Parkgelände eingebettet und z. T. über Tunnel mit dem Haupt-

J 51 Allgemeines Krankenhaus Altona (Aufnahme um 1970)

gebäude verbunden sind. In konzeptioneller Hinsicht orientiert sich das AK Altona am Bürohausbau. Wie beim Lever House von Skidmore, Owings & Merrill in New York (1952) erhebt sich das Bettenhaus als Hochhausscheibe über einem »Breitfuß«, der die zentralen Einrichtungen aufnimmt. Bei der dunkel eloxierten Vorhangfassade und den Nebengebäuden, die auf das Vorbild des IIT Illinois Institute of Technology in Chicago verweisen, stand dagegen Mies van der Rohe Pate. Um Kosten zu sparen, wurde das Hochhaus statt auf Pfählen auf einem Atombunker gegründet, den die Bundesregierung im Rahmen ihres Schutzraumprogramms finanzierte.

J 52 Geschosswohnbau Schmarje
Rosenhagenstraße 2-4, Groß Flottbek
Architekten: Frejtag & Elingius. Hans und Oskar Gerson
1911
Das gestalterische Repertoire der traditionalistischen Landhausarchitektur wurde hier auf ein Etagenwohnhaus übertragen. Vier bis fünf Zimmer zuzüglich Dienstmädchenkammer verteilen sich auf rund 150 bis 165 qm Wohnfläche. Auch die Bäder verdeutlichen den Anspruch, den der Bauherr an das Projekt stellte.

J 53 Beamtenwohnhäuser der Deutschen Werft
Rosenhagenstraße 1, 24-26, 27-29, 30-36, 40-46/Gutzkowstraße 1, 9-11/Wolfsloh 1, 2, 5, 6/Eckernwoort 3-5, Adickesstraße 2-14, Groß Flottbek
Architekt: Peter Behrens
1920/21

Einzel-, Doppel- und Gruppenhäuser für die Angestellten der Deutschen Werft in Finkenwerder, deren Hauptverwaltung in Othmarschen an der Elbchaussee lag. (Weitere Werkswohnungen wurden direkt in Finkenwerder errichtet, vgl. Nr. L 15.) Die eingeschossigen Bauten bilden kein geschlossenes Ensemble, sondern sind gruppenweise in das Viertel eingestreut, das damals bereits in weiten Bereichen bebaut war. Hinsichtlich der hohen Walmdächer und der Sprossenfenster, die sich z. T. zu Bändern fügen, ist die Architektur als konventionell zu charakterisieren und wird somit dem bürgerlichen Charakter der Umgebung gerecht. Im Unterschied zu seinen Hamburger Kollegen wählte Peter Behrens keinen blaubunten Klinker, sondern ein bräunlich-orangefarbenes Material.

J 54 Haus Neumann
Cranachstraße 27, Groß Flottbek
Architekten: Esselmann & Gerntke
1923
Ein typisches Beispiel für den Klinkerexpressionismus der Inflationsjahre mit kristallin-splittrigem Dekor, dreieckigen Dachgauben und einem pagodenartig aufgefalteten Dach, aus dem zwei sich verjüngende Schornsteine als Bekrönung erwachsen. Dem Willen zur expressiven Stilisierung entsprang auch das Motiv der Dreitürengruppe an der Eingangsfassade, die sich in funktionaler Hinsicht wohl kaum legitimieren ließ (vgl. auch die Einfamilienhäuser Gottorpstraße 3-7, Nr. J 46).

Die **Villa** Cranachstraße 1 stammt von Hans Meyer (1923). Die **Villen** Cranachstraße 21 und 23 hat Carl Feindt entworfen (1924).

J 53 Beamtenwohnhäuser der Deutschen Werft

J 54 Haus Neumann

J 55 Gruppenhäuser Dürerstraße
Dürerstraße 9-13/Cranachstraße 63, Groß Flottbek
Architekt: Friedrich R. Ostermeyer
1911/12

Die Klinkerfassaden und der voll ausgebildete Dachkörper, der über alle Gebäude greift, schweißen die heterogene Gruppe aus drei zweigeschossigen Giebelhäusern und einem traufständigen Bau zusammen. Die außen angeschlagenen Sprossenfenster – mit geschmiedeten Bandeisen – verweisen auf den um 1910 aktuellen Heimatstil, der sich von überlieferten Bauformen inspirieren ließ. Die Grundrisse waren auf die Mittelschicht zugeschnitten, was der Verzicht auf einen Anrichteraum als Schleuse zwischen der Küche und dem Esszimmer verdeutlicht. Friedrich R. Ostermeyer bewohnte mit Nr. 13 selbst eines der Häuser.

Der **Geschosswohnbau** Dürerstraße 6-8 ist ebenfalls ein Entwurf von Ostermeyer (1912).

J 56 Einfamilienhaus Müllenhoffweg
Müllenhoffweg, 35, Groß Flottbek
Architekt: Fritz Höger
1927/28

Kubischer zweigeschossiger Bau mit Flachdach. Ein ornamentales Ziegelband umgibt die gelben Klinkerfassaden wie eine breite Strickbordüre. Die Schmuckfreude des Architekten erstreckte sich ursprünglich auch auf die Fensterrahmen, die in unterschiedlichen Farben gestrichen waren.

Die **Villen** Müllenhoffweg 2 und 14 stammen von Hans und Oskar Gerson (1910/11 bzw. 1914).

J 57 Evangelisch-lutherische Flottbeker Kirche und Gemeindehaus
Bei der Flottbeker Kirche 4, Groß Flottbek
Architekten: Raabe & Wöhlecke
1910/11 W, 1911/12

Saalkirche mit Tonnendecke und Emporen, deren Lage sich an den zweigeschossigen schmucklosen Klinkerfassaden ablesen lässt. Die neobarocke Ausstattung bekräftigt den Eindruck einer etwas zu kompakt geratenen Dorfkirche des 17. Jahrhunderts, entsprechend dem ländlichen Charakter, den Groß Flottbek damals noch in weiten Bereichen hatte. Nur vage Vorbilder klingen dagegen bei dem wuchtigen Turm mit der schlichten Kupferspitze an, der das Luther-Wort »Ein feste Burg ist unser Gott« zu illustrieren scheint, das über dem Eingang angebracht ist.

J 57.1 Gemeindehaus
Seestraße 1, Groß Flottbek
Architekten: Bensel, Kamps & Amsinck
1938/39

Der Bau wurde durch eine Spende des Industriellen Hermann F. Reemtsma ermöglicht. Der winkelförmige, eingeschossige Bau mit hohem Satteldach mutet wie ein Gehöft an. Auch das rote Sichtmauerwerk mit Ziersetzungen, die wie bei der Johanneskirche in Rissen ausgeführt sind (vgl. Nr. K 41), und die fassadenbündigen, ursprünglich außen angeschlagenen Sprossenfenster, lassen den Bau »bodenständig« im Sinne der Ideologie der NS-Zeit erscheinen

J 58 Römisch-katholische Kirche St. Paulus-Augustinus
Ebertallee 11, Groß Flottbek
Architekten: Bensel, Kamps & Amsinck (Ursprungsbau)
1930; Erweiterung 1949

Kubischer Klinkerbau mit halbrunder Apsis und einem niedrigen Glockenturm mit Pultdach, der an den Chor angefügt ist – ein Motiv, das typisch für die Kirchen von Bensel, Kamps & Amsinck ist (vgl. die St.-Paulus-Kirche, Nr. G 45, und die Johanneskirche, Nr. K 41). Der Innenraum gliedert sich in ein Hauptschiff und ein niedrigeres Seitenschiff, das hauptsächlich als Zugang zu den Bänken dient. Die stereometrischen Baukörper und die Rundfenster verweisen auf das »Neue Bauen«, jedoch gemildert durch konventionelle Motive wie die Rundbogenöffnungen. Der Altarraum wurde mit Arbeiten des Bildhauers Toni Zenz neugestaltet (1968).

Die evangelisch-lutherische **Melanchthonkirche**, Ebertallee 30, stammt von Friedrich R. Ostermeyer und Paul Suhr (1952/53, Gemeindehaus 1928, 1938 erweitert).

J 57 Evangelisch-lutherische Flottbeker Kirche

J 59 Steenkampsiedlung (Aufnahme um 1922)

J 59 Steenkampsiedlung
Ebertallee/Steenkamp/Veit-Stoß-Weg/Bökenkamp/
Riemenschneiderstieg/Grotenkamp u. a., Bahrenfeld
Architekten: Fritz Neugebauer. Kurt F. Schmidt (1. BA)
Hochbauamt Altona, Kurt Meyer (2. BA) und Gustav
Oelsner (3. BA)
1. BA 1914/15; 2. BA 1919-22; 3. BA 1924-26

J 59.1 Ledigenheim
Ebertallee 162-166, Bahrenfeld
Architekt: Friedrich R. Ostermeyer
1919-21

Eine der ersten Siedlungen im Hamburger Raum, die dem Gartenstadt-Ideal folgten. Rund 520 Gebäude, zumeist ein- bis zweigeschossige Reihen- und Doppelhäuser mit einfach gegliederten neoklassizistischen Putzfassaden, wurden an leicht geschwungenen Straßen errichtet, die von einigen wenigen Hauptabschließungen ausstrahlen. Auch das Ledigenheim ordnet sich diesem Bild unter. Als erstes entstanden die Häuser am Riemenschneiderstieg, die mit Rauputz und bandartigen Schleppgauben aus Fachwerk auf Richard Riemerschmids Entwürfe für die Gartenstadt Hellerau (1907-13) verweisen. Nach dem Ersten Weltkrieg folgte das Gebiet westlich der Ebertallee. Ab 1924 wurden die Häuser am Grotenkamp realisiert, denen Gustav Oelsner einen sachlicheren Zug verliehen hat. 1984 wurde ein Gestaltungsgutachten erstellt, um dem Wildwuchs an individuellen Modernisierungen Einhalt zu gebieten.

J 60 Altonaer Volkspark
Bahrenfeld
Architekt: Ferdinand Tutenberg
1. BA 1914/15; 2 BA 1918-27

Der Altonaer Volkspark stellt im Wesentlichen eine Schöpfung von Ferdinand Tutenberg dar, der 1913 zum Altonaer Gartenbaudirektor berufen wurde. Bis 1915 konnte der Abschnitt westlich der August-Kirch-Straße mit der großen Spiel- und Liegewiese fertiggestellt werden. In der Weimarer Republik folgten die östlich hiervon liegenden Parkabschnitte sowie der Friedhof (1920-23) und die Sportanlagen (1921-24), die zusammen mit dem Park eine Freifläche von 250 ha bilden. Wie bei den beiden anderen großen Stadtparken in Winterhude und Harburg (vgl. Nr. F 45 bzw. L 57) wurde die Gestaltung aus der bestehenden Landschaft entwickelt, wobei naturbelassene Zonen – Reste eines Waldgebiets – mit gärtnerisch oder architektonisch gestalteten Bereichen in einem reizvollen Kontrast stehen.

J 61 Evangelisch-lutherische Lutherkirche
Lutherhöhe 22-24, Bahrenfeld
Architekt: Julius Faulwasser
1909/10

Wandpfeilerkirche mit einem gedrungen wirkenden Einturm. Julius Faulwasser hat hier auf Motive der Hamburger Barockarchitektur des 18. Jahrhunderts zurückgegriffen, die auch allgemein typisch für ihn sind (vgl. die Matthäuskirche in Winterhude, Nr. F 30). 1935 wurde der Innenraum erneuert, wobei der Altarbereich die Ausmalung und die Täfelung einbüßte. Die Brüstungsfelder der Orgelempore hat Friedrich Beile bemalt (1936/37). Die Fenster stammen von Hanno Edelmann (1970).

Das **Lutherhaus**, Lutherhöhe 22, ist ein Entwurf von Fritz Neugebauer (1913/14). In der Nachbarschaft steht das **Sarlingheim**, Von-Hutten-Straße 29, von Friedrich R. Ostermeyer (1913/14).

J 62 Wohnblöcke Bahrenfelder Chaussee/Reichardtstraße
J 62.1 Wohnblock
Bahrenfelder Chaussee 2a-8/Reichardtstraße 2-26/
Bornkampsweg 5-29/Langbehnstraße 1-3, Bahrenfeld
Architekt: Hans Meyer
1928-30

J 62.2 Wohnblock
Bahrenfelder Chaussee 16/Reichardtstraße 3-23/
Valparaisostraße 2-20/Langbehnstraße 5-7, Bahrenfeld
Architekt: Hans Meyer
1929-31

Zwei u-förmige Großblöcke mit insgesamt 473 Wohnungen, die an der Bahrenfelder Chaussee einige Gebäude aus der Zeit um 1914 integrieren. Flachdächer, schema-

J 64 Grundschule Mendelssohnstraße
(Aufnahme 1950er Jahre)

J 63 Wohnanlage Woyrschweg

tisch gereihte Fenster und die weitgehend schmucklosen überlangen Klinkerfassaden verleihen der Architektur einen sachlichen, zugleich aber auch monotonen Charakter. Die Hofseiten sind wegen der offenen Bauweise ebenfalls mit Klinker verblendet. Bauherr war der Altonaer Spar- und Bauverein, für den Hans Meyer noch weitere Projekte in Bahrenfeld realisiert hat (vgl. Nr. J 63 und Nr. J 68).

Die **Geschosswohnbauten** Bahrenfelder Chaussee 2 und 10-14 stammen von Fritz Neugebauer (1912-14).

J 63 Wohnanlage Woyrschweg
Woyrschweg/Mendelssohnstraße/
Bahrenfelder Kirchenweg, Bahrenfeld
Architekten: Gustav Markmann. Hans Meyer
1906-12

Die Wohnanlage des Altonaer Spar- und Bauvereins ist ein besonders herausragendes Beispiel für den genossenschaftlichen Wohnungsbau. Rund 718 Wohnungen verteilen sich auf durchgängig dreigeschossige Gebäude. Die relativ einheitlich gestalteten Backstein- bzw. Putzfassaden – letztere mit Sockeln und Gliederungen aus Sichtmauerwerk – schweißen das Ensemble gestalterisch zusammen. Bauwiche halten die Blockränder durchlässig. An der Mendelssohnstraße springt die Bebauung wie der Ehrenhof eines Barockschlosses ein (vgl. die »Hamburger Burg«, Nr. C 72). Vorgärten und begrünte Innenhöfe verleihen dem Komplex einen gartenstadtartigen Charakter, der wie eine programmatische Antwort auf die Wohnverhältnisse in den Arbeitervierteln wirkt.

J 64 Grundschule Mendelssohnstraße
Mendelssohnstraße 86, Bahrenfeld
Architekt: Hochbauamt, Paul Seitz
1. BA 1952/53; sukzessiver Ausbau bis 1965

Die Schule Mendelssohnstraße war der damals viel beachtete Prototyp für das Schulbauprogramm, das unter Paul Seitz – 1952 bis 1963 Leiter des Hochbauamtes – realisiert wurde. Mit rationalisierten Bauverfahren und typisierten Lösungen für die einzelnen Bauaufgaben – Fach- und Klassenräume, Aulen, Turnhallen etc. – sollte ein Beitrag zur Senkung der Baukosten geleistet werden. Flach- bzw. Pultdächer, mit Backstein verkleidete Stirnwände und in Stahlbetonraster aufgelöste Fensterfronten bestimmten die äußere Erscheinung. Typisch war auch die Aufteilung des Raumprogramms auf isolierte Pavillons, die durch offene Gänge miteinander verbunden wurden. Hierdurch war nicht nur die als optimal erachtete zweiseitige Belichtung der Unterrichtsräume gewährleistet, sondern auch ein Höchstmaß an Flexibilität bei Erweiterungen: Zusätzliche Pavillons wurden einfach an die Gänge angefügt. Auch die Schule Mendelssohnstraße wurde auf diese Weise sukzessive erweitert, u. a. um einen Musikpavillon (1958), eine Aula (1962) und ein Schwimmbad (1965).

J 65 Fabriken von Theodor Speckbötel
J 65.1 Ehem. Verwaltungsgebäude von Böttcher & Gessner
Gasstraße 18, Bahrenfeld
Architekt: Theodor Speckbötel
1913

J 65.2 Ehem. Fabrik- und Verwaltungsgebäude Conz Elektrizitäts-GmbH
Gasstraße 8-16, Bahrenfeld
Architekt: Theodor Speckbötel
1912; Aufstockung des Magazingebäudes 1925

Straff gegliederte flächige Backsteinfassaden und ausgeprägte Dachkörper, akzentuiert durch Giebel bzw. einen Eckturm, charakterisieren die beiden straßenseitigen Verwaltungsbauten. Noch deutlicher repräsentierten die rückwärtigen Produktionsgebäude die Tendenz zur Versachlichung in der Industriearchitektur des späten Kaiserreichs, von denen heute allerdings nur noch diejenigen der Firma Conz erhalten sind. Entsprechend der Skelettbauweise sind die Fassaden dort in Betonstreben aufgelöst, deren Feingliedrigkeit durch kontrastierendes Füllmauerwerk unterstrichen wird.

Östlich schließen die Hallen der ehemaligen **Altonaer Gasanstalt** an (1. BA 1892-95), deren Gelände bis 2000 in einen Wohn- und Gewerbepark umgewandelt wurde.

J 65.2 Fabriken von Theodor Speckbötel, ehem. Fabrik- und Verwaltungsgebäude Conz Elektrizitäts-GmbH

J 68 Wohnblöcke Leverkusenstieg

J 66 Evangelisch-lutherische Paul-Gerhardt-Kirche
Bei der Paul-Gerhardt-Kirche 2-4, Bahrenfeld
Architekten: Otto Andersen. Alfred Behrmann
1954, 1955/56

Baugruppe aus einem Kirchenschiff und einem niedrigeren Gemeindehaus, das den Turm in das Ensemble einbindet. Das weit überkragende Flachdach, das über dem halbrunden Chor auf einem Kranz von schlanken Außenstützen aus Stahl ruht, verleiht dem Gotteshaus einen pavillonartigen Charakter. Die Stahlbetonskelettfassaden sind mit Handstrichziegeln ausgefacht, die sich zu plastischen Mustern fügen. Mit dem Mittelgang zwischen den Bankreihen und dem sechsstufigem Altarpodest folgt der Grundriss konservativen Leitbildern, von denen sich der protestantische Sakralbau auch allgemein nur mühsam lösen konnte. Den Taufstein und die Reliefplatte auf dem Altar, die eine Abendmahlsszene zeigt, hat Ursula Querner gestaltet. Die Betonglasfenster stammen von Claus Wallner.

J 67 Phoenixhof
Stahltwiete 16/Ruhrstraße 11, Bahrenfeld
Architekten: F. Beyerstedt (Halle I)
OHM Otzen, Heubel, Mayr (Umbau Hallen I und II)
Halle I 1902, Umbau 1993-97; Halle II um 1938, Umbau 2000

Komplex aus zwei dreischiffigen Hallen in Stahlskelettbauweise mit Backsteinfassaden, in denen ursprünglich Schiffsmaschinen produziert wurden. Beim Umbau der Halle I blieb das Mittelschiff bis auf den Einbau einer Treppe unverändert, während die Seitenschiffe in Einzelhandelsflächen und Büros aufgeteilt wurden. Lochbleche, Glasbausteine, helles Holz, Glas und eine kräftige Farbgebung setzen die nachträglichen baulichen Eingriffe von dem Bestand ab. Die Erschließung erfolgt über Galerien. Die westliche Erweiterung (Halle II) wurde dagegen bis auf das Skelett und das Glasdach über dem Mittelschiff entkernt und die neuen Büro- und Ladengeschosse nach dem Haus-im-Haus-Prinzip in diesen bewusst ruinös belassenen Torso hineingestellt.

J 68 Wohnblöcke Leverkusenstieg
Stresemannstraße 301-303, 305-307/Leverkusenstieg/ Schützenstraße/Bessemerstraße/ Leverkusenstraße, Bahrenfeld
Architekt: Hans Meyer
1. BA 1913-20; 2. BA 1921/22

Die beiden Blöcke umschließen mit dem Leverkusenstieg einen anspruchsvoll gestalteten Binnenraum, der sich zu einer Piazetta weitet. Auch die neobarocke Backsteinarchitektur, ein typisches Beispiel für den um 1910 aktuellen Heimatstil, verleiht der Wohnanlage eine gewisse Gediegenheit. Sie verdeutlicht, dass sich die Mieter des Altonaer Spar- und Bauvereins damals vor allem aus der kleinbürgerlichen Mittelschicht der Beamten, Angestellten und gut verdienenden Facharbeiter rekrutierten.

Die **Geschosswohnbauten** Stresemannstraße 309-311/Schützenstraße hat Gustav Oelsner entworfen (1925-27, vgl. die Geschosswohnbauten Gefionstraße/ Koldingstraße/Augustenburger Straße, Nr. C 64).

J 69 Ehem. Bahnkraftwerk Altona
Leverkusenstraße 54, Bahrenfeld
Architekten: Eisenbahndirektion Altona (Ursprungsbau)
v. Bismarck + Partner (Umbau)
1905-07; Umbau 1993-96

Bis 1954 wurde hier der Strom für die S-Bahn erzeugt. Die Maschinenhalle und das Kesselhaus bilden eine bauliche Einheit. Zwei zerklüftete Sockel im Eingangshof erinnern an die gesprengten Schornsteine. Vorlagen, Gesimse und Friese verleihen den Backsteinfassaden ein kräftiges Profil und assoziieren gotische Vorbilder, entsprechend den seit der Gründerzeit gültigen gestalterischen Konventionen bei technischen und industriellen Bauaufgaben. Beim Umbau zu einem Büro- und Atelierzentrum für Medienunternehmen wurden diese architektonischen Motive nachempfunden, so dass der Komplex heute in Teilen wie ein historisierender Neubau wirkt. Im Originalzustand ist nur noch das ehemalige Verwaltungsgebäude an der Leverkusenstraße erhalten.

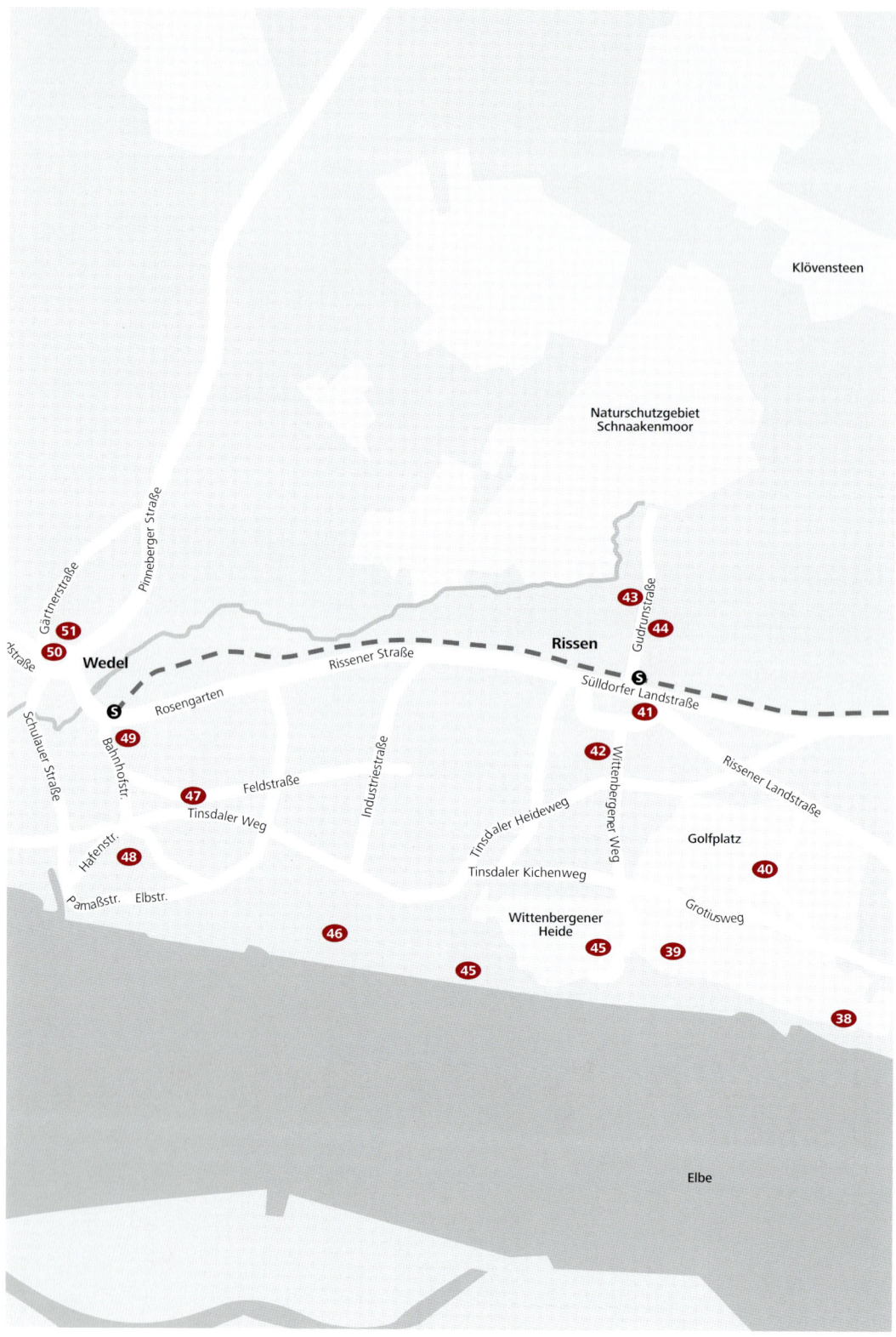

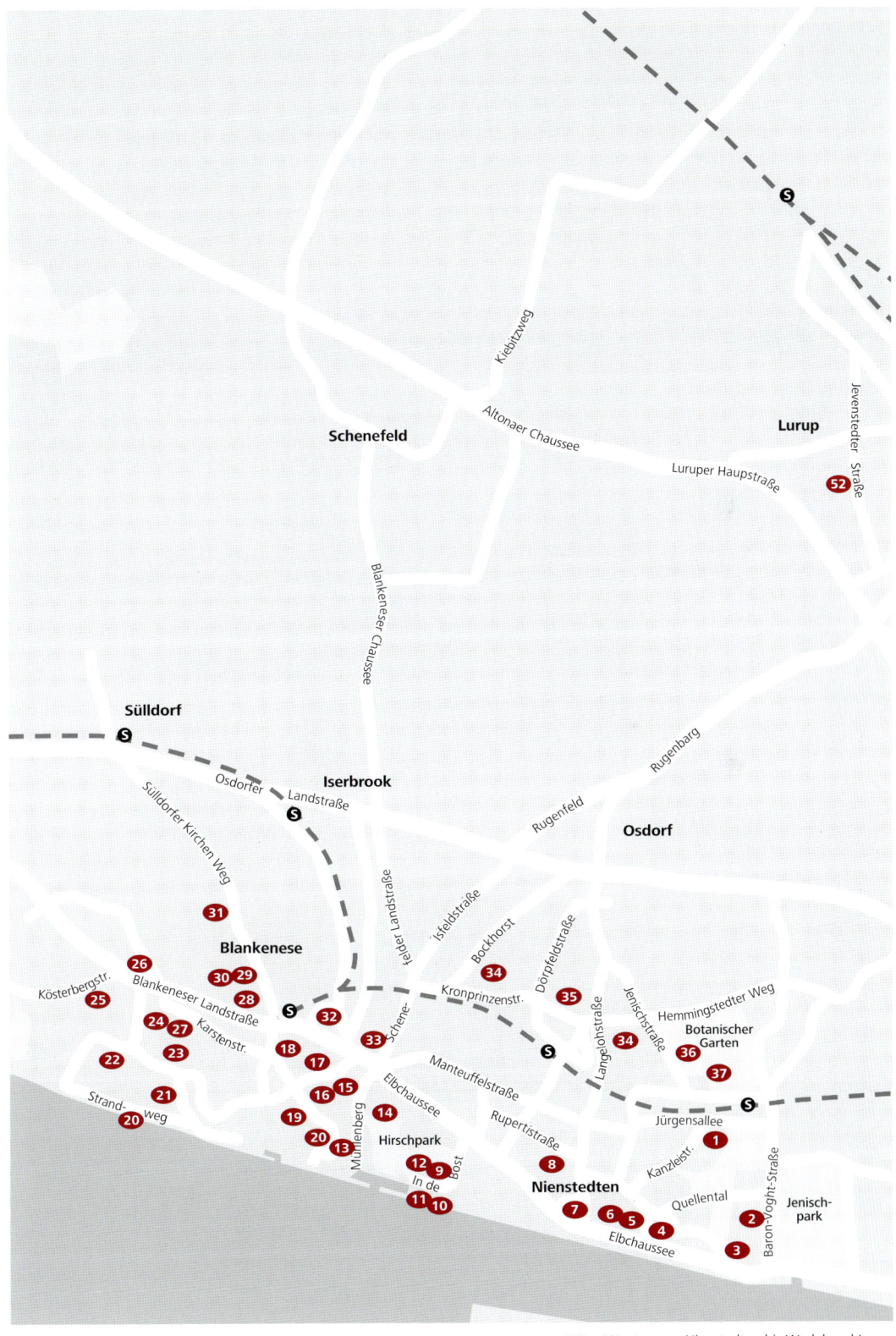

K Der Westen von Nienstedten bis Wedel und Lurup

K 24 Haus Dehmel

K 2 Landhaus Vorwerk (Aufnahme 1950er Jahre)

K Der Westen von Nienstedten bis Wedel und Lurup

Seit dem ausgehenden 18. Jahrhundert entwickelte sich das landschaftlich reizvolle Elbufer westlich von Teufelsbrück zu einer bevorzugten Lage für die saisonal genutzten Landhäuser der Hamburger und Altonaer Oberschicht. Kristallisationskerne dieser Entwicklung bildeten die Dörfer Nienstedten, Blankenese und Dockenhuden, dessen Gebiet 1937/38 auf die beiden anderen aufgeteilt wurde. Einen weiteren Aufschwung brachte die Eröffnung der Eisenbahnstrecke nach Blankenese 1867, die bis 1883 nach Wedel verlängert wurde. Hiervon profitierte auch Rissen, das allerdings noch lange im Schatten der traditionellen Elbvororte blieb. Ein Kunstprodukt im Vergleich mit diesen bereits im Mittelalter nachgewiesenen Siedlungen ist die Villenkolonie Hochkamp, die mitten in der Feldmark von Osdorf, Nienstedten und Dockenhuden entstand (vgl. Nr. K 35).

Die Trias Blankenese, Nienstedten und Hochkamp bietet eine Vielzahl qualitätsvoller Zeugnisse für die Entwicklung der bürgerlichen Wohnkultur seit dem Klassizismus. Der Kriegsausbruch 1914 beendete jedoch abrupt den Ausbau der neuen Villenkolonien, und auch die wirtschaftlichen Krisen der Weimarer Republik führten zu jahrelanger Stagnation, so dass noch zu Beginn der 1950er Jahre weite Bereiche unbebaut waren. Nach dem Ersten Weltkrieg wurden zudem immer mehr Villen in Wohnungen aufgeteilt und private Parks für die Bebauung parzelliert, wenn sie nicht in den Besitz der öffentlichen Hand übergingen. Von den direkten Kriegsfolgen blieben die Elbvororte zwar weitgehend verschont, die Not und Ignoranz der Nachkriegszeit brachten aber den Verfall selbst kulturhistorisch wertvollster Gebäude, dem nicht selten der Abriss folgte.

1867 gelangte der heutige Westen Hamburgs, der bis 1864 unter dänischer Herrschaft gestanden hatte, an Preußen. 1927 wurden die Elbvororte einschließlich Sülldorf, Osdorf und Lurup nach Altona eingemeindet, das durch das Groß-Hamburg-Gesetz von 1937 seinerseits die kommunale Selbstständigkeit verlor. Osdorf – 1268 erstmals erwähnt – wird vor allem durch Bauten aus der Nachkriegszeit geprägt, sieht man von der Villenkolonie Hochkamp ab. Ein sozialer Brennpunkt ist dort die Großsiedlung Osdorfer Born (1966-70). Auch Lurup, seit 1749 nachgewiesen, behielt bis zum Zweiten Weltkrieg einen dörflichen Charakter. Gleich hinter der Landesgrenze zu Schleswig-Holstein beginnt Wedel, 1212 erstmals genannt und seit 1875 Stadt, das bereits im Mittelalter ein bedeutender Marktflecken war.

K 1 Doppelhäuser Karl-Jacob-Straße
Karl-Jacob-Straße 1a-31, Nienstedten
Architekt: Bernhard Hermkes
1950-52

Neun rhythmisch gegeneinander versetzte Doppel- bzw. Einzelhäuser mit individuellen Grundrissen bilden ein Ensemble. Die gelbbunten Klinkerfassaden und die flach geneigten Satteldächer belegen den skandinavischen Einfluss auf die Hamburger Nachkriegsarchitektur. Bemerkenswert ist der Verzicht auf Zäune und Hecken zwischen den Grundstücken, durch den die Anlage eine seltene Großzügigkeit erhält. Bernhard Hermkes bewohnte selbst eine Doppelhaushälfte mit einem nachträglichen Atelieranbau (Nr. 21).

Von Bernhard Hermkes stammen auch die **Reihenhäuser** Jürgensallee 66-70 (1950/51).

K 2 Landhaus Vorwerk
Baron-Voght-Straße 19, Nienstedten
Architekten: Franz Gustav Forsmann (Ursprungsbau)
Martin Haller (Erweiterung)
1841-43; Erweiterung 1895

Eines der schönsten Landhäuser im Weichbild der Elbchaussee für den Kaufmann Georg Friedrich Vorwerk. Dabei stellt der zweigeschossige Putzbau allerdings kaum mehr als eine geschickte Kopie des 1836 errichteten Landhauses Godeffroy von Arthur Patrick Mee dar, wenn auch in verkleinerter Form (vgl. Nr. K 11). Dies zeigt sich nicht nur an dem gerundeten Mittelrisalit, sondern auch an Details wie der gusseisernen Veranda oder der Anordnung der Schornsteine im Gebäudezentrum. 1895 wurde das Gebäude an der Eingangsseite in gesamter Breite um mehrere Nebenräume erweitert, die den Wohnkomfort steigern sollten.

Das **Landhaus Voght**, Baron-Voght-Straße 63, ist ein Entwurf von Johann August Arens (1794-97, Anbau 1798, vgl. die ausführliche Beschreibung Nr. J 41).

K 3 Landhaus Wesselhoeft
Elbchaussee 352, Nienstedten
1826

Zweigeschossiger Putzbau mit Walmdach. Die Hauptfassade ist bis auf die gequaderten Ecklisenen und den dreieckigen Giebel, der den Mittelrisalit betont, weitgehend schmucklos. Die Ausstattung versammelt einige »Spolien« aus abgebrochenen Häusern von Alexis de Chateauneuf wie die beiden Kandelaber neben dem Por-

K 4.1 Ehem. Gelände der Elbschloßbrauerei, Landhaus J. H. Baur (»Elbschlösschen«)

K 4.2 Ehem. Gelände der Elbschloßbrauerei, Elbschloss Residenz

K 4.1 »Elbschlösschen«, Schnitt

tal, die zum Haus Abendroth am Neuen Jungfernstieg gehörten (1834/35), oder die Marmorverkleidung im Vestibül, die aus dem Haus Hudtwalcker an der Hermannstraße stammte (um 1845).

Die **Wohnanlage** Elbchaussee 353 ist ein Entwurf von Kahlfeldt Architekten (1999-2001).

K 4 Ehem. Gelände der Elbschloßbrauerei
K 4.1 Landhaus J. H. Baur (»Elbschlösschen«)
Christian-Frederik-Hansen-Straße 19, Nienstedten
Architekten: Christian Frederik Hansen (Ursprungsbau)
Alk Arwed Friedrichsen (Restaurierung)
1804-06; Restaurierung 2002/03

Landhaus nach dem Vorbild der berühmten Villa Americo-Valmarana – La Rotonda – von Andrea Palladio (ca. 1566-69) für den Altonaer Kaufmann Johann Heinrich Baur. Die schlichten Putzfassaden, sparsam akzentuiert durch gerade Fensterverdachungen, Reliefmedaillons und einen ionischen Säulenportikus, lassen kaum etwas von der aufwändigen Innengestaltung erahnen. Wie in Palladios berühmtem Entwurf ist dem kubischen Baukörper eine zweigeschossige runde Mittelhalle mit einer Kuppel eingeschrieben, die mit korinthischen Pilastern und Statuen in halbrunden Nischen geschmückt ist und seit der Restaurierung wieder in den pastellig abgetönten Erdfarben der Erbauungszeit leuchtet. 1882 wurde das Gelände an eine Brauerei verkauft, woran das ehemalige **Mälzereigebäude** von 1892 erinnert, das von BRT Architekten Bothe Richter Teherani teilrekonstruiert und in Büros umgebaut wurde (2002, 2003-05).

K 4.2 Elbschloss Residenz
Elbchaussee 374/Elbschloßstraße, Nienstedten
Architekten: Esselmann & Gerntke (Brauereigaststätte)
Kleffel Köhnholdt Partner Architekten (Residenz)
Brauereigaststätte 1927/28; Residenz 1996 W, 2000/01

167 Seniorenwohnungen verteilen sich auf sieben Gebäude mit weißen Lochfassaden, die durch horizontal gegeneinander verspringende Fenster rhythmisiert werden. Die Staffelgeschosse sind mit Lärchenholz verschalt. Von der ehemaligen Brauereigaststätte, einem expressionistischen Klinkerbau, blieben nur Fassadenfragmente erhalten, die in den Neubau einer Pflegestation integriert wurden. Von Kleffel, Köhnholdt Partner stammt auch der städtebauliche Entwurf für das übrige Brauereigelände, auf dem noch weitere Geschosswohnbauten und eine Schwimmhalle errichtet wurden.

K 5 Internationaler Seegerichtshof
Am Internationalen Seegerichtshof 1, Nienstedten
Architekten: Alexander Freiherr von Branca (Wettbewerb). Emanuela Freiin von Branca (Ausführung)
WGK Planungsgesellschaft mbH (Ausschreibung und Bauleitung)
1989 W, 1996-2000

Der Internationale Seegerichtshof, eine Einrichtung der Vereinten Nationen (UNO), umgreift als Dreiflügelbau die gründerzeitliche Villa Schröder, in der das Kasino untergebracht ist. Die Architektur zeigt ein Janusgesicht: steinern und kantig zu den Straßenseiten, geschwungen und transparent zum Park. Die Rotunde mit dem Gerichtssaal markiert zugleich das Zentrum, in dem sich die Gebäudeachsen treffen. Postmodernen Einfluss verraten die Fassaden, die durch dramatische vertikale Schlitze aufgebrochen werden oder sich kulissenartig vor den Glasfronten erheben. Im Innern kam dagegen das gediegene Understatement der 1990er Jahre zum Tra-

K 5 Internationaler Seegerichtshof

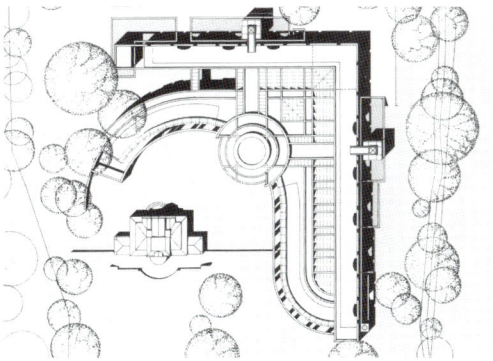

K 5 Internationaler Seegerichtshof, Lageplan

gen mit weiß verputzten Wänden, edlem Naturholz (Schweizer Birnbaum) und filigranen Stahlprofilen. Als völlig überdimensioniert sind die Erschließungsflächen zu bezeichnen, die in dieser Ausdehnung an Pompbauten aus dem Kaiserreich erinnern (vgl. das Hanseatische Oberlandesgericht, Nr. B 42.1).

Die **Villa Schröder** (um 1871) wurde 1887 durch Martin Haller umgebaut und erweitert.

K 6 Landhaus Roosen
Elbchaussee 388, Nienstedten
Um 1798

Zweigeschossiger Fachwerkbau mit Bretterverschalung und Walmdach. Ein Altan mit Säulen und ein Frontispiz nobilitieren das ansonsten schlichte Gebäude. Obwohl es zeitgleich mit den Landhäusern von Christian Frederik Hansen errichtet wurde, verweist der T-förmige Grundriss – so genanntes Kreuzhaus – auf eine ältere Bautradition. Diese Gliederung in einen zweigeschossigen Wohntrakt und einen rückwärtig anschließenden eingeschossigen Wirtschaftsteil ist eigentlich typisch für barocke Landhäuser, die nicht selten aus der Erweiterung von Bauernhäusern hervorgegangen sind (vgl. das Landhaus in Moorfleet, Nr. M 5). Bauherr war der Hamburger Kaufmann Berend Roosen.

K 7 Evangelisch-lutherische Kirche Nienstedten
Elbchaussee, Nienstedten
Architekt: Otto Johann Müller
1750/51

Saalkirche in Fachwerkbauweise mit eingebautem Westturm und einem massivem Westgiebel, der durch einen flachen Vorbau in der Mittelachse akzentuiert wird. Der vergleichsweise schlichte, aber stimmungsvolle Innenraum wird durch eine hölzerne Tonnendecke und die beiden Längsemporen geprägt. Das bedeutendste Ausstattungsstück ist der barocke Kanzelaltar, der aus der Erbauungszeit stammt. Sein Figurenschmuck personifiziert Glaube, Liebe, Hoffnung und Treue. Die beiden Altargemälde entstanden erst im 19. Jahrhundert.

Das **Restaurant »Louis C. Jacob«**, Elbchaussee 401-403, wurde beim Umbau in ein Hotel bis auf die Außenmauern entkernt (2. Hälfte 18. Jh., Erweiterungen 1791 und 2. Hälfte 19. Jh.).

K 8 Friedhofskapelle
Rupertistraße 37, Nienstedten
Architekten: Raabe & Wöhlecke
1929

Der Nienstedtener Friedhof wurde 1814 eröffnet. Die Liste der hier Bestatteten, z. B. Caspar von Voght (vgl. Nr. J 41) oder die Familien Sieveking und Rücker-Jenisch, liest sich wie ein »Who's Who« der Hamburger Gesellschaft. Die Kapelle ist ein mit Klinker verblendeter Rundbau mit kupfernem Ringpultdach, aus dem sich ein niedriger Aufsatz mit kegelförmiger Spitze erhebt. Schlitzartige Fenster und flache Ziegelvorlagen gliedern die Fassaden und bilden zugleich ein vertikales Gegengewicht zu dem lagernden Charakter des Baukörpers. Der Entwurf stammt von Kurt Stoltenberg, der 1930 Alleininhaber von Raabe & Wöhlecke wurde. Das Denkmal für die Gefallenen des Ersten Weltkrieges vor der Kapelle hat Richard Luksch entworfen (1920).

K 9 Haus Berwanger
In de Bost 10, Nienstedten
Architekt: Walther Baedeker
1922/23

Herrschaftliches Anwesen mit einem Nebengebäude, das mit Staffelgiebeln und auffälligen diagonalen Holzverschalungen an den Dachgauben besonders malerisch geraten ist. Die Villa auf dem rückwärtigen Teil des Grundstücks – nur vom Hirschparkweg zu sehen – ist ein zweigeschossiger Backsteinbau mit Sprossenfenstern, Klappläden und einem hohen Walmdach im Sinne der um 1910 aktuellen Reformarchitektur. Mit der von Risaliten flankierten Säulenloggia wird hier ein typisches Motiv der klassizistischen Landhäuser zitiert.

Von Walther Baedeker stammt auch das **Doppelhaus** In de Bost 21-23 (1922), das sich am besten vom Elbufer aus erschließt.

K 10 Haus Wetzel
In de Bost 31, Nienstedten
Architekt: Werner Kallmorgen
1936/37

Werner Kallmorgen nutzte bei diesem Entwurf die kleinen Freiräume, die der Einfamilienhausbau in der NS-Zeit bot, um seine Verbundenheit mit der Moderne unter Beweis zu stellen. Die beiden ineinander verschränkten kubischen Baukörper und das relingartige Geländer der Terrasse verweisen auf das »Neue Bauen« der Weimarer Republik. Das Walmdach war dagegen eine Konzession an die nach 1933 herrschenden Bauvorschriften, die Flachdächer bei Wohnhäusern untersagten. Hier konnte der Architekt seine fortschrittliche Gesinnung nur durch einen möglichst flachen Neigungswinkel unter Beweis stellen. Das Erscheinungsbild des Gebäudes ist heute durch Anbauten für eine Garage und einen Windfang beeinträchtigt.

K 9 Haus Berwanger

K 11 Landhaus R. Godeffroy (die »Bost«)
In de Bost 39, Nienstedten
Architekten: Arthur Patrick Mee (Ursprungsbau)
Cäsar Pinnau (Restaurierung und Umbau)
1836; Restaurierung und Umbau 1953/54

Alterssitz des in London tätigen Hamburger Kaufmanns Richard Godeffroy, der mit Arthur Patrick Mee einen Schüler von John Soane mit dem Entwurf beauftragte. Der spätklassizistische Entwurf verzichtet auf prätentiöse antikisierende Gesten; auch der Grundriss ist vorrangig auf den Wohnwert ausgerichtet. Der Elbfront mit dem halbovalen Mittelrisalit war ursprünglich eine gusseiserne Veranda vorgelagert (abgebrochen), wie sie zu dieser Zeit auch erstmalig an den Häuschen der Sommerfrischler in Övelgönne auftauchte (vgl. Nr. J 30). Gestalterische Raffinesse kam vor allem bei den Details zum Zuge wie der Anordnung der Schornsteine, die als Eckpfosten der Balustrade um das Oberlicht der Treppenhalle dienen (wodurch kein unwesentliches Entwurfsproblem gelöst wurde, verfügten doch die meisten Wohnräume nach britischer Sitte über einen offenen Kamin). 1953 erwarb der Industrielle Rudolf August Oetker das Gebäude und ließ es zum Gästehaus für seinen Konzern umbauen.

K 13 Fischerhäuser Mühlenberg/Panzerstraße, Mühlenberg 42-44

K 12 Haus Bouncken
Hirschparkweg 1, Nienstedten
Architekt: Hermann Muthesius
1922

Eingeschossiger Walmdachbau mit winkelförmigem Grundriss. Nur der Eingangsportikus mit toskanischen Säulen und die Sprossenfenster setzen Akzente auf den schlichten Klinkerfassaden: ein konventioneller Haustyp, der bis in die Gegenwart hinein Gültigkeit hat, wie die Stilsurrogate in der Nachbarschaft belegen.
Haus Weidtmann, Hirschparkweg 15, ist ein Entwurf von Richard Ernst Oppel (1931).

K 13 Fischerhäuser Mühlenberg/Panzerstraße
Am Hirschpark, Nienstedten
Mühlenberg/Panzerstraße, Blankenese
18. und 19. Jahrhundert

Die malerische Fischersiedlung, die in einem Einschnitt des Geesthangs liegt und teilweise nur über Treppen zugänglich ist, gehörte ursprünglich zu Dockenhuden und wurde mit dem Groß-Hamburg-Gesetz von 1937 auf Blankenese und Nienstedten aufgeteilt. Am Mühlenberg 42-44 (vor 1789) und 54-56 (1800) sind zwei Fischerhäuser mit Reetdächern erhalten, die denjenigen im Blankeneser »Treppenviertel« entsprechen (vgl. Nr. K 21). Vergleichbare Häuser stehen in der Panzerstraße: Nr. 2-4 (1802), Nr. 6 (um 1800), Nr. 10-12 (1732), Nr. 11-13 (1803) und Nr. 14-16 (vor 1786). Auf der Nienstedtener Seite ist nur noch das Haus Am Hirschpark 2 (vor 1789) überliefert.

Das **Einfamilienhaus** Am Hirschpark 3 hatte Meinhard von Gerkan (v. Gerkan, Marg + Partner) ursprünglich für sich selbst entworfen (1979, 1980-82).

K 14 Landhaus J. C. Godeffroy
Elbchaussee 499/Mühlenberg, Nienstedten
Architekt: Christian Frederik Hansen
1789-92

K 10 Haus Wetzel (Aufnahme um 1937)

K 11 Landhaus R. Godeffroy (die »Bost«, Aufnahme 1950er Jahre)

K 14 Landhaus J. C. Godeffroy

Das Landhaus für Johann Cesar IV Godeffroy war der erste bedeutende Auftrag, den Christian Frederik Hansen in seiner Altonaer Zeit realisieren konnte. Godeffroy ließ auch den englischen Garten anlegen, wogegen die Wildgehege (Hirschpark) von einem Nachfolger stammen (um 1860). Beim Entwurf des Landhauses kombinierte Hansen eine Reihe Motive, die für sich genommen um 1790 bereits konventionell waren. Von barocken Lustschlössern abgeleitet war der langgestreckte, aber wenig tiefe Grundriss mit dem dominanten Mittelbau und den beiden flankierenden Trakten. Frühklassizistische Bauten wie das Petit Trianon in Versailles von Ange-Jacques Gabriel (1762-68) standen Pate bei der von Sandsteinsäulen getragenen Eingangsloggia. Kennzeichnend für das neue Architekturempfinden im späten 18. Jahrhundert ist dagegen der zweidimensionale Charakter der Fassaden, bedingt durch die einfach eingeschnittenen Öffnungen in den weißen Putzflächen, die lediglich durch einige wenige, wie isoliert wirkende Gliederungen akzentuiert werden. 1924 wurde der Park mitsamt dem Landhaus an die Gemeinde Blankenese verkauft. Im Innern entspricht nur noch das Vestibül in seiner Gesamtheit dem ursprünglichen Zustand.

K 14.1 Ehem. Kavaliershaus
Elbchaussee 499a/Mühlenberg, Nienstedten
Um 1800

Eingeschossiger Backsteinbau mit strohgedecktem Krüppelwalmdach, der vermutlich einen älteren Bau an dieser Stelle ersetzte. Trotz der tradierten Bezeichnung Kavaliershaus ist die ursprüngliche Funktion nicht eindeutig zu klären. Von 1931 bis zu seinem Exil auf Bornholm 1935 und von 1950 bis zu seinem Tode 1959 wohnte der Schriftsteller Hans Henny Jahnn in dem Gebäude. Heute ist hier das stimmungsvolle Café und Restaurant »Witthüs« untergebracht.

K 15 Haus Overmann
Pepers Diek 8, Blankenese
Architekt: Walther Baedeker
1911

Wuchtiger zweigeschossiger Backsteinbau mit hohem Satteldach. Der vage Renaissancestil der Fassadendekorationen und die Kette der drei kleinen Giebel an der Südseite lassen britische Landhausvorbilder anklingen. Die Nordseite zeigt dagegen neoklassizistische Züge mit einer Eingangsloggia, die von Tuffsteinsäulen mit ionisierenden Kapitellen getragen wird. Auffällig sind die polygonalen Eckbauten, die das Gebäude wie kleine Bastionen flankieren. Richtungweisend war der Grundriss: Die Küche lag im Erdgeschoss statt im Keller, das Esszimmer öffnete sich zu einer ebenerdigen Terrasse.

K 16 Landhaus P. Godeffroy (»Weißes Haus«)
Elbchaussee 547, Blankenese
Architekt: Christian Frederik Hansen
1789-92

Das Gebäude wurde für Peter Godeffroy errichtet, den Bruder von Johann Cesar IV Godeffroy, der nicht weit entfernt ebenfalls in einem Haus von Christian Frederik Hansen residierte (vgl. Nr. K 14). Hansen entwickelte hier jedoch einen kompakten Baukörper mit zwei Vollgeschossen auf einem H-förmigen Grundriss, so dass das Eingangsportal auf der Nordseite und die Säulenloggia auf der Südseite jeweils von Risaliten gerahmt werden. Die Ausführung war vergleichsweise sparsam: Die Säulen und das Konsolgesims bestehen aus verputztem Holz. Mitte der 1930er Jahre ließ der Reeder John T. Essberger

K 17 Ehem. Apotheke Blankenese

K 18.1 Evangelisch-lutherische Kirche Blankenese, Gemeindehaus

K 19 Landhaus G. F. Baur

K 20 Richtfeuer Blankenese

das Gebäude restaurieren und die Erdgeschossräume, die sich noch im Originalzustand befinden, mit zeitgenössischem Mobiliar ausstatten. Das »Weiße Haus« ist eines der letzten historischen Landhäuser an der Elbchaussee, die noch ihrem ursprünglichen Zweck dienen, ohne nachträglich in Wohnungen aufgeteilt worden zu sein.

K 17 Ehem. Apotheke Blankenese
Elbchaussee 564, Blankenese
Architekt: Johann Matthias Hansen
Um 1836
Eingeschossiger Putzbau mit Krüppelwalmdach und flachem Mittelrisalit, der in ein Zwerchhaus mit Dreiecksgiebel übergeht. Die anspruchsvolle Geste des Säulenportals steht in einem gewissen Widerspruch zu dem eher bescheidenen Charakter des Gebäudes, verdeutlicht aber auch den sozialen Status, den der Blankeneser Apotheker damals offenbar genoss.

K 18 Evangelisch-lutherische Kirche Blankenese
Mühlenberger Weg 64-68, Blankenese
Architekt: Ernst Ehrhardt
1895/96
Wandpfeilerkirche mit Kreuzgrundriss und Einturm. Die neogotischen Backsteinfassaden im Sinne der »Hannoverschen Schule« wirken durch den sparsamen Gebrauch von Glasur- und Formsteinen schlichter als bei den innerstädtischen Gotteshäusern. Der Innenraum wurde in den 1950er Jahren wenig einfühlsam modernisiert mit einer u-förmigen Empore und einer flachen Tonnendecke statt der ursprünglichen Gewölbe. Das bedeutendste Ausstattungsstück ist der bronzene Taufkessel (Mitte 13. Jh.). Die Fenster hat Siegfried Assmann gestaltet. Die Kirche gehört zu dem Villenviertel um den Blankeneser Bahnhof, das ab den 1890er Jahren systematisch erschlossen wurde (vgl. die Villen Witts Allee, Nr. K 32). Die Kirche wird von zwei **Pastoraten** flankiert, die 1895/96 bzw. 1910 (Südseite) errichtet wurden.

K 18.1 Gemeindehaus
Architekten: Wacker Zeiger Architekten
1999 W, 2000-02
Das rote Verblendmauerwerk vermittelt den zweigeschossigen kubischen Bau mit der neogotischen Backsteinarchitektur der Kirche und der beiden Pastorate. Unregelmäßig gefärbte Ziegel, die beim Abbruch des Konfirmandensaales geborgen wurden, akzentuieren die Nordwestecke. Sichtbeton und weißer Putz bestimmen den asketischen Charakter des Innern, das zu einem erheblichen Teil von dem zweigeschossigen Gemeindesaal eingenommen wird. Das Dach knickt nach

K 21.1 »Treppenviertel«, Fischerhaus Op'n Kamp 28

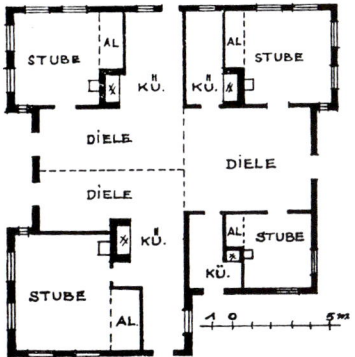

K 21.1 »Treppenviertel«, Fischerhaus Am Hang 22-26, ursprünglicher Grundriss

innen ein – so genanntes Grabendach –, wobei eine der beiden Dachhälften völlig verglast ist, um die Erschließungsflächen zu belichten.

K 19 Landhaus G. F. Baur
Mühlenberger Weg 33, Blankenese
Architekten: Johann Matthias Hansen
Ole Jörgen Schmidt
1829-36; Stallgebäude 1839

Landhaus für den Altonaer Kaufmann Georg Friedrich Baur, für den Johann Matthias Hansen, ein Neffe und Schüler von Christian Frederik Hansen, bereits eine Wohnhausgruppe an der Palmaille entworfen hatte (vgl. Nr. C 50.2). Baur kaufte die Grundstücke zwischen 1802 und 1817 und ließ sie von Joseph Jacques Ramée sukzessive zu einem Park im englischen Stil umgestalten – als einen der wenigen übrigens mit malerischen Architekturen wie einem »Chinesischen Turm« (nicht erhalten). Auffällig ist die Ähnlichkeit mit dem »Weißen Haus« von C. F. Hansen (vgl. Nr. K 16), d. h. die Loggia an der Elbseite wird ebenfalls von Seitenrisaliten flankiert, wobei Haus Baur durch das Attikageschoss allerdings stattlicher wirkt. Das Sandsteinrelief auf der Attika stellt den Raub der Proserpina dar. Die Innenräume weisen reiche Stuckgliederungen auf. Besondere Sorgfalt galt auch der Gestaltung des Stallgebäudes: ein eingeschossiger Walmdachbau, dessen Mittelrisalite um ein Stockwerk erhöht und mit Dreiecksgiebeln bekrönt sind.

K 20 Richtfeuer Blankenese
Baurs Park/Strandweg, Blankenese
Architekten: Garten, Kahl, Hoyer
Wirtschaftsbehörde, Amt für Strom und Hafenbau
1977 W, 1983/84

Eine überzeugende Gestaltung für eine ungewöhnliche Aufgabe. Jeder der beiden gut 40 m hohen Richtfeuertürme besteht aus einer Stahlbetonröhre, die eine Wendeltreppe umschließt, und einem kelchförmigen Stahlaufsatz für den Lampenraum. Die Türme sind so am Elbstrand und auf dem Kanonenberg angeordnet, dass sie die Mittellinie des Fahrwassers markieren, wenn man ihre Lichtsignale vom Schiff aus in einer senkrechten Linie übereinander sieht. Die Richtfeuer von Blankenese sind für den Verkehr elbaufwärts zuständig, diejenigen von Rissen für den Verkehr elbabwärts (vgl. Nr. K 45).

Die **Villa Pinnau**, Baurs Park 3, hat Cäsar Pinnau für sich selbst entworfen (1986).

K 21 »Treppenviertel«
Blankeneser Hauptstraße/Strandtreppe/Am Hang/Op'n Kamp/Hans-Lange-Straße/Elbterrasse/Süllbergsterrasse u. a., Blankenese
18. bis 20. Jahrhundert

Steile Treppen und Hohlwege, die zwischen terrassierten Gärten hindurchführen, und die bunt zusammengewürfelte Bebauung verleihen dem Viertel am Blankeneser Elbhang einen pittoresken Reiz; auch der Panoramablick lohnt den Aufstieg. Die Bauten sind zumeist von kleinbürgerlichem Zuschnitt, wie die häufig anzutreffenden traufständigen Gebäude mit Krüppelwalmdächern und Zwerchhäusern, die aus den 1820er bis 1870er Jahren stammen, oder die ab den 1850er Jahren errichteten Häuser mit Drempel und flach geneigtem Satteldach. Ab den 1880er Jahren wurden verstärkt mehrgeschossige Bauten errichtet, darunter auch einige repräsentative Villen. In der Nachkriegszeit drängten grobschlächtige Geschosswohnbauten in den oberen Hangbereich.

K 21.1 Fischerhäuser
Am Hang 1, 13, 14, 22-26/ Bremers Weg 1, 5a/ Elbterrasse 2, 4-6, 7/Krumdal 14, 18/Op'n Kamp 9, 24, 28/ Osterweg 11-13/Paarmannsweg 1/Rutsch 1, 2/ Strandtreppe 18/Strandweg 94
Spätes 17. bis frühes 19. Jahrhundert

Die für das Hanggebiet ursprünglich typischen reetgedeckten Fischerhäuser, zumeist in Fachwerkbauweise, sind aufgrund zweier Großbrände 1806 und 1814 und späterer Abbrüche stark dezimiert. Auch bei den überlieferten Gebäuden ist oft nur noch der Altenteiler erhalten, weil die andere Haushälfte später durch einen Neubau ersetzt wurde. Die Fischerhäuser werden als Twee- oder Dreehuus bezeichnet, weil hier zwei bis drei Familien unter einem Dach lebten, denen jeweils eine

K 21.2 »Treppenviertel«, Haus Wacker Zeiger

Küche und eine Stube mit Alkoven zur Verfügung standen. Zusätzlicher Raum wurde durch die Aufstockung der Stuben gewonnen, die immer an den Ecken lagen und vorgebaut waren. Die Dielen wurden gemeinsam zum Reparieren und Trocknen der Netze genutzt. Ein besonders lohnendes Ziel ist das Dreehuus Elbterrasse 4-6 (um 1800), in dem es auch noch zwei »Lüttwohnungen« für die Alten gab, so dass sich de facto fünf Parteien das Haus teilten.

K 21.2 Haus Wacker Zeiger
Baurs Weg 3
Architekten: Wacker Zeiger Architekten
1997, 1999-2000

Einfamilienhaus mit Einliegerwohnung im Untergeschoss. Die Aufgliederung des Raumprogramms auf zwei unterschiedlich hohe, parallel verschobene Baukörper entspricht dem kleinteiligen Maßstab der Nachbarschaft, gibt aber auch das gestalterische Thema der Schichtungen und Durchdringungen von Flächen und Volumina vor, das hier bis in die Details durchdekliniert wurde. Von Norden her präsentiert sich das Gebäude als weiß verputzter Kubus im »Bauhaus-Look«. Zur Elbseite hin bricht es dagegen mit großen Glasflächen auf. Wie ein Vorhang legen sich dort horizontale Holzlatten als Sichtschutz vor die Schlafzimmerfenster.

K 21.3 Haus Huwendiek
Am Hang 7
Architekt: Klaus Huwendiek
1981/82

Verschraubte Stahlprofile mit Spannstäben als Aussteifung bilden eine Skelettstruktur, die mit Holzpaneelen (Red Cedar) ausgefacht ist und durch die schmalen Wartungsgalerien aus verzinkten Gitterrosten und die gespannten Stahldrähte – als Rankgerüste – noch zusätzlich an technizistischer Filigranität gewinnt. Die nichttragenden Innenwände bestehen aus Kalksandstein. Geschosshohe Verglasungen öffnen den zweigeschossigen Wohnraum zur Elbe. Während der Vegetationsperiode überwuchert das Gebäude völlig mit Knöterich, Geißblatt und Klematis und verschwindet somit optisch im Hang.

K 21.3 »Treppenviertel«, Haus Huwendiek

K 21.4 Haus Laage
Süllbergstreppe 3a
Architekt: Gerhart Laage
1968

Wie bei Haus Huwendiek (vgl. Nr. K 21.3) bestimmten auch hier das stark abschüssige Grundstück und die eingeschränkten Transportmöglichkeiten für Material und Gerät im »Treppenviertel« die Bauweise des Gebäudes. Das Haus ist auf zwei Scheiben in Hangrichtung gegründet, was ebenso die rationellste Lösung darstellte wie die Wahl des Baustoffes, nämlich Thermocrete-Beton, der zur Baustelle gepumpt wurde. Der Grundriss war auf eine Familie zugeschnitten. Das Erdgeschoss definierte sich mit der Essküche und den Kinderzimmern als Zentrum des Hauses; das Spielzimmer lag im Untergeschoss; das Obergeschoss blieb den Eltern vorbehalten. Die Fassaden sind durchgängig in Brüstungsbänder aus schalungsrauem Sichtbeton gegliedert.

K 22 Haus Hinneberg
Krumdals Weg 9, Blankenese
Architekt: Cäsar Pinnau
1964/65

Mit dem zweigeschossigen Säulenportikus, dem Kranzgesims und den Sprossenfenstern – an der Elbseite als

K 24 Haus Dehmel, Ansicht vom Garten

Bay Windows – präsentiert sich der neoklassizistische Backsteinbau als Kopie eines Herrenhauses in den Südstaaten. Ursprünglich stand hier eine extravagante expressionistische Villa von Bruno Paul (1923) mit Bruchsteinfassaden und einer überdimensionalen Hohlkehle als Hauptgesims, von der sich wohl noch erhebliche Reste im Innern des neuen Gebäudes verbergen. Ansonsten ist von dem Vorgängerbau nur noch die Täfelung der Treppenhalle erhalten, die, wie so viele Interieurs abgebrochener Hamburger Bauten, den Weg in das Museum für Kunst und Gewerbe gefunden hat.

K 23 Haus Schüler
Wilmanns Park 17, Blankenese
Architekten: Walther Baedeker (Ursprungsbau)
Schramm, v. Bassewitz, Hupertz & Partner
(Umbau und Restaurierung)
1922-24; Aufstockung 1927;
Umbau und Restaurierung 1992-94

Schlichter zweigeschossiger Putzbau mit einer dorischen Säulenhalle an der Südseite. Eine Mauer mit einer Durchfahrt, die wie ein vereinfachter Triumphbogen gestaltet ist, schirmt das introvertierte Gebäude zur Straße hin ab. Umso überraschender sind die Innenräume. Die zweigeschossige Eingangshalle – mit Oberlicht und ursprünglich auch einem Wasserbassin im Fußboden – erinnert an ein Atrium. Pilaster und eine hölzerne Kassettendecke mit vergoldeten Ornamenten, die als Halterungen für Glühbirnen dienen, verleihen dem 86 qm großen Wohnraum ein repräsentatives, zugleich aber auch schwerfälliges Gepräge. Der zur Elbe hin steil abfallende Garten ist nach barockem Vorbild in Terrassen gegliedert.

In der Nachbarschaft steht das **Landhaus Klünder**, Oesterleystraße 20 (um 1800, 1858 erweitert).

K 24 Haus Dehmel
Richard-Dehmel-Straße 1, Blankenese
Architekt: Walther Baedeker
1911

Wohnhaus von Richard Dehmel (1863-1920). Der zweigeschossige Walmdachbau wurde von Freunden des Dichters finanziert, zu denen auch der Architekt zählte, und ihm anlässlich seines 50. Geburtstags am 18. November 1913 geschenkt. Einziger Schmuck der Rauputzfassaden sind die feingliedrigen Spaliere und Sprossenfenster (vgl. die Abb. auf S. 272) sowie die Skulptur einer Flora von Richard Luksch. Das qualitätsvolle Jugendstilinterieur, das noch aus Dehmels vormaliger Wohnung stammte und von ihm selbst nach Vorbildern von Peter Behrens gestaltet worden war – ergänzt um Entwürfe bedeutender Architekten wie Henry van de Velde –, ist vollständig erhalten. Nach dem Tode Dehmels lebte hier noch für über 20 Jahre seine Witwe Ida, 1870 geboren, die jüdischer Herkunft war und 1942 den Freitod wählte, um der Deportation zu entgehen.

K 25 Haus Köllisch
Kösterbergstraße 12, Blankenese
Architekten: Frejtag & Elingius
1910

Das Gebäude zeigt ein Janusgesicht. Präsentiert es sich zur Straße hin als eingeschossiger Bau mit Mansardwalmdach, so ist die Gartenseite zweigeschossig und weist ungebrochene Dachflächen auf. Das schlichte rote Verblendmauerwerk und die Sprossenfenster mit Klappläden sind typisch für die verhalten traditionalistischen Entwürfe von Erich Elingius (vgl. Haus Seip, Nr. J 47). Toskanische Säulen an der Eingangsloggia und an der überdeckten Terrasse bilden den sparsamen Bauschmuck.

K 26 Haus Bock
Anne-Frank-Straße 1, Blankenese
Architekt: Ernst Prinz
1911

Eingeschossiger Satteldachbau mit Backsteinfassaden und Fachwerkgiebeln, die wie Zitate der niederdeutschen Bauernhausarchitektur wirken. Allerdings entlarvt die Loggia im Ostgiebel das moderne Einfamilienhaus, das sich hinter der rustikalen Optik verbirgt. Der Entwurf stammt von dem Kieler Architekten Ernst Prinz, der sich im Sinne der Heimatschutzbewegung vorzugsweise an ländlichen und vorindustriellen Vorbildern aus dem Norden orientiert hat.

K 27 Gorch-Fock-Schule
Karstenstraße 22, Blankenese
Architekt: Paul Marschall
1927-29

Der Entwurf verschmilzt moderne und expressionistische Motive. Die seriell gereihten Fenster und das plattenartige Gesims unterhalb des Walmdachs verleihen den Klinkerfronten einen sachlichen Zug. Vorlagen und Schmuckverbände an den Brüstungen betonen das Fassadenzentrum mit dem Haupteingang. Bis 1937 hieß die Schule übrigens Richard-Dehmel-Schule. Dieser Name wurde vermutlich getilgt, weil Ida Dehmel, die in der Nachbarschaft lebende Witwe des Dichters, jüdischer Herkunft war (vgl. Haus Dehmel, Nr. K 24).

K 26 Haus Bock

K 28 Landhaus Blacker (»Goßlerhaus«, Aufnahme 1950er Jahre)

K 30 Häuser Mönckeberg-Kollmar und Dr. Gärtner (Aufnahme um 1930)

K 31 Haus Boy

K 28 Landhaus Blacker (»Goßlerhaus«)
Blankeneser Landstraße 34, Blankenese
Architekten: Christian Frederik Hansen (Ursprungsbau)
Martin Haller (Erweiterung)
Haller & Geißler (Wiederaufbau)
1794/95; Erweiterung 1897; Zerstörung 1901; Wiederaufbau 1901/02

Mit Säulenloggien an den Längsseiten und Portiken an den Schmalseiten thronte das Landhaus des in Hamburg ansässigen englischen Kaufmanns John Blacker ursprünglich wie ein dorischer Tempel auf der Anhöhe. Der Originalzustand ist jedoch nur noch an der Nord- und an der Ostseite ablesbar, denn John Henry Goßler ließ das Gebäude mit einer weiteren Säulenhalle aufstocken und außerdem einen Altan anfügen. Anregungen hierzu gaben vermutlich Vorbilder aus den USA, aber wohl auch das Landhaus Voght (vgl. Nr. J 41). 1901 brannte der verputzte Fachwerkbau ab und wurde massiv rekonstruiert.

K 29 Haus Martens
Goßlers Park 10, Blankenese
Architekt: Walther Baedeker
1926

1924 wurde Goßlers Park von der Gemeinde Blankenese erworben und etwa zur Hälfte als Bauland parzelliert. Hierdurch entstand westlich des Sülldorfer Kirchenwegs eine Gruppe von überwiegend zweigeschossigen Klinkervillen. Als beispielhaft hierfür sei Haus Martens von Walther Baedeker genannt, ein schmuckloser Walmdachbau mit Sprossenfenstern und Klappläden, der dem gefragten Architekten großbürgerlicher Anwesen vergleichsweise bescheiden geraten ist – was die Maßstäbe anschaulich macht, die nach der Inflation herrschten.

K 30 Häuser Mönckeberg-Kollmar und Dr. Gärtner
Goßlerstraße 22-24, Blankenese
Architekten: Bensel, Kamps & Amsinck
1928-30

Ensemble aus zwei unterschiedlich gestalteten Einzelhäusern, die isoliert am Rand von Goßlers Park stehen und durch einen niedrigen Anbau miteinander verbunden werden. Mit Flachdächern, Fensterbändern, Bullaugen, halbrunden Vorbauten, Dachterrassen und relingartigen Geländern wurde hier selbstbewusst auf das gestalterische Repertoire des »Neuen Bauens« zurückgegriffen.

K 31 Haus Boy
Sülldorfer Kirchenweg 71, Blankenese
Architekt: Fritz Höger
1906/07

K 34.2 Offizierswohnungen Langelohstraße

K 35 Villenkolonie Hochkamp, Villa Friedensweg 33

Ein früher Entwurf des berühmten »Klinkerstrickers«, allerdings noch mit Putzfassaden und verhaltenem Jugendstildekor unter einem schlecht proportionierten Mansardsatteldach. Bemerkenswert ist der gute Erhaltungszustand, wurde Fritz Högers erstes eigenes Wohnhaus in Langenhorn (1905, vgl. Nr. I 40), ebenfalls mit Jugendstilfassaden in Putz, doch Ende der 1980er Jahre durch eine Verkleidung völlig entstellt.

Haus Prahl, Sülldorfer Kirchenweg 46, ist ein Entwurf von Küntzel & Köbcke (1923).

K 32 Villen Witts Allee
Witts Allee 24-34, Blankenese
Architekt: Butenschön
1902/03

Gruppe aus fünf zweigeschossigen Einzelvillen und einer Doppelvilla mit Putzfassaden im Stil der Neorenaissance, die noch völlig den gründerzeitlichen Stilkonventionen verhaftet sind (und somit um 1900 bereits veraltet anmuten). Das einheitliche Fassadenschema wird durch einige Variationen wie wechselnde Dachformen oder unterschiedlichen Kapitele individualisiert. Einige Veranden wurden nachträglich aufgestockt. Butenschön ließ die Häuser auf eigene Rechnung errichten, was das Ensemble zu einem wichtigen Dokument für die spekulative Erschließung Blankeneses um die Jahrhundertwende macht.

K 33 Römisch-katholische Kirche Maria Grün
Schenefelder Landstraße 5, Blankenese
Architekt: Clemens Holzmeister
1928-30

Zylindrischer Klinkerbau mit einem kubischem Turm. Die stereometrischen Grundformen und das Kragdach über dem Eingang verweisen auf das »Neue Bauen«, wogegen die Rundbogenfenster und die halbrunde Apsis der Architektur eine konservative Note verleihen. Die Bänke schmiegen sich im Halbrund dem Grundriss ein. Die Fenster hat Heinrich Campendonk entworfen. Der ungewöhnliche Name der Kirche – eigentlich St. Mariä Himmelfahrt – leitet sich übrigens aus der volkstümlichen Bezeichnung »Maria im Grünen« ab.

K 34 Offizierswohnungen Kronprinzenstraße und Langelohstraße
K 34.1 Offizierswohnungen
Kronprinzenstraße 26-36/Tietzestraße 20-30, 23-29/ Bockhorst 9-11/Köhlerstraße 1-5, 2-6/Wildenbruchstraße 1-5, Osdorf
Architekt: Rudolf Klophaus
1939-41

K 34.2 Offizierswohnungen
Langelohstraße 34-38/Arnimstraße 1-13, 2-14/ Bettinastieg 1, 2/ Gustav-Schwab-Straße 1-3, 2-4/Platenstraße 1-3, 2-4/Wüstenkamp 1-5, 2-4/Friedensweg 5-7, Osdorf
Architekt: Rudolf Klophaus
1939

In der NS-Zeit drängte die Wehrmacht mit ihren Neubauten bevorzugt in die privilegierten Viertel wie Harvestehude (vgl. das ehem. Generalkommando, Nr. D 46), Alsterdorf oder Nienstedten, wo die heutige Führungsakademie der Bundeswehr eine streng bewachte »Terra incognita« bildet. Auch im Villengebiet Hochkamp entstanden zwei »Luftgausiedlungen« mit rund 500 Wohnungen für Offiziersfamilien. Diese waren mit bis zu fünf Zimmern zuzüglich einer Dienstmädchenkammer im Dachgeschoss zwar auf eine bürgerliche Haushaltsführung zugeschnitten. Die Zeilenbauweise, die kompakten Walmdächer und die schematisch gegliederten Edelputzfassaden mit immer gleich großen Sprossenfenstern verleihen den Gebäuden aber die gestalterische Anmutung von Kasernen oder des für die 1930er Jahre typischen Schlichtwohnungsbaus.

K 35 Villenkolonie Hochkamp
Reichskanzlerstraße/Dörpfeldstraße/Friedensweg/ Meyerhofstraße/Königgrätzstraße u. a., Osdorf
Architekten: Franz Albert Bach. Fernando Lorenzen und Edmund Stehn u. a. (Bebauung vor 1914)
Ab ca. 1900

Hochkamp bezeichnet heute den Süden von Osdorf. Ursprünglich umfasste das Planungsgebiet der Villenkolonie – ein spekulatives Projekt von Ferdinand Ancker und Friedrich L. Loesener (vgl. »Neu-Othmarschen«,

K 35.2 Villenkolonie Hochkamp, Haus Sieveking

K 36 Poloclubhaus

Nr. J 44) – jedoch auch Teile von Nienstedten und Dockenhuden. 1896 wurde das Gelände gekauft und bereits 1898 die Station Hochkamp an der Strecke nach Blankenese eröffnet. Trotz der günstigen Verkehrsanbindung vollzog sich der Ausbau jedoch eher schleppend, so dass bis zum Ersten Weltkrieg auf der Osdorfer Seite nur 35 Villen errichtet wurden. Strenge Auflagen, insbesondere hinsichtlich der Mindestgröße der Grundstücke, sollten einen exklusiven Charakter garantieren. Außerdem wurde das Gelände aufwändig modelliert, so dass die Gärten rund 1,5 m über dem Straßenniveau liegen und sich die Häuser wie auf Sockeln präsentieren. Typisch für die Erstbebauung sind Putzfassaden, rustikal gestimmt durch Fachwerkgiebel oder Verschalungen, wobei die Villa Friedensweg 33 von Fernando Lorenzen und Edmund Stehn (1905/06) wegen der denkmalgerechten Modernisierung besonders hervorgehoben sei.

Die **Villa** Friedensweg 34 hat Lorenzen für sich selbst entworfen (1900). Die **Villa Bach**, Fontanestraße 3, war das Wohnhaus von Franz Albert Bach (1901).

K 35.1 Villa Adalbertstraße
Adalbertstraße 11-13
Architekten: Carl Eeg. Edgar Runge
1920/21

Kompakter, aber umfangreicher zweigeschossiger Bau mit Walmdach, Sprossenfenstern und Klappläden. Sparsame Details aus Sandstein – Dachgesims, Fenster- und Türeinfassungen sowie kleine Tierreliefs – akzentuieren die Klinkerfassaden. Wesentliche Teile der ursprünglichen Innenraumgestaltung, die Carl Otto Czeschka und Rudolf Alexander Schröder entworfen haben, sind noch erhalten. Das Gärtnerhaus, das den Grundstückseingang wie ein Pförtnerhaus flankiert, unterstreicht den großbürgerlichen Anspruch der Architektur.

K 35.2 Haus Sieveking
Dörpfeldstraße 39
Architekten: Heinrich Amsinck (Ursprungsbau)
Karsten Brauer (Restaurierung)
1928; Restaurierung ab 1986

Wohnhaus von Kurt Sieveking, dem späteren Ersten Bürgermeister von Hamburg (1953-57), und seiner Frau Ellen, einer bildenden Künstlerin, deren Sympathien der zeitgenössischen Kunst und Architektur galten. Weiße Putzfassaden, Flachdächer und das kompositorische Spiel der unregelmäßig angeordneten Fenster machen das Gebäude zu einem typischen Beispiel für die rationalistische Vorkriegsmoderne (die in Hamburg selten so kompromisslos auftritt wie hier). Auffällig ist die starke Differenzierung des Baukörpers mit zwei terrassenhausartig abgestuften Flügeln, die von einem dreigeschossigen Turm ausstrahlen. Bei der Restaurierung rückte die Küche, die vordem mit Speiselift und »Leutezimmer« im Keller lag, in die frühere Pantry im Erdgeschoss. Ansonsten herrscht aber noch der Originalzustand vor: von den Beschlägen der Türen und Schiebefenster bis zur indirekten Deckenbeleuchtung im Wohnbereich.

Die evangelisch-lutherische **St.-Simeon-Kirche**, Dörpfeldstraße 58, ist ein Entwurf von Joachim Matthaei (1955, 1958/59). Die Altartafeln stammen von Ellen Sieveking.

K 35.3 Haus Koopmann
Reichskanzlerstraße 9
Architekten: Jacob & Ameis
1909

Konventioneller zweigeschossiger Bau mit Mansardwalmdach. Die Putzfassaden sind ebenso ungewöhnlich für Jacob & Ameis wie die steife neobarocke Gliederung mit Pilastern und Festons, waren beide doch eigentlich Vertreter der angelsächsischen Landhaustradition und bevorzugten den Backstein.

Haus Nordwald, Brentanostraße 13, ist ein Entwurf von Werner Kallmorgen (1929/30, Umbau und Erweiterung durch Wolfgang Nietz 1987/88).

K 36 Poloclubhaus
Jenischstraße 26, Osdorf
Architekt: Heinrich Amsinck
1927/28

Seit 1898 wird an der Elbe nach britischem Vorbild Polo gespielt. Seit 1907 hat der Hamburger Poloclub sein Domizil an der Jenischstraße. 20 Jahre später wurde das Gelände erweitert und ein neues Clubhaus errichtet:

K 37 Loki Schmidt Haus

eine langgestreckte, ein- bis zweigeschossige Baugruppe mit weißen Putzfassaden im Sinne des »Neuen Bauens«, dynamisch gegliedert durch einen halbrunden Vorbau und ein weit überstehendes Flachdach. Heinrich Amsinck war übrigens selbst ein erfolgreicher Polospieler.

K 37 Loki Schmidt Haus
Ohnhorststraße 18, Osdorf
Architekten: Prof. Bernhard Winking Architekten
2004, 2005/06

Das Ausstellungsgebäude für die Nutzpflanzensammlung der Universität Hamburg konnte Dank einer Spende der »ZEIT-Stiftung Ebelin und Gerd Bucerius« errichtet werden. Namenspatin ist Hannelore (Loki) Schmidt, die Gattin des Altbundeskanzlers Helmut Schmidt und Ehrenprofessorin der Universität. Der dreigeschossige würfelförmige Bau umschließt rund 460 qm Fläche. Zwei Eckfenster – eines am Eingang, eines im zweiten Obergeschoss – brechen den Kubus auf und bilden zugleich die Pole, zwischen denen sich der Rundgang entfaltet. Die kobaltblaue Fliesenverkleidung der Fassaden soll den Blauen Planeten Erde assoziieren. Das Innere besticht durch seinen offenen Charakter mit einem Luftraum, um den sich die Haupttreppe legt. Grauer Estrich, weiße Putzflächen und Betonstützen kennzeichnen dort die puristische Gestaltung.

Das **Institut für Allgemeine Botanik** der Universität Hamburg, Ohnhorststraße 18, ein Entwurf von Patschan, Werner, Winking und Godber Nissen (1968 W, 1980-82), gehört zum 1979 eröffneten Neuen Botanischen Garten.

K 38 Haus Schulz
Falkensteiner Ufer 52, Blankenese
Architekten: Hans und Oskar Gerson
1912

Kompakter zweigeschossiger Klinkerbau mit einem wuchtigen Mansardwalmdach und feingliedrigen Sprossenfenstern. Auffällig ist die unregelmäßige Anordnung der unterschiedlichen Fensterformate, die offenbar eher nach funktionalen als nach gestalterischen Kriterien erfolgte. Ein umlaufender Balkon mit hölzerner Balustrade hält die heterogenen Fassaden wie eine Bauchbinde zusammen. Der florale Reliefschmuck am Eingang stammt von August Henneberger.

Die ehemalige **Pumpstation**, Falkensteiner Ufer 38-40 (1859), gehört zum Wasserwerk Baursberg, in dem bis 1960 Elbwasser aufbereitet wurde.

K 39 Haus Michaelsen
Grotiusweg 70, Blankenese
Architekten: Karl Schneider (Ursprungsbau)
v. Gerkan, Marg + Partner (Restaurierung und Umbau)
1921, 1923; Nordflügel 1925; Restaurierung und Umbau 1985/86

Wohnhaus des Industriellen Hermann Michaelsen und seiner Frau Ite (Elise), die ein gastfreies Haus für Künstler führten. Als besonders frühes Beispiel für die rationalistische Moderne kann der Entwurf auch internationalen Rang beanspruchen. Der viergeschossige Turm fungiert als Gelenk zwischen den Stützmauern einer terrassierten Böschung und dem Hauptgebäude, das mit einem gerundeten Vorbau in das Gelände ausgreift. Das weiß

K 39 Haus Michaelsen

geschlämmte Sichtmauerwerk verschmilzt die stereometrischen Baukörper zu einer spannungsvollen Komposition. Der Nordflügel war nicht von Karl Schneider autorisiert. 1955 wechselte das 7,2 ha große Gelände an den Verleger Axel C. Springer, der es 25 Jahre später als Sven-Simon-Park der Stadt Hamburg schenkte. Dank des Engagements der Galeristin Elke Dröscher und des Architekturbüros v. Gerkan Marg + Partner konnten von dem zu diesem Zeitpunkt völlig ruinösen Gebäude zumindest die Mauern gerettet werden. Heute ist hier ein Puppenmuseum untergebracht.

Die **Villa Stucken**, Grotiusweg 56, stammt von Ernst Paul Dorn (1906/07). Der Kaffeeimporteur Georg Friedrich Stucken und seine Teilhaber waren Eigentümer des Falkensteins im Westen von Blankenese, den sie nach der Inflation verkaufen mussten. Das Gelände wurde parzelliert und ist heute ein besonders exklusives Wohngebiet.

K 40 Golfclubhaus Falkenstein
In de Bargen 59, Rissen
Architekten: Elingius & Schramm
1930

Mit weiß geschlämmtem Sichtmauerwerk, Flachdächern und Fensterbändern repräsentiert der Bau das gestalterische Repertoire des »Neuen Bauens«. Ähnlich aufgeschlossen gegenüber der architektonischen Moderne zeigte sich Erich Elingius, der sonst eher dem Traditionalismus zuneigte, übrigens auch, als er in einem Gutachten für das umstrittene Haus Michaelsen von Karl Schneider Partei ergriff (vgl. Nr. K 39).

K 41 Evangelisch-lutherische Johanneskirche
Rissener Dorfstraße/Raalandsweg 5, Rissen
Architekten: Bensel, Kamps & Amsinck (Ursprungsbau)
Heinz Graaf (Umbau)
1935/36; Umbau 1961

Zweischiffiger Backsteinbau mit einem Satteldach, das über dem niedrigen Seitenschiff weit heruntergezogen ist und somit der Kirche einen dörflichen Charakter verleiht. Typisch für die Architekten ist die Zusammenfassung von Turm und Altarraum (vgl. die St.-Paulus-Kirche, Nr. G 45, und die St.-Paulus-Augustinus-Kirche, Nr. J 58). Im Unterschied zu früheren Entwürfen wurde hier jedoch jeder Anklang an die Moderne vermieden, was die Johanneskirche zu einem Dokument für die Anpassungsbereitschaft der Vertreter des »Neuen Bauens« nach 1933 macht. 1961 wurde der Konfirmandensaal unter der Empore mit dem Gottesdienstraum vereinigt.

K 42 Gartensiedlung Mechelnbusch
Mechelnbusch 1-29, 2-26, Rissen
Architekten: Heinz Graaf. Max Corleis
1949-51

Trotz einfachster Mittel entstand hier wenige Jahre nach Kriegsende eine Siedlung mit hohem Wohnwert, was nicht zuletzt an der Einbettung der 28 Gebäude in ein parkartiges Gelände liegt, in dem jedem Mieter ein rund 200 qm großer Garten zur Verfügung steht (Gartenarchitekt Karl Plomin). Die Gebäude wurden in Beton mit Trümmersplitt als Zuschlagstoff errichtet. Auch die Grundrisse gehorchten mit Dusch- statt Wannenbädern und Kochnischen in den Wohnräumen dem Diktat

K 41 Evangelisch-lutherische Johanneskirche (Aufnahme um 1936) K 43 Haus Gutschow

der Sparsamkeit. Die Wohnungen sind paarweise um ein halbes Geschoss gegeneinander versetzt, was die Gebäude wie Terrassenhäuser wirken lässt und im Zusammenspiel mit den Putzfassaden, Loggien und Flachdächern nahezu südländisch anmutet.

K 43 Haus Gutschow
Gudrunstraße 69, Rissen
Architekt: Konstanty Gutschow
1938/39

Eingeschossiger Backsteinbau mit einem Satteldach, das durch kleine Schleppgauben akzentuiert wird. Die betont handwerklichen Details, z. B. die Klappläden oder die fassadenbündigen, nach außen aufschlagenden Fenster – um 1940 bereits ein völliger Anachronismus –, machen das Gebäude zu einem typischen Beispiel für die »traditionalistische Moderne«. Auch die subtile, geradezu kontrapunktische Rhythmisierung der überlangen Fassaden (27 m) verdeutlicht den Einfluss der konservativen »Stuttgarter Schule« auf Konstanty Gutschow. In der NS-Zeit avancierten derartige gestalterische Merkmale zur offiziellen Architekturdoktrin. Zumal an der Rückseite mit der Loggia, die wie ein Wandelgang wirkt, weckt der Bau denn auch unweigerlich Assoziationen an ein HJ-Heim (vgl. auch Haus Dr. Munro von Willem Bäumer, Nr. F 35).

Das **Landhaus** Gudrunstraße 120 ist ein Entwurf von William und Rudolf Rzekonski (1913/14).

K 44 Ökohäuser Melkerstieg
Melkerstieg 9-15, Rissen
Architekt: Burkhard Heyden
1985, 1986/87

Ungewöhnlich ist die Fassadenverkleidung aus traditionellen roten Dachziegeln (statt de facto doch nur vorgetäuschtem Massivmauerwerk). Ein zentraler Aspekt des energetischen Konzepts war die Anordnung der in der Regel wärmeren Wohnräume im Obergeschoss, wo Hypokausten in den Wänden noch zusätzlich für ein angenehmes Raumklima sorgen. Sie werden je nach Jahreszeit entweder durch Kachelöfen oder durch die Luft aus den Gewächshäusern erwärmt, die den Häusern vorgeschaltet sind. Außerdem wird hierdurch Zugluft in den offenen Treppenhäusern vermieden, denn Warmluft steigt bekanntlich auf. Das Regenwasser wird in einer Zisterne gesammelt und als Brauchwasser, aber z. B. auch zum Wäschewaschen genutzt.

K 45 Richtfeuer Wittenbergen
Rissener Ufer/Am Leuchtturm, Rissen
Architekt: Baudeputation, Sektion für Strom- und Hafenbau
1899

Um auch nachts einen sicheren Verkehr auf der Elbe zu gewährleisten, beschloss der Hamburger Senat 1897 neun Leuchttürme zu errichten, von denen heute noch fünf erhalten sind, drei davon auf der niedersächsischen Seite. Wie die beiden Richtfeuer in Blankenese (vgl. Nr. K 20), sind auch diejenigen in Rissen so am Strand und auf der Geesthöhe angeordnet, dass sie die Mittellinie des Fahrwassers markieren, wenn man ihre Lichtsignale vom Schiff aus in einer senkrechten Linie übereinander sieht (wobei die Rissener Türme für den Verkehr elbabwärts zuständig sind). Die runden Laternenhäuser ruhen auf Eisengitterkonstruktionen mit einer vertikalen Röhre im Zentrum, in der sich eine Wendeltreppe befindet. Die für Leuchtfeuer als allgemein charakteristisch angesehene rot-weiße Markierung wurde übrigens erst 1927 systematisch durchgeführt, so auch in Rissen.

K 46 Kraftwerk Wedel
Tinsdaler Weg 146, Wedel (Schleswig-Holstein)
Architekten: Bernhard Hermkes und Gerhart Becker
Bauabteilung der HEW
1958-65

Der Standort am Elbufer ermöglichte die Anlage eines seeschiffstiefen Kohlenkais, von dem aus die Kessel über Förderbänder beschickt werden. Eine weithin sichtbare Landmarke sind die beiden 150 m hohen Schornsteine. In architektonischer Hinsicht ist vor allem die 150 m lange und 48 m breite Turbinenhalle erwähnenswert. Die Westwand und das Dach werden hier aus Stahlbeton-

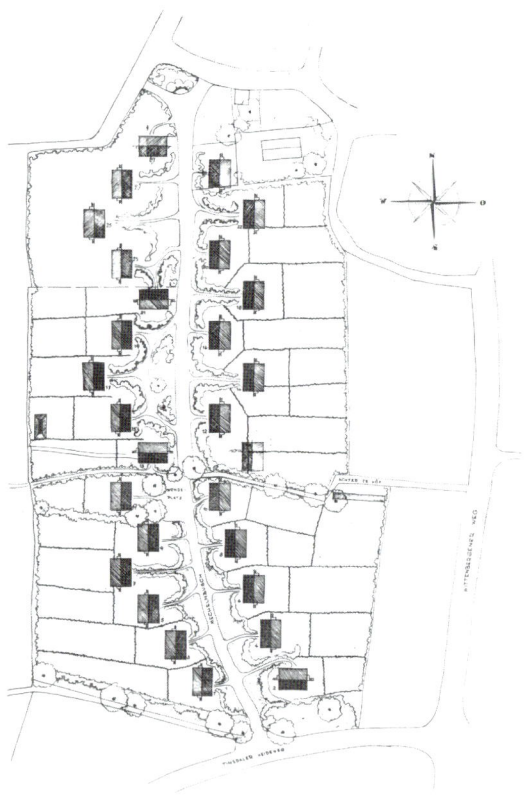

K 42 Gartensiedlung Mechelnbusch, Lageplan

K 42 Gartensiedlung Mechelnbusch (Aufnahme um 1951)

K 48 Theodor-Johannsen-Siedlung

halbrahmen gebildet, die einen asymmetrischen Y-förmigen Querschnitt aufweisen und sich nach Norden zu Lichtbändern auffalten. An der Ostseite liegen sie wegen der technisch bedingten Anbauten auf einer Pendelwand auf. 1960 ging das Kraftwerk an das Netz. Bis 1965 kamen vier weitere Blockanlagen hinzu, so dass Wedel mit einer Leistung von insgesamt 614.000 kW zeitweise das größte Kraftwerk der HEW (Hamburgische Electricitäts-Werke AG – heute Vattenfall Europe Hamburg) war.

K 47 Evangelisch-lutherische Christuskirche
Feldstraße 32-36, Wedel (Schleswig-Holstein)
Architekten: Patschan, Werner, Winking (Gemeindezentrum). ASW Architekten Silcher, Werner + Partner (Glockenträger)
1968 W, 1970-72; Glockenträger 1986, 1990
Die Gemeinderäume und das Pastorat sind in zwei Pultdachbauten untergebracht, die im rechten Winkel einen Vorplatz umfassen. Die dritte Platzwand bildet der polygonale Baukörper der Kirche. Weiß gestrichene Sichtbetonwände, Klinkerplatten und eine helle Holzverkleidung an der wie aufgefaltet wirkenden Decke verleihen dem Innenraum einen unprätentiösen, nordisch anmutenden Charakter. Das äußere Bild wird durch rote Klinkerfassaden und vertikale Holzlamellen vor den Fensterbändern bestimmt, die mit den Falzen der Kupferdächer korrespondieren.

K 48 Theodor-Johannsen-Siedlung
Theodor-Johannsen-Straße 1-3, 2-22/Goethestraße 10-30/ Mozartstraße 4-18, Wedel (Schleswig-Holstein)
Architekten: Paul Marschall (1. BA)
Walter Breckwoldt (2.- 4. BA)
1. BA 1930; 2.- 4. BA 1931-33
Gartenstadtartige Siedlung mit 27 überwiegend zweigeschossigen Geschosswohnbauten, die sich um eine zentrale Grünfläche gruppieren. Schmucklose Klinkerfassaden, Flachdächer und sprossenlose Fenster machen den Komplex zu einem der seltenen Beispiele für das »Neue Bauen« in Schleswig-Holstein. Bauherr war der Wedeler Kaufmann Ludwig Carl Theodor Johannsen (1877-1931), der die Zwei- bis Dreizimmerwohnungen mit Wohnküche und Duschbad für seine Arbeiter und Angestellten errichten ließ. Von Paul Marschall stammen die Häuser an der Mozartstraße 8-18.

K 49 Rathaus Wedel
Rathausplatz 3-5, Wedel (Schleswig-Holstein)
Architekten: Patschan, Werner, Winking
1975 W, 1977-80

K 49 Rathaus Wedel

K 50 Historischer Stadtkern Wedel, Reepschlägerhaus

Der winkelförmige Komplex umgreift den Altbau von 1937. Die verglaste Eingangshalle bildet das Gelenk zwischen den beiden Trakten. Von hier aus wird der Besucherverkehr über Galerien verteilt, deren Relinge auf die Nähe zur Elbe anspielen sollen, die durch Vorlagen gegliedert werden. Zeittypisch sind die kräftig profilierten Klinkerfassaden. Motive wie der fensterlose, polygonale Sitzungssaal oder der organisch ausschwingende »Stufenberg« zwischen den beiden Gebäuden – Landschaftsarchitekten Wehberg, Lange + Partner – scheinen dagegen von Alvar Aalto entlehnt zu sein, den gerade Asmus Werner besonders schätzt.

Der **Altbau** des Rathauses ist ein Entwurf von Walter Breckwoldt und Hermann Pikull (1936/37).

K 50 Historischer Stadtkern Wedel
Am Marktplatz/Mühlenstraße/Rolandstraße/
Küsterstraße/Schauenburger Straße/Gärtnerstraße,
Wedel (Schleswig-Holstein)
18. und 19. Jahrhundert

Der Kern von Wedel hat trotz der schweren Zerstörung der Stadt bei dem Luftangriff am 3. März 1943 sein historisches Bild bewahrt, das noch durch einige ländliche Bauten geprägt wird, zumeist Hallenhäuser, die ursprünglich die Wohnräume und den Stall unter einem Dach vereinigten: Am Marktplatz 3 (vor 1771), Gärtnerstraße 19 (vor 1805) oder Rolandstraße 17 (vor 1790), 19 (1731) und 24 (1821). Einen kleinstädtischen Maßstab repräsentieren dagegen die Häuser Am Marktplatz 6 (1830), 8 (2. Hälfte 19. Jh.) und 10 (1845-48) sowie Mühlenstraße 1 (1845), ein spätklassizistischer Putzbau, der 1985/86 von Schramm, v. Bassewitz, Hupertz zum Ernst Barlach Museum umgebaut wurde. Zeugen der Wirtschaftsgeschichte Wedels sind die Wassermühle, Mühlenstraße 32 (um 1830), das ehemalige Brauhaus, Mühlenstraße 28 (1731), und das Reepschlägerhaus, Schauenburger Straße 4 (1758). Das ehemalige Schulhaus, Küsterstraße 5 (1829), dient heute als Heimatmuseum. Die Rolandsäule (1558), das Sinnbild städtischer Freiheiten, erinnert daran, dass Wedel bereits im 16. Jahrhundert über das Marktrecht verfügte.

K 51 Evangelisch-lutherische Kirche Wedel
Küsterstraße, Wedel (Schleswig-Holstein)
Architekt: Friedrich Heylmann
(Ursprungsbau)
1838-41; Zerstörung 1943; Wiederaufbau 1950

Saalkirche mit flacher Decke. Der schmucklose Backsteinbau mit Rundbogenfenstern wurde 1943 bis auf die Umfassungsmauern zerstört und vereinfacht wiederaufgebaut (u. a. Verzicht auf die Seitenemporen). Der Turmstumpf erhielt ein Satteldach. Die Rekonstruktion des ursprünglichen Spitzhelms ist geplant. Das **Pastorat** Küsterstraße 4 wurde 1826 errichtet.

K 52 Römisch-katholische Kirche St. Jakobus
Jevenstedter Straße 111, Lurup
Architekten: Bunsmann + Scharf
1968 W, 1969-71

Sichtbetonbau mit expressivem, zeltartig gefalteten Dach und angegliedertem Flachtrakt für die Gemeinderäume. Der langgestreckte polygonale Grundriss der Kirche soll an eine Muschel, das Symbol der Pilger, erinnern. Er bildet unregelmäßige Ausbuchtungen, die sich zwanglos um die »Ereignisorte« wie den Beichtstuhl, die Taufe, den Altar oder die Kanzel legen. Die ursprünglichen Einzelsitze sind heute durch starre Bankreihen ersetzt, was den unhierarchischen und fließenden Charakter des Raumes verfälscht. Die Betonreliefs an den Fassaden, eine Pilgerszene und eine Jakobsmuschel, stammen von Hermann Stehr.

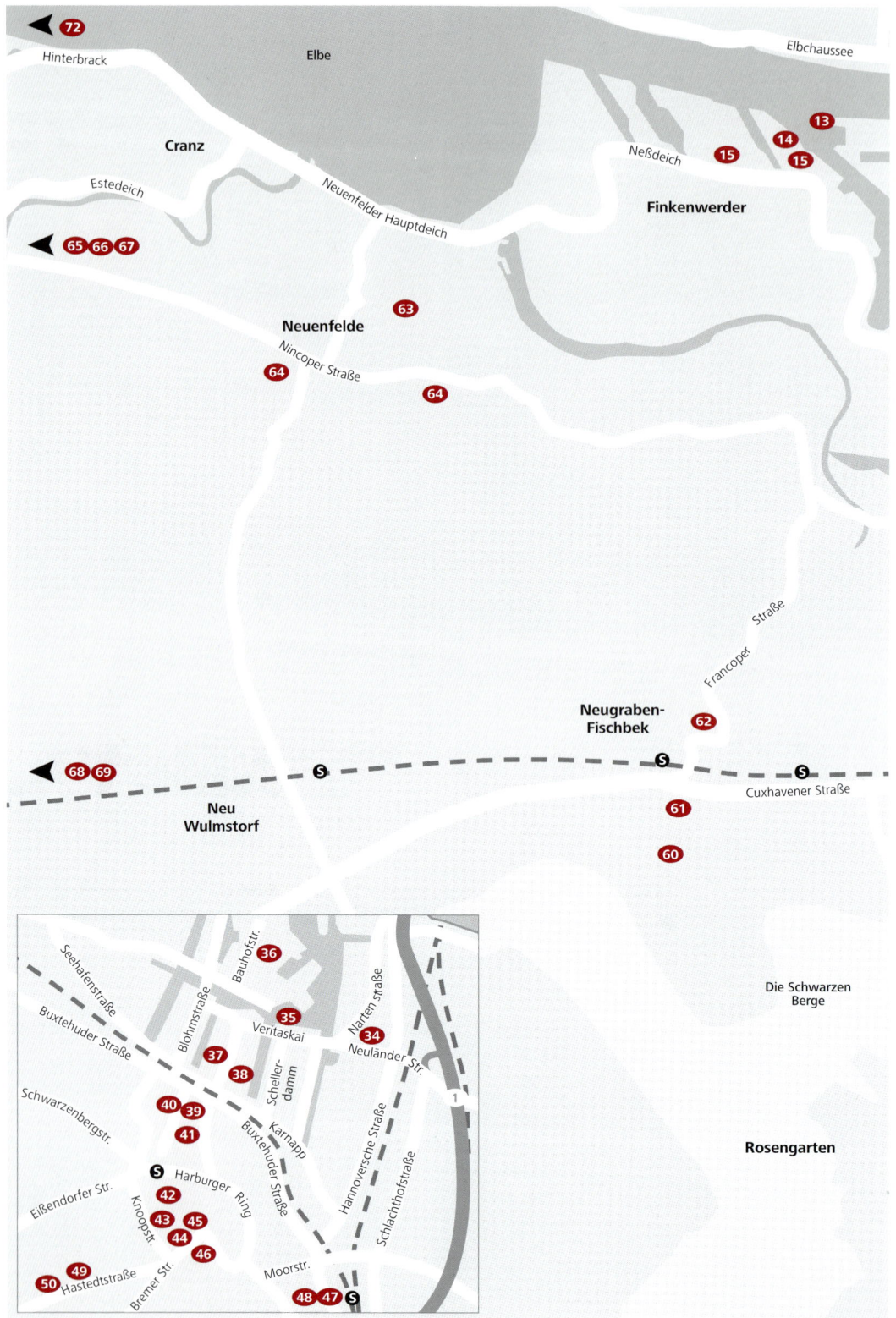

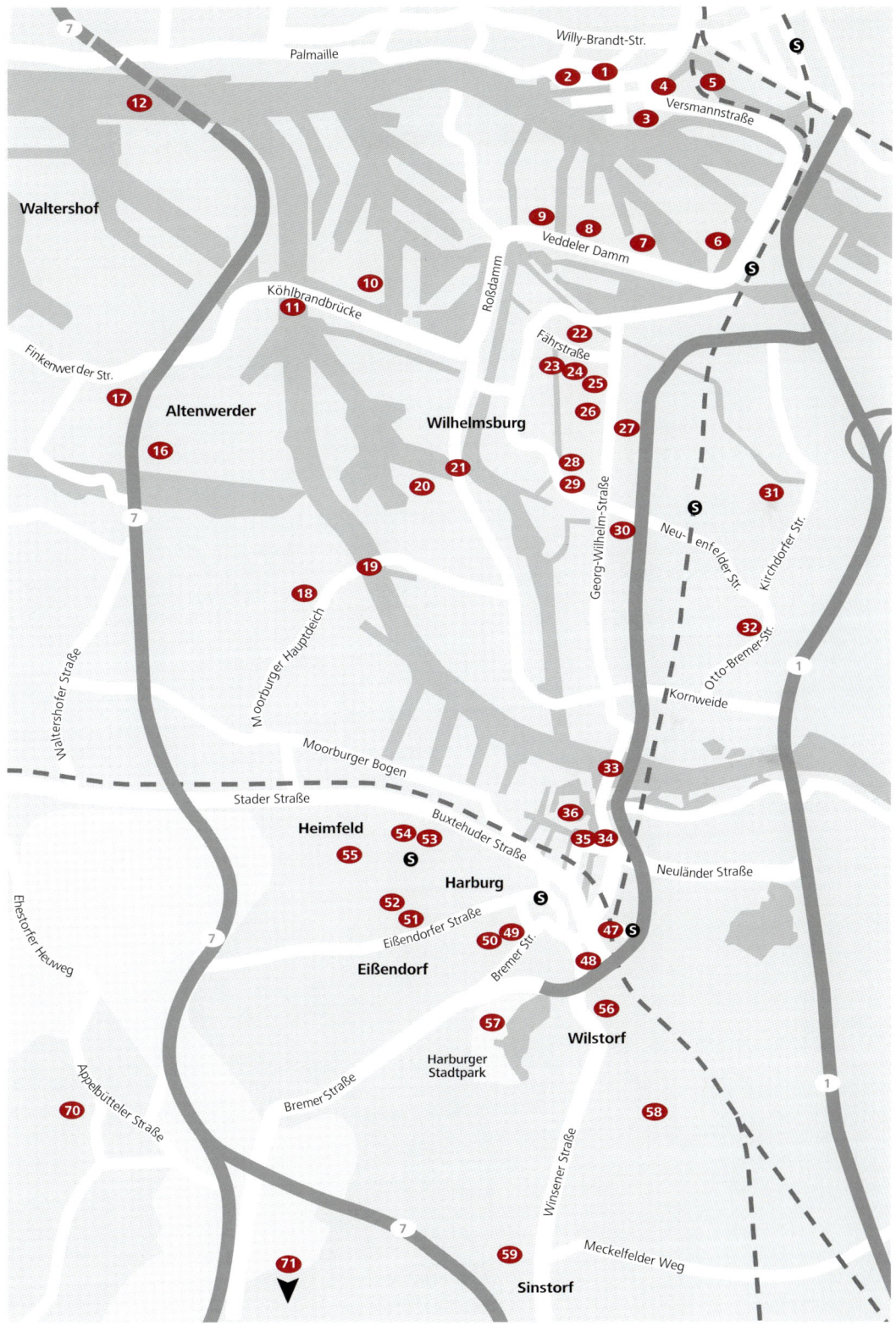

L HafenCity, Freihafen und Süderelberaum

L1.2 Unternehmenszentrale der HHLA (ehem. HFLG-Gebäude)

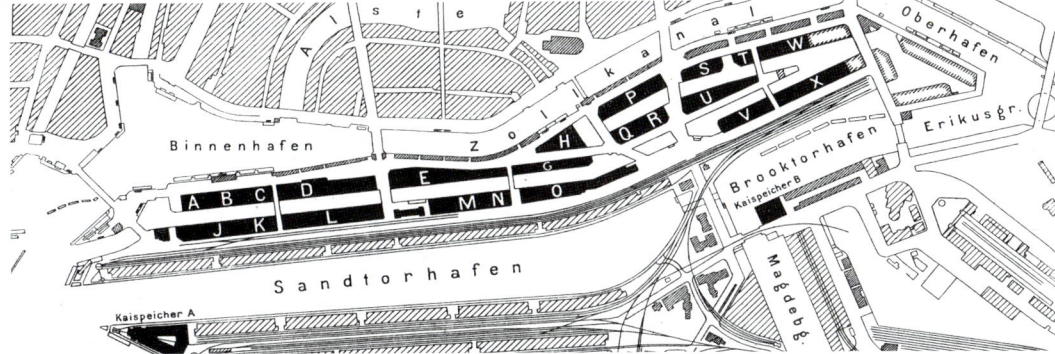

L 1 Speicherstadt, Lageplan mit Blockbezeichnungen (um 1913)

L HafenCity, Freihafen und Süderelberaum

Ausgehend vom Sandtorkai, der ersten modernen Hamburger Kaistrecke (1866), entwickelte sich der Hafen zunächst bis zum Kleinen Grasbrook und dann bis Waltershof. Seit dem Groß-Hamburg-Gesetz von 1937 zählen auch die Massenguthäfen von Harburg und Wilhelmsburg zum Hamburger Hafengebiet. 1945 war der Hafen zu 80 Prozent zerstört. Die restlichen Vorkriegsbauten fielen seitdem größtenteils Modernisierungen zum Opfer. Auch der Raubbau an der Natur schritt weiter voran: Das Agrarland von Moorburg und Francop verschwand sukzessive unter Spülfeldern, Altenwerder wurde für die Hafenerweiterung abgerissen. Einen gewissen Ausgleich bietet das Wohn- und Dienstleistungsviertel HafenCity, das seit 2001 auf ehemaligem Hafengelände entsteht und seit 2007 auch offiziell einen eigenständigen Stadtteil bezeichnet (vgl. Nr. L 3).

Die Herrschaft Wilhelmsburg wurde 1672 von Herzog Georg Wilhelm von Braunschweig-Lüneburg aus mehreren Inseln im Stromspaltungsgebiet der Elbe gebildet, die schon im Mittelalter besiedelt waren und nun mit einem gemeinsamen Deich zusammengefasst wurden. Ein weiterer Siedlungskern entstand ab den 1890er Jahren mit dem Reiherstiegviertel um den Stübenplatz, das in günstiger Nähe zum Hamburger Freihafen und zu den neuen Industriegebieten am Veringkanal und am Reiherstieg lag. 1866 wechselte die Elbinsel, die bis dahin zum Königreich Hannover gehört hatte, an Preußen. 1925 erhielt Wilhelmsburg das Stadtrecht. 1927 erfolgte die Vereinigung mit Harburg. Im Zweiten Weltkrieg hatte Wilhelmsburg, wie auch Harburg, vor allem unter den Angriffen auf die Häfen und die Mineralölindustrie zu leiden und wurde 1944/45 stark zerstört.

Der Name Harburg geht auf die Horeburg zurück, die im heutigen Binnenhafen lag (vgl. Nr. L 36). Nachdem Harburg zeitweise zu einer bescheidenen Residenz einer Nebenlinie der Welfen aufgestiegen war, gehörte es ab 1705 zum Kurfürstentum bzw. späteren Königreich Hannover und ab 1866 zu Preußen. 1297 wurde das Stadtrecht verliehen. Harburg blieb aber immer im Schatten Hamburgs und zählte noch 1850 nur 5.400 Einwohner. Einen wirtschaftlichen Aufschwung brachte erst die Industrialisierung, was wiederholte Eingemeindungen – 1888 Heimfeld und Wilstorf, 1910 Eißendorf – erforderlich machte. 1937/38 wurden Harburg-Wilhelmsburg und die Dörfer zwischen Rönneburg, Neugraben-Fischbek und Cranz nach Hamburg eingemeindet. Nur Moorburg und der nördliche Teil von Finkenwerder waren bereits seit 1375 bzw. 1445 Hamburger Exklaven.

L 1 Speicherstadt
Kehrwieder/Brook/Am Sandtorkai/Pickhuben/St. Annenufer/Neuer Wandrahm/Alter Wandrahm/Holländischer Brook/Brooktorkai u. a., HafenCity
Architekten: Ingenieurwesen, Franz Andreas Meyer (östliche Hälfte von Block D). Georg Thielen (westliche Hälfte von Block D, Blöcke E, G, H, L, M, P). Stammann & Zinnow (Blöcke N und O). Hanssen & Meerwein (Blöcke N, O, Q, R, U, V). Gustav Schrader (Block S, westliche Hälfte von Block W). Bauabteilung der HFLG, Raywood (östliche Hälfte von Block W, Block X). Werner Kallmorgen bzw. Kallmorgen & Partner (Wiederaufbau und Kaffeebörse). Schramm & Elingius (Kaffeebörse)
1881, 1. BA 1885-88; 2. BA 1890-98; 3. BA 1899-1913; östliche Hälfte von Block W 1925-27; Zerstörungen 1943-45; Wiederaufbau 1946-67

Für den Bau der Speicherstadt und des Zollkanals wurde ein erheblicher Teil der südlichen Altstadt abgebrochen, in dem bis dahin rund 18.000 Menschen gelebt hatten. Auslöser für dieses gigantische Projekt war die für 1888 geplante Eingliederung Hamburgs in das deutsche Zollgebiet. Das Privileg der Hamburger Kaufleute, Importgüter zollfrei umschlagen, lagern, veredeln und verarbeiten zu dürfen, sollte dann nur noch innerhalb eines mit Zollzäunen aus dem übrigen Stadtgebiet ausgegrenzten Freihafenbezirks gelten. Um die hierfür erforderlichen Speicher in zentraler Lage konzentrieren zu können, wurde schließlich auch ein Teil der Altstadt dem Freihafen zugeschlagen.

In der Speicherstadt lagerten hochwertige Importgüter wie Kaffee, Tee, Kakao, Gewürze, Tabak oder Kaut-

L 1 Speicherstadt, der dritte Bauabschnitt mit den Blöcken S, T, U, W und X

schuk. Außerdem bot der Komplex Kontorflächen für den Außenhandel. Der erste Bauabschnitt umfasste die Blöcke A bis O, der zweite Bauabschnitt die Blöcke P, Q und R und der dritte Abschnitt die Blöcke S bis X. In der krisengeschüttelten Weimarer Republik konnte nur noch die östliche Hälfte von Block W realisiert werden, wogegen für die geplanten Blöcke Y und Z auf der Ericusspitze kein Bedarf mehr bestand. Im Zweiten Weltkrieg wurde die Speicherstadt zu über 50 Prozent zerstört. Die Blöcke A, B, C, J, K, M und T waren Totalverluste.

Hinsichtlich der neogotischen Backsteinfassaden ist die Speicherstadt ein Musterbeispiel für die »Hannoversche Schule«. Charakteristisch sind die Lukenachsen mit den Windengiebeln (zur Funktion vgl. Nr. L 1.1), die zusammen mit den Türmen eine vielgliedrige Dachlandschaft bilden. Die Fassaden sind dagegen relativ schlicht mit Ausnahme einiger Blöcke im dritten Bauabschnitt, wo verstärkt Glasurziegel und auch farblich kontrastierende Verblender zum Einsatz kamen. Der Warentransport erfolgte früher hauptsächlich auf den Kanälen, weshalb die Speicher an der Straßen- und an der Wasserseite nahezu identisch gestaltet sind.

Es ist das Verdienst von Werner Kallmorgen, dass die teilzerstörten Gebäude beim Wiederaufbau einfühlsam rekonstruiert wurden (Blöcke D, E, L und P). Von Block M konnte nur der untere Teil der landseitigen Fassade erhalten werden. Völlig neu errichtet wurden das ehemalige Freihafenamt, Bei St. Annen 2 (1952/53), und die Bürohäuser in Block G (1954/55) und Block T (1967), die jeweils Rasterfassaden aus Backstein aufweisen. Das Kontorhaus in Block O (1955/56) erhielt dagegen Stahlbetonskelettfassaden mit Backsteinbrüstungen. Die mit Sandstein verkleidete Kaffeebörse, Pickhuben 3, ist ein Fremdkörper geblieben (1955/56).

Bis Mitte der 1990er Jahre wanderten fast alle Lagerfirmen aus der Speicherstadt in moderne Flachlager ab. Seitdem repräsentieren nur noch die Im- und Exportfirmen für Orientteppiche die traditionelle Speichernutzung. Dieser Funktionsverlust fordert längst seinen Tribut. Immer mehr Speicher werden in anspruchsvolle Dienstleistungsflächen umgewandelt (vgl. Nr. L 1.2), wobei jedoch bisher auf Entkernungen zugunsten eines größtmöglichen Erhalts der originalen Substanz verzichtet wurde. Lediglich der Speicher in Block O (1956-59) wurde durch ein **Parkhaus** von gmp Architekten v. Gerkan, Marg und Partner ersetzt (2004/05).

L 1.1 Kesselhaus
Am Sandtorkai 30
Architekten: Ingenieurwesen, Franz Andreas Meyer (Ursprungsbau)
gmp Architekten von Gerkan, Marg und Partner (Umbau und Restaurierung)
1886/87; Umbau und Restaurierung 1999-2000

Komplex aus einem dreigeschossigen Betriebs- und Wohntrakt, einer eingeschossigen Kesselhalle und einem niedrigen Turm, in dem ein Druckausgleichsbehälter untergebracht war. Die verlorenen massiven Schornsteine wurden durch Gitterkonstruktionen aus Stahl ersetzt. Der vertikale Transport der Waren auf die Lagerböden erfolgte ursprünglich mit hydraulischen Winden. Außerdem war die Beleuchtung der Speicher aus Brandschutzgründen bereits 1888 vollständig

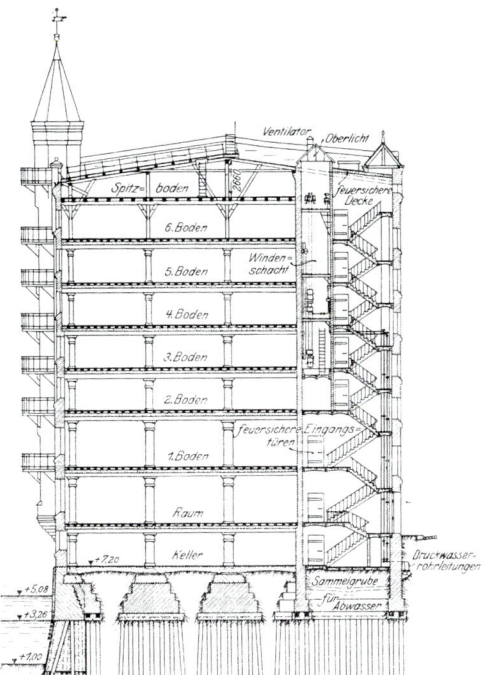

L 1 Speicherstadt, Schnitt durch einen Speicher im dritten Bauabschnitt

L 1.1 Speicherstadt, Kesselhaus

elektrifiziert. Das Kesselhaus lieferte die Dampfenergie für die benachbarte Maschinenzentralstation, Am Sandtorkai 28a (1943 teilzerstört). Dort standen die Generatoren und Pumpen, die das Druckwasser für den Windenantrieb in einem geschlossenen Kreislauf auf alle Speicher verteilten. Seit 2000 dient das Kesselhaus als Informationszentrum für die HafenCity (vgl. Nr. L 3).

L 1.2 Unternehmenszentrale der HHLA
Bei St. Annen 1/Holländischer Brook
Architekten: Johannes Grotjan. Hanssen & Meerwein (Verwaltungsgebäude). Hanssen & Meerwein (Block U) gmp Architekten v. Gerkan, Marg und Partner (Umbau und Restaurierung)
Verwaltungsgebäude 1901/02 W, 1902/03; Block U 1902/03; Umbau und Restaurierung 1991, 2000-02

Unternehmenszentrale der Hamburger Hafen und Logistik AG, die 1885 als HFLG (Hamburger Freihafen-Lagerhaus-Gesellschaft) gegründet wurde. Der Komplex setzt sich aus dem historischen Verwaltungsgebäude der HFLG und dem anschließenden Block U zusammen, der in ein Bürohaus umgebaut wurde (wobei es den Architekten gelang, das hölzerne Innenskelett als raumprägendes Element zu erhalten). Hellrotes Verblendmauerwerk, patinagrüne Kupferhauben und filigrane Sandsteingliederungen bilden am ehemaligen HFLG-Gebäude einen stimmigen Dreiklang nach dem Vorbild der niederländischen Renaissance. Das Maßwerk verweist dagegen auf spätgotische Vorbilder. Die Arkaden, das Uhrtürmchen und die Eingangsdiele sind Motive der zeitgenössischen Rathausarchitektur und unterstreichen somit das romantische Bild einer »Stadt aus Speichern« (die von hier aus ja auch tatsächlich verwaltet wird). Bei der Restaurierung wurde der Lichthof mit einem Glasdach in eine Eingangshalle umgewandelt, von der aus auch Block U erschlossen wird.

Das **erste Verwaltungsgebäude** der HFLG, Am Sandtorkai 1, stammt von Hanssen & Meerwein und Stammann & Zinnow (1886/87).

L 2 Hanseatic Trade Center
Kehrwieder/Am Sandtorkai, HafenCity
Architekten: Kohn, Pedersen, Fox Assoc. (Phase I)
Nägele, Hofmann, Tiedemann + Partner (Phase II)
Kleffel, Köhnholdt, Gundermann (Phase III)
gmp Architekten v. Gerkan, Marg und Partner (Phase IV)
1990 W, Phase I 1992-94, Phase II 2000-02, Phase III 1993-95, Phase IV 1997-99

L 2.1 Ehem. Block K
Am Sandtorkai 37, HafenCity
Architekten: Werner Kallmorgen (Ursprungsbau)
Dieter Heusch (Umbau zum Bürohaus)
1963; Umbau zum Bürohaus 1992

Das westliche Ende der Speicherstadt wurde 1943 völlig zerstört und bis auf Block K nicht wiederaufgebaut. Mit rund 93.000 qm Bruttogeschossfläche ist das Hanseatic Trade Center viel zu massig für sein historisches Umfeld geraten. Der vielbeschworene »Genius Loci« des Hafenrands erschöpft sich in banalen Lochfassaden aus rotem Backstein, garniert mit Stahlprofilen, plumpen Blechschürzen und modischen Sichtbetondetails. Merkzeichen des Quartiers ist das zylindrische Hochhaus von Nägele, Hofmann, Tiedemann + Partner (Phase II). Ein weiteres Hochhaus von Kleffel, Köhnholdt, Gundermann markiert die Kaispitze (Phase III). Der Block am Sandtorkai stammt von Kohn, Pedersen, Fox (Phase I), derjenige am Kehrwieder von gmp Architekten (Phase IV). Negativ macht sich auch die unattraktive Gestaltung der Erdgeschosse bemerkbar, die sturmflutgefährdet sind und deshalb nur als Parkgaragen dienen. Phase II wurde verspätet realisiert, weil sich die Flächen zunächst nur schwer vermieten ließen.

L 1.2 Speicherstadt, Unternehmenszentrale der HHLA (ehem. HFLG-Verwaltung und Block U)

L 2 Hanseatic Trade Center

Die **Brücken und Stege**, die bei einer Überschwemmung den Zugang gewährleisten sollen, stammen von Architekten Schweger + Partner (1994/95).

L 3 HafenCity
Am Sandtorkai/Brooktorkai/Großer Grasbrook/
Am Kaiserkai/San-Francisco-Straße/Überseeboulevard/
Osakaallee/Koreastraße/Hongkongstraße/Shanghaiallee
u. a., HafenCity
1998/99 W, Masterplan 2000, Baubeginn 2001

1997 gab der Senat offiziell bekannt, dass die innenstadtnahen Häfen aufgegeben werden, um das Gelände zu einem gemischten Wohn- und Dienstleistungsviertel – der HafenCity – zu entwickeln. Der erste Preis im städtebaulichen Wettbewerb 1998/99 ging an KCAP Kees Christiaanse Architects & Planners, ASTOC Architects & Planners und hamburgplan (ein Zusammenschluss der Büros ASP Architekten, BPHL Architekten und Kontor Freiraumplanung). Das Areal umfasst 155 ha Fläche, wovon ein Drittel auf Wasser entfällt. Bis 2020 sollen hier 1,8 Millionen qm Bruttogeschossfläche entstehen: Dienstleistungsflächen für etwa 40.000 Arbeitsplätze und 5.500 Wohnungen für rund 12.000 Bewohner. Da das Gelände sturmflutgefährdet ist, wird es auf das Niveau von 7,5 m über NN aufgehöht. Die Anbindung an den öffentlichen Nahverkehr erfolgt über die neue U-Bahn-Linie U 4, die am Knotenpunkt Jungfernstieg ausgefädelt wird. Aktuelle Informationen erhält man im Kesselhaus (vgl. Nr. L 1.1), wo auch das Modell der HafenCity steht.

L 3.1 Büro- und Wohngebäude Sandtorkai
Am Sandtorkai 54-68
Jan Störmer Architekten (Nr. 54). APB. Architekten Beisert, Wilkens, Grossmann-Hensel (Nr. 56). Marc-Olivier Mathez (Nr. 58). BRT Architekten Bothe Richter Teherani (Nr. 60). ASP Architekten Schweger Partner (Nr. 62) Spengler Wiescholek Architekten (Nr. 64). Böge Lindner Architekten (Nr. 66). Ingenhoven Architekten (Nr. 68)
2001 W, 2003-05

Acht individuell gestaltete Gebäude – drei mit dem Schwerpunkt Dienstleistungen, fünf mit dem Schwerpunkt Wohnen – erheben sich auf zwei sturmflutsicheren Sockelbauten mit Parkgaragen. Die kubischen Baukörper sind betont individuell gestaltet, ordnen sich aber mit farblich angepassten Materialien – Backsteine, rötlich gefärbter Beton, Terrakottaplatten – und zurückhaltenden Fassadenstrukturen – Lochfassaden, zweischalige Glasflächen, Brüstungsbänder – der gegenüberliegenden Speicherstadt unter. Die Obergeschosse sollten rund 10 m über die Sockelbauten hinausragen, um die Bauflucht des Hanseatic Trade Centers aufzugreifen (vgl. Nr. L 2), was in konstruktiver Hinsicht mehr oder weniger elegant gelöst wurde, z. B. mit Unterzügen oder tischartigen Konstruktionen. Besonders bemerkenswert ist das Bürohaus von BRT Architekten, das vage an einen Containerstapel erinnert, mit dem kräftigen Außentragwerk aus Stahlprofilen und den Sprossenfenstern aber auch historische Hafenbauten assoziiert.

Die **Kibbelstegbrücken**, die bei einer Überflutung den Zugang zur Innenstadt gewährleisten, stammen von gmp Architekten v. Gerkan, Marg und Partner (2001/02).

L 3.2 Magellanterrassen, Vasco-da-Gama-Platz und Marco-Polo-Terrassen
Großer Grasbrook/Am Kaiserkai
Architekten: EMBT Arquitectes Associats
2002 W, Magellanterrassen 2004/05; Vasco-da-Gama-Platz, Dalmannkai und Marco-Polo-Terrassen 2006/07; Kaiserkai 2007/08

Die öffentlichen Freiflächen am Sandtorhafen und am Grasbrookhafen mit Ausnahme des Sandtorkais haben EMBT Associated Architects aus Barcelona gestaltet. Als erstes wurden die Magellanterrassen realisiert: mehrere schiefwinklige Ebenen, die durch Treppen und Rampen verbunden sind und sich in den Sandtorhafen hineinstaffeln. Eine historische Landungsbrücke führt zu den Pontons im Hafenbecken hinüber, an denen Museumsschiffe festmachen. Die bizarren Leuchten sollen Kräne assoziieren. Die Reliefs der Backsteinmauern lassen Fischmotive erkennen. Die Ziegelintarsien in den Betonplatten sind eine Anspielung auf den Teppichhandel in der Speicherstadt. Ein vergleichbares Konzept lag auch der Gestaltung der beiden anderen Plätze zugrunde.

L 3.1, L 3.2 HafenCity, Büro- und Wohngebäude Sandtorkai 56-68 mit den Magellanterrassen im Vordergrund (Aufnahme 2007)

L 3.3 Katharinenschule in der HafenCity mit Geschosswohnbau
Am Dalmannkai, HafenCity
Architekten: Spengler Wiescholek Architekten
2006 W, 2007-09

Grundschule mit Kindertagesstätte. Der graue Backsteinkubus scheint sich in einer fragilen Schwebe über der verglasten Sockelzone zu halten – ein Eindruck, der durch die schiefwinkligen Fenster noch verstärkt wird. Ein zentraler Lichthof bricht das kompakte Volumen auf. Die beiden unteren Geschosse werden von einer Pausenmehrzweckhalle mit Cafeteria eingenommen. Der Pausenhof befindet sich auf dem Dach, was bereits während der Planung für kontroverse Diskussionen sorgte. Der angegliederte Geschosswohnbau, der die Schule um drei Geschosse überragt, soll den Komplex maßstäblich in sein Umfeld einbinden.

Das **Hamburg-America-Center** und die **International Coffee Plaza**, Am Sandtorpark, stammen von Richard Meier & Partners (2007-09).

L 3.4 Büro- und Wohngebäude Dalmannkai und Kaiserkai

L 3.4.1 Kaiserkai
Am Kaiserkai 2-62
Architekten: David Chipperfield Architects (Nr. 2). Marc-Olivier Mathez (Nr. 4). Mevius Mörker Architekten (Nr.8). Ingenhoven Architekten (Nr. 10-12). BRT Architekten Bothe Richter Teherani (Nr. 26-28). nps tchoban voss (Nr. 30). Böge Lindner Architekten (Nr. 42-48) LOVE architecture and urbanism. überNormalNull (Nr. 56). Meurer Architekten (Nr. 60-62)

L 3.4.2 Dalmannkai
Am Kaiserkai 1-71
Architekten: nps tchoban voss (Nr. 1). Prof. Friedrich + Partner (Nr. 3-7). MRLV Architekten (Nr. 9-11, Nr. 15) Prof. Bernhard Winking Architekten (Nr. 13). Spengler Wiescholek Architekten (Nr. 17-19). LRW Architekten (Nr. 23). Prof. Carsten Lorenzen (Nr. 25-27, Nr. 33) KBNK Architekten (Nr. 29-31, Nr. 47-49). Léon Wohlhage Wernik Architekten (Nr. 35-37). SEHW Architekten (Nr. 39-43). SML Architekten (Nr. 45). APB. Architekten (Nr. 51-55). spine architects (Nr. 57) Wacker Zeiger Architekten (Nr. 59-61). Bieling Architekten (Nr. 63-67) Schenk + Waiblinger Architekten (Nr. 69-71)
2001, 2005-08

Die Straße teilt die Kaizunge in Längsrichtung im Verhältnis eins zu zwei. Die Bebauung am Kaiserkai wurde hierdurch auf einem schmalen Uferstreifen zusammengedrängt, wogegen am Dalmannkai Platz für u-förmige Komplexe blieb, die begrünte private Binnenräume abschirmen. Die jeweiligen Kaienden sind mit Bürohäusern besetzt. Dazwischen liegen rund 650 Wohnungen, gemischt mit weiteren Dienstleistungsflächen. Bis auf das erstaunlich banale Bürohaus von David Chipperfield (Nr. 2) – ein blassgelber Backsteinbau mit Brüstungsbändern – und die beiden Gebäude von Ingenhoven Architekten (Nr. 10-12) – u.a. ein modisches ovales Wohnhochhaus mit Glasfassade – sind alle Entwürfe aus Wettbewerben hervorgegangen. Jeweils zwei bis drei Architekturbüros sollten sich die Baufelder am Dalmannkai teilen, um die gewünschte Vielfalt und Kleinkörnigkeit der Bebauung zu erzielen.

L 3.4 HafenCity, Elbphilharmonie

L 3.7 Überseequartier, Geschäftshaus von Trojan Trojan Wendt Architekten und Dietz Joppin Architekten (Nr. 14)

L 3.7 Überseequartier, Wohn- und Geschäftshäuser von Böge Lindner Architekten (Nr. 9)

Eine gestalterische Leitlinie war kaum vorgegeben. Ein erheblicher Teil der Gebäude weist aber gelbe oder rote Klinkerfassaden auf, wobei insbesondere diejenigen von LRW Architekten (Nr. 23), Prof. Carsten Lorenzen (Nr. 25-27, Nr. 33) und KBNK Architekten (Nr. 29-31) aufgrund des besonders schönen Materials und der hohen handwerklichen Qualität der Details hervorstechen. Während sich diese Bauten problemlos zu Ensembles fügen, wird das stimmige Gesamtbild auf einigen Baufeldern durch formalistische Experimente aufgebrochen (Nr. 1, Nr. 45, Nr. 56), die zudem im Entwurf weitaus schlüssiger gewirkt haben. Die Exklusivität der Wohnungen wird durch loftartige Grundrisse mit offenen Küchen und rund 2,8 m Raumhöhe garantiert. Etliche Wohnungen sind Maisonetten, insbesondere diejenigen in den Sockelzonen, die bei Bedarf auch in Dienstleistungsflächen umgewandelt werden können.

L 3.5 Elbphilharmonie
Am Kaiserkai 73
Architekten: Kallmorgen & Partner (Ursprungsbau)
Herzog & de Meuron. Höhler + Partner (Umbau und Aufstockung)
Ingenieure: Winter Ingenieure. WGG Schnetzer Puskas
1962, 1963-66; Umbau und Aufstockung 2003, 2007-11

Der Kaispeicher A, ein kubischer Stahlbetonskelettbau mit sparsam durchfensterten roten Backsteinfassaden, wurde vollständig entkernt und in ein Parkhaus umgebaut; außerdem fand dort der Backstage-Bereich der Philharmonie Platz. Die beiden Konzertsäle – rund 2.150 bzw. 550 Plätze – verbergen sich hinter einer Mantelbebauung aus einem Hotel und Wohnungen, die mehr als doppelt so hoch über dem ehemaligen Lagerhaus aufragt. Ein Aussichtsgeschoss mit Restaurants und Bars – die Plaza –, von dem aus das Foyer der Philharmonie über breite, skulptural anmutende Treppenaufgänge zugänglich ist, durchschneidet den Komplex wie eine Fuge.

Der große Saal entspricht der von Hans Scharoun mit der Berliner Philharmonie (1963) geprägten Weinberg-Typologie: In der ideellen Raummitte liegt das Orchesterpodium, um das herum die Ränge wie Terrassen ansteigen (Akustik Yasushisa Toyata). Der kleine Saal ist dagegen eine konventionelle Schachtel. Die einschaligen Glasfassaden sind aus Sonnenschutzgründen mit einem weißen Punktraster bedruckt und weisen ungewöhnliche gewölbte Fensterelemente und halbrunde Einschnitte für die Loggien auf. Das expressive, wie eine Meereswoge gekrümmte Dach verleiht dem Bau eine starke Fernwirkung über die Elbe hinweg und somit den angestrebten Wahrzeichencharakter.

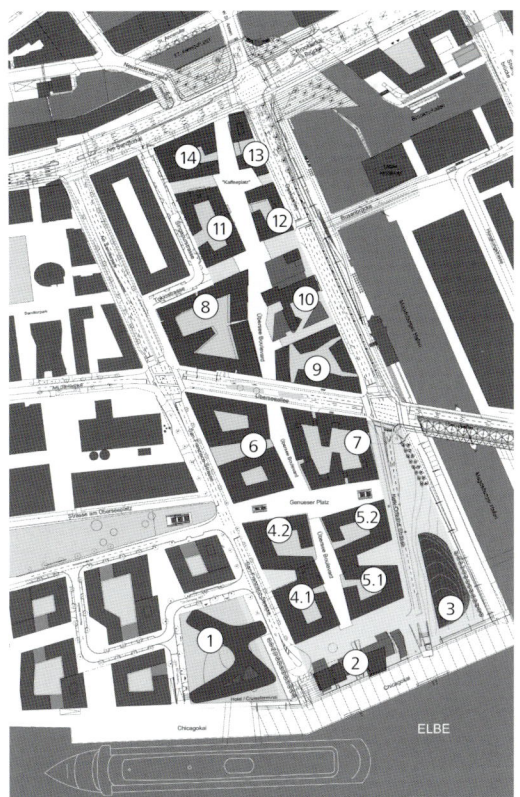

L 3.7 HafenCity, Überseequartier, Lageplan

L 3.6 Unilever Deutschlandzentrale und Marco Polo Tower
Am Strandkai 1
Architekten: Behnisch Architekten
2006 W, 2007-09

Aus klimatischen Gründen sind die Fassaden zweischichtig, wobei die äußere Hülle aus einer transparenten Kunststofffolie besteht – einer vorgespannten einlagigen ETFE-Membran –, die sich wie eine Haut um den unregelmäßig geknickten Baukörper legt. Ein weiterer Bestandteil des energetischen Konzepts ist das überdachte Atrium im Zentrum des Gebäudes, das öffentlich zugänglich ist und somit eine attraktive Verbindung zwischen den Marco-Polo-Terrassen und dem Strandkai schafft. Gastronomische Angebote bilden hier einen Anziehungspunkt. Sich überkreuzende Stege, die wie Äste eines Baums wirken, verbinden die Obergeschosse im darüber liegenden Luftraum. Zu dem Komplex gehört auch der Marco Polo Tower, ein exklusives Wohnhochhaus mit fast 60 Einheiten, das sich mit seinen ausschwingenden Brüstungsbändern wie eine überdimensionale Großplastik geriert.

L 3.7 Überseequartier
Überseeboulevard/Tokiostraße/Überseeallee/Genueser Platz/Überseeplatz/Osakaallee u. a., HafenCity
Architekten: Massimiliano Fuksas (Nr. 1). EEA Erick van Egeraat associated architects (Nr. 2, Nr. 8). OMA Office for Metropolitan Architecture (Nr. 3). KSP Architekten Engel und Zimmermann (Nr. 4.1, Nr. 5.1). Allies and Morrison (Nr. 4.2). Ortner & Ortner (Nr. 5.2). BDP Building Design Partnership (Nr. 6). Léon Wohlhage Wernik Architekten (Nr. 7). Böge Lindner Architekten (Nr. 9). Bolles + Wilson (Nr. 10). nps tchoban voss (Nr. 11). Trojan Trojan Wendt Architekten. Dietz-Joppien Architekten (Nr. 12, Nr. 13, Nr. 14)
2003 W (Investorenwettbewerb);
1. BA 2007-09; 2. BA 2009-11;
Hamburg Cruise Center mit Hotel 2006 W, 2008-10

Das 7,9 ha große Überseequartier im Herzen der HafenCity umfasst neben Büros (122.500 qm) und Einzelhandels- und Gastronomieflächen (60.000 qm) auch 400 Wohnungen und zwei Hotels. Die zentrale Achse bildet der Überseeboulevard: eine rund 500 m lange Einkaufsstraße, die für Fußgänger reserviert ist und von der Speicherstadt zur Elbe führt. Auffällig sind die schiefwinkligen Blockgrundrisse und die gegenläufig geneigten Dachflächen, die dazu führen, dass die Baukörper wie gestaucht und gefaltet wirken. Rhythmisch gegliederte Klinkerfassaden mit tiefen Einschnitten, die das Volumen betonen, schweißen die Gebäude zu einem Ensemble zusammen. Solitären Charakter haben demgegenüber die Bauten von Erick van Egeraat, deren auffällige Fassadeneffekte vielleicht allzu gewollt wirken, und das bumerangförmige Hotel La Mariposa von Massimiliano Fuksas, das sich über dem Abfertigungsgebäude des Cruise Centers erhebt. Das Wahrzeichen des Überseequartiers ist das spektakuläre Science Center von Rem Koolhaas (OMA), das Assoziationen an einen Containerstapel evozieren soll – allerdings mit einem skurrilen Loch im Zentrum.

Die **Freiflächen** innerhalb des Überseequartiers und am Magdeburger Hafen haben BB + GG Arquitectes gestaltet (2006 W).

L 3.7.1 Markthalle und Wohnturm »Cinnamon«
Am Alten Hafenamt
Architekten: Baudeputation, Sektion für Strom- und Hafenbau (Ursprungsbau)
Bolles + Wilson (Umbau und Wohnturm)
1885/86, Erweiterungen 1892 und 1905; Umbau und Wohnturm 2006 W, 2008/09

Die neogotischen Backsteinfassaden, vielfältig gegliedert durch Formsteine und Glasurziegel, machen das ehemalige Amt für Strom- und Hafenbau zum Musterbeispiel für die »Hannoversche Schule«. Zunächst wurde der Kernbau mit den beiden Seitenrisaliten errichtet, dann der Südflügel und schließlich der kubische Trakt an der Westseite. Beim Umbau wurde das Gebäude nicht nur entkernt, sondern auch ohne Rücksicht auf die historische Architektur erweitert, um als Markthalle mit Gastronomieflächen zu dienen. Ein schlanker Wohnturm hebt den Komplex hervor, der aufgrund der flutsicheren Aufhöhung des Geländes heute in einer Senke steht.

L 3.7 HafenCity, Germanischer Lloyd (Baufeld 3)

L 4 Ehem. Kaispeicher B (Internationales Maritimes Museum)

L 3.8 Germanischer Lloyd und Hotel
Brooktorkai
Architekten: Antonio Citterio and Partners (Baufeld 1)
Jan Störmer Partner (Baufeld 2)
gmp Architekten v. Gerkan, Marg und Partner (Baufeld 3)
2005 W, 2007-09

Zwei Bürokomplexe für den Germanischen Lloyd (Baufelder 2 und 3) und ein Hotel (Baufeld 1) teilen sich zwei sturmflutsichere Sockelbauwerke. Ein gemeinsames Moment der Entwürfe stellt die mäandrierende Figur der Baukörper dar, die jeweils an einem Ende durch ein gläsernes Punkthaus akzentuiert werden (städtebaulicher Entwurf gmp Architekten). Die beiden Bürohäuser werden unter der Shanghaiallee hindurch mit einer Passage verbunden, in der Deckenausschnitte für Tageslicht sorgen.

Die **Shanghaibrücke** ist ein Entwurf von Feichtinger Architectes (2004 W, 2005/06). Das **Spiegel-Gebäude** und das **Ericus-Contor** an der Oberbaumbrücke stammen von Henning Larsen Architects (2007 W, 2008-10).

L 4 Ehem. Kaispeicher B (Internationales Maritimes Museum)
Koreastraße 1, HafenCity
Architekten: Hanssen & Meerwein (Ursprungsbau)
Alexander Schäfer (Umbau)
MRLV Architekten (Entwurf Museum)
Timm + Goullon Architekten (Ausführung Museum)
1878/79; Umbau 1884; Umbau zum Museum 2005/06

Neben Speicherböden (im Westteil) umfasste der neogotische Backsteinbau ursprünglich auch Silozellen für Getreide, das mit einem dampfbetriebenen Becherwerk umgeschlagen wurde. 1884 wurde das Gebäude komplett in ein konventionelles Lagerhaus umgebaut, weil die Förderanlage zu stark rüttelte und somit eine merkliche Gewichtsreduzierung des Getreides – Verlust von Staub und Spelzen – zur Folge hatte. Heute erinnert nur noch der Schornstein an diesen frühen Versuch, den Getreideumschlag zu automatisieren. Beim Umbau zum Internationalen Maritimen Museum für die Schifffahrtssammlung von Peter Tamm blieb das ursprüngliche Innenskelett aus gusseisernen und genieteten Stützen erhalten. Deckenausschnitte und Lufträume, in die zusätzliche Treppen eingefügt wurden, bringen Weite in die niedrigen Lagergeschosse.

Die Fußgängerbrücke **Museumspasserelle**, die direkt zum Nordeingang des Museums führt, stammt von Feichtinger Architectes (2005, 2007/08).

L 5 Oberhafen-Kantine
Stockmeyerstraße 39, HafenCity
Architekt: Willy Wegner
1925

Kleiner expressionistischer Klinkerbau, der durch das zurückgestaffelte Obergeschoss einen signifikanten Umriss erhält. Im Unterschied zu den übrigen Hafenarbeiterkantinen lag die Oberhafenkantine außerhalb der zollrechtlichen Sonderzone des Freihafens und konnte somit von einem Privatmann gebaut und bewirtschaftet werden. Heute ist hier ein Restaurant untergebracht.

L 6 Lagerhaus G
Dessauer Straße, Kleiner Grasbrook
Architekt: Bauabteilung der HFLG
1903-07

Gleichzeitig mit der Speicherstadt entstand am Melniker Ufer und am Dessauer Ufer ein zweiter Lagerhauskomplex, der vor allem für große Warenpartien, z. B. Tabak oder Baumwolle, gedacht war. Hiervon ist nur noch das Lagerhaus G erhalten, ein roter Backsteinbau, dessen einziger Schmuck aus horizontalen gelben Ziegelstreifen besteht. In dem Gebäude war 1944/45 ein Außenlager des KZs Neuengamme mit zunächst 1.500 weiblichen und anschließend 2.000 männlichen Häftlingen untergebracht, die zur Arbeit in den Hafenbetrieben und zum Räumen von Trümmern gezwungen wurden.

L 7 Schuppen 50-52
Australiastraße, Kleiner Grasbrook
Architekt: Baudeputation, Sektion für Strom- und Hafenbau
1909-12

L 7 Schuppen 50

L 8 Schuppen 59

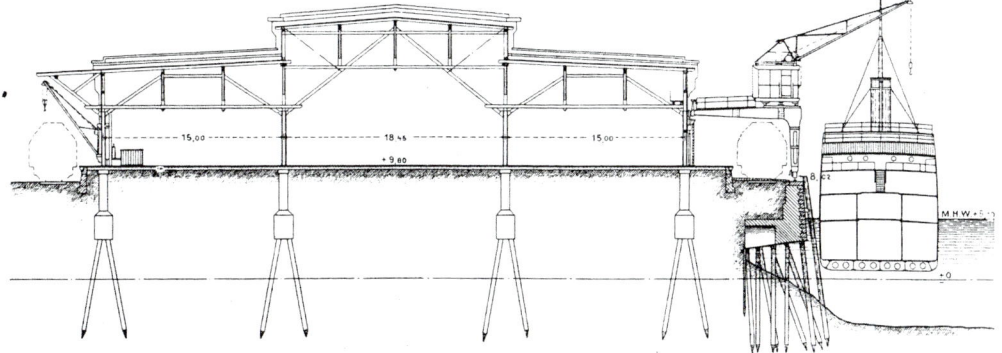
L 7 Schuppen 50, Schnitt

Die traditionellen dreischiffigen Stückgutschuppen mit den hölzernen Bindern und Fachwerkfassaden prägten für Jahrzehnte das Bild des Hafens. Heute sind mit den Schuppen 50 und 52 nur noch zwei authentische Exemplare dieser Baugattung erhalten. (Schuppen 51 wurde nach dem Zweiten Weltkrieg verändert wiederaufgebaut.) Bei einer Länge von 271 m und einer Breite von 48 m boten sie ausreichend Platz, um die Ladung von zwei Seeschiffen zu sortieren und zu lagern. In den Kopfgebäuden waren außer der Verwaltung auch Sanitär- und Pausenräume für die Kaiarbeiter untergebracht. Die schmucklosen Backsteinfassaden mit den Mansardgiebeln bedeuteten einen demonstrativen Bruch mit der neogotischen Architektur der »Hannoverschen Schule«, die bis dahin das Bauen im Hafen beherrscht hatte. Die Kaibeamten wohnten vor Ort, was der **Geschosswohnbau** am Bremer Kai, ebenfalls ein Entwurf der Sektion für Strom- und Hafenbau (1912/13), verdeutlicht. Schuppen 50A ist als Außenstelle des Museums der Arbeit öffentlich zugänglich.

L 8 Schuppen 59
Veddeler Damm, Kleiner Grasbrook
Architekt: Baudeputation, Sektion für Strom- und Hafenbau (Ursprungsbau)
1930/31; Zerstörung 1944; Wiederaufbau 1949

Schuppen 59 war der erste Vollbetonschuppen im Hamburger Hafen. 36 quer zur Längsachse des Gebäudes angeordnete Stahlbetonschalen – System Zeiss-Dywidag – mit einer Stärke von nur 5,5 cm am Scheitelpunkt und 8 cm an den Rändern bewirken sein unverwechselbares Erscheinungsbild. Betonkonstruktionen galten nicht nur als feuersicherer und wartungsärmer, sie benötigten auch weniger Innenstützen als die übliche Holzbauweise (vgl. die Schuppen 50-52, Nr. L 7), so dass die damals neuartigen elektrischen Flurfördergeräte mehr Bewegungsfreiheit hatten. Bei der Gestaltung des Betriebsgebäudes, hier erstmalig in der Schuppenmitte angeordnet, wurde Fritz Schumacher als Berater hinzugezogen. Der aktuelle Zustand ist das Ergebnis einer unsensiblen Modernisierung des auch im internationalen Vergleich der Hafenarchitektur herausragenden Bauwerks. Heute ist der Südwesthafen größtenteils zugeschüttet, so dass der Schuppen keinen Wasserzugang mehr hat.

L 9 Ehem. Polizeikaserne,
Veddeler Damm 48, Kleiner Grasbrook
Architekt: Johann Christoph Otto Ranck
1926/27
Wuchtiger Klinkerbau mit einem weit überstehenden Walmdach. Dreieckige Vorlagen gliedern die Fassaden.

L 11 Köhlbrandbrücke

L 13.2 Lotsenhaus

Das letzte Obergeschoss ist durch einen ornamentalen Ziegelverband hervorgehoben, für den offensichtlich das berühmte Chilehaus (vgl. Nr. A 62.6) das Vorbild lieferte. Heute dient das Gebäude als Schule für die Wasserschutzpolizei.

L 10 Ehem. MAN-Motorenwerk
Roßweg, Steinwerder
Architekt: Wilhelm Wichtendahl
1939/40

Die sechs Hallen mit einer Gesamtfläche von 60.000 qm wurden auf Reichskosten errichtet und von der MAN (Maschinenfabrik Augsburg-Nürnberg AG) gepachtet. (Eine siebte Halle nutzte die benachbarte Werft Howaldtswerke.) Ursprünglich sollten hier Dieselmotoren für Schlachtschiffe gebaut werden. Dann wurden jedoch vor allem U-Boot-Motoren produziert. Der Entwurf stammt wohl maßgeblich von Bernhard Hermkes, der 1937 Büroleiter von Wilhelm Wichtendahl wurde. Die disziplinierte Stahl-Glas-Architektur mit den Wandscheiben aus Klinker und den kastenförmigen Oberlichtern auf den Dächern erinnert denn auch an die Heinkel-Flugzeugwerke in Oranienburg von Herbert Rimpl (1936/37), das erste große Rüstungsprojekt, an dem Hermkes beteiligt war. Die geschweißten Vollwandrahmenbinder der zwei- bis dreischiffigen Hallen repräsentieren den damals fortschrittlichsten Stand der Stahlbautechnik. Eher konventionell wirken demgegenüber die schlichten Lochfassaden der Verwaltungs- und Sozialtrakte. Heute wird der gesamte Komplex als Lagerzentrum genutzt.

L 11 Köhlbrandbrücke
Steinwerder/Wilhelmsburg/Waltershof
Architekt: Egon Jux
Ingenieure: ARGE Köhlbrand-Hochbrücke
1969 W, 1970-74

Die Köhlbrandbrücke markiert einen Höhepunkt in der Entwicklung der Schrägseilbrücken. Das 520 m lange, dynamisch gewölbte Mittelstück ist mit 88 Seilen an zwei 135 m hohen Pylonen abgespannt und liegt nur auf den Endpfeilern der beiden Rampen auf. Der Versteifungs-

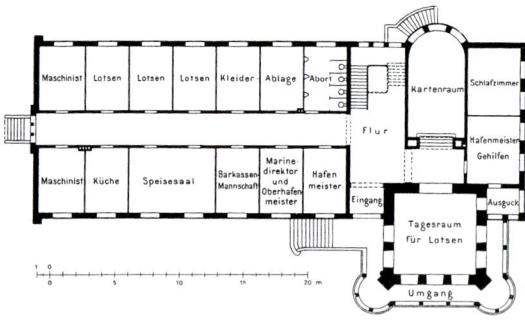
L 13.2 Lotsenhaus, Grundriss

träger ist ein begehbarer Stahlhohlkasten. Die Rampen wurden in Spannbetonbauweise errichtet. Einschließlich der Rampenstrecken ist die Brücke 3.940 m lang. Ihre 325 m breite und 54 m hohe Mittelöffnung (bei Tideniedrigwasser) gestattet selbst größten Seeschiffen die Durchfahrt. Sie ersetzte die Fährschiffe nach Waltershof, die über 60 Jahre lang die einzige Verbindung zwischen den beiden Freihafenteilen bildeten.

L 12 Neuer Elbtunnel
Waltershof/Othmarschen
Architekten: Egon Jux (Portal und Lüfterbauwerk Süd)
Godber Nissen (Lüfterbauwerk Mitte)
Horst Reimann (Lüfterbauwerk Nord)
1962, 1968-75; Erweiterung 1995-2002

Der Neue Elbtunnel ist 3.325 m lang, wovon 2.653 m völlig geschlossen sind; der Rest entfällt auf die Rasterdecken für die Lichtadaption. Wegen seiner Lage unter der Elbe und dem Elbhang, der bis zu 35 m hoch ansteigt, kamen unterschiedliche Bauverfahren zur Anwendung. Die südliche Rampe mit dem markanten Tunnelportal und das nördliche Ende wurden in offener Bauweise in Ortbeton hergestellt. Die 1.075 m lange Stromstrecke besteht aus acht Stahlbetonsegmenten von jeweils 132 m Länge und 46.000 t Gewicht, die im Maakenwerder Hafen (heute zugeschüttet) vorgefertigt, in ihre Position eingeschwommen und in eine zuvor ausgebaggerte Rinne im Flussbett abgesenkt wurden. Der 1.113,5 m lange Abschnitt unter der Geest wurde im Schildvortrieb gebohrt und mit Ringsegmenten aus hochfestem Gusseisen ausgekleidet. Die Planung und die Ausführung der drei Baulose lagen in der Hand von drei Arbeitsgemeinschaften, die sich aus insgesamt elf Tiefbauunternehmen zusammensetzten. Bis 2002 wurde der Elbtunnel um eine vierte Röhre erweitert, was jedoch nicht zu einer merklichen Entlastung des notorischen Verkehrsengpasses geführt hat.

L 13 Bauten von Fritz Schumacher
L 13.1 Ehem. Jachthaus
Jachtweg 10, Waltershof
Architekt: Hochbauwesen, Fritz Schumacher
1914-20

Schmucklose Klinkerfassaden, Sprossenfenster und hohe Satteldächer verleihen dem Vierflügelbau einen landhausartigen Charakter – eine Assoziation, die durchaus erwünscht war, denn das Gebäude sollte in einer merkwürdigen Zwitterfunktion einerseits als Hafenarbeiterkantine und andererseits als Gesellschaftshaus für die Anhänger des damals noch sehr exklusiven Segelsports dienen. Als der Ausbau der Waltershofer Häfen in der Weimarer Republik zurückgestellt wurde, trafen sich hier allerdings nur noch die Sportbootbesitzer. Anfang der 1960er Jahre wurde der Jachthafen nach Wedel verlagert, weil die Liegeplätze im Köhlfleethafen dem Mineralölumschlag weichen mussten.

L 13.2 Lotsenhaus
Bubendeyweg 33, Waltershof
Architekten: Hochbauwesen, Fritz Schumacher (Ursprungsbau)
Kahl & Hoyer (Instandsetzung und Erweiterung)
1913/14; Instandsetzung und Erweiterung 1992-94

Bis 1914 befand sich die Lotsenstation auf dem Lotsenhöft in Steinwerder, das heute zum Gelände von Blohm + Voss gehört. Der Neubau folgte mithin der Expansion des Hafens nach Westen über den Köhlbrand hinweg. Der Komplex setzt sich aus einem eingeschossigen Trakt mit den Schlaf- und Aufenthaltsräumen der Lotsen und Matrosen, einem zweigeschossigen Hauptbau und einem gedrungenen Turm zusammen, der die Hafeneinfahrt wahrzeichenhaft markiert. Ein hoher Dachkörper verklammert die effektvolle Baugruppe. Anfang der 1990er Jahre erhielt die Station einen neuen Wachleitraum, der die offene Galerie am Fuß des Turms organisch fortsetzt. Das erneuerte Verblendmauerwerk des Turms macht sich aufgrund seines abweichenden Farbtons störend bemerkbar.

L 14 Gorch-Fock-Halle
Focksweg 12-14, Finkenwerder
Architekt: Hochbauwesen, Fritz Schumacher
1927, 1929/30

Symmetrische Baugruppe mit Flachdach, Pfeilerloggia und Klinkerfassaden. Der dominante Mittelbau umschloss eine Turnhalle, die dank einer Bühne auch als Veranstaltungssaal genutzt werden konnte. In den beiden flankierenden Annexen waren eine Leihbücherei und ein öffentliches Wannenbad untergebracht. Die Wandmalereien beidseits der Bühne stammen von Eduard Bargheer. Die Seemannsplastik über dem Haupteingang hat Richard Kuöhl geschaffen. Die Halle dokumentiert die Entwicklung des dörflichen Finkenwerder zum Arbeiterviertel, die nach dem Ersten Weltkrieg einsetzte. Ihr Name erinnert an den Finkenwerder Schriftsteller Hans Kinau alias Gorch Fock (1880-1916).

Die **Wohnblöcke** Benittstraße 1-6 und 20-26 stammen von Carl Bruncke (1924/25) bzw. Klophaus & Schoch (1925-27).

L 15 Werkmeistersiedlungen der Deutschen Werft
L 15.1 Laubenganghäuser
Focksweg 13-23, Finkenwerder
Architekten: J. Dethlefs. F. Schulze
1922

L 15.2 Gruppenhäuser
Finkenwerder Norderdeich 120-132, Finkenwerder
Architekten: Werksarchitekten der Deutschen Werft
1919/20

Die schlichten Laubenganghäuser und die traditionalistischen Gruppenhäuser, die sich parallel zum ehemaligen Gelände der Deutschen Werft erstrecken, sind zwei der in Hamburg seltenen Beispiele für Werkssiedlungen. Allerdings profitierten hiervon nur die privilegierten Mitarbeiter, denn Werkmeister stehen im Angestelltenverhältnis. Für die übrigen Angestellten entwarf Peter Behrens gleichzeitig Häuser im bürgerlichen Groß Flottbek (vgl. Nr. J 53). Die Deutsche Werft wurde im Juni 1918 von der Gute-Hoffnungs-Hütte und der Allgemeinen Electricitäts-Gesellschaft (AEG) gegründet, was die Mitwirkung von Behrens, dem Hausarchitekten der AEG, erklärt, von dem auch das Konzept für die Gruppenhäuser stammt.

Die evangelisch-lutherische **St.-Nikolai-Kirche**, Finkenwerder Landscheideweg 157, ist ein Entwurf von Tochtermann & Wagner (1880/81, 1964-67 durch Kallmorgen & Partner umgestaltet)

L 16 Evangelisch-lutherische Kirche St. Gertrud
Altenwerder Kirchdorfweg, Altenwerder
Architekten: Ohnsorg & Facklam (Turm)
1831; Turm 1894/95

Der klassizistische Emporensaal mit toskanischen Säulen, Tonnengewölbe und Kanzelaltar ist im Originalzustand überliefert. Eine spätere Zutat ist der neogotische Turm. Mit dem dazugehörigen Friedhof stellt St. Gertrud das letzte Relikt des Fischer- und Obstbauerndorfes Altenwerder dar – 1250 erstmalig urkundlich erwähnt und 1937/38 nach Hamburg eingemeindet –, das ursprünglich 2.000 Einwohner zählte und ab 1973 für die Hafenerweiterung abgerissen wurde.

L 17 Betriebsgebäude Hafenbahnhof Alte Süderelbe

L 18 Evangelisch-lutherische Kirche St. Maria Magdalena

L 17 Betriebsgebäude Hafenbahnhof Alte Süderelbe
Dradenauer Deichweg, Altenwerder
Architekten: me di um Architekten Jentz, Popp, Wiesner
1991 W, 1992-95

Komplex aus einem zweigeschossigen Betriebs- und Sozialgebäude und einem 25 m hohen Tower mit zwei halbrunden Kanzeln, die von einem runden Betonschaft getragen werden. Zeittypisch ist der Mix der unterschiedlichen Materialien – Betonsteine, Trapez- und Lochbleche, Stahlprofile – die einen gewollt vielgliedrigen Eindruck hinterlassen. Dabei sind die Details jedoch von hoher Qualität und stellen mit ihrer ruppigen Industrieästhetik durchaus eine angemessene Antwort auf das Hafenumfeld dar.

L 18 Evangelisch-lutherische Kirche St. Maria Magdalena
Nehusweg, Moorburg
Architekten: Lorenz Dohmsen (Usprungsbau)
Johann Heinrich Martin Brekelbaum (erste Umgestaltung)
1684-89; erste Umgestaltung 1878/79; zweite Umgestaltung 1906/07; Restaurierungen 1951-57

Saalkirche mit polygonalem Chorschluss und einem gedrungen wirkenden niedrigen Turm mit Kupferhaube. 1878/79 wurde das morsche Fachwerk mit einer neogotischen Backsteinfassade ummantelt, die schon allein hinsichtlich des Stils nicht mit dem Barockbau harmonierte und deshalb knapp 30 Jahre später unter dem Einfluss der Heimatschutzbewegung in schlichteren, jedoch kaum passenderen Formen erneuert wurde. Mit einer neugestalteten Tonnendecke, Balustern an den Emporen und marmorierten Holzteilen wurde in den 1950er Jahren der ursprüngliche Charakter des Innenraums wiederhergestellt. Von der barocken Ausstattung sind u. a. noch der Altaraufsatz, das Taufbecken und die Landherrenloge erhalten, die Valentin Preuß 1688 geschaffen hat. Der Kanzelkorb stammt von 1787, als der Altar zum Kanzelaltar umgestaltet wurde. Er ist heute separat angebracht.

L 19 Kattwyk-Hubbrücke
Moorburg/Wilhelmsburg
Ingenieure: Gg. Noell GmbH
1970, 1971-73

Mit einer Durchfahrtshöhe von 54 m (bei Tideniedrigwasser), die auch Seeschiffen die Passage in die Harburger Häfen erlaubt, und einem 106 m langen beweglichen Mittelteil ist die kombinierte Eisenbahn- und Straßenbrücke eine der größten Hubbrücken Europas. Die beiden Hubtürme bestehen aus vollwandigen Rahmen mit Kopfriegeln, auf denen die Maschinenhäuser aufsitzen. Der dreiteilige Brückenüberbau ist eine Fachwerkkonstruktion. Im Unterschied zur Rethe-Hubbrücke (vgl. Nr. L 21) wurde hier auf das Fahrstuhlprinzip zurückgegriffen, d. h. die Reibung zwischen den Stahlseilen und den angetriebenen Umlenkrollen reicht aus, um die Brücke zu bewegen. Das 740 t schwere Mittelteil wird beim Heben und Senken durch zwei bewegliche Gegengewichte von 370 t ausbalanciert, so dass die Türme auch ohne zusätzliche Aussteifung allein aufgrund der hohen Belastung stehen.

L 20 Kali-Umschlaganlage
Blumensand, Wilhelmsburg
Architekten: Wasserbauamt Harburg-Wilhelmsburg
Hermann Muthesius
1927/28

Der überwiegende Teil der deutschen Kaliausfuhr erfolgte in den 1920er Jahren über die Häfen im Hamburger Raum. 1926 entschloss sich das Kalisyndikat, die Lagerung und den Umschlag an der Rethe zu konzentrieren. Die damals hochmoderne Anlage hatte ein Fassungsvermögen von 100.000 t und war mit drei Greiferbrücken und vier Bandbrücken ausgerüstet. Die Anlieferung erfolgte mit der Bahn oder mit Binnenschiffen. Maximal 400 t Kali konnten hier pro Stunde aus der Lagerhalle oder direkt von anderen Verkehrsträgern auf ein Seeschiff umgeschlagen werden. Der 228 m lange Hauptbau mit der klassizierenden Backsteinfassade, heute stark durch Kriegsschäden und Abnutzung entstellt, ist einer der letzten Entwürfe von Hermann Muthesius.

L 19 Kattwyk-Hubbrücke

L 22.2 Geschosswohnbau der Allgemeinen Deutschen Schiffszimmerer-Genossenschaft

L 21 Rethe-Hubbrücke
Wilhelmsburg
Ingenieure: Döring & Voss (Ursprungsbau)
1931, 1933/34; Aufstockung 1986/87

Die Weltwirtschaftskrise verzögerte den Bau einer Hubbrücke über die Rethe, die bereits in den 1920er Jahren notwendig geworden war, um das Hafenerweiterungsgebiet Kattwyk-Hohe Schaar an den Hamburger Freihafen und die Wilhelmsburger Industriegebiete anzubinden. Im Unterschied zur Kattwyk-Hubbrücke (vgl. Nr. L 19) wird das 73 m lange Hubteil mit Gelenkzahnstangen bewegt. Außerdem sind die genieteten Rahmen der beiden Hubtürme nicht selbsttragend, sondern werden zu den Brückenköpfen hin abgestützt. 1986/87 wurden die Türme ausgebaut und mit geschweißten Unterbauten um jeweils 11,6 m erhöht. In den kommenden Jahren ist ein völliger Neubau geplant.

Die **Reiherstiegklappbrücke** an der Neuhöfer Straße ist ein Entwurf von Rüdiger Stellfeld vom Amt für Strom- und Hafenbau (1985).

L 22 Geschosswohnbauten von Ernst Vicenz
L 22.1 Geschosswohnbau der HAPAG
Fährstraße 9-23, Wilhelmsburg
Architekten: Ernst Vicenz. Wilhelm Behrens
1910/11; 1945 teilzerstört
L 22.2 Geschosswohnbau der Allgemeinen Deutschen Schiffszimmerer-Genossenschaft
Fährstraße 92-100, Wilhelmsburg
Architekt: Ernst Vicenz
1910

Um 1910 wurden an der Fährstraße mehrere Bauvorhaben von Wohnungsbaugenossenschaften realisiert, die sich in ihrem Umfeld durch die ausgeprägten Dachkörper und die mit rotem Backstein verblendeten Sockelgeschosse und Risalite hervorheben. Die übrigen Fassadenabschnitte sind dagegen verputzt und nur sparsam dekoriert. Der in Teilen modern wiederaufgebaute Block Nr. 9-23, der für die Kaiarbeiter der HAPAG errichtet wurde, springt u-förmig ein (vgl. die »Hamburger Burg«, Nr. C 72). Die Ausführung im Auftrag der Reederei übernahm der Spar- und Bauverein zu Hamburg, der mit Ernst Vicenz einen Architekten hinzuzog, der vor allem für Baugenossenschaften tätig war. Zwei- bis Dreizimmerwohnungen mit innenliegenden Toiletten – in Wilhelmsburg im Unterschied zu Hamburg keine Selbstverständlichkeit – und Bäder in den Kellern, die allen Mietern zur Verfügung standen, markierten hier den für die damaligen Verhältnisse hohen Wohnstandard.

L 23 Gewerbehof Am Veringhof
Am Veringhof 9-21, Wilhelmsburg
Architekten: Architekturbüro Streb
1990, 1994/95

Backsteinfassaden und gewölbte Pultdächer aus Trapezblech kennzeichnen den u-förmigen Komplex. Um ein Höchstmaß an Flexibilität für die Mieter zu gewährleisten, behielt das Innere Rohbaucharakter mit zusätzlichen Leerschächten zum Selbstausbau. Selbst die Fassaden an den Laubengängen können nach Mieterwunsch gestaltet werden. Hierfür wurden austauschbare Module in Stahlrahmen entwickelt, die innerhalb eines vorgegebenen Schemas unterschiedliche Kombinationen von Türen, Toren, Fenstern und Füllflächen erlauben.

L 24 Geschosswohnbau Sanitasstraße
Sanitasstraße 10-26/Mannesallee, Wilhelmsburg
1924/25; Zerstörung 1945; Wiederaufbau 1949

Wilhelmsburg verzeichnete auch nach dem Ersten Weltkrieg eine rege Bautätigkeit. Dabei sticht vor allem der expressionistische Klinkerbau an der Sanitasstraße hervor, dessen überlange Fassade abwechslungsreich durch flache Vorbauten, Risalite und Giebel gegliedert ist. Der Bauabschnitt an der Mannesallee wurde dagegen in Putz errichtet und weist extravagante Balkone auf, die sich dreieckig auffalten.

Weitere bemerkenswerte zeitgenössische **Geschosswohnbauten** stehen an der Fährstraße 2-8 (1928-31) und 10-12 (um 1930) sowie an der Veringstraße 47-91 (1927) und 46-56 (um 1925). Auch bei diesen Entwürfen sind die Architekten nicht bekannt.

L 24 Geschosswohnbau Sanitasstraße

L 27 Erweiterung der Gesamtschule Wilhelmsburg

L 29 Wasserturm Wilhelmsburg

L 25 Evangelisch-lutherische Emmauskirche
Mannesallee, Wilhelmsburg
Architekten: Hugo Louis (Turm)
Hopp & Jäger (Kirchenschiff)
Turm 1895/96; Kirchenschiff 1953/54

Dreischiffige quadratische Kirche, die an den neogotischen Turm des 1945 zerstörten Vorgängers gefügt wurde. Die tiefe halbrunde Apsis, die den Altar von der Gemeinde isoliert, verleiht dem Grundriss eine konservative Note. Von außen wirkt das nüchterne Backsteingebäude mit dem flach geneigten Satteldach dagegen wie eine neutrale Mehrzweckhalle bar jeglicher sakraler Prätention – ein Eindruck, den die überbreiten Eingänge unterstreichen, die eher zu einem Kino passen. Das Kanzelrelief und das Taufbecken hat Fritz Fleer gestaltet.

Das **Pastorat**, Eckermannstraße 1, ist ein Entwurf von Hugo Louis (1895; Erweiterung durch Karl Mohrmann 1910/11). Das **Gemeindehaus**, Rotenhäuser Damm 11, stammt von Karl Mohrmann (1907).

L 26 Gefechtsturm Wilhelmsburg
Rotenhäuser Damm 80, Wilhelmsburg
Architekt: Reichsministerium für Bewaffnung und Munition, Abteilung Rüstungsausbau, Friedrich Tamms
1942/43; Teilzerstörung 1947

Hochbunker mit vier runden Geschütztürmen für Flugabwehrkanonen (Flak) auf dem Dach. Mit einer Grundfläche von 47 mal 47 m – mit Umgang 57 mal 57 m – war der Gefechtsturm zwar kleiner als derjenige auf dem Heiligengeistfeld (vgl. Nr. C 11), er hatte aber das gleiche Fassungsvermögen, weil die Geschosse niedriger waren. 1947 wurde der Leitturm gesprengt und komplett abgetragen, wogegen der Gefechtsturm nur im Innern zum Einsturz gebracht wurde, um die Gebäude in der Nachbarschaft nicht zu gefährden.

L 27 Erweiterung der Gesamtschule Wilhelmsburg
Georg-Wilhelm-Straße 112, Wilhelmsburg
Architekten: Böge Lindner Architekten
1999 W, 2000-2002

Um eine Freifläche als Verbindung zu den bestehenden Schulbauten zu schaffen, wurde das geforderte Raumprogramm in einen kompakten langgestreckten Baukörper integriert, der wie aus wuchtigen Backsteinkuben zusammengesetzt wirkt. Die Fach- und Klassenräume gruppieren sich in den beiden unteren Geschossen um ein transparentes Foyer mit einer Galerie. Darüber lastet die Sporthalle als weitgehend fensterloses Volumen, das sich nur an der Westseite mit einer opaken Glasfront öffnet. Im Innern kennzeichnen sich vor allem der Sportbereich und die Eingangshalle durch eine überdurchschnittliche Detailqualität, wogegen sich die Architekten bei den übrigen Räumen an vorgegebenen Standards orientieren mussten.

L 28 Römisch-katholische Kirche St. Bonifatius
Bonifatiusstraße, Wilhelmsburg
Architekten: Richard Herzig (Ursprungsbau)
Karl Sterra (Wiederaufbau)
Egon Pauen (Umgestaltung)
1897/98; Zerstörung 1945; Wiederaufbau 1954;
Umgestaltung 1965-67

Im ausgehenden 19. Jahrhundert verzeichnete Wilhelmsburg einen starken Zuzug von Arbeitern aus Schlesien und der ebenfalls preußischen Provinz Posen, so dass der Anteil der Katholiken an der Bevölkerung 1910 bei 26 Prozent lag. St. Bonifatius ist eine flach gedeckte, neoromanische Backsteinbasilika mit einer Doppelturmfassade, was sie, ebenso wie der Stil, von den zeitgenössischen protestantischen Kirchen im Hamburger Raum abhebt (vgl. auch St. Marien in St. Georg, Nr. E 17). Die Umgestaltung bis 1967 erfolgte nach den Maßgaben des II. Vatikanischen Konzils. Der Altar wurde auf einem runden Podest in das Kirchenschiff hineingerückt und der Chorraum um 4,5 m verkürzt. Die neue Abschlusswand und die ebenfalls erneuerten Querhausgiebel heben sich mit vertikalen Stahlbetonlamellen von dem Bestand ab. Die Bronzeskulpturen und das Altarkreuz stammen von Heinrich Gerhard Bücker.

L 29 Wasserturm Wilhelmsburg
Groß Sand 4, Wilhelmsburg
Architekt: Wilhelm Brünicke
1911/12

Das 46 m hohe Bauwerk wurde als Stahlbetonskelettbau errichtet. Das Wasserreservoir, ein Hängebodenbehälter mit einem Fassungsvermögen von 800 cbm, ruht auf acht Pfeilern, die durch Zwischendecken ausgesteift werden. Das konvex und konkav verschliffene Klinkermauerwerk spannt sich gleichsam wie eine Haut über dieses Skelett und lässt das Gerippe »durchschimmern«.

L 30 Ehem. Rathaus Wilhelmsburg
Mengestraße 19, Wilhelmsburg
Architekten: A. P. B. Architektengruppe Planen & Bauen Beisert, Findeisen, Grossmann-Hensel, Wilkens (Erweiterung)
1902/03; Erweiterung 1981 W, 1982-84

Der konventionelle neogotische Backsteinbau von 1903 sollte ursprünglich zu beiden Seiten hin erweitert werden. Auch seine isolierte Lage belegt, welche Erwartungen damals an die Entwicklung Wilhelmsburgs geknüpft wurden. Die Erweiterung von 1984 greift die Maßstäblichkeit des Altbaus mit den Mitteln der Postmoderne auf, wobei der rote Backstein und der hohe Dachkörper die gestalterische Klammer zwischen den beiden Bauabschnitten bilden.

L 31 Windmühle Johanna
Schönenfelder Straße 99, Wilhelmsburg
1874/75; Restaurierung 1997/98

Typische Galerie-Holländermühle mit massivem quadratischen Unterbau und einem Reetdach, bei dem nur die Kappe mit dem Windrad beweglich gelagert ist (im Unterschied zu Mühlen, bei denen das ganze Dach oder sogar der gesamte Bau gedreht werden kann). Dieser Bautyp erlaubte größere Windräder mit einer entsprechend höheren Leistung. Von der Galerie aus wurden die Flügel nach dem Wind ausgerichtet. Bis 1960 war die Mühle in Betrieb. Seit 1997 wird sie von einem Verein unterhalten, der sie auf den Vornamen der Frau des letzten Pächters getauft hat.

Das **Müllerhaus**, Schönenfelder Straße 100, wurde 1813 durch napoleonische Soldaten zerstört und wohl bald darauf wiederaufgebaut. Das **Bauernhaus** Schönenfelder Straße 33 wurde um 1690 errichtet.

L 32 Evangelisch-lutherische Kreuzkirche
Kirchdorfer Straße 170, Wilhelmsburg
1614; Umbau und Erweiterung 1894;
Instandsetzung 1951-56

Saalkirche mit Dachreiter, die zum Schutz vor Sturmfluten auf einer Erhebung steht. 1894 wurde der schlichte Fachwerkbau um ein Querhaus und den Chor erweitert und bis auf die Nordseite mit Backsteinfassaden in einfachen neogotischen Formen ummantelt. Die Kanzel, Teile des Gestühls und der Taufe sowie die Empore mit den geschnitzten und bemalten Brüstungsfeldern stammen aus der Erbauungszeit. Die Herzogsloge mit dem Porträt Herzog Georg-Wilhelms von Braunschweig-Lüneburg entstand nach 1672. Die Altarfiguren – die Evangelisten und ein triumphierender Christus – gehörten ursprünglich zu dem Altar der zerstörten Dreifaltigkeitskirche in Harburg (1689, vgl. Nr. L 41).

Weitere Relikte aus der Geschichte Kirchdorfs sind das **Küsterhaus** (1660), Kirchdorfer Straße 170, und das ehemalige **Hannoversche Amtshaus**, Kirchdorfer Straße 163 (1724, heute Museum der Elbinsel Wilhelmsburg).

L 33 Alte Harburger Elbbrücke
Wilhelmsburg/Harburg
Architekt: Hubert Stier. Ingenieure: MAN (Maschinenfabrik Augsburg-Nürnberg AG)
1896 W, 1897-99

Die 474 m lange Fachwerkbogenbrücke mit vier Überbauten bildete die erste Straßenverbindung zwischen Harburg und der Elbinsel Wilhelmsburg, nachdem bereits 1872 rund 250 m weiter östlich eine Eisenbahnbrücke errichtet worden war. Die rustizierten Sandsteinportale sind mit Glasmosaiken geschmückt, die an den entsprechenden Brückenköpfen das Wilhelmsburger und das Harburger Wappen darstellen. Darüber thronte ursprünglich jeweils ein preußischer Adler aus Schmiedeeisen. Heute darf die Brücke nur noch vom nichtmotorisierten Verkehr genutzt werden.

L 33 Alte Harburger Elbbrücke

L 35 Bürohaus Kaispeicher

L 34 Ehem. Fabrikgebäude Harburger Gummi-Kamm Co.
Nartenstraße 19, Harburg
Architekten: H. C. Hagemann (Erweiterungen an der Neuländer Straße und Kesselhaus)
H. Hagn & Söhne (Fabrikgebäude Nartenstraße)
Fabrikgebäude Neuländer Straße 1870er Jahre, Erweiterungen 1907 und 1909; Kesselhaus 1907/08; Fabrikgebäude Nartenstraße 1912

Trotz der schweren Kriegsschäden und des vereinfachenden Wiederaufbaus vermittelt der Komplex immer noch einen Eindruck von der einstigen Bedeutung des Unternehmens, das 1856 als erste deutsche Hartkautschukfabrik gegründet worden war. Der älteste Bauabschnitt ist der Mittelteil des 200 m langen Traktes an der Neuländer Straße. Vorlagen rhythmisieren dort die schematisch gegliederten Backsteinfronten im Rundbogenstil. Ein differenzierteres Fassadenprofil weisen die beiden seitlichen Erweiterungen und der Trakt an der Nartenstraße auf, wo unterschiedlich breite Fenster eine Schichtung in Sockel-, Haupt- und Attikageschosse andeuten. Durch das erhaltene Kesselhaus gewinnt das vor allem in industriegeschichtlicher Hinsicht wichtige Ensemble noch zusätzlich an Aussagekraft.

L 35 Bürohaus Kaispeicher
Veritaskai 1-3, Harburg
Architekten: André Poitiers (Entwurf)
Lindschulte + Partner (Generalplaner)
1. BA 1928; 2. BA 1934; Umbau und Erweiterung 2001, 2002/03

Der ehemalige Silokomplex bestand ursprünglich aus vier Bauabschnitten, wovon die beiden äußeren, die in konstruktiver Hinsicht unabhängig waren, abgebrochen wurden. Beim Umbau zu einem Bürohaus wurden die Silozellen im Innern entfernt, so dass heute nur noch die Fülltrichter im Erdgeschoss und Bruchkanten an den Wänden an die ursprüngliche Nutzung erinnern. Die Erweiterung setzt sich mit einer an den Kanten gerundeten Aluminiumhaut und Fensterbändern von den Backsteinfassaden der beiden Kernbauten ab. Eine zweite Erweiterung an der Ostseite ist geplant.

Auch das **Bürohaus »Silo Hafen Harburg«**, Schellerdamm 16, von BHL Architekten v. Bassewitz Hupertz Limbrock (2001-03) integriert Silofragmente (1935).

L 36 Ehem. Harburger Schloss
Bauhofstraße 8, Harburg
15./16. Jahrhundert; Umbauten 1817-20 und um 1898

Die Horeburg, um 1135 erstmalig erwähnt, diente von 1517 bis 1642 als Residenz einer Nebenlinie der Welfen und wurde zum Renaissanceschloss ausgebaut. Die Umwandlung der Schlossinsel in eine fünfeckige Zitadelle (ab 1642) lässt sich noch am Stadtgrundriss ablesen. Bei einem Brand 1813 blieben von dem ursprünglichen Dreiflügelbau nur zwei isolierte Baukörper übrig, die wiederholt umgebaut und entkernt wurden. Das östliche Gebäude, das ehemalige Hauptgebäude des Schlosses, präsentiert sich heute als Etagenwohnhaus im Stil der Neorenaissance. Das westliche Gebäude wurde 1972 abgebrochen.

L 37 Bürgerhäuser Harburger Schloßstraße
Harburger Schloßstraße, Harburg
17. bis 19. Jahrhundert

Die Harburger Schloßstraße markiert den Verlauf des Damms, der im 12. Jahrhundert von der Horeburg (vgl. Nr. L 36) zur Geest führte. Über Jahrhunderte war sie die Hauptstraße. Durch den Bau der Eisenbahnstrecke nach Cuxhaven (1881) geriet das Viertel jedoch in eine Randlage und entwickelte sich sukzessive zum Hafenindustriegebiet. Ein Relikt der anfänglichen Besiedlung ab dem 13. Jahrhundert sind die schmalen, aber tiefen Grundstücke, die sich zwischen der Straße und dem Kaufhauskanal erstrecken. (Letzterer war ursprünglich einer der Gräben, mit denen das moorige Gelände entwässert wurde.) Die historische Bebauung stammt überwiegend aus dem 18. und frühen 19. Jahrhundert, wobei es sich zumeist um relativ schlichte Fachwerkhäuser handelt wie Nr. 7 (1742/43), Nr. 9 (1828), Nr. 13 (spätes 17. Jh., Giebel 1781), Nr. 29 und Nr. 33 (beide

L 37 Bürgerhäuser Harburger Schloßstraße 5-13   L 38 MAZ level one GmbH

18. Jh.) sowie Nr. 45 (frühes 19. Jh.). Die Fassade von Nr. 5 (um 1750) ist eine Rekonstruktion vor einem Neubau (1974/75). An den ursprünglich sozialen Status der Straße erinnert der repräsentative spätklassizistische Putzbau Nr. 43 (vor 1848), ehemals Wohn- und Geschäftssitz eines Kaufmanns.

Das **Bürgerhaus** Karnapp 5 (um 1646, Fassade um 1800) wurde von Padberg, Stietzel, Reumschüssel & Partner restauriert (1988/89). Der **Channel Tower**, Karnapp 25, ist ein Entwurf von Prof. Bernhard Winking Architekten (1998 W, 2001-03).

L 38 MAZ level one GmbH
Harburger Schloßstraße 6-12, Harburg
Architekten: Architekturbüro Streb
1991 W, 1993/94

Das MAZ (Mikroelektronik-Anwendungszentrum) fördert Start-Up-Unternehmen aus dem Technologiebereich, die hier von der Nähe zur TU Harburg profitieren. Die Grundstruktur des Gebäudes lässt sich als 100 m langer Stahlbetontisch charakterisieren. Die Verwaltung, die Bibliothek, die Labore und ein Hörsaal sind als eigenständige Baukörper in den zweigeschossigen Sockelbereich eingeschoben, um das Gebäude maßstäblich mit dem Umfeld zu vermitteln. Die Obergeschosse öffnen sich mit Fassadengalerien nach außen. Statt lichtloser Mittelflure gibt es dort so genannte Kombibüros mit einladend gestalteten zentralen Pausen- und Besprechungszonen, die kommunikationsfördernd wirken sollen. Beim Innenausbau blieb ein gewisser Rohbaucharakter gewahrt mit offenen Leitungsschienen, die problemlos nachgerüstet werden können. Die vier **Erweiterungsbauten** am Kanal stammen ebenfalls vom Architekturbüro Streb (1998-2000).

L 39 Ehem. Ratsapotheke
Schloßmühlendamm 25, Harburg
Architekt: F. A. L. Ziepollé
1852

Gelber Backsteinbau im zeittypischen Rundbogenstil. Friese, Gesimse und Lisenen, die auf dem Dach in zinnenbekrönte Pfeiler auslaufen, gliedern die Fassade. Die eckigen Fenster im oberen Bereich des Mittelrisalits wiesen ursprünglich wohl Rundbogen auf. Die Bronzelöwen beiderseits des Eingangsportals stammen von Ernst von Bandel (1862). Sie illustrieren den wirtschaftlichen Aufschwung Harburgs in der zweiten Hälfte des 19. Jahrhunderts – wie das Gebäude überhaupt einen neuen Maßstab in die Altstadt brachte, die bis dahin von bescheidenen Fachwerkhäusern geprägt wurde.

Das **Fachwerkhaus** Schloßmühlendamm 29 wurde 1570 errichtet (Fassade 2. Hälfte 19. Jh.).

L 40 Fachwerkhäuser Lämmertwiete/Neue Straße
Lämmertwiete/Neue Straße, Harburg
16. bis 18. Jahrhundert

Die Lämmertwiete wird durch einfache traufständige Fachwerkbauten geprägt, wie sie für die unterbürgerlichen Schichten typisch waren: Nr. 2 und Nr. 4 (1716), Nr. 6 (1719) und Nr. 10 (um 1536, um 1622 aufgestockt), wobei es sich, wie auch bei den folgenden, zumeist um Rekonstruktionen handelt. Stattlicher wirken demgegenüber die Giebelhäuser Nr. 9 (1683), die ehemalige Ratsapotheke, und Nr. 12-14 (17. Jh.). Während Nr. 12 ein Gebäude ersetzt, das 1967 an dieser Stelle abgebrochen wurde, stand Nr. 14 ursprünglich am Kleinen Schippsee. Die Neue Straße wurde um 1650 angelegt, so dass das Haus Nr. 47 (Mitte 17. Jh.) zur Erstbebauung gehört. Der vorkragende Fachwerkgiebel mit »Buntmauerwerk« und die zweigeschossige Utlucht – ebenfalls mit Giebel – machen den Bau zum repräsentativsten der noch erhaltenen Harburger Bürgerhäuser.

L 40.1 Kanzlerhaus
Neue Straße 59
Architekten: pmp Architekten (Restaurierung)
1710; Restaurierung 1997-2001

Der vergleichsweise schlichte zweigeschossige Walmdachbau mit Fachwerkfassaden wurde über dem Kellergewölbe eines Vorgängers errichtet. Um 1780 wurde das klassizistische Treppenhaus eingebaut. Hier wohnten die kurfürstlichen Amtmänner, die das Amt Harburg verwalteten.

L 39 Ehem. Ratsapotheke

L 40 Fachwerkhaus Neue Straße 47

L 44 Ehem. Badeanstalt Harburg

L 42 Rathaus Harburg

Die ehem. **Stadt- und Lateinschule**, Hermann-Maul-Straße 5, stammt vermutlich aus dem 18. Jahrhundert.

L 41 Evangelisch-lutherische Dreifaltigkeitskirche
Neue Straße 44, Harburg
Architekten: Ingeborg und Friedrich Spengelin
1958 W, 1962/63; Gemeindebauten 1965/66

Kubischer Bau mit konventionellem längsrechteckigen Grundriss und Stahlbetonskelettfassaden, die mit roten Backsteinen ausgefacht sind (im Innern mit Hohlziegeln, die dem Raum die gelochten Seiten zuwenden). Die Längswände sind im unteren Drittel vollständig verglast und öffnen sich zu ummauerten Höfen, die hierdurch wie bepflanzte Seitenschiffe wirken. Ein Oberlichtband bringt die Betonkanten der Dachplatte gleichsam zum Schweben. Der Vorplatz wird von zwei Gemeindebauten flankiert. Die vierte Platzseite schließt ein Fassadenfragment des 1944 zerstörten Vorgängerbaus – 1652 errichtet –, das mitsamt dem barocken Hauptportal erhalten blieb. Der Turm, eine schlanke Stele, die wie aus Stahlbetonscheiben zusammengesetzt wirkt, steht isoliert an der Neuen Straße. Die nüchterne, kantige Architektur ist charakteristisch für den Sakralbau der 1960er Jahre, was den Wettbewerbsentwurf von 1958 in Hamburg zu einer Pioniertat macht.

L 42 Rathaus Harburg
Harburger Rathausplatz 1, Harburg
Architekt: Christoph Hehl (Ursprungsbau)
1888 W, 1889-92; Zerstörung 1944; Wiederaufbau 1950

Christoph Hehl war zwar ein Vertreter der neogotischen »Hannoverschen Schule«, im Wettbewerb wurde aber ein Bau im Stil der niederländischen Renaissance mit ihrer typischen Mischung aus rotem Backstein und Sandsteingliederungen gefordert. Außerdem war der symmetrische Baukörper mit dem dominanten Mittelrisalit vorgegeben (der jedoch unvollendet blieb, weil der südliche Verwaltungstrakt nicht realisiert wurde). An den Konsolen über dem Hauptportal hat Hehl sich selbst und Conrad Wilhelm Hase, seinen ehemaligen Lehrer am Polytechnikum in Hannover, mit Porträtköpfen verewigt. Die Figuren in den Bogennischen personifizieren Gerechtigkeit (Justitia) und Klugheit (Prudentia). Beim Wiederaufbau wurde der Fassadenschmuck vereinfacht und auf den Dachreiter verzichtet. Zu dem Komplex gehört auch das ehemalige **Wohnhaus des Oberbürgermeisters**, Julius-Ludowieg-Straße 7 (um 1893).

Das **Centrumshaus**, Am Centrumshaus 1-9, hat Georg Hinrichs entworfen (1928-30).

L 43 Ehem. Verwaltungsgebäude der Deutschen Wohnungsbau GmbH
Knoopstraße 35-37, Harburg
Architekt: Karl Trahn
1956

Komplex aus einem aufgeständerten Punkthaus als »Dominante«, einem straßenbegleitenden Trakt und einem verbindenden Flachbau. Die Fassaden sind in Stahlbetonskelette aufgelöst, wobei konsequent zwischen tragenden Elementen und Füllflächen differenziert wurde (was bei den damals so beliebten Rasterfassaden durchaus nicht die Regel war). Kragdächer, filigrane Geländer und die auffällige Flächenverkleidung – blaugrünes Glasmosaik – verleihen der Architektur eine zeittypische beschwingte Leichtigkeit.

Die **Handwerkskammer**, Am Museumsplatz 1, stammt von Hermann J. Mähl (1910 W, 1910/11).

L 44 Ehem. Badeanstalt Harburg
Bremer Straße 18, Harburg
Architekt: Stadtbauamt Harburg, Carl Lembke
1928/29

Neben medizinischen Anwendungen und einem Dampfbad bot die ehemalige Badeanstalt auch Wannenbäder für die Bewohner der Arbeiterviertel, die nicht über den Luxus eines eigenen Badezimmers verfügten. Das soziale Anliegen wurde durch die monumentale Architektur formal überhöht, deren Vorbilder eher dem Art déco entlehnt sind als heimischen Bautraditionen oder gar dem sachlichen »Neuen Bauen«. Pfeiler mit abgestuften Kanten, überfangen von stilisierten Vorhangbogen, und tief eingeschnittene Fenster kennzeichnen die wuchtige Klinkerfassade, die wie ausgestanzt wirkt. Der Entwurf stammt von Carl Lembke, der von 1919 bis 1927 als Stadtbaurat in Harburg tätig war.

Das ehemalige **Gebäude der Landeszentralbank**, Bremer Straße 20-22, ist ein Entwurf von Patschan, Werner, Winking (1982, 1984-87).

L 45 Ehem. Hannoversche Bank
Bremer Straße 10/Harburger Rathausstraße 44, Harburg
Architekt: Bernhard Weise
1910

Neobarocker Bau mit Lisenengliederung, Mansardwalmdach und kupfernem Dachreiter. Verkröpfte Gesimse, Fenstereinfassungen und andere Details aus Sandstein setzen Akzente auf den bläulichen Klinkerfassaden. Auf den Schlusssteinen der Erdgeschossfenster verweisen Reliefköpfe, u. a. von Fischern und Bauern, auf die traditionelle Wirtschaft im Süderelberaum. Diese spielte jedoch nur eine nachrangige Rolle gegenüber den Harburger Industrieunternehmen, deren ökonomische Potenz sich in der repräsentativen Gestaltung des Bankgebäudes widerspiegelt.

L 46 Evangelisch-lutherische Kirche St. Johannis
Bremer Straße 9, Harburg
Architekten: Karl Trahn (Ursprungsbau)
Hans J. Schoop (Umbau und Erweiterung)
1951 W, 1953/54; Umbau und Erweiterung 1993

Stahlbetonskelettfassaden, ausgefacht mit gelbem Backstein, und ein flach geneigtes Satteldach kennzeichnen Hamburgs ersten modernen Kirchenneubau nach dem Zweiten Weltkrieg, der auch international rezipiert wurde. Kirchenschiff, Turm und Eingangsgebäude bilden eine additive Baugruppe. Richtungweisend war auch der asymmetrische Grundriss mit der leicht geschwungenen Wegachse zwischen dem Eingang und dem Altarbereich, deren Fluchtpunkt nicht der Altar, sondern ein großes Holzkreuz bildet (was kontrovers diskutiert wurde, weil es die konventionelle liturgische Ordnung in Frage stellte). Die Lichtführung steigert diese subtile Raumspannung im sakralen Sinn. Beim Umbau 1993 wurde der Raum unter der Empore für Gemeindezwecke abgetrennt. Vorbild war die reformierte Kirche in Zürich-Altstetten von Werner M. Moser (1938-41), wobei der Entwurf wohl auf Einhart Hölscher, den damaligen Mitarbeiter und späteren Büropartner von Karl Trahn, zurückgeht.

L 47 Bahnhof Harburg
Hannoversche Straße 85, Harburg
Architekt: Hubert Stier
1896/97

Das Bauvolumen wurde auf zwei Gebäude aufgegliedert: eines für die Abfertigung und eines für die ursprünglich vier Wartesäle, das auf einer Insel zwischen den Gleisen steht. Eine verglaste Brücke aus genieteten Stahlprofilen verbindet die Bahnsteige, deren Schutzdächer ebenfalls noch im Originalzustand erhalten sind. Die Backsteinfassaden sind im Sinne der »Hannoverschen Schule« mit einer Mischung aus neogotischen und neoromanischen Motiven gestaltet. Friese aus gelben und braun glasierten Ziegeln und Schmuckfliesen akzentuieren das rote Mauerwerk. Der gute Erhaltungszustand macht den Bahnhof zu einem bedeutenden Zeugnis der historischen Verkehrsarchitektur. Die ehemaligen Wartesäle 1. und 2. Klasse wurden von Architekten Gössler für den **Kunstverein Harburger Bahnhof** e. V. umgebaut (2000).

L 48 Ehem. Fabrikgebäude der Phoenix AG
Hannoversche Straße/Wilstorfer Straße, Harburg

L 48.1 Kernbauten
Architekten: August Prien & Co. Baugeschäft GmbH (Bauten bis 1906)
Distel & Grubitz (Erweiterungen ab 1910)
Reifenfabrik 1903, Erweiterungen 1905/06 und 1911; Schuhfabrik 1905; Ballfabrik 1906, Erweiterungen 1910 und 1915; Lagerhaus um 1906, Erweiterungen 1921/22

Dank der Produktion von Gummireifen entwickelte sich die 1856 gegründete Gummiwarenfabrik ab der Jahrhundertwende zu einem der bedeutendsten Industrieunternehmen im Hamburger Raum. Bis 1906 wurde das Gelände schrittweise neugeordnet, wobei jeder Produktionszweig ein eigenes Gebäude erhielt. Aus dieser Zeit stammen die drei schlichten Backsteinbauten im Blockinnern, die ursprünglich als Reifenfabrik, als Schuhfabrik und als Ballfabrik dienten (von Norden nach Süden gesehen). Aufwändiger präsentiert sich das ehemalige Lagerhaus an der Wilstorfer Straße, das ein kräftiges Fassadenprofil aus Vorlagen, Friesen und Gesimsen aufweist (Architekt unbekannt). Die Erweiterungen ab 1910, die sich dem Bestand gestalterisch unterordnen, stammen vermutlich von Distel & Grubitz.

Auf einem Teil des Fabrikgeländes steht heute das **phoenix center**, dessen Fassaden Böge Lindner Architekten gestaltet haben (2001 W, 2002-04).

L 48.2 Erweiterungen ab 1917
Architekten: Distel & Grubitz (Bauten bis 1940)
Bauabteilung der Phoenix AG (Lagerhaus)
Fesselballonfabrik 1. BA 1917, 2. BA 1921; Fabrikgebäude 1938; Hauptgebäude 1939/40; Lagerhaus 1953/54

L 52 Teppichhäuser (Aufnahme um 1959)

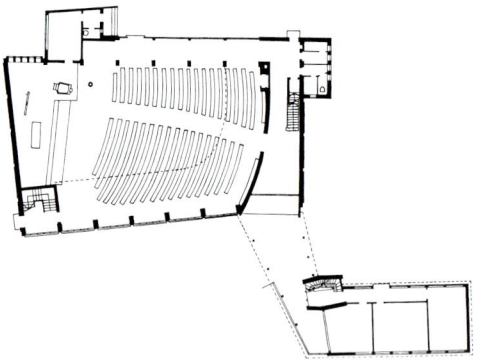

L 46 Evangelisch-lutherische Kirche St. Johannis (Aufnahme um 1954) mit Grundriss (rechts)

Die Fesselballonfabrik an der Südseite des Werksgeländes bot erstmals eine Gelegenheit für Distel & Grubitz, dem aufstrebenden Unternehmen auch in architektonischer Hinsicht einen zeitgemäßen Ausdruck zu verleihen. Ein Stakkato dicht gereihter Klinkerpfeiler im Wechsel mit schlankeren Stützen verleiht der Fassade einen monumentalen, zugleich aber auch sachlichen Zug (1953/54 kongenial mit einem Lagerhaus erweitert). Auch in der NS-Zeit profitierte das Unternehmen von der Rüstung. Während das Fabrikgebäude von 1938 – im Blockinnern verborgen – mit Fenster- und Brüstungsbändern noch in der Kontinuität des »Neuen Bauens« steht, repräsentiert das neue Hauptgebäude an der Hannoverschen Straße mit einem kompakten Traufgesims auf stilisierten Konsolen den reduzierten Neoklassizismus des »Dritten Reichs«.

L 49 Ehem. Feuerwache Harburg
Hastedtstraße 30, Harburg
Architekt: Stadtbauamt Harburg, vermutl. Carl Lembke
1922

Das Hauptgebäude mit der Wagenhalle, der Schlauchturm und ein rechtwinklig anschließender Trakt mit Wohnungen bilden einen klar differenzierten Gruppenbau. Hinsichtlich der Steildächer und der schlichten Klinkerfassaden mit Sprossenfenstern ist die Architektur als konventionell zu charakterisieren.

L 50 Wohnblöcke Hastedtstraße/Mergellstraße
L 50.1 Wohnblock
Hastedtstraße 34-48/Mergellstraße/Hirschfeldstraße, Harburg
Architekten: Ernst und Eduard Theil
1926-28
L 50.2 Wohnblock
Mergellstraße 8-20/Hirschfeldstraße/Barlachstraße, Harburg
Architekt: Eugen Schnell
1927

Zwei Wohnblöcke mit Walmdächern und Klinkerfassaden, die das »White-Collar-Milieu« im Wohnungsbau der Weimarer Republik charakterisieren. Bauherr an der Hastedtstraße war die Angestellten-Baugenossenschaft Heimat, für die Ernst und Eduard Theil zwei vergleichbare Projekte in Barmbek-Nord und Lokstedt realisiert haben (vgl. Nr. F 58 und Nr. I 6). Dreieckige Erker, Gesimse und farbige Terrakotten von Richard Kuöhl kennzeichnen hier das Anspruchsniveau. Die Fassaden an der Mergellstraße 8-20 sind dagegen betont flächig und werden durch Reliefs, u.a. mit Märchenszenen, akzentuiert.

L 52 Teppichhäuser, Lageplan

L 51 Adolf-von-Elm-Hof
Femerlingstraße 20-28/Adolf-von-Elm-Hof/
Mehringstraße, Eißendorf
Architekten: Berg & Paasche
1928/29

Der Name und ein Denkmal im Blockinnern (Ernst Küster) ehren Adolf von Elm, einen der Väter der Konsumgenossenschaften (vgl. den Adolf-von-Elm-Hof in Barmbek-Nord, Nr. F 64.5). Drei parallele Zeilen öffnen den Block nach Norden; eine vierte Zeile ist quer hierzu angeordnet, so dass der Komplex nach Süden hin hofartig umschlossen wirkt. Die seriell gegliederten Klinkerfassaden werden an den Gebäudeenden durch turmartige Treppenhäuser und halbrund auslaufende Balkone akzentuiert, die sich aufgrund der unterschiedlichen Zeilenlängen effektvoll hintereinander staffeln. Die Wohnungen liegen entweder paarweise an Treppenhäusern (Zweispänner) oder an Laubengängen, wobei letztere durch den Verzicht auf Badezimmer ursprünglich auch einfacher ausgestattet waren.

Die evangelisch-lutherische **Lutherkirche**, Kirchenhang 21 a, ist ein Entwurf von Karl Mohrmann (1906, vgl. St. Michaelis, Nr. L 61).

L 52 Teppichhäuser
Denickestraße/Schüslerweg/Weusthoffstraße/
Riepenhausenweg, Heimfeld
Architekten: Ingeborg und Friedrich Spengelin
1956 W, 1958/59

Ingeborg und Friedrich Spengelin konnten den Wettbewerb Siedlung Denickestraße 1956 mit einer neuartigen Form des verdichteten Einfamilienhausbaus, den so genannten Teppichhäusern, für sich entscheiden: winkelförmige Kettenhäuser, die Gartenhöfe umschließen und auf dem Hanggrundstück nur über Fußwege erschlossen werden. Aufgrund des Geländegefälles konnten die Gärten zusätzlich mit Böschungsmauern abgeschirmt werden. Rote Backsteinfassaden und flach geneigte Pult- bzw. Satteldächer kennzeichnen die skandinavisch anmutende Architektur. Die frei finanzierten Häuser im Ostteil sind etwas größer als diejenigen im Westteil, die öffentlich gefördert wurden. Zur Siedlung Denickestraße gehören auch die **Reihenhäuser** Weusthoffstraße von Otto Kindt und die **Geschosswohnbauten** Schüslerweg und Riepenhausenweg von Kindt, Trahn & Hölscher sowie den Architekten Spengelin (1958/59).

L 53 Friedrich-Ebert-Halle und Schulen
Alter Postweg 30-38/Petersweg, Heimfeld
Architekt: Stadtbauamt Harburg-Wilhelmsburg,
Otto Rudolf Kleeberg und vermutl. Nikolaus J. van Taack-Trakranen
1927-29

Mit der Stadthalle, die am 15. Januar 1930 feierlich eröffnet wurde, setzte das sozialdemokratisch regierte Harburg-Wilhelmsburg nicht nur dem Reichspräsidenten Friedrich Ebert (1871-1925) ein Denkmal. In ihr manifestierte sich auch das Selbstbewusstsein der Großstadt, zu der Harburg durch die Vereinigung mit Wilhelmsburg 1927 aufgestiegen war. Der achteckige Klinkerbau scheint förmlich in Stufen aus dem Vorplatz zu erwachsen, der von zwei sachlich gestalteten Schulgebäuden mit Flachdächern – ehemals eine Oberrealschule und ein Realgymnasium – flankiert wird (heute Friedrich-Ebert-Gymnasium bzw. Staatliche Schule Sozialpädagogik).

L 54 Evangelisch-lutherische Kirche St. Paulus
Alter Postweg 46, Heimfeld
Architekt: Hugo Groothoff
1906/07

Neogotische Saalkirche mit eingezogener polygonaler Apsis und Einturm nach dem Vorbild der Erlöserkirche in Lohbrügge, die ebenfalls von Hugo Groothoff stammt (1898/99, vgl. Nr. M 42). Der Raumeindruck wird durch die hölzerne Spitztonne der Decke und weiße Putzflächen bestimmt, auf denen sich die Backsteinglieder hart abzeichnen. (Die Wandmalereien und die farbigen Glasfenster gingen durch Kriegseinwirkungen verloren.) Von den neogotischen Prinzipalstücken, die von der Firma Leichsenring & Voß stammen, sind der Altar und die Kanzel erhalten. Die neuen Chorfenster hat Helmut Ammann gestaltet (1950).

L 53 Friedrich-Ebert-Halle (Aufnahme um 1930)

L 55.2 Villen Eißendorfer Pferdeweg, Villa Dressler

L 55 Villen Eißendorfer Pferdeweg
L 55.1 Villa Prien
Eißendorfer Pferdeweg 34, Heimfeld
Architekten: Distel & Grubitz
1910

L 55.2 Villa Dressler
Eißendorfer Pferdeweg 38, Heimfeld
Architekt: Heinrich Mahlmann
1912

L 55.3 Villa Palm
Eißendorfer Pferdeweg 40, Heimfeld
Architekt: August Prien & Co. Baugeschäft GmbH
1911

Im Westen Heimfelds, am Fuß der landschaftlich reizvollen Harburger Berge, ließ sich vor dem Ersten Weltkrieg das Harburger Bürgertum nieder. Die Villa des Zahnarztes Kurt Dressler, ein verputzter zweigeschossiger Bau, zitiert mit Fachwerkgiebeln die traditionelle niedersächsische Bauweise. Das Fachwerk der Villa Prien scheint dagegen britischen Landhausvorbildern entlehnt, auch wenn das heimische Krüppelwalmdach derartige Assoziationen konterkariert. Leider hat das Gebäude nicht nur viele ursprüngliche Details wie die Klappläden eingebüßt, sondern auch die Loggia an der Südostecke (die allerdings so geschickt geschlossen wurde, dass der Eingriff nicht auffällt.) Bauherr war der bedeutende Bauunternehmer August Friedrich Prien, der offenbar lieber renommierte Architekten beauftragte als sein eigenes Entwurfsbüro zu bemühen – was nur allzu verständlich wird, wenn man die schematisch gegliederte und wenig elegant proportionierte Villa Palm betrachtet.

L 56 Römisch-katholische Kirche St. Franz-Joseph
Winsener Straße 25, Wilstorf
Architekt: Baugeschäft W. Heuer
1913

Zweischiffige Kirche mit Kreuzgratgewölben, eingezogenem Chor und halbrunder Apsis. Die neobarocken Putzfassaden verweisen auf österreichische und süddeutsche Vorbilder, wobei die Details, z. B. die kantige Turmhaube, bewusst vergröbert wirken. Der Innenraum ist relativ schmucklos. Möglicherweise war eine spätere Erweiterung zur Basilika geplant.

Die **Wohnanlage »Rosentreppe«**, Winsener Straße 45-55, ist ein Entwurf von Paul Ritterbusch (1929-36).

L 57 Harburger Stadtpark
Wilstorf
Architekten: Stadtbauamt Harburg bzw. Harburg-Wilhelmsburg, Ferdinand Georg Hölscher und Ferdinand Hölscher mit Carl Lembke (Bauten)
1913-27; Schulgarten 1929-32

1907 begann die Stadt Harburg mit dem Kauf von Gelände am Außenmühlenteich, um einen »Volkspark« anzulegen, wie er zu dieser Zeit auch in Altona und Hamburg entstand (vgl. Nr. F 45 und J 60). Die Gestaltung des Stadtparks ist das Werk zweier Generationen von Gartenarchitekten, die aus einer Familie stammen. Ferdinand Hölscher, der Sohn von Ferdinand Georg Hölscher und zugleich sein Nachfolger im Stadtbauamt, stieß erst Mitte der 1920er Jahre zu dem Projekt, als die Bauarbeiten nach einer zehnjährigen Pause wieder aufgenommen wurden. Der Park besteht zum größten Teil aus naturbelassenen Gehölzen und Wiesen, in die die gestalteten Bereiche, z. B. eine Freilichtbühne, gleichsam kontrapunktisch eingebettet sind. Die Wege folgen zwanglos der Topografie des hügeligen Areals. Der 8 ha große Schulgarten, ein Alleinentwurf von Ferdinand Hölscher, hebt sich durch Heckenwege und ornamental gestaltete Beete hervor.

L 58 Haus Radicke (Aufnahme um 1930)

L 58 Haus Radicke
Radickestraße 31, Wilstorf
Architekten: Dyrssen & Averhoff
1929/30

Zweigeschossiger kubischer Putzbau. Die eingeschossigen Anbauten für den überdachten Freisitz und den Wohnraum sind mit rotem Klinker verblendet. Mit dem Flachdach, den flächigen Fassaden und den »Dampfermotiven«, z. B. die Bullaugen, variiert der Entwurf das Repertoire des »Neuen Bauens«, das um 1930 bereits konventionelle Züge zeigt. Der halbrunde Vorbau ist ein Zitat der Bauten von Karl Schneider (vgl. Haus Michaelsen, Nr. K 39). Haus Radicke ist innen wie außen weitgehend im Originalzustand erhalten, was es zu einem bedeutenden Beispiel für die Vorkriegsmoderne macht.

L 59 Evangelisch-lutherische Kirche Sinstorf
Sinstorfer Kirchenweg 21, Sinstorf
Architekt: Karl Mohrmann (Instandsetzung)
Um 1200; Chor und Umbau der Kirchenschiffe um 1400; Erweiterung des Chors um 1660; Glockenturm 1690; Giebelreiter 1698; Instandsetzung 1906/07

Hamburgs ältestes Gotteshaus, eine eher unscheinbare Saalkirche mit Satteldach und Giebelreiter, steht auf einem Hügel, der ursprünglich Verteidigungszwecken diente. Ein hölzerner Vorgängerbau ist bereits für das frühe 9. Jahrhundert nachgewiesen. Der frei stehende Glockenturm wurde 1690 als Ersatz für den abgebrochenen runden Westturm errichtet, der direkt an das Kirchenschiff angefügt war. Der neoromanische Vorbau und die Fensterteilungen an der Südseite stammen von der Instandsetzung 1906/07. Die wichtigsten Ausstattungsstücke sind der Altaraufsatz (1619), die Kanzel (1643, 1688 verziert und bemalt) und die 30 Ölbilder an der Empore, die die Apostel und die Propheten des Alten Testaments darstellen (1. Hälfte 17. Jh.). Die Empore wurde 1906 erneuert.

Das wiederholt ergänzte und geflickte Mauerwerk der Fassaden mit dem scheinbar willkürlichen Wechsel von Feldsteinen zu Backsteinen dokumentiert die komplexe Baugeschichte. Der heutige Bau birgt noch Reste einer dreischiffigen Feldsteinkirche mit basilikalem Querschnitt, die in Teilen auf das späte 12. Jahrhundert zurückgeht. Um 1400 wurde das südliche Seitenschiff erhöht und mit dem Mittelschiff zu einem Saal vereinigt, während das nördliche Seitenschiff abgebrochen wurde (vgl. die beiden vermauerten Scheidarkaden an der Nordseite). Außerdem wurde ein eingezogener Chor angefügt, der um 1660 jedoch auf die gleiche Breite und Höhe wie das Kirchenschiff gebracht wurde (was sich an den Spitzbogenblenden im Ostgiebel ablesen lässt, die von dem mittelalterlichen Chor stammen).

L 60 Falkenbergsiedlung
Neugrabener Bahnhofsstraße/Sandheide/Hangheide/Kiefernheide/Südheide u. a., Neugraben-Fischbek
Architekten: Heinrich Fischer. Hergenröder (Ursprungsbauten). Bernhard Dexel (Sanierung)
1943/44; Sanierung 1956-64

Die 330 Einzel- und Doppelhäuser der idyllisch gelegenen Falkenbergsiedlung zählen zu den letzten erhaltenen Beispielen für die zahlreichen Behelfsheime, die während der Kriegsjahre für Ausgebombte errichtet wurden und die heute fast vollständig abgebrochen sind. Dabei handelt es sich um so genannte Plattenhäuser aus Betonplatten und -pfosten, die im KZ Neuengamme vorgefertigt wurden (vgl. die Gedenkstätte Plattenhaus Poppenbüttel, Nr. H 10). Auch beim Bau der Häuser kamen neben Zwangsarbeitern KZ-Häftlinge aus Neuengamme zum Einsatz, deren Lager sich in der Nähe am Falkenbergsweg befand. Bei der Sanierung der Häuser wurde die Wohnfläche – ursprünglich rund 40 qm – durch Anbauten verdoppelt. Die für die Plattenhäuser charakteristischen außenliegenden Stützpfosten verschwanden hinter Holzverschalungen.

L 61 Evangelisch-lutherische Kirche St. Michaelis
Cuxhavener Straße 321, Neugraben-Fischbek
Architekt: Karl Mohrmann
Pastorat 1909; Kirche 1911

Kompakter Backsteinbau mit Kreuzgratgewölbe auf dem Grundriss eines griechischen Kreuzes. Das Kirchenschiff, der asymmetrisch angefügte Turm und das Pastorat bilden eine malerische Baugruppe. Die Blendbogen und Friese sind mit weißen Putzflächen hinterlegt, so dass sie sich effektvoll von den roten Backsteinfassaden abheben. Um 1910 kann der kleinteilige neoromanische Dekor allerdings als überholt gelten, tendierte der Sakralbau doch nun zu einer Vereinfachung und Stilisierung der historischen Vorbilder. Die von Franz Goien geschaffene Innenausstattung ist weitgehend im Originalzustand erhalten.

L 62 Historischer Dorfkern Neugraben
Francoper Straße, Neugraben-Fischbek
17. bis 19. Jahrhundert

Durch den Eisenbahnanschluss 1881 verlagerte sich der Siedlungsschwerpunkt in Neugraben nach Süden, wo-

L 63 Evangelisch-lutherische Kirche St. Pankratius

durch der historische Ortskern einem geringeren Veränderungsdruck unterworfen war und relativ gut erhalten blieb. Bei den meisten Gebäuden handelt es sich um Zweiständerbauten mit reetgedeckten Krüppelwalmdächern, die, wie beim niedersächsischen Hallenhaus üblich, den Wohnbereich und den Stall unter einem Dach vereinen. Das Fachwerk ist hier weniger aufwändig als im Alten Land (vgl. Nr. L 64) und auch die für die Altländer Bauweise typischen Ausfachungen im Zierverband sind nur sporadisch anzutreffen. Der überwiegende Teil der Hufnerhäuser bzw. Katen stammt aus dem 18. Jahrhundert wie Nr. 51 (Kernbau 1770, Wirtschaftsgiebel um 1850), Nr. 52 (1746), Nr. 53 (18. Jh.), Nr. 54 (1726, 1974 durch Umbau stark verändert), Nr. 55 (1747), Nr. 60 (Mitte 18. Jh.) und Nr. 63 (1770). Jünger sind Nr. 57 (1. Hälfte 19. Jh.) und Nr. 84 (um 1800, als Altenteiler zu Nr. 63 gehörig). Das älteste Haus ist Nr. 45 (1610). Von hohem dokumentarischen Wert sind auch die zahlreichen Nebengebäude, z. B. die Scheunen von Nr. 51 (1726 und 1730) und Nr. 54 (1797) oder die Backhäuser von Nr. 51 (1753) und Nr. 63 (18. Jh.).

L 63 Evangelisch-lutherische Kirche St. Pankratius
Organistenweg 7, Neuenfelde
Architekten: Matthias Wedel (Kirche)
Hans Peter Blecken (Turm)
1682-87; Turm 1841

Saalkirche mit dreiseitigem Chorschluss. Die schlichten, nur durch Strebepfeiler gegliederten Fassaden lassen kaum etwas von der reichen Ausstattung erahnen. Die hölzerne Tonnendecke wurde von den Hamburger Malern Hinrich Berichau und Henrich Christopher Wördenhoff mit einem Wolkenhimmel über einer Balustrade ausgemalt. Eher naiv als illusionistisch geraten, dient er als Hintergrund für verschiedene Szenen, z. B. ein Engelskonzert oder das Jüngste Gericht. Spruchbänder mit Bibelversen, die von Engeln gehalten werden, kommentieren und erläutern das Geschehen. Der Taufstein datiert von 1683 (Taufdeckel 1620). Den Kanzelaltar hat Christian Precht geschaffen (1688). Typisch für die Kirchen im Alten Land sind die »Priechen«: kunstvoll verzierte Gehäuse aus Holz, die Sitze umschließen und von einer Familie exklusiv genutzt wurden, wie das »bunte Gestühl« (1729) oder der Kirchenvorsteherstuhl (1731). Außerdem gibt es einen Beichtstuhl (1730), was in einer protestantischen Kirche ungewöhnlich anmutet. Die berühmte Orgel und wohl auch die beiden Logen hinter dem Altar stammen aus der Werkstatt von Arp Schnitger (1688), der in St. Pankratius auch beigesetzt wurde.

Das **Torhaus** am Eingang zum Kirchhof wurde um 1750 errichtet.

L 64 Neuenfelder Bauernhäuser
L 64.1 Hof Quast
Nincoper Straße 45, Neuenfelde
1778

L 64.2 Hof Palm
Stellmacherstraße 9, Neuenfelde
Um 1775

L 64.3 Hufnerhaus
Stellmacherstraße 14, Neuenfelde
1779

L 64.3 Neuenfelder Bauernhäuser, Hufnerhaus Stellmacherstraße 14

L 66 Harenscher Hof (Rathaus Jork)

Das Alte Land ist eine traditionelle Kulturlandschaft in der Elbmarsch, die sich zwischen Francop, 1937/38 nach Hamburg eingemeindet, und dem niedersächsischen Stade erstreckt. Die fruchtbaren Böden und die größere Unabhängigkeit der Bauern – als Ausgleich für die Lasten, die der Deichbau und die Deichpflege mit sich brachten – hatten hier einen breiten Wohlstand zur Folge, der sich in reich ausgestatteten Dorfkirchen und aufwändigen Bauernhäusern manifestierte. Beispielhaft hierfür sind die drei Neuenfelder Hufnerhäuser, deren traditionell weißes Fachwerk mit dem zu Ornamenten gefügten »Buntmauerwerk« der Füllflächen kontrastiert. Geschossweise vorkragende Giebel mit profilierten Knaggen (Konsolen), Schwellen und Füllhölzern bewirken ein kräftiges Fassadenrelief. Eine weitere Besonderheit sind die geschnitzten Brauttüren in den Straßengiebeln, die nur bei besonderen Anlässen wie Hochzeiten oder Beerdigungen benutzt und später häufig durch normale Türen ersetzt wurden. An der Stellmacherstraße 9 und an der Nincoper Straße 45 sind auch noch die hölzernen Prunkpforten erhalten, die trotz der anders lautenden Inschriften wohl beide um 1680 entstanden sind.

Eine dritte **Prunkpforte** steht am Neuenfelder Fährdeich 145 (um 1700).

L 65 Evangelisch-lutherische Kirche St. Nikolai
Große Seite, Jork (Niedersachsen)
Ende 14. Jahrhundert; Erneuerungen 1770-72 und 1875; Glockenturm 1695

Saalkirche mit fünfseitigem Chorschluss. Der in nur einem Meter Abstand zum Kirchenschiff errichtete hölzerne Glockenturm verdeckt die gotischen Spitzbogenblenden im Westgiebel, die diesen als ehemalige Schaufront der Kirche ausweisen. Auch eine Madonna auf der Mondsichel (letztes Viertel 15. Jh.), die Kreuzigungsgruppe über dem Altar (1520) und die Bronzetaufe (um 1325) erinnern noch an den mittelalterlichen Vorgängerbau. Anfang der 1770er Jahre wurde das Kirchenschiff weitgehend erneuert und auch im Innern völlig neu ausgestattet mit einer hölzernen Tonnendecke – Bemalung Friedrich Nikolaus Schnibbe –, einem Kanzelaltar von Paul Spangenberg und Emporen mit »Priechen« (vgl. St. Pankratius, Nr. L 63). Die Orgel wurde wiederholt umgebaut, u. a. 1677 durch Arp Schnitger.

L 66 Harenscher Hof (Rathaus Jork)
Am Gräfengericht 2, Jork (Niedersachsen)
1649-51; Teilabbruch 1963; Umbau und Rekonstruktion 1974-80

Der Harensche Hof (Gräfenhof) wurde als so genanntes Kreuzhaus mit einem zweigeschossigen Wohntrakt und einem rückwärtig anschließendem eingeschossigen Wirtschaftsteil errichtet. Die Innenausstattung entstand um 1780, nachdem das Haus 1778 verkauft worden war. 1971 erwarb die Gemeinde Jork das vom Verfall bedrohte Gebäude und ließ es zum Rathaus umbauen. Dabei wurde der Wirtschaftsteil, der bereits 1963 abgebrochen worden war, wiederhergestellt, wenn auch um zwei Drittel in der Länge gekürzt. Der Wirtschaftsgiebel stammt von einem Bauernhaus von 1823, das ursprünglich am Westerjork 55 stand. Nur der mit Löwen geschmückte Sturzbalken über der Grootdör, der beim Abriss geborgen wurde, ist tatsächlich ein Relikt des ursprünglichen Baus.

Das **Portausche Haus**, An der Bürgerei 7, wurde 1659 errichtet.

L 67 Evangelisch-lutherische Kirche St. Matthias
Am Fleet, Jork (Niedersachsen)
Baubeginn 1664; Fertigstellung 1709; Turm 1685

Backsteinsaal mit dreiseitigem Chorschluss. Der frei stehende Glockenturm besteht aus Holz. Die hölzerne Tonnendecke wölbt sich als blauer Himmel mit goldenen Blechsternen über dem Raum. Der 8 m hohe Barockaltar von Johann Rinck (1710) stellt das Abendmahl, die Kreuzigung, die Grablegung und die Auferstehung Christi dar, umringt von den Evangelisten. Typisch für die Kirchen im Alten Land sind das Kastengestühl (17./18. Jh.) und die »Priechen« der wohlhabenden Gemeindemitglieder (vgl. St. Pankratius, Nr. L 63). Die Kanzel wurde 1664 von der Familie Haren gestiftet. Von der ursprünglichen Orgel, die aus der Werkstatt

L 68 Altstadt Buxtehude, Lange Straße 19 ff.

von Arp Schnitger stammte, sind nur noch der Prospekt (1709) und drei Register erhalten.

Eine vergleichbare Kirche, wenn auch mit bescheidenerer Ausstattung, ist **St. Martini** in Estebrügge (1700).

L 68 Altstadt Buxtehude
Westfleth/Ostfleth/Lange Straße/Fischerstraße/
Breite Straße/Abtstraße/Kirchenstraße u. a., Buxtehude (Niedersachsen)
16. bis 20. Jahrhundert

Buxtehude erhielt 1328 Stadtrecht. Rund 40 Jahre früher wurde mit dem Bau einer Stadtmauer begonnen und der Viver angelegt, ein von der Este gespeistes Staugewässer mit ursprünglich rund 1,5 km Länge, das die Altstadt und den Hafen (Fleth) umschloss. Von der Stadtbefestigung ist nur noch der Marschtorzwinger erhalten (1539), seitdem die Stadtmauer 1683 abgebrochen und ein Teil des Vivers verfüllt wurde. Modernisierungen und der Brand vom 14. August 1911, dem fast der gesamte Häuserblock zwischen der Breiten Straße und der Kirchenstraße mitsamt dem Rathaus (1408) zum Opfer fiel, haben die historische Bausubstanz stark dezimiert. Das neue Rathaus, ein Backsteinbau mit Werksteingliederungen im Renaissance- und Barockstil, hat der Hannoveraner Architekt Alfred Sasse entworfen (1913/14).

An vorindustriellen Profanbauten sind die ehemalige Lateinschule mit Lehrerhaus, Fischerstraße 1 und 2 (1. Hälfte 18. Jh.), das Fuhrmannshaus, Fischerstraße 3 (1553), das Abthaus, Abtstraße 6 (1618-28), und die Bürgerhäuser Kirchenstraße 5 und Lange Straße 19 (1650 bzw. 1548) hervorzuheben. Letzteres erinnert mit einem spätgotischen Stufenportal an die Hansezeit und verfügt über ein gemauertes Kellergewölbe, was für den moorigen Untergrund der Altstadt ungewöhnlich war. Das Buxtehude Museum, Stavenort 2, wurde nach dem Vorbild der historischen Bürgerhäuser errichtet (1912/13). Außerhalb der Innenstadt an der Harburger Straße 6 liegt die ehemalige Baugewerkschule, ein repräsentativer gründerzeitlicher Renaissance-Palazzo mit Sgraffito-Schmuck und überraschend prosaisch anmutenden Fensterrahmen aus Gusseisen (1877).

L 69 Evangelisch-lutherische Kirche St. Petri

L 69 Evangelisch-lutherische Kirche St. Petri
Kirchenstraße, Buxtehude (Niedersachsen)
Architekt: Karl Börgemann (Rekonstruktion)
Vermutl. 1296-1320; Turmspitze 1855; Restaurierung und Rekonstruktion 1898/99

Dreischiffige Basilika mit Einturm und fünfseitigem Chorschluss ohne Nebenapsiden. 1853 brannte die barocke Turmspitze ab und wurde in neogotischen Formen wiederhergestellt. 1898/99 wurden die einsturzgefährdeten Seitenschiffe und der Chor in Anlehnung an den mittelalterlichen Zustand neu errichtet, so dass heute nur noch das Mittelschiff aus dem Mittelalter stammt. Hinsichtlich der kantonierten Rundpfeiler (mit vier aufgelegten Kleeblattdiensten) und der charakteristischen Profilierung der Scheidarkaden gehört St. Petri zur Gruppe der Kirchen um St. Johannis in Lüneburg (vgl. St. Jacobi in Hamburg, Nr. A 60). Abweichend von diesem für den Hamburger Raum maßgeblichen Schema wurde St. Petri aber nicht als Hallenkirche fertiggestellt, sondern als Basilika mit einem Obergaden nach dem Vorbild von St. Marien in Lübeck. Ein Kruzifix (1470) und Teile des Chorgestühls (um 1400) gehören zu den Relikten der mittelalterlichen Ausstattung. Der Halepaghen-Altar von Wilm Dedeke mit der Passionsgeschichte Christi (um 1510), der Hauptaltar von Hans Hinrich Römers (1710), das silberne Altarkruzifix (um 1680) und die Kanzel (1674) stammen aus Hamburger Werkstätten.

L 70 Freilichtmuseum am Kiekeberg
Am Kiekeberg, Rosengarten (Niedersachsen)
16. bis 20. Jahrhundert

L 71 Kunststätte Bossard, der »Kunsttempel«

Das Freilichtmuseum, 1953 als Außenstelle des Helms-Museums in Harburg eröffnet, wurde 1987 von Hamburg an den Landkreis Harburg übergeben. Ausgangspunkt der Anlage, die mittlerweile 30 historische Gebäude auf einem Gelände von 12 ha umfasst, war ein Heidehof mit typischen Nebengebäuden, z. B. einem Honigspeicher. Seit 1987 wird auch das bäuerliche Leben in der Winsener Marsch dokumentiert. Ergänzt wird das bedeutende Ensemble durch eine kultur- und technikgeschichtliche Sammlung, die auch Themen wie die Elektrifizierung der ländlichen Haushalte berührt. Nähere Informationen über die Gebäude und ihre Ausstattung sollten den Erläuterungen vor Ort oder dem Museumsführer entnommen werden.

L 71 Kunststätte Bossard
Bossardweg 95, Jesteburg (Niedersachsen)
1912-50

Bizarres expressionistisches Gesamtkunstwerk aus Klinkerbauten, Skulpturen und Malereien, das der Künstler Johann Michael Bossard (1874-1950), von 1907 bis 1944 Lehrer an der Staatlichen Kunstgewerbeschule in Hamburg, mit seiner Frau Jutta Bossard-Krull (1903-96) geschaffen hat. Kern der Anlage ist das Wohn- und Atelierhaus, ein bodenständiger Krüppelwalmdachbau von 1911, den Bossard nach seiner Rückkehr aus dem Ersten Weltkrieg flächendeckend ausmalte (u a. Edda-Saal und Eros-Saal). Die Arbeiten am »Kunsttempel« begannen im Jahr der Hochzeit 1926. Auch hier wurde das Künstlerpaar bei der Ausschmückung geradezu von einem Horror vacui beherrscht, so dass fast alle Fassaden mit kleinen Reliefs und Figuren aus Terrakotta bedeckt sind, während die Innenwände hinter großen Bilderzyklen verschwinden, die sich austauschen lassen. Seit 1997 gehört die Kunststätte als Außenstelle zum Freilichtmuseum am Kiekeberg und ist öffentlich zugänglich.

L 72 Leuchtturm Neuwerk
Neuwerk
1300-1310; Wiederaufbau 1376-79;
Dach und Lampenraum 1892

Schmuckloser Backsteinturm mit Kupferdach, das mit einem Lampenraum bekrönt ist. 1299 erhielt Hamburg das Recht, auf der Insel Neuwerk, die vor Cuxhaven in der Elbmündung liegt, einen festungsartigen Turm als Seezeichen und zur Sicherung der Schifffahrt zu errichten. Erst seit 1814 wird er auch als Leuchtturm genutzt. Der heutige Bau stammt zum größten Teil wohl von 1376 bis 1379, als er nach einem Brand wiederaufgebaut wurde. Aufgrund des Groß-Hamburg-Gesetzes von 1937 wurde Neuwerk zunächst preußisch. Durch einen Staatsvertrag mit Niedersachsen konnte Hamburg die Insel 1969 mitsamt dem umliegenden Wattgebiet und der Vogelinsel Scharhörn zurückgewinnen.

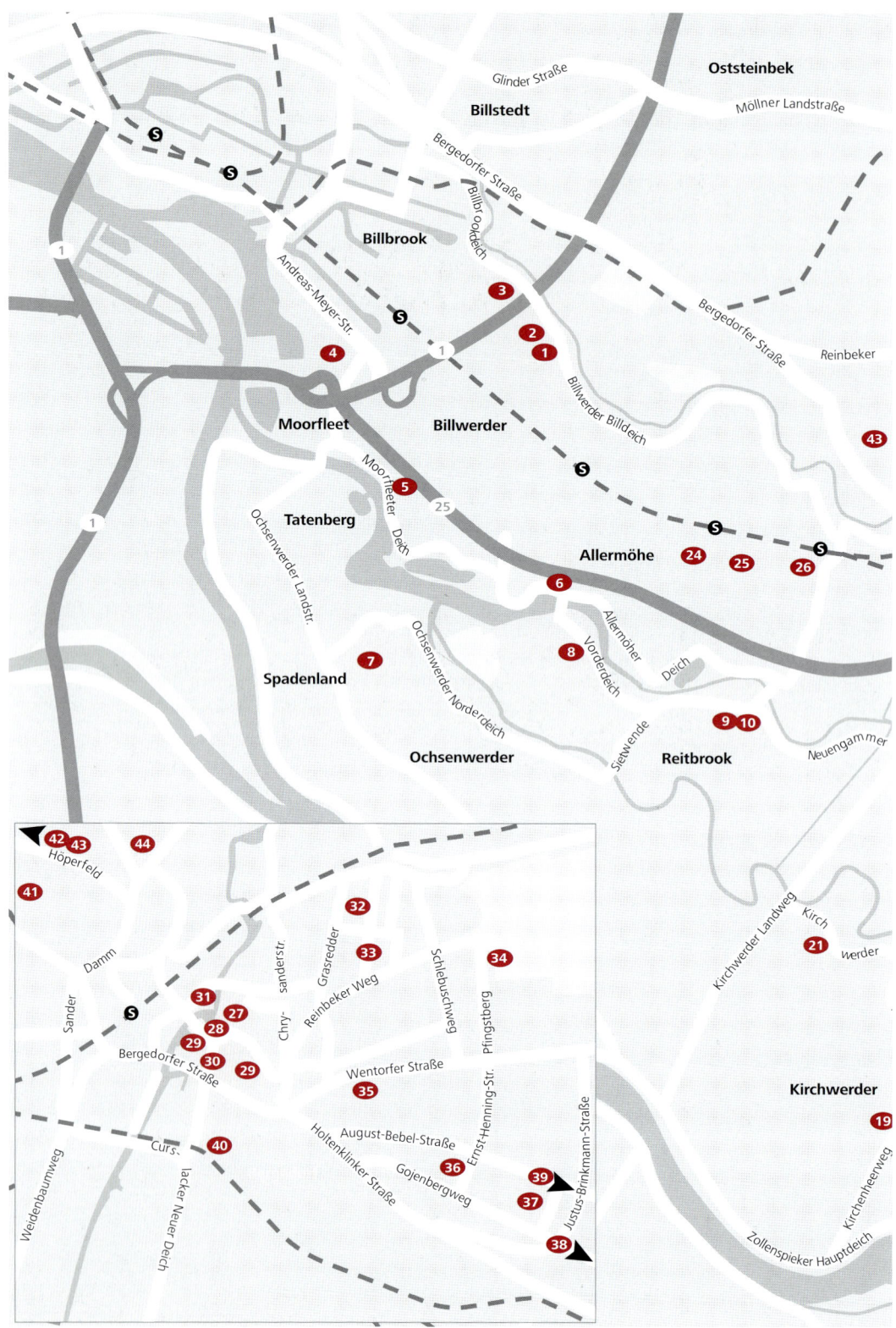

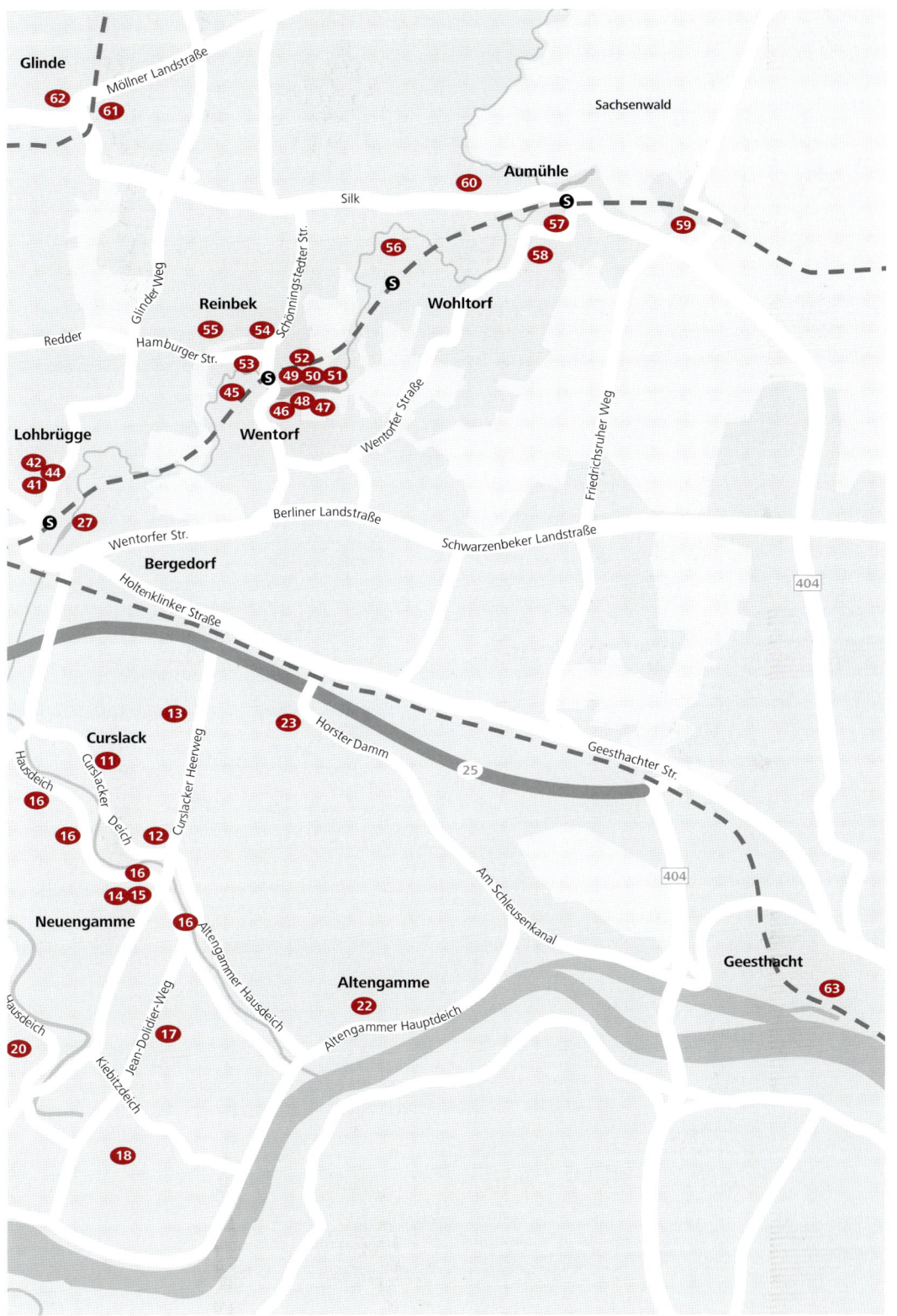

M Die Vier- und Marschlande, Bergedorf, Lohbrügge, Billegemeinden, Glinde und Geesthacht

M 28, M 29.1 Evangelisch-lutherische Kirche St. Petri und Pauli/Bergedorf und ehem. Gasthof »Stadt Hamburg« (vorne)

M 1 Evangelisch-lutherische Kirche St. Nikolai/Billwerder

M Die Vier- und Marschlande, Bergedorf, Lohbrügge, Billegemeinden, Glinde und Geesthacht

Die Marschlande umfassen Allermöhe, Billwerder, Moorfleet, Ochsenwerder, Reitbrook, Spadenland und Tatenberg. Als Vierlande werden Altengamme, Curslack, Kirchwerder und Neuengamme bezeichnet. Diese territoriale Unterscheidung hat historische Ursachen, denn das Gebiet wurde nach dem Sieg über die Dänen 1227 unter Graf Adolf IV. von Schauenburg und Herzog Albrecht I. von Sachsen aufgeteilt. (Letzterer erhielt die Vierlande und Bergedorf.) Hamburg trat erst 1395 auf den Plan, als es den größten Teil der Marschlande durch Kauf bzw. Pfändung in seinen Besitz brachte. 1420 eroberten Hamburg und Lübeck Bergedorf, Geesthacht und die Vierlande, die dann fast 450 Jahre lang von beiden Städten gemeinsam verwaltet wurden, bis Lübeck seine Rechte 1868 durch einen Verkauf seines Anteils an Hamburg abtrat.

Die fruchtbaren, immer noch weitgehend ländlich geprägten Marschgebiete im Weichbild der Bille, der Gose-Elbe und der Dove-Elbe wurden vermutlich ab den 1180er Jahren eingedeicht. Sie galten lange Zeit als Kornkammer Hamburgs. Zum »Küchengarten« wurden sie erst ab der Mitte des 18. Jahrhundert, als immer mehr Kätner ein Auskommen im Anbau von Obst und Gemüse suchten. Die Baukultur spiegelt den bäuerlichen Wohlstand wider, insbesondere die prachtvolle Ausstattung der Kirchen. Außerdem entwickelten sich die Marschlande im 17. Jahrhundert zu einem bevorzugten Landhausgebiet des Hamburger Bürgertums. Heute wird diese einzigartige Kulturlandschaft allerdings durch Großsiedlungen, Gewerbegebiete und gleich zwei Autobahnen beeinträchtigt, von denen eine das rund 130 qkm große Gebiet in ostwestlicher Richtung durchschneidet.

Bergedorf, 1162 erstmalig erwähnt und seit 1275 Stadt, büßte erst durch das Groß-Hamburg-Gesetz von 1937 seine kommunale Selbstständigkeit ein, die seinen Sonderstatus im Stadtstaat Hamburg charakterisiert hatte. Lohbrügge gehörte dagegen ursprünglich zu Preußen und wurde 1937/38 eingemeindet – quasi im Tausch mit der Exklave Geesthacht, die gleichzeitig preußisch wurde. Bergedorf und die preußischen Gemeinden Wentorf, Reinbek, Wohltorf und Aumühle profitierten nicht nur von ihrer Lage an der Eisenbahnstrecke nach Berlin, sondern auch von der reizvollen Landschaft am Mittellauf der Bille, die selbst großbürgerliche Bauherren anzog. Reinbek, das seit 1952 Stadt ist, ging um 1240 aus einem Zisterzienserinnenkloster hervor. Auch Glinde und die Billegemeinden Wentorf, Wohltorf und Aumühle waren Klosterbesitz.

M 1 Evangelisch-lutherische Kirche St. Nikolai
Billwerder Billdeich 140, Billwerder
Architekten: Johann Nicolaus Kuhn (Ursprungsbau)
Fernando Lorenzen (Wiederaufbau)
1737-39; Turm 1884; Zerstörung 1911; Wiederaufbau 1911-13

Backsteinsaal mit hölzerner Tonnendecke und fünfseitigem Chorschluss. Das Gebäude wurde bei einem Brand 1911 bis auf die Umfassungsmauern zerstört. Beim Wiederaufbau orientierte sich Fernando Lorenzen am ursprünglichen Zustand, wobei der neobarocke Turm von 1884 erhalten blieb. Von der ursprünglichen Ausstattung ist die Taufschale von Christoph Gruber erhalten (1740), der auch die Skulptur des St. Nikolaus über dem Eingang geschaffen hat.

M 2 Predigerwitwenhaus
Billwerder Billdeich 96, Billwerder
2. Hälfte 17. Jahrhundert; Anbau 2. Hälfte 18. Jahrhundert

Das massive zweigeschossige Gebäude mit Zeltdach und eingeschossigem Anbau stellt eines der letzten Beispiele für die einstmals zahlreichen Landhäuser wohlhabender Bürger in Billwerder dar. Die wie Pilaster anmutenden Backsteinvorlagen und das »Kranzgesims« der profilierten Balkenköpfe unter der Dachtraufe illustrieren den Einfluss des niederländischen Barock auf die Hamburger Architektur des 17. Jahrhunderts. Ab 1850 fanden hier die Witwen der Pastoren von St. Nikolai eine Unterkunft.

M 3 Glockenhaus
Billwerder Billdeich 72, Billwerder
Kernbau um 1600; Erweiterung 1779-85;
Wirtschaftstrakt um 1910; Restaurierung 1972-83

Zweigeschossiger Fachwerkbau mit Walmdach und Zwerchhäusern, dessen Kern aus weitaus älteren

M 3 Glockenhaus

M 5 Landhaus Moorfleet

Gerüstteilen besteht. Seinen Namen verdankt das Gebäude dem zierlichen Dachreiter mit der Glocke. Der rückwärtige Wirtschaftstrakt brannte 1909 ab und wurde durch einen Neubau ersetzt. Die Wand- und Deckenmalereien in den Innenräumen, die aus unterschiedlichen Epochen stammen, wurden großflächig nach Befunden ergänzt und sind somit ebenso wenig authentisch wie die unter großen Substanzverlusten erneuerten Fassaden. Das vielleicht zu geschönte Bild eines Landhauses aus dem 18. Jahrhundert wird durch die Nachschöpfung eines Barockgartens abgerundet. Seit 1984 dient der Bau als Deutsches Maler- und Lackierermuseum.

M 4 Evangelisch-lutherische Kirche St. Nikolai
Moorfleeter Kirchenweg, Moorfleet
Architekten: Lorenz Dohmsen (Ursprungsbau)
Hugo Groothoff (Instandsetzung)
1680/81; Turm 1884/85; Instandsetzung 1903;
Restaurierung 1962-72

Typische Saalkirche der Vier- und Marschlande in Fachwerk mit fünfseitigem Chorschluss, hölzerner Tonnendecke und einem Kastengesims (vgl. die Dreieinigkeitskirche in Allermöhe, Nr. M 6). Der neogotische Backsteinturm wirkt wie ein Fremdkörper, zumal die gotisierenden Überformungen des Kirchenschiffs bei den späteren Baumaßnahmen wieder rückgängig gemacht wurden. Der Kanzelkorb (1621/22) und das Juratengestühl (1625) von Hein Baxmann stammen noch aus dem Vorgängerbau. Der Altar (1688) und der Taufdeckel (1689) sind Arbeiten von Valentin Preuß. (Die Taufe selbst ging verloren.) Auch der Altar und der Kanzelkorb sind unvollständig überliefert, da sie 1843 zu einem Kanzelaltar zusammengefügt und in den 1960er Jahren wieder getrennt wurden. Erwähnenswert sind ferner der Orgelprospekt von Jürgen Riege (1684), die 16 Emporenbilder von Martin Conrad (1720) und der für eine evangelische Kirche ungewöhnlich anmutende Beichtstuhl (1769).

M 4.1 Pastorat
Moorfleeter Kirchenweg 64
1741/42

Gebäudekomplex in Fachwerkbauweise, z. T. nachträglich massiv erneuert. Das Pastorat ist eines der letzten Beispiele in den Vier- und Marschlanden für ein so genanntes Kreuzhaus, d. h. an ein zweigeschossiges Vorderhaus, das ausschließlich zum Wohnen diente, schließt rückwärtig ein eingeschossiger Wirtschaftsteil an (vgl. den Fährhof Odemann, Nr. M 10).

M 5 Landhaus Moorfleet
Moorfleeter Deich 359, Moorfleet
Kernbau 1660; Landhaus um 1683; Restaurierung 1980

Wie beim Glockenhaus (vgl. Nr. M 3) wurde das zweigeschossige Landhaus an ein älteres Hufnerhaus angebaut – in Teilen von 1660 stammend –, das weiterhin landwirtschaftlichen Zwecken diente. Im Obergeschoss ist der Festsaal mit Grisaille-Malereien aus dem späten 17. Jahrhundert (Scheinarchitekturen und Szenen mit Amor und Psyche) erhalten. Bei der Restaurierung wurden die großzügig durchfensterten Fachwerkfassaden wiederhergestellt.

M 6 Evangelisch-lutherische Dreieinigkeitskirche
Allermöher Deich 97, Allermöhe
Architekten: Simon Lange (Ursprungsbau)
Hugo Groothoff (Instandsetzung)
1611-14; Erneuerungen 1723-25 und 1750;
Instandsetzung 1900/01

Fachwerksaal mit hölzerner Tonnendecke und fünfseitigem Chorschluss. Auffällig ist das wuchtige Kastengesims. Der gedrungene hölzerne Glockenturm stammt noch von einem Vorgängerbau. 1750 wurde die Südwand erneuert. Leider fiel die ursprüngliche Ausstattung, die während der Instandsetzung 1900/01 im Pastorat ausgelagert war, einem Brand zum Opfer. Nur der Altar von Hein Baxmann (1613/14), der in der Kirche verblieben war, ist erhalten. Die Kanzel und das Gestühl wurden unter Einbeziehung einiger geborgener Reste dem ursprünglichen Bestand nachempfunden. Durch den Bau der Großsiedlung Neuallermöhe-West hat sich der Siedlungsschwerpunkt in Allermöhe in den 1990er Jahren verlagert (vgl. Nr. M 24f.)

M 6 Evangelisch-lutherische Dreieinigkeitskirche/Allermöhe

M 11 Rieckhaus

M 7 Evangelisch-lutherische Kirche St. Pankratius
Alter Kirchdeich, Ochsenwerder
Architekten: Johann Leonhard Prey (Turm und Giebel)
Julius Faulwasser (Instandsetzung 1910/11)
Hans Philipp (Instandsetzung 1958-62)
1673/74; Turm und Giebel 1739-41;
Instandsetzungen 1910/11 und 1958-62

Saalkirche in massiver Bauweise mit hölzerner Tonnendecke und fünfseitigem Chorschluss. Das heutige Erscheinungsbild ist das Ergebnis zweier Instandsetzungen: 1910/11 wurden die Fachwerkanbauten an der Nord- und Südseite entfernt; 1958 bis 1962 musste das Außenmauerwerk einschließlich der Strebepfeiler komplett erneuert werden. Die wertvollsten Ausstattungsstücke sind der Altar von Hein Baxmann (1632/33), die Kanzel, die ebenfalls der Werkstatt von Baxmann zugeschrieben wird (1640), der Taufstein (1702) und die Orgel von Arp Schnitger (1707/08).

M 7.1 Pastorat
Alter Kirchdeich 8
Kernbau 1634; Umbau und Erweiterung 1742;
Teilzerstörung 1943

Der zweigeschossige Fachwerkbau mit Walmdach und Dachhäuschen ist das älteste erhaltene Pastorat in den Vier- und Marschlanden. Bei einem Luftangriff wurde der rückwärtige Wirtschaftsteil zerstört (vgl. das Pastorat von St. Nikolai in Moorfleet, Nr. M 4.1).

M 8 Hof Odemann
Vorderdeich 275, Reitbrook
Architekt: Bruno Wieck
1942/43

Wiederaufbau eines vermutlich kriegszerstörten Bauernhauses durch Bruno Wieck, der vor dem Ersten Weltkrieg ein wichtiger Vertreter des Heimatstils war (vgl. Haus Lehmann, Nr. M 33.2.1). Mit roten Backsteinfassaden, reetgedeckten Krüppelwalmdächern, Sprossenfenstern und Klappläden ordnete sich der Entwurf der traditionellen Architektur der Vier- und Marschlande unter. Im Unterschied zu dem bis dahin üblichen Hallenhaus, das alle Funktionen unter einem Dach vereinigte, wurden das Haupthaus und der Wirtschaftsteil hier nur durch einen kleinen Zwischenbau verbunden – was als hygienischer Fortschritt begrüßt wurde.

M 9 Windmühle Reitbrook
Vorderdeich 11, Reitbrook
1870

Typische Galerie-Holländermühle mit einem massiven Unterbau und einem hölzernen Dach, ursprünglich mit Schindeln gedeckt, bei dem nur die Kappe mit dem Windrad beweglich gelagert ist (im Unterschied zu Mühlen, bei denen das ganze Dach oder sogar der gesamte Bau gedreht werden kann). Dieser Bautyp erlaubte größere Windräder mit einer entsprechend höheren Leistung. Von der Galerie aus wurden die Flügel nach dem Wind ausgerichtet. Das unscheinbare Müllerhaus, Vorderdeich 9, war das Geburtshaus von Alfred Lichtwark (1852-1914), dem späteren Direktor der Hamburger Kunsthalle, dessen Vater die Reitbrooker Mühle 1837 übernommen hatte.

Zwei vom Typ her vergleichbare **Windmühlen** sind am Kirchwerder Mühlendamm 75 (1830) und am Altengammer Hauptdeich 130 (1876) erhalten (letztere ohne Flügel).

M 10 Fährhof Odemann
Vorderdeich 5, Reitbrook
Architekt: Simon Lange
1605

Der Fährhof ist eines der letzten Beispiele in den Vier- und Marschlanden für ein Kreuz- oder T-Haus, d. h. an ein zweigeschossiges Wohngebäude ist ein eingeschossiger Wirtschaftsteil angefügt, der oftmals mitsamt dem dazugehörigen Land verpachtet wurde. Diese Lösung bot sich überall dort an, wo eine bäuerliche Wirtschaft mit einer Sondernutzung wie einem Pastorat, einer Fährstelle oder einem Landhaus verbunden wurde. Spuren deuten darauf hin, dass das Fachwerk ursprünglich sehr viel aufwändiger war und, wie noch an den Eckständern erhalten, Fußbänder aufwies. Auch die Gefache sind nicht, wie zu dieser Zeit eigentlich vorauszusetzen, im Zierverband ausgemauert.

M 12 Evangelisch-lutherische Kirche St. Johannis/Curslack

M 11 Rieckhaus
Curslacker Deich 284, Curslack
Kernbau 1533; Wohnteil 1663; Restaurierung 1948-54

Das besonders schöne Hufnerhaus, das zugleich das älteste erhaltene Bauernhaus der Vier- und Marschlande ist, kann seit 1954 als Außenstelle des Altonaer Museums besichtigt werden. Die Andreaskreuze und die viertelkreisförmigen Fußbänder am Wohngiebel deuten vermutlich auf mittel- und süddeutsche Vorbilder hin. Typisch norddeutsch sind dagegen die im Zierverband ausgemauerten Gefache. Eine Scheune (1663), ein Heuberg – ursprünglich zur offenen Lagerung von Getreide, später für Heu genutzt – und eine aus Ochsenwerder hierher translozierte Entwässerungsmühle (um 1800) ergänzen das Freilichtmuseum. Letztere trieb eine archimedische Schraube an, wie sie 1780 auf Initiative der Patriotischen Gesellschaft in den Vier- und Marschlanden eingeführt wurde.

Das Rieckhaus ist ein typisches Vierländer Fachhallenhaus in Zweiständerbauweise, d. h. mit zwei innenliegenden Ständerreihen, die das Dach tragen. Die Längsdiele mit den Kübbungen (Stallabseiten), das Flett (die quer dazu liegende Wohndiele mit der Kochstelle) und das Kammerfach (der Wohnteil) mit den Dönsen (Stuben) sind unter einem Dach vereint. Charakteristisch ist die Aufteilung des Kammerfachs in die »Grootdöns« für die Bauernfamilie und die »Lüttdöns« für den Altenteiler. Dazwischen liegt ein Flur, der Deichgang, der zur heute vermauerten Deichtür führt. Der Rauch zog bis weit in das 19. Jahrhundert hinein ohne Schornstein aus dem Herd ab. Um wenigstens den Wohnbereich rauchfrei zu halten, wurden die Bilegger (Öfen) in den Stuben vom Flett aus befeuert.

M 12 Evangelisch-lutherische Kirche St. Johannis
Curslacker Deich 142, Curslack
1599-1603; Turmhaube 1761; Umbau und Erweiterung 1801/02; Instandsetzungen 1903 und 1979-81

Der Fachwerksaal mit dreiseitigem Chorschluss wurde 1801/02 um zwei Querarme erweitert, so dass ein kreuzförmiger Grundriss entstand. Der frei stehende hölzerne Glockenturm erhielt 1761 eine neue Haube. An Ausstattungsstücken sind die Kanzel (1599, Kanzelfuß im 18. Jahrhundert erneuert), die kleine Orgel (1621/22) und der Beichtstuhl (1775) hervorzuheben. 55 schmiedeeiserne Hutständer, verziert mit Monogrammen, Figuren und Blüten (18. und 19. Jh.), markieren die Sitzbänke der Männer. Der Altaraufsatz wurde aus den geborgenen Fragmenten des Altars der 1944 zerstörten Dreifaltigkeitskirche in Harburg zusammengesetzt (1689, weitere Teile befinden sich in der Kreuzkirche in Wilhelmsburg, vgl. Nr. L 32).

Die Kirche bildet ein stimmungsvolles Ensemble mit den **Katen** Tönerweg 2 (1802) und Curslacker Deich 144 (1. Hälfte 19. Jh.).

M 13 Enteisungswerk
Curslacker Heerweg 137, Curslack
Architekt: Hans M. Loop
1928

Langgestreckter Klinkerbau mit einem überhöhten Eingangsrisalit. Die expressive Gliederung der Fassaden

M 14 Evangelisch-lutherische Kirche St. Johannis/Neuengamme

M 16.1 Neuengammer Bauernhäuser des 16. und 17. Jahrhunderts, Kate Neuengammer Hausdeich

durch scheibenartige Vorlagen macht die Konstruktionsachsen des Stahlbetonskeletts ablesbar. Das Enteisungswerk des Grundwasserwerks Curslack gehört zu einem Wasserschutzgebiet, das sich zwischen Curslacker Neuer Deich und Altengamme-Borghorst erstreckt und der Hamburger Wasserversorgung dient. Von Loop stammen auch die übrigen Gebäude des Wasserwerks.

M 14 Evangelisch-lutherische Kirche St. Johannis
Feldstegel, Neuengamme
Architekten: Sandtmann & Grundmann (Umgestaltung Innenraum)
Kernbau 13. Jahrhundert; Chor vermutl. 14. Jahrhundert;
Brauthaus 1619; Glockenturm 1750;
Erneuerung und Erweiterung 1801-03;
Umgestaltung Innenraum 1956-59

Saalkirche mit fünfseitigem Chorschluss, hölzerner Tonnendecke und frei stehendem Turm. Von dem Feldsteinbau des 13. Jahrhunderts, 1261 erstmalig erwähnt, sind noch Reste in den Längswänden erhalten. Der gotische Chor wurde in Backstein errichtet. Bis 1803 wurde die Kirche nach Westen erweitert und im Innern neugestaltet. Hiervon sind nur noch Relikte erhalten, denn in den 1950er Jahren wurden die klassizistischen Emporen mitsamt dem Altar aus dem Chor entfernt, um den ursprünglichen Raumcharakter wiederzugewinnen. An Ausstattungsstücken ist vor allem das mit Intarsien geschmückte Gestühl bemerkenswert (17. und 18. Jh.), das an den Männerbänken bizarr geformte schmiedeeiserne Hutständer aufweist. Der neue Altartisch stammt von Klaus-Jürgen Luckey.

M 14.1 Pastorat
Feldstegel 18, Neuengamme
Architekt: Wilhelm Matthies
1906

Backsteinbau mit Krüppelwalmdach und einem breiten Fachwerkgiebel, der Motive der historischen Vierländer Bauernhäuser zitiert. Das Gebäude ist somit beispielhaft für den »Neu-Vierländer-Stil«, den die Heimatschutzbewegung propagierte (vgl. das Pastorat von St. Nikolai in Altengamme, Nr. M 22.1).

M 15 Hufnerhaus Neuengammer Hausdeich
Neuengammer Hausdeich 245, Neuengamme
Kernbau um 1585; Außenfachwerk 1828

Stattlicher Bau mit vergleichsweise schlichten, hinsichtlich ihrer seriellen Struktur dafür aber umso wirkungsvolleren Fachwerkfassaden. Die Tendenz zur Vereinfachung zeigt sich auch im flachen Fassadenprofil; auf vorkragende Giebelabschnitte wird im 19. Jahrhundert in der Regel verzichtet. Das Innengerüst stammt in Teilen noch aus dem 16. Jahrhundert. Die zu dem Haus gehörende **Längsdielenscheune** (1598) ist eine der ältesten erhaltenen Scheunen der Vier- und Marschlande.

M 16 Neuengammer Bauernhäuser des 16. und 17. Jahrhunderts
M 16.1 Kate
Neuengammer Hausdeich 254, Neuengamme
Mitte 16. Jahrhundert; Außenfachwerk 1653
M 16.2 Hufnerhaus
Neuengammer Hausdeich 343, Neuengamme
1626
M 16.3 Hufnerhaus
Neuengammer Hausdeich 413, Neuengamme
Kernbau um 1559; Wohngiebel Anfang 17. Jahrhundert;
Hofgiebel und Seitenwände 1900
M 16.4 Kate
Zwischen den Zäunen 17, Neuengamme
Wohngiebel um 1660; Wirtschaftsgiebel 19. Jahrhundert

Die reich gegliederten Giebel und die in Zierverbänden ausgemauerten Gefache machen die vier Gebäude beispielhaft für die aufwändige Vierländer Architektur des 17. Jahrhunderts. Dabei ist auch bemerkenswert, dass sich die Häuser der Kleinbauern (Kätner) hinsichtlich des gestalterischen Aufwands kaum von denjenigen der Vollbauern (Hufner) unterscheiden. (Nur die Dimensionen waren unterschiedlich, wenn auch bei vergleichbarer Innenaufteilung, vgl. das Rieckhaus Nr. M 11). Auffällig sind die Andreaskreuze im Fachwerk der Hufnerhäuser: ein Motiv, das heute ansonsten nur noch am Rieckhaus auftaucht, aber ursprünglich wohl typisch für eine ganze Generation von Bauernhäusern war.

M 17 KZ-Gedenkstätte Neuengamme, Klinkerwerk

M 17 KZ-Gedenkstätte Neuengamme, ehem. Häftlingslager. Die Gabionen markieren die ursprüngliche Lage der Baracken.

M 17 KZ-Gedenkstätte Neuengamme
Jean-Dolidier-Weg, Neuengamme
Architekten: Meyer Schramm Bontrup Landschaftsarchitekten (Gestaltung des Lagergeländes)
1940-44; Gestaltung des Lagergeländes 2002-04

Nur wenige Gebäude sind heute noch von dem Konzentrationslager erhalten, das 1938 als Außenstelle des KZs Sachsenhausen in einer stillgelegten Ziegelei eingerichtet wurde. 1940 begann der systematische Ausbau der Lagereinrichtungen. Rund 106.000 Menschen waren bis Kriegsende im Stammlager Neuengamme und in den norddeutschen Außenlagern inhaftiert, von denen gut die Hälfte die Haftbedingungen nicht überlebte oder ermordet wurde. Während die skandinavischen Häftlinge im März und April 1945 in ihre Heimatländer zurückkehren durften, wurden die übrigen Insassen auf »Todesmärsche« in andere Lager geschickt oder auf Schiffen eingesperrt, die schutzlos in der Lübecker Bucht lagen. Das zynische Kalkül ging auf. Etwa 7.000 Häftlinge kamen am 3. Mai 1945 durch einen Angriff der Royal Air Force auf die Cap Arkona und die Thielbek ums Leben.

Die Einfamilienhäuser am Klinkerweg wurde von den Wachleuten und ihren Familien bewohnt. Das anschließende Gelände der Gedenkstätte (vgl. Nr. M 17.1) war die Lagergärtnerei. Dort wurde mit der Asche aus dem Krematorium gedüngt! Im ehemaligen Klinkerwerk, Jean-Dolidier-Weg 43, der SS-eigenen Deutschen Erd- und Steinewerke GmbH sollten die Ziegel für die Umgestaltung Hamburgs zur »Führerstadt« unter Konstanty Gutschow hergestellt werden. Nach den schweren Luftangriffen im Sommer 1943 wurden außerdem Betonteile für Behelfsheime, die so genannten Plattenhäuser, produziert (vgl. die Gedenkstätte Plattenhaus Poppenbüttel, Nr. H 10). Die harte Arbeit in den Tongruben und beim Bau eines Stichkanals zur Dove-Elbe zählte zu den »Todeskommandos«. Eine besonders sadistische Schikane bestand darin, die Häftlinge mit den Tonloren die Rampe des Klinkerwerks hinaufzutreiben.

Südlich des Klinkerwerks schloss die SS-Kaserne an, von der außer dem Wirtschaftsgebäude und Garagen nur noch ein Pförtnerhaus mit Wachturm erhalten ist: schlichte, traditionalistisch gefärbte Klinkerarchitekturen wie auch der übrige Bestand. Das Barackenlager für die Häftlinge wurde 1943/44 mit den beiden Klinkerbauten Jean-Dolidier-Weg 75 abgeschirmt, die ebenfalls als Häftlingsunterkünfte dienten. Steinpackungen aus Abbruchmaterial, so genannte Gabionen, verdeutlichen heute die Lage der Baracken und der Wachtürme, die Ende der 1940er Jahre abgeräumt wurden. Auch der Verlauf der Zäune wurde markiert. Im Südosten des Geländes liegen die Werkshallen, in denen die Häftlinge Zwangsarbeit für die Waffenfabrik Carl Walther leisteten. Etwas abseits standen in diesem Bereich ursprünglich auch das Krematorium und der Arrestbunker, der zugleich als Hinrichtungsstätte diente. Dort wurde auch mit Zyklon-B vergast.

M 17.1 Mahnmal
Architekt: Hochbauamt, Hans-Dietrich Gropp
1964, 1965

Das Mahnmal wurde auf Initiative der »Amicale de Neuengamme«, einer Organisation ehemaliger Häftlinge des Konzentrationslagers, errichtet – obwohl sich der Senat unter Verweis auf das bereits bestehende Mahnmal auf dem Ohlsdorfer Friedhof (vgl. Nr. I 26.4) zunächst abwehrend gegenüber diesem Anliegen verhalten hatte. Zwei im rechten Winkel angeordnete Natursteinmauern grenzen eine Rasenfläche aus. Davor liegen 18 Granittafeln, auf denen die Herkunftsländer der Häftlinge verzeichnet sind. Die 20 m hohe Betonstele soll den Schornstein des Krematoriums symbolisieren. Aussagekraft erhält das abstrakte Geviert jedoch nur durch die expressive Bronzeplastik eines sterbenden Häftlings, die von der französischen Bildhauerin Françoise Salmon, einer Überlebenden des Vernichtungslagers Auschwitz, stammt.

Das ehemalige **Dokumentationszentrum** von Bunsmann + Scharf (1980/81) wurde 1995 zum »Haus des Gedenkens« umgestaltet. Die Dauerausstellung zur Geschichte des KZs Neuengamme ist heute in einem der beiden ehemaligen Häftlingsgebäude am Jean-Dolidier-Weg 75 untergebracht.

M 22 Evangelisch-lutherische Kirche St. Nikolai/Altengamme

M 18 Hof Eggers
Kirchwerder Mühlendamm 5, Kirchwerder
Turmspeicher um 1535; Längsdielenscheune 1631;
Fachwerkscheune um 1820; Haupthaus 1834

Der Hufnerhof, 500 Meter abseits der Straße gelegen, ist eines der besterhaltenen historischen Anwesen in den Vier- und Marschlanden. Dabei ist nicht nur die bauliche Struktur selbst von hohem dokumentarischen Wert, die Gebäude stammen auch noch aus unterschiedlichen Epochen wie der Turmspeicher von 1535, der zur Getreidelagerung diente und der älteste überlieferte Bau dieser Art in Hamburg überhaupt ist. Das Fachwerk des Haupthauses zeigt die für das 19. Jahrhundert typische Vereinfachung mit einem eleganten Bogenwalm über dem Wirtschaftsgiebel. Auch durch den Verzicht auf die heute übliche Versiegelung der Oberflächen vermittelt sich der authentische Eindruck eines Agrarbetriebs zu Beginn des 19. Jahrhunderts.

M 19 Evangelisch-lutherische Kirche St. Severin
Kirchenheerweg 6, Kirchwerder
Kernbau 13. Jahrhundert; Brauthaus 1649/50; Turmhaube 1771; Umbau und südliches Querhaus 1785-91

Saalkirche mit fünfseitigem Chorschluss, in deren wiederholt erneuerten Backsteinmauern noch Reste eines mittelalterlichen Feldsteinbaus erhalten sind. Beim Umbau 1785 bis 1791 wurde die Kirche an der Südseite um ein Querhaus erweitert und mit einem hölzernen Tonnengewölbe statt der bisherigen flachen Decke versehen, so dass sich St. Severin auch in dieser Hinsicht dem Sakralbauschema in den Vier- und Marschlanden unterordnet. Die Ausstattung stammt im Wesentlichen aus dem späten 18. Jahrhundert sowie von 1806 (Kanzel und Taufe). Ein Relikt aus früheren Zeiten ist die mit Gemälden geschmückte Nordempore (1672-74, 1751 verlängert). Der isoliert stehende Holzturm wurde vor 1604 errichtet. Die Turmspitze ist deutlich jünger.

Das **Pastorat**, Kirchenheerweg 6, ist ein Entwurf von Distel & Grubitz (1924).

M 20 Ehem. Bahnhof »Kirchwärder-Nord«
Norderquerweg 148, Kirchwerder
Architekt: Hermann Schomburgk
1912/13

Über Jahrhunderte erfolgte der Güter- und Personentransport zwischen den Vier- und Marschlanden und der Stadt Hamburg hauptsächlich auf dem Wasserweg. Erst 1911/12 wurde die Vierländer Bahn von Bergedorf-Süd bis Zollenspieker fertiggestellt. Heute ist der Verlauf der Strecke nur noch an dem Radwanderweg ablesbar, der nach dem Abbau der Gleise auf dem Bahndamm angelegt wurde. Während für die übrigen Stationsgebäude ein Wettbewerb unter den Mitgliedern des Hamburger Architekten- und Ingenieurvereins ausgeschrieben wurde – 1. Preis Karl Elkart und Karl Pewe –, wurde Hermann Schomburgk mit dem Bahnhof »Kirchwärder-Nord« direkt beauftragt. Sein Entwurf verkörpert exemplarisch den »Neu-Vierländer-Stil«, wie er sich im Rahmen der Heimatschutzbewegung durchgesetzt hatte (vgl. das Altengammer Pastorat, Nr. M 22.1). Das hohe Krüppelwalmdach und die Fachwerkgiebel lassen eher an ein Gehöft als an ein Verkehrsbauwerk denken.

M 20 Ehem. Bahnhof »Kirchwärder-Nord«

M 23 Hufnerhaus Horster Damm

Der **Bahnhof Curslack-Neuengamme**, Odemannsheck 5, und der **Bahnhof Pollhof**, Achterschlag 2, stammen von Karl Pewe (1911 W, 1912 bzw. 1912/13).

M 21 Hufnerhaus Kirchwerder Hausdeich
Kirchwerder Hausdeich 24, Kirchwerder
Um 1720

Das Hufnerhaus fällt durch seinen reichen Giebelschmuck auf, der für die Bauzeit bereits ungewöhnlich ist. Seit der Mitte des 17. Jahrhunderts wurden die Gefache immer seltener mit echten Zierverbänden oder Mosaiken ausgemauert. Stattdessen begnügte man sich mit Ornamenten, die in Sgraffitotechnik aus roten und weißen Deckschichten – Ziegelmehl und Kalk – ausgekratzt wurden (die hier allerdings durch Bemalungen ersetzt sind).

M 22 Evangelisch-lutherische Kirche St. Nikolai
Kirchenstegel, Altengamme
Architekt: Julius Faulwasser (Instandsetzung 1907/08)
1. Hälfte 13. Jahrhundert; Turm um 1605; Umbau 1748-52; östlicher Vorbau 1837; Instandsetzung und westlicher Vorbau 1907/08; Instandsetzung 1950-54

Saalkirche mit halbrundem Chorschluss, der wie gedrückt wirkt. St. Nikolai ging aus einem Feldsteinbau des 13. Jahrhunderts hervor, 1237 erstmalig erwähnt, der ursprünglich einen eingezogenen Chor hatte. Das heutige Erscheinungsbild resultiert aus dem Umbau von 1752. Auch die Ausstattung stammt in wesentlichen Teilen aus dieser Zeit. Bizarre schmiedeeiserne Hutständer an den Bänken, Messingleuchter, marmorierte hölzerne Einbauten mit vergoldeten Schnitzereien – Emporen, Orgelprospekt, Kanzel und Altar – sowie reiche Intarsien an den Wangen und Türen des Gestühls – die ältesten Teile datieren von 1651 – verleihen dem Innenraum einen besonders prächtigen und stimmungsvollen Charakter. Der hölzerne Baldachin über dem Bronzetaufkessel (1380) entstand um 1610.

M 22.1 Pastorat
Kirchenstegel 11, Altengamme
Architekt: Hugo Groothoff
1902

1901 wurde der Verein für Vierländer Kunst und Heimatkunde gegründet, einer der ersten Heimatschutzvereine in Hamburg überhaupt, der von so namhaften Persönlichkeiten wie den Museumsdirektoren Alfred Lichtwark (Kunsthalle) und Justus Brinckmann (Museum für Kunst und Gewerbe) oder den Architekten Julius Faulwasser, Hugo Groothoff und Erich Elingius gefördert wurde. Eine Pioniertat des Vereins war das Pastorat, das Groothoff zusammen mit dem Maler Oskar Schwindrazheim nach Skizzen des Vereinsvorsitzenden, des Geesthachter Pastors Natus, gestaltet hatte. Mit traditionellen Zierverbänden in den roten Backsteinfassaden, Kratzputzornamenten, Fachwerkgiebeln und einem Krüppelwalmdach zitiert das Gebäude Motive der historischen Vierländer Bauernhäuser – wobei hinsichtlich der Veranda und der kompakten Bauform mit dem zweigeschossigen Risalit jedoch auch deutlich das Vorbild der Vorstadtvilla aufscheint.

Das **Einfamilienhaus** Kirchenstegel 9 stammt von dem Zimmermeister Ernst Carsten Hamester (1908).

M 23 Hufnerhaus Horster Damm
Horster Damm 345, Altengamme
Um 1800

Mit dem Übergang zum 19. Jahrhundert beginnt sich das Bild der Bauernhäuser in den Vier- und Marschlanden zu wandeln (vgl. auch das Hufnerhaus Neuengammer Hausdeich, Nr. M 15). Das Fachwerk ist erheblich einfacher strukturiert, auf vorkragende Giebelabschnitte wird verzichtet. Eine Ausnahme bildet jedoch das Hufnerhaus am Horster Damm, das nicht nur ein ausgeprägtes Giebelrelief aufweist, sondern auch andere traditionelle Motive wie die in Voluten auslaufenden Balkenköpfe oder die Schnitzereien. Dabei muss jedoch offen bleiben, ob es sich bei letzteren nicht um eine Zutat aus der Gründerzeit handelt.

M 24 Stadtteilkulturzentrum »KulturA«
Otto-Grot-Straße 90, Allermöhe
Architekten: Spengler Wiescholek Architekten
1997/98

M 26 Römisch-katholische Kirche Edith Stein

M 25 Grund- und Gesamtschule Allermöhe

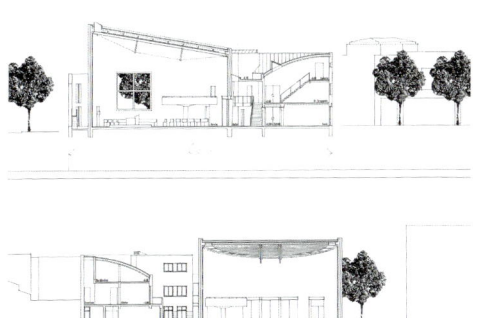
M 26 Kirche Edith Stein, Schnitte

M 27 Schloss Bergedorf

Runde Stahlbetonstützen, hölzerne Unterzüge und ein Flachdach ergeben hier eine tischartige Konstruktion, die verschiedenartige Baukörper in organischen und kubischen Formen überspannt. Das heterogene Fassadenmaterial – Klinker, Putz, Holz, blaue, rote und grüne Glasplatten in Verbindung mit großen Fensterflächen – verstärkt den Assemblage-Charakter der Architektur.

Das evangelisch-lutherische **Gemeindezentrum »FesteBurg«**, Otto-Grot-Straße 84-88, ist ein Entwurf von Christine Edmaier (1996 W, 2000/01).

M 25 Grund- und Gesamtschule Allermöhe
Margit-Zinke-Straße 7-11, Allermöhe
Architekten: MRL Architekten Markovic, Ronai, Lütjen, Voss
1992 W, 1994-96

Die extravagante Grundform des Schulkomplexes resultiert aus seiner Lage: Der kreisrunde Trakt, der den Pausenhof zu drei Vierteln umschließt, bildet gleichsam das Scharnier zwischen den Siedlungen Neuallermöhe-Ost und Neuallermöhe-West; der langgestreckte Riegel an der Straßenseite bindet den »Rundling« in das rechtwinklige Layout der Siedlung ein. Unterschiedliche Materialien – Klinker, Profilbleche, Putz – und Fassadenstrukturen unterstreichen diese Zweiteilung. Die Pausenhalle, die auch als Aula genutzt werden kann, verklammert die beiden heterogenen Baukörper.

Zwei weitere bemerkenswerte Schulen in Neuallermöhe-West sind die **Clara-Grunwald-Schule**, Von-Moltke-Bogen 40-44, und die **Adolph-Diesterweg-Schule**, Felix-Jud-Ring 29-33, die beide von APB. Architekten Beisert, Wilkens, Grossmann-Hensel stammen (1996/97).

M 26 Römisch-katholische Kirche Edith Stein
Edith-Stein-Platz 1, Bergedorf
Architekten: A. P. B. Architektengruppe Planen & Bauen Beisert, Findeisen, Galedary, Grossmann-Hensel, Wilkens
1989 W, 1991/92

Einer der bemerkenswertesten Sakralbauten, die nach dem Ende des Kirchenbaubooms Mitte der 1970er Jahre noch in Hamburg errichtet wurden. Das zweiflügelige Gemeindehaus und eine kulissenartig anmutende Umfassungsmauer schirmen den zylindrischen Baukörper der Kirche ab. Der orangebunte Klinker, mit dem auch die Innenwände des Gottesdienstraums verblendet sind, schweißt die heterogene Baugruppe zusammen. Auf einen Glockenturm wurde angesichts der beengten Lage im Einkaufszentrum der Großsiedlung Neuallermöhe-Ost (1979, 1984-94) verzichtet. Nur ein Kreuz und der offene Glockenstuhl verweisen formelhaft auf die Funk-

M 29 Bürgerhäuser Alte Holstenstraße/Sachsentor, Sachsentor 50-52

M 32, M 32.1 Ehem. Hansaschule (im Hintergrund) und Turnhalle

M 32 Ehem. Hansaschule

tion des Gebäudes. Im Innern setzen ein abstraktes Glasfenster und das organisch geformte Orgelgehäuse – beide von W. Gies entworfen – sparsame Akzente.

M 27 Schloss Bergedorf
Bergedorfer Schloßstraße, Bergedorf
Architekt: Ingenieurwesen, Franz Andreas Meyer (Nordflügel, Nordwestturm und Torhaus)
Ostflügel 1589/90; Westflügel 1610; Südflügel 1661; Nordflügel, Nordwestturm und Torhaus 1897-1901

Geschlossene Vierflügelanlage mit Wassergraben (1805 entfestigt). Die Burg wurde 1212 erstmalig erwähnt. 1420 konnten Lübeck und Hamburg den letzten Burgherrn, Herzog Erich IV. von Sachsen-Lauenburg, in einer gemeinsamen Anstrengung besiegen und somit die Handelsstraße zwischen den beiden Hansestädten sichern. Danach war das Schloss Sitz der Amtmänner von Bergedorf, die abwechselnd von Hamburg und Lübeck gestellt wurden, bis Hamburg am 1. Januar 1868 die Alleinherrschaft über Bergedorf und die Vierlande übernahm. Heute wird das Schloss als Außenstelle des hamburgmuseums genutzt.

Von der mittelalterlichen Burg sind nur noch Fundamentreste unter dem Ostflügel erhalten. Der Zwinger an der Nordwestecke (1512/13) stürzte 1816 ein. Rund 80 Jahre später wurde er zusammen mit dem abgebrochenen Nordflügel (1593) und dem Torhaus in der neogotischen Backsteinarchitektur der »Hannoverschen Schule« neu errichtet. Weitaus bescheidener muten demgegenüber die Ursprungsbauten an, die sich hinsichtlich der Sandsteinbänder in den Backsteinfassaden als Vertreter der niederländischen Renaissance ausweisen, ansonsten aber weitgehend schmucklos geblieben sind.

M 28 Evangelisch-lutherische Kirche St. Petri und Pauli
Johann-Adolf-Hasse-Platz 3, Bergedorf
Um 1500; westliche Erweiterung 1589-91; Turm 1608/09; südliches Querhaus 1660-70; Logenanbau 1707-23; Instandsetzung 1956/57

Der Fachwerksaal mit fünfseitigem Chorschluss unterscheidet sich nicht prinzipiell von den Dorfkirchen in den Vier- und Marschlanden. Ungewöhnlich ist aber der nördliche Anbau für die Logen, die jeweils über einen eigenen Zugang von außen verfügen. 1956/57 wurden die hölzernen Zuganker an der Decke freigelegt, die Altarmensa erneuert und die Logen hinter dem Altar eingebaut. Unter den Ausstattungsstücken sind vor allem der Altar mit einem Kreuzigungsbild von Henrich Dittmers (1662), die Bilder an den Emporenbrüstungen

(17. Jh.) und der Kanzelkorb (1586, Schalldeckel 1602) hervorzuheben.

Das **Organistenhaus**, Johann-Adolf-Hasse-Platz 1, wurde 1630 errichtet (Turm 1836).

M 28.1 Pastorat
Bergedorfer Schloßstraße 2, Bergedorf
Architekten: Distel & Grubitz
1913/14

Zweigeschossiger Backsteinbau mit Walmdach, der bereits Motive der Architektur der Weimarer Republik vorwegnimmt. An der Südseite leitet ein eingeschossiger Vorbau mit Fachwerkgiebel maßstäblich zur Kirche über. Auf die damals so beliebten architektonischen Zitate der Bauernhäuser in den Vier- und Marschlanden wurde jedoch verzichtet (vgl. das Pastorat von St. Nikolai in Altengamme, Nr. M 22.1).

Von Distel & Grubitz stammt auch das **Gemeindehaus**, Bergedorfer Schloßstraße 3-7 (1929/30).

M 29 Bürgerhäuser Alte Holstenstraße/Sachsentor
Alte Holstenstraße/Sachsentor, Bergedorf
17. bis 19. Jahrhundert

Die Straße Sachsentor war die mittelalterliche Hauptstraße durch Bergedorf, die ihre östliche Fortsetzung in der Alten Holstenstraße fand: dem Mühlendamm, mit dem die Bille 1208 zu einem Mühlenteich aufgestaut wurde. Obwohl das Bild der Altstadt ab den 1880er Jahren immer stärker mit repräsentativen Neorenaissance- und später auch Jugendstil-Gebäuden überformt wurde, sind noch einige schlichte Fachwerkgiebelhäuser aus der Zeit vor 1850 erhalten: Alte Holstenstraße 82 (um 1668) und 84 (1733) sowie Sachsentor 15 (17. Jh., Erweiterung 1817), 17 (um 1732, Giebel 1817), 50 (1700), 52 (1688/89) und 54 (1827). Sie dokumentieren den bescheidenen Charakter, den die Ackerbürgerstadt bis weit in das 19. Jahrhundert hinein hatte. Etwas stattlicher wirken die traufständigen Fachwerkhäuser Sachsentor 14 (um 1836) und 28 (spätes 18. Jh./frühes 19. Jh.) – jeweils mit Zwerchhaus. Eine Ausnahme bildet die massive Rokokofassade Sachsentor 29 (um 1772), hinter der sich aber ebenfalls noch ein Fachwerkgebäude verbirgt (um 1680). Die ehemalige Kornwassermühle, Alte Holstenstraße 86 (1839, 1868 aufgestockt), wurde 1973/74 vergröbernd rekonstruiert.

M 29.1 Ehem. Gasthof »Stadt Hamburg«
Sachsentor 2, Bergedorf
Architekt: Gaedtgens (Rekonstruktion)
Eckhaus um 1550; Giebelhaus um 1650;
Rekonstruktion 1958/59

1908 wurde der malerische Fachwerkkomplex, der eigentlich aus zwei Häusern besteht (um 1730 vereinigt), vom Staat Hamburg erworben, um hier ein Heimatmuseum für Bergedorf einzurichten. Diese Pläne zerschlugen sich, so dass sich erst nach dem Zweiten Weltkrieg mit einem Restaurant eine angemessene Nutzung fand. Der heutige Bau stellt eine Rekonstruktion dar, wobei das Fachwerkskelett versetzt wurde.

Der Abbruch erlaubte Rückschlüsse auf den ursprünglichen Zustand des Eckgebäudes, dessen Fenster teilweise vermauert worden waren. Die geschnitzten Knaggen und die Fächerrosetten an den Fußbändern verweisen auf niedersächsische Vorbilder (vgl. Abb. S. 322).

M 30 Geschosswohnbauten Vierlandenstraße
Vierlandenstraße 2-6, 3-15/Bergedorfer Straße 115-117, Bergedorf
Architekten: Distel & Grubitz
1929, 1930/31

Bereits 1912 wurde der Bau neuer Straßen in der Bergedorfer Altstadt geplant, von denen vor dem Zweiten Weltkrieg jedoch nur das nördliche Ende der Vierlandenstraße realisiert werden konnte. Distel & Grubitz entwarfen für diesen Abschnitt großstädtische Geschosswohnbauten mit schmucklosen Klinkerfassaden und Flachdächern im Sinne des »Neuen Bauens«. Flache Risalite gliedern die Fronten, die wie aus sich überlagernden Schichten aufgebaut wirken. Das turmartige Eckgebäude Vierlandenstraße 15 sollte die Einmündung der Bergedorfer Straße betonen, die aber erst ein Vierteljahrhundert später unter großen Verlusten an historischer Bausubstanz durchgebrochen wurde.

Die ergänzenden **Geschosswohnbauten** Vierlandenstraße 8-14 stammen von David Schott (1935).

M 31 Amtsgericht Bergedorf
Ernst-Mantius-Straße 9, Bergedorf
Architekt: Hochbauwesen, Fritz Schumacher
1926/27

Der Komplex aus einem Gerichtsgebäude und einem rückwärtig anschließenden Gefängnis wurde in einer schmalen Seitenstraße errichtet, die an dieser Stelle zudem im stumpfen Winkel abknickt. Die Gliederung der Hauptfassade beschränkt sich deshalb auf zwei flache Risalite sowie Gurt- und Sohlbankgesimse, deren Horizontalen der langen Klinkerfront einen dynamischen Zug verleihen. Ornamentales Verblendmauerwerk mit Terrakotten von Richard Kuöhl akzentuiert das Fassadenzentrum. Das Steildach mit Dachreiter verstärkt den konventionellen Charakter der Architektur.

M 32 Ehem. Hansaschule
Hermann-Distel-Straße 25, Bergedorf
Architekt: Hochbauwesen, Fritz Schumacher
1912-14

Der langgestreckte Bau mit Mansardwalmdach riegelt den Pausenhof nach Westen ab. Die ansonsten schmucklose Hauptfassade wird in der Mittelzone durch eine Skelettstruktur mit polygonalen Pfeilern akzentuiert, die wechselweise aus Ziegeln und Muschelkalk geschichtet sind. Der mittig angeordnete Dachreiter strafft die Baumasse. Das Relief der Athena am Haupteingang und die vier Skulpturen antiker »Klassiker« (Arthur Storch) an dem breiten Dacherker erinnern daran, dass das heutige Hansa-Gymnasium bis 1936 ein humanistisches Gym-

M 33.1 Villenkolonie Bergedorf, Haus Distel I

M 33.2.1 Villenkolonie Bergedorf, Haus Lehmann

M 33.3.2 Villenkolonie Bergedorf, Haus Reinbeker Weg 67

M 34 Ehem. Luisenschule

nasium war. Der runde Turm an der Südostecke fungierte ursprünglich als Gelenk zu einem zweigeschossigen Anbau für die Aula und die Turnhalle, der 1969 durch Brandstiftung zerstört wurde.

Die **Erweiterung** ist ein Entwurf von Dinse, Feest, Zurl (2002, 2004/05).

M 32.1 Turnhalle
Architekten: MRL Architekten Markovic, Ronai, Lütjen
1984 W, 1986/87

Der verhalten postmoderne Bau fügt sich sensibel in den Bestand ein. Das flache Tonnendach korrespondiert mit der geschweiften Haube auf dem runden Schulturm. Ein klassizierender Pfeilerumgang legt sich wie eine zweite Raumschicht um die Halle und verringert sie dadurch optisch an Gewicht. Die Architekten haben bewusst heutige Materialien gewählt – hellroter Backstein, verzinktes Blech und Glasbausteine –, damit das Gebäude gestalterische Eigenständigkeit gegenüber dem Schumacher-Bau behauptet.

M 33 Villenkolonie Bergedorf
Reinbeker Weg/Chrysanderstraße/Hermann-Distel-Straße/Steinkamp/Von-Anckeln-Straße/Duwockskamp/Am Baum/Schliebuschweg/Pfingstberg u. a., Bergedorf
Ab 1880

Die Villenkolonie, eines der reizvollsten Wohnviertel Hamburgs, weist rund 230 erhaltene Gebäude aus der Zeit vor dem Ersten Weltkrieg auf, wenn auch teilweise mit störenden Modernisierungen. Bereits in den 1840er Jahren wurde der Reinbeker Weg ausgebaut, um Ausflugs- und später auch Logiergäste auf den Geestrücken zu locken, der einen attraktiven Panoramablick über die Billelandschaft bot. Hieran erinnert noch die ehemalige Pension Sievers, Reinbeker Weg 75 (1882). Ab den 1880er Jahren wurde das Gelände systematisch erschlossen und bis 1914 weitgehend bebaut. Dabei handelt es sich bis 1910 zumeist um kompakte Vorstadtvillen mit Putzfassaden, die in erster Linie auf die Ansprüche des mittleren Bürgertums zugeschnitten waren und deren gestalterische Bandbreite von der Neorenaissance bis zum Jugendstil reicht. Die restliche Bebauung, die sich bis Ende der 1920er Jahre erstreckte, besteht dagegen vor allem aus Backsteingebäuden, die dem Heimatstil, der Reformarchitektur oder – selten – dem »Neuen Bauen« zuzurechnen sind.

M 33.1.1 Haus Distel I
Hermann-Distel-Straße 31, Bergedorf
Architekt: Hermann Distel
1910

M 37.1 Siedlung Gojenbergsweg, Doppelhaus

M 38 Sternwarte, Beobachtungsgebäude für den Meridiankreis

M 33.1.1 Haus Distel II
Steinkamp 16, Bergedorf
Architekt: Hermann Distel
1935

Ungeachtet des um 1910 aktuellen Backsteins entschied sich Hermann Distel (Distel & Grubitz) bei seinem ersten eigenen Wohnhaus – einem eingeschossigen kubischen Bau mit ausgeprägtem Dachkörper – für Rauputzfassaden und leistete somit ein Bekenntnis zur Reformarchitektur süddeutscher Provenienz (die dem Absolventen der Technischen Hochschulen in Stuttgart und Karlsruhe anfänglich aber wohl auch mehr lag). Außerdem entstand hier keine Villa, sondern ein ganz auf Behaglichkeit ausgerichtetes Wohnhaus mit Holztäfelungen und einer gemütlichen Sitznische, die von Otto Fischer-Trachau ausgemalt wurde. Demgegenüber dokumentiert Distels zweites Wohnhaus, ein schematisch gegliederter zweigeschossiger Putzbau mit Walmdach, Sprossenfenstern und Klappläden, die Trivialisierung des Traditionalismus in der NS-Zeit.

M 33.2 Häuser von Bruno Wieck
M 33.2.1 Haus Lehmann
Steinkamp 13, Bergedorf
Architekt: Bruno Wieck
1909
M 33.2.2 Haus Wieck
Von-Anckeln-Straße 3, Bergedorf
Architekt: Bruno Wieck
1910

Zwei herausragende Beispiele für den Heimatstil. Mit dem Krüppelwalmdach, den Fachwerkgiebeln und den Zierverbänden im Fassadenmauerwerk greift Haus Lehmann typische Motive des niederdeutschen Bauernhauses auf, wenn auch in einer geradezu plakativ anmutenden Kombination. Deutlich zurückhaltender wirkt das eigene Wohnhaus von Bruno Wieck, bei dem sich das Fachwerk auf den Erker und die Dachgauben beschränkt.

Von Wieck stammen auch **Haus Wolter**, Reinbeker Weg 44a (1913), **Haus Jörss**, Schliebuschweg 13 (1912), **Haus Komrowski**, Schliebuschweg 17 (1921), und das **Einfamilienhaus** Pfingstberg 14 (1913).

M 33.3 Häuser von Frejtag & Wurzbach
M 33.3.1 Haus Pöhl
Von-Anckeln-Straße 4, Bergedorf
Architekten: Frejtag & Wurzbach
1909
M 33.3.2 Häuser Stachow Erben
Reinbeker Weg 61-67, Bergedorf
Architekten: Frejtag & Wurzbach
1909

Die Entwürfe des Büros Frejtag & Wurzbach, ab 1910 Frejtag & Elingius, wurden seit 1904 maßgeblich durch Erich Elingius geprägt. Schmucklose rote Backsteinfassaden im Zusammenklang mit weißen Sprossenfenstern, Klappläden und neoklassizistischen Details kennzeichnen seine britisch inspirierte Handschrift. Während Haus Pöhl großbürgerlichen Ansprüchen genügte, waren das Doppelhaus und das kleinere der beiden Einzelhäuser am Reinbeker Weg auf den gut situierten Mittelstand zugeschnitten, was sich nicht nur an der geringeren Wohnfläche zeigt, sondern auch an dem Verzicht auf einen Anrichteraum zwischen Küche und Esszimmer.

M 34 Ehem. Luisenschule
Reinbeker Weg 76, Bergedorf
Architekt: Hochbauwesen, Fritz Schumacher
1929, 1930/31

Das heutige Luisen-Gymnasium wurde 1888 als private höhere Mädchenschule gegründet, wie in Hamburg allgemein üblich – erst 1904 nahm sich die Stadt dieser Bildungsaufgabe an –, und 1921 verstaatlicht. Mit dem plump proportionierten und viel zu hohen Aulaflügel wollte Fritz Schumacher den Blick auf einen Wasserturm von 1902 verstellen, der als störend empfunden wurde. Die Klassenräume konzentrieren sich in dem dreigeschossigen Riegel am Pfingstberg. Dort verdeutlicht sich Schumachers zwiespältiges Verhältnis zur Moderne. Entsprechend der Stahlbetonskelettbauweise ist die Längsfassade zwar in eine Pfeilerstruktur aufgelöst; diese wird aber durch Gewände aus Keramikplatten und ornamentale Brüstungen veredelt. Die Skulptur »Tanzende Vierländer« auf dem Vorplatz stammt von Hartlieb Rex.

M 41 Fachhochschule Bergedorf (Aufnahme 1972)

M 42 Evangelisch-lutherische Erlöserkirche

M 35 Ehem. Rathaus Bergedorf
Wentorfer Straße 38, Bergedorf
Architekten: Johannes Grotjan (Ursprungsbau)
Stadtbauamt Bergedorf, Wilhelm Krüger
Georg Lindner (Erweiterung und Umbau)
1898/99; Erweiterung und Umbau 1925, 1926/27

Das heutige Bezirksamt Bergedorf ging aus der Villa des Kaufmanns Hermann Friedrich Messtorff hervor, die erweitert und umgebaut wurde. Dabei wurde das Gebäude aufgestockt und der Neorenaissance-Dekor durch schlichte Putzfassaden in Angleichung an den neuen Westflügel ersetzt. Auch der Turm der Villa wurde im Umriss stark vereinfacht. Im Innern blieben mit den neobarocken Repräsentationsräumen und dem Treppenhaus dagegen noch wesentliche Teile des opulenten großbürgerlichen Interieurs der Kaiserzeit erhalten. Eine Besonderheit für Hamburg sind die 1926/27 neugestalteten Räume, insbesondere das westliche Treppenhaus und der Sitzungssaal, im damals modischen Art Déco.

M 36 Ehem. Volksschule Ernst-Henning-Straße
Ernst-Henning-Straße 20, Bergedorf
Architekt: Stadtbauamt Bergedorf, Rischpler
1908, 1909/10; Erweiterung bis 1915; Ausbau der Dachgeschosse 1929

Neobarocker Backsteinbau mit Lisenen- bzw. Pilastergliederung und wuchtigen Portalen aus Kunstsandstein. Wie bei den zeitgleichen Hamburger Schulen, mit denen Albert Erbe einen Beitrag zur Entwicklung einer ortstypischen Bautradition leisten wollte (vgl. die Schule Lutterothstraße I, Nr. C 74.1), stand auch hier die norddeutsche Barockarchitektur Pate. An die Jungenschule wurde bis 1915 eine Mädchenschule angefügt.

M 37 Siedlung Gojenbergsweg
M 37.1 Häuser des Stadtbauamtes
Gojenbergsweg 32-60, 73-83/Justus-Brinckmann-Straße 2-4, 3-51/August-Bebel-Straße 140-144/Heysestraße 1-15, Bergedorf
Architekt: Stadtbauamt Bergedorf, Wilhelm Krüger
1923-1929

M 37.2 Häuser von Friedrich R. Ostermeyer
Gojenbergsweg 57-71/Ida-Boy-Ed-Straße 1-15/
August-Bebel-Straße 114-128/Hoffmann-von-Fallersleben-Straße 2-16, Bergedorf
Architekt: Friedrich R. Ostermeyer
1926-1930

Gartenstadtartiges Wohngebiet mit zweigeschossigen Reihen- und Doppelhäusern sowie Geschosswohnbauten. Bis auf die beiden Doppelhäuser Gojenbergsweg 32-38, die bereits vor 1924 und somit vor dem Amtsantritt von Wilhelm Krüger errichtet wurden, weisen sämtliche Gebäude aus dem Stadtbauamt Klinkerfassaden und Walmdächer auf, wobei sich der Bauschmuck zumeist auf Sohlbankgesimse beschränkt. Lediglich die Geschosswohnbauten, z. B. Gojenbergsweg 73-83, sind aufwändiger gegliedert und dekoriert. Der Bauabschnitt von Friedrich R. Ostermeyer kennzeichnet sich durch eingeschossige Verbindungsbauten zwischen den Doppelhäusern und schmucklose flächige Fassaden. Die Grundrisse waren auf die Mittelschicht der Angestellten, Beamten und Selbstständigen zugeschnitten. Wilhelm Krüger bewohnte selbst eines der Häuser.

Aus dem Stadtbauamt Bergedorf stammen auch die **Zeilenbauten** August-Bebel-Straße 101-111, 125-147 (1929/30) und die **Geschosswohnbauten** Holtenklinkerstraße 115-129 (1924), 137 (1931), 139-145 (1926/27) und 162-172 (1929).

M 38 Sternwarte
Gojenbergsweg 112, Bergedorf
Architekten: Hochbauwesen, Albert Erbe (Ursprungsbauten). Baubehörde, Hochbauamt (Erweiterung)
1906-12; Erweiterung 1951-55

Die »Lichtverschmutzung« in der Innenstadt erzwang die Verlagerung der Sternwarte aus den Wallanlagen nach Bergedorf, wo damals eine der größten und modernsten Anlagen ihrer Art überhaupt entstand. Mehrere kleine Einzelgebäude mit unterschiedlichen Instrumenten sowie ein Verwaltungsgebäude mit Bibliothek sind unregelmäßig über das 7 ha große Gelände verteilt. Die neobarocken Putzfassaden lassen eher an ein Schloss

M 44 Ehem. Volksschule Leuschnerstraße   M 46 Haus Billhoop

mit Lustbauten als an eine wissenschaftliche Einrichtung denken. Eine unkonventionelle Lösung fand Albert Erbe nur für das Beobachtungsgebäude für den Meridiankreis: ein tonnenförmiges Blechdach auf einer Sockelplatte, das sich in der Mitte zu einem 3 m breiten Spalt auseinanderschieben lässt.

M 39 Neuer Friedhof Bergedorf
August-Bebel-Str. 200, Bergedorf
Architekten: Ingenieurwesen, Wilhelm Cordes (Planung bis 1907)
William und Rudolf Rzekonski (Friedhofskapelle)
1906/07; Friedhofskapelle um 1909

Der westliche Teil des Waldfriedhofs ist ein Entwurf von Wilhelm Cordes, von dem auch der Hauptfriedhof in Ohlsdorf stammt (vgl. Nr. I 26). Im Unterschied zu Ohlsdorf herrschen in Bergedorf jedoch Symmetrieachsen vor, die durch zufällig anmutende Unregelmäßigkeiten beim Zuschnitt der Gräberfelder aufgelockert werden. Im Hinblick auf spätere Erweiterungen wurde die Erschließungsstraße an den östlichen Rand des damaligen Geländes gerückt. Sie mündet in ein Rondell mit einer Kapelle: einem oktogonalen neobarocken Backsteinbau.

M 40 Ehem. Bahnhof Bergedorf
Neuer Weg 54, Bergedorf
Architekt: Alexis de Chateauneuf
1842; Restaurierung 1990-92

Der eingeschossige winkelförmige Fachwerkbau mit Bretterverschalung, Ecktürmchen und flach geneigtem Satteldach – bis 1992 allzu tiefgreifend restauriert – stellt das letzte bauliche Relikt der ersten Hamburger Eisenbahnstrecke dar, die vom Deichtor nach Bergedorf führte und am 17. Mai 1842 offiziell eröffnet wurde. Die Station am Neuen Weg verlor allerdings schon bald wieder ihre Bedeutung, denn 1846 wurde die Eisenbahnstrecke nach Berlin in Betrieb genommen, die weiter nördlich liegt. Seine »Feuertaufe« bestand das neue Verkehrsmittel übrigens während des Großen Brandes vom 5. bis zum 8. Mai 1842, als die Eisenbahn Löschkräfte in die Stadt transportierte und Obdachlose hinausbrachte.

M 41 Fachhochschule Bergedorf
Lohbrügger Kirchstraße 65, Lohbrügge
Architekten: Heinz Graaf. Peter Schweger (Planung)
Graaf & Schweger (Realisierung)
1964, 1967-72

Vorbilder aus dem niederländischen Strukturalismus und dem in den 1960er Jahren aktuellen Beton-Brutalismus scheinen bei diesem Entwurf durch. Die zweigeschossige Eingangshalle ist als Kommunikationszone gedacht, um die sich die Mensa, die Verwaltung, die Bibliothek und die Hörsäle gruppieren. Die Fachklassen sind in den darüber liegenden Geschossen untergebracht. Der Konstruktion liegt ein Raster von 8,4 mal 8,4 m zugrunde, das durch eine tischartige Konstruktion aus Stahlbeton mit vier Stützen gebildet wird. Diese kann beliebig aneinandergereiht und bis zu maximal fünf Einheiten hoch gestapelt werden, was im Innern zu charakteristischen Knotenpunkten führt, an denen sich jeweils vier Stützen treffen. Die Decke ist eine Hohlkastenstruktur, was das Verlegen der Leitungen erheblich vereinfachte.

Graaf & Schweger haben auch das **Studentenwohnheim**, Billwiese 21, entworfen (1965, 1968/69).

M 42 Evangelisch-lutherische Erlöserkirche
Lohbrügger Kirchstraße 4-6, Lohbrügge
Architekt: Hugo Groothoff
1896, 1897/98

Neogotischer Backsteinsaal mit eingezogener polygonaler Apsis und hohem Einturm. Die Längsfassaden werden durch Strebepfeiler gegliedert, die sich im Innern als Wandpfeiler fortsetzen und dort Segmentbogennischen umschließen, vergleichbar mit Einsatzkapellen. Diesen Bautyp hat Hugo Groothoff mit der Maria-Magdalenen-Kirche in Reinbek (vgl. Nr. M 54) und der St.-Paulus-Kirche in Heimfeld (vgl. Nr. L 54) wiederholt, wenn auch in vereinfachter Form, d. h. mit hölzernen Tonnen statt gemauerter Deckengewölbe und ohne Wandpfeiler. (Die Nischen wurden stattdessen quasi nach außen gestülpt und zwischen den Strebepfeilern angeordnet.) Einschließlich der Glasfenster von Carl de Bouché ist die Originalausstattung weitgehend erhalten, was die Erlöserkirche

M 47 Haus Weltevreden

M 48 Haus Sellschopp

gegenüber den meisten anderen zeitgenössischen Gotteshäusern auszeichnet. Nur der hölzerne Altaraufsatz mit dem Gemälde von Arthur Siebelist wurde 1959 eingelagert.

Von Groothoff stammt auch das **Mausoleum** für den Industriellen Wilhelm Bergner (1900) auf dem angrenzenden Friedhof.

M 43 Wasserturm Lohbrügge
Richard-Linde-Weg 21, Lohbrügge
Architekt: P. Strecker. Ingenieur: P. Hoffmann
1906/07

Der 30 m hohe Wasserturm – im Volksmund bis heute »Sander Dickkopp« genannt – belegt den Aufschwung der Gemeinde Sande, wie Lohbrügge bis 1929 hieß. Während der sich nach oben hin verjüngende Schaft vollständig mit Backstein verkleidet ist, lockern Putzflächen den ausladenden Zylinder des Wasserreservoirs gestalterisch auf. Die gotisierenden Spitzbogen und Zinnen sind konventionelle Motive des damaligen Ingenieurbaus. Das Reservoir mit einem Fassungsvermögen von 350 cbm ist ein so genannter Stützbodenbehälter, wie ihn der Ingenieur Otto Intze 1883 patentiert hat. Dieser »Typ Intze I« bot sich vor allem für kleinere Wassertürme wie denjenigen in Lohbrügge an. Das dazugehörige **Wasserwerk**, Krusestraße 2, ist ebenfalls ein Entwurf von Strecker und Hoffmann (1906/07).

M 44 Ehem. Volksschule Leuschnerstraße
Leuschnerstraße 13, Lohbrügge
Architekten: Preußische Staatshochbauverwaltung, Regierungsbaurat Andrees. Gustav Mewes
1931/32

Eines der seltenen Beispiele für das »Neue Bauen« in der Hamburger Schularchitektur. Nicht die behäbige Solidität Fritz Schumachers bestimmte hier den Entwurf, sondern die sachliche Moderne der Preußischen Staatshochbauverwaltung, die sich durch profillose Klinkerfronten mit Fensterbändern und Flachdächer kennzeichnet. Der Entwurf wurde von Gustav Mewes, einem ehemaligen Mitarbeiter von Karl Schneider, überarbeitet.

M 45 Villa Augusta
Augustastraße 7, Wentorf (Schleswig-Holstein)
Architekt: Hermann Reinhardt
1898

Der in einer Flussschlaufe gelegene »Billewinkel« wurde ab 1866 als Villenviertel erschlossen, wenn auch zunächst mit wenig Erfolg. Späterer Eigentümer eines Teils des Geländes war Hermann Reinhardt, der seine eigene Villa mit einer aufwändigen Gestaltung quasi zum Werbeträger des Projekts machte: Fachwerk und rahmende rote Backsteinstreifen beleben die Putzfassaden, ein Dachreiter und eine vielgliedrige hölzerne Veranda steigern die Architektur zu malerischer Wirkung.

Von Reinhardt stammen auch **Villa Erna**, Augustastraße 2 (1896/97), und **Villa »Emmas Ruh«**, Augustastraße 6 (1898).

M 46 Haus Billhoop
Am Sachsenberg 4, Wentorf (Schleswig-Holstein)
Architekt: Martin Haller (Ursprungsbau)
Haller & Geißler (Erweiterungen)
1895/96, Erweiterungen 1900 und 1905

Zweiflügelbau mit Krüppelwalmdach und Fachwerkfassaden über einem massiven Sockelgeschoss aus rotem Backstein. 1900 wurde der Seitenflügel aufgestockt, 1905 der Vorbau angefügt. Seit der Gründerzeit zog das landschaftlich reizvolle Gebiet um das Reinbeker Schloss immer mehr Mitglieder der Hamburger Oberschicht an, die hier ihre Sommersitze errichteten, so auch den Kaufmann Eduard Lorenz Lorenz-Meyer. Lorenz-Meyer war ein Mitstreiter des Kunsthallendirektors Alfred Lichtwark, der in den vorindustriellen Bautraditionen Hamburgs, insbesondere denjenigen der ländlichen Gebiete, eine Erneuerungsquelle für die Architektur erkannte. Die typischen Motive der Bauernhäuser in den Vier- und Marschlanden sind denn auch nicht zu übersehen. Sie machen den für Martin Haller einzigartigen Entwurf zum Prototypen des nach 1900 aktuellen Heimatstils (vgl. das Pastorat von St. Nikolai, Nr. M 22.1). Von Haller stammte übrigens auch das Stadthaus von Lorenz-Meyer (vgl. Nr. D 14).

M 49 Schloss Reinbek

M 50.1 Villen von Haller & Geißler, Villa Ertel
(zeitgenössische Aufnahme)

M 47 Haus Weltevreden
Golfstraße 5, Wentorf (Schleswig-Holstein)
Architekten: August Ott (Ursprungsbau)
William Rzekonski (Erweiterung)
1914, Erweiterung um 1922; Nebengebäude 1921

Während das Landhaus zur Eingangsseite hin eingeschossig ist und somit relativ zurückhaltend wirkt, präsentiert es sich zur Hangseite hin als stattlicher Bau mit zwei Vollgeschossen. Mit Bay Windows, Sprossenfenstern, hohen Schornsteinen und dem Fachwerk der Giebel und Dachhäuschen wird die britische Landhausarchitektur zitiert. Sandsteingewände nobilitieren die ansonsten schmucklosen Backsteinfassaden. William Rzekonski verstand es, die Erweiterungen nahtlos an den Kernbau anzufügen. Bauherr war der Kaufmann George Fester, der während der kälteren Jahreszeit in Kopenhagen lebte. 1937 sah sich Fester gezwungen, das Anwesen an die Nationalsozialistische Volkswohlfahrt zu verkaufen, die es als »Mütterheim« nutzte. Heute ist hier ein Internat für sprachbehinderte Kinder untergebracht. Einige wesentliche Elemente der 10 ha große Parkanlage – Gestaltung Rudolph Jürgens – sind erhalten. Einen genauen Blick lohnen auch die malerischen Nebengebäude: späte Beispiele für den um 1910 aktuellen Heimatstil.

Das ehemalige **Säuglingsheim** am Grundstückseingang stammt von Max Zoder (1941/42). Die **Schulpavillons** haben ASW Architekten Silcher, Werner + Redante entworfen (1990 W, 1997/98, Turnhalle 2000/01).

M 48 Haus Sellschopp
Am Mühlenteich 17, Wentorf (Schleswig-Holstein)
Architekten: Elingius & Schramm
1925/26

Obwohl die Architekten in der Regel dem roten Sichtmauerwerk den Vorzug gaben, wurden die Backsteinfassaden hier, wie übrigens auch bei dem gleichzeitig errichteten Haus Völker in Wohldorf-Ohlstedt (vgl. Nr. H 34), weiß geschlämmt. Ein weitere Gemeinsamkeit liegt in dem expressionistischen Dekor, der Assoziationen an die britische Landhausarchitektur weckt – wobei Haus Sellschopp durch das hohe Dach und den zweigeschossigen Quertrakt jedoch weitaus stattlicher wirkt. Beim Grundriss wurde Wert auf eine deutliche Trennung zwischen Wirtschafts- und Wohnbereich gelegt, entsprechend der großbürgerlichen Lebensführung mit Hauspersonal und »Kinderfräulein«.

Die **Villa Dr. Haase**, Am Mühlenteich 6, ist ein Entwurf von Martin Haller (1889, Erweiterung 1897).

M 49 Schloss Reinbek
Schloßstraße 5, Reinbek (Schleswig-Holstein)
Architekten: Schramm, v. Bassewitz, Hupertz (Restaurierung)
1572-76; Umbau 1874; Restaurierung 1975, 1977-87

Der repräsentative Renaissancebau, ursprünglich als Jagdschloss für Herzog Adolf I. von Schleswig-Holstein-Gottorf (1526-86) errichtet, teilt die wechselvolle Geschichte Schleswig-Holsteins. Ab 1647 waren hier die herzoglichen, ab 1773 die königlich-dänischen Amtmänner untergebracht, denen 1868 der preußische Landrat folgte. 1874 erfolgte der Umbau in ein Hotel. 1939 wurde das Schloss an die Stadt Hamburg verkauft und als »Reichsinstitut für ausländische und koloniale Forstwirtschaft« genutzt. 1972 übernahmen die Stadt Reinbek und der Kreis Stormarn den Komplex, um daraus ein Kultur- und Veranstaltungszentrum zu machen.

Während die Residenz in Gottorf ein konventioneller Vierflügelbau ist und das ebenfalls um 1570 begonnene Schloss in Ahrensburg (vgl. Nr. H 45) die simple Form dreier nebeneinander gereihter Giebelhäuser aufweist, entstand in Reinbek erstmals eine Dreiflügelanlage nach französischem Vorbild, deren offene Hofseite lediglich durch eine Mauer geschützt war. Für den Entwurf und die Ausführung zeichneten vermutlich niederländische Baumeister verantwortlich, was sich nicht nur an dem typischen Zweiklang von rotem Backstein und Sandsteingliederungen, sondern auch an vielen konstruktiven Details ablesen lässt.

1972 war der kunsthistorische Rang des Reinbeker Schlosses allerdings kaum mehr zu erkennen. Bereits 1768 war die nördliche Hofarkade vermauert worden. 1874 folgten auch die östlichen Bogen, vor die ein neogotischer

M 52 Haus Schramm (Aufnahme um 1928)

M 53 Verlagsgebäude der Rowohlt GmbH (Aufnahme um 1960)

M 55 Evangelisch-lutherische Nathan-Söderblom-Kirche (Aufnahme um 1967)

Treppenhausanbau gesetzt wurde. Außerdem wurden die Sandsteinkreuze der Fenster entfernt. Die Restaurierung des Äußeren stand unter dem Anspruch, den Originalzustand so weit wie möglich wiederherzustellen, zumal die Architekten auf Pläne von 1730 zurückgreifen konnten. Von der ursprünglichen Ausstattung ist bis auf die teilweise überlieferte Bemalung der Deckenbalken nichts erhalten.

M 50 Villen von Haller & Geißler
M 50.1 Villa Ertel
Bahnsenallee 16, Reinbek (Schleswig-Holstein)
Architekten: Martin Haller (Ursprungsbau)
Haller & Geißler (Erweiterung)
Um 1885, Erweiterung 1901
M 50.2 Villa Tiefenbacher
Waldstraße 6, Reinbek (Schleswig-Holstein)
Architekten: vermutl. Martin Haller (Ursprungsbau)
Haller & Geißler (Erweiterung)
1880er Jahre, Erweiterung 1902

Als die Villa von Heinrich von Ohlendorff an den Industriellen Julius Ertel wechselte, wurde der schlichte Putzbau nicht nur erweitert, sondern auch mit Holzverschalungen und anderen rustikalen Zutaten im schweizerisch inspirierten Chalet-Stil aufgewertet. Bemerkenswert ist der gute Erhaltungszustand vieler bauzeitlicher Details, insbesondere der Innenausstattung. Mit Kaminhalle, Bibliothek, Esszimmer und Salon genügte das Haus großbürgerlichen Ansprüchen. Auch die hinsichtlich Gestaltung und Anspruchsniveau vergleichbare Villa Tiefenbacher ist aus einem einfacheren Ursprungsbau hervorgegangen (vgl. auch die Villa Dr. Haase, Nr. M 48).

M 51 Villa Bahnsenallee
Bahnsenallee 40c, Reinbek (Schleswig-Holstein)
Architekten: gmp Architekten v. Gerkan, Marg und Partner
1999 W, 2000/01

Eine Villa von heute mit 983 qm Wohnfläche. Bretterverschalungen aus sibirischer Lärche, Schiebeläden mit Holzlamellen und flach geneigte Pult- bzw. Satteldächer verleihen dem symmetrischen dreischiffigen Komplex einen unprätentiösen Charakter. Der transparente Mitteltrakt ist das repräsentative Zentrum des Hauses: Dank der großen Glasflächen gehen die Treppenhalle, ein Atrium, die ebenfalls zweigeschossige Wohnhalle und ein Wintergarten scheinbar fließend ineinander über. Im ersten Obergeschoss verbinden Galerien die beiden Seitenflügel wie Brücken. Ein weiteres prägendes Element ist die offene Dachkonstruktion aus Holz.

Haus Grossmann, Bahnsenallee 71, ist ein Entwurf von Fritz Höger (1936, vgl. die Häuser Dr. Knoth und Bagge, Nr. H 3.1, die ebenfalls von Höger stammen).

M 52 Haus Schramm
Herzog-Adolf-Straße 6, Reinbek (Schleswig-Holstein)
Architekt: Gottfried Schramm
1927/28, Erweiterung Anfang 1950er Jahre

Ehemaliges Wochenendhaus von Gottfried Schramm, das er später selbst mit einem banalen Anbau erweitert hat. Das kubische, weiß verputzte Gebäude ist ein Musterbeispiel für die rationalistische Vorkriegsmoderne. Auch das Innere war ursprünglich im Bauhaus-Stil eingerichtet. Das an sich konservative Büro Elingius & Schramm, dessen Teilhaber Gottfried Schramm war, zeigte sich bei bestimmten Bauaufgaben durchaus aufgeschlossen gegenüber dem »Neuen Bauen« (vgl. das Golfclubhaus Falkenstein, Nr. K 40).

M 53 Verlagsgebäude der Rowohlt GmbH
Hamburger Straße 17/Völckers Park 11, Reinbek (Schleswig-Holstein)
Architekt: Fritz Trautwein
1957-60; Erweiterung 1968-70

Der renommierte Verlag residiert in einem Ensemble aus pavillonartigen Trakten, die auf ihren Sockelplatten gleichsam zu schweben scheinen und sich auf dem abschüssigen Gelände effektvoll hintereinander staffeln. Pult- bzw. Grabendächer, weißes Sichtmauerwerk und Fensterfronten mit dunkelblauen Glasbrüstungen kennzeichnen diesen Bauabschnitt. Der kompakte Schornstein, der sich wie ein Campanile neben dem Haupteingang erhebt, setzt einen vertikalen Akzent. Die zweigeschossige Erweiterung weist dagegen umlaufende Fassadengalerien à la Egon Eiermann auf.

M 54 Evangelisch-lutherische Maria-Magdalenen-Kirche
Kirchenallee 1, Reinbek (Schleswig-Holstein)
Architekt: Hugo Groothoff
1898, 1900/01

Neogotische Saalkirche mit eingezogener polygonaler Apsis und einer hölzernen Spitztonne, die eine vereinfachte Variante der Erlöserkirche in Lohbrügge darstellt (vgl. Nr. M 42). Die expressiven Glasfenster hat Klaus Arnold gestaltet. Die Kanzel ist mit Figuren von Henning Heidtrider geschmückt (um 1620), die aus der ehemaligen Kapelle von Schloss Reinbek stammen.

Das **Gymnasium Sachsenwaldschule**, Schulstraße 19, ist ein Entwurf von Heinrich Bomhoff (1925/26, Erweiterung durch Bomhoff & Schöne 1928).

M 55 Evangelisch-lutherische Nathan-Söderblom-Kirche
Berliner Straße 4, Reinbek (Schleswig-Holstein)
Architekt: Friedhelm Grundmann
1965 W, 1966/67

Der skulptural anmutende Außenbau, der sich als abstrakte Komposition aus backsteinernen Kuben und Zylindern präsentiert, akzentuiert durch Sichtbetondetails, macht die Kirche zu einem bedeutenden Beispiel für den brutalistischen Sakralbau der 1960er Jahre (vgl. auch die Simeonkirche von Friedhelm Grundmann, Nr. E 51). Umso überraschender wirkt demgegenüber der konventionelle Charakter des Innenraums: eine dreischiffige Halle mit schlanken Betonpfeilern und einem um drei Stufen erhöhten Altarbereich. Die weißen Wände und die elementare Ausstattung vermittelt einen asketischen Eindruck, allerdings gemildert durch das leuchtende Rot der Bänke und des Orgelprospektes. Das Lesepult, die Taufschale, das Kruzifix und die großen Leuchter hinter dem Altar hat Hans-Werner Peters gestaltet.

M 56 Villa Russ
Auf der Hude 9, Wohltorf (Schleswig-Holstein)
Architekt: Max Schudel
1910/11

Zweigeschossiger Klinkerbau mit wuchtigem Mansardwalmdach für den Hamburger Reeder Ernst Russ. Ein konvexer Vorbau und ein Schweifgiebel betonen die Mittelachse der Hauptfassade. Quaderlisenen und Festons bilden den sparsamen Fassadenschmuck im Sinne des um 1910 aktuellen Heimatstils, der wesentliche Anregungen aus der Barockarchitektur bezog. Max Schudel war zwar Angestellter von Frejtag & Elingius, durfte den Auftrag aber auf eigene Rechnung ausführen. Die Villenkolonie Wohltorf wurde um 1900 angelegt. Die wirtschaftlichen Krisen der Weimarer Republik vereitelten den weiteren Ausbau, so dass heute Gebäude aus der Zeit nach 1945 vorherrschen.

Die **Villa** Waldstraße 1 ist ein Entwurf von Hans und Oskar Gerson (um 1912)

M 57 Villenkolonie Aumühle
Emil-Specht-Allee/Dora-Specht-Allee/Bismarckallee/Pfingstholzallee/Alte Hege u. a., Aumühle (Schleswig-Holstein)
Architekten: Max Gerhardt. Frejtag & Elingius. Raabe & Wöhlecke. Hermann Schomburgk u. a.
Ab 1894

Das kleine Dorf Aumühle-Billenkamp – offizielle Bezeichnung seit 1959 Aumühle – war bei der Hamburger Bevölkerung vor allem als Ausflugsziel bekannt, als der Gastronom und Kaufmann Emil Specht hier 1891 die ersten Grundstücke erwarb, um sie als Villenkolonie Sachsenwald-Hofriede zu erschließen (1921 nach Aumühle-Billenkamp eingemeindet). Die verkehrsgünstige Lage an der Eisenbahnstrecke nach Berlin und die prestigeträchtige Nähe zu Schloss Friedrichsruh, dem Wohnsitz Otto von Bismarcks (vgl. Nr. M 59), bedingten den raschen Aufschwung der exklusiven Neugründung. Zwischen den beiden Weltkriegen stagnierte allerdings der Ausbau, und immer mehr Villen wurden in Wohnungen aufgeteilt. Die ersten Häuser ließ Specht auf eigene Re-

M 57 Villenkolonie Aumühle

M 58 Evangelisch-lutherische Bismarck-Gedächtniskirche

chnung errichten. Kennzeichnend für diesen Bauabschnitt sind Putzfassaden, Krüppelwalmdächer und Giebel mit Holzverschalungen oder Fachwerk, entsprechend dem ländlichen Charakter der Siedlung. Die Villa Specht, Bismarckallee 1, von Raabe & Wöhlecke (1894) wurde von ihm selbst bezogen. Haus Meyer, Alte Hege 5, ist ein Entwurf von Frejtag & Elingius (1910, Erweiterung durch Jürgen Elingius 1981).

M 57.1 Bismarck-Turm
Bismarckallee 21
Architekt: Hermann Schomburgk
1898/99

Neoromanischer Rundturm mit Zinnenkranz und einer Putzfassade, die Natursteinmauerwerk vortäuscht. Das Bauwerk diente in erster Linie als Wasserturm. In den unteren Geschossen hatte Emil Specht ein privates Bismarck-Museum eingerichtet, das nach seinem Tod 1926 aufgelöst wurde. Hieran erinnert heute noch die Bismarck-Büste von Harro Magnussen, die oberhalb der beiden gekuppelten Rundbogenfenster im ersten Obergeschoss angebracht ist (Replik des Originals, das im Zweiten Weltkrieg eingeschmolzen wurde).

M 58 Evangelisch-lutherische Bismarck-Gedächtniskirche
Börnsener-Straße 25, Aumühle (Schleswig-Holstein)
Architekten: Bomhoff & Schöne (Ursprungsbau)
Friedhelm Grundmann (Umgestaltung)
1928-30; Umgestaltung 1966/67

Zylindrischer Klinkerbau mit Spitzbogenarkaden am Eingang und einem kupfernen Ringpultdach, das in einen Turm mündet. Im Innern wurde der zentralräumliche Charakter ursprünglich durch eine Stütze verfälscht, die mitten im Raum stand; außerdem war der Altarraum aus dem Rund ausgegrenzt (was damals bei runden Sakralbauten jedoch auch allgemein gefordert wurde). Bei der Umgestaltung in den 1960er Jahren wurde die Decke deshalb mit einem Stahlträger unterfangen und die Mittelsäule entfernt, so dass der Altar weit in den Innenraum hineinrücken konnte. Die Apostelfenster von John Nickelsen gehören zum ursprünglichen Bestand.

Die neuen Prinzipalstücke hat Hans Kock aus weiß gefärbtem Beton gestaltet. Das Triptychon ist eine Email-Arbeit von Lioba Munz (1979).

M 59 Bismarck-Mausoleum
Am Museum, Aumühle (Schleswig-Holstein)
Architekt: Ferdinand Schorbach
1889/90

Mausoleum für den ehemaligen Reichskanzler Otto Fürst von Bismarck (1815-1898) und seine Frau Johanna (1824-1894). Das neoromanische Tuffsteingebäude gliedert sich in eine Kapelle mit eingezogener halbrunder Apsis und einen oktogonalen Anbau für die beiden Marmorsarkophage, der sich durch Fächerfenster wie in der rheinischen Spätromanik hervorhebt. Als Vorbild für diese Lösung könnte die achteckige St.-Ulrich-Kapelle der Kaiserpfalz in Goslar gedient haben (ca. 1040-50, bis 1879 restauriert), zumal der Architekt aus Hannover stammte. Aber auch ohne dieses konkrete Vorbild ist der Entwurf beispielhaft für die Romanikbegeisterung des wilhelminischen Kaiserreichs, das die Hohenzollern gerne mit den Saliern und den Staufern identifizierte.

Schloss Friedrichsruh wurde 1945 bei einem Luftangriff zerstört und Anfang der 1950er Jahre durch Schramm & Elingius neu errichtet. Der **Bahnhof Friedrichsruh**, von dem aus Bismarck direkt nach Berlin fuhr, dient heute als Bismarck-Museum (um 1850).

M 60 Bismarcksäule
Silk, Reinbek (Schleswig-Holstein)
Architekt: Wilhelm Kreis
1899 W, 1901-03

19 m hoher, viereckiger Turm mit wulstigem Gesims, der an den Kanten von Rundpfeilern flankiert wird. Nach dem Tode Bismarcks am 30. Juli 1898 rief die deutsche Studentenschaft zur Errichtung von Bismarcksäulen auf, die an den Bismarck-Gedenktagen Flammenschalen tragen sollten. Der daraufhin ausgeschriebene Wettbewerb erbrachte 320 Beiträge, die im April 1899 von Hermann Ende, Franz Andreas Meyer, Carl Schäfer, Friedrich von Thiersch und Paul Wallot sowie drei Studen-

M 60 Bismarcksäule

M 61 Offizierssiedlung »Negerdorf«

tenvertretern auf der Wartburg begutachtet wurden. Der Entwurf von Wilhelm Kreis (1. Preis) – Motto »Götterdämmerung« – kann hinsichtlich der archaisierenden Form und der Verkleidung aus rustiziertem Granit als vorbildhaft für die Denkmalarchitektur des späten Kaiserreichs gelten. Auf Bismarck verweist nur das Familienwappen, das unterhalb des Reliefs mit dem Reichsadler angebracht ist. Insgesamt 47 Bismarcksäulen wurden von unterschiedlichen Architekten mit individuellen Varianten nach dem Vorbild von Kreis errichtet, wobei diejenige an der Landstraße von Schönningstedt nach Aumühle dem Ursprungsentwurf entspricht.

M 61 Offizierssiedlung »Negerdorf«
Oher Weg 5-23, Glinde (Schleswig-Holstein)
Architekt: Heeresbauamt II, vermutl. Regierungsbaurat Braunschweig
1937

Wohnanlage für die Beamten und Offiziere des benachbarten Heereszeugamtes Glinde, das 1937 in Dienst genommen wurde. Sechs eingeschossige und ein zweigeschossiges Gebäude, das den Point de Vue bildet, sind symmetrisch an einer Stichstraße mit einer Wendekehre ausgerichtet. Der Eindruck von Einfamilienhäusern war offenbar erwünscht; tatsächlich handelt es sich jedoch überwiegend um Geschosswohnbauten. Weiß geschlämmtes Sichtmauerwerk, Reetdächer, Sprossenfenster mit Klappläden und z.T. auch Zwerchhäuser verleihen den Gebäuden einen traditionalistischen Charakter. Ungewöhnlich im Hinblick auf die bürgerliche Zielgruppe des Projekts sind die Stallgebäude in den Gärten. Die diskriminierende Bezeichnung »Negerdorf« hat sich auch offiziell durchgesetzt. Offen bleibt, ob hiermit ursprünglich die Reetdächer oder die dunklen Tarnanstriche der Häuser während der Kriegsjahre gemeint waren.

M 62 Gutshaus Glinde
Möllner Landstraße 53, Glinde (Schleswig-Holstein)
Architekt: August Ott (Umbau und Erweiterung)
Um 1880, Umbau und Erweiterung 1912

Zweigeschossiges Gebäude mit sparsam gegliederten neoklassizistischen Putzfassaden und einem Mansardwalmdach, das mit dem schlanken Turm an der Schmalseite die Grundform des Ursprungsbaus durchscheinen lässt. Das Gut wurde 1880 durch den Hamburger Anwalt Edward Bartels Banks gegründet. Den Aufschwung brachten jedoch vor allem die späteren Pächter bzw. Besitzer Franz Rudorff (ab 1894) und Sönke Nissen (ab 1912), die den Hamburger Markt mit so genannter Sanitätsmilch belieferten – einer unbehandelten Rohmilch, deren Herstellung besonders strengen hygienischen und (veterinär-) medizinischen Bestimmungen unterlag.
1971 wurde der Gutsbetrieb verlagert und die Wirtschaftsgebäude abgebrochen. Auch das Gutshaus stand zeitweilig zur Disposition. Es dient heute als Veranstaltungszentrum.

Die **Auferstehungskirche**, Möllner Landstraße 50 in Oststeinbek (Schleswig-Holstein), ist ein Entwurf von Olaf Andreas Gulbransson (1961 W, 1963-66, vgl. die Martinskirche, Nr. G 42).

M 63 Evangelisch-lutherische Kirche St. Salvatoris
Kirchenstieg, Geesthacht (Schleswig-Holstein)
Kirche 1685; Turm 1691

Als Fachwerksaal mit Tonnendecke und polygonalem Chorschluss sowie einem hölzernem Turm ist St. Salvatoris ein bescheidener Ableger der prächtigen Dorfkirchen in den Vier- und Marschlanden (vgl. z.B. St. Nikolai in Altenwerder, Nr. M 22). 1841 wurde der Innenraum neu gestaltet mit Seitenemporen – Brüstungsbilder von Willi Langbein (1950er Jahre) – und einem Kanzelaltar. Letzterer ist ein Pasticcio aus einem Kanzelkorb, einem Epitaph und der Tür eines Beichtstuhls, die noch aus dem Vorgängerbau stammten, der 1684 einem Hochwasser zum Opfer gefallen war. Der Neubau wurde auf flutsicherem Gelände errichtet.

Das **Krügersche Haus**, Bergedorfer Straße 28 (Kernbau 1676, Erweiterungen 18. Jh.), dient heute als Geesthacht Museum. Es ist eines der letzten Relikte des ursprünglichen Dorfkerns von Geesthacht, der 1928 durch eine Großbrand zerstört wurde.

Literatur (Auswahl)

Allgemeine Darstellungen und Geschichte

Brunswig, Hans: Feuersturm über Hamburg. Die Luftangriffe auf Hamburg im Zweiten Weltkrieg und ihre Folgen, Stuttgart 1978.

Busch, Ralf (Hrsg.): Von den Sachsen zur Hammaburg. Bilder aus Hamburgs Frühzeit, Neumünster 1987 (Veröffentlichungen des Helms-Museums, 50).

Günther, Barbara (Hrsg.): Stormarn Lexikon, Neumünster 2003.

Hipp, Hermann: Freie und Hansestadt Hamburg. Geschichte, Kultur und Stadtbaukunst an Elbe und Alster, Köln 1989 (DuMont Kunstreiseführer).

Jochmann, Werner und Hans-Dieter Loose (Hrsg.): Hamburg. Geschichte der Stadt und ihrer Bewohner, 2 Bde., Hamburg 1982 u. 1986.

Kopitzsch, Franklin und Daniel Tilgner (Hrsg.): Hamburg Lexikon, 3., aktualisierte Aufl., Hamburg 2005.

Meyhöfer, Dirk, und Klaus Frahm: Hamburgs Backstein. Zur Geschichte des Ziegelbaus in der Hansestadt, Hamburg 1986.

Möller, Ilse, Hamburg, 2., völlig neubearbeitete Aufl., Gotha und Stuttgart 1999 (Perthes Länderprofile).

Nicolaisen, Dörte: Studien zur Architektur in Hamburg 1910-1930, Nijmegen 1985.

Pelc, Ortwin: Hamburg. Die Stadt im 20. Jahrhundert, Hamburg 2002.

Plagemann, Volker: Kunstgeschichte der Stadt Hamburg, Hamburg 1995.

Skrentny, Werner (Hrsg.): Hamburg zu Fuß. 20 Stadtteilrundgänge durch Geschichte und Gegenwart, Hamburg 1986.

Stephan, Rolf: Hamburg ehemals, gestern und heute. Die Freie und Hansestadt im Wandel der Zeit, Stuttgart 1985.

Architekturführer und Jahrbücher

Alberts, Klaus und Ulrich Höhns (Hrsg.): Architektur in Schleswig-Holstein seit 1945. 200 Beispiele, Hamburg 1994.

Architektur in Hamburg. Jahrbücher 1989 bis 2007, hrsg. von der Hamburgischen Architektenkammer, Hamburg 1989ff.

Architektur in Schleswig-Holstein 1900 bis 1980, zusammengestellt von Hartwig Beseler, Klaus Detlefsen und Kurt Gelhaar, Neumünster 1980.

Brandenburger, Dietmar und Gert Kähler (Hrsg.): Architektour. Bauen in Hamburg seit 1900, Braunschweig und Wiesbaden 1988.

Dehio, Georg: Handbuch der Deutschen Kunstdenkmäler. Bremen, Niedersachsen, bearbeitet von Gerd Weiß u. a., 2. Aufl., München und Berlin 1992.

Dehio, Georg: Handbuch der Deutschen Kunstdenkmäler. Hamburg, Schleswig-Holstein, bearbeitet von Johannes Habich, Christoph Timm und Lutz Wilde, 2. Aufl., München und Berlin 1994.

Hamburg: Bauen für die wachsende Stadt. Ein Architekturführer, Hrsg. Behörde für Stadtentwicklung und Umwelt, Freie und Hansestadt Hamburg, Berlin 2006.

Hansen, Ingrid: Hamburger Bau- und Kunstdenkmale. Innenstadt und Hafenrand, Hamburg 1989.

Marg, Volkwin und Reiner Schröder: Architektur in Hamburg seit 1900, Hamburg 1993.

Meyhöfer, Dirk: Neue Architektur in Hamburg. Ein Führer zu den Bauten der neunziger Jahre, Hamburg 1999.

Stadtteile und einzelne Gemeinden

Die Bau- und Kunstdenkmale der Freien und Hansestadt Hamburg, Bd. I: Bergedorf, Vierlande, Marschlande, bearbeitet von Renata Klée Gobert, Hamburg 1953.

Die Bau- und Kunstdenkmale der Freien und Hansestadt Hamburg, Bd. II: Altona, Elbvororte, bearbeitet von Renata Klée Gobert und Heinz Ramm, 2. Aufl., Hamburg 1970.

Ballerstedt, Hildegard und William Boehart: Herrschaftliche Zeiten. Zur Geschichte der Villenviertel in Wentorf, Schwarzenbek 2000.

Ellermeyer, Jürgen u. a. (Hrsg.): Harburg. Von der Burg zur Stadt, Beiträge zur Geschichte Harburgs 1288-1938, Hamburg 1988 (Veröffentlichung des Helms-Museums, 52, und Veröffentlichungen des Museums für Hamburgische Geschichte, 33).

Hamburg Altstadt, Stuttgart 2002 (Führer zu archäologischen Denkmälern in Deutschland, Bd. 41).

Hellberg, Lennart, Heike Albrecht und Heino Grunert: Harburg und Umgebung, Hamburg 1999 (Denkmaltopographie Bundesrepublik Deutschland, Hamburg-Inventar: Bezirk Harburg, Stadtteilreihe 7.1).

Heydorn, Volker Detlef: Das Blankeneser Oberland vom Baurs Park zur Richard-Dehmel-Straße, Hamburg 1987 (Schriftenreihe des Blankeneser Bürger-Vereins, 3).

Heydorn, Volker Detlef: Rund um den Krähenberg, Hamburg 1985 (Schriftenreihe des Blankeneser Bürger-Vereins, 2).

Hipp, Hermann: Harvestehude-Rotherbaum, Hamburg 1976 (Arbeitshefte zur Denkmalpflege in Hamburg, 3).

Nicolaisen, Dörte und Johannes Spallek: Övelgönne/Neumühlen, Hamburg 1975 (Arbeitshefte zur Denkmalpflege in Hamburg, 1).

Schmal, Helga, Vier- und Marschlande, Hamburg 1986 (Denkmaltopographie Bundesrepublik Deutschland, Hamburg-Inventar: Bezirk Bergedorf, Stadtteilreihe 6.1).

Schmal, Helga: Eimsbüttel und Hoheluft-West, Hamburg 1996 (Denkmaltopographie Bundesrepublik Deutschland, Hamburg-Inventar: Bezirk Eimsbüttel, Stadtteilreihe 3.1).

Schneider, Ursula und Sven Krieger (Fotos): Hamburg Innenstadt. Von der alten Kaufmannsstadt zur modernen City, Hamburg 1994.

Seemann, Agnes: Bergedorf – Lohbrügge, Hamburg 1997 (Denkmaltopographie Bundesrepublik Deutschland, Hamburg-Inventar: Bezirk Bergedorf, Stadtteilreihe 6.2).

Timm, Christoph: Altona-Altstadt und -Nord, Hamburg 1987 (Denkmaltopographie Bundesrepublik Deutschland, Hamburg-Inventar: Bezirk Altona, Stadtteilreihe 2.1).

Architekten (s. auch Öffentlicher Hochbau)

Architekt Bernhard Hermkes. Facetten eines Lebens, 1903-1995, Cottbus 2003.

Bartels, Olaf (Hrsg.): Die Architekten Langmaack. Planen und Bauen in 75 Jahren, Hamburg 1998 (Schriftenreihe des Hamburgischen Architekturarchivs).

Bartels, Olaf (Hrsg.): Rudolf Lodders. Schriften zum Neuaufbau 1946-1971, Hamburg 1989 (Schriftenreihe des Hamburgischen Architekturarchivs).

Bartels, Olaf: Altonaer Architekten – eine Stadtbaugeschichte in Biographien, Hamburg 1997.

Behr, Karin von: Ferdinand Streb 1907 bis 1970. Zur Architektur der fünfziger Jahre in Hamburg, Hamburg 1991 (Schriftenreihe des Hamburgischen Architekturarchivs).

Behrens, Sabine: Norddeutsche Kirchenbauten des Historismus. Die Sakralarchitektur Hugo Groothoffs 1851-1918, Kiel 2006 (Kieler Kunsthistorische Studien N.F., Bd. 8).

Berger, Julia und Bärbel Hedinger (Hrsg.): Franz Gustav Forsmann 1795-1878. Eine Hamburger Architektenkarriere, Neumünster 2006.

Bojahr, Petra: Erich zu Putlitz. Leben und Werk 1892-1945, Untersuchungen zur Monumentalarchitektur, Hamburg 1997 (Schriftenreihe des Hamburgischen Architekturarchivs).

Bucciarelli, Piergiacomo: Fritz Höger. Hanseatischer Baumeister 1877-1949, Berlin 1992.

Cornehl, Ulrich: »Raummassagen«. Der Architekt Werner Kallmorgen 1902-1979, Hamburg 2003 (Schriftenreihe des Hamburgischen Architekturarchivs).

Elingius, Jürgen und Christiane Leiska: Erich Elingius. Ein Architekt in Hamburg, Landhäuser, Villen, Herrenhäuser, Siedlungsbau, sozialer Wohnungsbau von 1906 bis 1946 , Hamburg 1989 (Veröffentlichungen des Vereins für Hamburgische Geschichte, 34).

Fest, Joachim C.: Cäsar Pinnau. Architekt, hrsg. von Ruth Irmgard Pinnau, Hamburg 1982.

Frank, Hartmut (Hrsg.): Fritz Schumacher. Reformkultur und Moderne, Stuttgart 1994.

Godber Nissen. Ein Meister der Nachkriegsmoderne, Mit Beiträgen von Olaf Bartels, Norbert Baues, Hartmut Frank, Ulrich Höhns, Ralf Lange und Bernhard Winking, Hamburg 1995 (Schriftenreihe des Hamburgischen Architekturarchivs).

Hannmann, Eckart: Carl Ludwig Wimmel 1786-1845. Hamburgs erster Baudirektor, München 1975 (Studien zur Kunst des neunzehnten Jahrhunderts, 33).

Hedinger, Bärbel: C. F. Hansen in Hamburg, Altona und den Elbvororten. Ein dänischer Architekt des Klassizismus, München und Berlin 2001.

Hornbostel, Wilhelm und David Klemm (Hrsg.): Martin Haller. Leben und Werk 1835-1925, Hamburg 1997 (Schriftenreihe des Hamburgischen Architekturarchivs).

Jaeger, Roland: Block & Hochfeld. Die Architekten des Deutschlandhauses, Bauten und Projekte in Hamburg 1921-1938, Exil in Los Angeles, Berlin 1996.

Klemm, David und Hartmut Frank (Hrsg.): Alexis de Chateauneuf 1799-1853. Architekt in Hamburg, London und Oslo, Hamburg 2000 (Schriftenreihe des Hamburgischen Architekturarchivs).

Koch, Robert und Eberhard Pook: Karl Schneider. Leben und Werk (1892 bis 1945), Hamburg 1992.

Laugwitz, Annette: Architekt Walther Baedeker (1880-1959). Bürgerliches Wohnen in Hamburg und auf Sylt, Berlin 1999.

Leo, Gustav H.: William Lindley. Ein Pionier der technischen Hygiene, Hamburg 1969.

Meyer, Wolfgang: Fernando Lorenzen. Ein Hamburger Architekt des Deutschen Kaiserreichs 1859-1917, Neumünster 2008.

Meyn, Boris: Der Architekt Paul Seitz. Eine Werkmonographie, Hamburg 1996 (Veröffentlichungen des Vereins für Hamburgische Geschichte, 41).

Pinnau, Ruth Irmgard: Ein Architekt als Zeitzeuge. Cäsar Pinnau 1906-1988, Werkverzeichnis, Hamburg 1989.

Schramm, Jost: Häuser aus einem Hause. 100 Jahre eines Architektenbüros in Hamburg, Vorwort von Hermann Hipp, Bearbeitet von Christiane Leiska, Hamburg 1985.

Stephan, Rolf: Brücken für Hamburg. Johann Hermann Maack, Bauinspektor von 1841 bis 1868, Hamburg 1987.

Timm, Christoph: Gustav Oelsner und das Neue Altona. Kommunale Architektur und Stadtplanung in der Weimarer Republik, Hamburg 1984.

Turtenwald, Claudia (Hrsg.): Fritz Höger (1877-1949). Moderne Monumente (Schriftenreihe des Hamburgischen Architekturarchivs), Hamburg 2003.

Voigt, Wolfgang: Hans und Oskar Gerson. Hanseatische Moderne, Bauten in Hamburg und im kalifornischen Exil, Mit Beiträgen von Hartmut Frank und Ulrich Höhns, Hamburg 2000 (Schriftenreihe des Hamburgischen Architekturarchivs).

Bauaufgaben

Gesamtdarstellungen
Hamburg und seine Bauten 1890 unter Berücksichtigung der Nachbarstädte Altona und Wandsbeck. Zur 9. Wanderversammlung des Verbandes deutscher Architekten- und Ingenieur-Vereine in Hamburg vom 24. bis 28. August 1890 hrsg. vom Architekten- und Ingenieur-Verein zu Hamburg, Hamburg 1890.

Hamburg und seine Bauten unter Berücksichtigung der Nachbarstädte Altona und Wandsbek 1914, hrsg. vom Architekten- und Ingenieur-Verein Hamburg, 2 Bde., Hamburg 1914.

Hamburg und seine Bauten mit Altona, Wandsbek und Harburg-Wilhelmsburg 1918-1929, hrsg. vom Architekten- und Ingenieur-Verein in Hamburg, Hamburg 1929.

Hamburg und seine Bauten 1929-1953, hrsg. vom Architekten- und Ingenieur-Verein Hamburg e.V., Hamburg 1953.

Hamburg und seine Bauten 1954-1968, hrsg. vom Architekten- und Ingenieur-Verein Hamburg e.V., Hamburg 1969.

Hamburg und seine Bauten 1969-1984, hrsg. vom Architekten- und Ingenieurverein Hamburg e.V. und Hamburgische Gesellschaft zur Beförderung der Künste und nützlichen Gewerbe Patriotische Gesellschaft von 1765, Hamburg 1984.

Hamburg und seine Bauten 1985-2000, hrsg. vom Architekten- und Ingenieurverein e.V. in Zusammenarbeit mit dem Hamburgischen Architekturarchiv, Hamburg 1999.

Baupflege und Denkmalschutz
Fischer, Manfred und Elke Först: Denkmalpflege in Hamburg. Idee – Gesetz – Geschichte, Hamburg 2000 (Arbeitshefte zur Denkmalpflege in Hamburg, 19).

Grundmann, Günther: Großstadt und Denkmalpflege. Hamburg 1945 bis 1959, Hamburg 1960.

Rauschnabel, Kurt: Stadtgestalt durch Staatsgewalt? Das Hamburger Baupflegegesetz von 1912, Hamburg 1984 (Arbeitshefte zur Denkmalpflege in Hamburg, 6).

Bürgerhäuser
Heckmann, Hermann: Barock und Rokoko in Hamburg. Baukunst des Bürgertums, Berlin 1990.

Rudhard, Wolfgang: Das Bürgerhaus in Hamburg, Tübingen 1975 (Das deutsche Bürgerhaus, 21).

Bürohäuser (inkl. Kontorhäuser)
Lange, Ralf: Vom Kontor zum Großraumbüro. Bürohäuser und Geschäftsviertel in Hamburg 1945 bis 1970, Königstein/Ts. 1999.

Meyer-Veden, Hans und Hermann Hipp: Hamburger Kontorhäuser, Hamburg 1988.

Denkmäler und Brunnen
Plagemann, Volker (Hrsg.): »Vaterstadt, Vaterland ... «. Denkmäler in Hamburg, Hamburg 1986 (Hamburg-Inventar, Themen-Reihe, 2).

Hafen
Aufgaben und Perspektiven der Hafendenkmalpflege, Bonn o. J. (Schriftenreihe des Deutschen Nationalkomitees für Denkmalschutz, 40).

Kludas, Arnold, Dieter Maass und Susanne Sabisch: Hafen Hamburg. Die Geschichte des Hamburger Freihafens von den Anfängen bis zur Gegenwart, Hamburg 1988.

Lange, Ralf und Henning Rademacher: Hafenführer Hamburg, Hamburg 1999.

Literatur (Auswahl)

Maak, Karin: Die Speicherstadt im Hamburger Freihafen. Eine Stadt an Stelle der Stadt, Hamburg 1985 (Arbeitshefte zur Denkmalpflege in Hamburg, 7).

Speicherstadt und HafenCity – Zwischen Tradition und Vision. Geschichte, Gegenwart und Zukunft eines einzigartigen Ortes zwischen alten und neuen Welten, Erinnerungen und Ausblicken, Texte Ralf Lange, Michael Batz und Gisela Schütte, 2. erw. und aktualisierte Aufl., Hamburg 2004.

Industrie, Verkehr und Versorgung
(s. auch Hafen)

Architekten- und Ingenieurverein (Hrsg.): Konstruktion zwischen Kunst und Konvention. Ingenieurbaukunst in Hamburg von 1950 bis 2000, Hamburg 1994.

Frühauf, Anne: Die Bauwerke des Schienenverkehrs in Hamburg, Hamburg 1994 (Hamburg-Inventar, Themen-Reihe, 5).

Frühauf, Anne, Fabrikarchitektur in Hamburg, Hamburg 1991 (Arbeitshefte zur Denkmalpflege in Hamburg, 10).

Schmidt, Jens U.: Wassertürme in Hamburg, Die Geschichte Hamburgs im Spiegel seiner ungewöhnlichsten Bauten, Delmenhorst und Berlin 2003.

Schneider, Ursula: Fabriketagen. Leben in alten Industriebauten, Hamburg 1997.

Kirchen

»Baukunst von Morgen!«. Hamburgs Kirchen der Nachkriegszeit, hrsg. v. Denkmalschutzamt Hamburg, Hamburg 2007.

Die Bau- und Kunstdenkmale der Freien und Hansestadt Hamburg, Bd. III: Die Innenstadt, Die Hauptkirchen St. Petri, St. Katharinen, St. Jacobi, bearbeitet von Renata Klée Gobert und Peter Wiek, Hamburg 1968.

Grundmann, Friedhelm und Thomas Helms (Fotos): Wenn Steine predigen. Hamburgs Kirchen vom Mittelalter bis zur Gegenwart, Hamburg 1993.

Heckmann, Hermann: Barock und Rokoko in Hamburg. Baukunst des Bürgertums, Berlin 1990.

Schiller, Gertrud: Hamburgs neue Kirchen 1951-1961, Hamburg 1961.

Soeffner, Hans-Georg, Hans Christian Knuth und Cornelius Nissle: Dächer der Hoffnung. Kirchenbau in Hamburg zwischen 1950 und 1970, Hamburg 1995.

Luftschutzbauten

Schmal, Helga und Tobias Selke: Bunker. Luftschutz und Luftschutzbau in Hamburg, Hamburg 2001 (Hamburg-Inventar, Themen-Reihe, 7).

Öffentlicher Hochbau
(s. auch Architekten)

Brandt, Heinz-Jürgen: Das Hamburger Rathaus. Eine Darstellung seiner Baugeschichte und eine Beschreibung seiner Architektur und künstlerischen Ausschmückung, Hamburg 1957.

Fischer, Manfred F.: Fritz Schumacher. Bauten und Planungen in Hamburg, Ein Stadtführer, Hamburg 1994.

Grolle, Joist (Hrsg.): Das Rathaus der Freien und Hansestadt Hamburg, Hamburg 1997.

Meyn, Boris: Die Entwicklungsgeschichte des Hamburger Schulbaus, Hamburg 1998 (Schriften zur Kulturwissenschaft, 18).

Schädel, Dieter (Hrsg.): Wie das Kunstwerk Hamburg entstand. Von Wimmel bis Schumacher, Hamburger Stadtbaumeister von 1841-1933, Hamburg 2006 (Schriftenreihe des Hamburgischen Architekturarchivs).

Schaeffer-Lübeck, Karl (Hrsg.): Hamburger Staatsbauten von Fritz Schumacher, 2 Bde., Berlin 1919/20.

Parks, Grünanlagen und Friedhöfe

Hesse, Frank P. u.a.: »Was nützet mir ein schöner Garten ...«. Historische Parks und Gärten in Hamburg, Hamburg 1990.

Leisner, Barbara, Heiko K. L. Schulze und Ellen Thormann: Der Hamburger Hauptfriedhof Ohlsdorf. Geschichte und Grabmäler, 2 Bde., Hamburg 1990 (Hamburg-Inventar, Themen-Reihe, 4).

Horbas, Claudia (Hrsg.): Die unaufhörliche Gartenlust. Hamburgs Gartenkultur vom Barock bis in das 20. Jahrhundert, Ostfildern-Ruit 2006.

Stadtplanung

Bose, Michael u.a.: » ... ein neues Hamburg entsteht ...«. Planen und Bauen von 1933 bis 1945, Hamburg 1986 (Beiträge zur städtebaulichen Forschung, 2).

Durth, Werner und Niels Gutschow: Träume in Trümmern. Planungen zum Wiederaufbau zerstörter Städte im Westen Deutschlands 1940-1950, 2 Bde., Braunschweig-Wiesbaden 1988

Hipp, Hermann: Colonnaden, Hamburg 1975 (Arbeitshefte zur Denkmalpflege in Hamburg, 2).

Jung-Köhler, Evi: Verlust und Chance. Hamburg 1842, Stadtmodernisierung beim Wiederaufbau nach dem Großen Brand, Hamburg 1991 (Veröffentlichungen des Vereins für Hamburgische Geschichte, 37).

Lange, Ralf: Hamburg – Wiederaufbau und Neuplanung 1943 bis 1963, Königstein/Ts. 1994.

Lange, Ralf: Der Sandtorkai. Der erste Bauabschnitt der HafenCity, Bremen 2007.

Schumacher, Fritz: Das Entstehen einer Großstadt-Straße (Der Mönckebergstraßen-Durchbruch), Braunschweig und Hamburg 1922 (Fragen an die Heimat, 3).

Wawoczny, Michael: Der Schnitt durch die Stadt. Planungs- und Baugeschichte der Hamburger Ost-West-Straße von 1911 bis heute, Hamburg 1996 (Schriftenreihe des Hamburgischen Architekturarchivs).

Synagogen und jüdische Einrichtungen

Stein, Irmgard: Jüdische Baudenkmäler in Hamburg, Hamburg 1984 (Hamburger Beiträge zur Geschichte der deutschen Juden, 11).

Wohnungs- und Siedlungsbau
(s. auch Stadtplanung)

Eissenhauer, Michael: Die Hamburger Wohnstiftungen des 19. Jahrhunderts, Hamburg 1987 (Arbeitshefte zur Denkmalpflege in Hamburg, 9).

Harms, Hans und Dirk Schubert: Wohnen in Hamburg. Ein Stadtführer zu 111 ausgewählten Beispielen, Hamburg 1989 (Stadt, Planung, Geschichte, 11).

Haspel, Jörg: Hamburger Hinterhäuser. Terrassen – Passagen – Wohnhöfe, Hamburg 1987 (Hamburg-Inventar, Themen-Reihe, 3).

Hipp, Hermann: Wohnstadt Hamburg. Mietshäuser der zwanziger Jahre zwischen Inflation und Weltwirtschaftskrise, Hamburg 1982 (Hamburg-Inventar, Themen-Reihe, 1).

Roscher, Volker und Petra Stamm (Hrsg.): Wohnen in der Stadt – Wohnen in Hamburg. Leitbild – Stand – Tendenzen, Hamburg 1997.

Schildt, Axel: Die Grindelhochhäuser. Eine Sozialgeschichte der ersten deutschen Wohnhochhausanlage Hamburg-Grindelberg 1945 bis 1956, Hamburg 1988 (Schriftenreihe des Hamburgischen Architekturarchivs).

Schumacher, Fritz: Das Werden einer Wohnstadt. Bilder vom neuen Hamburg, Hamburg 1932.

Wiek, Peter: Das Hamburger Etagenwohnhaus 1870-1914. Geschichte, Struktur und Gestaltung, Bremen 2002 (Veröffentlichungen des Vereins für Hamburgische Geschichte, 46).

Bautenregister

Vollständige Objekteinträge (hinsichtlich Adresse, Baudatum und, sofern bekannt, Architekt) sind **fett hervorgehoben**. Die übrigen Einträge bezeichnen Querverweise im Text. Mehrfachnennungen sind möglich.

Die Bauten sind nach folgenden Kategorien sortiert: – Architektenateliers – Badeanstalten – Banken – Bauern- und Fischerhäuser, ländliche Wirtschaftsgebäude – Bauten für Forschung und Lehre – Bibliotheken – Börsen – Botschaften und Konsulate – Brücken und Tunnel – Bürgerhäuser (bis ca. 1860) – Burgen und Befestigungsanlagen – Denkmäler und Brunnen – Einfamilienhäuser – Einzelhandel und Apotheken – Friedhöfe und Friedhofsbauten – Geschosswohnbauten und Wohnanlagen – Hafen, Schifffahrt und Wasserbau – Hotels und Gastronomie – Industrie und Gewerbebauten – Justizgebäude – Kirchen, Gemeindebauten und Klöster – Kontorhäuser (vor 1945) – Konzentrationslager – Krankenhäuser – Lagerhäuser und Silos – Luftschutzbauten – Luftverkehr – Mediengebäude – Mietbürohäuser (nach 1945) – Militärbauten – Moscheen – Museen und Ausstellungsgebäude – Grünanlagen und öffentlicher Raum – Polizei und Feuerwehr – Post und Telekommunikation – Rathäuser, Behörden und Ämter – Schienenverkehr – Schlösser und Herrenhäuser – Schulen und Kindergärten – Siedlungen – Sportbauten – Stifte, Heime und betreutes Wohnen – Straßenverkehr – Synagogen – Theater, Konzertsäle und Versammlungsbauten – Verbände, Vereine und sonstige Körperschaften – Versorgung – Verwaltungsgebäude – Villen und Landhäuser

Architektenateliers
Architektenatelier v. Gerkan, Marg + Partner mit Wohnhaus **J 31**
Architektenatelier Kähler **I 47**
Architektenatelier Mathez mit Wohnungen **J 10**
Architektenatelier Pysall, Stahrenberg & Partner **F 27**
Architektenatelier Roth **D 20**
Haus Grundmann **G 17**
Wohn- und Atelierhaus Meyer + Fleckenstein **J 11**

Badeanstalten
Alsterschwimmhalle **E 45**
Badeanstalt Harburg **L 44**
Gorch-Fock-Halle **L 14**
Hammonia-Bad **F 3**
Holthusenbad **D 70**
Thedebad **C 59.1**

Banken
Bankhaus Hinrich Donner **A 48**
Bankhaus Joh. Berenberg, Gossler & Co. **A 5.3**
Bankhaus Warburg **A 51**
Bayerische Hypotheken- und Wechselbank **B 62.3**
Berenberg Bank **B 21**
Berliner Handelsgesellschaft (Berlin) A 6
Deutsche Bank AG **A 5.2**
Dresdner Bank AG **B 17**
Europäisch-Iranische Handelsbank **A 63**
Hamburger Sparkasse **F 63**
Hannoversche Bank **L 45**
Hypothekenbank **B 11**
HypoVereinsbank AG **A 5.1**
Landeszentralbank **L 44**
Reichsbank **A 3**
Vereinsbank **C 12**

Bauern- und Fischerhäuser, ländliche Wirtschaftsgebäude
Backhäuser Francoper Straße **L 62**
Bauernhaus Schönefelder Straße **L 31**
Fährhof Odemann **J 42.1**, **M 10**
Fischerhäuser Mühlenberg/Panzerstraße **K 13**
Fischerhäuser Treppenviertel K 13, **K 21.1**
Freilichtmuseum am Kiekeberg **L 70**
Harenscher Hof (Rathaus Jork) **L 66**
Hof Eggers **M 18**
Hof Eggers, Fachwerkscheune **M 18**
Hof Eggers, Längsdielenscheune **M 18**
Hof Eggers, Turmspeicher **M 18**
Hof Odemann **M 8**
Hof Palm **L 64.2**
Hof Quast **L 64.1**
Hufnerhaus Biesterfeld **J 42.1**
Hufnerhaus Horster Damm **M 23**
Hufnerhaus Kirchwerder Hausdeich **M 21**
Hufnerhaus Stellmacherstraße **L 64.3**
Hufnerhäuser Francoper Straße **L 62**
Hufnerhäuser Neuengammer Hausdeich **M 15, M 16.2, M 16.3**
Instenhäuser Baron-Voght-Straße **J 41.1**
Instenhäuser Jürgensallee **J 41.1**
Kate Curslacker Deich **M 12**
Kate Neuengammer Hausdeich **M 16.1**
Kate Tönerweg **M 12**
Kate Zwischen den Zäunen **M 16.4**
Katen Francoper Straße **L 62**
Kleinkaten Ohnsorgweg **J 42.3**
Krügersches Haus **M 63**
Kupferhof **H 40**
Kupferhof, Kupfermühle **H 40.1**
Längsdielenscheune Neuengammer Hausdeich **M 15**
Museumsdorf Volksdorf, Dorfschmiede **H 19**
Museumsdorf Volksdorf, Durchfahrthaus **H 19**
Museumsdorf Volksdorf, Durchfahrtscheune **H 19**
Museumsdorf Volksdorf, Grützmühle **H 19**
Museumsdorf Volksdorf, Harderhof **H 19**
Museumsdorf Volksdorf, Instenhaus **H 19**
Museumsdorf Volksdorf, Spiekerhus **H 19**
Neumühlen **J 1**
Övelgönne **J 30**
Portausches Haus **L 66**
Prunkpforten **L 64**
Rieckhaus **M 11**, M 16
Rieckhaus, Entwässerungsmühle **M 11**
Rieckhaus, Heuberg **M 11**
Rieckhaus, Scheune **M 11**
Röperhof **J 50**
Scheunen Francoper Straße **L 62**
Wassermühle Wedel **K 50**
Windmühle Altengammer Hauptdeich **M 9**
Windmühle Johanna **L 31**
Windmühle Kirchwerder Mühlendamm **M 9**
Windmühle Reitbrook **M 9**

Bauten für Forschung und Lehre (s. auch Bibliotheken)
Bundesforschungsanstalt für Forst- und Holzwirtschaft **H 47**
Fachhochschule Bergedorf **M 41**
Helmut-Schmidt-Universität **G 44**
Hochschule für Bildende Künste, s. Kunstgewerbeschule
Hochschule für Musik und Theater **D 39.1**
IIT Illinois Institute of Technology (Chicago) G 37, J 51
Institut für Allgemeine Botanik **K 37**
Institut für Theater, Musiktheater und Film **J 14**
Kunstgewerbeschule **F 4**
Lehrerinnenseminar **C 89**
MAZ level one GmbH **L 38**
Mikroelektronik-Zentrum (Duisburg) E 39
Sternwarte **M 38**
Studentenwohnheim, Billwiese **M 41**
Universität Hamburg, Auditorium maximum **D 19.3**
Universität Hamburg, Campus **D 19**
Universität Hamburg, Hauptgebäude **D 15**
Universität Hamburg, Hochhaus der Philosophischen und der Theologischen Fakultät **D 19.1**
Universität Hamburg, Pädagogisches Institut **D 19.2**

Bibliotheken
Bücherhalle Kohlhöfen **B 74**
Bücherhalle Mönckebergbrunnen **A 59.7**
Staatsarchiv der Freien und Hansestadt Hamburg **G 16**
Universität Hamburg, Zentralbibliothek Recht **D 25**
Warburg-Bibliothek **D 64**

Börsen
Alte Börse A 6, A 16
Börse **A 6**
Börse, Haus im Haus **A 6.1**
Kaffeebörse **L 1**

Botschaften und Konsulate
Deutsche Botschaft (St. Petersburg) A 61
Generalkonsulat der USA **D 8**

Brücken und Tunnel
Adolphsbrücke **B 9**

347

Bautenregister

Alte Harburger Elbbrücke **L 33**
Alter Elbtunnel **C 32.2**
Bleichenbrücke A 16, **B 9**
Ellerntorsbrücke B 63, **B 67**
Fehmarnsundbrücke I 38.3
Fernsichtbrücke **F 19**
Graskellerbrücke, Brückengeländer **A 14**
Hanseatic Trade Center, Brücken und Stege **L 2**
Heiligengeistbrücke **B 63**
Hohe Brücke **A 28**
Holzbrücke **A 30**
Kattwyk-Hubbrücke **L 19**
Kennedybrücke B 85, **B 86**
Köhlbrandbrücke **L 11**
Krugkoppelbrücke **D 50, F 19**
Lombardsbrücke **B 85**, B 86
Michaelisbrücke B 63, **B 64**
Mundsburger Brücke **F 7**
Museumspasserelle **L 4**
Neuer Elbtunnel **L 12**
Reesendammbrücke **B 9**
Reiherstiegklappbrücke **L 21**
Rethe-Hubbrücke L 19, **L 21**
Schellfischtunnel **C 49**
Schwanenwikbrücke **F 7**
Shanghaibrücke **L 3.8**
Spannbetonsteg **B 82.2**
Tewessteg **F 39**
Trostbrücke **A 16**
Zollenbrücke **A 14**

Bürgerhäuser (bis ca. 1860)
Alsterarkaden **B 1.1**
Althamburger Bürgerhaus **A 29.1**, A 33
Amsinck-Palais **B 21**
Amtshaus der Schlosser **A 11**
Apotheke Blankenese **K 17**
Bäckerbreitergang **B 30**, B 51, B 71, B 79, C 24, E 5, J 16
Bürgerhaus Große Elbstraße C 34, **C 46.1**
Bürgerhaus Große Reichenstraße **A 40**
Bürgerhaus Karnapp **L 37**
Bürgerhaus Lange Reihe **E 16**
Bürgerhaus Schopenstehl **A 41**
Bürgerhaus Willy-Brandt-Straße **A 38**, A 41
Bürgerhäuser Alte Holstenstraße/Sachsentor **M 29**
Bürgerhäuser Buxtehude **L 68**
Bürgerhäuser Deichstraße **A 29**
Bürgerhäuser Große Freiheit **C 34**
Bürgerhäuser Harburger Schloßstraße **L 37**
Bürgerhäuser Klopstockstraße **J 8**
Bürgerhäuser Peterstraße/Neanderstraße **B 79**
Fachwerkhaus Schloßmühlendamm **L 39**
Fachwerkhaus Thielbek **B 72**
Fachwerkhaus Valentinskamp **B 29**
Fachwerkhäuser Große Bäckerstraße **A 8**
Fachwerkhäuser Lämmertwiete/Neue Straße **L 40**
Fachwerkhäuser Reimerstwiete **A 32**
Haus Abendroth E 23, K 3
Haus Baur **C 50.1.5**
Haus Dehn **C 50.1.1**

Haus Hansen **C 50.1.2**
Haus Hudtwalcker K 3
Haus Jacobsen **C 50.1.4**
Haus Schumacher **E 9**
Historischer Stadtkern Wedel **K 50**
Kaiserhof E 23
Kanzlerhaus **L 40.1**
Kattenhof **E 5**
Kaufmannshof **A 33**
Krameramtswohnungen B 30, **B 51**
Lateinschule (Buxtehude) **L 68**
Nachbrandgebäude Alsterarkaden/Neuer Wall **B 1.1**
Nachbrandgebäude Ballindamm **A 47**
Nachbrandgebäude Deichstraße **A 29**
Nachbrandgebäude Ferdinandstraße/Alstertor **A 51**
Nachbrandgebäude Jungfernstieg **B 17**
Nachbrandgebäude Rosenstraße/Lilienstraße **A 55**
Paradieshof **B 69**, B 72, B 79
Patriotische Gesellschaft **A 15**
Ratsapotheke (Schloßmühlendamm) **L 39**
Ratsapotheke (Lämmertwiete) **L 40**
Sahlhaus Hein-Hoyer-Straße **C 24**
Stadt- und Lateinschule (Harburg) **L 40.1**
Stadthäuser Crescent **E 10**
Stadthäuser Esplanade **B 23**
Stadthäuser Palmaille **C 50, C 50.1.3, C 50.2**, K 19
Stadthäuser Zeughausmarkt **B 47.2**
Tempelsynagoge, Vorderhäuser **B 76**

Burgen und Befestigungsanlagen
Burg Arnesvelde H 45
Hammaburg A
Marschtorzwinger **L 68**
Neue Burg A, A 17
Stadtmauer A
Stadtwall A, B, B 23, B 51, B 82

Denkmäler und Brunnen
Bismarck-Denkmal B 48, **B 80**
Bismarcksäule **M 60**
Brahms-Denkmal **B 40**
Brunnen Sievekingplatz B 42.1
Büsch-Denkmal **D 16**
Denkmal der 76er **B 83**
Denkmal der 76er, Gegendenkmal **B 83**
Denkmal für die Opfer des Bombenkrieges **I 26.5**
Denkmal im Laeiszhof **A 17**
Fischmarktbrunnen **C 41**
Gedenkstein für die deportierten Juden **D 18**
Gefallenendenkmal Lokstedt **I 7**
Gefallenendenkmal Nienstedtener Friedhof **K 8**
Gefallenendenkmal Rathausmarkt **A 2**
Hansa-Brunnen **E 4**
Heine-Denkmal **A 1.1**
Hummelbrunnen **B 73**
Hygieia-Brunnen **A 1**
Kaiser-Karl-Brunnen **B 66**
Kaiser-Wilhelm-Denkmal (Altona) **C 51**

Kaiser-Wilhelm-Denkmal (Hamburg) A 1, A 1.1, **B 43**
Kriegerehrenmal der 31er **C 61**
Kriegerdenkmal Deutsch-Französischer Krieg **D 12**
KZ-Gedenkstätte Neuengamme, Mahnmal **M 17.1**
KZ-Gedenkstätte Neuengamme, Haus des Gedenkens **M 17.1**
Lessing-Denkmal **B 26**
Mahnmal für die Opfer nationalsozialistischer Verfolgung **I 26.4**, M 17.1
Mahnmal Joseph-Carlebach-Platz **D 21**
Mahnmal Rosengarten **E 62**
Mahnmal Sievekingplatz **B 42.1**
Mönckebergbrunnen **A 59.6, A 59.7**
Rolandsäule **K 50**
Schiller-Denkmal **B 84**
Schleswig-Holstein-Brunnen **J 5**
Stuhlmann-Brunnen **C 51**
Vierländerin-Brunnen **A 19**

Einfamilienhäuser (siehe auch Villen und Landhäuser sowie Siedlungen)
Atelierhaus Dr. Sumfleth **J 46**
Beamtenwohnhäuser der Deutschen Werft **J 53, L 15**
Doppelhaus Höger **I 18**
Doppelhaus In de Bost **K 9**
Doppelhäuser Karl-Jacob-Straße **K 1**
Einfamilienhaus Am Hirschpark **K 13**
Einfamilienhaus Diestelstraße **H 35**
Einfamilienhaus Halenreie **H 16**
Einfamilienhaus Kirchenstegel **M 22.1**
Einfamilienhaus Müllenhoffweg **J 56**
Einfamilienhaus Pfeilshofer Weg **H 3**
Einfamilienhaus Pfingstberg **M 33.2**
Einfamilienhaus Winterhuder Kai **F 40**
Einfamilienhäuser Gottorpstraße **J 46**, J 54
Gruppenhäuser Alsterkrugchaussee **I 15**
Gruppenhäuser Dürerstraße **J 55**
Gruppenhäuser Kreienkoppel **H 8.2**
Haus Ascher **H 3**
Haus Bagge **H 3.1.2**, M 51
Haus Bauer **H 37**
Haus v. Behr **H 22**
Haus Bock **K 26**
Haus Brinkama **D 40**
Haus Buck **H 6**
Haus Dehmel **K 24**, K 27
Haus Dr. Hein **H 39**
Haus Dr. Knoth **H 3.1.1**, M 51
Haus Dr. Kruspig **D 48.3**
Haus Dr. Munro **F 35**, K 43
Haus Dr. Sautter **H 2**
Haus Edye **H 35**
Haus v. Gerkan **J 31**
Haus Grossmann **M 51**
Haus Grundmann **G 17**
Haus Gutschow **K 43**
Haus Hering **H 20**
Haus Hirche **H 22**
Haus Huwendiek **K 21.3**
Haus Köhnemann **H 42**

Haus Kruse **H 28**
Haus Laage **K 21.4**
Haus Lindhorst **H 32**
Haus Martens (Rellingen) **I 52**
Haus Martens (Blankenese) **K 29**
Haus Michaelsen **K 39**, K 40, L 58
Haus Müller-Drenkberg **H 33**, H 37
Haus Neumann **J 54**
Haus Nordwald **K 35.3**
Haus Philip **I 17**
Haus Pinnau **J 36**
Haus Präsent **F 33**
Haus Radicke **L 58**
Haus Ranck **G 34**
Haus Reimann **H 39**
Haus Roman **F 33**
Haus Schramm **M 52**
Haus Schweger **F 23**
Haus Sieveking **K 35.2**
Haus Thiede **H 23**
Haus Wacker Zeiger **K 21.2**
Haus Weidtmann **K 12**
Haus Wetzel **K 10**
Haus Wulff **G 9**
Häuser Mönckeberg-Kollmar und Dr. Gärtner **K 30**
Kettenhäuser Gödersenweg **H 8.1**
Norweger-Häuser, Blockhäuser **H 31.1**, **H 31.2**
Norweger-Häuser, Doppelhäuser **H 31.3**
Ökohäuser Melkerstieg **K 44**
Plattenhäuser **H 10**, H 31, **L 60**, M 17
Reihenhäuser Jürgensallee **K 1**
Reihenhäuser Rulantweg **J 28**
Reihenhäuser Schlagbaumtwiete **J 34**
Reihenhäuser Weusthoffstraße L 52
Siedlerhäuser Op de Elg **H 12**
Stadthäuser Carsten-Meyn-Weg **H 8.2**
Stadthäuser Falkenried Quartier **D 84.2**
Strohdachhäuser **I 46.1**
Teppichhäuser **L 52**
Versuchshäuser der Vulcan-Werft **I 34**

Einzelhandel und Apotheken
Alsterdorfer Markt **I 23**
Alsterhaus **B 18**
Alte Post **B 13**
Autohaus »Car and Driver« **G 26**
Barkhofpassage **A 59.5**
Bleichenhof **B 10**
Europapassage **A 47**
Fischmarktapotheke **A 42**
Flughafen Hamburg, Shopping Plaza **I 37.3**
Galleria **B 12**
Hamburger Hof **B 16**
Hanse-Viertel **B 11**
Hauptbahnhof, Wandelhalle **E 1.1**
HEW-Kundenzentrum **A 59.6**
Kaufhaus C & A **A 59**
Kaufhaus des Westens (Berlin) A 4
Kaufmannshaus **B 10**
Kontorhaus Reubert (ehem. Apotheke) **B 4**
Ladage & Oelke **B 1.3**
Levantehaus **A 59.4**

Mellinpassage B 1, **B 1.3**
Modehaus Hirschfeld B 1.4
Niemitz-Apotheke **A 55.1**
Pelikan-Apotheke **B 70**
phoenix center **L 48**
Phoenixhof **J 67**
Raffay Smart City Entertainment Center **G 26**
Ratsapotheke **L 39**
Schwan-Apotheke **B 35**
Stadtbäckerei **B 26**
Stilwerk C 43, **C 44**
Überseequartier **L 3.7**
Überseequartier, Markthalle **L 3.7.1**
Warenhaus Karstadt **A 59**
Warenhaus Kaufhof **A 59.2**

Friedhöfe und Friedhofsbauten
Begräbniskapelle des Kirchspiels St. Petri **C 3**
Bismarck-Mausoleum **M 59**
Familiengrab Beisser **H 30**
Friedhof Altona **J 60**
Friedhof des Kirchspiels St. Jacobi E 48
Friedhof des Kirchspiels St. Petri C 3
Friedhof Nienstedten, Friedhofskapelle **K 8**
Grabmal Klopstock **J 9**
Grabmal Rousseau D 16
Grabmal Familie Sieveking **E 56**
Hauptfriedhof Ohlsdorf I, **I 26**
Hauptfriedhof Ohlsdorf Krematorium I 24, **I 26.3**
Hauptfriedhof Ohlsdorf, Kapelle 13 **I 26.6**
Hauptfriedhof Ohlsdorf, Verwaltungsgebäude **I 26.1**
Jüdischer Friedhof Königstraße **C 38**
Jüdischer Friedhof Ohlsdorf **I 25**
Jüdischer Friedhof Ohlsdorf, Friedhofsgebäude **I 25**
Jüdischer Friedhof Ottenser Hauptstraße I 25
Jüdischer Friedhof Rentzelstraße I 25
Krematorium Alsterdorf **I 24**, I 26.3
Krematorium Gotha I 24
Mausoleum Bergner **M 42**
Mausoleum Riedemann **I 26.2**
Mausoleum von Ohlendorff **I 26.2**
Neuer Friedhof Bergedorf **M 39**
Neuer Friedhof Bergedorf, Kapelle **M 39**
Osterkirche **E 48**
Schimmelmann-Mausoleum G, **G 15**, H 45

Geschosswohnbauten und Wohnanlagen
Adolf-von-Elm-Hof (Barmbek-Nord) **F 64.5**
Adolf-von-Elm-Hof (Eißendorf) F 64.5, **L 51**
Adolphpassage **C 18**, C 23
Altstädter Hof **A 62.1.1**
Apartmenthaus Fontenay-Allee **D 9**
Apartmenthaus Heimhuder Straße **D 33**
Augustenpassage **C 12**
Beckpassage **C 12**, C 13, C 23
Behindertenwohnungen Billrothstraße **C 58**
Büro- und Wohngebäude Dalmannkai **L 3.4.2**
Büro- und Wohngebäude Kaiserkai **L 3.4.1**

Büro- und Wohngebäude Sandtorkai **L 3.1**
Centrumshaus **L 42**
Colonnaden **B 25**, F 17
Dammtorpalais **D 17**
Einküchenhaus **G 23.1.3**
Elbloft **J 3**
Eppendorfer-Baum-Palais **D 75**
Falkenriedterrassen **D 83**
Friedrich-Ebert-Hof (Ottensen) **J 20**
Friedrich-Ebert-Hof (Wandsbek) **G 21**
Geschosswohnbau Allgemeine Deutsche Schiffszimmerer-Genossenschaft **L 22.2**
Geschosswohnbau Am Dalmannkai **L 3.3**
Geschosswohnbau Bremer Kai **L 7**
Geschosswohnbau Burmeister **F 33**
Geschosswohnbau Dürerstraße **J 55**
Geschosswohnbau Eppendorfer Landstraße **D 72**
Geschosswohnbau Erdkampsweg **I 36.2**
Geschosswohnbau Fährhausstraße **F 12**
Geschosswohnbau Fuhlsbüttler Straße/Suhrsweg **F 63**
Geschosswohnbau Handelshof **E 13**
Geschosswohnbau HAPAG **L 22.1**
Geschosswohnbau Harvestehuder Weg **D 49**
Geschosswohnbau Heilwigstraße **D 66**
Geschosswohnbau Hermann-Behn-Weg **D 24**
Geschosswohnbau Hospitalstraße **C 57**
Geschosswohnbau Lesserstraße **G 25**
Geschosswohnbau Lunapark C 64, **C 66**
Geschosswohnbau Mielck **E 46**
Geschosswohnbau Nagelsweg **E 31**
Geschosswohnbau Oberaltenallee **F 2**
Geschosswohnbau Otzenstraße **C 22**
Geschosswohnbau Pöseldorfer Weg **D 41**
Geschosswohnbau Schäfer **I 35**
Geschosswohnbau Scheideweg **D 86**
Geschosswohnbau Schmarje **J 52**
Geschosswohnbau Schwenckestraße **C 71**
Geschosswohnbau Semperstraße **F 26**
Geschosswohnbau Vogel **D 12**
Geschosswohnbau Wackerhagen **E 57**
Geschosswohnbauten Admiralitätsstraße **B 59**
Geschosswohnbauten Alsterkrugchaussee **I 15**
Geschosswohnbauten Am Hasenberge **I 31**
Geschosswohnbauten Bahrenfelder Chaussee **J 62**
Geschosswohnbauten Bellevue **F 18**
Geschosswohnbauten Bogenstraße/Kaiser-Friedrich-Ufer **C 79**
Geschosswohnbauten Deichstraße **A 29**
Geschosswohnbauten Eppendorfer Landstraße/Haynstraße **D 73**
Geschosswohnbauten Eupener Straße/Eupener Stieg/Hultschiner Straße **G 23.4**
Geschosswohnbauten Fährstraße **L 24**
Geschosswohnbauten Fischmarkt **C 41**
Geschosswohnbauten Fuhlsbütteler Schleuse **I 29**
Geschosswohnbauten Gryphiusstraße **F 34**
Geschosswohnbauten Habichtsweg **F 64.4**

Bautenregister

Geschosswohnbauten Hammer Steindamm/ Chateauneufstraße **E 53**
Geschosswohnbauten Haynstraße/ Robert-Koch-Stieg/Lenhartzstraße **D 75**
Geschosswohnbauten Hohenzollernring **J 23**
Geschosswohnbauten Holtenklinkerstraße **M 37**
Geschosswohnbauten Hudtwalckerstraße/ Hudtwalckertwiete **F 38**
Geschosswohnbauten Isestraße **D 61**
Geschosswohnbauten Jarrestraße **F 48**
Geschosswohnbauten Kapellenstraße **G 46**
Geschosswohnbauten Kieler Straße **C 67**
Geschosswohnbauten Koldingstraße/ Gefionstraße/Augustenburger Straße **C 64**, **J 68**
Geschosswohnbauten Lamp'lweg/Goethestraße **C 54**
Geschosswohnbauten Martin-Luther-Straße/ Rehhoffstraße **B 52**
Geschosswohnbauten Ottersbekallee/Am Weiher/Eichenstraße **C 75**
Geschosswohnbauten Querpfad **I 46**
Geschosswohnbauten Rambachstraße **B 52**
Geschosswohnbauten Sanitasstraße **L 24**
Geschosswohnbauten Schäferstraße/ Agathenstraße **C 91**
Geschosswohnbauten Schöne Aussicht **F 10**
Geschosswohnbauten Sievekingsallee **G 5**
Geschosswohnbauten Steinstraße **A 62.1.2**
Geschosswohnbauten Straßburger Straße **G 23.2**
Geschosswohnbauten Stresemannstraße **J 68**
Geschosswohnbauten Veringstraße **L 24**
Geschosswohnbauten Vierlandenstrasse **M 30**
Geschosswohnungen Horner Rennbahn **G 6.2**
Gewerbe- und Wohnpark Osterbekkanal **F 51**
Großsiedlung Steilshoop, Block 9 **G 19**, **G 38.1**
Hamburger Burg, Methfesselstraße **C 72**
Hamburger Burg, Stellinger Weg **B 52**, **C 72**, **C 84.3**, **E 68**, **F 54**, **J 63**, **L 22**
Haus der Malerei-Gesellschaft **C 80**
Hochhäuser Neu-Altona **C 37**
Jägerpassage **C 10**, **C 23.1**
Kleinwohnungsbauten Poßmoorweg/Heidberg **F 29**
Laubenganghaus Heidhörn **F 64.1**, **F 64.3**, **G 23.5**
Laubenganghäuser Am Lustberg **F 50**, **I 33**
Laubenganghäuser Oberschlesische Straße **F 64.1**, **G 23.5**
Ledigenhaus **B 52.3**
Marco Polo Tower **L 3.6**
Münzburg **E 26**, **E 27**
Passage Koppel/Lange Reihe **E 14**
Pelikan-Apotheke **B 70**
Schwalbenhof **F 64.3**
St. Johannishaus **C 90**
Staatsbauten **G 23.1**
Stadtvillen Buchwaldstraße **G 41**
Terrasse Lange Reihe **E 16**

Terrasse Schäferstraße **C 91.3**
Terrasse Spaldingstraße **E 27**
Terrassen Wohlwillstraße **C 12**, **C 18**, **C 23**, **C 91**, **D 27.3**, **E 14**, **E 16**, **E 27**, **F 38**
Terrassenhäuser Im Grünen Grunde **I 28**, **I 49**
Terrassenhäuser Reemstückenkamp **I 28**, **I 49**
Uhlenhorster Hof **F 15**
Versuchsbauten Jarrestraße **F 50**, **I 33**
Wohlwillterrassen **C 23.2**
Wohn- und Atelierhaus Holländische Reihe **J 11**
Wohn- und Geschäftshaus Grindelallee **D 20**
Wohn- und Geschäftshaus Johann Michael Fett & Co. **C 13**
Wohn- und Gewerbehof Lippmannstraße **C 17**
Wohn- und Kontorhaus Neidlingerhaus **B 63**
Wohnanlage Annenhof **H 11.2**
Wohnanlage Brodersenstraße **G 19**
Wohnanlage Elbchaussee **K 3**
Wohnanlage Kanalstraße **F 15**
Wohnanlage Kellinghusenpark **D 71**
Wohnanlage Rosentreppe **L 56**
Wohnanlage Schilleroper **C 20**
Wohnanlage Sophieneck **D 47**
Wohnanlage Torhäuser **H 5**
Wohnanlage Turmweg **D 27.3**
Wohnanlage Winterhuder Fährhaus **F 39**
Wohnanlage Woyrschweg **J 63**
Wohnanlagen Steinbeker Straße **E 61**
Wohnblock Am Rathenaupark **J 27**
Wohnblock Bau- und Sparverein zu Hamburg **D 77**, **E 68**
Wohnblock Bundesstraße **C 87**
Wohnblock Der Klinker **C 80**
Wohnblock Gottschedstraße/Opitzstraße **F 31**
Wohnblock Habichtstraße **F 64.2**
Wohnblock Hanssensweg **F 49.1**
Wohnblock Hartzlohplatz **F 64.6**
Wohnblock Hastedtstraße **F 58**, **I 6**, **L 50.1**
Wohnblock Haynstraße/Breitenfelder Straße **D 74**
Wohnblock Heimat **F 58**, **I 6**, **L 50.1**
Wohnblock Lämmersieth **F 58**, **I 6**, **L 50**
Wohnblock Lattenkamp **F 42**
Wohnblock Mergellstraße **L 50.2**
Wohnblock Naumannplatz **G 23.6**
Wohnblock Produktion **F 54**
Wohnblock Thedebad **C 59.2**
Wohnblock Weidestraße **F 51**
Wohnblöcke Bahrenfelder Chaussee/ Reichardtstraße **J 62**
Wohnblöcke Benittstraße **L 14**
Wohnblöcke Leverkusenstieg **J 68**
Wohnblöcke Wilhelmsburger Straße **E 71.1**
Wohnhochhaus Kristall **C 45**
Wohnpark Alstertal **H 10**
Wohnturm »Cinnamon« **L 3.7.1**
Zeilenbauten An der Schleemer Mühle **G 46**
Zeilenbauten August-Bebel-Straße **M 37**
Zeilenbauten Bunsenstraße **J 19**

Zeilenbauten Graudenzer Weg **G 23.7**
Zeilenbauten Straßburger Straße **G 23.2**
Zeißstraße **J 16**

Grünanlagen und öffentlicher Raum
Alsterarkaden **B 1.1**
Alter Botanischer Garten **B 82**
Alter Elbpark **B 80**
Altonaer Volkspark **J**, **J 60**, **L 57**
August-Lütgens-Park **C 55**, **C 57**
Baurs Park **K 19**
Botanischer Garten **K 37**
Carl Hagenbecks Tierpark **I 5**
Carl-von-Ossietzky-Platz, Neugestaltung **E 15**
Dalmannkai, Neugestaltung **L 3.2**
Fischmarkt, Neugestaltung **C 41**
Gedenkstätte Rosengarten **E 62**
Goßlers Park **K 29**, **K 30**
Große Wallanlagen **B 82**
Große Wallanlagen, Teehaus **B 82.1**
Grünzug Holstenstraße **C**, **C 37**
Hammer Park **E 55**
Hammer Park, Parkrestaurant **E 55**
Harburger Stadtpark **J 60**, **L 57**
Hirschpark **K 14**
Japanischer Garten **B 82**, **C 2**
Japanischer Landschaftsgarten **B 82**
Jenischpark **J 38.1**, **J 39**
Jungfernstieg, Neugestaltung **B 19**
Justizforum **B 42.1**
Kaiserkai, Neugestaltung **L 3.2**
Kleine Wallanlagen **B 82**
Magellanterrassen **L 3.2**
Marco-Polo-Terrassen **L 3.2**
Messegang **C 2**
Mönckebergstraße, Neugestaltung **A 59.1**
Neue Alsterarkaden **B 1**
Öffentlicher Garten Wacholderweg **I 35**
Pflanzenschauhäuser und Mittelmeerterrassen **B 82.2**
Planten un Blomen **B 82**, **C 2**
Rathausmarkt, Neugestaltung **A 1.1**
Spielbudenplatz, Neugestaltung **C 26**
Stadtpark **C 94**, **F**, **F 36**, **F 44**, **F 45**, **F 68**, **I 26**, **J 60**, **L 57**
Stadtpark, Kaskade **F 45**
Stadtpark, Landhaus **F 45.2**
Stadtpark, Stadtcafé **F 45**
Stadtpark, Stadthalle **F 45**
Stadtpark, Trinkhalle **F 45.1**
Sternschanzenpark **C 92**, **F 44**
Sven-Simon-Park **K 39**
Überseequartier, Freiflächen **L 3.7**
Vasco-da-Gama-Platz **L 3.2**
Viertelkreistreppe **A 2**
Wallanlagen **B 82**, **E 23**
Walter-Möller-Park **C 37**, **C 55**

Hafen, Schifffahrt und Wasserbau
Alsterkanalisierung **F 41**, **I**, **I 15**, **I 19**
BallinStadt **E 73**
Cap San Diego **B 55**
Fähr- und Kreuzfahrtterminal **C 47**

Fischauktionshalle Altona **C 42**
Fischauktionshalle St. Pauli C 42
Fuhlsbüttler Schleuse I 19, I 29
Hamburg Cruise Center C 48, **L 3.7**
Hammerbrookschleuse **E 30**
Jachthaus **L 13.1**
Kali-Umschlaganlage **L 20**
Leuchtturm Neuwerk **L 72**
Lotsenhaus **L 13.2**
Neuer Kran **A 28**
Oberhafen-Kantine **L 5**
Reedereigebäude und Kaischuppen **E 69**
Richtfeuer Blankenese **K 20**, K 45
Richtfeuer Wittenbergen K 20, **K 45**
Schuppen 50-52 **L 7**, L 8
Schuppen 59 **L 8**
Seemannshaus **C 31**
Seemannsheim **C 46**
Sperrwerk Nikolaifleet A 28
St. Pauli-Landungsbrücken **C 32.1**

Hotels und Gastronomie
Alsterpavillon **B 19**
Bistro Destille E 23.1
Boardinghouse des Westens **C 15**
Gastronomiepavillon Casino **F 47**
Hamburger Hof **B 16**
Hammer Park, Parkrestaurant **E 55**
Gasthof Stadt Hamburg **M 29.1**
Gaststätte Elbschloßbrauerei **K 4.2**
Gästehaus des Hamburger Senats **F 9.2**
Gastronomiepavillon Wandsbek-Markt **G 14.3**
Hotel Atlantic **E 8**
Hotel Brooktorkai (N.N.) **L 3.8**
Hotel Elbphilharmonie (N.N.) **L 3.5**
Hotel Empire Riverside **C 28**
Hotel Esplanade **B 23**
Hotel Hafen Hamburg **C 31**
Hotel La Mariposa **L 3.7**
Hotel Park Hyatt Hamburg **A 59.4**
Hotel Radisson SAS **C 1**
Hotel Renaissance Hamburg **B 11.1**
Hotel Residenz Hafen Hamburg **C 31**
Hotel Side **B 33**
Hotel Steigenberger **B 62.1**
Hotel und Restaurant Louis C. Jacob **K 7**
Mövenpick Hotel **C 92**
Pension Sievers **M 33**
Stadtpark, Landhaus **F 45.2**
Stadtpark, Stadtcafé **F 45**
Stadtpark, Stadthalle **F 45**
Übernachtungshaus Schanzenstern **C 14**

Industrie- und Gewerbebauten (s. auch Lagerhäuser und Silos sowie Luftverkehr)
Bleicherhäuser **F 37**
Drahtstiftfabrik J. D. Feldtmann **J 16.1**
Fabrik **J 17**
Fabrik- und Verwaltungsgebäude Conz Elektrizitäts-GmbH **J 65.2**
Fabrik- und Verwaltungsgebäude H. C. E. Eggers & Co. **G 2**
Fabrikgebäude Ferdinand Müller (Montblanc-Haus) **C 14**
Fabrikgebäude GEG **E 28**, **E 74**
Fabrikgebäude Groth & Degenhardt **C 46**
Fabrikgebäude Harburger Gummi-Kamm Co. **L 34**
Fabrikgebäude Heidenreich & Harbeck **C 9.1**
Fabrikgebäude Kakao-Compagnie Theodor Reichardt **G 12**
Fabrikgebäude Leder-Schüler **E 38**
Fabrikgebäude Maihak AG **F 26**
Fabrikgebäude Nagel & Kaemp F 47
Fabrik- und Lagergebäude Peutestraße **E 74**
Fabrikgebäude Phoenix AG **L 48**
Fabrikgebäude Rieck & Melzian **F 27**
Fabrikgebäude Valentinskamp **B 29**
Falkenried Fahrzeugwerkstätten **D 84**, **D 84.1**
Gewerbe- und Wohnpark Osterbekkanal **F 51**
Gewerbehof Am Veringhof **L 23**
Großbäckerei der Produktion **D 82**
Handwerkerhaus Hochrad **J 42.2**
Hansaburg **E 28**, **E 59**
Heinkel-Flugzeugwerke **L 10**
Industriehof **E 33**
Kopfbau Margarinefabrik Voss **F 61.1**
Ladehalle Huckauf & Bülle **J 18**
Mälzerei Naefeke **C 44**
Mälzereigebäude Elbschloß-Brauerei **K 4.1**
MAN-Motorenwerk **L 10**
Manufakturgebäude Lawaetz **J 1.1**
Mietfabrik Glashüttenstraße **C 9.2**
Mietfabrik Wendenstraße **E 35**
New York-Hamburger Gummi-Waaren Compagnie **F 56**
Phoenixhof **J 67**
Piano-Mechaniken-Fabrik Isermann **C 16**
Planckstudios **J 18**
Röntgenröhrenfabrik C. H. F. Müller **I 32**
Schiffsschraubenfabrik Theodor Zeise **J 14**
Schokoladenfabrik Reese & Wichmann **E 37**
Tabakfabrik von Eicken **D 85**
Tobias Grau GmbH **I 51**
Wohn- und Gewerbehof Lippmannstraße **C 17**
Zigarettenfabrik Haus Neuerburg E 38, **G 20**

Justizgebäude
Amtsgericht Bergedorf **M 31**
Hanseatisches Oberlandesgericht **B 42.1**, K 5
Internationaler Seegerichtshof **K 5**
Justizforum B 42
Justizvollzugsanstalt Fuhlsbüttel **I 31**
Landes- und Amtsgericht Altona **C 55**
Strafjustizgebäude und Untersuchungsgefängnis **B 42.2.2**
Vollzugskrankenhaus **B 42.2.2**
Ziviljustizgebäude **B 42.2.1**
Ziviljustizgebäude, Erweiterung **B 42.2.3**

Kirchen mit Gemeindebauten und Klöster
Adventskirche (Schnelsen) D 79, **I 50**
Ansgarkirche (Othmarschen) **J 27**
Apostelkirche (Eimsbüttel) **C 70**
Auferstehungskirche (Barmbek-Nord) **F 62**
Auferstehungskirche (Oststeinbek) **M 62**
Bethlehemkirche (Eimsbüttel) **C 77**
Bismarck-Gedächtniskirche (Aumühle) **M 58**
Bodelschwingh-Kirche (Winterhude) **F 25**
Bugenhagenkirche (Barmbek-Süd) F 52, **F 53**
Christianskirche (Ottensen) J, **J 9**
Christ-König-Kirche (Lokstedt) **I 8**
Christ-König-Kirche (Lokstedt), Pastorat und Gemeindehaus **I 8**
Christopherus-Kirche (Altona-Nord) **C 56**
Christuskirche (Altona-Altstadt) **C 62**
Christuskirche (Eimsbüttel) **C 90**
Christuskirche (Othmarschen) **J 49**
Christuskirche (Othmarschen), Gemeindezentrum mit Kindergarten **J 49**
Christuskirche (Wandsbek) **G 15**
Christuskirche (Wedel) **K 47**
Dietrich-Bonhoeffer-Kirche (Dulsberg) **G 24**
Dom St. Marien (Hamburg-Altstadt) A, A 46, A 60, E 6, E 17
Dominikanerkloster St. Johannis (Hamburg-Altstadt) D 65, F 32, **F 52.1**
Dominikanerkloster St. Johannis (Barmbek-Süd) F 52, **F 52.1**
Domkirche St. Marien (St. Georg) **E 17**, F 52, L 28
Dreieinigkeitskirche (Allermöhe) **M 6**
Dreieinigkeitskirche (Billstedt) **G 47**
Dreieinigkeitskirche (St. Georg) B 50, **E 6**
Dreifaltigkeitskirche (Hamm-Nord) **E 56**
Dreifaltigkeitskirche (Harburg) L 32, **L 41**, M 12
Edith Stein (Bergedorf) **M 26**
Emmauskirche (Wilhelmsburg) **L 25**
Emmauskirche (Wilhelmsburg), Gemeindehaus **L 25**
Emmauskirche (Wilhelmsburg), Pastorat **L 25**
Epiphanienkirche (Winterhude) **F 49.2**
Erlöserkirche (Borgfelde) **E 41**
Erlöserkirche (Farmsen) **G 30**
Erlöserkirche (Lohbrügge) L 54, **M 42**, M 54
Evangelisch-reformierte Kirche (Hamburg-Altstadt) **A 50**
Finnische Seemannskirche (Neustadt) **B 53**
Flottbeker Kirche (Groß Flottbek) **J 57**
Flottbeker Kirche (Groß Flottbek), Gemeindehaus **J 57.1**
Frauenkirche (Dresden) B 50
Friedenskirche (Eilbek) **E 50**
Friedenskirche (St. Pauli) C 20, **C 21**
Friedenskirche (St. Pauli), Gemeindehaus mit Pastorat **C 21**
Frohbotschaftskirche (Dulsberg) **G 23.3**
Gemeindehaus Arche Alstertal (Wellingsbüttel) **H 1**
Gemeindezentrum »FesteBurg« (Allermöhe) **M 24**
Gemeindezentrum Mümmelmannsberg (Billstedt) **G 48.2**
Gnadenkirche (St. Pauli) **C 5**, C 70, J 21

351

Bautenregister

Gustav-Adolf-Kirche (Neustadt) **B 53**
Heilandskirche (Uhlenhorst) **F 16**
Heilig-Kreuz-Kirche (Volksdorf) H 9, **H 15**
Immanuelkirche (Veddel) **E 71.2**
Jerusalem-Kirche (Eimsbüttel) **C 90**
Johanneskirche (Rissen) J 58, **K 41**
Kapernaumkirche (Horn) **G 5**
Kirche am Rockenhof (Volksdorf) **H 18**
Kirche am Rockenhof (Volksdorf), Gemeindesaal **H 18**
Kirche Blankenese (Blankenese) **K 18**
Kirche Blankenese (Blankenese), Gemeindehaus **K 18.1**
Kirche Blankenese (Blankenese), Pastorate **K 18**
Kirche Nienstedten (Nienstedten) **K 7**
Kirche Rellingen F 62, G 36, I 9, **I 52**
Kirche Sinstorf (Sinstorf) **L 59**
Kirche Wedel (Wedel) **K 51**
Kirche Wedel (Wedel), Pastorat **K 51**
Kloster La Tourette E 51
Kölner Dom A 19
Kreuzkirche (Ottensen) J 21
Kreuzkirche (Wandsbek) **G 18**
Kreuzkirche (Wilhelmsburg) **L 32**, M 12
Kreuzkirche (Wilhelmsburg), Küsterhaus **L 32**
Lutherkirche (Bahrenfeld) **J 61**
Lutherkirche (Bahrenfeld), Lutherhaus **J 61**
Lutherkirche (Eißendorf) **L 51**
Lutherkirche (Wellingsbüttel) **H 4**, I 27
Maria Grün (Blankenese) **K 33**
Mariä Himmelfahrt (Rahlstedt) **G 40**
Maria-Magdalenen-Kirche (Ohlsdorf) H 4, I 27
Maria-Magdalenen-Kirche (Reinbek) M 42, **M 54**
Marienkirche (Husum) I 54
Marienkirche (Quickborn) **I 54**
Martin-Luther-King-Kirchengemeinde (Steilshoop) **G 38.2**
Martinskirche (Horn) **G 3**
Martinskirche (Rahlstedt) **G 42**, M 62
Matthäuskirche (Winterhude) **F 30**, J 61
Matthäuskirche (Winterhude), Gemeindehaus **F 30.3**
Matthäuskirche (Winterhude), Pastorat I **F 30.1**
Matthäuskirche (Winterhude), Pastorat II **F 30.2**
Melanchthonkirche (Groß Flottbek) **J 58**
Mennonitenkirche (Altona-Nord) C 34, **C 68**
Nathan-Söderblom-Kirche (Reinbek) **M 55**
Notkirchen D 79, I 50
Notre Dame du Haut (Ronchamp) I 1
Osterkirche (Bramfeld) **G 36**
Osterkirche (Eilbek) **E 48**
Osterkirche (Ottensen) **J 15**
Paul-Gerhardt-Kirche (Bahrenfeld) **J 66**
Pauluskirche (Hamm-Nord) **E 54**
Pfarrkirche Altrahlstedt (Rahlstedt) **G 39**
Pfarrkirche Bergstedt (Bergstedt) **H 30**
Pfarrkirche Niendorf (Niendorf) F 62, G 36, I 9

Reformierte Kirche (Zürich-Altstetten) L 46
Schlosskirche (Ahrensburg) **H 46**
Schlosskirche (Ahrensburg), Gemeindehaus **H 46**
Schlosskirche (Ahrensburg), Gottesbuden **H 46**
Schröder-Stift, Kapelle **C 92**
Seemannsmission C 31
Simeonkirche (Hamm-Nord) **E 51**, M 55
Simon-Petrus-Kirche (Poppenbüttel) **H 9**
St. Andreas (Harvestehude) **C 83**
St. Andreas (Harvestehude), Gemeindesaal und Pastorat **C 83**
St. Ansgar (Langenhorn) **I 40**
St. Ansgar (Neustadt) **B 66**
St. Bonifatius (Eimsbüttel) **C 76**
St. Bonifatius (Wilhelmsburg) **L 28**
St. Elisabeth (Harvestehude) **D 58**
St. Elisabeth (Harvestehude), Erweiterung Gemeindezentrum **D 58**
St. Erich (Rothenburgsort) **E 67**
St. Franziskus (Barmbek-Nord) **F 57**
St. Franziskus (Barmbek-Nord), Pfarrhaus und Gemeindeschule **F 57**
St. Franz-Joseph (Wilstorf) **L 56**
St. Gabriel (Barmbek-Nord) **F 64.6**
St. Gertrud (Altenwerder) **L 16**
St. Gertrud (Uhlenhorst) **F 6**
St. Gertrud (Uhlenhorst), Pastorate **F 6**
St. Jacobi (Hamburg-Altstadt) A, A 34, A 46, A 59, **A 60**, L 69
St. Jakobus (Lurup) **K 52**
St. Johannis (Altona-Altstadt) **C 60**, D 28
St. Johannis (Curslack) **M 12**
St. Johannis (Eppendorf) D, **D 67**
St. Johannis (Eppendorf), Pastorat und Gemeindehaus **D 67**
St. Johannis (Harburg) E 56, **L 46**
St. Johannis (Lüneburg) A 34, A 60, L 69
St. Johannis (Neuengamme) **M 14**
St. Johannis (Neuengamme), Pastorat **M 14.1**
St. Johannis (Rotherbaum) C 83, **D 28**
St. Joseph (St. Pauli) C 34, **C 35**
St. Joseph (St. Pauli), Pfarrhäuser **C 35**
St. Jürgen (Langenhorn) **I 45**
St. Katharinen (Hamburg-Altstadt) **A 34**
St. Lukas (Fuhlsbüttel) **I 36**
St. Lukas (Fuhlsbüttel), Gemeindezentrum mit Kindergarten **I 36.1**
St. Lukas (Fuhlsbüttel), Geschosswohnbau **I 36.2**
St. Maria Magdalena (Moorburg) **L 18**
St. Marien (Lübeck) L 69
St. Marien (Ohlsdorf) **I 30**
St. Marien, s. Dom bzw. Domkirche
St. Markus (Hoheluft-Ost) **D 79.2**, I 50
St. Martini (Estebrügge) **L 67**
St. Martinus (Eppendorf) **D 79.1**, I 50
St. Martinus (Eppendorf), Gemeindehaus **D 79**
St. Matthias (Jork) **L 67**
St. Michaelis (Neugraben-Fischbek) L 51, **L 61**

St. Michaelis (Neugraben-Fischbek), Pastorat **L 61**
St. Michaelis (Neustadt) A 38, B, B 45, B 49, **B 50**, B 66, F 30
St. Nicolaus (Alsterdorf) **I 23**
St. Nikolai (Altengamme) **M 22**
St. Nikolai (Altengamme), Pastorat **M 22.1**, M 28.1, M 46
St. Nikolai (Hamburg-Altstadt) A 17, **A 19**, A 34, D 51, E 48
St. Nikolai (Billwerder) **M 1**
St. Nikolai (Finkenwerder) **L 15**
St. Nikolai (Harvestehude) A 19, **D 51**
St. Nikolai (Harvestehude), Gemeindehaus **D 51.1**
St. Nikolai (Jork) **L 65**
St. Nikolai (Moorfleet) **M 4**
St. Nikolai (Moorfleet), Pastorat **M 4.1**, M 6
St. Pankratius (Neuenfelde) **L 63**
St. Pankratius (Ochsenwerder) **M 7**
St. Pankratius (Ochsenwerder), Pastorat **M 7.1**
St. Pauli (Altona-Altstadt) **C 33**
St. Pauli (Altona-Altstadt), Pastorat **C 33**
St. Paulus (Billstedt) **G 45**, J 58, K 41
St. Paulus (Heimfeld) **L 54**, M 42
St. Paulus-Augustinus (Groß Flottbek) **J 58**, K 41
St. Peter (Groß Borstel) **I 11**
St. Peter (Krempe) I 54
St. Petri (Altona-Altstadt) **C 53**
St. Petri (Altona-Altstadt), Pastorat und Konfirmandensaal **C 53**
St. Petri (Hamburg-Altstadt) A 19, **A 46**, A 59, A 59.8, A 59.9
St. Petri (Buxtehude) **L 69**
St. Petri und Pauli (Bergedorf) **M 28**
St. Petri und Pauli (Bergedorf), Organistenhaus **M 28**
St. Petri und Pauli (Bergedorf), Pastorat und Gemeindehaus **M 28.1**
St. Prokopius (Stellingen) **I 2**
St. Salvatoris (Geesthacht) **M 63**
St. Severin (Kirchwerder) **M 19**
St. Severin (Kirchwerder), Pastorat **M 19**
St. Simeon (Osdorf) **K 35.2**
St. Sophien (Barmbek-Süd) **F 52**, F 53
St. Stephanus (Eimsbüttel) **C 73**
St. Thomas (Rothenburgsort) **E 66**
St. Thomas à Becket (Neustadt) **B 47.4**
St. Trinitatis (Altona-Altstadt) C 34, **C 39**
St.-Ulrich-Kapelle (Goslar) M 59
Stadtmission **C 58**
Versöhnungskirche (Eilbek) **E 47**
Vicelinkirche (Neumünster) I 54
Zisterzienserinnenkloster Herwardeshude I, D, D 65, F, I
Zisterzienserinnenkloster Reinbek M
Zum Guten Hirten (Langenfelde) **I 1**

Kontorhäuser (vor 1945)
Afrikahaus **A 43**
Alsterhaus **A 50.3**
Altes Klöpperhaus **A 22**, A 59.2

Asia-Haus **A 37**
Australhaus **B 14.1**
Barkhof **A 59.5**
Bartholomay-Haus **A 62.1**
Bieberhaus **E 2**
Börsenburg **A 7**, B 3
Börsenhaus **A 5**
Burstahhof **A 21**
Chilehaus A 62, A 62.2, A 62.4, A 62.5,
 A 62.6, A 62.9, B 11.1, B 57, F 31, L 9
Commeterhaus **A 59.9**
Deutschlandhaus **B 28**
Domhof **A 59.9**
Elbhof **B 58**
Esplanadebau **B 22**
Europahaus **A 47**
Fahninghaus **B 1.4**
Gotenhof **A 33**
Gutruf-Haus **B 2, B 15**
Hammoniahaus **A 59.3**
Handelshof **E 13**
Hansehof **A 59**
Haus der Seefahrt **A 28**
Haus Glass A 59.2, A 59.4, **A 59.10**
Haus Goldener Schwan **B 35**, B 70
Haus Gülden Gerd **A 61.2**
Haus Hubertus **A 62.2**
Heintzehof (Haus Alstertor) **A 52**
Henckels-Solingen-Haus **A 10**
Hildebrand-Haus **B 2**
Hindenburghaus **A 20**
Hübner-Haus A 7, **B 3**, B 5
Hulbehaus **A 59.8**
Johannishof **A 9**
Kaisergalerie **B 12**
Katharinenhof **A 35.1**
Kirdorfhaus **A 50.1**
Kirsten-Haus **B 5**
Klöpperhaus A 22, **A 59.2**, H 14
Kontor- und Lagerhaus E. Michaelis & Co.
 B 61
Kontorhaus Ballindamm **A 50.2**
Kontorhaus Getreideheber-Gesellschaft **B 57**
Kontorhaus Große Bäckerstraße **A 8**
Kontorhaus Reubert **B 4**
Kontorhaus Rodewald **A 62.2**
Kontorhaus Steinstraße **A 61**
Kontorhaus Wille **A 4**
Kontorhäuser Poststraße B 14
Kontorhausfassaden Schauenburgerstraße
 A 12
Kontorhausviertel A, A 44, A 59, **A 62**, E 71
Körnerhaus **B 14.2**
Laeiszhof **A 17**
Levantehaus **A 59.4**
Lilienhof **A 56**
Meßberghof A 62, **A 62.9**
Miramar-Haus **A 62.3**
Mohlenhof **A 62.5**
Mönckeberghaus **A 59.6**
Montanhof **A 62.4**
Neidlingerhaus (Jungfernstieg) **B 1.2**
Neidlingerhaus (Michaelisbrücke) **B 63**
Prien-Haus **B 20.1**, D 5

Rappolthaus **A 59**
Rathausmarkthof **A 9**
Rolandhaus **A 59**
Seeburg **A 59.5**
Seidenhaus Brandt **A 59.11**
Slomanhaus **B 58**
Sprinkenhof A, A 62, **A 62.7**
Stadtbäckerei **B 26**
Stellahaus **A 26**
Streit's Hof A 57, **B 14.2**
Südseehaus **A 59**
Thalia-Hof **A 53**
Transporthaus **A 35.3**
Versmannhaus **A 59.12**
Wallhof **A 57**, B 14.2
Wohn- und Kontorhaus Schopenstehl **A 41**
Zippelhaus **A 35.2**

Konzentrationslager
Konzentrationslager Fuhlsbüttel I 31
Konzentrationslager Neuengamme H 10,
 I 26.4, L 6, L 60, **M 17**
Konzentrationslager Neuengamme,
 Außenlager Falkenbergsweg L 60
Konzentrationslager Neuengamme,
 Außenlager Lagerhaus G L 6
Konzentrationslager Neuengamme,
 Außenlager Sasel H 10
Konzentrationslager Sachsenhausen M 17

Krankenhäuser
Allgemeines Krankenhaus Altona
 (Altona-Altstadt) **C 57**
Allgemeines Krankenhaus Altona (Altona-
 Altstadt), Schwesternheim **C 57.1**
Allgemeines Krankenhaus Altona
 (Othmarschen) **J 51**
Allgemeines Krankenhaus Barmbek **F 65**
Asklepios Klinik Barmbek **F 65**
Bernhard-Nocht-Institut für Tropenmedizin
 C 29
Bernhard-Nocht-Institut für Tropenmedizin,
 Laborgebäude **C 29**
Erstes Amalienstift **E 19**
Heidberg-Krankenhaus I 43
Hospital St. Georg E, I
Institut für Geburtshilfe **F 5**
Israelitisches Krankenhaus **C 24**
Israelitisches Krankenhaus, Chirurgische
 Station **C 24.1**
Jerusalem-Krankenhaus **C 90**
Kinderkrankenhaus Altona **J 26**
Kinderkrankenhaus Rothenburgsort **E 63**
Klinik Fleetinsel **B 62.1**
Tropenkrankenhaus **C 29**, C 31
Universitätsklinikum Hamburg-Eppendorf D,
 D 80
Universitätsklinikum, Erika-Schwesternhaus
 D 80.1
Universitätsklinikum, Gebäude für die theo-
 retischen Institute **D 80.1**
Universitätsklinikum, Laborgebäude **D 80.1**
Universitätsklinikum, Neues Klinikum **D 80**
Vollzugskrankenhaus **B 42.2.2**

Lagerhäuser und Silos
Fabrik- und Lagergebäude Peutestraße **E 74**
Kaispeicher A **L 3.5**
Kaispeicher B **L 4**
Kaispeicher D **J 4**
Kontor- und Lagergebäude E. Michaelis &
 Co. **B 61**
Kühlhaus Neumühlen **J 2**
Lagerhaus G **L 6**
Silo der Harburger Mühlenbetrieb AG **L 35**
Silo Schellerdamm L 35
Speicher Admiralitätstraße **B 61**
Speicher Cremon **A 30**
Speicher Deichstraße **A 29**
Speicher Große Elbstraße **C 46.1**
Speicher Katharinenfleet **A 33**
Speicher Reimerstwiete **A 32**
Speicherstadt A, A 28, B 58, C 45, **L 1**, L 2,
 L 3.1, L 6
Speicherstadt, Umbau Block K **L 2.1**
Speicherstadt, Umbau Block U **L 1.2**
Stadtlagerhaus **C 43**
Zentrallager der GEG **E 28**, E 74

Luftschutzbauten
Flakturm auf dem Heiligengeistfeld **C 11**, L 26
Gefechtsturm Wilhelmsburg **L 26**
Hochbunker Joseph-Carlebach-Platz D 21
Hochbunker Löwenstraße **D 83**
Luftschutztürme System Zombeck **B 54**,
 D 16, E 49, E 70, F 56
Röhrenbunker Wichernsweg **E 58**
Strohdachhäuser I 46.1

Luftverkehr
Flughafen Hamburg I, **I 37**
Flughafen Stuttgart I 37
Luftwerft, Jumbohalle **I 38.3**
Luftwerft, Lackierhalle **I 38.2**
Luftwerft, Pförtnerhaus **I 38.1**
Luftwerft, Werkstatt- und Bürogebäude
 I 38.3

Mediengebäude
Bahnkraftwerk Altona **J 69**
Bürohaus Stubbenhuk **B 57**
Borselhof **J 18**
Broschekhaus **B 11.1**
Citycomp **I 14**
Fabrikgebäude der Maihak AG **F 26**
fischerAppelt Kommunikation **C 69.1**
Heinrich Bauer Verlag **A 62.8**
Holi-Kino C 80
IBM-Hochhaus **A 39.1**
IBM-Verwaltung mit Schulungszentrum
 F 68.3
Landesstudio ZDF **G 43**
Medienfabrik Zeisehallen **J 14.1**
Medienhaus **J 14.2**
Medienpool **C 69.2**
Medienpark Kampnagel **F 47**
Multimedia Centrum I **D 27.1**
Multimedia Centrum II **D 27.2**
Piano-Mechaniken-Fabrik Isermann **C 16**

R

353

Bautenregister

Planckstudios **J 18**
Pressehaus **A** 62.3
Raffay Smart City Entertainment Center **G 26**
Schanzenhof **C 14**
Schokoladenfabrik Reese & Wichmann **E 37**
Spiegel-Gebäude (Oberbaumbrücke) **L** 3.8
Spiegel-Hochhaus (Brandstwiete) **A** 39.2
Studio- und Bürogebäude des NDR **D 45**
VAP-Medienzentrum **D 27**
Verlagsgebäude der Rowohlt GmbH **M 53**
Verlagsgebäude Gruner + Jahr **B 56**
Verlagsgebäude Hoffmann und Campe **D** 48.1, D 48.3
Verlagsgebäude Jahreszeiten Verlag **F 28**

Mietbürohäuser (nach 1945, siehe auch Banken, Kontorhäuser, Mediengebäude und Verwaltungsgebäude)
Atlantic-Haus **C 28**
Astraturm **C 28**, **C** 28.1
Bavaria Office **C 28**
Berliner Bogen **E 39**
Berliner Tor Center **E 21**
Berolinahaus **B 28**
Brahms Kontor **B 41**
Büro- und Geschäftshaus Bleichenbrücke **B 6**
Büro- und Geschäftshäuser Neuer Wall **B 6**
Bürohaus ADA 1 **E 10**
Bürohaus Admiralitätstraße **B 59**
Bürohaus Alsterterrasse **D** 4.2
Bürohaus Alsterufer **D 9**
Bürohaus Amsinckstraße **C 63**, **E 31**
Bürohaus Englische Planke **B 49**
Bürohaus Glockengießerwall **A** 57.2
Bürohaus Goldbekplatz **F 27**
Bürohaus Hohe Bleichen **B 11**
Bürohaus Holstenwall **B** 47.1
Bürohaus Kaispeicher **L 35**
Bürohaus Ludwig-Erhard-Straße **B 47**
Bürohaus Max-Brauer-Allee **C 54**
Bürohaus Neue Flora **C 63**
Bürohaus Neuer Wall **B** 8.2, **B** 62.4
Bürohaus Rentzelstraße **D 20**
Bürohaus Rolandsbrücke **A 13**
Bürohaus Schauenburger Straße **A 12**
Bürohaus Stadthausbrücke **B 10**
Bürohaus Stubbenhuk **B 57**
Bürohaus Warburgstraße **D** 4.2
Bürohaus Winterhuder Fährhaus **F 39**
Bürohäuser Heidenkampsweg **E 36**
Bürohäuser Herrengraben **B 64**
Bürohäuser Kajen **A 27**
Bürohäuser Transnautic und Transglobe **B 60**
Büro- und Wohngebäude Dalmannkai **L** 3.4.2
Büro- und Wohngebäude Kaiserkai **L** 3.4.1
Büro- und Wohngebäude Sandtorkai **L** 3.1
Campus Elbberg **C** 49.3
Channel Tower **L 37**
Citterio-Haus **B 7**
City Nord **F 68**
Deichtorcenter **A 64**
Deutsch-Japanisches Zentrum **B 67**

Dock 47 **C 40**
Dockland **C** 49.1
Doppel-XX **E 35**, E 39
Elbkaihaus **C 48**
Ericus-Contor **L** 3.8
Falkenried-Quartier **D 84**
Finnlandhaus **B** 24.2
Fleethof **B** 62.2, B 67
Gehrckens Hof **A 31**
Hamburg-America-Center **L** 3.3
Handelszentrum **B 7**
Hansa-Carree **E 31**
Hanseatic Trade Center **L 2**, L 3.1
Holzhafen Bürogebäude Ost **C 45**
Holzhafen Bürogebäude West **C 45**
IBAU-Haus **A 25**
International Coffee Plaza **L** 3.3
Lofthaus **C** 49.2
Michaelis-Quartier **B 49**
Neuer Dovenhof **A 40**
Nürnberger Haus **A** 57.1
Ost-West-Hof **B 65**
Oval Office **F** 68.2
Pacific Haus **E 7**
Persiehlhaus **A 45**
Polder Neumühlen **J 3**
Poseidon-Haus **E 32**
Silo Hafen Harburg **L 35**
St.-Jacobi-Hof **A 60**
Überseequartier **L** 3.7
Zürichhaus **A 44**

Militärbauten
Artilleriezeughaus **B 47**
Douaumont-Kaserne **G 44**
Generalkommando der Wehrmacht **D 46**, K 34
Heereszeugamt Glinde **M 61**
Offiziersiedlung »Negerdorf« **M 61**
Offizierswohnungen Kronprinzenstraße und Langelohstraße D 46, **K 34**
SS-Kaserne Germania **I 43**
SS-Kaserne Germania, Offizierswohnungen **I 43**

Moscheen
Imam Ali Moschee **F 11**

Museen und Ausstellungsgebäude
Alstertal-Museum **H 5**
Altonaer Museum **C 52**, M 11
BallinStadt **E 73**
Bismarck-Museum **M 59**
Bucerius Kunstforum **A 3**
Buxtehude Museum **L 68**
Deichtorhallen **A 64**
Deutsches Maler- und Lackierermuseum M 3
Ernst Barlach Haus **J 40**
Ernst Barlach Museum (Wedel) **K 50**
Freilichtmuseum am Kiekeberg **L 70**, L 71
Galerie des Machines (Paris) E 1
Gedenkstätte Janusz-Korczak-Schule **E 62**
Gedenkstätte Plattenhaus Poppenbüttel **H 10**, M 17

Hamburg Messe **C 7**
Hamburger Kunsthalle A 58, B 84, F 36, M 9
Hamburger Kunsthalle, Altbau **A** 58.1
Hamburger Kunsthalle, Galerie der Gegenwart **A** 58.3
Hamburger Kunsthalle, Neubau **A** 58.2
hamburgmuseum, s. Museum für Hamburgische Geschichte
Haus des Kunsthandwerks **E 11**
Helms-Museum **L 70**
Internationales Haus der Photographie **A 64**
Internationales Maritimes Museum **L 4**
Kunststätte Bossard **L 71**
Kunstverein Harburg **L 47**
Kunstverein und Freie Akademie der Künste **A 65**
KZ-Gedenkstätte Neuengamme, Dauerausstellung M 17.1
Loki Schmidt Haus **K 37**
Museum der Arbeit **F 56**, L 7
Museum der Elbinsel Wilhelmsburg **L 32**
Museum für Hamburgische Geschichte (hamburgmuseum) **B 46**, M 27
Museum für Kunst und Gewerbe **D** 39.1, E 23, K 22
Museum für Kunst und Gewerbe, Schümann-Flügel **E** 23.1
Museum für Völkerkunde Hamburg **D 26**
Museumsdorf Volksdorf **H 19**
Puppenmuseum **K 39**
Rieckhaus **M 11**
Schulmuseum **C 25**
Science Center **L** 3.7

Polizei und Feuerwehr
Davidwache **C 27**
Feuerwache Admiralitätstraße **B 59**
Feuerwache Alsterdorf **I 15**
Feuerwache Harburg **L 49**
Feuerwache Veddel **E 72**
Gebäude der Landherrenschaft mit Polizeiwache **A 63**, B 36
Görtz-Palais **B** 8.1
Hauptfeuerwache **E 20**
Millerntorwache **B 81**
Paulus-Wache **C 33**
Polizeikaserne Am Zollhafen **E 72**
Polizeikaserne Veddeler Damm **L 9**
Polizeipräsidium (Beim Strohhause) **E 21**
Polizeipräsidium (Hindenburgstraße) E 21, **F** 68.5
Polizeiwache Hartzlohplatz **F** 64.6
Polizeiwache Hütten **B 78**, I 31
Polizeiwache Lübecker Straße **E 44**
Stadthaus **B** 8.2
Wachgebäude Adenauerallee **E 22**

Post und Telekommunikation
Alte Post **B 13**
Fernsehturm München C 8
Heinrich-Hertz-Turm **C 7**, **C 8**
Oberpostdirektion **B 37**

354

Post- und Fernmeldeamt Niedernstraße
A 62.4
Zentralfernsprechamt D 19.3

**Rathäuser, Behörden und Ämter
(s. auch Feuerwehr und Polizei sowie
Justizgebäude)**
Altes Rathaus Altona C 51
Altes Rathaus Hamburg A 1, A 15, A 16, A 60
Amt für Strom- und Hafenbau L 3.7.1
Arbeitsamt Kieler Straße C 65
Behörde für das Versicherungswesen B 39
Behörde für Wirtschaft und Verkehr B 68
Bezirksamt Eimsbüttel D 60
Bezirksamt Nord D 76
Finanzbehörde B 27
Gebäude der Landherrenschaft A 63, B 36
Gemeindehaus Wohldorf-Ohlstedt H 41
Generalzolldirektion B 38
Gesundheitsamt Besenbinderhof E 24
Hannoversches Amtshaus L 32
Kanzlerhaus L 40.1
Landdrostei Pinneberg I, I 53
Neues Rathaus Altona C 51, C 52
Oberfinanzdirektion A 24
Oberschulbehörde B 36
Ortsamt St. Pauli C 24
Patentamt (München) F 68.4
Rathaus A 1, A 6, A 59, A 59.8, A 59.12, E 25
Rathaus Bergedorf M 35
Rathaus Buxtehude L 68
Rathaus Harburg L 42
Rathaus Harburg, Wohnhaus des Ober-
  bürgermeisters L 42
Rathaus Jork L 66
Rathaus Stellingen I 4
Rathaus Wedel K 49
Rathaus Wilhelmsburg L 30
Stormarnhaus G 13
Verwaltungsgebäude Dammtorwall/
  Drehbahn B 32

Schienenverkehr
Bahnhof Alexanderplatz (Berlin) D 1
Bahnhof Altona C 49, C 51, C 57, D 1
Bahnhof Bergedorf M 40
Bahnhof Blankenese K 18
Bahnhof Curslack-Neuengamme M 20
Bahnhof Friedrichsruh M 59
Bahnhof Friedrichstraße (Berlin) D 1
Bahnhof Harburg L 47
Bahnhof Holstenstraße D 1
Bahnhof Kirchwärder-Nord M 20
Bahnhof Pollhof M 20
Bahnhof Sternschanze D 1
Bahnkraftwerk Altona J 69
Betriebsgebäude Hafenbahnhof Alte
  Süderelbe L 17
Betriebsgebäude der Hochbahn F 67.1
Dammtorbahnhof D 1
Güterbahnhof Bahrenfeld J 18
Hauptbahnhof A 59, D 1, E, **E 1**, E 23, E 25
Hauptbahnhof, Vordächer Kirchenallee E 1
Hochbahnbrücke Kuhmühlenteich F 1

Hochbahnhaltestelle Hamburger Straße F 1
Hochbahnhaltestelle Kellinghusenstraße D 69
Hochbahnhaltestelle Kellinghusenstraße,
  Bahnsteigbrücke und Stellwerk D 69.1
Hochbahnhaltestelle Mundsburg F 1 , F 2
Hochbahnhaltestelle Rödingsmarkt A 23
Hochbahnhaltestelle Uhlandstraße F 1
Hochbahnhaltestelle Volksdorf H 17
Hochbahnringlinie A 23, A 59, C 32, F 1, F 54
Hochbahnviadukt Isestraße D 61
Hochbahnviadukt Rödingsmarkt A 23, A 25
S-Bahnstation Flughafen Hamburg I 37
S-Bahnstation Hammerbrook E 34
S-Bahnstation Hasselbrook E 49
S-Bahnstation Hochkamp K 35
S-Bahnstation Hoheneichen H 3
S-Bahnstation Othmarschen J, J 44
S-Bahn-Viadukt Hammerbrook E 34
Straßenbahndepot D 84, I 28, I 29
Straßenbahnwartehalle I 28
U-Bahnstation Borgweg F 46
U-Bahnstation Jungfernstieg E 44
U-Bahnstation Klosterstern D 55
U-Bahnstation Lübecker Straße E 44
U-Bahnstation Mümmelmannsberg G 48
U-Bahnstation Sierichstraße F 34
U-Bahnstation Stephansplatz B 84
U-Bahnstation Wandsbek-Gartenstadt E 44
U-Bahnstation Wandsbek-Markt G 14.1
Verbindungsbahn B 85, D 1, E 1
Vierländer Bahn M 20
Walddörferbahn H, H 17
Wartepavillon J 24

Schlösser und Herrenhäuser
Görtz-Palais B 8.1
Gutshaus Berne G 34
Gutshaus Glinde M 62
Harburger Schloss L, L 36
Herrenhaus Annenhof H 11.1
Herrenhaus Wellingsbüttel H 5
Herrenhaus Wellingsbüttel, Torhaus H 5.1
Herrenhaus Wohldorf H 38
Herrenhaus Wulfsdorfer Hof H 26
Kaiserpfalz (Goslar) M 59
Petit Trianon (Versailles) K 14
Schloss Ahrensburg G, G 15, H, **H 45**, M 49
Schloss Ahrensburg, Marstall H 45
Schloss Ahrensburg, Verwalterhaus H 45
Schloss Bergedorf M 27
Schloss Friedrichsruh M 57, **M 59**
Schloss Glücksburg H 48
Schloss Gottorf M 49
Schloss Reinbek M 46, **M 49**, M 54
Schloss Wandsbek H
Wartburg (Eisenach) M 60

Schulen und Kindergärten
Adolph-Diesterweg-Schule M 25
Baugewerkschule Buxtehude L 68
Bismarck-Realschule C 78.2, C 82
Bugenhagen-Schule I 23, **I 23.2**
Bürgerschule vor dem Holstenthore C 4
Clara-Grunwald-Schule M 25

Emilie-Wüstenfeld-Gymnasium C 86
Evangelisch-reformierte Realschule C 25.2
Friedrich-Ebert-Halle, Oberrealschule L 53
Friedrich-Ebert-Halle, Realgymnasium L 53
Fritz-Schumacher-Schule I 42
Gelehrtenschule des Johanneums F 32,
  F 52.1
Gelehrtenschule des Johanneums, Forum
  F 32.1
Gemeindeschule Berne G 32
Gemeindeschule Farmsen G 29
Gemeindeschule Farmsen, Turnhalle G 29
Gesamtschule Mümmelmannsberg G 38.3,
  G 48.1
Gesamtschule Steilshoop G 38.3, G 48.1
Gesamtschule Wilhelmsburg, Erweiterung
  L 27
Gewerbeschule Angerstraße E 43
Gewerbeschule für Mädchen F 4
Gorch-Fock-Schule K 27
Grund- und Gesamtschule Allermöhe M 25
Grundschule Lütjenmoor I 48
Grundschule Traberweg G 28
Grundschule Mendelssohnstraße J 64
Gymnasium Christianeum J 43
Gymnasium Sachsenwaldschule M 54
Handelsschule Lübecker Straße E 20
Hansaschule M 32
Hansaschule, Erweiterung M 32
Hansaschule, Turnhalle M 32.1
Hansa-Lyzeum C 82, C 86
Haus der Jugend C 52
Haus der Jugend, Uhrmacherfachschule
  C 52
Heinrich-Hertz-Realgymnasium C 85, F 36
Höhere Handelsschule Schlankreye C 88
Internatsschule für Sprachbehinderte,
  Schulpavillons M 47
Israelitische Töchterschule C 6
Jahnschule C 81
Jahnschule, Sporthalle C 81
Janusz-Korczak-Schule E 62
Katharinenschule in der HafenCity L 3.3
Kindertagesstätte mit Schülercafeteria C 78
Kirchenpauer-Gymnasium E 52
Klostergymnasium E 20
Klosterschule St. Johannis E 7
Landesjugendmusikschule D 44
Lateinschule L 68
Lernbehindertenschule Eimsbüttel C 88
Lernbehindertenschule Finkenau F 5
Lichtwarkschule C 85, F 36
Luisenschule M 34
Lyzeum Curschmannstraße D 81
Lyzeum Max-Brauer-Allee C 55
Lyzeum Wandsbek G 11
Kindergarten Koldingstraße C 64
Navigationsschule C 30, C 31
Oberrealschule Caspar-Voght-Straße E 54
Oberrealschule Hohenzollernring C 55, J 22
Oberrealschule Kaiser-Friedrich-Ufer C 78.1,
  C 82
Oberrealschule Marckmannstraße E 63
Pestalozzischule C 36

R

355

Bautenregister

Realschule Alstertal **I 36.2**
Realschule Bleickenallee **J 24**
Rudolf-Roß-Gesamtschule **B 75**
Rumbaumsche Schule von 1690 **C 9**
Schule am Walde **H 41**
Schulhaus Küsterstraße **K 50**
Schulhaus Övelgönne **J 30**
Schulkate Volksdorf **H 19**
Sonderschule Robert-Koch-Straße **D 76**
St. Lukas (Fuhlsbüttel), Gemeindezentrum mit Kindergarten **I 36.1**
St. Pauli (Altona-Altstadt), Schule **C 33**
Staatliche Gewerbeschule (G 1) **E 43**
Staatliche Seefahrtschule Altona **C 30, J 5**
Stadt- und Lateinschule Harburg **L 40.1**
Stiftungsschule von 1815 **B 48**
Talmud-Tora-Oberrealschule **C 6, D 21, D 22**
Technische Staatslehranstalt **E 20**
Volksschule Adlerstraße **F 59**
Volksschule Alter Teichweg **G 23.6**
Volksschule Beim Pachthof **E 60, G 4**
Volksschule Bernstorffstraße **C 19**
Volksschule Bovestraße **G 10**
Volksschule Breitenfelder Straße **D 81**
Volksschule Denksteinweg **G 10**
Volksschule Elisabethplatz **C 82**
Volksschule Enckeplatz **B 44**
Volksschule Ernst-Henning-Straße **M 36**
Volksschule Grabenstraße **C 9**
Volksschule Krausestraße **G 22**
Volksschule Langenfort **F 64.7**
Volksschule Leuschnerstraße **M 44**
Volksschule Lutterothstraße I **C 74.1, M 36**
Volksschule Lutterothstraße II **C 74.2**
Volksschule Marienthaler Straße **E 53**
Volksschule Meerweinstraße **F 49.2**
Volksschule Osterbrook **E 54, E 60, E 71.2, G 4, G 32, F 64.7**
Volksschule Peterstraße **B 44**
Volksschule Ritterstraße **E 50**
Volksschule Rübenkamp **E 52, F 66**
Volksschule Schaudinnsweg **F 64.7**
Volksschule Schwenckestraße **C 74**
Volksschule Seilerstraße **C 25.1**
Volksschule Telemannstraße **C 74**
Volksschule Thedestraße **C 59**
Volksschule Tieloh **F 62**
Volksschule Veddel **E 60, E 71.2**
Volksschule Wendenstraße **E 37**
Volksschule Wöhrendamm **H 47**
Walddörferschule **H 24**

Siedlungen (s. auch Geschosswohnbauten und Wohnanlagen)
ATAG-Siedlung Wellingsbüttel **H 3**
Bavaria Quartier **C 28**
Falkenbergsiedlung **L 60**
Falkenried-Quartier **D 84**
Franksche Siedlung **I 27**
Fritz-Schumacher-Siedlung **I, I 41**
Gartensiedlung Mechelnbusch **K 42**
Gartenstadt Alsterdorf **I 22**
Gartenstadt Berne **G 33**
Gartenstadt Farmsen **G 30, G 35**

Gartenstadt Hohnerkamp **G 35**
Grindelhochhäuser **C 54, D 60**
Großsiedlung Barmbek-Nord **F, F 64**
Großsiedlung Dulsberg **F 64, F 64.1, G, G 21, G 22, G 23**
Großsiedlung Jarrestadt **F, F 48, F 49**
Großsiedlung Mümmelmannsberg **G 48**
Großsiedlung Neuallermöhe-Ost **M 25, M 26**
Großsiedlung Neuallermöhe-West **M 6, M 25**
Großsiedlung Osdorfer Born **K**
Großsiedlung Steilshoop **G, G 38, G 48**
Großsiedlung Veddel **E, E 71**
HafenCity **C 48, L, L 1.1, L 3**
Hamburg-Bau '78 **H 8**
Heidberg-Villages **I 44**
Neu-Altona **C, C 37, C 40**
Neutra-Siedlung Mörfelden-Walldorf **I 55**
Neutra-Siedlung Quickborn **I 55**
Sanierungsgebiet Karl-Theodor-Straße **J 12**
Sanierungsgebiet Martin-Luther-Straße/Rehoffstraße/Pasmannstraße **B 52**
Sanierungsgebiet Rademachergang **B 73**
Sanierungsgebiet Wexstraße/Brüderstraße **B 25, B 71**
Schwarzwaldsiedlung **I 46.2**
Siedlung Beerboomstücken **I 13**
Siedlung Denickestraße **L 52**
Siedlung Gojenbergsweg **M 37**
Siedlung Hexenberg **C 40**
Siedlung Moorbekring **H 25**
Siedlung Trabrennbahn Farmsen **G 28**
Siedlung Wensenbalken **H 29**
Steenkampsiedlung **J 59**
Tannenkoppel-Siedlung **I 46**
Theodor-Johannsen-Siedlung **K 48**
Treppenviertel **K 21**
Werkmeistersiedlungen der Deutschen Werft **J 53, L 15**
Werkssiedlungen der Hanseatischen Kettenwerke und der Messap **I 46**
Wolfgang-Borchert-Siedlung **I 16**

Sportbauten (s. auch Badeanstalten)
Golfclubhaus Falkenstein **K 40, M 52**
Hammer Park, Sportgebäude **E 55**
Horner Rennbahn **G 6**
Horner Rennbahn, Richterturm **G 6**
Horner Rennbahn, Tribüne **G 6.1**
Poloclubhaus **K 36**
Trabrennbahn Farmsen **G 28.1**
Wolfgang-Meyer-Stadion **I 3**

Stifte, Heime und betreutes Wohnen
Alida-Schmidt-Stift **E 42.1**
Apartmenthäuser Paul-Stritter-Weg **I 23.2**
August-Heerlein-Stift **E 12**
Betty-Stift **J 25, J 28**
Beyling-Stift **B 79.1, D 77.5**
Dulsbergsiedlung, Einküchenhaus **G 23.1.3**
Elbschloss Residenz **K 4.2**
Erstes Amalienstift **E 19**
Evangelische Stiftung Alsterdorf **I 23**
Gartenstadt Berne, Altenwohnungen **G 33**

Georg-Buchecker-Stift **F 43.1**
Gotteswohnungen **H 46**
Heine-Stift **B 40, B 45**
Heinrich und Caroline Köster Testament-Stiftung **F 60**
Helenenstift **C 56**
Jenisch-Stift **D 78**
Julius und Betty Rée-Stift **C 84.1, D 77.7**
Kampe-Stift **D 77.4**
Kampe-Stift, Erweiterung **D 77.6**
Keitel-Stift **F 55**
Kleinrentner-Speisung e. V. **F 43.3**
Lankenau-Stift **J 25**
Ledigenhaus **B 52.3**
Mathilden-Stift **D 77.2**
Max und Mathilda Bauer Stift **C 84.2.1**
Nyegaard-Stift **C 56**
Oppenheimer Stiftung **C 84.3**
Parkheim der Detaillistenkammer **F 43.2**
Pflegeheim Thadenstraße **C 19**
Reventlowstift **C 19**
Rosenthal-Altenhaus **C 84.2**
Sarlingheim **J 61**
Säuglingsheim **M 47**
Schröder-Stift **C 92, D, F 55**
Schuldt-Stift **B 48, B 77**
Schutte-Stift **D 77.1**
Seemannshaus **C 31**
Seemannsheim **C 46**
Seniorenresidenz Wellingsbüttel **H 5**
Service-Wohnen **I 23.1**
Soltow-Stift **D 77.3**
St.-Gertruden-Stift **E 42. 3**
St.-Hiobs-Hospital **E 42.2**
St.-Johannis-Kloster **D, D 65**
Staatliches Alten- und Pflegeheim Groß Borstel **I 11**
Steenkampsiedlung, Ledigenheim **J 59.1**
Stiftsviertel Eppendorf **C 56, D 77, E 42, F 54**
Stiftsviertel Winterhude **F 43, F 60, I 11**
Stresow-Stift **H 15**
Studentenwohnheim, Billwiese **M 41**
Theodor-Wohlwill-Stift **C 84.2.2**
Vaterstädtische Stiftung **C 84.2**
Vorwerk-Stift **C 10**
Werk- und Armenhaus **G 31**
Werk- und Armenhaus, Beamtenwohnhäuser **G 31**
Wohnstift Augustinum **J 2**
Z. H. May und Frau Stiftung **C 84.1, D 77.7**

Straßenverkehr (s. auch Brücken und Tunnel)
Busbahnhof Wandsbek-Markt **G 14.2**
Parkhaus Poststraße **B 11**
Parkhaus Speicherstadt **L 1**
Zentraler Omnibusbahnhof ZOB **E 22**

Synagogen
Israelitisches Krankenhaus, Synagoge **C 24**
Synagoge der Deutsch-Israelitischen Gemeinde **D 21**
Synagoge der portugiesisch-jüdischen Gemeinde **D 59**

Synagoge Hohe Weide **C 89**
Tempelsynagoge (Oberstraße) B 76, **D 57**
Tempelsynagoge (Poolstraße) **B 76**

Theater, Konzertsäle und Versammlungsbauten
Berliner Philharmonie (Berlin) L 3.5
Congress Centrum Hamburg **C 2**
Curiohaus **D 25**
Deutsches Schauspielhaus **E 3**
Elbphilharmonie **L 3.5**
Fabrik **J 17**
Festhalle Rosengarten (Mannheim) D 26
Friedrich-Ebert-Halle **L 53**
Gorch-Fock-Halle **L 14**
Hamburger Kammerspiele **D 23**
Hamburger Nationaltheater B 26
Hamburgische Staatsoper **B 34**
Hamburgische Staatsoper, Betriebsgebäude **B 34**
Haus der Jugend **C 52**
Komödie Winterhuder Fährhaus **F 39**
Laeiszhalle **B 40**, B 45
Literaturhaus **F 8**
Nationaltheater (Mannheim) G 44
Neue Flora B 64, **C 63**
Rolf-Liebermann-Studio **D 57**
Schanzenhof **C 14**
Schmidts Tivoli **C 26.1**
St. Pauli-Theater **C 26.2**
Stadtteilkulturzentrum KulturA **M 24**
Thalia Theater **A 54**
Theater im Zimmer **D 42**

Vereine, Verbände und sonstige Körperschaften
Berufsgenossenschaft für Fahrzeughaltungen **J 13**
DHV Deutschnationaler Handlungsgehilfen-Verband **B 41**
Gewerbehaus (Handwerkskammer) **B 44**
Gewerkschaftshaus **E 25**
Handwerkskammer Harburg **L 43**
Haus des Deutschen Bauarbeiterverbandes **E 40**
Henry-Jones-Loge **D 23**
LVA Landesversicherungsanstalt **G 27**
Patriotische Gesellschaft von 1765 **A 15**, A 51.2, B 34, B 74, C 23.1, D 16, J 41, M 11
Provinzialloge von Niedersachsen **D 18**
Übersee-Club A 15, B 21
Volksküche **C 58**

Versorgung
Bahnkraftwerk Altona **J 69**
Berufsbildungszentrum Vattenfall **G 37**
Blumenmarkthalle **A 65**, **E 29**
bramax **G 37**
Deichtorhallen A 63, **A 64**
Enteisungswerk **M 13**
Gasanstalt Altona J 65
Großmarkthalle **E 29**
Kohlekraftwerk Osterbekkanal F 51
Kraftwerk der Hochbahn **F 67.1**

Kraftwerk Karolinenstraße, Kopfbau **C 7.1**
Kraftwerk Tiefstack **G 1**
Kraftwerk Wedel **K 46**
Schlachthof C
Speicherstadt, Kesselhaus **L 1.1**, L 3
Speicherstadt, Maschinenzentralstation L 1.1
Stadtwasserkunst E 10, **E 64**
Tabakfabrik von Eicken, Wasserreservoir **D 85**
Wasserturm Allgemeines Krankenhaus Barmbek **F 65**
Wasserturm Aumühle (Bismarck-Turm) **M 57.1**
Wasserturm Bergedorf M 34
Wasserturm Lohbrügge **M 43**
Wasserturm Lohbrügge, Wasserwerk **M 43**
Wasserturm Lokstedt **I 8**
Wasserturm Stadtpark C 92, **F 44**
Wasserturm Sternschanzenpark **C 92**, F 44
Wasserturm Werk- und Armenhaus **G 31**
Wasserturm Wilhelmsburg **L 29**
Wasserturm Winterhuder Weg F 44
Wasserwerk Baursberg, Pumpstation **K 38**
Wasserwerk Kaltehofe und Billwerder Insel **E 65**

Verwaltungsgebäude (s. auch Banken, Kontorhäuser, Mediengebäude und Mietbürohäuser)
Albis-Haus **E 45**
Alnwick-Harmstorf-Haus **J 8**
BAT-Hochhaus **B 24.1**
City Nord **F 68**
Condor-Versicherung **A 36.2**
Generali-Haus **B 54**
Germanischer Lloyd **L 3.8**
Globushof A 16, **A 18**
Hauptverwaltung Deutsche Shell AG **F 68.4**
Hauptverwaltung ESSO A.G. **F 68.1**
Hauptverwaltung Hamburg-Mannheimer Versicherungs-AG (Winterhude) **F 68.5**
Hauptverwaltung Hanse-Merkur Versicherungsgruppe **D 3**
Hauptverwaltung HEW **F 68.2**
Hauptverwaltung Rudolf Karstadt AG **A 61.1**
Hauptverwaltung SIGNAL IDUNA Gruppe **D 2**
Hauptverwaltung SIGNAL IDUNA Gruppe, Erweiterung **D 2**
IDUNA-Germania-Versicherung **D 35**
Lever House (New York) J 51
Mannesmann-Verwaltung (Düsseldorf) G 13
Nobelshof **A 35**
Norddeutsche Versicherungs-Gesellschaft **A 4**
Philips Headquarter **E 18**
Seagram Building (New York) A 36, F 68.4
Securvita Versicherung **E 18**
Techniker Krankenkasse F 61
Unilever Deutschlandzentrale (Am Strandkai) **L 3.6**
Unileverhaus (Drehbahn) **B 31**
Unternehmenszentrale HHLA **L 1.2**

Verwaltungsgebäude Allianz Versicherungs-AG **A 20**
Verwaltungsgebäude ATAG **H 3**
Verwaltungsgebäude Böttcher & Gessner **J 65.1**
Verwaltungsgebäude Condor-Versicherung und Hamburg-Süd **A 36**, **A 36.2**
Verwaltungsgebäude Deutsche Wohnungsbau GmbH **L 43**
Verwaltungsgebäude edding AG **H 44**
Verwaltungsgebäude Esso A.G. **B 20.2**
Verwaltungsgebäude GEG **E 24**, E 28, E 74
Verwaltungsgebäude Hamburg-Mannheimer Versicherungs-AG (Rotherbaum) B 20, **D 5**
Verwaltungsgebäude Hapag-Lloyd AG **A 49**
Verwaltungsgebäude HFLG **L 1.2**
Verwaltungsgebäude Reemtsma Cigarettenfabriken GmbH **J 38.2**
Verwaltungsgebäude Rhenania-Ossag **D 5**
Verwaltungsgebäude Rickmers Reederei **D 7**
Verwaltungsgebäude SAGA **C 54**
Verwaltungsgebäude SAGA-GWG **F 56**
Verwaltungsgebäude Thyssen AG (Düsseldorf) F 68.2
VTG-Gebäude **E 31**

Villen und Landhäuser
Budge-Palais **D 39.1**, E 23
Budge-Palais, Remise **D 39.4**
Doppelvilla Alsterchaussee **D 43**
Doppelvilla Gustav-Freytag-Straße **F 14**
Doppelvillen Alsterglacis D 3, **D 4.1**
Gartenhaus Heine **J 6**
Gästehaus des Hamburger Senats D 3.1, **F 9.2**
Glockenhaus **M 3**, M 5
Haus Ameis H 27, H 35, **H 36**
Haus Amsinck **D 53**
Haus Berwanger **K 9**
Haus Billhoop D 14, **M 46**
Haus Blohm **I 21**
Haus Boesche **H 13**
Haus Bondy **J 45.2**
Haus Bouncken **K 12**
Haus Boy **K 31**
Haus Bozenhard **H 36**
Haus Carstens **J 44**
Haus Coutinho **F 21**
Haus Distel I **M 33.1.1**
Haus Distel II **M 33.1.2**
Haus Dr. Albrecht **H 47**
Haus Dr. Bromberg **D 54**
Haus Dr. Dormann **J 47**
Haus Eggert **D 6**
Haus Gratenau **H 43**
Haus Heilbuth **D 29.2**
Haus Hinneberg **K 22**
Haus Hinrichsen F 24, **F 41.2**
Haus Jörss **M 33.2**
Haus Klöpper **H 14**
Haus Köllisch **K 25**
Haus Komrowski **M 33.2**
Haus Koopmann **K 35.3**
Haus Lehmann A 56, M 8, **M 33.2.1**

R

Bautenregister

Haus Lincke **D** 52
Haus Lindner **I** 20
Haus Lorenz-Meyer **D** 14, M 46
Haus Magnus **D** 29.1
Haus Meyer **M** 57
Haus Michaelsen **D** 8
Haus Michahelles **D** 54
Haus Möller J 47, **J** 48.1
Haus Olff **F** 41
Haus O'Swald **D** 62
Haus Overmann **K** 15
Haus Pöhl **M** 33.3.1
Haus Prahl **K** 31
Haus Rée **D** 8
Haus Reemtsma **J** 38.1
Haus Rosenkranz **D** 56.1
Haus Rothschild **D** 34
Haus Schluck **H** 21
Haus Schnackenberg **J** 48.2
Haus Schüler **K** 23
Haus Schulz **K** 38
Haus Seip J 47, K 25
Haus Sellschopp **M** 48
Haus Stahl **F** 41.1
Haus Stern **F** 24
Haus Süchting **D** 32
Haus Tannenhöft **H** 47
Haus Uhlmann **H** 27
Haus Völker **H** 34, M 48
Haus von Pein **F** 8, F 13
Haus Wedells **D** 3, **D** 3.1
Haus Weltevreden **M** 47
Haus Wieck **M** 33.2.2
Haus Wolter **M** 33.2
Haus Wütow **D** 11
Haus Zadik **J** 45.1
Häuser Deussen und Zennig **D** 31
Häuser Stachow Erben **M** 33.3.2
Jenisch Haus B 21, **J** 39
Landhaus Blacker (Goßlerhaus) **K** 28
Landhaus Brandt **J** 33
Landhaus Duvenstedter Triftweg **H** 36
Landhaus G. F. Baur **K** 19
Landhaus G. F. Baur, Stallgebäude **K** 19
Landhaus J. H. Baur (Elbschlösschen) **K** 4.1
Landhaus Gebauer **J** 29
Landhaus Gudrunstraße **K** 43
Landhaus J. C. Godeffroy **K** 14, K 16
Landhaus J. C. Godeffroy, Kavaliershaus **K** 14.1
Landhaus P. Godeffroy (Weißes Haus) **K** 16, K 19
Landhaus R. Godeffroy (Die Bost) K 2, **K** 11
Landhaus Klünder **K** 23
Landhaus Lawaetz **J** 1.1
Landhaus Mittelweg 116 **D** 45
Landhaus Mittelweg 50 **D** 45
Landhaus Moorfleet I 12, K 6, **M** 5
Landhaus Mutzenbecher **I** 10
Landhaus Neumühlen **J** 1
Landhaus Roosen **K** 6
Landhaus Schwieger **D** 42
Landhaus Sieveking **E** 55
Landhaus Söchting **G** 40.2

Landhaus Thornton **J** 35
Landhaus Voght J 39, **J** 41, K 2, K 28
Landhaus Vorwerk **K** 2
Landhaus Weber **J** 32
Landhaus Wesselhoeft **K** 3
Landhäuser Eimsbüttel **C** 75
Landhäuser von John Fontenay D, **D** 13
Predigerwitwenhaus **M** 2
Reihenvilla Innocentiastraße **D** 59
Reihenvilla Tesdorpfstraße **D** 14
Reihenvillen Abteistraße **D** 53
Reihenvillen Graumannsweg/Uhlandstraße/ Lessingstraße/Blumenau/Eilenau **E** 46
Reihenvillen Mövenstraße/Leinpfad **F** 20
Reihenvillen Oberstraße **D** 56
Schloss Hohenlinden **H** 7
Slomanburg D 4.1, **D** 36
Stadthaus Klopstockstraße **J** 8
Stallgebäude Halbmond **J** 35
Stavenhagenhaus **I** 12
Villa Adalbertstraße **K** 35.1
Villa Almerico-Valmarana (Vicenza) **K** 4.1
Villa Alsterglacis **D** 4.1
Villa Alsterglacis, Remise **D** 4.2
Villa Alsterufer **D** 10.2
Villa Augusta **M** 45
Villa Bach **K** 35
Villa Badestraße D 36
Villa Bahnsenallee **M** 51
Villa Ballin **D** 30
Villa Barbara **F** 21
Villa Behrens **D** 39.3
Villa Beit **D** 39.2
Villa Blunck **G** 8
Villa Cranachstraße **J** 54
Villa de Meuron **F** 13
Villa Dr. Haase **M** 48, M 50
Villa Duhnkrack **J** 37
Villa Elbchaussee 54 **J** 7
Villa Elbchaussee 215 **J** 35
Villa Emmas Ruh **M** 45
Villa Buchwaldstraße **G** 40.1
Villa Bielenberg **D** 48.2
Villa Dressler **L** 55.2
Villa Erna **M** 45
Villa Ertel **M** 50.1
Villa Friedensweg **K** 35
Villa Harvestehuder Weg/Magdalenenstraße D 37
Villa Heilwigstraße **D** 64
Villa Höger **I** 40, K 31
Villa Jordanstraße **E** 51
Villa Keitel **F** 9.1
Villa Köbke **F** 13
Villa Krogmann **D** 48.2
Villa Laeisz **D** 38
Villa Lorenzen **K** 35
Villa Messtorff **M** 35
Villa Mövenstraße **F** 20
Villa Palm **L** 55.3
Villa Pinnau **K** 20
Villa Prien **L** 55.1
Villa Puls **I** 10
Villa Rappolt **F** 22

Villa Russ **M** 56
Villa Schröder **K** 5
Villa Schucken **K** 39
Villa Sloman **D** 49
Villa Specht **M** 57
Villa Themme **D** 10.1
Villa Tiefenbacher **M** 50.2
Villa Troplowitz **F** 19
Villa von der Meden **D** 48.2
Villa von Horschitz **D** 37
Villa von Ohlendorff **H** 19
Villa Waldstraße **M** 56
Villa Wehber **D** 63
Villen Cranachstraße **J** 54
Villen Marienterrasse **F** 17
Villen Müllenhoffweg **J** 56
Villen Parkstraße **J** 37
Villen Remstedtstraße **G** 40
Villen Witts Allee **K** 32
Villengruppe Behrensstraße **G** 7
Villenkolonie Altrahlstedt G
Villenkolonie Aumühle **M** 57
Villenkolonie Bergedorf **M** 33
Villenkolonie Billewinkel **M** 45
Villenkolonie Hochkamp J 44, K, K 35
Villenkolonie Marienthal G, G 7
Villenkolonie Neu-Othmarschen J, J 44, K 35
Villenkolonie Wohltorf **M** 56
Willsches Palais **D** 68

Namensregister

Die Architekturbüros werden prinzipiell mit dem Namen genannt, unter dem sie zum Zeitpunkt der Fertigstellung der jeweiligen Projekte firmierten. Eine Ausnahme wird aus pragmatischen Gründen bei dem Büro Haller & Geißler gemacht, das laut Bürostempel unter der sperrigen Bezeichnung »Martin Haller Hermann Geissler Architekten« firmierte. Außerdem werden diejenigen Fälle gesondert behandelt, bei denen der Urhebers eines Entwurfs und das ausführende Büro vom Namen her stark differieren. Die Büropartner finden nur dann Erwähnung, wenn ihre Namen oder zumindest deren Initialen Bestandteil des Firmennamens sind. Leider ließen sich nicht alle Angaben vollständig und widerspruchsfrei ermitteln. Falls Leser diese Angaben ergänzen oder korrigieren können, mögen sie sich bitte an den Verfasser wenden.

A 3 Architekten + Stadtplaner C 22
A. P. B. Architektengruppe Planen & Bauen Beisert, Findeisen, Grossmann-Hensel, Wilkens (Thomas Beisert, Rüdiger Findeisen, Jens Grossmann-Hensel, Günter Wilkens, s. auch APB. Architekten) A 25, C 71, C 81, D 86, G 41, G 43, H 8, H 8.1.1, L 30
A. P. B. Architektengruppe Planen und Bauen Beisert, Findeisen, Galedary, Grossmann-Hensel, Wilkens (Thomas Beisert, Rüdiger Findeisen, Ahmad Galedary, Jens Grossmann-Hensel, Günter Wilkens, s. auch APB. Architekten) B 54, D 3, F 15, F 26, I 38.3, M 26
Abendroth, August F
Adler, Friedrich D 57, D 59
Adolf I., Herzog von Schleswig-Holstein-Gottorf M 49
Adolf III., Graf von Schauenburg A, A 16, A 17
Adolf IV., Graf von Schauenburg M
Adolff, Friedrich A 12
Ahlers-Hestermann, Tatiana E 67, F 57
Ahola, Pentti B 53
Ahrendt, Walter G 47, H 18, H 30
Alberts, Anton C. I 16
Albrecht I., Herzog von Sachsen M
Albrecht, R. E 66
Allies and Morrison (Bob Allies und Graham Morrison) L 3.7
Alsop & Störmer Architekten (William Alsop und Jan Störmer, s. auch Planungsgruppe me di um; Jan Störmer Architekten; Jan Störmer Partner) A 65, B 7, E 23.1, G 16
William Alsop Architects C 47
Ameis, Otto (s. auch Jacob & Ameis) H 36
Ammann, Helmut E 56, L 54
Amsinck, Gustav B 21
Amsinck, Heinrich K 35.2, K 36
Amsinck, Theodor D 53
Amt für kriegswichtigen Einsatz E 58
Ancker, Ferdinand J 44, K 35
Andersch, Anna F 25

Andersen, Otto I 11, J 15, J 27, J 66
Andrees, Regierungsbaurat M 44
Ansgar, Erzbischof A 16, A 48
Antolini, Giovanni Antonio G 15
APB. Architekten Beisert, Wilkens, Grossmann-Hensel (Thomas Beisert, Günter Wilkens, Jens Grossmann-Hensel, s. auch A.P.B. Architekten) B 42.2.2, D 84, D 84.2, F 65, H 5, I 44, L 3.1, L 3.4.2, M 25
Araki, Yoshikuni B 82, C 2
Architekten · Ingenieure PSP (Hans-Joachim Pysall und Peter Stahrenberg, s. auch Pysall, Stahrenberg & Partner) F 27
Architekten BLP v. Bassewitz Limbrock Partner (Horst v. Bassewitz und Heiner Limbrock, s. auch Fischer & v. Bassewitz; Schramm, Pempelfort, v. Bassewitz, Hupertz; Schramm, v. Bassewitz, Hupertz; Schramm, v. Bassewitz, Hupertz & Partner; BPHL Architekten; BHL Architekten) L 35
Architekten Gössler (Bernhard Gössler und Daniel Gössler, s. auch Gössler + Schnittger) L 47, G 6.1, G 6.2
Architekten Kähler (Eggert Kähler) I 47
Architekten Schweger + Partner (Peter Schweger, s. auch Peter Schweger; Graaf & Schweger; Graaf, Schweger & Partner; Schweger & Partner; ASP Architekten Schweger Partner) A 62.9, B 1.4, B 50, B 56, E 32, F 23, F 39, F 61, L 2
Architektengemeinschaft Neon I 16
Architekturbüro Bernd Leusmann B 7
Architekturbüro Falk von Tettenborn C 92
Architekturbüro Streb (Martin Streb, s. auch Bäumer & Streb) L 38
Architekturbüro WGK (Otto Wunsch, Gustav Gleichmann, Dieter Krüger, s. auch Wunsch & Mollenhauer) A 62.6
Arens, Johann August C 3, D 16, J 41, K 2
ARGE Köhlbrand-Hochbrücke L 11
Arnold, Klaus I 1, M 54
Arnold, Stadtbauamt Wandsbek G 10
Ove Arup & Partners C 47
Ascher, Felix D 57, H 3
ASK Ina und Dietrich Hassenstein C 23.2
ASP Architekten Schweger Partner (Peter Schweger, s. auch Peter Schweger; Graaf & Schweger; Graaf, Schweger & Partner; Schweger & Partner; Architekten Schweger + Partner) D 45, G 27, L 3, L 3.1
Assmann Beraten + Planen I 38.3
Assmann, Siegfried I 1
ASTOC Architects & Planners C 45, L 3
ASW Architekten Silcher, Werner + Partner (Sven Silcher und Asmus Werner, s. auch Asmus Werner; Patschan, Werner, Winking) A 59.1, C 7.1, I 3, K 47
ASW Architekten Silcher, Werner + Redante (Sven Silcher, Asmus Werner und Norbert Redante, s. auch Asmus Werner und Patschan, Werner, Winking) B 75, E 22, G 28.2, G 37, M 47
Atelier 5 D 27.3
Atmer & Marlow (Hans Atmer und Jürgen Marlow, s. auch Marlow & Partner) E 21
AWK Architekten (Wilfried Köhnemann) F 9.1
Axthelm (Annette Axthelm) Architekten C 28

Bach & Wischer (Max Bach und Fritz Wischer) A 59, A 59.4, A 59.5, A 59.9
Bach, Franz Albert A 59, A 59.4, A 59.5, A 59.5, A 59.9, B 18, K 35
Bach, Max A 62, A 62.2, A 62.3, B 18
Baedeker, Walther K 9, K 15, K 23, K 24, K 29
Bähr, George B 50
Bahre & Querfeld (Ricardo Bahre und Carl Querfeld) A 21, B 25, C 26.1
Bahre, Ricardo I 24
Bakema, Jacob B. G 38. 3
Baldwin, Barry A 59.4
Ballin, Albert A 49, A 62.9, D 30
Bandel, Ernst von L 39
Banks, Edward Bartels M 62
Barca, A. D 61
Bargheer, Eduard I 42, L 14
Barlach, Ernst A 2, C 51, J 40
Bartning, Otto D 57, D 79, D 79.1, D 79.2, I 50
Bassewitz, Horst v. (s. auch Fischer & v. Bassewitz; Schramm, Pempelfort, v. Bassewitz, Hupertz; Schramm, v. Bassewitz, Hupertz; Schramm, v. Bassewitz, Hupertz & Partner; BPHL Architekten; BHL Architekten; Architekten BLP)
Bau- und Ingenieurbüro der GEG E 28
Bauabteilung der HEW K 46
Bauabteilung der HFLG L 6
Bauabteilung der Kaufhof AG A 59.2
Bauabteilung der Oberpostdirektion Hamburg C 8
Bauabteilung der Phoenix AG L 48.2
Baubehörde, Hochbauabteilung B 54, E 70.1, E 70.3, F 56
Baubehörde, Hochbauamt B 34, C 29, D 80.1, F 49, G 13, M 38
Baubehörde, Landesplanungsamt G 48
Baubehörde, Tiefbauamt B 67, F 7
Baudeputation, Hochbauwesen G 31
Baudeputation, Ingenieurwesen A 64, B 85, E 65
Baudeputation, Sektion für Strom- und Hafenbau C 32.2, K 45, L 3.7.1, L 7, L 8
Bauer, Ernst H 37
Bauer, H. C. M. E 16
Baugeschäft Glocke & Göttsch C 46.2
Baugeschäft Neugebauer & Schybilski G 2
Baugeschäft P. H. A. Wolkau F 56.2
Baugeschäft W. Heuer L 56
Bauhütte Bauwohl E 74
Baum, Gernot I 28
Baumann, Georg A 60
Bäumer & Streb (Dirk Bäumer und Manfred Streb, s. auch Architekturbüro Streb) E 3, H 8
Bäumer, Willem F 35, K 43
Baumschlager & Eberle (Carlo Baumschlager und Dietmar Eberle) D 84, D 84.2
Baur, Georg Friedrich C 50.1.5, C 50.2, K 19
Baur, Johann Heinrich K 4.1

359

Namensregister

Baxmann, Hein M 4, M 6, M 7
BB + GG Arquitectes L 3.7
BDP Building Design Partnership L 3.7
Bebel, August E 25
Becker, Gerhart B 82.2, E 29, K 46
Beger, J.F. D 14
Behn, Rafael C 8
Behnisch Architekten (Stefan Behnisch) A 6.1, L 3.6
Behnisch, Günter J 13
Behr & Eckmann (Hermann Behr und Alfred Eckmann) D 77.4
Behrens, Peter A 59.2, A 61, E 23, G 13, J 53, K 24, L 15
Behrens, Wilhelm B 52.2, B 52.3, B 73, E 71.1.2, F 49, L 22.1
Behrmann, Alfred J 66
Beile, Friedrich J 61
Bellmann, Carl Gottlieb J 5
Bensel & Kamps (Carl Gustav Bensel und Johann Kamps) F 57
Bensel, Carl Gustav A 59, A 59.4, G 1
Bensel, Kamps & Amsinck (Carl Gustav Bensel, Johann Kamps und Heinrich Amsinck, s. auch Heinrich Amsinck) F 50.2, F 57, G 45, H 15, I 33, J 57.1, J 58, K 30, K 41
Berg & Paasche (Willi Berg und Max Paasche) C 80, F 64, F 64.2, G 25, G 46, L 51
Bergner, Wilhelm M 42
Berichau, Hinrich L 63
Bernstorff Architekten (Godber von Bernstorff) F 47
Bertram, Boockhoff, Bünemann (Fritz-Henning Bertram, Hermann Boockhoff, Gerhard Bünemann) J 12
Beumer, Heinrich F 52
Beyerstedt, F. J 14.1, J 14.2, J 67
BHL Architekten v. Bassewitz, Hupertz, Limbrock (Horst v. Bassewitz, Stephan Hupertz und Heiner Limbrock, s. auch Fischer & v. Bassewitz; Schramm, Pempelfort, v. Bassewitz, Hupertz; Schramm, v. Bassewitz, Hupertz; Schramm, v. Bassewitz, Hupertz & Partner; BPHL Architekten; Architekten BLP) J 3.1
Bieling Architekten (Josef Bieling) L 3.4.2
Biernatzki, J. A. F 27
Biesterfeld, Heinrich F 30.3
Biesterfeld, Jacob J 42
Bindel, F. W. H 7
v. Bismarck + Partner (Christian von Bismarck) E 37, J 69
Bismarck, Johanna Fürstin von M 59
Bismarck, Otto Fürst von A 17, B 80, M 57, M 59, M 60
Blacker, John K 28
Bläser, Jacob C 39, I 52
Blecken, Hans Peter L 63
Bliemeister, Alfred A 45
Block & Hochfeld (Fritz Block und Ernst Hochfeld, s. auch Fritz Block; Ernst Hochfeld) B 28, D 11, D 56.2, F 49, F 50.1, I 17, I 33
Block, Fritz D 23

Bloem & Partner (Enno Bloem) I 16
Blohm, Walther I 21
Bock, Arthur C 32.1, F 45.1
Böge + Lindner-Böge (Jürgen Böge und Ingeborg Lindner-Böge) E 36
Böge Lindner Architekten (Jürgen Böge und Ingeborg Lindner-Böge) L 3.1, L 3.4.1, L 3.7, L 27, L 48.1
Bogler, Ferdinand B 1.2
Böhm, Dominikus D 57
Böhm, Gottfried A 63
Bolles + Wilson (Julia Bolles-Wilson und Peter L. Wilson) D 84, D 84.2, L 3.7, L 3.7.1
Bomhoff & Schöne (Heinrich Bomhoff und Hermann Schöne, s. auch Hermann Schöne) E 52, F 49, M 54, M 58
Bomhoff, Heinrich M 54
Bong, C. C. B 1.1
Bonhoeffer, Dietrich C 70
Börgemann, Karl L 69
Börner, Carl A 43, B 84, B 85
Bossanyi, Ervin I 26.3
Bossard, Johann Michael A 6, D 69, L 71
Bossard-Krull, Jutta L 71
Boswau & Knauer (Paul Boswau und Hermann Knauer) E 8
Bouché, Carl de M 42
Boullée, Étienne-Louis C 3
BPHL Architekten v. Bassewitz, Patschan, Hupertz, Limbrock (Horst von Bassewitz, Dieter Patschan, Stephan Hupertz und Heiner Limbrock, s. auch Fischer & v. Bassewitz; Schramm, Pempelfort, v. Bassewitz, Hupertz; Schramm, v. Bassewitz, Hupertz; Schramm, v. Bassewitz, Hupertz & Partner; BPHL Architekten; Architekten BLP; Patschan, Werner, Winking; Patschan, Winking) A 54, D 26, F 15, L 3
Branca, Alexander Freiherr von K 5
Branca, Emanuela Freiin von K 5
Brandi, Bruno A 29, B 61
Brandt, Emil C 51, C 55, J 22, J 24
Brauer Architekten (Karsten Brauer) C 1
Brauer, Karsten I 37.1, I 38.3, K 35.2
Braunschweig, Regierungsbaurat M 61
Breckwoldt, Walter K 48, K 49
Brehmer, H. Otto H 7
Brekelbaum, Johann Heinrich Martin E 26, L 18
Brenner & Tonon (Klaus Theo Brenner und Benedict Tonon, s. auch Benedict Tonon) F 63
Brinckmann, Justus E 23, M 22.1
Brinkama, Eduard A 29, D 39.4, D 40
Brommer, Otto C 51
BRT Architekten Bothe Richter Teherani (Jens Bothe, Kai Richter, Hadi Teherani, s. auch Hadi Teherani) A 47, A 64, B 1, C 49.1, C 49.2, C 49.3, D 84, D 84.1, E 7, E 21, E 35, E 39, F 12, F 28, F 68.5, I 51, J 3.4, K 4.1, L 3.1, L 3.4.1
Bruncke, Carl F 43.1, G 23.1.1, G 23.1.3, L 14
Brünicke, Wilhelm L 29
Brüning, Rudolf D 5

Bücker, Heinrich Gerhard L 28
Budge, Emmy D 39.1
Budge, Henry D 39.1, D 39.4
Bugenhagen, Johannes F 32, F 52.1, F 53
Bülau, Theodor A 15, A 51.2
Bundsen, Axel J 33
Bunsmann + Scharf (Walter J. M. Bunsmann und Paul Gerhard Scharf, s. auch Rau & Bunsmann; Rau, Bunsmann, Scharf; Paul Gerhard Scharf) K 52, M 17.1
Bunsmannn, Scharf, Lockner (Walter J. M. Bunsmann, Paul Gerhard Scharf und Lutz Charles Lockner, s. auch Rau & Bunsmann; Rau, Bunsmann, Scharf; Paul Gerhard Scharf) D 67
Bünz, Axel F 62
Burmester & Ostermann (Hans-Peter Burmester und Gerhard Ostermann) G 38, H 24
Bursch, Friedrich A 2
Busack & Göb (Jürgen Busack und Gerd Göb) C 20
Büsch, Johann Georg D 16
Butenschön K 32
Butte & Hansen G 23.1.2

Campendonk, Heinrich K 33
Candilis, Josic, Woods (Alexis Josic, Shadrach Woods und Georges Candilis) G 38
Carlebach, Charlotte D 21
Carlebach, Joseph D 21
Carstenn, Johann Anton Wilhelm G
Carstens, Carstens Jasper H 30
Caruso, Enrico D 39.1
Castro, Sergio de G 24
Chateauneuf, Alexis de A 46, A 51.1, B 1.1, B 13, B 78, E 19, E 23, E 48, E 56, E 64, K 3, M 40
Chemnitz, Matthäus Friedrich J 5
David Chipperfield Architects C 28, L 3.4.1
Christian VI., König von Dänemark J 9
Antonio Citterio and Partners B 7, J 3.3, L 3.8
Clasen, Kay C 16
Coester, Elisabeth D 51
Coldewey, Martina C 16
Conrad, Martin M 4
Cordes, Wilhelm I 26, I 26.1, M 39
Corleis, Max K 42
Cramer, Joseph von A 1
Cremer & Wolffenstein (Wilhelm Cremer und Richard Wolffenstein) B 18
Crodel, Charles F 30, I 30
Curio, Johann Carl Daniel D 25
Czerner · Sudbrack (Alexandra Czerner, Gerd Peter Czerner, Gottfried Sudbrack, s. auch KHD Czerner Architekten) E 61, E 61.1
Czeschka, Carl Otto F 4, K 35.1

Damerau, Hans von der B 38, I 43
Darboven, Thomas I 16, J 46
Dedeke, Wilm L 69
Dehmel, Ida K 24, K 27
Dehmel, Richard K 24
Deimling, Erwin I 22
Dethlefs, J. L 15.1

Dexel, Bernhard L 60
Dietrich & Herrmann (Harald Dietrich und Ulrich Herrmann) B 17
Dietrich & Partner (Harald Dietrich) B 28
Dietz-Joppien Architekten (Anett-Maud Joppien und Albert Dietz) L 3.7
Dinse, Feest, Zurl (Peter Dinse, Isabell Feest und Johann Zurl, s. auch Isabell Feest) D 15, D 25, F 26, F 51, H 39, J 16.1.1, M 32
Dinse, Peter J 14.1, J 14.2
Dissing & Weitling (Hans Dissing und Otto Weitling, s. auch Arne Jacobsen – Otto Weitling Assoc.) F 68, F 68.3
Distel & Grubitz (Hermann Distel und August Grubitz) A 62, A 62.4, B 34, B 84, C 24, C 24.1, C 73, C 86, D 15, D 32, D 46, F 49, H 15, H 29, L 48.1, L 48.2, L 55.1, M 19, M 28.1, M 30, M 33.1
Distel, Hermann M 33.1, M 33.1.1, M 33.1.2
Distler, Hubert G 42
Dittert & Reumschüssel (Thomas Dittert und Christine Reumschüssel, s. auch Padberg, Reumschüssel & Partner; Padberg, Stietzel, Reumschüssel & Partner; pmp Architekten) A 58.1, A 58.2
Dittloff + Paschburg (Rainer Dittloff und Holger Paschburg) B 82
Dittmers, Henrich M 28
Döbel, Carl H 46
Dohmsen, Lorenz L 18, M 4
Dohse + Stich Architekten (Carsten Dohse und Franzis Stich) I 36
Donath, Bernhard B 67
Dorendorf, Ernst H. F 64, G 5, G 23, G 23.4
Döring & Voss L 21
Dorn, Ernst Paul D 38, E 12, F 22, I 24, K 39
Dose, Cai C 39, I 9, I 52
Dressler, Kurt L 55
Dröscher, Elke K 39
Dyckerhoff & Widmann AG B 86, E 29
Dyrssen & Averhoff (Friedrich Dyrssen und Peter Averhoff) C 84.2.1, C 84.2.2, G 23.3, L 58
Dyrssen, Friedrich I 8

Eberlein, Gustav C 51
Ebert, Friedrich J 20, L 53
Eckmann, Ernst und Rudolf C 80
Edelmann., Hanno J 61
Edmaier, Christine M 24
EEA Erick van Egeraat associated architects L 3.7
Eeg, Carl K 35.1
Eggenschwyler, Urs I 5
Eggers, Willy I 22
Ehre, Ida D 23
Ehrhardt, Ernst K 18
Eickmann & Schröder (Carl Eickmann und Hermann C. Schröder) E 53.3
Eiermann, Egon F 68.4, M 53
Eisenbahndirektion Altona J 69
Elingius & Niggemann (Jürgen Elingius und Günter Niggemann, s. auch Schramm & Elingius) J 49
Elingius & Schramm (Erich Elingius und Gottfried Schramm, s. auch Frejtag & Elingius; Schramm & Elingius) A 49, B 20, B 20.1, B 20.2, C 50.1.5, D 5, D 8, E 71.1.1, F 24, F 41.2, H 19, H 34, H 43, I 34, J 2, J 26, K 40, M 48, M 52
Elingius, Erich B 14.1.2, F 41, F 41.1, I 21, J 47, J 48, K 40, M 22.1, M 33.3
Elingius, Jürgen M 57
Elisabeth, Landgräfin von Thüringen D 58
Elkart, Karl M 18
Elm, Adolf Johann von F 64.5, L 51
Elsaesser, Martin J 38.1, I 39
Elvers & Martens (Carl Elvers und Walter Martens) B 25
Elvers, Carl A 35.2, A 41
Ely, Alphons F 53
EMBT Arquitectes Associats (Enric Miralles und Benedetta Tagliabue) D 44, L 3.2
Ende, Hermann M 60
Engel, Bernd D 47
Engel, Semmy D 21, D 23, D 47
Erbe, Albert A 6, A 24, A 50.3, A 58.2, A 63, B 44, B 59, C 30, C 74, C 74.1, C 78, C 78.1, C 78.2, C 82, C 85, D 22, D 26, D 81, E 50, E 62, E 63, F 5, M 36, M 38
Erich IV., Herzog von Sachsen-Lauenburg M 27
Ertel, Julius M 50
Esch, Rudolf A 50
Essberger, John T. C 50.1.5, K 16
Esselmann & Gerntke (Heinrich Esselmann und Max Gerntke) C 61, J 46, J 54, K 4.2
Esswein, Frank M. A 43

Fahning, Franz B 1.4
Fahrenkamp, Emil D 48.3
Faulwasser, Julius B 40, B 45, B 50, D 67, E 19, F 30, F 30.2, I 36, J 61, M 7, M 22, M 22.1
Fechte, Georg von der A 34
Feest, Isabell (s. auch Dinse, Feest, Zurl) J 14.1, J 14.2
Feichtinger Architectes (Dietmar Feichtinger) L 3.8, L 4
Feindt, Carl C 14.1, F 3, J 54
Feldtmann, Johann Dietrich J 16.1
Fellner & Helmer (Ferdinand Fellner und Hermann Helmer) E 3
Fersenfeldt, Hermann Peter A 46, A 60, B 17
Fester, George M 47
Fiedler, Arnold E 71.2
Fingas I 46.2
Fink, Eugen F 64, F 64.6, J 47
Fischer & v. Bassewitz (Carl-Friedrich Fischer und Horst v. Bassewitz, s. auch Horst v. Bassewitz; Schramm, Pempelfort, v. Bassewitz, Hupertz; Schramm, v. Bassewitz, Hupertz; Schramm, v. Bassewitz, Hupertz & Partner; BPHL Architekten; BHL Architekten; Architekten BLP) C 40
Fischer, Carl-Friedrich B 8.1
Fischer, Heinrich L 60
Fischer, Lili E 62
Fischer, Lothar A 62.9
Fischer, Theodor C 82, D 15
Fischer, Wilhelm A 59
Fischer-Trachau, Otto M 33.1
Fitger, Arthur A 58.1
Fittschen, Hinrich (s. auch Hallier & Fittschen) A 35.1, B 48, B 77.1, B 77.2, B 77.3
Fleer, Fritz A 34, C 77, F 57, G 36, G 47, J 15, L 25
Floder & Simons (Katharina Floder und Martin Simons) A 65
Fock, Gorch (Hans Kinau) L 14
Fontenay, John D 10, D 13, D 42
Forsmann, Franz Gustav A 6, B 21, B 78, F 32, J 39, K 2
Fosshagen, Edgar A 28
Sir Norman Foster & Partners D 27.1
Franck, E. F 38.2
Francke, Curt C 68, F. J 26
Frank & Zauleck (Christian Zauleck, s. auch Zauleck & Hormann) G 23.1.2
Frank, Hermann F 64.1, I 27
Frank, Paul A. R. F 2, F 50.3, F 60, F 64, F 64.1, F 64.3, G 23, G 23.5, I 27, I 33
Franke, Rüdiger E 43
Franz II., Kaiser A 1
Freese, Harro E 21
Frejtag & Elingius (Leon Frejtag und Erich Elingius, s. auch Erich Elingius; Elingius & Schramm) A 12, B 4, H 47, I 10, J 47, J 48.1, J 52, K 25, M 56, M 57
Frejtag & Wurzbach (Leon Frejtag und Hermann Wurzbach, s. auch Hermann Wurzbach) A 12, A 57, B 2, B 14, B 14.1, B 14.2, J 47, M 33.3, M 33.3.1, M 33.3.2
Freudemann, Alfred C 24
Friedheim, Ernst A 59.3, C 6, C 24, C 84.1, C 84.3, D 21, D 22, D 77.7
Friedmann, Gloria B 42
Friedmann, Robert D 57, D 72, E 57, F 49, G 23, G 23.7
Friedrich Barbarossa, Kaiser A 1
Friedrich, Jörg, s. Prof. Friedrich + Partner
Friedrichsen, Alk Arwed K 4.1
Fritz, Hans-Joachim B 16
Fuksas, Massimiliano B 59, L 3.7

Gabriel, Ange-Jacques K 14
Gaedtgens M 29.1
Garbers Carl A 1, C 51, E 3
Garten & Kahl (Gerolf Garten und Werner Kahl, s. auch Kahl & Hoyer) A 59.6, G 38
Garten, Kahl, Hoyer (Gerolf Garten, Werner Kahl, Rolf Hoyer, s. auch Kahl & Hoyer) C 32.1, K 20
Gärtner, Johann Friedrich von A 51.3, C 24, E 10
Gaul, August A 59.2
Gehrke, Gerhart D 49
Geißler & Wilkening (Hermann Geißler und Otto Wilkening, s. auch Haller & Geißler;

Namensregister

Wilkendorf & Wilkening) D 67, I 20, I 40
Geißler, Hermann B 50
Geisten, Joseph van D 58
GEMO B 72
Georg Wilhelm, Herzog von Braunschweig-Lüneburg L, L 32
Gerhardt, Max D 18, M 57
Gerkan & Marg, v. (Meinhard von Gerkan und Volkwin Marg, s. auch gmp Architekten) D 9, H 42
Gerkan, Marg + Partner, v. (Meinhard von Gerkan und Volkwin Marg, s. auch gmp Architekten) A 44, B 11, B 11.1, B 46.1, B 56, B 62.1, B 62.3, B 67, C 41, D 20, F 68, F 68.4, G 37, H 8, H 8.1.2, H 8.2, I 37.1, I 38.3, J 2, J 17, J 31, K 13, K 39
Gerkan, Meinhard v. (s. auch gmp Architekten) K 13
Gerlach, Carl Heinrich Leopold C 18
Gerson, Ernst D 71
Gerson, Hans und Oskar A 51, A 53, A 61, A 62, A 62.7, A 62.9, D 10, D 10.1, D 10.2, D 29, D 29.1, D 29.2, D 71.1, D 71.2, D 74, F 13, F 21, J 45.1, J 45.2, J 48.2, J 52, J 56, K 38, M 56
Gerson, Oskar D 23, D 56.2
Gertig, Julius F
Gevert, Edmund C 75.1
Gevert, W. C 91.2
Gg. Noell GmbH L 19
Gies, W. M 26
Giles, Francis E 64
GM Architekten (Gabriela Meyer) C 32.1
Gmelin, Gerda D 42
Gmelin, Helmuth D 42
gmp Architekten von Gerkan, Marg und Partner (Meinhard v. Gerkan und Volkwin Marg, s. auch v. Gerkan & Marg; v. Gerkan, Marg + Partner) C 48, D 80.1, G 26, I 37.2, I 37.3, L 1, L 1.2, L 2, L 3.1, L 3.8, M 51
Göbel, Eugen E 49, E 55, H 17
Godefroy, Johann Cesar IV K 14, K 16
Godefroy, Peter K 16
Godefroy, Richard K 11
Goien, Franz L 61
Goepfert, Hermann A 59.6
Görg + Partner (Stefan Görg) I 44
Gössler + Schnittger (Bernhard Gössler, Daniel Gössler, Knud Schnittger, s. auch Architekten Gössler) A 35.1
Goßler, John Henry K 28
Graaf & Schweger (Heinz Graaf und Peter Schweger, s. auch Schweger & Partner; Architekten Schweger + Partner; ASP Architekten Schweger Partner) G 38.3, M 41
Graaf, Heinz B 82.1, E 6, G 14.2, K 41, K 42, M 41
Graaf, Schweger & Partner (Heinz Graaf und Peter Schweger, s. auch Schweger & Partner; ASP Architekten Schweger Partner) A 51.3, A 57.2, A 62.8, B 6, B 10, B 28, F 68, F 68.5, G 48.1

Grasedyck, Dietrich G 19
Gratenau, Wilhelm H 43
Greggenhofer, Georg H 5
Grell & Pruter (Henry Grell und Peter Pruter, s. auch Henry Grell) A 59.11, E 63, F 34, F 61.1, H 46
Grell, Henry (s. auch Grell & Pruter) A 7, A 59, A 59.8, A 59.9, A 59.11, B 3, D 45, E 63, G 11
Gronau, Helmut D 39.4 D 40
Groothoff, Hugo B 74, C 83, D 79.2, L 54, M 4, M 6, M 22.1, M 42, M 54
Gropp, Hans-Dietrich B 13, M 17.1
Großner, Emil B 12
Großner, Herbert A 59.2, F 68, F 68.1
Großner, Wolfgang A 7, D 27
Grotjan & Robertson (Johannes Grotjan und Henry Robertson) A 1
Grotjan, Johannes A 1, A 5, B 1.2, B 1.4, B 25, B 63, C 90, D 43, D 63, L 1.2, M 35
Gruber, Christoph M 1
Grundmann + Hein (Friedhelm Grundmann und Mathias Hein) A 23, G 9, G 14.1, G 14.2
Grundmann, Friedhelm C 39, E 51, F 6, G 17, G 39, M 55, M 58
Grundmann, Rehder (Friedhelm Grundmann und Otto Rehder) A 29, B 30, C 70, D 48.2, D 48.3, D 55, F 1, G 29, G 48.2
Grundmann, Rehder, Zeuner (Friedhelm Grundmann, Otto Rehder und Friedhelm Zeuner) A 29, G 48.2
Grüntuch Ernst Architekten (Armand Grüntuch und Almut Ernst) J 3.2
Gühlk, Otto G 30
Gulbransson, Olaf Andreas G 42, M 62
Güldenpfennig, Arnold E 17
Gumm & Dähn (Wilhelm Gumm und Arthur Dähn) G 46
Günther, Camillo F 62
Günther, H. Georg H 38
Gutschow, Konstanty A 48, B 73, I 26.5, K 43

H. Hagn & Söhne L 34
Hagemann, H. C. L 34
Hagenbeck, Carl I 5
Hake, Ernst B 37
Haller & Geißler (Martin Haller und Hermann Geißler, s. auch Hermann Geißler und Geißler & Wilkening) A 5.1, A 5.2, A 5.3, A 43, A 48, A 49, A 51, B 17, B 40, B 45, B 50, B 58, C 12, C 14, D 39.1, D 39.3, D 39.4, D 48.2, D 77.1, E 23, F 9.1, I 26.2, K 28, M 46, M 50, M 50.1, M 50.2
Haller & Lamprecht (Martin Haller und Leopold Lamprecht) A 1, D 48.2
Haller, Martin A 1, A 5.2, A 5.3, A 17, A 26, A 35, A 35.3, A 43, A 49, B 17, B 45, D 3, D 3.1, D 8, D 14, D 39.1, D 39.2, D 39.3, D 39.4, D 48.2, F 9.1, F 9.2, H 5, J 8, K 2, K 5, K 28, M 46, M 48, M 50.1, M 50.2
Hallier & Fittschen (Eduard Hallier und Hinrich Fittschen, s. auch Hinrich Fittschen) C 25.2, E 27, F 56.1

Halsinger, Carl J 16
hamburg-plan L 3
Hamester, Ernst Carsten M 22.1
Hampke, Herbert A 48
Hansen, Christian Frederik C 50, C 50.1.1, C 50.1.2, C 50.1.3, C 50.1.4, I 54, J 29, J 33, J 35, K 4.1, K 6, K 14, K 16, K 19, K 28
Hansen, Johann Matthias C 50, C 50.2, I 54, J 35, K 17, K 19
Hansen, Johannes C. D 73, F 38.1
Hanssen & Meerwein (Bernhard Hanssen und Wilhelm Emil Meerwein, s. auch Wilhelm Emil Meerwein) A 1, A 6, A 9, A 17, B 16, L 1, L 1.2, L 4
Haren, Familie L 67
Harrwich, Anastasius Henning C 10
Harth, Philipp A 59.7
Hartung, Karl D 19.3
Hase, Conrad Wilhelm C 60, D 28, F 6, L 42
Hassenpflug, Gustav F 4
Hastedt, Hermann Diederich D 23, E 7
Hauers & Hüser (Wilhelm Hauers und Wilhelm Hüser) A 1, B 25
Hauers, Wilhelm A 1, B 25, D 28, F 17
Hausmann, Hermann J 5
Hausmann, Trix und Robert A 59.1, A 59.5, B 12
Hebebrand, Werner C, C 37, F 68
Heerlein, August E 12
Hehl, Christoph L 42
Heide, Rolf C 44
Heidtrider, Henning M 54
Hein, Carola J 50
Heine Architekten (Christian F. Heine) B 18
Heine, Betty C 24
Heine, Heinrich A 1.1
Heine, Karl F
Heine, Salomon C 24, J 6
Heinle, Wischer & Partner (Erwin Heinle und Robert Wischer) G 44
Heinrich VI., Kaiser A 1
Hellwig Hofmann Architekten J 32
Henneberger, August C 61, K 38
Hentrich & Petschnigg (Helmut Hentrich und Hubert Petschnigg, s. auch HPP Hentrich, Petschnigg & Partner) B 24, B 24.1, B 24.2, B 31, F 68.2
Hergenröder L 60
Hermkes, Bernhard A 20, B 82.2, B 86, C 54, D 19, D 19.3, D 60, E 29, K 1, K 46, L 10
Herrmann, C. E. C 16
Hertz, Heinrich C 85
Herzig, Richard L 28
Herzog & de Meuron (Jacques Herzog und Pierre de Meuron) L 3.5
Herzog + Partner (Thomas Herzog) C 28
Heusch, Dieter L 2.1
Heyde, Peter von der C 6, E 42.3
Heyden, Burkhard K 44
Heylmann, Friedrich K 51
Heyn, J. B. B 25
Heynen, Emil F 16, F 53
Hiller & Kuhlmann (Karl Hiller und Otto Kuhlmann) A 20

Hilmer & Sattler und Albrecht (Heinz Hilmer, Christoph Sattler und Thomas Albrecht) F 10.1
Hindemith, Paul D 39.1
Hinrichs, Georg H 10, L 42
Hinrichsen, Edmund F 41
Hinsch & Deimling (Walther Hinsch und Erwin Deimling) C 88, G 23, G 23.7
Hinsch, August D 59
Hinsch, Johannes I 5
Hirche, Bernhard (s. auch Prof. Bernhard Hirche) C 70, D 21, H 22
Hochfeld, Ernst D 23
Hofbauer, Reinhold E 17, E 67
Hoffmann, Josef E 23
Hoffmann, Karl-Heinz E 56, G 42
Hoffmann, Klaus A 2,
Hoffmann, Ludwig D 15
Hoffmann, P. M 43
Höger, Fritz A 49, A 59, A 59.2, A 59.4, A 59.10, A 62, A 62.3, A 62.6, A 62.7, B 11.1, B 57, B 58, D 81, E 13, E 38, F 41, G 13, G 20, G 29, H 3, H 3.1, H 3.1.1, H 3.1.2, H 12, H 13, H 22, H 30, H 35, H 47, I 18, I 40, J 56, K 31, M 51
Höger, Hermann D 34, E 24, E 71, E 71.1.1, F 64, F 64.2, I 18, I 22, I 52
Höhler + Partner (Ernst Höhler) L 3.5
Hölscher, Einhart (s. auch Trahn & Hölscher) L 46
Hölscher, Ferdinand Georg L 57
Hölscher, Ferdinand L 57
Holst, Heinrich I 12
Holst, Walter I 22
Holthey, Hans Th. E 21, H 10
Philipp Holzmann & Cie C 32.2
Holzmeister, Clemens K 33
Hopf, Eduard E 71.2
Hopp & Jäger (Bernhard Hopp und Rudolf Jäger, s. auch Rudolf Jäger) A 34, A 46, A 60, C 73, D 60, E 48, G 15, H 4, I 27, I 30, I 36, I 50, J 9, L 25
Horn, Carl Gottlob G 15
Horschitz, Sally von D 37
Hoyer, Otto E 69, F 49
HPP Hentrich, Petschnigg & Partner (Helmut Hentrich und Hubert Petschnigg, s. auch Hentrich & Petschnigg) E 31, G 20
Hrdlicka, Alfred B 83
Hulbe, Georg A 59.8
Huwendiek, Klaus K 21.3

Ingenhoven Architekten (Christoph Ingenhoven) C 7, L 3.1, L 3.4.1

Jacob & Ameis (Alfred Jacob und Otto Ameis) B 35, B 70, D 64, F 33, H 27, H 35, H 36, J 44, K 35.3
Arne Jacobsen – Otto Weitling Assoc. (s. auch Dissing & Weitling) F 68, F 68.2, J 43
Jacobsgaard, Karl C 31
Jacobssen, Franz A 59.9, B 2, C 26.2
Jacobssen, Richard C 16
Jaeckel, Paul G 40

Jäger, Rudolf (s. auch Hopp & Jäger) D 60
Jahnke, J. D 61
Jahnn, Hans Henny F 36, I 40, K 14.1
Janda, Emil Rudolf A 4, D 53
Jenisch, Fanny D 78
Jenisch, Gottlieb B 21
Jenisch, Martin Johan B 21, D 78, J 39, J 41.1
Jenquell, Adolf F
Johannsen, Gert I 8
Johannsen, Ludwig Carl Theodor K 48
Jollasse, Jean David D 4.1, D 4.2, D 36, E 10, F 8, F 13
Jordan & Heim (Ferdinand August Georg Jordan und Adolf Valentin August Heim) B 25
Jürgens, Rudolph H 47, M 47
Jürgensen, Peter Gottlob C 70
Just, Richard C 72
Jux, Egon E 21, L 11, L 12

Kahl & Endresen (Richard Kahl und Ludwig Endresen) D 65, D 75
Kahl & Hoyer (Werner Kahl und Rudolf Hoyer, s. auch Garten & Kahl; Garten, Kahl, Hoyer) L 13.2
Kahl, Margrit D 21
Kähler, Eggert s. Architekten Kähler
Kahle, Hans-Jürgen B 47.4
Kahlfeldt Architekten (Petra und Paul Kahlfeldt) F 10.2, K 3
Kähne, Joachim H 33, J 24
Kalben, Felix von A 1
Kallmorgen & Partner (Werner Kallmorgen) A 39, A 39.1, A 39.2, B 68, C 40, J 51, L 1, L 3.5, L 15
Kallmorgen, Werner A 54, B 68, C 62, H 31, H 31.1, H 31.2, H 31.3, I 13, J 23, J 40, K 10, K 35.3, L 1, L 2.1
Kammerer & Belz (Hans Kammerer und Walter Belz) J 12
Kammerhuber F 52
Kamps & Koch (Gerhard Kamps) G 33
Kamps, Gerhard B 66
Kamps, Heinrich F 57
Karl der Große, Kaiser A 1, B 66
Karres-Hartmeyer-Dreyer (Gustav Karres, Rolf Hartmeyer, Hein Dreyer, s. auch Riecke & Karres; KHD Architekten; KHD Czerner Architekten) C 24
Kaufmann, Karl D 8, D 39.1, H 31
Kaune, Hermann B 15
Kayser & von Großheim (Heinrich Joseph Kayser und Karl v. Großheim) B 16, E 4
Kayser, Paul E 71.2
KBNK Architekten (Joachim Kähne, Frank Birwe, Franz-Josef Nähring, Hilla Krause) E 61, E 61.2, F 24, L 3.4.2
KCAP Kees Christiaanse Architects & Planners C 45, L 3
KHD Architekten Dreyer-Rüdiger-Reichard (Hein Dreyer, Dirk Rüdiger, Martin Reichardt, s. auch Karres-Hartmeyer-Dreyer) A 1

KHD Architekten Hartmeyer-Dreyer-Rüdiger-Reichardt (Rolf Hartmeyer, Hein Dreyer, Dirk Rüdiger, Martin Reichardt, s. auch Karres-Hartmeyer-Dreyer) A 58.3, J 40
KHD Czerner Architekten (Alexandra Czerner, s. auch Karres-Hartmeyer-Dreyer) A 1, B 81
Kieseritzky, Ulf von C 14.1
Kiessler & Partner (Uwe Kiessler) B 56
Kindt, Otto E 66, G 5, L 52
King, Martin Luther C 70
Kister Scheithauer Gross Architekten (Johannes Kister, Reinhard Scheithauer, Susanne Gross) C 29
Klamp, Rüdiger A 29
Kleeberg, Otto Rudolf L 53
Klees-Wülbern, Johann Hinrich B 76, C 24
Kleffel & Köhnholdt (Konstantin Kleffel und Uwe Köhnholdt) C 31, C 63, I 14
Kleffel Köhnholdt Architekten (Konstantin Kleffel und Uwe Köhnholdt) C 57, D 2
Kleffel Köhnholdt Papay Warncke Architekten (Konstantin Kleffel, Uwe Köhnholdt, Björn Papay und Finn Warncke) B 6, B 34
Kleffel Papay Warncke Architekten (Konstantin Kleffel, Björn Papay und Finn Warncke) B 41
Kleffel, Köhnholdt Partner Architekten (Konstantin Kleffel und Uwe Köhnholdt) A 62.7, K 4.2
Kleffel, Köhnholdt, Gundermann (Konstantin Kleffel, Uwe Köhnholdt und Bernd Gundermann) A 20, A 40, B 64, D 2, E 31, F 50, L 2
Kleffel, Konstantin J 29
Kleihues, Josef Paul A 64
Klinger, Max B 40
Klophaus & Schoch (Rudolf Klophaus und August Schoch) A 15, C 79, G 20, L 14
Klophaus, Rudolf A 62.1, A 62.1.1, A 62.1.2, A 62.3, B 73, G 23.2, I 15, K 34.1, K 34.2
Klophaus, Schoch, zu Putlitz (Rudolf Klophaus, August Schoch und Erich zu Putlitz) A 62, A 62.5, C 15, C 79, F 43.3, G 23.2, G 23.6, I 15, I 31
Klopstock, Friedrich Gottlieb J 9
Klöpper, Heinrich Adolph A 59.2, H 14
Klücher, Albert B 25
Klünder, Enno G 28.2, I 16
Klüser, Reinhold A 59.2
Kluth & Sliwa (Hanna Kluth und Gerhard Sliwa) E 11
Knappe, Karl E 6
Knispel, Ulrich G 30
Knubel, Johannes D 5
Koch, Mogens C 50.1.5
Kock, Hans E 41, E 44, E 51, G 18, G 48.2, M 58
Kockjoy – Schwarz (Joachim Kockjoy) I 37.1
Kockjoy + Partner (Joachim Kockjoy) I 37.2, I 37.2
Kohn, Pedersen, Fox Associates (Eugene Kohn, William Pedersen, und Sheldon Fox) L 2
Kokoschka, Oskar A 19, D 51
Kollhoff, Hans, s. Prof. Hans Kollhoff

Namensregister

König, H. H 43
Kontor Freiraumplanung Möller Tradowsky (Hans Möller und Thomas Tradowsky) G 28.1, L 3
Koolhaas, Rem s. OMA Office for Metropolitan Architecture
Kopernikus, Nikolaus J 22
Körber, Kurt A. A 64
Korczak, Janusz E 62
Köster & Stübing (Geert Köster und Dieter Stübing) G 38, H 9
Kramer, August A 1
Kramm + Strigl (Rüdiger Kramm und Axel Strigl) B 16
Krauss & Minck (Paul Krauss und Johannes Minck) F 8
Krauss, Gustav B 61
Kreis, Wilhelm C 32.1, M 60
Kreitz, Lothar E 43
Kressel, Diether H 9
Krier, Rob C 20
Krug & Partner (Jürgen Krug und Gundel Krug) J 13
Krug, Heinrich C 72, E 24, E 25, F 54
Krüger & Schrader (Albert Krüger und Hermann Schrader) I 29.1
Krüger, Albert E 40
Krüger, Rudolf H 15
Krüger, Wilhelm M 35, M 37.1
Krumbhaar & Heubel (Hermann Krumbhaar und Eduard Heubel) D 78
Krusche, Paul B 82.1
Kruse, Bruno A 17
KSP Architekten Engel und Zimmermann (Jürgen Engel und Michael Zimmermann) C 28.1, E 18, J 3, L 3.7
Kühn & Baumgarten (Eugen Kühn und Paul Baumgarten) C 56
Kuhn, Herbert E 51
Kuhn, Johann Nicolaus A 34, A 60, B 8.1, M 1
Kulka, Peter D 27.2
Kunhardt, Carl Philipp A 51
Kunst, Fritz C 76
Kunstmann, Ludwig A 53, F 53, F 64.6, I 26.5
Küntzel & Köbcke (Ernst Robert Küntzel und Ernst Köbcke) H 16, K 31
Kuöhl, Richard A 62.1, B 27, B 36, B 42.2.3, B 48, B 73, B 83, C 27, E 63, F 16,F 32, F 53, F 58, F 62, F 64.5, I 6, I 26.3, L 14, L 50, M 31
Kurzrock, Freiherren von H 5
Küster, Ernst L 51

Laage, Gerhard (s. auch PPL Planungsgruppe Prof. Gerhard Laage) D 76, G 24, K 21.4
Laage, Richard C 87, F 64
LABFAC D 84.1
Laeisz, Carl Ferdinand A 17
Laeisz, Carl Heinrich A 17, B 40, D 38
Laeisz, Ferdinand A 17
Laeisz, Sophie Christine A 17, B 40, D 38
Langbein, Willi M 63
Lange & Partner (Klaus Peter Lange) C 44
Lange, Gustav G 27

Lange, Simon M 6, M 10
Langmaack, Dieter B 53, D 64, E 3
Langmaack, Gerhard B 50, D 64, D 67, D 79, D 79.1, D 79.2, E 9, I 45
Langmaack, Gerhard und Dieter D 51, F 25, G 36
Henning Larsen Architects L 3.8
Laugier, Marc-Antoine J 29
Le Corbusier D 8, E 21, E 51, H 23, I 1, J 46
Lederer, Hugo B 80
Ledoux, Claude Nicolas C 3
Lehmann + Partner H 17
Lehmann, J. W. C 62
Lehmann, Nanette C 77
Lehne, G. D 82
Leichsenring & Voß L 54
Lembke, Carl L 44, L 49, L 57
Lemm, W. B 57
Leo, Gustav D 50, F 19
Leonhardt & Andrä (Fritz Leonhardt und Wolfhart Andrä) C 8, E 45, G 44
Léon Wohlhage Wernik Architekten (Hilde Léon, Konrad Wohlhage und Siegfried Wernik) L 3.4.2, L 3.7
léonwohlhage (Hilde Léon und Konrad Wohlhage) E 31
Lessing, Gotthold Ephraim B 26
Leusmann, Bernd s. Architekturbüro Bernd Leusmann
LH Architekten (Joachim Landwehr und Helmut Henke) A 54
Lichtwark, Alfred A 58.2, D 14, F 36, H 14, M 9, M 22.1, M 46
Lindenkohl G 31
Lindenlaub + Dittloff (Karl Georg Lindenlaub und Rainer Dittloff) B 82
Lindhorst, Albert A 26, C 75.1, D 61, E 33, E 35
Lindley, William D, E 10, E 64
Lindner, Friedrich Otto D 61
Lindner, Georg M 35
Lindschulte + Partner (Heinrich Lindschulte) L 35
Linne, Otto E 55, I 26
Linnemann, R. F 21
Lippelt, Julius B 84
Lodders, Rudolf D 60, I 39
Loesener, Friedrich L. K 35
Loewe, Lothar F 68.5
Löffler, Heinrich C 75.3
Lom, Walter von B 60
Loop, Hans M. F 46, M 13
Loop & Streb (Hans M. Loop und Ferdinand Streb, s. auch Ferdinand Streb) D 60
Lorenzen, Carsten, s. Prof. Carsten Lorenzen
Lorenzen, Fernando C 5, E 47, F 6, F 30.1, G 15, G 18, J 21, J 37, K 35, M 1
Lorenz-Meyer, Eduard Lorenz D 14, M 46
Lothar III. von Supplinburg, Kaiser A 1
Louis, Hugo L 25
LOVE architecture and urbanism L 3.4.1
Löwengard, Alfred B 5, G 23.1.2
LRW Architekten (Karin Loosen, Rudolf Rüschoff und Thomas Winkler) L 3.4.2
Lubowskyi Hellmut A 5.2

Luckey, Klaus-Jürgen F 30, M 14
Luhn, Joachim A 60
Luis, Georg A 29
Luksch, Richard F 4, K 8
Lundt & Kallmorgen (Werner Lundt und Georg Kallmorgen) A 18, A 22, A 50.1, A 54, B 42, D 30, F 20
Lupp, Johannes I 16
Lütgens, August C 55
Lütgens, George Henry H 47
Luther, Martin F 32, F 62, J 22
Lutteroth, C. A. Ascan D 36
Lüttge, Gustav I 55
Lützow 7 C 26

Maack, Johann Hermann A 2, A 16, A 30, A 46, B 9, B 85, E 30
Magnussen, Harro M 57.1
Mähl, Hermann J. L 43
Mahlmann, Heinrich L 55.2
MAN (Maschinenfabrik Augsburg-Nürnberg AG) L 33
Mandix, Heinrich F 14
Mannes, Ludwig und Hermann I 8
Mansberg, Wiskott + Partner, von (Johann von Mansberg und Bernt Wiskott) D 19.2
March, Otto G 6.1
Marcks, Gerhard E 6, I 26.5
Markmann, Gustav J 63
Marquard, Peter A 34
Marschall, Paul K 27, K 48
Martens, Walter A 8, B 58, E 63
Martens, Wilhelm B 11
Martini, Francesco I 52
Mathez, Marc-Olivier D 4.2, H 1, J 10, L 3.1, L 3.4.1
Matthaei & Elschner (Joachim Matthaei und Albrecht Elschner) G 38
Matthaei, Ernst D 16
Matthaei, Joachim C 77, K 35.2
Matthies, Wilhelm M 14.1
May, Ernst C, C 37
May, Klaus C 89
Mayer H., Jürgen E 10
me di um Architekten Jentz, Popp, Wiesner (Thies Jentz, Heiko Popp und Peter Wiesner, s. auch Planungsgruppe me di um) B 15, C 47, J 14.1, L 17
me di um Architekten Roloff Ruffing + Partner (Klaus Roloff und Michael Ruffing, s. auch Planungsgruppe me di um) D 25, D 58
Mee, Arthur Patrick K 2, K 11
Meerwein, Wilhelm Emil (s. auch Hanssen & Meerwein) B 40, B 50
Richard Meier & Partners D 7, L 3.3
Melanchthon, Philipp F 62
Melle, Erwin von C 70
Mendelsohn, Erich B 68, C 88, E 25
Mensinga, Rogalla & Partner (Hans Mensinga und Dieter Rogalla, s. auch Rogalla & Osmers; Rogalla & Kitzmann) C 58
Menzel, Oscar F 44
Messel, Alfred A 6, D 15, F 19

Messtorff, Hermann Friedrich M 35
Meurer Architekten (Rolf Meurer und Thomas J. Meurer) L 3.4.1
Meuron, Auguste de F 13
Meves, Gustav D 75.2, I 22, M 44
Mevius Mörker Architekten (Christian Mörker und Gerd Mevius) L 3.4.1
Meyendorff , N. B. von I 2
Meyer + Fleckenstein (Johannes Dietrich Meyer und Barbara Fleckenstein) C 31, E 15, G 6, G 14.3, J 11
Meyer Schramm Bontrup Landschaftsarchitekten M 17
Meyer, Claus A 59.6, C 9.2, C 14.2
Meyer, Franz Andreas A 16, A 19, A 28, B 63, F 6, F 7, L 1, L 1.1, M 27, M 60
Meyer, Hannes E 25
Meyer, Hans J 5, J 54, J 62, J 63, J 68
Meyer, Kurt J 27, J 59
Meyer-Ottens, Otto A 65
Michael, Cord B 50
Michaelsen, Hans E 50
Michaelsen, Hermann K 39
Michaelsen, Ite (Elise) K 39
Michahelles, Edgar D 54
Michelangelo A 58.1
Mies van der Rohe, Ludwig A 36, F 68.4, G 37, G 44, J 51
Migge, Leberecht I 35
Milz, Manfred D 85
Moeller, Ernst E I
Mohrmann, Karl L 25, L 51, L 59, L 61
Möller, Caspar A 34
Möller, Walter C 37, C 55
Moltke, Helmuth Karl Bernhard Graf von A 17
Moltzan, Johann A 60
Mönckeberg, Johann Georg A 59.7
Moreux, Jean-Charles B 66
Moser, Werner M. L 46
MRL Architekten Markovic, Ronai, Lütjen (Mirjana Markovic, Alexander Ronai, Willi Lütjen) B 65, C 17, M 32.1
MRLV Architekten Markovic, Ronai, Lütjen, Voss (Mirjana Markovic, Alexander Ronai, Willi Lütjen, Manfred Voss) B 49, L 3.4.2, L 4, M 25
Mühlhans, Christoph J 50
Müller, C. D. D 77.2
Müller, Heinrich W. J 2, J 23.2
Müller, Moritz J 1.1
Müller, O. A 52
Müller, Otto Johann J 9, K 7
Müller, William F 19
Müller-Drenkberg, Erich H 33
Müller-Warnke, Robert G 30
Münch, Otto A 34
Mundt, Bruno B 40
Munz, Lioba M 58
Muthesius, Hermann F 40, K 12, L 20
Mylne, William Chadwell E 64

Nagel & Dehmlow C 75.1
Nagel, Erwin D 83

Nägele, Hofmann, Tiedemann + Partner (Werner Nägele, Dieter Hofmann und Ingo Tiedemann) L 2
Natus, Pastor M 22.1
Necker, Bauinspektor C 4, I 31.2
Necker, Th. B 25
Neue Heimat G 48
Neugebauer, Fritz J 23.2, J 59, J 61, J 62
Neumann, Jörg I 16
Neumeier, John E 54
Neupert, Emil A 62.2, D 17, F 49
Neutra, Richard Joseph I 55
Nickelsen, John M 58
Nickl & Partner (Hans Nickl und Christine Nickl-Weller) D 80
Niederwöhrmeier + Wiese (Julius Niederwöhrmeier und Carola Wiese) H 32
Niessen, Horst E 45
Nietz, Wolfgang K 35.3
Nissen, August G 40, G 40.1, G 40.2
Nissen, Godber F 4, J 38.1, J 38.2, K 37, L 12
Nissen, Sönke M 62
Nitze, Philipp A 3
nps Nietz, Prasch, Sigl Architekten (Wolfgang Nietz, Alf Michael Prasch und Peter Sigl) B 10, F 31, H 37
nps tchoban voss (Sergei Tchoban und Ekkehard Voss) E 73, F 56, F 68.2, H 5, L 3.4.1, L 3.4.2, L 3.7
nps und partner Nietz, Prasch, Sigl, Tchoban, Voss Architekten (Wolfgang Nietz, Alf Michael Prasch, Peter Sigl, Sergei Tchoban, Ekkehard Voss) D 44, G 28.1
Nugent & Hertel (Carlos E. Nugent und Helmut Hertel) A 51.1, C 13
Nürnberg, Aleksander I 2
Nyegaard, Hedwig von C 56

O'Swald, William Henry D 62
Obermann, Emil B 36
Obermeyer Planen + Beraten I 38.2
Ockelmann, Rottgardt + Partner (Hans-Georg Ockelmann und Joachim Rottgardt) A 37, A 59.5, B 1.3
Oelsner, Gustav C 36, C 52, C 54, C 57.1, C 64, C 65, C 66, I 39, J 19, J 24, J 27, J 28, J 59, J 68
Oetker, Rudolf August K 11
Ohlendorff, Heinrich von I 26.2, M 50
Ohlendorff, Johann Heinrich J 39
OHM Otzen, Heubel, Mayr (Niels-Christian Otzen, Dirk Heubel und Alexander Mayr) J 67
Ohnsorg & Facklam L 16
Ohrt, Johannes G 8
Ohrt, Timm A 1.1, G 48.1
OMA Office for Metropolitan Architecture L 3.7
Onassis, Aristoteles B 55
Opfermann, Karl B 41
Oppel, Richard Ernst F 49, K 12
Oppenheimer, Hirsch Berend C 84.3
Ordulf, Herzog von Sachsen A 17
Ortner & Ortner (Laurids Ortner und Manfred Ortner) L 3.7
Ostermeyer, Friedrich R. A 15, A 42, A 60, C 67, E 41, E 54, F 49, F 49.2, F 51, F 64, F 64.5, G 21, G 33, H 3, J 20, J 23.1, J 55, J 58, J 61, J 59, M 37.2
Ott, August D 53, M 47, M 62
Otto V., Graf von Schaumburg C
Otto, Waldemar A 1.1, A 6
Otzen, Johannes C 21, C 53, C 60, C 90, D 28, E 50, F 6

Padberg & Partner (Jürgen Padberg, s. auch pmp Architekten) D 83, J 41.1
Padberg, Reumschüssel & Partner (Jürgen Padberg und Christine Reumschüssel, s. auch pmp Architekten; Dittert & Reumschüssel) B 29
Padberg, Stietzel, Reumschüssel & Partner (Jürgen Padberg, Viviane Stietzel und Christine Reumschüssel, s. auch pmp Architekten; Dittert & Reumschüssel) E 16, L 37
Paetzel Architekten (Volker Paetzel) E 45, H 10, J 18
Pahlke, Fritz B 47.4, B 79.2
Palladio, Andrea C 50.1.5, K 4.1
Panton, Verner A 39
Paradowski, Otto A 27
PAS Jochem Jourdan und Bernhard Müller D 48.1
Patschan, Werner, Winking (Dieter Patschan, Asmus Werner und Bernhard Winking, s. auch Prof. Bernhard Winking; BPHL Architekten; Asmus Werner; ASW Architekten) A 59.1, B 62.2, F 48, G 38.2, H 8, K 37, K 47, K 49, L 44
Patschan, Winking (Dieter Patschan u. Bernhard Winking, s. auch Prof. Bernhard Winking; BPHL Architekten) A 28, B 47.3, B 64, F 48, I 38.2
Pauen, Egon L 28
Paul, Bruno K 22
Peiffer, Engelbert A 16, A 19, A 55, B 37, B 66, D 28, E 4, F 32
Pein, Friedrich Adolph von F 8
Pellicia, Guiseppe Anselmo H 45
Perl, Hermann C 32.2, C 80
Peters, Hans-Werner M 55
Peters, Jakob Detlef H 21
Petersen, Albert C 43, C 59, C 92, J 9, J 49
Pfannschmidt, Ernst Christian B 50
Philipp, Hans M 7
Picasso, Pablo F 19
Pieper, August I 25
Pierstorff, Ulrich D 61, D 75.1
Pikull, Hermann K 49
Pinnau, Cäsar A 36.1, A 36.2, B 55, C 50.1.2, F 18.1, J 36, K 11, K 20, K 22
Pirlet + Partner (Alexander Pirlet) E 1.1
Planerkollektiv Architekten Tietz, Trommer + Partner (Wolfram Tietz und Günter Trommer) F 56.1
Planerkollektiv C 92
Planerkollektiv Schües, Tietz, Trommer (Elinor

Schües, Wolfram Tietz und Günter Trommer) C 14.2, C 21, F 56.2
Plan-R-Architektenbüro Joachim Reinig C 60, J 21
Planum C 20, J 12
Planungsgruppe me di um Jentz, Popp, Störmer, Wiesner (Thies Jentz, Heiko Popp, Jan Störmer, Peter Wiesner, s. auch me di um Architekten; Alsop & Störmer, Jan Störmer Architekten; Jan Störmer Partner) C 2, C 19, J 14.1, J 14.2
Planungsgruppe Nord Glienke + Hirschfeld (Dieter J. Glienke und Gerhard Hirschfeld) A 29, A 29.1, A 41, F 46
Planungsgruppe Oelsner J 24
Plewe, Karl M 18
Plomin, Karl B 82, K 42
Plotz, A. F 64, F 64.4
pmp Architekten (Jürgen Padberg und Stefan Meincke, s. auch Padberg, Stietzel, Reumschüssel & Partner; Padberg, Reumschüssel & Partner; Padberg & Partner; Dittert & Reumschüssel) D 13, L 40.1
Poensgen, Jochem F 53
Pohl, Claus E 67
Poitiers, André B 16, L 35
Pollex, Siegfried B 69
Polónyi + Fink (Stefan Polónyi und Herbert Fink) A 58.3, G 26
Polónyi, Stefan E 44
Porsche, Franz F 25
Posener, Julius C 32.1
PPL Planungsgruppe Prof. Laage (Gerhard Laage, s. auch Gerhard Laage) G 28.1, H 8, I 16, J 34
Precht, Christian L 63
Prestinari G 33
Preuß, Valentin L 18, M 4
Preußische Staatshochbauverwaltung C 55, J 5
Prey, Johann Leonhard B 50, D 67, E 6, M 7
August Prien & Co. Baugeschäft GmbH L 48.1, L 55.3
Prien, August Friedrich L 55
Prinz, Ernst K 26
Prof. Friedrich + Partner (Jörg Friedrich) C 28, F 50, L 3.4.2
Prof. Bernhard Hirche (s. auch Bernhard Hirche) F 53, G 30, H 6, H 18
Prof. Hans Kollhoff, Kollhoff und Timmermann (Hans Kollhoff und Helga Timmermann) D 24
Prof. Carsten Lorenzen L 3.4.2
Prof. O. M. Ungers + Partner (Oswald Mathias Ungers) A 58.3
Prof. Bernhard Winking (s. auch Patschan, Winking; Patschan, Werner, Winking) B 8.2, B 57, B 62.2, B 62.4, F 4, F 48, L 37
Prof. Bernhard Winking Architekten (s. auch Patschan, Winking; Patschan, Werner, Winking) B 24.1, C 27, G 5, K 37, L 3.4.2
Pruter, Peter (s. auch Grell & Pruter) A 59, A 59.11
Puls & Richter (Alfred Puls und Emil Richter) B 73, C 29, F 43.2, F 49
Puritz, Walther A 4, D 25, D 55, D 69.1, F 67.1
Pysall Ruge Architekten (Justus Pysall und Peter Ruge) E 18
Pysall, Stahrenberg & Partner (Hans-Joachim Pysall und Peter Stahrenberg, s. auch Architekten · Ingenieure PSP) B 47.1, F 27, F 68, I 38.3

Querner, Ursula J 66

Raabe & Wöhlecke (Ludwig Raabe und Otto Wöhlecke) A 23, C 32.1, C 32.2, C 43, C 46, D 69, F 1, J 15, J 25, J 28, J 57, K 8, M 57
Rackwitz, Hans D 56.1, D 56.2
Radel, George A 9, A 37, A 47, A 59.9, B 2
Raderschall, Heinrich B 82
Raderschall, Wolfgang G 26
Raeck, Dietrich B 29, E 16, J 41.1
Raffael A 58.1
Rambatz & Jollasse (Johann Gottlieb Rambatz und Wilhelm Jollasse) A 50.2, A 50.3, A 57, A 59, A 59.12, B 22, C 13, E 2, E 46, H 47
Ramée, Joseph Jacques K 19
Ranck, Johann Christoph Otto B 42.2.3, E 72, G 23.1.1, G 34, L 9
Rantzau, Daniel von H 45
Rantzau, Peter von H 45, H 46
Raschdorf, Julius B 37
Rau + Bunsmann (Jörn Rau und Walter J. M. Bunsmann, s. auch Bunsmann & Scharf; Bunsmann, Rau, Scharf; Bunsmann, Scharf, Lockner) G 45, H 15
Rau, Bunsmann, Scharf (Walter J. M. Bunsmann, Jörn Rau und Paul Gerhard Scharf, s. auch Bunsmann & Scharf; Bunsmann, Scharf, Lockner; Paul Gerhard Scharf) F 52.1, G 45
Rau, Jörn D 79
Raywood L 1
Rée, Anita E 54
Reemtsma, Hermann F. J 40, J 57.1
Regensburger, Christoph C 19
Regensburger, Marady, Johannsen (Christoph Regensburger, Hubert Marady und Gert Johannsen) J 18
Rehnig, Otto B 23
Reichow, Hans Bernhard G 30, G 35
Reimann, Horst L 12
Reinhardt & Süßenguth (Heinrich Reinhardt und Georg Süßenguth) C 52, E 1
Reinhardt, Hermann M 45
Reith, Edwin A 26
Renard, Heinrich D 58
Renner Hainke Wirth Architekten (Karin Renner, Rolf Hainke und Stefan Wirth) D 84, D 84.2, I 38.1
Reusse, Rudolf I 7
Rex, Hartlieb M 34
Rex, Wilhelm F 45.2
Richardson, Henry Hobson A 22, C 90, J 49
Richter, Paul Alfred I 46, I 46.1, I 46.2
Riecke & Karres (Karlheinz Riecke und Gustav Karres, s. auch Karres-Hartmeyer-Dreier; KHD Architekten; KHD Czerner Architekten) B 26, B 32, F 23
Riedemann, Heinrich I 26.2
Riege, Jürgen M 4
Riemann, Helmut J 38.2
Riemerschmid, Reinhard E 56
Riemerschmid, Richard E 23
Rimpl, Herbert L 10
Rinck, Johann L 67
Rischpler M 36
Ritscher, Otto G 47
Ritterbusch, Paul L 56
Ro, Eu Nim C 60
Rogalla & Kitzmann (Dieter Rogalla und Michael Kitzmann, s. auch Mensinga & Rogalla) A 59.1, H 11.2
Rogalla & Osmers (Dieter Rogalla und Friedrich Osmers, s. auch Mensinga & Rogalla) A 47
Rojan-Sandvoss, Ilsemarie H 8.2
Römers, Hans Hinrich L 69
Roosen, Berend K 6
Rosenberg & Wex D 78
Rosengarten, Albert C 92, D 37, E 42.1
Roth, Carsten A 13, C 69.1, C 69.2, D 20, D 51.1, H 23
Rousseau, Jean-Jacques D 16
Rücker-Jenisch, Familie K 8
Rückriem, Ulrich D 18
Ruckteschell, Walter von J 15
Rüdell, Alexander D 1
Rudhard, Wolfgang B 38, C 65, D 16, E 70.2
Rudorff, Franz M 62
Runge, Edgar K 35.1
Runge, Otto Sigismund A 14
Ruppel, Ernst D 80, F 65
Ruppel, Friedrich Simon B 37
Ruppert, Alfred D 75.3
Ruppert, Heinz B 12
Ruscheweyh, Heinz Jürgen D 60, I 26.4
Russ, Ernst M 56
Ruths, Valentin A 58.1
Ruwoldt, Ernst A 2
Rybin, Uwe I 24
Rzekonski, Rudolf C 72
Rzekonski, William M 47
Rzekonski, William und Rudolf D 31, D 52, H 14, K 43, M 39

Saarinen, Eero D 19.3
Sack, Manfred J 12
Salmon, Françoise M 17
Sander, Albrecht D 60
Sandtmann & Grundmann (Horst Sandtmann und Friedhelm Grundmann, s. auch Friedhelm Grundmann; Grundmann, Rehder; Grundmann, Rehder, Zeuner; Grundmann + Hein) E 44, I 1, M 14
Sandtmann, Horst (s. auch Sandtmann & Grundmann) C 39, G 39
Sasse, Alfred L 68

Saxen, Peter I 10
SBI Spanheimer Bornemann Ingenieure (Jürgen Spanheimer und Götz Bornemann) A 59.1
Schaar & Hintzpeter (Adolf Schaar und Cäsar L. Hintzpeter) A 61.2, C 44, C 46.2, C 53, J 7, J 18
Schaefer, Philipp A 61.1, A 61.2
Schäfer, Alexander L 4
Schäfer, Carl M 60
Schaper, Bernd I 44
Schaper, Fritz B 26
Scharf, Paul Gerhard (s. auch Rau, Bunsmann, Scharf; Bunsmann + Scharf; Bunsmann, Scharf, Lockner) D 67, H 15
Scharff, Caesar A 17
Scharoun, Hans D 44
Schaudt, Johann Emil A 4, B 80, D 25, F 67.1
Scheffauer, Philipp Jacob J 9
Schenk + Waiblinger Architekten (Georg Waiblinger und Martin Schenk) L 3.4.2
Scherer, M. H 45
Schiefler & Denker (Georg Schiefler und Gerd Denker) A 29, A 29.1
Schilling, Johannes B 43, D 12
Schimmelmann, Caroline Tugendreich Gräfin von G 15
Schimmelmann, Heinrich Carl Graf von G, G 15, H 45
Schindel, Viglas B 47.4
Schinkel, Karl Friedrich A 58.1, C 4, C 55, D 28, D 43, I 26.6, J 39
Schirlitz, F. G. C 91.1
Schirrmacher & von der Hude (Georg Theodor Schirrmacher und Hermann von der Hude) A 58.1
Schlaich, Bergermann & Partner (Jörg Schlaich und Rudolf Bergermann) B 46.1, E 22, I 3
Schlaich, Jörg E 45
Schleps, Georg A 28
Schlitz, Georg Heinrich Baron von B 8.1
Schlote, Henry E 41, I 22
Schlühr, Dieter D 49
Schmidt, H. W. C 75.2, C 75.3
Schmidt, Loki (Hannelore) K 37
Schmidt, Heinrich B 25, I 9
Schmidt, Hermann D 28
Schmidt, Holger H 11.1
Schmidt, Kurt F. D 34, J 59
Schmidt, Ole Jörgen B 47.4, K 19
Schmidt, Valentin G 12
Schmitthenner, Paul F 35
Schmitz, Bruno D 26
Schnabel, Paul F 30
Schnackenberg & Siebold J 48
Schneehage, Folker D 15
Schneider, Karl F 33, F 49, F 49.1, F 50.4, F 64, F 64.2, G 29, H 21, H 33, H 37, I 32, I 33, I 35, I 39, K 39, K 40, L 58, M 44
Schnell, Eugen L 50.2
Schnibbe, Friedrich Nikolaus L 65
Schnitger, Arp A 60, H 30, L 63, L 65, L 67, M 7

Schoch & Gundlach (August Schoch und Bruno Gundlach) D 8
Schomburgk, Hermann D 18, M 18, M 57, M 57.1
Schöne, Hermann (s. auch Bomhoff & Schöne) E 52, E 71.2, F 64.6
Schöne & Schudnagies (Hermann Schöne und Günther Schudnagies) B 28
Schoop, Hans J. L 46
Schorbach, Ferdinand M 59
Schöß, Paul D 54, D 62, H 3, H 11.1, J 35
Schott, David M 30
Schöttler, Heinrich E 53.1, E 59
Schrader, Gustav (s. auch Timmermann & Schrader) A 30, D 85, F 55, G 2, L 1
Schramm & Elingius (Gottfried Schramm und Jürgen Elingius, s. auch Elingius & Schramm; Elingius & Niggemann) A 5.1, F 11, M 59
Schramm & Elingius (Gottfried Schramm, Jürgen Elingius und Jost Schramm, s. auch Elingius & Schramm; Elingius & Niggemann) B 17, D 5, E 29, F 68.1, G 14.1, J 49, L 1
Schramm & Pempelfort (Jost Schramm und Gert Pempelfort) B 21, C 1, F 68, F 68.1, G 38
Schramm, Gottfried (s. auch Elingius & Schramm; Schramm & Elingius) M 52
Schramm, Pempelfort, v. Bassewitz, Hupertz (Jost Schramm, Gert Pempelfort, Horst v. Bassewitz, Stephan Hupertz) A 53, E 34, F 22
Schramm, v. Bassewitz, Hupertz & Partner (Jost Schramm, Horst v. Bassewitz und Stephan Hupertz, s. auch Fischer & v. Bassewitz; BPHL Architekten; BHL Architekten; Architekten BLP) A 5.1, B 19, E 1.1, G 1, K 23
Schramm, v. Bassewitz, Hupertz (Jost Schramm, Horst von Bassewitz und Stephan Hupertz, s. auch Fischer & v. Bassewitz; BPHL Architekten; BHL Architekten; Architekten BLP) A 57.1, F 8, H 45, K 50, M 49
Schrieber, Kurt C 90
Schröder, Johann Heinrich von C 92
Schröder, Rudolf Alexander K 35.1
Schröder, Wilhelm D 61, E 25
Schröter, J. und B. B 1.4
Schubert, Karl H 18
Schudel, Max M 56
Schuldt, Abraham Philipp B 77
Schülke + Wiesmann (Götz Schülke und Jörg Wiesmann) G 14.2
Schultz-Coulon, Wolfgang B 1.3, C 59.1, C 59.2
Schulze, F. L 15.1
Schulze, Günther B 82, F 68
Schumacher, Fritz A 24, A 58.2, A 59, A 59.2, A 59.7, A 59.8, A 59.12, B 8.2, B 27, B 32, B 36, B 42.2.2, B 42.2.3, B 44, B 46, B 48, B 78, C 27, C 29, C 74, C 74.2, C 81, C 86, C 88, C 89, D 50, D 64, D 70, D 80.1, D 81,

E 9, E 20, E 37, E 43, E 44, E 52, E 53, E 54, E 60, E 71.2, E 72, F 4, F 5, F 19, F 32, F 36, F 45, F 45.1, F 45.2, F 49.2, F 59, F 62, F 64, F 64.6, F 64.7, F 66, G, G 4, G 11, G 22, G 23, G 23.1, G 23.3, G 23.6, G 32, H 24, I 11, I 15, I 19, I 26.3, I 26.6, I 36.2, I 41, I 42, L 8, L 13.1, L 13.2, L 16, M 31, M 32, M 34, M 44
Schümann, Hans-Otto E 23.1
Schuppan, Paul B 37, D 19.3
Schwartz, Baurat D 1
Schwarz, Wilhelm C 92
Schwarze, Kurt G 30
Schweger & Partner (Peter Schweger, s. auch Peter Schweger; Graaf & Schweger; Graaf, Schweger & Partner, Architekten Schweger + Partner; ASP Architekten Schweger Partner) E 1
Schweger, Peter (s. auch Graaf & Schweger; Graaf, Schweger & Partner; Architekten Schweger + Partner; ASP Architekten Schweger Partner) D 41, F 23, H 2, M 41
Schwieger, Christian Diederich Gerhard D 42
Schwindrazheim, Oskar M 22.1
Sckopp & Vortmann (Ferdinand Sckopp und Wilhelm Vortmann) B 41
Scott, George Gilbert A 19
Sefl + Partner (Jiri Ivo Sefl-Misunde) A 8
SEHW Architekten B 11, D 57, L 3.4.2
Seidl, Gabriel von D 15
Seitz, Paul D 19, D 19.1, D 19.2, D 76, D 80, J 64
Semper & Krutisch (Manfred Semper und Carl Philipp Friedrich Krutisch) E 42.2
Semper, Gottfried A 19
Sengelmann, Heinrich Matthias I 23
Seroff, Leo I 2
Shenstone, William J 41
Sidell Gibson Schäfer & Partner (Ron Sidell, Paul Gibson, Udo Schäfer) A 59.4
Siebelist, Arthur M 42
Walter, Siebelist C 65
Siemers, Edmund J. A. D 15
Sierich, Adolph F, F 45.2
Sieveking, Ellen K 35.2
Sieveking, Familie E 56, K 8
Sieveking, Kurt K 35.2
Sievers, Piatscheck & Partner (Dieter Sievers und Michael Piatscheck) E 36
Skidmore, Owings & Merrill (Louis Skidmore, Nathaniel Owings und John Merrill) J 51
Sloman, Henry Brarens A 62.6
Sloman, Robert M. B 58, D 36, E 71
SML Architekten (Benedikt Schmitz, Stefan Münzesheimer und Maike Lück) L 3.4.2
Soane, John K 11
Soll, August J 23.2
Sonnenschein & Balck (Volker Sonnenschein und Thomas Balck) C 20
Sonnin, Ernst Georg A 38, B 50, C 85, I 53
Spangenberg, Herbert C 89
Spangenberg, Paul L 65
Specht, Emil M 57
Speckbötel, Theodor B 26, E 37, J 65.1 J 65.2

R

367

Namensregister

Spengelin, Ingeborg und Friedrich F 68, F 68.5, G 38, I 28, I 49, L 41, L 52
Spengler Wiescholek Architekten (Ingrid Spengler und Manfred Wiescholek, s. auch Manfred Wiescholek) C 26, C 40, D 84, D 84.2, G 28.2, L 3.1, L 3.3, L 3.4.2, M 24
Spengler, Ingrid (s. auch Spengler Wiescholek Architekten) D 12, G 28.2, H 28
Sperber, Ferdinand F 45
Spilcker, R. Wilhelm A 59, A 59.12
spine architects L 3.4.2
Springer, Axel C. K 39
Sprotte & Neve (Herbert Sprotte und Peter Neve) B 10, F 18.2
Stabenow & Siemonsen (Wolfgang Stabenow und Axel Siemonsen, s. auch winckler röhr-kramer + prof. stabenow) C 20
Stadtbauamt Altona C 41, C 42, C 57
Stadtbauamt Bergedorf, M 37
Stahl, Paul F 41
Stallknecht, Claus C 35, C 51
Stammann & Zinnow (Hugo Stammann und Gustav Zinnow) A 1, B 10, C 84.2, D 6, E 14, L 1, L 1.2
Stehn, Edmund J 37, K 35
Steffen, Rainer I 16
Stegemann, Heinrich C 81
Stehr, Hermann D 58, H 15, K 52
Steidle & Partner (Otto Steidle) B 49, B 56, C 28, F 47, H 8, H 8.2
Steinbrück, Bernhard H 20
Steineke, Friedrich F 42
Stellfeld, Rüdiger L 21
Sterra, Karl L 28
Stier, Hubert L 33, L 47
Stockhausen, Gottfried von A 34, J 9
Jan Störmer Architekten (s. auch Planungsgruppe me di um Jentz, Popp, Störmer, Wiesner; Alsop & Störmer; Jan Störmer Partner) A 3, B 33, C 28, C 43, E 21, L 3.1
Jan Störmer Partner (s. auch Planungsgruppe me di um Jentz, Popp, Störmer, Wiesner; Alsop & Störmer; Jan Störmer Architekten) A 64, L 3.8
Stoeppler + Stoeppler Architekten (Arvid Stoeppler und Uldis Stoeppler) F 21
Stölken Schmidt Architekten (Nicole Stölken und Matthias Schmidt) I 23.2
Stolley, Geert G 19, G 38.1
Stoltenberg, Kurt C 46, J 15, K 8
Storch, Arthur B 36, M 32
Störmer, Rolf E 45
Stössner, Gerhard A 20
Stranover, Tobias H 45
Streb, Ferdinand (s. auch Loop & Streb) B 19, D 33, D 35, D 60
Streb, Martin s. Architekturbüro Martin Streb
Strecker, P. M 43
Strelow, Christian H. Leopold C 80, D 18
Strohmeyer & Giese (Otto Strohmeyer und Wilhelm Giese) D 77.5, D 77.6
Struhk + Partner (Hans Struhk) H 44
Stübben, Hermann Joseph J 21

Stubenrauch, Regierungsbaumeister D 46
Stucken, Georg Friedrich K 39
Studio & Partners D 1
Studio Andreas Heller F 32.1
Stuhlmann, Carl A 33
Stuhlmann, G. A 7
Sucksdorf, Postbaurat D 19.3
Suhr, John G 38
Suhr, Paul A 15, A 42, A 60 E 41, E 54, F 49.2, J 23.1, J 58
SWP Schrader Weydemann Partner (Ernst-August Schrader und Thomas Weydemann) F 56.1

Taack-Trakranen, Nikolaus J. van L 53
Talkenberg, Günter C 41, C 42
Tamm, Peter L 5
Tamms, Friedrich C 11, L 26
Tatz, Melchior C 35
Taut, Bruno F 49.1
Taut, Max C 52, E 25
Teherani, Hadi (s. auch BRT Architekten) G 26
Tettenborn, Falk von s. Architekturbüro Falk von Tettenborn
Thaer, Albrecht C 4
Thämer, Otto E 71.2, I 42
Theil, Eduard A 50.1
Theil, Ernst und Eduard F 58, I 6, L 50, L 50.1
Thiele, Rudolf A 1
Thielen, Georg L 1
Thieme, Martin A 62.4
Thiersch, Friedrich von D 15, M 60
Thorvaldsen, Bertel B 2
Thun, Matteo B 33
Thüs Farnschläder Architekten (Michael Thüs und Axel Farnschläder) I 23.1
Tiedemann, J. H. L. C 23.2, C 91.3
Tietz, Hermann B 18
Timm + Goullon Architekten (Volker Timm und Inge Goullon) L 4
Timmermann & Schrader (Christian Timmermann und Gustav Schrader, s. auch Gustav Schrader) C 10, C 23.1
Timmermann, Christian C 31
Tinneberg, Hans-Georg G 19, G 38, G 38.1
Tochtermann & Wagner L 15
Tonon, Benedict (s. auch Brenner & Tonon) F 63, H 25
Töpfer, Alfred B 79
Toyata, Yasushisa L 4
Trahn & Hölscher (Karl Trahn und Einhart Hölscher, s. auch Einhart Hölscher) L 52
Trahn, Karl L 43, L 46
trapez architektur I 48
Trautwein, Fritz C 8, D 39.1, D 60, M 53
Trojan Trojan Wendt Architekten + Städtebauer (Klaus Trojan, Verena Trojan und Joachim Wendt) L 3.7
Trömner, H. L. F 27
Troplowitz, Oscar F 19
Türpe, Paul C 51
Tussing, Rudi J 16.1.2
Tutenberg, Ferdinand J 60

ÜberNormalNull L 3.4.1
Ufer, Johannes G 14
Uhlmer, Martin H 27
Ulmer, Oscar E. B 36, B 44, F 5
Ungers, Oswald Mathias, s. Prof. O. M. Ungers + Partner
Ungewitter, Georg Gottlieb A 51.3

Vagd, M. J. C. B 1.1
Valckenburgh, Johan van B
Varnesi, Augusto B 50
Velde, Henry van de E 23, K 24
Vering, Johann Hermann H 26
Vicenz, Ernst B 52, B 52.1, B 52.2, D 77, D 77.3, E 68, L 22.1, L 22.2
Viol, Arthur A 41
Vogel, August A 1, B 50
Vogel, Hugo A 1
Voght, Caspar von J 39, J 41, J 41.1, K 8
Vogt, Reinhard C 83, C 90
Voigt, Anwalt A 51
Voigt, Wilhelm G 36
Völker, Baurat H 41
Vollmer, Johannes G 3
Volz & Jung F 67.2
Vorwerk, Friedrich Georg C 10
Voß, Carl C 58

Wacker Zeiger Architekten (Angelika Wacker und Ulrich Zeiger) C 78, K 18.1, K 21.2, L 3.4.2
Wagner, J. F 61.1
Wagner, Martin F 49.1
Wagner, Richard C 90
Wahls, Stadtbauamt Wandsbek G 10
Wallenstein, Max C 33
Wallner, Claus C 73, E 56, G 47, J 66
Wallot, Paul M 60
Walter, F. C 75.2
Warburg, Aby M. D 64
Warburg, Zwirner & Partner (Ica Warburg und Roland Zwirner) F 61
Waschk-Balz, Doris D 57
Wasserbauamt Harburg-Wilhelmsburg L 20
Weber · Poll (Martin Weber und Hermann Poll, s. auch Dr. Werner Weber Ingenieurgesellschaft mbH) I 37.2, I 37.3
Weber E 53.2
Weber, Gerhard B 34, F 68
Weber, Jos G 38.3, G 48.1
Weber, Jürgen E 6, I 30
Dr. Werner Weber Ingenieurgesellschaft mbH I 37.1
Wedel, Matthias L 63
Wedells, Siegfried D 3.1
Wegner, Willy L 5
Wehberg – Lange – Eppinger – Schmidtke (Hinnerk Wehberg, Gustav Lange, Gundolf Eppinger und Wieland Schmidtke, s. auch WES + Partner) A 44
Weil, Simone C 70
Weise, Bernhard L 45
Wellhausen & Partner (Gabriele Wellhausen) A 6, D 2

Orts- und Straßenregister

Wellhausen, Georg A 5.3, A 6, C 35, D 2, D 42
Wempe, Gerhard A 61
Wendler, J. A 10
Wendt, C. F 51
Werkgemeinschaft freier Architekten Hirsch, Hoinkis, Lanz, Schütz, Stahl (Wolfgang Hirsch, Rudolf Hoinkins, Martin Lanz, Paul Schütz und Dieter Stahl) G 48
Werksarchitekten der Deutschen Werft L 15.2
Werner, Asmus (s. auch Patschan, Werner, Winking; ASW Architekten) A 59.9, I 36.1
WES + Partner (Hinnerk Wehberg, Gundolf Eppinger, Wieland Schmidtke, s. auch Wehberg, Lange + Partner und Wehberg – Lange – Eppinger – Schmidtke) B 16
Westphal, Otto A 10, A 59
Wetken, Bürgermeisterfamilie A 34
Wetzel & von Seht (Markus Wetzel und Bernd von Seht) I 38.1
Wex, Ernst B 25, B 71
Wex, Friedrich Hermann B 71
WGG Schnetzer Puskas (Heinrich Schnetzer und Tivadar Puskas) L 3.5
WGK Planungsgesellschaft mbH (Otto Wunsch, Gustav Gleichmann, Dieter Krüger, s. auch Wunsch & Mollenhauer; Architekturbüro WGK) K 5
Wichtendahl, Wilhelm L 10
Wieck, Bruno A 56, M 8, M 33.2, M 33.2.1, M 33.2.2
Wield, Friedrich F 53
Wiescholek, Manfred (s. auch Spengler Wiescholek Architekten) D 12, G 28.2, H 28
Wilhelm I., Kaiser A 1, A 17, B 43, C 51
Wilhelm II., Kaiser A 17, D 30, E 1, E 8
Wilkendorf & Wilkening (Otto Wilkening, s. auch Geißler & Wilkening) G 23.1.2
Wimmel, Carl Ludwig A 6, B 23, B 23.1, B 47, B 47.2, B 81, C 33, E 22, F 32
Winand & Zöllner (Carl Winand und Karl Zöllner, s. auch Karl Zöllner) D 61
Winand, Carl C 75.3, I 29.2, I 36.2
winckler röhr-kramer + prof. stabenow (Axel Winckler, Stefan Röhr-Kramer und Wolfgang Stabenow, s. auch Stabenow & Siemonsen) I 23
Winking, Bernhard, s. Prof. Bernhard Winking
Winkler, Albert C 7.1, C 19, C 21, C 41, C 56, J 44
Winkler, Heinrich Oswald C 19, C 51, C 57, C 59
Winter Ingenieure (Volker Winter) L 3.5
Wirtschaftsbehörde, Amt für Strom- und Hafenbau K 20
Wischer, Fritz (s. auch Bach & Wischer) A 62.2
Witte, Karl H 21
Wolff, Heinrich A 3
Wolff, Helmut D 49
Wolff, Johann Conrad D 16
Wongel, Karl Heinz C 89

Wood, Isaiah A 60, E 48
Wördenhoff, Henrich Christopher L 63
Wrba, Georg A 59.7
WTM Windels, Timm, Morgen G 1
Wunderlich, Hermann A 59.2
Wunsch & Mollenhauer (Otto Wunsch und Otto Mollenhauer, s. auch Architekturbüro WGK) A 31
Wurzbach, Hermann (s. auch Frejtag & Wurzbach) B 45

Yderstad, Thomas B 53

Zauleck & Hormann (Christian Zorleck und Franz Hormann, s. auch Frank & Zauleck) A 26, A 61.2
Zenz, Toni J 58
Zess, Hermann D 60
Ziepollé, F. A. L. L 39
Zimmermann, Carl Johann Christian A 58.1, B 8.2, B 38, B 39, B 42.2.1, B 42.2.2, B 44, B 78, C 4, C 9, C 25.1, D 80, E 23, I 31.1
Zoder, Max M 47
Zöllner, Karl (s. auch Winand & Zöllner) I 4
Zombeck, Paul E 70
Zwinscher & Peters (William Zwinscher und Ralph Peters) D 66

Um die Orientierung zu erleichtern, sind die in dem Architekturführer vorgestellten Hamburger Stadtteile und Umlandgemeinden **fett hervorgehoben**. Dies gilt auch für Einträge, die sich auf Objekte in einem dieser Gebiete beziehen, vorausgesetzt, es handelt sich um einen vollständigen Eintrag (im Hinblick auf Adresse, Baujahr und, sofern bekannt, Architekt). Buchstaben ohne Ziffern bezeichnen die historischen Einführungen zu den einzelnen Gebieten, die jeweils am Anfang der betreffenden Kapitel stehen.

Abteistraße D, D 52, D 53
Abtstraße L 68
Achterschlag M 18
Adalbertstraße K 35.1
Adenauerallee E 22
Adickesstraße J 53
Adlerstraße F 58, F 59
Admiralitätstraße B 59-B 62.1
Adolfstraße F
Adolf-von-Elm-Hof L 51
Adolphsplatz A 5.3, A 6
Agathe-Lasch-Weg J 50
Agathenstraße C 91, C 91.3
Agnesstraße F 19
Ahrensburg (Schleswig-Holstein) G 15, **H, H 26, H 44-H 46**, M 49
Alexanderstraße E 19
Algier E 21
Allermöhe M, M 4, M 6, M 24, M 25
Allermöher Deich M 6
Alsenstraße C 63
Alster E 64, F 45, F 56, I, I 19
Alsterarkaden B 1-B 1.4
Alsterblick H 35
Alsterchaussee D 42, D 43
Alsterdorf I, I 15-I 24, K 34
Alsterdorfer Markt I 23
Alsterdorfer Straße I 23-I 24
Alsterfleet B 63
Alsterglacis D, D 4.1
Alsterkanal D 65, F 39
Alsterkrugchaussee I 15
Alstertal H
Alsterterrasse D 2, D 4.2
Alstertor A 48, A 51.3-A 54
Alsterufer D 5-D 12, D 32
Alte Dorfstraße H 41
Alte Hege M 57
Alte Holstenstraße M 29
Alte Landstraße H 6, H 7
Alte Rabenstraße D 35
Alte Süderelbe L 17
Alte Wöhr F 64
Altengamme M, M 14.1, **M 22, M 22.1, M 23**, M 28.1
Altengamme-Borghorst M 13
Altengammer Hauptdeich M 9
Altenwerder Kirchdorfweg L 16
Altenwerder L, L 16, L 17
Alter Fischmarkt A 42, B 66
Alter Kirchdeich M 7, M 7.1

Orts- und Straßenregister

Alter Postweg L 53
Alter Steinweg B 68, B 69
Alter Teichweg G 23, G 23.6, G 23.7
Alter Wall A 3, A 4, A 5.1, A 5.2
Alter Wandrahm L 1
Altes Land L 62, L 64, L 67
Altona B 85, D 1, C, C 39, E 1, E 6, I, J, K, L 57
Altona, Altstadt von C, C 21, C 34, C 40, C 50, C 50.1, C 54
Altona-Altstadt C 19, C 37-C 54, C 57-C 62, D 28
Altona-Nord C 55, C 56, C 63-C 68
Altrahltstedt G
Altstadt (s. auch Hamburg-Altstadt) A, B, D 51, E 5, E 42, E 71, F 32, F 52, L 1
Altstädter Straße A 62, A 62.1.1, A 62.7
Am Alten Hafenamt L 3.7.1
Am Alten Markt H 46
Am Baum M 33
Am Dalmannkai L 3.3
Am Centrumshaus L 42
Am Feenteich F 13
Am Fleet L 67
Am Gleise E 71, E 71.1.2
Am Gräfengericht L 66
Am Hang K 21, K 21.1, K 21.3
Am Hasenberge I 29.1-I 31, I 31.2
Am Hirschpark K 13
Am Internationalen Seegerichtshof K 5
Am Kaiserkai L 3.2, L 3.4, L 3.5
Am Kiekeberg L 70
Am Leuchtturm K 45
Am Lustberg I 33
Am Marktplatz K 50
Am Mühlenteich M 48
Am Museum M 59
Am Museumsplatz L 43
Am Rathenaupark J 27
Am Sachsenberg M 46
Am Sandtorkai L 1-L 3.1
Am Sandtorpark L 3.3
Am Stein I 27
Am Strandkai L 3.6
Am Veringhof L 23
Am Weiher C 75, C 75.2, C 76
Am Zollhafen E 72
Ammersbek (Schleswig-Holstein) H 43
Ammersbek H 40
Amsinckstraße C 63, E 31, E 32
Amsterdam A 1
An der Alster E 8, E 9, E 10
An der Bürgerei L 66
Anckelmannplatz E 39
Andreasstraße F 24
Angerstraße E 43
Anita-Sellenschloh-Ring I 44
Anne-Frank-Straße K 26
Arnimstraße K 34.2
Athen A 1
Auf der Hude M 56
August-Bebel-Straße M 37.1, M 37.2, M 39
Augustenburger Straße C 64-C 64.2
Augustenpassage C 12
August-Krogmann-Straße G 31

Auguststraße F
Augustastraße M 45
Aumühle (Schleswig-Holstein) M, M 57-M 59, M 60
Aumühle-Billenkamp M 57
Auschwitz D 59, M 17.1
Ausschläger Allee G 1
Außenalster A 58.3, B 85, D, D 36, F, F 18, F 68
Außenmühlenteich L 57
Australiastraße L 7

Bäckerbreitergang B 30, B 51, B 71, B 79, E 5
Badestraße D 13, D 36
Bahnsenallee M 50.1, M 51
Bahrenfeld J, J 43, **J 59-J 69**
Bahrenfelder Chaussee J 62, J 62.1, J 62.2
Bahrenfelder Kirchenweg J 63
Ballindamm A 47-A 50.3
Banksstraße E 29
Barkenkoppel H 3
Barkhof A 59, A 59.7
Barlachstraße L 50.2
Barmbek F, H, F 56
Barmbeker Straße F, F 35, F 47
Barmbek-Nord F, F 56-F 67, I 6, L 50, L 51
Barmbek-Süd F, F 51-F 55
Barnerstraße J 17, J 18
Baron-Voght-Straße J 39-J 41.1, K 2
Bartelsstraße C 14.2
Basselweg I 4
Bauhofstraße L 36
Baumkamp F 43.2, F 43.3
Baumtwiete F 43.2
Baumwall B 56, B 58
Baurs Park K 20
Baurs Weg K 21.2
Baursberg K 38
Bebelallee F 39, F 41.1, F 41.2, I 21
Beckstraße C 12
Beerboomstücken I 13
Behrensstraße G 7
Behringstraße J 20
Bei dem Neuen Kran A 31
Bei den Mühren A 33
Bei den St. Pauli-Landungsbrücken C 32
Bei den Zelten G 5
Bei der Apostelkirche C 70
Bei der Flottbeker Kirche J 57
Bei der Johanniskirche C 60, C 61
Bei der Lutherbuche I 7, I 8
Bei der Martinskirche G 3
Bei der Matthäuskirche F 30.2, F 30.3
Bei der Osterkirche J 15
Bei der Paul-Gerhardt-Kirche J 66
Bei Schuldts Stift B 77.1, B 77.2
Bei St. Annen L 1.2.1, L 1.2.2
Beim Farenland G 33
Beim Pachthof G 4
Beim Strohhause E 21
Bellevue F 18-F 18.2
Benittstraße L 14
Bergedorf E, M, M 26-M 40
Bergedorfer Schloßstraße M 27, M 28.1

Bergedorfer Straße (Bergedorf) M 30
Bergedorfer Straße (Geesthacht) M 63
Bergedorf-Süd M 18
Bergkoppelweg I 35
Bergstedt H, H 30
Bergstedter Chaussee H 30
Bergstraße A 46, A 59.9, A 59.10
Berlin D 26, M, M 40, M 57, M 59
Berliner Straße M 55
Berliner Tor E 20
Berne H
Berner Allee G 33, G 34
Berner Heerweg G 29, G 33
Bernhard-Nocht-Straße C 28, C 29, C 30
Bernstorffstraße C 18, C 19
Besenbinderhof E 24, E 25
Bessemerstraße J 68
Bethlehem C 77
Bettinastieg K 34.2
Biedermannplatz F 53
Billbrook G, G 1
Bille E 61, G 47, M, M 29
Billhorner Brückenstraße E 70.1
Billhorner Deich E 64
Billhorner Mühlenweg E 68
Billhorner Röhrendamm E 67
Billrothstraße C 58
Billstedt G, G 2, G 45-G 48.2
Billstedter Mühlenweg G 46
Billwerder Bildeich M 1, M 2, M 3
Billwerder Bucht G 1
Billwerder E, G, M, M 1-M 3
Billwerder Insel E 65
Billwerder Neuer Deich E 68
Billwiese M 1
Binderstraße D 26
Binnenalster A, A 58.3, B 1, B 18, B 85
Binnenhafen (Hamburg-Altstadt) A 28
Binnenhafen (Harburg) L
Bismarckallee M 57, M 57.1
Blakshörn G 33
Blankenese K, K 13, K 15-K 33, K 38, K 39, K 45
Blankeneser Hauptstraße K 21
Blankeneser Landstraße K 28
Blaukissenstieg I 22
Bleichenbrücke B 6, B 10
Bleickenallee J 24-J 27
Blumenau E 48
Blumensand L 20
Bockhorst K 34.1
Bodelschwinghstraße I 23
Bogenstraße C 78.2-C 84.1
Bökenkamp J 59
Bondenwald I 10
Bonifatiusstraße L 28
Bookkoppel H 44
Borchertring G 38, G 38.1
Borgfelde E, E 40, E 41, E 42.1 ff., E 56
Borgweg F 46
Borner Stieg I 41
Bornholm K 14.1
Bornkampsweg (Ahrensburg) H 26,
Bornkampsweg (Bahrenfeld) J 62, J 62.1

370

Börnsener Straße M 58
Borselstraße J 19
Börsenbrücke A 7
Borsteler Chaussee I 11, I 12
Borstels Ende I 27
Bossardweg L 71
Bovestraße G 10
Braamkamp F 43.3
Brabandstraße I 16-I 18
Brahmsallee D 60
Bramfeld G, G 35-G 37
Bramfelder Chaussee G 36, G 37
Bramfelder Straße F 61, F 61.1
Bramfelder Weg G 30
Brandshofer Deich E 69
Brandstwiete A 39.2, A 40
Brasilia G 38.3
Braunschweiger Straße C 52
Bredenbeker Teich H 43
Bredenbekstraße H 31.2, H 33
Bredstedter Straße G 23.2
Breite Straße L 68
Breitenfelder Straße D 74, D 75.3, D 81
Breiter Gang B 73
Bremen B 42.1, E 4, I 39
Bremer Kai L 7
Bremer Straße L 44-L 46
Bremerhaven C 42
Bremers Weg K 21.1
Brentanostraße K 35.3
Brodersenstraße G 19
Brook L 1
Brookinseln A
Brooktorkai L 1, L 3, L 3.8
Brucknerstraße F 54
Brüderstraße B 72
Brunsdorfer Weg H 29
Bubendeyweg L 13.2
Buchenkamp H 25
Buchwaldstraße G 40.1, G 41
Bugenhagenstraße A 59.4, A 61
Bullenhuser Damm E 62
Bundesstraße C 85-C 88, C 92
Bunsenstraße J 19
Burchardplatz A 62
Burchardstraße A 62 A, 62.1, A 62.1.2, A 62.5-A 62.8
Bürgerweide E 42-E 42.3
Bussestraße F 43.2
Buttstraße C 44
Buxtehude (Niedersachsen) L 68, L 69

Caffamacherreihe B 32
Cambridge/USA D 19.3
Carl-von-Ossietzky-Platz E 15
Carsten-Meyn-Weg H 8, H 8.1.1, H 8.2
Caspar-Voght-Straße E 54
Cesar-Klein-Ring G 38
Chateauneufstraße E 53, E 53.2, E 53.3
Chicago G 37, J 51
Christian-Frederik-Hansen-Straße K 4.1
Claus-Ferck-Straße H 17
Colonnaden B 20.1, B 25, F 17
Cranachstraße J 54, J 55

Cranz L
Cremon A 30
Curienstraße A 62.3
Curschmannstraße D 81
Curslack M, M 11-M 13
Curslacker Deich M 11, M 12
Curslacker Heerweg M 13
Curslacker Neuer Deich M 13
Cuxhaven B 13, C 48, E 8, L 37, L 72
Cuxhavener Straße L 61

Dammtordamm B 83, B 84
Dammtorstraße B 25, B 28, B 34-B 36
Dammtorwall B 31, B 32, B 37
Danziger Straße E 17
Davidstraße C 28
Deichstraße A, A 29, A 29.1
Deichtorplatz A 63
Deichtorstraße A 64
Denickestraße L 52
Denksteinweg G 10
Dennerstraße F 64.5
Depenau A 63
Dessauer Straße L 6
Dessauer Ufer L 6
Diedenhofer Straße G 23.5
Diestelstraße H 35
Dingstätte I 53
Dithmarscher Straße G 23.2
Ditmar-Koel-Straße B 53
Dobbelersweg E 57
Dockenhuden K, K 14, K 35
Dohlenweg F 58
Domstraße A 14, A 44, A 45
Dora-Specht-Allee M 57
Dorothea-Kasten-Straße I 23
Dorotheenstraße F, F 28, F 33
Dörpfeldstraße K 35, K 35.2
Dosestraße C 40
Dove-Elbe M, M 17, M 17.1
Dradenauer Deichweg L 17
Dragonerstall B 30
Drehbahn B 28, B 32, B 33
Dresden F 45
Droopweg E 57
Dulsberg G, G 22-G 24, G 25
Dulsberg-Nord G 23
Dulsberg-Süd G 23, G 23.5, G 23.6, G 24
Düppelstraße C 64.2
Dürerstraße J 55
Düsseldorf E 68.2, G 13
Düsternstraße B 67
Duvenstedt H, H 31.2
Duvenstedter Triftweg H 31.1, H 31.3, H 36, H 37
Duvenwischen H 27
Duwockskamp M 33

Ebertallee J 58, J 59, J 59.1
Eckerkamp H 3
Eckerkoppel G 28.2
Eckermannstraße L 25
Eckernwoort J 53
Eckmannsweg F 64.2

Edith-Stein-Platz M 26
Edmund-Siemers-Allee D 15, D 16
Edwin-Scharff-Ring G 38
Efeuweg F 43.3
Eichenkamp I 45
Eichenstraße C 75, C 75.3
Eichholz B 52
Eickhofweg G 17
Eidelstedt I, I 50
Eilbek E, E 46-E 50
Eilbek F, F 7
Eilbekkanal F 7
Eilbektal E 47
Eilenau E 46
Eiligersweg F 64.6
Eimsbüttel C, C 69-C 78, C 84.1, C 84.2.1, C 84.2.2, C 85, **C 86-C 91.3,** D
Eindhoven I 32
Eißendorf L, L 51
Eißendorfer Pferdeweg L 55, L 55.1 ff.
Elbberg C 49.2, C 49.3
Elbchaussee J, J 6, J 7, J 31-J 33, J 35, J 36, J 53, K 3, K 4.2, K 6, K 7, K 14, K 14.1, K 16, K 17
Elbe J 5, K 45, L 3.5, L 12
Elbinger Kehre G 35
Elbschloßstraße K 4.2
Elbterrasse K 21, K 21.1
Ellerauer Straße I 54
Ellerbrookswisch H 31.1
Elsässer Straße G 23, G 23.1.1, G 23.1.3, G 23.2, G 23.5
Emil-Specht-Allee M 57
Enckeplatz B 77.1
England J 41
Englische Planke B 49, B 50
Eppendorf C 56, D, D 63-D 79.1, D 80, D 80.1, E 42, F 54, I 19
Eppendorfer Baum D 55
Eppendorfer Landstraße D 71.2, D 72, D 73
Eppendorfer Weg C 77
Erdkampsweg I 36, I 36.2
Erich-Ziegel-Ring G 38, G 38.1
Ericusspitze L 1
Ermenonville D 16
Ernst-Henning-Straße M 36
Ernst-Mantius-Straße M 31
Esplanade B, B 22, B 23, B 23.1, B 23.2, B 24.1, B 24.2, D 12
Essener Straße I 46.2
Estebrügge (Niedersachsen) L 67
Eupener Stieg G 23.4
Eupener Straße G 23.4

Faaßweg D 66
Fährhausstraße F 12
Fährstraße L 22.1, L 22.2, L 24
Falkenbergsweg L 60
Falkenried D 83, D 84.1
Falkenstein K 39
Falkensteiner Ufer K 38
Farmsen H
Farmsen-Berne G, G 27-G 34, H
Farmsener Landstraße H 15

371

Orts- und Straßenregister

Farnstraße I
Fehlandtstraße B 22
Fehlinghöhe G 38
Feldbrunnenstraße D 29.2, D 30
Feldstegel M 14, M 14.1
Feldstraße (St. Pauli) C 11
Feldstraße (Wedel) K 47
Felix-Jud-Ring M 25
Femerlingstraße L 51
Ferdinandstraße A 49, A 50, A 50.1, A 50.3, A 51-A 51.2
Fiefstücken F 43.3
Finkenau F 5
Finkenwerder J 53, **L, L 14, L 15**
Finkenwerder Landscheideweg L 15
Finkenwerder Norderdeich L 15.2
Fischereihafen C 49.1
Fischerstraße L 68
Fischertwiete A 62.6
Fischmarkt C 41-C 41.3
Fleth L 68
Floot I 22
Focksweg L 14, L 15
Fontenay-Allee D 10
Forbacher Straße G 23.1.1
Forsmannstraße F 25
Försterweg I 1
Foßredder H 23
Fraenkelstraße F 64.7
Francop L, L 64
Francoper Straße L 62
Frickestraße D 77
Friedenau G
Friedensallee J 14, J 20
Friedensweg K 34.2, K 35
Friedrich-Ebert-Damm G 26, G 27
Friedrich-Ebert-Hof J 20
Fritz-Flinte-Ring G 38
Fritz-Schumacher-Allee I 41
Fruchtallee C 90
Frühlingsgarten I 22
Frustbergstraße I 12
Fuhlsbüttel F 50, **I, I 33-I 38.3**
Fuhlsbüttler Straße F 63, F 64, F 64.4, F 64.5, F 65, I 26, I 26.1
Funhofweg F 64.6

Gänsemarkt B 26, B 27
Garleff-Bindt-Weg H 8
Gärtnerstraße K 50
Gasstraße J 65.1, J 65.2
Gazellenkamp I 6
Gebweiler Straße G 23.1.1
Geesthacht (Schleswig-Holstein) M, M 63
Gefionstraße C 64, C 64.1, C 64.2
Geibelstraße F 26
Genslerstraße F 66
Genueser Platz L 3.7
Georgsplatz A 57, A 57.1
Georg-Thielen-Gasse F 50.2, F 50.3
Georg-Wilhelm-Straße L 27
Gerhart-Hauptmann-Platz A 53, A 59
Gerstäckerstraße B 49
Gertrud-Pardo-Weg I 16

Glashüttenstraße C 9, C 9.1, C 9.2
Glinde (Schleswig-Holstein) M M 61, M 62
Glindweg F 49
Glockengießerwall A 57, A 57.2, A 58, E 1
Glücksburg M 46
Göderseweg H 8, H 8.1.1, H 8.1.2
Goernestraße D 69, D 70, D 71.1
Goethestraße (Altona-Altstadt) C 54
Goethestraße (Wedel) K 48
Gojenbergsweg M 37-M 38
Goldaper Kehre G 35
Goldbekplatz F 27
Goldbekufer F 48
Golfstraße M 47
Gorch-Fock-Wall B 37, B 38, B 39
Gose-Elbe M
Goslar M 59
Goßlers Park K 29
Goßlerstraße K 30
Gotha I 24
Götkensweg I 43
Gottorf M 49
Gottorpstraße J 46, J 54
Gottschedstraße F 29, F 30, F 30.1, F 31
Govertsweg C 59.2
Grabenstraße C 8
Grandweg I 6
Grasbrookhafen L 3.2
Graskeller B 62.3
Grasweg F 36
Graudenzer Weg G 23.7
Graumannsweg E 46
Griegstraße J 20, J 27
Griesstraße E 53
Grimm A 29.1
Grindelallee D 20
Grindelberg C 80, D, D 60
Grindelhof D 22
Gröningerstraße A 38
Gröningerstraßenfleet A 14
Groothoffgasse F 50.3, F 50.4
Gropiusring G 38, G 38.3
Groß Borstel I, I 11-I 14
Groß Flottbek J, J 42, **J 52-J 58,** L 15
Groß Sand L 29
Große Bäckerstraße A 8
Große Bleichen B 11, B 12
Große Elbstraße C 34, C 41, C 41.1, C 42-C 46.1, C 47, J 4
Große Freiheit C 34-C 35, C 68
Große Johannisstraße A 6
Große Reichenstraße A 40, A 43
Große Seite L 65
Große Theaterstraße B 34
Großer Burstah A 20, A 21
Großer Grasbrook L 3, L 3.2
Großhansdorf (Schleswig-Holstein) H, H 17, **H 47**
Großhansdorf-Schmalenbeck H
Großheidestraße F 49
Großneumarkt B 70, B 71
Grotenkamp J 59
Grotiusweg K 39

Gründgensstraße G 38, G 38.2
Gryphiusstraße F 34
Gudrunstraße K 43
Gumbinner Kehre G 35
Güntherstraße E 46
Gustav-Falke-Straße C 81, C 84.1
Gustav-Freytag-Straße F 14
Gustav-Leo-Straße D 71.1, D 71.2
Gustav-Schwab-Straße K 34.2
Gutzkowstraße J 53

Habichtsplatz F 64, F 64.2, F 64.4
Habichtstraße F 60, F 61, F 64, F 64.2
Habichtsweg F 64.4
Hachmannplatz E 2
HafenCity C 48, **L, L 1-L 5**
Hagenbeckstraße I 2, I 3
Halenreie H 16, H 17
Hallerstraße D 60
Hamburg-Altstadt (s. auch Altstadt) **A 1-A 64, B 85**
Hamburger Hochstraße C 40
Hamburger Straße M 53
Hamm E
Hammer Hof E 55
Hammer Steindamm E 52, E 53, E 53.1, E 55
Hammerbrook C 63, **A 65, E, E 26-E 39**
Hammerbrookstraße E 33, E 34
Hamm-Mitte E 57, E 58
Hamm-Nord E 51-E 56
Hamm-Süd E 59-E 61.2
Hangheide L 60
Hannover L, M 59
Hannoversche Straße L 47, L 48
Hansaplatz E 4
Hans-Lange-Straße K 21
Hanssensweg F 49, F 49.1
Harburg E 56, F 58, I 6, J 60, **L,** L 19, L 32, **L 33-L 50.2,** L 70, M 12
Harburger Berge L 55
Harburger Rathausplatz L 42
Harburger Schloßstraße L 37, L 38
Harburger Straße L 68
Hardenstraße E 68
Harksheider Straße H 9
Hartungstraße D 23
Hartzlohplatz F 64, F 64.6
Harvestehude B 76, **C, C 79-C 83, D, D 42, D 45-D 62,** F, F 21, K 34
Harvestehuder Weg D 36-D 39.3, D 47, D 48.1-D 49, D 51
Haselknick H 34
Hasselbrookstraße E 49
Hastedtstraße L 49, L 50, L 50.1
Hauersweg F 50.1
Havighorster Redder G 48, G 48.2
Haynstraße D 73-D 75.3
Hegestraße D 82
Heidberg F 29
Heidenkampsweg E 35, E 36, E 38
Heider Straße D 79.2
Heidhörn F 64, F 64.1, G 23.5
Heilholtkamp I 22
Heiligengeistbrücke B 62.1

Heiligengeistfeld L 26
Heilsberger Hang G 35
Heilwigstraße D 62-D 66
Heimat I 6
Heimfeld L, L 52-L 55.3, M 42
Heimhuderstraße D 31-D 34
Hein-Hoyer-Straße C 24, C 24.2
Hein-Köllisch-Platz C 33
Hellbrookstraße F 67
Hellerau J 59
Helmholtzstraße J 19
Herbert-Weichmann-Straße F
Herbstweg F 64.2
Hermann-Behn-Weg D 24
Hermann-Distel-Straße M 32, M 33, M 33.1.1
Hermann-Maul-Straße L 40.1
Herrengraben B 52.2, B 52.3, B 64, B 65
Herrenhausallee H 38, H 39, H 40.1ff.
Hertha-Feiner-Asmus-Stieg F 48
Herwardeshude C, D, D 65, F, I
Herzog-Adolf-Straße M 52
Heuberg B 11, B 11.1
Hexenberg C 40
Heysestraße M 37.1
Hindenburgstraße F 44, F 45.1, F 45.2, F 68.5
Hinschenfelder Straße G 25
Hirschfeldstraße L 50.1, L 50.2
Hirschparkweg K 12
Hochkamp J 44, K, K 35
Hochrad J 42.1, J 42.2
Hoffmann-von-Fallersleben-Straße M 37.2
Hofweg F 15
Hohe Bleichen B 11
Hohe Brücke A 28
Hohe Weide C 79, C 89
Hoheluftchaussee D 84, D 84.2, D 85
Hoheluft-Ost D, D 79.2, D 81-D 84
Hoheluft-West D, D 85, D 86
Hohenberne G 33
Hohenfelde E, E 43-E 46, F 7
Hohensteiner Straße G 23.1.2
Hohenzollernring C 54, J 21-J 23.2
Hohnerkamp G, G 30, G 35
Hohwachter Weg G 42
Hölderlinsallee F 49
Holländische Reihe J 11, J 12
Holländischer Brook L 1, L 1.2
Holstein C 50
Holstenglacis C 4
Holstenhofweg G 44
Holstenstraße C 37, C 59.2
Holstenwall B 41, B 43, B 44-B 46, B 47.1
Holtenklinkerstraße M 37
Holthusenstraße H 20
Holzdamm E 7
Holzhafen C 44
Hongkongstraße L 3
Hopfenmarkt A 19, A 63
Hopfenstraße C 28
Horn E 60, G, G 2-G 6.2
Horner Weg E 55, E 56, G 5
Horster Damm M
Hospitalstraße C 57

Hovekanal E 74
Hudtwalckerstraße F 38, F 38.1, F 39, I 19
Hudtwalckertwiete F 38, F 38.2
Hultschiner Straße G 23.2, G 23.4
Hummelsbüttel H, H 6, H 19
Hummelsbütteler Kirchenweg I 36.1, I 36.2
Husum I 54
Husumer Straße D 74
Hütten B 77, B 77.1, B 78
Huusbarg H 22

Ida-Boy-Ed-Straße M 37.2
Ifflandstraße E 45
Ilandkoppel I 25
Im Allhorn H 24
Im Alten Dorfe H 19
Im Grünen Grunde I 28, I 29.1
Immanuelplatz E 71, E 71.1.1, E 71.1.2
Immanuelstieg E 71.1, E 71.1.1
Immenhof F 6
Immenhöven I 41
In de Bargen K 40
In de Bost K 9, K 10, K 11
Innocentiastraße D 59
Insterburger Straße G 35
Irma-Sperling-Weg I 16
Isebekkanal C, C 79
Isestraße D 61

Jachtweg L 13.1
Jakobikirchhof A 60
Jarrestraße F 47-F 50
Jean-Dolidier-Weg M 17
Jean-Paul-Weg F 49.1
Jenfeld G, G 10, G 44
Jenischstraße K 36
Jerusalem C 89
Jesteburg (Niedersachsen) L 71
Jevenstedter Straße K 52
Johann-Adolf-Hasse-Platz M 28
Johannes-Brahms-Platz B 40, B 41
Johannisbollwerk B 54
Johanniswall A 62.7
Johnsallee D
Jordanstraße E 51
Jork (Niedersachsen) L 65-L 67
Joseph-Carlebach-Platz D 21
Jungestraße E 40, E 41
Jungferninseln H 45
Jungfernstieg A, B, B 1.1, B 16-B 20.1, D 69
Jungmannstraße J 44, J 45.1, J 45.2
Jürgensallee J 41.1, K 1
Justus-Brinckmann-Straße M 37.1
Justus-Strandes-Weg I 29.1

Kaempsweg F 29
Kaiser-Friedrich-Ufer C 78.1, C 79
Kajen A 27, A 28
Käkenkamp I 46.1
Kaltehofe E 65
Kaltehofe Hauptdeich E 65
Kaltehofe Hinterdeich E 65
Kaltenkirchen I 37
Kanalstraße F 15

Kandinskyallee G 48
Kapellenstraße G 46
Kapstadtring F 68, F 68.1
Karl-Jacob-Straße K 1
Karlshöher Weg G 33
Karlsruhe M 33.1
Karlstraße F
Karl-Theodor-Straße J 12
Karnapp L 37
Karolinenstraße C 5-C 7.1, D 22
Karstenstraße K 27
Katharinenfleet A 33
Katharinenkirchhof A 34
Kattrepel A 62.4
Kattunbleiche G 16
Kattwyk-Hohe Schaar L 21
Kaufhauskanal L 37
Kedenburgstraße G 18
Kehrwieder L 1, L 2
Kellinghusenstraße D 66
Kiefernheide L 60
Kiel G 36
Kieler Straße (Altona-Nord) C 65, C 66, C 67
Kieler Straße (Quickborn) I 54
Kielortallee C 84, C 84.2.1, C 84.2.2, C 84.3
Kirchdorf L 32
Kirchdorfer Straße L 32
Kirchenallee (Reinbek) M 54
Kirchenallee (St. Georg) E 1, E 3
Kirchenhang L 51
Kirchenheerweg M 19
Kirchenstegel M 22, M 22.1
Kirchenstieg M 63
Kirchenstraße (Altona-Altstadt) C 39
Kirchenstraße (Buxtehude) L 68, L 69
Kirchenstraße (Rellingen) I 52
Kirchentwiete J 10
Kirchsteinbek G
Kirchwerder Hausdeich M 20
Kirchwerder M 18-M 21
Kirchwerder Mühlendamm M 9, M 21
Klaus-Groth-Straße E 40
Kleekamp I
Klein Borstel H
Klein Flottbek J 42
Kleine Alster A 1.1, B 1
Kleine Freiheit C 36
Kleine Johannisstraße A 9
Kleine Rosenstraße A 47
Kleine Wiese G 33
Kleiner Grasbrook L, L 6-L 9
Klein-Flottbeker-Weg J 48.2
Klingberg A 63
Klinkerweg M 17
Klopstockplatz J 9
Klopstockstraße J 8, J 9
Klosterstern D, D 55, D 65
Klosterwall A 65
Klosterwisch H 14
Klotzenmoor I 13
Knastenberg H 3
Knochenhauertwiete A 59.12
Knoopstraße L 43
Köhlbrand L 11, L 13.2

Orts- und Straßenregister

Köhlerstraße K 34.1
Köhlfleethafen L 13.1
Kohlhöfen B 73, B 74
Koldingstraße C 64, C 64.1, C 64.2
Kolumbusstraße G 2
Königgrätzstraße K 35
Königsberger Straße G 35
Königshütter Straße G 23.6
Königstraße C 38, C 51
Kopenhagen C 50, M 47
Koppel E 11-E 14
Koreastraße L 3, L 4
Korntägergang B 73
Kornweg I 27
Kösterbergstraße K 25
Krausestraße G 22
Krayenkamp B 51
Kreienkoppel H 8, H 8.3
Krempe I 54
Kriegerdankweg I 50
Kritenbarg H 10
Krochmannstraße F 43.3
Kronprinzenstraße K 34, K 34.1
Krumdal K 21.1
Krumdals Weg K 22
Krusestraße M 43
Kuhmühlenteich F 1
Kümmellstraße D 76
Kunhardtstraße D 66
Kupferredder H 40.3, H 41
Küsterstraße K 50, K 51

Lagerstraße C 7
Lämmersieth F 57, F 58, F 59
Lämmertwiete L 40
Lamp'lweg C 54
Langbehnstraße J 62, J 62.1, J 62.2
Lange Mühren A 59, A 59.2
Lange Reihe E 13, E 14, E 16
Lange Straße L 68
Langelohstraße K 34, K 34.2
Langenfort F 64, F 64.7
Langenhorn D 69, **I, I 39-I 46**
Langenhorner Chaussee I 40
Lattenkamp F 42
Lattenkampstieg F 42
Lauenburg H 19
Laukamp I 41
Lehmweg D 84.2
Leinpfad F 20, F 21
Leipzig D 57
Lemsahl-Mellingstedt H, H 41
Lenhartzstraße D 75, D 75.1, D 75.3
Lerchenfeld F 2, F 3, F 4
Lerchenstieg C 20
Lesserstraße G 25
Lessingstraße E 46
Leuschnerstraße M 44
Leverkusenstieg J 68
Leverkusenstraße J 68, J 69
Lichterfelde G
Lienaustraße G 32, G 33
Lilienstraße A 55, A 55.2, A 56, A 59.6
Lippmannstraße C 17

Lockkoppel H 2
Lohbrügge L 58, M, M 41-M 44, M 54
Lohbrügger Kirchstraße M 41, M 42
Lohkoppelstraße F 54, F 55
Lokstedt F 58, I, I 6-I 8, L 50
Lokstedter Grenzstraße I 5
London D 64, D 65, K 11
Loogeplatz D 69
Loogestraße D
Lorichsstraße F 64, F 64.6
Lothringer Straße G 23.1.1
Lotsenhöft L 13.2
Lottbeker Feld H 29
Lottbeker Platz H 29
Lottbeker Weg H 31.1
Louise-Schröder-Straße C 37
Löwenstraße D 81, D 83
Lübeck B 42.1, E 4, G, H, H 20, L 69, M, M 27
Lübecker Bucht M 17
Lübecker Straße (Ahrensburg) H 45, H 45.1
Lübecker Straße (Hohenfelde) E 44
Lübeckertordamm E 18, E 20
Lüdmoor G 35
Ludolfstraße D 67, D 68
Ludwig-Erhard-Straße B 47.3, B 49
Lunapark C 66
Lüneburg A 34, A 60, L 69
Lurup K, K 52
Lutherhöhe J 61
Lütjenmoor I 48
Lutterothstraße C 73-C 74.2

Maakenwerder Hafen L 12
Magdalenenstraße D 37
Magdeburger Hafen L 3, L 3.7
Maienweg I 16, I 29.2, I 30
Mannesallee L 24, L 25
Marckmannstraße E 63
Margit-Zinke-Straße M 25
Maria-Louisen-Straße F, F 32, F 33
Marienhöhe I 15
Marienterrasse F 17
Marienthal G, G 7-G 9
Marienwerder Straße G 35
Marschlande M
Marseiller Straße C 1, C 2
Martin-Haller-Ring F 49
Martinistraße D 79.1, D 80
Martin-Luther-Straße B 52-B 52.2
Maurienstraße F 56.1, F 56.2
Max-Brauer-Allee C 54-C 57.1
Max-Herz-Ring B 28.1
Mechelnbusch K 42
Meerweinstraße F 49, F 49.2
Mehringstraße L 51
Meiendorf G
Meilenbergweg H 21
Meisenstraße F 60
Meister-Francke-Weg F 64.6
Melkerstieg K 44
Melniker Ufer L 6
Memellandallee C 66
Mendelssohnstraße J 63, J 64
Mengestraße L 30

Mennonitenstraße C 68
Mergellstraße L 50, L 50.1, L 50.2
Meßberg A 28, A 62, A 62.9, A 63
Methfesselstraße C 72
Metzer Straße G 23.1.1
Mexikoring F 68
Meyerhofstraße K 35
Michaelisbrücke B 63
Michaelisstraße B 66
Milchstraße D 39.4, D 40
Mildestieg F 64.5
Millerntordamm B 49, B 81
Minenstraße E 19
Mittelweg D 13, D 44, D 45
Mohlenhofstraße A 62, A 62.1 A 62.1.1, A 62.1.2
Mollerstraße D 29.1
Möllner Landstraße (Glinde) M 62
Möllner Landstraße (Oststeinbek) M 62
Moltrechtweg I 16
Mönckebergstraße A, A 22, A 25, A 46 A 59-A 59.12, E 1
Moorbekring H 25
Moorburg L, L 18, L 19
Moorfleet I 12, M, M 4, M 5
Moorfleeter Deich M 5
Moorfleeter Hauptdeich E 65
Moorfleeter Kirchenweg M 4, M 4.1
Moorfuhrtweg F 28
Moorkamp C 90
Moorweg I 13
Moorweidenstraße D 17, D 18
Moosrosenweg G 37
Mörfelden-Walldorf I 55
Mövenstraße F 20
Mozartstraße K 48
Mühlenberg K 13, K 14, K 14.1
Mühlenberger Weg K 18, K 19
Mühlenkamp F, F 26
Mühlenstraße K 50
Mühlhäuser Straße G 23.5
Müllenhoffweg J 56
Mümmelmannsberg G 48, G 48.1
München C 82, F 68.4
Mundsburger Damm F, F 1
Münzplatz E 26
Museumsstraße C 52

Nagelsweg E 31
Nartenstraße L 34
Naumannplatz G 23.6
Neanderstraße B 69, B 79, B 79.2
Nehusweg L 18
Neß E 23
Neßdeich L 15.2
Neuallermöhe-Ost M 25, M 26
Neuallermöhe-West M 6, M 25
Neue Rabenstraße D 2, D 3, D 3.1
Neue Straße L 40, L 40.1, L 41
Neuenfelde L 63, L 64.1ff.
Neuenfelder Fährdeich L 64
Neuengamme H 10, I 26.4, L 6.2, L 60, M, M 14-M 17
Neuengammer Hausdeich M 15-M 16.3

Neuer Jungfernstieg B, B 20.2, B 21, B 23, B 25
Neuer Pferdemarkt C 12
Neuer Wall A 7, B, B 1-B 8.2, B 62.4
Neuer Wandrahm L 1
Neuer Weg M 40
Neugrabener Bahnhofsstraße L 60
Neugraben-Fischbek H 10, **L 60-L 62**
Neuhöfer Straße L 21
Neuländer Straße L 34
Neumann-Reichardt-Straße G 11, G 12
Neumayerstraße B 48, B 77.3
Neumühlen J, J 1-J 3.4, J 30
Neumünster I 54
Neurahlstedt G
Neustadt B, B 1-B 85, C 32.2, D 22, E 5
Neustädter Straße B 75
Neuwerk L 72
New York J 51
New-York-Ring F 68
Niedernstegen I 33
Niedernstraße A 62, A 62.4, A 62.5
Niedersachsen L 72
Niendorf G 36, **I, I 9, I 10**, I 52
Niendorfer Marktplatz I 9
Nienstedten J 41, J 42, **K, K 1-K 14**, K 34, K 35
Nikolaifleet A 16, A 17, A 28, A 30
Nincoper Straße L 64.1
Nonnenstieg D 54
Nöpps G 7
Norderquerweg M 18
Norderstedt (Schleswig-Holstein) I, I 46-I 48
Nordostseekanal C 49
Nordschleswiger Straße G 23, G 23.6
Novalisweg F 49.1

Oberaltenallee F 2
Oberbaumbrücke A 64, L 3.8
Oberschlesische Straße G 23, G 23.5, G 23.6
Oberstraße D 56-D 60
Ochsenwerder M, M 7, M 7.1
Octaviostraße G 8
Odemannsheck M 18
Oesterleystraße K 23
Oher Weg M 61
Ohlendiekskamp H 8
Ohlendorffs Tannen H 29
Ohlsdorf E 49, H, H 3, **I, I 15, I 19, I 25-I 32,** M 39
Ohlsdorfer Straße F 43.1
Ohlstedt H 17
Ohlstedter Stieg H 31.1
Ohmstraße J 19
Ohnhorststraße K 37
Ohnsorgweg J 42.3
Öjendorf G
Öjendorfer Weg G 45
Oldenfelde G
Oldenfelder Straße G 40.2
Olendörp I 34
Olivaer Straße G 23.1.2
Opitzstraße F 31, F 32.1

Op de Elg H 12
Op'n Kamp K 21, K 21.1
Oranienburg L 10
Organistenweg L 63
Ortrudstraße F 54
Osakaallee L 3, L 3.7
Osdorf D 46, J 42, **K, K 34.1-K 37**
Osnabrück E 17
Osterbekkanal F 48, F 51, F 56, F 59
Osterbrook E 60
Osterweg K 21.1
Ostfleth L 68
Ostheide L 60
Oststeinbek (Schleswig-Holstein) M 62
Ost-West-Straße A 38
Othmarschen I 45, **J, J 28-J 40, J 41.1-J 51,** L 12
Ottensen J, J 1-J 27
Ottenser Hauptstraße I 25, J 13
Ottenser Marktplatz J 12
Ottersbekallee C 75, C 75.1
Otto-Ernst-Straße J 43
Otto-Grot-Straße M 24
Otzenstraße C 21, C 22
Övelgönne J, J 1, J 30, K 12
Övern Barg I 27
Övern Block I 27

Paarmannsweg K 21.1
Palmaille C 50-C 50.2, K 18
Panzerstraße K 13
Parkstraße J 37, J 38
Pasmannstraße B 52, B 52.2
Passierzettel E 71
Paul-Ehrlich-Straße J 51
Paul-Stritter-Weg I 23.2
Pepers Diek K 15
Peter-Mühlens-Weg I 46
Peterstraße B 79, B 79.1, B 79.2
Petersweg L 53
Peute E 28, E 74
Peutestraße E 70.2, E 74
Pfarrstraße G 39
Pfeilshofer Weg H 3
Pferdekoppel G 33
Pferdemarkt A 53
Pfingstberg M 33
Pfingstholzallee M 57
Philosophenweg J 28, J 29
Pickhuben L 1
Pilatuspool B 77.2
Pinnasberg C 33, C 40
Pinneberg (Kreis) I, I 53
Pinneberg (Schleswig-Holstein) I, I 53
Planckstraße J 18
Platenstraße K 34.2
Platz der Republik C 51
Poolstraße B 75, B 76
Poppenbüttel H, H 3, **H 7-H 10**, L 60, M
Poppenhusenstraße F 56
Pöseldorf D 39.4
Pöseldorfer Weg D 41
Posen L 28
Poßmoorweg F 28, F 29

Poststraße B 3, B 11, B 13-B 15
Preußen E 1, H, K, L, M
Prielstraße E 70.3
Pumpen A 62, A 62.6

Querpfad I 46
Quickborn (Schleswig-Holstein) I, I 54, I 55

Raalandsweg K 41
Rabenhorst H 3
Rademachergang B 73
Radickestraße L 58
Rahlstedt G, G 39-G 42
Rahlstedter Straße G 39
Rainvilleterrasse J 5
Rambachstraße B 52
Rathausmarkt A I, A 1.1, A 2, A 3, A 48, B 1, B 43
Rathausplatz K 49
Reemstückenkamp I 28, I 50
Reeperbahn C 25
Rehoffstraße B 52, B 52.2, B 52.3
Reichardtstraße J 62, J 62.1, J 62.2
Reichskanzlerstraße K 35, K 35.3
Reiherstieg L
Reiherstiegviertel H 26
Reimerstwiete A 32
Reinbek (Schleswig-Holstein) M, M 42, **M 49-M 55, M 60**
Reinbeker Weg M 33, M 33.2, M 33.3.2, M 34
Reitbrook M, M 8-M 10
Rellingen (Schleswig-Holstein) G 36, I 9, I 51, I 52
Remstedtstraße G 40
Rennbahnstraße G 5, G 6.1, G 6.2
Rentzelstraße C 7, C 8, D 20, I 25
Repsoldstraße E 26
Rethe L 20, L 21
Reventlowstraße J 47, J 48.1
Richard-Dehmel-Straße K 24
Richard-Linde-Weg M 43
Riemenschneiderstieg J 59
Riepenhausenweg L 52
Riga D 71
Rissen K, K 20, **K 40-K 45**
Rissener Dorfstraße K 41
Rissener Ufer K 45
Ritterstraße E 50
Robert-Koch-Stieg D 75, D 75.1, D 75.3
Robert-Koch-Straße D 75.1, D 76
Robert-Schumann-Brücke G 15
Rockenhof H 18
Rödingsmarkt A 22-A 26
Roepersweg F 29
Rolandsbrücke A 13
Rolandstraße K 50
Rom A I
Ronchamp I 1
Rondeel F 22, F 23
Rondeelkanal F 23
Rondeelteich F 22
Rönneburg L

R

375

Röntgenstraße J32
Roosens Weg J49
Röötberg H32
Rosengarten (Niedersachsen) L70
Rosenhagenstraße J52. J53
Rosenstraße A55, A55.1
Roßweg L10
Rotbuchenstieg I22
Rotenhäuser Damm L25, L26
Rothenbaumchaussee D16, D25-D27.2
Rothenburgsort E, E62-E70.1
Rotherbaum B76, **B86, C**, C83, **C85**,
  C89, **C92, D, D1-D41, D43, D44**, F
Rübenkamp F64, F65, F66
Rugenbarg I47
Ruhrstraße J67
Rulantweg J28
Rupertistraße K8
Rutsch K21.1 1

Saarlandstraße F50.4
Sachsenhausen M17
Sachsentor M29, M29.1
Sachsenwald-Hofriede M57
Sandberg C46.2
Sande M43
Sandheide L60
Sandtorhafen L3.2
Sandtorkai L
San-Francisco-Straße L3
Sanitasstraße L24
Sarenweg H31.2, H41
Sasel H, H3, H10, **H11, H12**
Saselbergweg H11
Saseler Chaussee H1
Saseler Weg H13
Saselheider Weg G33
Schäferkampsallee C90
Schäferstraße C91, C91.1, C91.2, C91.3
Schanzenstraße C13, C14.1
Scharhörn L72
Schauenburger Straße (Wedel) K50
Schauenburgerstraße (Altstadt) A10, A11,
  A12, B14.1
Schedestraße D77, D77.3 ff.
Scheideweg D86
Schellerdamm L35
Schenefelder Landstraße K33
Scheplerstraße C37
Schevenbarg H43
Schiffbek G
Schillerstraße C53
Schlagbaumtwiete J34
Schlankreye C80
Schleidenstraße F54
Schlesien L28
Schleswig-Holstein I52, J5, K48, M49
Schlettstadter Straße G23.5
Schleusenbrücke A2, B1.4
Schleusenredder H36
Schliebuschweg M33, M33.2
Schloßmühlendamm L39
Schloßstraße (Reinbek) M49
Schloßstraße (Wandsbek) G13, G14

Schlüterstraße D17, D19.3
Schmidt-Rottluff-Weg C20
Schnakenbek H19
Schnelsen D79, **I, I50**
Schöne Aussicht F, F9-F11
Schönenfelder Straße L31
Schönningstedt M60
Schopenstehl A41, A62.3
Schreyerring G38
Schröderstiftstraße C92
Schulstraße M54
Schulterblatt C15, C16
Schürbeker Bogen F1
Schüslerweg L52
Schusterkoppel H8
Schützenstraße J68
Schwalbenplatz F64, F64.2 ff.
Schwalbenstraße F64.1, F64.5
Schwanenwik F8
Schwansenstraße G23.2
Schwarzwald I46
Schweinemarkt A59.2
Schweiz C54
Schwenckestraße C71, C74
Sebastiangasse G5
Seestraße J57.1
Seewartenstraße B77.3, C31
Seilerstraße C25, C25.1, C25.2
Semperstraße F26, F49
Shanghaiallee L3, L3.8
Sieker Landstraße H47
Sieldeich E71
Siemensstrasse I51
Sierichstraße F
Sievekingplatz A1, B42.1-B43
Sievekingsallee E51, G5
Silk M60
Simon-von-Utrecht-Straße C24
Sinstorf L59
Sinstorfer Kirchenweg L59
Siriusweg H3
Slomanstieg E71.2
Slomanstraße E71
Soltstücken I34
Sonninstraße E28
Sophienterrasse D46, D47
Spadenland M
Spaldingstraße E27
Speersort A62.3
Spielbudenplatz C26-C27
Spitalerstraße A59, A59.1, A59.5, A59.6
Sportallee I14
Springeltwiete A62.7
St. Annenufer L1, L1.2.1
St. Georg B81, **B86, E, E1-E25**, F52, L28
St. Georgskirchhof E6
St. Georgstraße E5
St. Jürgenstraße G33
St. Pauli B81, **C, C1-C18, C20-C36**,
  C42, E1, J21
St. Petersburger Straße C2, C3
Stade L64
Stadtdeich E30
Stadthausbrücke B8.2, B62.2

Stadtparksee F44
Stahltwiete J67
Stahmerstraße H31.3
Stammannstraße F49, F49.1
Stavenort L68
Steckelhörn A33
Steenkamp J59
Steilshoop G, G38-G38.3, G48
Steinbeker Berg G47
Steinbeker Grenzdamm G48
Steinbeker Straße E61, E61.1, E61.2
Steinhöft B58
Steinkamp M33, M33.1.2, M33.2.1
Steinstraße A61-A62.2
Steintorplatz E23
Steinwerder C32.2, **L10, L11**, L13.2
Stellingen I, I1-I5
Stellinger Chaussee I6
Stellinger Weg C72, E68
Stellmacherstraße L64.2, L64.3
Stephansplatz B23, B37
Sternschanze C, C12-C17, C92
Sternstraße C12
Stiftstraße E19
Stockmeyerstraße L5
Stormarn G13, M49
Strandtreppe K21, K21.1
Strandweg K20, K21.1
Straßburger Platz G23.1.1, G23.3
Straßburger Straße G23-G23.3
Straßenbahnring D84.1, D84.2
Straßenbahnstieg D84.1, D84.2
Stresemannstraße C63, J68
Stubbenhuk B57
Stübeheide I27
Stübekamp I27
Stübenplatz L
Stüberedder I27
Stuttgart I37, M33.1
Sudeckstraße D74
Süderfeldstraße I8
Süderkanal E33, E37
Süderstraße E32
Südheide L60
Südring F45.2
Südwesthafen L8
Suhrenkamp I31.1, I46
Suhrsweg F63
Süllbergsterrasse K21
Süllbergstreppe K21.4
Sülldorf K
Sülldorfer Kirchenweg K31
Suttnerstraße C62

Tangstedter Landstraße I39, I41, I43
Tarpenbekstraße D77, D77.1, D77.2, D78
Tatenberg M
Telemannstraße C74
Tesdorpfstraße D14
Teufelsbrück K
Thadenstraße C19, C20
Thedestraße C59.1, C59.2
Theodor-Heuss-Platz D1
Theodor-Johannsen-Straße K48

376

Thielbek B 71
Thielickesteg B 52
Thorner Gasse G 23.7
Tiefstack G 1
Tieloh F 62
Tietzestraße K 34.1
Timmerloh I 41, I 42
Tinsdaler Weg K 46
Tiroler Straße G 23, G 23.2
Togo A 3
Tönerweg M 12
Tokiostraße L 3.7
Tonndorf G, G 43
Torfhuder Stieg H 31.1
Traberweg G 28.1, G 28.2
Trakehner Kehre G 35
Treblinka E 62
Trommelstraße C 40
Trostbrücke A 15, A 17, A 18
Tückobsmoor I 46.1
Turmweg D 27, D 27.3, D 28

Überseeallee L 3.7
Überseeboulevard L 3, L 3.7
Überseebrücke B 55
Überseeplatz L 3.7
Überseering F 68, F 68.2 ff.
Uferstraße F 4
Uhlandstraße E 46
Uhlenhorst D 28, **F, F 1-F 17**, F 19
Ulmenstraße F 37
Unterelbe C 32.1
Up de Worth H 3, H 3.1.1, H 3.1.2, H 4
USA J 41

Valentinskamp B 27, B 28, B 29, B 31
Valparaisostraße J 62, J 62.2
Van-der-Smissen-Straße C 48, C 49.1
Veddel E, E 60, **E 70.2-E 74**
Veddeler Bogen E 73
Veddeler Brückenstraße E 71
Veddeler Damm E 71.1.1, E 71.1.2, L 8, L 9
Veit-Stoß-Weg J 59
Venedig A l
Veringkanal L
Veringstraße L 24
Veritaskai L 35
Versailles K 14
Versmannstraße L 3
Vier- und Marschlande M, M 8, M 10, M 11, M 18, M 21, M 23, M 28, M 46
Vierlande M, M 27
Vierlandenstraße M 30
Vierländer Damm E 66
Viver L 68
Völckers Park M 53
Volksdorf H, H 9, **H 13-H 25, H 27-H 29**
Volksdorfer Damm H 30
Von-Anckeln-Straße M 33, M 33.2.2, M 33.3.1
Von-Hutten-Straße J 61
Von-Melle-Park D 19, D 19.1 ff.
Von-Moltke-Bogen M 25
Vorderdeich M 8, M 9, M 10

Vorsetzen B 54
Vorwerkstraße C 10

Wacholderweg I 35
Wachtelstraße F 58
Wackerhagen E 57
Waidmannstraße C 67
Walddörfer E 44, G, G 40, H
Walddörfer Straße G 20, G 21
Waldfrieden G 9
Waldstraße (Reinbek) M 50.2
Waldstraße (Wohltorf) M 56
Wallgraben B 82.2
Wallstraße E 20
Waltershof L, L 11-L 13.2
Waltershofer Häfen L 13.1
Wandsbek G, G 10-G 21, G 25, G 26, H 45
Wandsbeker Chaussee E 48
Wandsbeker Marktstraße G 14, G 15
Warburgstraße D 4.2
Warschau E 62
Waterloohain C 69.1, C 69.2
Wedel (Schleswig-Holstein) K, K 46-K 51
Weg beim Jäger I 38
Weichselmünder Straße G 23.1.2
Weidenallee C 91.3
Weidestraße F 51, F 52
Weimar J 41
Weißenburger Straße G 23.1.1
Wellingsbüttel H, H 1-H 5.1
Wellingsbütteler Weg H 3, H 5, H 5.1
Wellingsbüttler Landstraße I 27
Wendenstraße E 35, E 37, E 59
Wensenbalken H 29
Wentorf (Schleswig-Holstein) M, M 45-M 48
Wentorfer Straße M 35
Westerjork L 66
Westfalen F 52
Westfleth L 68
Westphalensweg E 20
Weusthoffstraße L 52
Wexstraße B, B 25, B 68, B 72, B 73
Wichernsweg E 58
Wiesendamm F 56
Wietreie H 28
Wigandweg I 13
Wildenbruchstraße K 34.1
Wilhelm-Bock-Weg I 16
Wilhelmsburg H 26, **L**, L 11, **L 19-L 33**, L 53, M 12
Wilhelmsburger Platz E 71.1.2
Wilhelmsburger Straße E 71, E 71.1, E 71.1.1, E 71.1.2
Willy-Brandt-Straße A 14, A 36.1-A 39.1, A 41, A 62.9
Wilmanns Park K 23
Wilstorf L, L 56-L 58
Wilstorfer Straße L 48, L 56
Wincklerstraße B 52.1
Winsener Straße L 56
Winterhude C 85, E 21, **F, F 18-F 50.4, F 68**, I 11, I 19, J 60, J 61
Winterhuder Kai F 39, F 40

Winterhuder Marktplatz F, F 38, F 38.1
Winterhuder Weg F 16, F 44
Winterlingstieg I 22
Witts Allee K 32
Woermannstieg I 29.2
Woermannsweg I 29.2
Wohldorfer Damm H 30
Wohldorf-Ohlstedt H, H 19, **H 31.1, H 31.3-H 41**, M 48
Wohltorf (Schleswig-Holstein) M 56
Wohlwillstraße C, C 23, C 23.1, C 23.2, C 91
Wöhrendamm H 47
Wolffsonweg I 20
Wolfsloh J 53
Wördenmoorweg I 41
Wöschenhof G 43
Woyrschweg J 63
Wüstenkamp K 34.2

Zeißstraße J 16, J 16.1
Zeppelinstraße I 37
Zeughausmarkt B 47.2, B 47.4, B 48
Zeughausstraße B 77.3
Zippelhaus A 35-A 35.3, A 37
Zirkusweg C 28, C 28.1
Zollenspieker M 18
Zollkanal L 1
Zoppoter Straße G 23.1.2
Zum Gutspark G 34
Zürich-Altstetten L 46
Zwischen den Zäunen M 16.4

Epochenregister (Auswahl)

Mittelalter, Renaissance und Barock (bis ca. 1780)

Bauern- und Fischerhäuser, ländliche Wirtschaftsgebäude
Fährhof Odemann M 10
Fischerhäuser K 13, K 21.1
Freilichtmuseum am Kiekeberg L 70
Historischer Dorfkern Neugraben L 62
Kupferhof H 40
Längsdielenscheunen M 15, M 18
Museumsdorf Volksdorf H 19
Neuenfelder Bauernhäuser L 64
Neuengammer Bauernhäuser M 16
Rathaus Jork L 66
Rieckhaus M 11
Rieckhaus, Entwässerungsmühle M 11
Turmspeicher M 18

Brunnen und Denkmäler
Fischmarktbrunnen C 41
Rolandsäule K 50

Bürgerhäuser, Speicher und Wohnhöfe
Beyling-Stift B 79.1
Bäckerbreitergang B 30
Bürgerhaus Lange Reihe E 16
Bürgerhaus Willy-Brandt-Straße A 38
Bürgerhäuser Alte Holstenstraße/Sachsentor M 29
Bürgerhäuser Buxtehude L 68
Bürgerhäuser Deichstraße A 29
Bürgerhäuser Harburger Schloßstraße L 37
Fachwerkhaus Valentinskamp B 29
Fachwerkhäuser Lämmertwiete/Neue Straße L 40
Fachwerkhäuser Reimerstwiete A 32
Kaiserhof (Fassade) E 23
Krameramtswohnungen B 51
Paradieshof B 69
Speicher Admiralitätstraße B 61

Friedhöfe und Friedhofsbauten
Jüdischer Friedhof Königstraße C 38

Landhäuser
Glockenhaus M 3
Landhaus Moorfleet M 5
Stavenhagenhaus I 12
Willsches Palais D 68

Sakralbauten
Christianskirche (Ottensen) J 9
Dreieinigkeitskirche (Allermöhe) M 6
Kirche Nienstedten (Nienstedten) K 7
Kirche Rellingen (Rellingen) I 52
Kirche Sinstorf (Sinstorf) L 59
Kreuzkirche (Wilhelmsburg) L 32
Pfarrkirche Altrahlstedt (Rahlstedt) G 39
Pfarrkirche Bergstedt (Bergstedt) H 30
Pfarrkirche Niendorf (Niendorf) I 9
Schlosskirche (Ahrensburg) H 46
St. Jacobi (Hamburg-Altstadt) A 60
St. Johannis (Curslack) M 12
St. Johannis (Eppendorf) D 67

St. Johannis (Neuengamme) M 14
St. Joseph (St. Pauli) C 35
St. Katharinen (Hamburg-Altstadt) A 34
St. Maria Magdalena (Moorburg) L 18
St. Matthias (Jork) L 67
St. Michaelis (Neustadt) B 50
St. Nikolai (Altengamme) M 22
St. Nikolai (Billwerder) M 1
St. Nikolai (Jork) L 65
St. Nikolai (Moorfleet) M 4
St. Pankratius (Neuenfelde) L 63
St. Pankratius (Ochsenwerder) M 7
St. Petri (Buxtehude) L 69
St. Petri und Pauli (Bergedorf) M 28
St. Severin (Kirchwerder) M 19
St. Trinitatis (Altona-Altstadt) C 39

Schlösser, Herrenhäuser und Palais
Görtz-Palais B 8.1
Herrenhaus Wohldorf H 38
Landdrostei Pinneberg I 53
Schloss Ahrensburg H 45
Schloss Bergedorf M 27
Schloss Reinbek M 49

Verkehr
Ellerntorsbrücke B 67
Leuchtturm Neuwerk L 72
Zollenbrücke A 14

Klassizismus und Romantischer Historismus (ca. 1780 bis 1870)

Bauern- und Fischerhäuser, ländliche Wirtschaftsgebäude
Bleicherhäuser F 37
Fischerhäuser K 13, K 21.1
Hof Eggers M 18
Hufnerhaus Biesterfeld J 42.1
Hufnerhaus Horster Damm M 23
Hufnerhaus Neuengammer Hausdeich M 15
Instenhäuser Baron-Voght-Straße J 41.1
Övelgönne J 30
Windmühlen L 31, M 9, M 33

Brunnen und Denkmäler
Büsch-Denkmal D 16

Bürgerhäuser, Speicher und Wohnhöfe
Alsterarkaden und Nachbrandgebäude B 1.1
Amsinck-Palais B 21
Apotheke Blankenese K 17
Bäckerbreitergang B 30
Jägerpassage C 23.1
Kattenhof E 5
Nachbrandgebäude Deichstraße A 29
Nachbrandgebäude Ferdinandstraße/Alstertor A 51
Nachbrandgebäude Rosenstraße/Lilienstraße A 55
Ratsapotheke L 39
Speicher Cremon A 30
Stadthäuser Crescent E 10
Stadthäuser Esplanade B 23
Stadthäuser Palmaille C 50

Tempelsynagoge, Vorderhäuser B 76
Zeißstraße J 16

Friedhöfe und Friedhofsbauten
Begräbniskapelle des Kirchspiels St. Petri C 3
Grabmal Familie Sieveking E 56
Osterkirche (Eilbek) E 48
Schimmelmann-Mausoleum G 15

Landhäuser und Villen
Gästehaus des Hamburger Senats F 9.2
Haus von Pein (Literaturhaus) F 8
Jenisch Haus J 39
Landhaus Blacker (Goßlerhaus) K 28
Landhaus Brandt J 33
Landhaus G. F. Baur K 19
Landhaus Gebauer J 29
Landhaus J. C. Godeffroy K 14
Landhaus J. H. Baur (Elbschlösschen) K 4.1
Landhaus P. Godeffroy (Weißes Haus) K 16
Landhaus R. Godeffroy (Die Bost) K 11
Landhaus Schwieger D 42
Landhaus Vogt J 41
Landhaus Vorwerk K 2
Landhaus Weber J 32
Landhäuser von John Fontenay D 13
Slomanburg J 35
Stallgebäude Halbmond J 35
Villa Badestraße D 36
Villa de Meuron F 13
Villen Alsterglacis D 4.1

Kultur- und Versammlungsbauten
Amtshaus der Schlosser A 11
Patriotische Gesellschaft A 15
Hamburger Kunsthalle, Altbau A 58.1

Öffentliche Gebäude (s. auch Kultur- und Versammlungsbauten)
Allgemeines Krankenhaus Altona C 57
Alte Post B 13
Börse A 6
Israelitisches Krankenhaus C 24
Millerntorwache B 81
Polizeiwache Hütten B 78

Sakralbauten
Marienkirche (Quickborn) I 54
St. Gertrud (Altenwerder) L 16
St. Nikolai (Hamburg-Altstadt) A 19
St. Pauli (Altona-Altstadt) C 33
St. Petri (Hamburg-Altstadt) A 46
St. Thomas à Becket (Neustadt) B 47.4
Tempelsynagoge (Poolstraße) B 76

Stifte
Erstes Amalienstift E 19
Schröder-Stift C 92
Vorwerk-Stift C 10

Verkehr und Versorgung
Bahnhof Bergedorf M 40
Bleichenbrücke B 9
Hammerbrookschleuse E 30
Lombardsbrücke B 85
Stadtwasserkunst E 64

**Gründerzeitlicher Historismus
(ca. 1870 bis 1905)**

Brunnen und Denkmäler
Hansa-Brunnen E 4
Hygieia-Brunnen A 1
Kaiser-Wilhelm-Denkmal B 43

Einzelhandel, Hotels und Gastronomie
Hamburger Hof B 16

Fabriken und Lagerhäuser
Fabrikgebäude der Phoenix AG,
    Kernbauten L 48.1
Fabrikgebäude Harburger Gummi-
    Kamm Co. L 34
Fabrikgebäude Kakao-Compagnie
    Theodor Reichardt G 12
Kaispeicher B L 4
New York-Hamburger Gummi-Waaren
    Compagnie F 56
Piano-Mechaniken-Fabrik Isermann C 16
Schokoladenfabrik Reese & Wichmann E 37
Speicherstadt L 1
Tabakfabrik von Eicken D 85

Friedhöfe und Friedhofsbauten
Bismarck-Mausoleum M 59
Hauptfriedhof Ohlsdorf I 26
Jüdischer Friedhof Ohlsdorf I 25
Krematorium Alsterdorf I 24

Geschosswohnbauten und Wohnanlagen
Adolphpassage C 18
Beckpassage C 12
Colonnaden B 25
Falkenriedterrassen D 83
Geschosswohnbau Mielck E 46
Geschosswohnbauten Schäferstraße/
    Agathenstraße C 91
Hamburger Burg C 72
Münzburg E 26
Ottilienhof C 41.1
Sanierungsgebiet Wexstraße/
    Brüderstraße B 71
Terrasse Spaldingstraße E 27
Wohlwillterrassen C 23.2
Wohn- und Geschäftshaus Johann Michael
    Fett & Co. C 13
Wohnblock Bau- und Sparverein zu
    Hamburg E 68
Wohnblock Produktion F 54

Kontorhäuser, Banken und
Verwaltungsgebäude
Afrikahaus A 43
Deutsche Bank AG A 5.2
Dresdner Bank AG B 17
Burstahhof A 21
Heintzehof (Haus Alstertor) A 52
Johannishof A 9
Kontorhaus Große Bäckerstraße A 8
Laeiszhof A 17
Verwaltungsgebäude der HFLG L 1.2
Wohn- und Kontorhäuser Zippelhaus A 35

Kultur- und Versammlungsbauten
Deutsches Schauspielhaus E 3
Museum für Kunst und Gewerbe E 23

Öffentliche Gebäude (s. auch Kultur-
und Versammlungsbauten)
Bürgerschule vor dem Holstenthore C 4
Israelitische Töchterschule C 6
Justizvollzugsanstalt Fuhlsbüttel I 31
Klosterschule St. Johannis E 7
Neues Rathaus Altona C 51
Oberpostdirektion B 37
Rathaus A 1
Rathaus Harburg L 42
Schulen Seilerstraße C 25
Zivil- und Strafjustizgebäude B 42

Sakralbauten
Christuskirche (Othmarschen) J 49
Domkirche St. Marien (St. Georg) E 17
Erlöserkirche (Lohbrügge) M 42
Gnadenkirche (St. Pauli) C 5
Gustav-Adolf-Kirche (Neustadt) B 53
Jerusalem-Kirche (Eimsbüttel) C 90
St. Gertrud (Uhlenhorst) F 6
St. Johannis (Altona-Altstadt) C 60
St. Johannis (Rotherbaum) D 28
St. Paulus (Heimfeld) L 54
St. Petri (Altona-Altstadt) C 53
St. Sophien (Barmbek-Süd) F 52

Stifte
August-Heerlein-Stift E 12
Jenisch-Stift D 78
Keitel-Stift F 55
Nyegaard-Stift C 56
Stiftsviertel Eppendorf D 77
St.-Hiobs-Hospital E 42.2

Verkehr und Versorgung
Alte Harburger Elbbrücke L 33
Bahnhof Harburg L 47
Fischauktionshalle Altona C 42
Heiligengeistbrücke B 63
Richtfeuer Wittenbergen K 45
Trostbrücke A 16
Wasserturm Lohbrügge M 43
Wasserwerk Kaltehofe und Billwerder Insel
    E 65

Villen
Budge-Palais D 39.1
Doppelvilla Alsterchaussee D 43
Haus Carstens J 44
Haus Eggert D 6
Haus Wedells D 3.1
Reihenvillen Oberstraße D 56
Villa Beit D 39.2
Villa Elbchaussee 54 J 7
Villa Ertel M 50.1
Villa Friedensweg K 35
Villa Keitel F 9.1
Villa Krogmann D 48.2
Villa von Horschitz D 37
Villa Wehber D 63
Villen Marienterrasse F 17

**Jugendstil, Heimatstil und
Reformarchitektur (ca. 1900 bis 1920)**

Brunnen und Denkmäler
Bismarck-Denkmal B 80
Bismarcksäule M 60
Bücherhalle mit Mönckebergbrunnen A 59.7

Einzelhandel, Hotels und Gastronomie
Alsterhaus B 18
Hotel Atlantic E 8

Fabriken und Lagerhäuser
Fabrik- und Verwaltungsgebäude Conz
    Elektrizitäts-GmbH J 65.2
Fabrik- und Verwaltungsgebäude H. C. E.
    Eggers & Co. G 2
Fabrikgebäude Ferdinand Müller
    (Montblanc-Haus) C 14
Fabrikgebäude Phoenix AG, Erweiterung von
    1917 L 48.2
Großbäckerei der Produktion D 82
Hansaburg E 59
Industriehof E 33
Ladehalle Huckauf & Bülle J 18
Zentrallager der GEG E 28

Geschosswohnbauten und Wohnanlagen
Dammtorpalais D 17
Geschosswohnbau Handelshof E 13
Geschosswohnbau HAPAG L 22.1
Geschosswohnbau Schmarje J 52
Geschosswohnbauten Hohenzollernring
    J 23.2
Geschosswohnbauten Isestraße D 61
Geschosswohnbauten Otterbekallee/
    Am Weiher/Eichenstraße C 75
Kleinwohnungsbauten Poßmoorweg/
    Heidberg F 29
Sanierungsgebiet Martin-Luther-Straße/
    Rehhoffstraße B 52
Wohnanlage Woyrschweg J 64
Wohnblöcke Leverkusenstieg J 68

Kontorhäuser, Banken und
Verwaltungsgebäude
Alsterhaus A 50.3
Altes Klöpperhaus A 22
Asia-Haus A 37
Australhaus B 14.1
Bieberhaus E 2
Esplanadebau B 22
Globushof A 18
Handelshof E 13
Haus Glass A 59.10
Haus Goldener Schwan B 35
Henckels-Solingen-Haus A 10
Hildebrand-Haus B 2
Hübner-Haus B 3
Hulbehaus A 59.8
Klöpperhaus A 59.2
Kontorhaus Reubert B 4
Körnerhaus B 14.2
Levantehaus A 59.4
Lilienhof A 56

Epochenregister (Auswahl)

Reichsbank A 3
Slomanhaus B 58
Streit's Hof B 14.2
Versmannhaus A 59.12
Verwaltungsgebäude Hapag-Lloyd AG
    A 49

Kultur-, Sport- und Versammlungsbauten
Curiohaus D 25
Gewerbehaus (Handwerkskammer) B 44
Gewerkschaftshaus E 25
Hamburger Kunsthalle, Neubau A 58.2
Museum für Völkerkunde Hamburg D 26
Holthusenbad D 70
Horner Rennbahn, Tribüne G 6.1
Laeiszhalle B 40
Museum für Hamburgische Geschichte
    (hamburgmuseum) B 46
Provinzialloge von Niedersachsen D 18

**Öffentliche Gebäude (s. auch Kultur-,
Sport- und Versammlungsbauten)**
Allgemeines Krankenhaus Barmbek F 65
Davidwache C 27
Emilie-Wüstenfeld-Gymnasium C 86
Gebäude der Landherrenschaft A 63
Gelehrtenschule des Johanneums F 32
Hansa-Lyzeum C 82
Hansaschule M 32
Hanseatisches Oberlandesgericht B 42.1
Heinrich-Hertz-Realgymnasium C 85
Institut für Geburtshilfe F 5
Kinderkrankenhaus Altona J 26
Kunstgewerbeschule (Hochschule für
    Bildende Künste) F 4
Lyzeum Wandsbek G 11
Navigationsschule C 30
Oberfinanzdirektion A 24
Oberrealschule Hohenzollernring J 22
Oberschulbehörde B 36
Rathaus Buxtehude L 68
Rathaus Stellingen I 4
Sternwarte M 38
Stiftungsschule von 1815 B 48
Talmud-Tora-Oberrealschule D 22
Tropenkrankenhaus C 29
Universität Hamburg, Hauptgebäude D 15
Verwaltungsgebäude Dammtorwall/
    Drehbahn B 32
Volksschule Lutherothstraße I C 74.1
Volksschule Lutherothstraße II C 74.2
Volksschule Rübenkamp F 66

Parks und Grünanlagen
Altonaer Volkspark J 60
Carl Hagenbecks Tierpark I 5
Harburger Stadtpark L 57
Öffentlicher Garten Wacholderweg I 35
Stadtpark F 45

Sakral- und Gemeindebauten
Auferstehungskirche (Barmbek-Nord) F 62
Flottbeker Kirche (Groß Flottbek) J 57
Matthäuskirche (Winterhude) F 30
Mennonitenkirche (Altona-Nord) C 68

St. Bonifatius (Eimsbüttel) C 76
St. Michaelis (Neugraben-Fischbek) L 61
St. Nikolai (Altengamme), Pastorat M 22.1
St. Stephanus (Eimsbüttel) C 73
Versöhnungskirche (Eilbek) E 47

Stifte
Heine-Stift B 45
Lankenau-Stift J 25
St.-Johannis-Kloster D 65
Z. H. May und Frau Stiftung C 84.1

Verkehr und Versorgung
Bahnhof Kirchwärder-Nord M 20
Betriebsanlagen der Hochbahn F 67
Dammtorbahnhof D 1
Deichtorhallen A 64
Hauptbahnhof E 1
Hochbahnhaltestelle Mundsburg F 1
Lotsenhaus L 13.2
Schuppen 50-52 L 7
St. Pauli-Landungsbrücken und Alter
    Elbtunnel C 32
Wasserturm Stadtpark F 44
Wasserturm Wilhelmsburg L 29

Villen, Landhäuser und Einfamilienhäuser
Doppelvilla Gustav-Freytag-Straße F 14
Gruppenhäuser Dürerstraße J 55
Haus Ameis H 36
Haus Billhoop M 46
Haus Bock K 26
Haus Coutinho F 21
Haus Dehmel K 24
Haus Distel M 33.1
Haus Heilbuth D 29.2
Haus Hering H 20
Haus Köllisch K 25
Haus Lehmann M 33.2.1
Haus Lorenz-Meyer D 14
Haus Michahelles D 54
Haus O'Swald D 62
Haus Overmann K 15
Haus Seip J 47
Haus Süchting D 32
Haus Uhlmann H 27
Haus Weltevreden M 47
Häuser Bondy und Zadek J 45
Häuser Deussen und Zennig D 31
Häuser Möller und Schnackenberg J 48
Landhaus Mutzenbecher I 10
Villa Alsterufer D 10.2
Villa Ballin D 30
Villa Troplowitz F 19

**Expressionismus, Traditionalismus und
Neues Bauen (ca. 1920 bis 1933)**

Brunnen und Denkmäler
Gefallenendenkmal Lokstedt I 7
Gefallenendenkmal Rathausmarkt A 2
Kriegerehrenmal der 31er C 61

Fabriken und Lagerhäuser
Fabrikgebäude Leder-Schüler E 38
Kopfbau Margarinefabrik Voss F 61.1

Röntgenröhrenfabrik C. H. F. Müller I 32
Zentrallager und Fabrikgebäude der GEG
    E 74
Zigarettenfabrik Haus Neuerburg G 20

Friedhöfe und Friedhofsbauten
Friedhof Nienstedten, Friedhofskapelle K 8
Hauptfriedhof Ohlsdorf I 26
Hauptfriedhof Ohlsdorf, Kapelle 13 I 26.6
Hauptfriedhof Ohlsdorf, Krematorium I 26.3

Geschosswohnbauten und Wohnanlagen
Adolf-von-Elm-Hof (Barmbek) F 64.5
Adolf-von-Elm-Hof (Eißendorf) L 51
Friedrich-Ebert-Hof (Ottensen) J 20
Geschosswohnbau Burmeister F 33
Geschosswohnbau Eppendorfer Landstraße
    D 72
Geschosswohnbauten Bogenstraße/Kaiser-
    Friedrich-Ufer/Hohe Weide C 79
Laubenganghaus Heidhörn F 64.1
Laubenganghäuser Oberschlesische Straße
    G 23.5
Schwalbenhof F 64.3
Staatsbauten G 23.1
Versuchsbauten Jarrestraße F 50
Wohnanlage Kellinghusenpark D 71
Wohnanlage Sophieneck D 47
Wohnblock Bundesstraße C 87
Wohnblock »Der Klinker« C 80
Wohnblock Habichtstraße/Schwalbenplatz
    F 64.2
Wohnblock Hastedtstraße L 50.1
Wohnblock Haynstraße/Breitenfelder Straße
    D 74
Wohnblock Lämmersieth F 58
Wohnblock Lunapark C 66
Wohnblöcke Bahrenfelder Chaussee/
    Reichardtstraße J 62
Zeilenbauten Bunsenstraße J 19

**Kontorhäuser, Medienbauten und
Verwaltungsgebäude**
Broschekhaus B 11.1
Chilehaus A 62.6
Deutschlandhaus B 28
DHV Deutschnationaler Handlungsgehilfen-
    Verband B 41
Hauptverwaltung Rudolf Karstadt AG A 61.1
Haus Hubertus A 62.2
Kontorhaus Getreideheber-Gesellschaft B 57
Meßberghof A 62.9
Mohlenhof A 62.5
Montanhof A 62.4
Sprinkenhof A 62.7
Thalia-Hof A 53
Verwaltungsgebäude Rhenania-Ossag D 5

Kultur-, Sport und Versammlungsbauten
Friedrich-Ebert-Halle L 53
Gorch-Fock-Halle L 14
Haus der Jugend C 52
Kunststätte Bossard L 71
Poloclubhaus K 36
Warburg-Bibliothek D 64

Öffentliche Gebäude (s. auch Kultur-,
Sport- und Versammlungsbauten)
Arbeitsamt Kieler Straße C 65
Finanzbehörde B 27
Fritz-Schumacher-Schule I 42
Gemeindeschule Farmsen, Turnhalle G 29
Höhere Handelsschule Schlankreye C 88
Kirchenpauer-Gymnasium E 52
Lichtwarkschule F 36
Lyzeum Curschmannstraße D 81
Pestalozzischule C 36
Rathaus Bergedorf M 35
Staatliche Seefahrtschule Altona J 5
Volksschule Adlerstraße F 59
Volksschule Beim Pachthof G 4
Volksschule Bovestraße G 10
Volksschule Krausestraße G 22
Volksschule Leuschnerstraße M 44
Volksschule Meerweinstraße F 49.2
Volksschule Osterbrook E 60
Volksschule Veddel E 71.2
Walddörferschule H 24
Zivljustizgebäude, Erweiterung B 42.2.3

Sakralbauten
Bismarck-Gedächtniskirche (Aumühle) M 58
Bugenhagenkirche (Barmbek-Süd) F 53
Maria Grün (Blankenese) K 33
Osterkirche (Ottensen) J 15
St. Ansgar (Langenhorn) I 40
St. Franziskus (Barmbek-Nord) F 57
St. Paulus-Augustinus (Groß Flottbek) J 58
Tempelsynagoge (Oberstraße) D 57

Siedlungen
Fritz-Schumacher-Siedlung I 41
Gartenstadt Berne G 33
Großsiedlung Barmbek-Nord F 64
Großsiedlung Dulsberg G 23
Großsiedlung Jarrestadt F 49
Großsiedlung Veddel E 71
Siedlung Gojenbergsweg M 37
Siedlung Wensenbalken H 29
Steenkampsiedlung J 59
Theodor-Johannsen-Siedlung K 48

Stifte und Heime
Heinrich und Caroline Köster Testament-
  Stiftung F 60
Staatliches Alten- und Pflegeheim Groß
  Borstel I 11
Stiftsviertel Winterhude F 43
Vaterstädtische Stiftung C 84.2

Verkehr
Hochbahnhaltestelle Kellinghusenstraße,
  Bahnsteigbrücke und Stellwerk D 69.1
Kali-Umschlaganlage L 20
Krugkoppelbrücke D 50
Reedereigebäude und Kaischuppen E 69
Schuppen 59 L 8
U-Bahnstation Klosterstern D 55

Villen, Landhäuser und Einfamilienhäuser
Beamtenwohnhäuser der
  Deutschen Werft J 53
Doppelhaus Höger I 18
Haus Bauer H 37
Haus Berwanger K 9
Haus Dr. Kruspig D 48.3
Haus Magnus D 29.1
Haus Michaelsen K 39
Haus Müller-Drenkberg H 33
Haus Neumann J 54
Haus Philip I 17
Haus Radicke L 58
Haus Reemtsma J 38.1
Haus Schluck H 21
Haus Schramm M 52
Haus Sellschopp M 48
Haus Sieveking K 35.2
Häuser Hinrichsen und Stahl F 41
Häuser Mönckeberg-Kollmar und Dr. Gärtner
  K 30
Siedlerhäuser Op de Elg H 12
Versuchshäuser der Vulcan-Werft I 34
Villa Adalbertstraße K 35.1

**Bauliche Dokumente der NS-Zeit
(1933 bis 1945)**

Bauernhäuser
Hof Odemann M 8

Behelfsheime
Falkenbergsiedlung L 60
Gedenkstätte Plattenhaus Poppenbüttel H 10
Norweger-Häuser H 31

Brunnen und Denkmäler
Denkmal der 76er B 83
Denkmal für die Opfer des
  Bombenkrieges I 26.5

Einfamilienhäuser
Haus Bagge H 3.1. 2
Haus Dr. Hein I 39
Haus Dr. Knoth H 3.1.1
Haus Dr. Munro F 35
Haus Gutschow K 43
Haus Wetzel K 10

Fabriken
MAN-Motorenwerk L 10

Geschosswohnbauten und Wohnanlagen
Altstädter Hof A 62.1
Geschosswohnbauten Haynstraße/Robert-
  Koch-Stieg/Lenhartzstraße D 75
Geschosswohnbauten Sievekingsallee G 5

**Kontorhäuser, Medienbauten und
Verwaltungsgebäude**
Pressehaus A 62.3
Prien-Haus B 20.1
Verwaltungsgebäude Esso A.G. B 20.2

Luftschutzbauten
Flakturm auf dem Heiligengeistfeld C 11
Gefechtsturm Wilhelmsburg L 26
Luftschutztürme Typ Zombeck B 54, D 16,
  E 49, E 70, F 56

Röhrenbunker Wichernsweg E 58
Strohdachhäuser I 46.1

Militärbauten
Generalkommando der Wehrmacht D 46
Offizierswohnungen Kronprinzenstraße und
  Langelohstraße K 34
Offizierssiedlung »Negerdorf« M 61
SS-Kaserne Germania I 43

Sakralbauten
Johanneskirche (Rissen) K 41
Lutherkirche (Wellingsbüttel) H 4
St. Jürgen (Langenhorn) I 45
St. Lukas (Fuhlsbüttel) I 36

Siedlungen
Franksche Siedlung I 27
Gartenstadt Alsterdorf I 22
Sanierungsgebiet Rademachergang B 73
Schwarzwaldsiedlung I 46.2

Stätten der Verfolgung (s. auch
Behelfsheime)
Budge-Palais D 39.1
Evangelische Stiftung Alsterdorf I 23
Gedenkstätte Janusz-Korczak-Schule
  E 62
Generalkonsulat der USA (ehem.
  Gauleitung der NSDAP) D 8
Hamburger Kammerspiele D 23
Haus Dehmel K 24
Israelitische Töchterschule C 6
Jerusalem-Kirche C 90
Justizforum B 42
Oppenheimer Stiftung C 84.3
Reihenvilla Innocentiastraße D 59
Justizvollzugsanstalt Fuhlsbüttel I 31
KZ-Gedenkstätte Neuengamme M 17
Lagerhaus G L 6
Landes- und Amtsgericht Altona C 55
Mahnmal Joseph-Carlebach-Platz D 21
Polizeiwache Hütten B 78
Provinzialloge von Niedersachsen D 18
Stadthaus B 8.2
Talmud-Tora-Oberrealschule D 22
Tempelsynagoge D 57

Verkehr
Rethe-Hubbrücke L 21

**Nachkriegsmoderne
(1945 bis 1980)**

Brunnen und Denkmäler
Denkmal für die Opfer des
  Bombenkrieges I 26.5
KZ-Gedenkstätte Neuengamme, Mahnmal
  M 17.1
Mahnmal für die Opfer nationalsozialis-
  tischer Verfolgung I 26.4

Bürohäuser, Banken und Medienbauten
Bankhaus Hinrich Donner A 48
BAT-Hochhaus B 24.1
Bürohäuser Kajen A 27

381

Epochenregister (Auswahl)

Deutsche Bank AG, Erweiterung A 5.3
Finnlandhaus B 24.2
Fischmarktapotheke A 42
Gehrckens Hof A 31
Hamburg-Mannheimer Versicherungs-AG F 68.5
Hauptverwaltung Deutsche Shell AG F 68.4
Hauptverwaltung Esso A.G. F 68.1
Hauptverwaltung HEW F 68.2
IBM-Verwaltung mit Schulungszentrum F 68.3
IDUNA-Germania-Versicherung D 35
Persiehlhaus A 45
SIGNAL IDUNA Gruppe D 2
Spiegel-Hochhaus (Brandstwiete) A 39.2
Unileverhaus B 31
Verlagsgebäude der Rowohlt GmbH M 53
Verwaltungsgebäude Condor-Versicherung und Hamburg-Süd A 36
Verwaltungsgebäude Deutsche Wohnungsbau GmbH L 43
Verwaltungsgebäude Reemtsma Cigarettenfabriken GmbH J 38.2
Verwaltungsgebäude SAGA C 54

Einfamilienhäuser
Atelierhaus Dr. Sumfleth J 46
Doppelhäuser Karl-Jacob-Straße K 1
Haus Brinkama D 40
Haus Dr. Sautter H 2
Haus Grundmann G 17
Haus Köhnemann H 42
Haus Laage K 21.4
Haus Pinnau J 36
Reihenhäuser Schlagbaumtwiete J 34
Teppichhäuser L 52

Einzelhandel, Hotels und Gastronomie
Alsterpavillon B 19

Fabriken und Lagerhäuser
Speicherstadt, Wiederaufbau L 1

Geschosswohnbauten und Wohnanlagen
Apartmenthaus Heimhuder Straße D 33
Geschosswohnbau Harvestehuder Weg D 49
Geschosswohnbau Pöseldorfer Weg D 41
Geschosswohnbauten Bellevue F 18
Terrassenhäuser Reemstückenkamp I 49
Wohnanlage Brodersenstraße G 19

Kultur-, Sport- und Versammlungsbauten
Alsterschwimmhalle E 45
Congress Centrum Hamburg und Hotel C 1
Ernst Barlach Haus J 40
Hamburgische Staatsoper B 34
Thalia-Theater, Wiederaufbau A 54
Universität Hamburg, Auditorium maximum D 19.3

Öffentliche Gebäude (s. auch Kultur-, Sport- und Versammlungsbauten)
Allgemeines Krankenhaus Altona (Othmarschen) J 51
Behörde für Wirtschaft und Verkehr B 68
Bezirksamt Nord D 76

Fachhochschule Bergedorf M 41
Gesamtschule Mümmelmannsberg G 48.1
Grundschule Mendelssohnstraße J 63
Gymnasium Christianeum J 43
Helmut-Schmidt-Universität G 44
Polizeipräsidium (Beim Strohhause) E 21

Parks und Grünanlagen
Große Wallanlagen, Teehaus B 82.1
Pflanzenschauhäuser und Mittelmeerterrassen B 82.2

Sakralbauten
Bethlehemkirche (Eimsbüttel) C 77
Christ-König-Kirche (Lokstedt) I 8
Christuskirche (Wedel) K 47
Christuskirche, Wiederaufbau (Altona-Altstadt) C 62
Dietrich-Bonhoeffer-Kirche (Dulsberg) G 24
Dominikanerkloster St. Johannis F 52.1
Dreieinigkeitskirche (St. Georg) E 6
Dreifaltigkeitskirche (Hamm-Nord) E 56
Dreifaltigkeitskirche (Harburg) L 41
Erlöserkirche (Borgfelde) E 41
Erlöserkirche (Farmsen) G 30
Gemeindezentrum Mümmelmannsberg (Billstedt) G 48.2
Heilig-Kreuz-Kirche (Volksdorf) H 15
Martin-Luther-King-Kirchengemeinde (Steilshoop) G 38.2
Martinskirche (Rahlstedt) G 42
Nathan-Söderblom-Kirche (Reinbek) M 55
Notkirchen D 79, I 51
Paul-Gerhardt-Kirche (Bahrenfeld) J 66
Simeonkirche (Hamm-Nord) E 51
St. Erich (Rothenburgsort) E 67
St. Jakobus (Lurup) K 52
St. Johannis (Harburg) L 46
St. Nikolai (Harvestehude) D 51
St. Thomas (Rothenburgsort) E 66
Synagoge Hohe Weide C 89
Zum Guten Hirten (Langenfelde) I 1

Siedlungen
Gartensiedlung Mechelnbusch K 42
Gartenstadt Hohnerkamp G 35
Grindelhochhäuser D 60
Großsiedlung Mümmelmannsberg G 48
Großsiedlung Steilshoop G 38
Neutra-Siedlung I 55
Siedlung Beerboomstücken I 13
Siedlung Hexenberg C 40

Verkehr und Versorgung
Blumenmarkthalle A 65
Cap San Diego B 55
Großmarkthalle E 29
Heinrich-Hertz-Turm C 8
HEW-Kundenzentrum A 59.6
Kattwyk-Hubbrücke L 19
Kennedybrücke B 86
Köhlbrandbrücke L 11
Kraftwerk Wedel K 46
Neuer Elbtunnel L 12
U-Bahnstation Lübecker Straße E 43

Revision der Moderne (1980 bis 1995)

Brunnen und Denkmäler
Denkmal der 76er, Gegendenkmal B 83
Mahnmal Joseph-Carlebach-Platz D 21

Bürohäuser und Medienbauten
Architektenatelier Kähler I 47
Architektenatelier v. Gerkan, Marg + Partner J 31
Büro- und Geschäftshäuser Neuer Wall B 6
Bürohaus Heidenkampsweg E 36
Bürohäuser Georgsplatz/Glockengießerwall A 57
Bürohäuser Transnautic und Transglobe B 60
Generali-Haus B 54
Hauptverwaltung Hanse-Merkur Versicherungsgruppe D 3
Heinrich Bauer Verlag A 62.8
IBAU-Haus A 25
Landesstudio des ZDF G 43
Medienfabrik Zeisehallen J 14.1
Neuer Dovenhof A 40
Ost-West-Hof B 65
Techniker Krankenkasse F 61
Verlagsgebäude Gruner + Jahr B 56
Verlagsgebäude Hoffmann und Campe D 48.1
Verwaltungsgebäude edding AG H 44
Zürichhaus A 44

Einfamilienhäuser
Haus Hirche H 22
Haus Huwendiek K 21.3
Haus Kruse H 28
Haus Reimann H 39
Haus von Gerkan J 31
Kettenhäuser Göderseneweg H 8.1
Ökohäuser Melkerstieg K 44
Stadthäuser Carsten-Meyn-Weg H 8.2

Einzelhandel, Hotels und Gastronomie
Autohaus »Car and Driver« G 26
Bleichenhof B 10
Galleria B 12
Hanse-Viertel B 11

Geschosswohnbauten und Wohnanlagen
Geschosswohnbau Fuhlsbüttler Straße/Suhrsweg F 63
Geschosswohnbau Scheideweg D 86
Geschosswohnbau Schwenckestraße C 71
Geschosswohnbau Semperstraße F 26
Geschosswohnbau Vogel D 12
Geschosswohnbauten Jarrestraße F 48
Geschosswohnungen Horner Rennbahn G 6.2
Stadtvillen Buchwaldstraße G 41
Wohn- und Atelierhaus Meyer + Fleckenstein J 11
Wohn- und Geschäftshaus Grindelallee D 20
Wohn- und Gewerbehof Lippmannstraße C 17
Wohnanlage Annenhof H 11.2
Wohnanlage Schilleroper C 20

Wohnanlage Winterhuder Fährhaus F 39
Wohnblock Gottschedstraße/Opitzstraße F 31
Wohnblock Thedebad C 59.2

Kultur-, Sport- und Versammlungsbauten
Fabrik J 17
Hamburger Kunsthalle, Galerie der
 Gegenwart A 58.3
Komödie Winterhuder Fährhaus F 39
Museum für Hamburgische Geschichte
 (hamburgmuseum), Überdachung des
 Innenhofs B 46.1
Neue Flora C 63

Öffentliche Gebäude (s. auch Kultur-,
Sport- und Versammlungsbauten)
Grund- und Gesamtschule Allermöhe M 25
Grundschule Lütjenmoor I 48
Hansaschule, Turnhalle M 32.1

Sakralbauten
Apostelkirche (Eimsbüttel) C 70
Edith Stein (Bergedorf) M 26

Siedlungen und Städtebau
Carl-von-Ossietzky-Platz, Neugestaltung E 15
Rathausmarkt, Neugestaltung A 1.1
Sanierungsgebiet Karl-Theodor-Straße J 12
Wolfgang-Borchert-Siedlung I 16

Verkehr und Versorgung
Berufsbildungszentrum Vattenfall G 37
Betriebsgebäude Hafenbahnhof Alte
 Süderelbe L 17
Fähr- und Kreuzfahrtterminal C 47
Flughafen Hamburg I 37
Kraftwerk Tiefstack G 1
Luftwerft I 38
Richtfeuer Blankenese K 20
U-Bahnstation Borgweg F 46

Architektur der Gegenwart (ab 1996)

Bürohäuser und Medienbauten
Berliner Bogen E 39
Berufsgenossenschaft für Fahrzeughaltungen
 J 13
Büro- und Wohngebäude Dalmannkai
 L 3.4.2
Büro- und Wohngebäude Kaiserkai L 3.4.1
Büro- und Wohngebäude Sandtorkai L 3.1
Bürohaus Rolandsbrücke A 13
Bürohaus Warburgstraße D 4.2
Campus Elbberg C 49.3
Citterio-Haus B 7
Dockland C 49.1
Doppel-XX E 35
Elbkaihaus C 48
fischerAppelt Kommunikation C 69.1
Germanischer Lloyd L 3.8
Holzhafen-Bebauung C 45
Hypothekenbank B 11
Lofthaus C 49.2
LVA Landesversicherungsanstalt G 27
Medienpark Kampnagel F 47

Medienpool C 69.2
Michaelis-Quartier B 49
Multimedia Centrum I u. II D 27
Philips Headquarter E 18
Polder Neumühlen J 3
Spiegel-Gebäude und Ericus-Contor L 3.8
Stadtlagerhaus C 43
Studio- und Bürogebäude des NDR D 45
Unilever Deutschlandzentrale L 3.6
Verwaltungsgebäude der Rickmers
 Reederei D 7
VTG-Gebäude E 31

Einfamilienhäuser
Haus Buck H 6
Haus Lindhorst H 32
Haus Thiede H 23
Haus Wacker Zeiger K 21.2
Villa Bahnsenallee M 51

Einzelhandel, Hotels und Gastronomie
Europapassage A 47
Hotel Empire Riverside C 28
Hotel Side B 33
Phönixhof J 67
Stilwerk C 44
Überseequartier L 3.7

Fabriken und Gewerbebauten
Gewerbe- und Wohnpark Osterbekkanal F 51
Tobias Grau GmbH I 51

Geschosswohnbauten und Wohnanlagen
Architektenatelier Mathez mit Wohnungen
 J 10
Büro- und Wohngebäude Dalmannkai L 3.4.2
Büro- und Wohngebäude Kaiserkai L 3.4.1
Büro- und Wohngebäude Sandtorkai L 3.1
Elbschloss Residenz K 4.2
Geschosswohnbau Hermann-Behn-Weg D 24
Geschosswohnbau Otzenstraße C 22
Geschosswohnbauten Schöne Aussicht F 18
Geschosswohnbauten Steinbeker Straße E 61
Marco Polo Tower L 3.6
Uhlenhorster Hof F 15
Wohnanlage Turmweg D 27.3
Wohnhochhaus Kristall C 45

Kultur-, Sport- und Versammlungsbauten
BallinStadt E 73
Elbphilharmonie L 3.5
Loki Schmidt Haus K 37
Museum für Kunst und Gewerbe,
 Schümann-Flügel E 23.1
Science Center L 3.7
Stadtteilkulturzentrum KulturA M 24

Öffentliche Gebäude (s. auch Kultur-,
Sport- und Versammlungsbauten)
Bugenhagen-Schule I 23.2
Gelehrtenschule des Johanneums, Forum
 F 32.1
Gesamtschule Wilhelmsburg, Erweiterung
 L 27
HafenCity Schule L 3.2
Internationaler Seegerichtshof K 5

Landesjugendmusikschule D 44
Rudolf-Roß-Gesamtschule B 75
Staatsarchiv der Freien und Hansestadt
 Hamburg G 16

Sakralbauten und Gemeindehäuser
Bugenhagenkirche, Umbau F 53
Kirche Blankenese (Blankenese),
 Gemeindehaus K 18.1
St. Nikolai (Harvestehude), Gemeindehaus
 D 51.1

Siedlungen und Städtebau
Bavaria Quartier C 28
Falkenried Quartier D 84
HafenCity L 3
Heidberg-Villages I 44
Jungfernstieg, Neugestaltung B 19
Magellanterrassen, Marco-Polo-Terrassen
 und Vasco-da-Gama-Platz L 3.2
Siedlung Moorbekring H 25
Siedlung Trabrennbahn Farmsen G 28
Überseequartier L 3.7

Verkehr
Busbahnhof Wandsbek-Markt G 14.2
Hamburg Cruise Center L 3.7
Zentraler Omnibusbahnhof ZOB E 22

Bildnachweis

Altonaer Museum J 19, J 59
Andres, Erich I 49
Archiv APB. Architekten B 54
Archiv ASP Schweger Assoziierte M 41
Archiv BHL Architekten C 1
Archiv BRT Architekten E 35, E 39
Archiv gmp Architekten von Gerkan, Marg und Partner B 11.1
Archiv Gössler Kinz Kreienbaum Architekten G 6.1
Archiv Grundmann + Hein F 1, G 17
Archiv Heinle, Wischer und Partner G 44
Archiv Herzog & de Meuron L 3.5
Archiv Krug + Partner J 13
Archiv Jan Lubitz F 57, K 30, K 41, L 58
Archiv nps tchoban voss E 73
Archiv PPL Planungsgruppe Professor Laage C 87, J 34
Archiv Ingeborg und Friedrich Spengelin L 52
Archiv Steidle + Partner F 47
Archiv Jan Störmer Partner C 28
Archiv Prof. Bernhard Winking Architekten B 62.2
Arend, Stefan F 63
Bassewitz, Gert von H 45
Baues, Norbert F 44
Baur, Georg E 44, E 51, M 55
Borkenhagen, Florian G 14.3
Datenland (Erik Recke) E 21
Declair, Arno A 35.1
Denkmalschutzamt Hamburg, Bildarchiv S. 7 (u.l.), S. 7 (u.r.), S. 8 (o.), S. 8 (m.l.), A 1, A 15, A 46, A 55.1, A 58.1, A 59.5, A 59.6, A 59.8, A 64, B 13, B 19, B 24, B 27, B 28, B 31, B 34, B 46, B 51, B 80, B 82.2, B 86, C 9.1, C 24, C 27, C 29, C 32.1, C 50.1, C 51, C 53, C 57, C 57.1, C 60, C 66, C 74.1, C 74.2, D 13, D 15, D 19.3, D 28, D 39.4, D 47, D 54, D 55, D 60, D 65, D 77.1, D 77.2, D 77.5, D 78, D 82, D 83, E 1, E 4, E 5, E 12, E 45, E 50, E 56, E 62, E 67, F 4, F 6, F 8, F 43, F 43.1, F 45, F 49 (beide), F 61.1, F 64, F 64.4, F 68.1, F 68.2, G 10, G 22, G 23.1.1, G 29, G 30, G 32, G 35, G 38, G 42, G 48, H 10, H 11.1, H 21, H 24, H 27, H 38, I 1, I 9, I 26.3, I 26.5, I 42, J 8, J 9, J 15, J 18, J 20, J 30, J 33, J 41, J 64, J 68, K 2, K 9, K 11, K 14, K 19, K 24 (beide), K 28, K 39, K 43, L 55.2, L 63, L 64.3, M 1, M 3, M 5, M 6, M 11, M 12, M 14, M 16.1, M 20, M 22, M 23, M 27, M 32 (unten), M 33.1
Dorfmüller + Kröger E 22, F 53 (beide)
Elbe & Flut, Thomas Hampel S. 4, S. 9 (o.r.), C 42 (Luftbild), J 3, L 1, L 1.2, L 2, L 3.1, L 4
Ewerth, CordeliA B 75
Federau, Bernt H 8.1.2, H 8.2
Frahm, Klaus S. 9 (o.l.), A 6.1, A 16, A 44, A 62.4, B 7, B 33, B 56, B 65, C 2, C 17, C 19, C 23.1, C 92, D 12, D 14, D 48.1, E 2, F 61, F 64.2, G 23.5, G 26, G 28.2, G 43, H 11.2, H 23, H 47, I 3, I 26.6, I 37, I 38.2, I 38.3, I 53, J 11, J 14.1, J 14.2, J 45.1, J 45.2, J 54, L 1.1, L 17, M 25, M 26, M 28
Gebler, Christoph G 16
Grimmenstein, Bernadette F 31
Hafke, Caspar G 24
Hamburgisches Architekturarchiv A 5.3, A 6, A 39, A 54, A 60, B 68, B 82.1, C 35, C 77 (beide), D 2, D 35, D 76, E 6, E 41, F 18.2, F 21, I 39, I 55, J 37.2, J 40, J 51, K 10, K 42, M 52, M 53
Hapag-LloyD AG A 49
Heidersberger, Heinrich D 10, F 68.4
Heissner, Oliver G 28.1, H 6, H 22
Helms, Thomas F 48, G 1
Hempel, Jörg F 15
Hettchen, Heinz-Joachim A 8, A 9, A 10, A 17, A 21, A 37, A 43, A 52, A 53, A 59.2, A 59.3, A 59.9, A 59.10, A 59.11, A 62.6, A 62.7, A 62.9, B 2, B 3, B 5, B 14.1, B 15, B 22, B 35, B 57, B 58. L 1.2
Huthmacher, Werner F 32.1
Icopal H 25
Kandzian, Christian I 23.2
Keutner, Stefanie B 9
Kiefer, Aloys I 44
Kraege, Jan K 21.2
Kroll, Bernhard B 6, D 45, F 39, G 27
Landesamt für Denkmalpflege Schleswig-Holstein M 50.1
Lange, Ralf E 17, E 40, E 53.1, G 7, G 15, G 45
Leiska, Heiner A 5.1, A 25, C 71, D 20, F 26, G 37, G 41, J 31, J 48.1
Lembke, Peter K 18.1,
Liebermann, Reinhold A 13, A 29, A 40, A 57, A 58.2, A 62.2, A 63, B 40, B 42.1, B 47.1, B 77.1, B 78, B 79.2, B 81, C 12, C 13, C 22, C 28, C 39, C 62, C 63, C 72, C 75, C 76, C 82, C 90, C 91, D 1, D 4.1, D 26, D 27.3, D 36, D 44, D 46, D 51, D 51.1, D 56, D 75, E 18, E 64, E 65, F 9.1, F 9.2, F 14, F 29, F 40.2, I 23.1, I 24, I 41, I 52, J 35, J 37.1, J 39, J 53, J 63, K 4.1, K 4.2, K 5, K 35, K 48, K 49, K 50, L 7, L 13.2, L 18, L 22.2, L 24, L 27, L 33, L 35, L 37, L 38, L 39, L 40, L 42, L 66, L 68, L 69, L 71, M 17 (beide), M 33.2.1, M 33.3.2, M 34, M 37.1, M 38, M 42, M 44, M 46, M 47
Morgenstern, Christian C 70
Müller, Stefan F 10.2
Müller/Hansen M 32 (oben)
Museum der Arbeit (Karin Plessing) F 56.2
Rademacher, Henning A 26, A 29, A 31, A 38, A 42, B 1.1, B 23.1, B 25, B 37, B 41, B 42.2, B 44, B 52.1, B 59, B 62.1, B 64, B 69, B 73, B 74, C 4, C 5, C 10, C 11, C 52, C 85, C 88, D 3.1, D 6, D 8, D 10.2, D 17, D 29.2, D 30, D 31, D 37, D 39.1, D 57, D 71, E 3, E 8, E 14, E 19, E 23, E 26, E 33, E 37, E 42.2, E 60, E 64, E 68, E 70.2, E 71.2, E 72, F 18.1, F 19, F 20, F 49.2, F 68.3, G 13, G 20, G 21, G 23.1.2, H 3.1.1, H 4, H 13, H 15, H 31.1, H 36, H 45, H 46, I 12, I 15, I 17, I 18, I 26, I 27, I 29.2, I 31.1, I 34, I 46.2, I 53, J 5, J 26, J 27, J 29, J 46, J 49, J 57, J 65.2, K 13, K 17, K 21.1, K 21.3, K 26, K 31, K 34.2 K 35.2, K 36, L 29, M 49, M 57, M 58, M 60
Richters, Christian D 84.2, E 31 (beide)
Schmidt, Jürgen B 11
Schneider, Friedhelm M 61
Schweger, Peter D 41, H 2
Steiner, PetrA B 49
Strey, Hans-Rüdiger D 3
Sumesgutner, Daniel H 5
Überseequartier Beteiligungs Gesellschaft L 3.7 (alle drei)
Weiß, Klaus Dieter H 28
Wels, Peter L 3.8
Werner, Asmus D 61, D 64, D 69.1, D 72, D 74, D 81, E 38, G 38.2, L 8, L 44
Wille, Tobias K 37
Wortmann, Michael D 4.2, J 10
Wulf, Reimer A 62, C 47f.
Zapf, Michael G 14.2

Die übrigen Abbildungen stammen aus dem Archiv des Verfassers.

Impressum

Junius Verlag GmbH
Stresemannstraße 375
22761 Hamburg
www.junius-verlag.de

© 2008 by Junius Verlag GmbH
Alle Rechte vorbehalten

Gestaltung: QART Büro für Gestaltung, Hamburg, www.qart.de

Karten: Elbe & Flut / Wiebke Gebers
Scans: Reinhard Truckenmüller und Junius Verlag GmbH

Satz: Junius Verlag GmbH

Druck und Bindung:
Druckhaus Dresden GmbH, Dresden

Printed in Germany

ISBN 978-3-88506-586-9

1. Auflage 2008

Bibliografische Information der Deutschen Nationalbibliothek:
Die Deutsche Nationalbibliothek verzeichnet diese Publikation in der Deutschen Nationalbibliografie; Detaillierte bibliografische Daten sind im Internet über http://dnb.ddb.de abrufbar.